Hiding from Humanity
—Disgust, Shame, and the Law

感情と法

現代アメリカ社会の政治的リベラリズム

マーサ・ヌスバウム【著】
河野哲也【監訳】

慶應義塾大学出版会

HIDING FROM HUMANITY by Martha C. Nussbaum

Japanese translation published by arrangement with Princeton University Press
through The English Agency (Japan) Ltd.

デイヴィッド・ハルペリン氏に捧ぐ

おお、私の体よ！　他の男たちや女たちのなかに見られるあなたの同類を、そして、あなたの一部分の同類でさえも、
私はなかなか見捨てる気にはなれない。
あなたの同類は、魂の同類と生死をともにするはずだ、そう私は思う（そして彼ら自身が精神なのである）。
あなたの同類は、私の詩と生死をともにするだろう、そして彼ら自身が私の詩なのだ、そう私は思う。

——ウォルト・ホイットマン「私は歌う、興奮に満たされた身体を」9. 129-131

人間は生来から王であったり貴族であったり、また廷臣であったり金持ちであったりするわけではない。人はみな裸で何ももたないままに生まれつくのである。人はみな人生のみじめさ、悲しみ、病、欠乏、そしてあらゆる類の苦痛にさらされている。最後に、人はみな死へと運命づけられている。……私たちを社会的にするのは、人間の弱さである。私たちの心を人間愛に向かわせているものは、私たちに共通のみじめさである。もしも私たちが人間ではなかったなら、人間愛に対し感じるところは何もなかっただろう。愛情はすべて足りないものがあることのあらわれである。私たちの各々が、もし他の人間をまったく必要としないとしたなら、自分が他の人と一体になろうなどとは、だれも考えなかっただろう。このようにして、私たちの弱さから、私たちのはかない幸福が生じる。……何も必要としない者が何かを愛することができるとは、私は思わない。何も愛さない者が幸福となることができるとは、私は思わない。

——ジャン・ジャック・ルソー『エミール』第四篇

対等ということについて驚くべきことは、そうすると、私たちはどちらも子どもだということだ。では、父親は一体どこにいるのだろう、ということが問題になる。もし私たちのうちの一方が父親であるならば、私たちは自分たちがどこにいるのかがわかることになる。

——ドナルド・ウィニコットによる患者Bの分析『抱えることと解釈』

謝辞

本書は、ニューヨーク大学レマルク研究所において二〇〇〇年三月に開催されたレマルク講座の時に始まった。研究所所長トニー・ジャット Tony Judt 氏には、深く感謝している。氏は、私を招いてくださって、きわめて熱意ある聴衆の前で今回の題材を発表する機会を設けてくださった。また、今回の訪問にあたって、ジャイアー・ケスラー Jair Kessler 氏には、具体的な手配の面で、測り知れないほどの支援をいただいた。

本書のうち、感情と法全般について論じた章は、論文「刑法における二つの感情概念」に依拠している。この論文は、雑誌『コロンビア法学論集 *Columbia Law Review*』(96〔1996〕, 269-374)にダン・M・カハン Dan M. Kahan 氏と私が共同で発表したものである。カハン氏に、篤くお礼申し上げたい。カハン氏は、数年前に私がこのような路線に着手するきっかけを与えてくださったのであり、また私がこのテーマを論じるにあたって、絶えずご助力くださった。私にとって、彼の助力はきわめて有益であり、また得るところの多いものであった。私とカハン氏は共通の関心事を追求するにつれて、徐々に見解を異にする点が増していったのであり、本書はその大部分がそうした見解の相違の記録である。そのため、本書にはともすると、数多くのカハン氏への批判が含まれているように見えるかもしれない。しかし、本書の成果は、そうした見解の相違だけでなく、カハン氏の洞察とエネルギーからも同様に、負うところが大きいのである。このことを、私ははっきりと示しておきたい。

嫌悪感についての題材は、ウィリアム・ミラー William Miller 氏の著作『嫌悪感の解剖学』に対する批評を私が『ニュー・リパブリック』において行ったことから始まった。ミラー氏にはとても感謝している。洞察力に満ちたミラー氏の研究から、私は多くの刺激を受けた。また研究の途上において、ミラー氏にはたくさんのコメントをいただいた。この研究の成果はその後、スーザン・バンディーズ Susan Bandes 氏編集による、法における感情の役割について論じた書物（「悪徳の隠れた排水溝 Secret Sewers of Vice　嫌悪感、身体、そして法」、『法の情念 *The Passions of Law*』[New York: New York University Press, 1999], 19-62）に論文として発表した。この企画を始めるよう勧めてくださったことについて、私はバンディーズ氏にとても感謝している。論文は、シカゴ大学ロースクールのカッツ講座や他のいくつかの大学において発表してきた。恥辱についての題材もまた、これまで多くの機会に発表してきた。そのなかには、たとえばアメリカ哲学協会東部支部のアメリカ政治・法哲学会 the American Society for Political and Legal Philosophy at the Eastern Division of the American Philosophical Association や、カリフォルニア大学ボールト・ホールにて行われたカディッシュ講座などがある。ダン・カハン氏およびサンディ・レビンソン Sandy Levinson 氏には、アメリカ政治・法哲学の発表に際してコメントをいただき、とてもありがたく思っている。またカディッシュ講座でコメントをいただいたことについて、シアナ・シフリン Seana Shiffrin 氏およびクリス・カッツ Chris Kutz 氏にたいへん感謝している。そしてシラキュース大学 Syracuse University の連続講義およびニューヨーク州立大学バッファロー校のホーラーニー Hourani 講座にて、草稿段階の原稿を発表させていただいた。

上記の発表や別の機会において、たいへん有益なコメントをくださったり、あるいは私の草稿を読んでコメントをくださった以下の皆様には、感謝し申し上げたい。ケイト・エイブラムソン Kate Abramson、ルイス・アントニー Louise Antony、マーシャ・バロン Marcia Baron、マイケル・ブレイク Michael Blake、ジョン・ブラデマス John Brademas、ジョン・ブレイスウェイト John Braithwaite、タルボ・ブリュワー Talbot Brewer、スーザン・ブライソン Susan Brison、アリサ・カース Alisa Carse、ピーター・チッチーノ Peter Cicchino、ルース・コルカー Ruth Colker、リチャード・カーズウェル Richard Carswell、ジョン・デイ John Deigh、ジョシュア・ドレスラー Joshua Dressler、バーバラ・フリード Barbara Fried、ロバート・グッディン Robert Goodin、ヴァージニア・ヘルド Virginia Held、ダン・M・カハン Dan M. Kahan、マーク・ケルマン Mark Kelman、ベンジャミン・キルボーン Benjamin Kilborne、キャロライン・コースメイヤー Carolyn Korsmeyer、マギー・リトル Maggie Little、トレイシー・メアレス Tracey Meares、ウィンフリード・メニングハウス Winfried Menninghaus、ジェフリー・マーフィー Jeffrie Murphy、チャールズ・ヌスバウム Charles Nussbaum、レイチェル・ヌスバウム Rachel Nussbaum、エリック・ポズナー Eric Posner、リチャード・ポズナー Richard Posner、バーナード・レギンスター Bernard Reginster、デボラ・ロード Deborah Rhode、シビル・シュヴァルツェンバッハ Sibyl Schwarzenbach、ナンシー・シャーマン Nancy Sherman、ジェリー・シーゲル Jerry Siegel、ローラ・スラットキン Laura Slatkin、マーク・スピンデルマン Marc Spindelman、ゴパル・スリーニヴァーサン Gopal Sreenivasan、マイケル・ストッカー Michael Stocker、キャス・サンスティン Cass Sunstein、デイヴィッド・ヴェルマン David Velleman、ジェイムズ・ホイットマン James Whitman である。

プリンストン大学出版局の本の草稿を読んでくださった方々には、貴重なコメントをいただいた。シアナ・シフリン氏、ロビン・ウェスト Robin West 氏、および校閲に携わってくださったその他の方々である。こうした方々には、心からお礼を述べたい。また、ミッチェル・ベルマン Mitchell Berman 氏、ダン・マーケル Dan Markel 氏、キャス・サンスティン、ステファン・シュルホファー Stephen Schulhofer 氏にも、お礼申し上げたい。彼らには、草稿の最終段階において、貴重なコメントをいただいた。

最後に、企画が始まった時から各段階において、すばらしい研究補助を受けることができ、私はたいへん幸運であった。とりわけ、ソニア・カティヤール Sonya Karyal 氏、フェリズ・ニュイン Felise Nguyen 氏、マーク・ジョンソン Mark Johnson 氏には、その活動力と創造力に謝意を表したい。

本書は、長きにわたる私の友人、デイヴィッド・ハルペリン David Halperin 氏に捧げる。彼は、学者であり活動家であり、性的志向に関する研究を厳密な学術的方法によって行うことを始めた人である。（彼の書いていることのいくつかに関し、私が異議を唱えるのと同様に）本書で論じられている事柄の多くについて、ハルペリン氏は方法論上も内容の面でも、異議を唱えることを私は承知している。しかしそれにもかかわらず、時に彼は私の意見に理解を示し、認めてくれたのであり、そのような経験に私は深く感謝している。そうした感謝によって、何年にもわたる私たちの間の不一致は——そして私たちの一致もそうであるが——支えられてきたのである。このようなハルペリン氏と私の関係は、友達づきあいにおいてきわめて稀なことであり、また、私が思うのには、ある意味、互恵的なものである。そしてそれは、等しい人間の尊厳に対する、情熱的で共通のコミットメントによって成り立っている。

感情と法　目次

第5章　市民を恥じ入らせること？　283

第6章　恥辱から市民を守る　353

凡例

一　本書は、以下の日本語訳である。Martha C. Nussbaum, *Hiding from Humanity: Disgust, Shame, and the Law*, Princeton University Press, 2004.

二　＊印を記した数字は原註を示す。〔　〕付きの数字は訳註を示す。註は、巻末に一括掲載した。

三　訳文中の（　）は原文の（　）を示す。また、訳文中の〔　〕は文章の理解を容易にするために訳者が適宜挿入した補足説明である。

四　原語の読みをカナ書きする場合は、原音にできるかぎり近い表記を心がけた。ただし、慣習的に日本で定着している固有名詞については、そちらを優先することがある。

序章

第1節　恥辱 shame と嫌悪感 disgust——実践と理論における混乱

カリフォルニアのある判事は、ある男に窃盗の罪で「私は窃盗罪で、保護観察中です」と書いてあるTシャツを着るように命じた。フロリダでは、飲酒運転のドライバーに、「飲酒運転（D. U. I.）で有罪」〔driving under the influence (of drugs or alcohol）飲酒または麻薬の影響の下での運転〕というステッカーをバンパーに張り付けるよう命じた。同じようなステッカーは、テキサスとアイオワなどの州で認可されてきた。*1 このような、犯罪者に人前で恥辱を与えるような刑罰は、罰金や投獄の代わりとしてますます普及している。

ジェイミー・ベルベ Jamie Bérubé はダウン症を持って生まれた。障害者教育法がもたらした変化の結果として、彼には「個別の教育計画」が与えられ、補助教員付きではあるが、通常の公立学校の教室で教育を受けられるようになった。教師と補助教員は、ジェイミーが辱められスティグマを付与された人物として生きなくてすむように保護してくれており、彼はもはや屈辱を受けずにすむ状態にある。*2 スティーヴン・カーは、アパラチア山道に近い森に潜んでいる浮浪者であるが、レズビアンのカップルがキャンプ場で性交渉しているのを見た。彼はその彼女たちを銃で撃ち、一人を殺害、もう一人に重傷を負わせた。法廷では第一級殺人罪で告訴されたが、彼は、レズビアンの性交渉を忌み嫌うあまり、抗しがたい嫌悪感と反感が生まれてしまい、それで罪を犯すにいたったと言って、このことを根拠にして故殺[1]への減刑を訴えた。*3

判事のウォレン・バーガーは、いまでもわいせつ法を規定している一九七三年の法廷意見のなかで次のように書いている。わいせつとは、問題となっている作品が「現代社会の標準に適応した平均的な人間」に生じさせるような嫌悪感や反感への言及を含んだかたちで定義されなければならない。嫌悪感との結びつきをさらにはっきりさせるために、バーガー判事は、ラテン語の Caenum に由来する用語「わいせつ」の語源に関する学術的な脚注を付けて、嫌悪感の観点からわいせつを意味づけた辞書の定義を引用している*4（これについては第3章で議論する）。

恥辱と嫌悪感は、日常生活と同様に、法においても人の目に立つ特徴的なものである。法の制定と執行において、それらがどのような役割を果たしているのか、また、どのような役割を果たすべきなのか。こうして少し判例を挙げただけでもわかるように、二つの感情の役割は複雑で、把握するのに難しく思われる。恥辱刑 shaming penalties は、人々に犯罪者を恥ずべき者として見るように要求し、犯罪者にスティグマを与えることを助長する。同時に、ジェイミー・ベルベの例に典型的に見られるように、障害者の扱い方に関する近年の傾向としては、人間の尊厳と個性を擁護するために、スティグマと恥辱を与えるような長年の悪癖をなくそうとしている。障害者以外にも以前には排除されていた集団、たとえば、ゲイやレズビアンといった集団も、社会的なスティグマ付与に抗して闘ってきたのであり、それはある程度の成功を収めた。

もちろん、この二つの傾向に明白な矛盾はない。障害者には何の罪もなく、したがって恥辱を受けるべきではないが、犯罪者の方は恥辱を受けるべきだと主張することには矛盾がないからだ。また、どんなに物議を醸す行為であっても、同意のうえで性的行為を行う者はスティグマを与えられるべきではないが、他者を害した者はそうされるべきだと主張することも矛盾してはいない。しかし、恥辱を与える刑罰に賛成することと、以前には周縁に追いやられていた集団に対してスティグマを加えずにすむ地位を与えていこうとする運動の根底にある人間の尊厳への普遍的な関心のあいだには、なお強い対立関係があるだろう。そして、一般的に言えば、法は悪人を辱しめるべきだという見解と、法律は自己の尊厳への攻撃から市民を守るべきだという見解のあいだには、強い対立関係があるだろう。

嫌悪感もまた複雑な仕方で機能する。それは、時に、ある行為を違法なものとする主要な理由、あるいは唯一の理由になる。それゆえ、現行のわいせつ法では、読者や視聴者の嫌悪感は、どのような題材がわいせつであるかを定義する主要な要因となる。同じ嫌悪感を根拠とした議論が、同意した大人同士の同性愛関係でも違法であると主張するのに用いられてきた。同性愛が違法なのは、「平均的な人」が、それについて考えたときに嫌悪感を覚えるからだと主張される。嫌悪感は、死体愛好の犯罪性を正当化する時にも用いられる。ヒト・クローンの禁止の理由としても用いられる。そして、嫌悪感は、他の理由からすでに違法とされた行為を、さらに悪しきものにする要因として受け取られてきた。すなわち、判事や陪審員が殺人に対する嫌悪感を持っていれば、殺人の被告をとりわけ極悪非道の罪を犯した者として分類するだろう。他方、嫌悪感は罪を軽減する働きもする。スティーヴン・カーは、嫌悪を理由とした減刑を勝ち取ることはできず、第一級殺人で有罪となった。しかし、他の犯罪者は、同じ弁明によって減刑を勝ち取ったこともあった。[*5]

さらに言えば、ここには本当の矛盾はないように思われる。というのも、観察者の嫌悪感は、加害者の嫌悪感とはっきり区別されるからだ。「市民は法によって自分が嫌悪するものから守られるべきである。だが、暴力行為の場合に、犯人が嫌悪感でわれを忘れてしまったことは減刑を求める要因となる」と主張することは一貫している。しかしながら、そのように考えると、嫌悪感が実際にどのような役割を果たし、なぜそのような役割を果たしているのかに関して、私たちはある種の混乱に陥ってしまう。

理論的な文献に目を向けると、私たちの当惑は増すばかりだ。恥と嫌悪感が現に果たしている役割は、本当に果たされるべきなのかどうかについて、おびただしい数の議論が存在するからである。さらに、それらの役割についての賛成者と反対者の両者が、相互に常に一貫していると言えないような、さまざまに異なった議論を用いている。恥辱刑は、共同体主義〔コミュニタリアン〕的と言われる立場を採る政治理論家によって、しばしば社会規範の価値ある表現として擁護されている。共同体主義者とは、政策において、強固かつ比較的に同質な社会規範に大きな役割を与えようとする立場を指す。そうした刑罰の唱導者であるダン・M・カハン、クリストファー・ラッシュ Christopher Lasch やアミタイ・エツィオーニ Amitai Etzioni のような社会批評家たちは、悪事に関する恥の共通感覚を失うことによって、社会は共同体の心の拠りどころも失ってしまうのだと考え、これを理由として恥辱刑の復活を擁護してきた。彼らが論じるところでは、恥辱刑は共同体の共通の道徳感覚を回復させるというのである。

エツィオーニは、若い麻薬売人が初犯でつかまったときに、「頭を丸刈りにして、ズボンを脱がして家に送り返せば[*6]」社会が改善する、と注目すべき示唆をしている。似たような文脈において、ウィリアム・F・バックリー William F. Buckley は、一九八六年に、犯罪行為がなくとも、エイズに罹ったゲイはその旨を刺青《いれずみ》にして臀部に入れるべきだと述べた。[*7] 他方、公的な恥辱を擁護する影響ある他の人物であるジョン・ブレスウェイトは、そうした罰の目的はスティグマや屈辱を与えるものであってはならず、犯罪者を社会に再統合することにあると主張する。ブレスウェイトは、同じものに対して異なった見方をしているのだろうか、それとも非常に異なった一連の法的実践について論じているのだろうか。

恥辱刑の反対者は、反対のための根拠として何が最も良いかについて意見の一致をみていない。ある人たちは、その刑罰が不適切なのは人間の尊厳を穢しているからだと主張する。[*8] また他の人たちは、そうした刑罰の問題は、それがある種の群衆的な正義となっていて、それゆえ、本質的に信頼できず、コントロールが難しいと主張する。[*9]

たとえば、個人のプライバシーを保護する法や、障害児に対して尊厳ある教育を推進する法のように、現在において、市民を恥辱から守っている広い範囲の法的実践の理論基盤を考えたときには、恥辱刑についての理論的論争はなおさら納得が難しくなる。通常、それらの実践は、リベラルな理由から、すなわち、典型的な古典的リベラリズムの理念に訴えて擁護されている。つまりそれは、一人ひとりの市民は、他者からの公平な要求を考慮に入れるならば、与えられるかぎりの尊厳と自己への敬意を持った人生を生きるに値する、という理念である。[*10] この理念は、何人かの理論家が考えているとおりに、恥辱を刑罰として用いることと矛盾するのではないだろうか。それとも、恥辱を与えることと古典的なリベラリズムの規範との緊張関係は、見た目だけのものだろうか。[*11]

嫌悪感は、同様に、理論的にも当惑を与えるものである。パトリック・デヴリン判事 Lord Patrick Devlin が記した影響力がある保守政治思想の著作『道徳の強制 *The Enforcement of Morals*』のなかには、法における嫌悪感への訴えを擁護する有名な議論がある。デヴリン判事は、社会の平均的なメンバー（「常識人」）が嫌悪するということは、たとえ、それが他者に危害を与えていないとしても、ある行為を違法とするのに強い根拠を与えると論じる。彼の主張によれば、嫌悪感が違法の根拠となるのは、社会はそのメンバーの嫌悪反応に応えるような法律を作らないことには、社会自身を守ることができないし、あらゆる社会は自己保存する権利を持つからである（彼の見方に関しては第2章で詳細に検討する）。

もっと最近では、法理論家のウィリアム・ミラーは、いくつかの具体的な政策課題については、表向きはデヴリンに反対する。しかし一方で、彼は、悪徳と不正に対する社会の憎しみには、必然的に嫌悪感が含まれており、嫌悪感なしにはその憎しみは維持されないと論じて、デヴリンの議論の基本線を支持する。[*12] しかし、嫌悪感の重要な役割は、共同体主義者だが「進歩的」だと自称する立場からも支持されてきた。ダン・M・カハンは、「嫌悪感への進歩的アプローチ」という論文のなかで、リベラルな社会は、残酷行為を根絶することに関して、嫌悪感を基礎にした法律を作る必要があると論じる。カハンの目的は、彼自身が宣言するところでは、「平等、連帯などの進歩的な諸価値に価値を置く人々の視点に立って、嫌悪感を取り上げ直す[*13]」ことにある。嫌悪感の著名な擁護者たちが、しばしばリベラルな観点からは反動的と思われる結論を擁護するために嫌悪感を用いていたからといって、私たちは、「その感情が持つ強力な言論上の資質を政治的反動主義者に」譲ってはならない。

第2節　感情なき法？

この混乱した状況に対する一つの受け取り方として、感情はともかく非合理的であり、法的なルールを作るうえで感情に配慮することは常に間違いだ、というものがありうるだろう。法は情念ではなく理性に基づいているといった趣旨の一般に受け入れられた考え方がある。この考えは、映画『リーガリー・ブロンド *Legally Blond*』〔邦題『キューティ・ブロンド』、リーザ・ウィザースプーン主演の二〇〇一年製作のアメリカのコメディ映画〕に出てくる架空のハーヴァード法科大学院の中では、アリストテレスに遡る、とされている。この常識的な考えは、いましがた論じてきた感情に訴える立場に対抗して、何人かのリベラルな法思想家によっても支持されてきた。[*14] これを「非感情的」立場と呼ぶことにしよう。もし私たちがこの線の考えを採るならば、理論的・実践的な論争を無視できるように思われる。そうすることが、多くのすっかり定着している実践にとって、どういう結果をもたらすかは大変明確だというわけではないけれども。

しかしながら、手っ取り早く感情を排除するこのようなやり方は誤りである。まず、感情に訴えかけない法など実際に想像不可能である。第1章で論じるが、法は、どこであっても、人々の感情的状態に配慮する。犯罪者の心理状態は、ほとんどの刑法においてとても重要な要因である。〔レイプや恐喝などの〕被害者の心理状態は、やはり、しばしば、犯罪が起こったのか否か、犯罪が起こったとするならばどれほど重大なものかを決定するのに関わってくる。より深いレベルでは、感情を考慮に入れなければ、多くの法的実践の根拠は理解することが困難になる。どのような暴行が怒りを喚起するものなのか、どのような喪失が深い悲しみを生むのか、どのような理由があって傷つきやすい人が恐怖感を抱くのか。こういったことに関する、大まかであれ共通の認識に訴えることがなくては、なぜ私たちが法においてある種の危害や損害に関心を持つのか理解することが非常に難しくなってしまう。アリストテレスがかつて言ったことであるが、もし神話に描かれるような古代ギリシアの神々――全知全能の存在で、食物も不要で、けっして傷つかない身体を持つ神々――を想像すれば、神々の生活にとって法は何の意味もないことがわかるだろう。神々には、契約をして借りたお金を返すなどする必要性がどこにあるのかとアリストテレスは言う。さらに加えれば、神々には、殺人や暴行、レイプなどに対抗する法を作る必要性がどこにあるのだろうか。私たち人間が法を必要としているのは、さまざまな仕方において、私たちが危害や損害によって傷つきやすいからである。

しかし、脆弱性 vulnerability という観念は、感情の観念と密接に結びついている。[*15] 感情は、これらの脆弱な部分への反応である。感情とは、私たちが被ってきた損害、被るだろう損害、あるいは幸運にも被らずにすんだ損害を表現する反応である。これを理解するために、苦しみにまったく傷つかない、完全に自足した存在を想像してみよう（オリンポスの神々は、死すべき自分たちの子どもを愛し、神々同士で闘い、嫉妬しあい、それらがさまざまなタイプの心理的・身体的な苦痛をもたらすかぎりにおいて、完全にはそうした自足的な存在とは言えない）。そうした自足した存在は、自分に起こる何ものも真の意味で悪しきことではないために、恐怖を抱く理由はない。神々には怒る理由もない。なぜなら、他の人々には損害を与えるものでも、神に本当に重大な損害を与えるものは何も存在せず、本当に重要なものごとには何にも関係しないからである。神々は悲嘆に暮れる理由もない。なぜなら、神は自足していて、自分の外側には愛すべきものが何もないだろうからである。少なくとも、深い喪失感や抑鬱感を生じる貧困な人間的な愛はない。羨望や嫉妬も神々の生には存在しない。

ギリシアとローマのストア派の哲学は、感情を私たちの人生からできるかぎり排除して、こうした自足的な人間になるように私たちに求めたが、そのときには、彼らはいま述べたような考え方に近づいていた。彼らは、人間は自分がコントロールできるもの――自分の意志であり、道徳的選択能力である――の外部にある価値を単に拒否さえすれば、いましがた想像したようなまったく傷つかない状態になれると、説得力ある主張を述べたのである。[*16] 私たちは、自分が愛着するものや価値があると考えるものを変化させることによって、自分が経験しがちな感情も変化させる。世界へ愛着することをやめるというストア派の企てに完全に賛成する人は、私たちのなかにほとんどいない。けれども、その企てについて考察することは、世界の不安定な側面――他者、私たちが欲する物質的な財、社会的・政治的な状態――への愛着が私たちの感情生活のなかでどれほど大きな役割を果たしているかを知るのに良い方法である。そのことに対応して、感情生活への考察は、恐怖や悲嘆、怒りといった感情が、人間の生の航路――その生とは、自分では十分にコントロールできないままに重要な出来事が生じてしまうような世界の中にいる傷つきやすい動物の生命である――を描き出すのにどれほど大きな役割を果たすかを知るのに役立つのである。感情的反応は、ストア派が「外的な財」と呼んでいるものからできたこの世界に、私たち自身を結びつけるものだが、そうした反応をすべて放棄してしまったなら、私たちは人間性のほとんどを放棄してしまうことになる。そして、私たちがなぜ民法・刑法を有しているのかその理由を説明し、それらのあり方を説明する核となるようなものを放棄してしまうことになる（言い換えるなら、私たちの脆弱性はなぜ感情を伴うのか、それはどのようにしてなのかを理解できるのは、感情の否定がそうした脆弱性の否定につながるのはどのようにしてかを理解することによってなのである）。

本書のエピグラフで引用した『エミール』の一節でルソーが論じたように、私たちの不安感は、私たちの社会性と切り離せない。そして不安感と社会性は、私たちが持つ感情的な愛着心への傾向からも切り離せない。もし私たちが、自分たちを自足した神々であるかのように考えたなら、私たちは、同胞たる他の人間に自分を結びつけている絆を理解し損ねてしまう。そのような理解の欠如は無害というわけではない。人を理解することの欠如は、社会性からの害に満ちた逸脱を生み出す。自分は人生の境遇の浮き沈みから超然としていられると信じている人々が他の人々を扱う時には、その人たちが罪深いことに理解できないでいるような不幸を、位階を通して与えるといった仕方で他人を扱う。ルソーは、「なぜ王は、自らの臣下に同情を持たないのか。それは王が臣下をけっして人間として扱わないからである」と問いかけた。同情、悲嘆、恐怖、怒りのような感情は、そうした意味において、私たちが共通の人間性を有していることを思い起こさせてくれる本質的で価値ある催促状である。

そうした感情は、通常は、異なっているが関連してもいる二つの役割を法において果たしている。一方において、大衆的な根拠だとみなされているが、それらの感情は、ある種の行為を違法とする根拠を与える点において顕著な役割を果たしていることがある。たとえば、市民が人間や財産に対する犯罪に対して抱くもっともな恐怖感や、常識人がそれらを見た時に感じる怒り、そして／あるいは、他人に対してそうした暴力行為が行われるのを見た時に常識人が感じる同情心が、それらの犯罪がなぜ普遍的に法的規制を受けるのかをうまく説明する理由として引き合いに出されることが多い（この典型例は、『功利主義』の第五章に見られるミルの法的強制の基礎についての説明である。そこでは、「正義の感情」は「自己防衛の衝動と共感」に遡るとされている）。

他方では、そうした感情は、犯罪者の心理状態――もちろん、それは他の多くの（過失、予謀、意図のような）非感情的要素も含まれるが――に法的に関連してくるものを説明するときにも考慮される。犯罪者の心理状態を評価する時に感情が果たす重要な役割は、私が第1章で恐怖と怒りとを論じ、後に嫌悪について議論するなかで関わってくるような役割である。それは、刑を減ずる要素になるということである。すなわち、有罪と推定される行為が、ある「感情的状態」で犯された場合には、憎むべきものと判断される度合いが減少する、あるいは、まったく犯罪と判断されないことさえあるのだ。殺人者の怒りが、激しい憤激を引き起こすような事態に直面した「常識人」の怒りであるとみなされた時には、その人の有罪性は低いと判断されるだろう。容易に理解されるだろうが、法における感情の役割は、いままで述べてきた法的規範を正当化する一般的な役割に関係している。私たちは暴力行為を禁止する法を持ち、暴力行為を前にしたときの怒りは理に適ったものだと理解されるからである。まさしく法の主要な目的は、死と身体への傷害から私たちを守ることであるがゆえに（そして、それらについての恐怖は当然のことであるがゆえに）、（恐怖を覚えて当然の状況のもとで）自己防衛から人を死傷させることは犯罪ではないし、脅迫されて犯罪にコミットしてもその過ちは軽いものとされるだろう。嫌悪感は両方向から同じように引き合いに出される。つまり、公衆の感情としては、感情は行為の違法性に根拠を与え、推定有罪者における感情としては過ちの度合いを軽減させる。ここでも、二つの感情の役割は密接に結びついている。ある種の嫌悪感はある種の行為が犯罪とされる根拠となると考えられ、推定有罪者の心に嫌悪感が生まれることは過ちを軽減すると考えられている。そのように考えられているのは、まさしくそうした嫌悪感が理に適っていると判断されるからである。

法において反感情的な方針を擁護しようとする価値ある試みが、功利主義の伝統を受け継ぐ何人かの学者によってなされてきた。これらの学者は、実際に、犯罪者の心理状態についての配慮を、犯罪抑止への配慮へと切り換えることによって、感情から完全に切り離された法システムを構想しようとした。たとえば、ある殺人犯に刑罰を加えようとするときには、この刑罰が、この犯罪者と他の犯罪者の将来の同種の行動に、どのような影響を与えるかについてだけ考慮すべきである。*17 私たちは、犯罪者の（感情を含めて）心理状態について考慮しないか、あるいは、そうした心理状態は罪を軽くするかどうかについて考慮すべきでないという（そうした見方は、感情への言及だけでなく、さらに多くのものを取り払ってしまうことに注意してほしい。なぜなら、それは意図や他の心理状態に関する言及も取り払ってしまうから）。そうした見方は、多くの点で、とりわけ公正性の観点から問題があるように思われる。まさにいま自分の子どもが殺されたので、犯人に激しく暴力を振るっている人物は、計画的な殺人を企てる人物とはまるで異なっていると思われる。前者の行為は、本質的な点において後者と大きく異なっているように見える。純粋に犯罪抑止的なものの見方は、——それがその人物の懲罰に関して同じ結論に到達するかどうかはともかく（たとえば、そうした衝動的な殺人は重い懲罰では抑止されないなどの理由によって）——この本質的な差異を捉えていないように思われる。同様に、ただ犯罪抑止だけが不慮の行為と故意の行為を区別することに関係してくるという考え方、あるいは、不注意な行為と十分に計画的な行為を区別することに関係してくるという考え方は、もし提示された結論が最終的に似たようなものであったとしても、公平性の観点からは問題だと思われる。

しかし、この反感情主義的な立場のさらに大きな問題点は、それが、実際には、己の目的を達成できないことにある。その立場は、一方で、犯罪者の心情を判断しないという点においては感情を排除するが、他方のより根本的な点、すなわち、なぜ犯罪への罰則が存在するのかを説明する点においては感情に言及している（たとえば、ミルは功利主義者ではあるが、やはり感情によって法の根本を説明する必要があると感じていた）。懲罰の抑止的な役割は、ある種の行為がなぜ悪いのかについての理由なしには説明できない。そうした説明は、人間の脆弱性と私たちの成長繁栄への関心に必ず言及せざるをえない。しかし、そうした時には、すでに感情を扱い、それを評価してしまっているのである。もしある犯罪者が人間の命や成長繁栄に深刻な暴行を行ったならば、まさにそのように判断すること自体が、その暴行が恐るべきものであり、怒りの適切な対象であることを意味している。

第1章で詳しく論じるが、そうした感情の内容そのものが評価的な判断を含んでいる。また、人は、評価判断に対応する感情を持たないことには、そうした判断を矛盾なく行うことはできない（死が自分にとってきわめて悪しきことだと判断しながら、その人が死を恐れないなどということがありうるだろうか。どんなに人が自分は死に対する単なる恐怖心は克服していると思い込んでいたとしても、そんなことは実際にはありえない。そう私は思う）。したがって、反感情主義的な功利主義の犯罪抑止論は、本当のところでは、感情に依拠せずにはすまないのである。それは、犯罪者の心理状態という、たった一つの分野で感情に依拠するのをやめただけである。そして、このように感情を否定することは奇妙なことであり、不公平に思われる。というのも、私たちは死を恐れるのは道理に適ったことだと判断するのだし、そうであるからこそ、殺人を罰する法を正当化するのに恐怖心を根拠とするからだ。そうだとすれば、なぜ、ある人が行った推定有罪の行為を評価するのに、その人の恐怖が理に適っていること reasonableness〔その恐怖が生まれて当然であること〕が評価に関係してはならないということになるのだろうか。

そうした考察は以下のことを示唆している。すなわち、ある種の感情とその感情が理に適っているということに実質的な規範的役割を与えない法体系などは、想像困難なのである。そうしたものがあるとしても、少なくとも、現行の法体系とは完全に異なったものとなるだろう。この点が、反感情主義の提案の最大の問題点である。さらに、その提案は、あらゆる感情に「非合理的」という烙印を押してしまうが、それは不明確で説得力がない。「非合理的」

とは、ごまかされやすい言葉である。私たちが魚や人間の乳幼児が「非合理的」だという時には、「思考に欠けた」ということを意味するだろう。第1章で論じるが、その意味では、すべての感情は「非合理的」だとすることには、まったく説得力がない。実際に、感情はじつにしばしば思考——世界のなかで私たちにとって重要なことについての思考を含めて——と結びついている。私たちは、まったく思考しない生物、たとえばエビを想像したときに、そうした生物に、悲嘆や恐怖や怒りが本当にあると思えるだろうか。私たち自身の感情は、時に非常に複雑な、私たちが案じている人々や事物についての思考を内包している。[*18] たとえば、悲嘆とは、単なる「体が苦しい感じ」などでは、ほとんどありえない。その悲痛な性格は、自分の生活のなかで日頃から大切であった故人への思いを抜きにしては、説明がつかない。同じように、たとえば、怒りや恐怖のような、法において最も頻繁に引き合いに出される感情には、明らかに思考が結びついている。もし私が恐怖から脅迫に屈してしまうならば、その恐怖は、私の体中にショックを与える単なる電気パルスではない。苦痛を伴ったその恐怖の特徴は、私が被るだろうダメージについての予測から来るものである。

もし、私の子どもをいままさにレイプした人物を私が攻撃したとするなら、私の怒りもやはり、思慮のない衝動にすぎないものではない。そこには、私の子どもがいましがた被った恐ろしいダメージと、犯罪者の間違った行為についての思考が含まれている。それゆえ、もしドゥオーキンの提案が、感情は思考なき衝動であるがゆえに、感情は無視されるべきだというものならば、その提案はまったく妥当性がない。

しかしながら、「非合理的」であるとは、ある規範的な意味において、拙い思考として定義されることもある。よって、何度も教えた後でも「二足す二は五だ」と言っているような人は、あまりに拙く考えているので、非合理的である。それとは異なる種類のことだが、私たちはしばしば、人種主義は非合理的であると主張する。それはその考えが誤っていて根拠のない信念に基づいているからである。おそらく、私たちはドゥオーキンの提案を、「感情は欠点のある思考を含んでいて、その思考は重大事においてけっして私たちを指導してくれないという意味において、常に非合理的である」という提案だと言い換えられるであろう。

ギリシアのストア派は、そのような考え方をしていた。ストア派の哲学者たちは、感情のすべてが、規範的な観点から見れば、非合理的であると主張した。なぜなら、ストア派の主張によれば、すべての感情には、私たちがうまくコントロールできない世界のある局面に対する高い評価が含まれており、そうした感情の評価は常に誤っているからである。善く思考する人は感情をまったく持たないであろう。しかしすでに述べたように、そうした考え方に対しては、これまでほとんどの人が妥当性を認めてこなかった。私たちの目的にとってもっと重要なことは、ストア派の考え方では法体系がうまく基づけられないことである。法は、私たちが特に脆弱であるような領域において、私たちを守ってくれる働きを持っている。厳密なストア派が私たちに信じることを求めたように、もし、レイプや殺人や誘拐や盗難が本当の損害でないのならば、刑法の存在は無意味になるだろう。よって、すべての感情は非合理的だと主張するストア派の根拠は、現況の法体系に似た法体系を擁護しようとする思想家にとっては利用できるものではない。神のごときストア派にとって法とは何であったかについては、理論的に興味の湧く問題である。しかしながら、それは、現在の国家の刑法・民法に関わる思想には関係がない。

繰り返すが、このことを明らかにできるのは、私たちの法体系が、通常、理に適っているとみなすようないくつかの感情について考察することによってである。暴行に対する怒りは——自分に向けられたものであれ、自分の家族に向けられたものであれ——しばしば「常識人」が感じるものの範例として扱われている。自分の生命や名声や安寧への恐怖も、同様である。刑法に内在しているこれらの見解についてはさらに第1章で検討する。

もっと一般的に言えば、刑法の全構造には、私たちが怒る理由を持つのは何に対してか、私たちが恐れる理由を持つのは何に対してかについてのイメージが内包されていると言えよう。殺人に関する法そのものが、殺人に対する市民の理に適った激怒を表現していると言えるだろうし、同じように、レイプに関する法がレイプに対する理に適った恐怖への応答であり、発生したレイプへの激怒を表現している。法が存在しているという事実そのものが、それらの態度が理に適っているということの声明である。

もちろん、怒りや恐怖の個別例の多くは、実際には、規範的な意味で言えば、非合理なことがある。それらの感情は誤った情報に基づいていることがある。ある人は、X氏が自分の子どもに暴力を振るったと思って、X氏に怒っているが、実はそのような犯罪行為は起きていなかった（あるいは、他の誰かがやった）といったようなことがある。感情は、また、誤った価値に基づいているがゆえに非合理的なことがある。ちょっとした侮辱に過剰に怒って反応してしまうような場合がそうだ（これについてアリストテレスは、自分の名前を忘れた人に対して怒るという例を挙げている）。法は、何が本当に深刻な損害なのか、常識人ならどのような理由で怒りを感じるのか、どのような理由なら怒りを感じないのか、こうしたことに根拠を持つ必要がある。後で見るが、法は多くの仕方でそうした根拠を持っている。しかし、そのような根拠に基づいた判断は、通常は個別的である。そこでは、「あらゆる怒りや恐怖は非合理的である」とは言われない。むしろ、「この場合の怒りは、常識人の怒りではない」、「この場合の恐怖は根拠がない」と言うのである。規範的な意味において、感情は理に適ったものたりうるという共通の判断を背景にして、それらの判断は行われる。他の言い方をすれば、これらの感情については、問題となっていることについての理に適った見方を背景として、そこからどのようなことが生じたかによって、その感情が正当なものかどうかが決まるのだ。後に論じるが、法における感情が理に適っているかどうかの判断は、「常識人」を想定しながら行われる規範的判断となる。驚くべきことではないが、その常識人の想定は、既存の社会規範に呼応している。そしてさらに、そのイメージは、規範の曖昧さを補ったり、あるいは規範を問題視したりすることで、よりダイナミックな役割を果たすことがある。よって、法は、既存の感情的規範をただ記述するのではなく、それ自体が規範的であり、ダイナミックで教育的な役割を果たすのだ。

しかしながら、もし、感情に頻繁に注意を向けることがなく、少なくともいくつかの感情を理に適ったものとして扱うことがないような法体系を想像できないならば、私たちは振り出しに戻ってしまうだろう。私たちは、感情によって枠づけられたあらゆる法的分析を放棄することによって、恥辱と嫌悪をめぐる混乱をなかったことにしまうことはできない。そして、いままでのところ、理論的・実践的論争をすべてかたづけてしまうような方法はないと思われる。

第3節　二つの問題ある感情

より見込みのある進め方――私が本書で追及したい方法――は、問題となっている感情の種類について、その構造や思考内容、その人間生活の経済のなかで果たしそうな役割を問うことによって、それらをもっと詳細に見つめることである。これこそが、判事と陪審員が暗黙のうちにいつも行っていることである。判事と陪審員は、損害への反応としての怒り、そして、想定される悪い結果の可能性に対する反応として恐怖感といった暗黙のイメージを有している。判事と陪審員は、このイメージを、自分に呈示された怒りや恐怖感の特定の事例を評価するときに用いる。このイメージをより明確にすることは、実際に問題になっているのは何であるかに関する公共的な注意を喚起することになり、少なくともいくつかの難問をかたづけるのに役立つ。たとえば、正当防衛という伝統的な法は、実際に、虐待に遭った女性たちから異議を申し立てられてきた。彼女たちは、その瞬間に命の危険にさらされていなくとも（たとえば、その女性を虐待する者が寝ていたとしても）、正当防衛のためには行動することがありうるという持説を説明するために、恐怖感を行為の明白な根拠として用いている。

同じように、嫌悪感と恥辱を詳しく調べ、その思考内容と発生過程、社会生活で果たしているさまざまな役割に関してもっと明確な分析を与えることは、それらの感情が法においてどのような役割を果たしているかに関する論争において私たちが何を言いたいのかを見定めるのに大いに役立つと思う。それが本書で私が企てていることである。過去の五〇年間、これらの二つの感情に関しては、哲学ばかりではなく、実証的な観点からは、認知心理学と実験志向の精神分析の患者治療において、多くの優れた研究があった（一般的に本書では、実験心理学と臨床精神分析的な説明を一緒に用いることにする。他の実験データと整合し、価値ある洞察をもたらしてくれるときには精神分析的な説明に依拠することにする）。私の分析は、実証的研究に強く結びつけながらも、最終的には自分自身の哲学的分析を提案するものであるが、こうした近年の科学的・人文学的研究も参考にしていくつもりである。

私の一般的な論旨は次のようなものである。すなわち、恥辱と嫌悪感は、特に規範的には歪みを生じさせがちであり、その固有の内的構造の特徴ゆえに、公的な実践を導くには頼りにならない。その意味において、恥辱と嫌悪感は、公的な実践を導くことのできる怒りと恐怖とは異なる、と。

怒りは生じることが理に適っている種類の感情である。それは、他者によって損害を受けることがありうるものについて深くケアすることが理に適っているような世界において、生じることが理に適っているたぐいの感情である。したがって、怒りの個々の事例についての問題は、事実が正しいかどうか、そして、価値のバランスがとれているかどうかにある。他方、嫉妬は、（不可避的な感情であり、あるいは、人生のなかでは時に適切な感情であることもあるとはいえ）他人の行動をコントロールしてかまわないという考え方、男性の所有物として女性を表象するという長年にわたる思想によって強化されてきた考え方に基づいているかもしれない。それゆえに、嫉妬は常に胡散臭い感情であり、規範的な観点から言えば、公共政策の基礎としては常に問題があると論じられよう。その一般的な認知内容においても、その西洋社会の固有の歴史においても、嫉妬は、行動の法的規制（たとえば、姦通罪）を正当化する時にも、犯罪行為（たとえば、配偶者の愛人の殺害）への批判を軽減するときにも、それを喚起するのにいかがわしい感情であるとされてきた。私は、こうした種類の議論を、嫌悪感に関して、そしてより限定したかたちで、恥辱に関して行いたいのである。

後に論じるが、嫌悪感は怒りとはまったく異なる。嫌悪感は、その思考内容においても通常は理に適っていないし、そこには、汚辱の呪術的な概念（触れたものは穢れるといった考え）と純粋性・不死性・非動物性への到達できるはずもない憧れが含まれている。純粋性・不死性・非動物性は、私たちが知っている人間のあり方とはまるで調和しない。このことは、嫌悪感が、私たちの進化のなかで価値ある役割をまったく果たしてこなかったことを意味するのではない。価値ある役割を果たしてきたということは大いにありうる。また、嫌悪感は、現在の日常生活のなかで有益な役割を果たしていないということも意味しない。それも大いにありうる。おそらく、私たちの目から人間性の問題ある諸側面を隠すような働きさえ、有益なのである。おそらく、私たちにとって、自分があまりに早く腐敗する粘液質の湿った物体からできているという事実を、あまりに強烈に自覚しながら生きることは難しいのだろう。しかしながら私が言いたいのは、嫌悪感の思考内容をはっきりと理解すると、法の基礎として嫌悪感に依拠することについては懐疑的にならざるをえない、ということである。そうした懐疑は、ある種のグループや人々を排除し、周縁化するために嫌悪がどのように用いられてきたかを歴史的に見るにつけ、大きくなっていくはずである。「ある種のグループや人々」とは、社会の中の支配的集団が自分自身の動物性と死すべき運命について感じる恐怖と嫌悪感を投影させたグループや人々のことである。

私は、最終的に、嫌悪感を拒否する非常に強い主張をするつもりである。嫌悪感はある行為を犯罪とみなす第一の根拠となってはならず、現在ではそうなっているように、刑法において刑を重くしたり軽くしたりするどちらの役割も果たすべきではないと論じる。法における嫌悪感の価値ある役割とは、生活妨害禁止法 nuisance law〔生活妨害とは、騒音や悪臭など社会全般に害を及ぼし、生活を妨害すること〕や都市用途地域規制 zoning のような、重大な危害だけではなく、軽微な違法行為をも禁止基準として認めることが正当であるような法的分野に限定すべきだと思われる。

恥辱は、二つの点において、嫌悪感よりも複雑である。第一に、それは人生の早い段階で訪れる。嫌悪感に関する実験研究を行うことが比較的容易なのは、子どもがそれを獲得するのは、少なくともある程度の言語能力を獲得した後だからである。たぶん、恥辱はそれよりも早く訪れる。それで、恥辱を研究して、罪や他の関係項との関係性を記述するには、前言語的な幼児の精神生活についての仮説を構築しなければならない。しかし幸運にも、空白状態で理論構築しなければならないわけではない。これまでに、子どもと大人の両方の臨床精神分析と意義深い連携をしてきた子どもについての豊かな実証的な文献が存在する。そして、自らの世界の重要な局面をすべてコントロールすることへの幼児的な要求から恥辱が発達していく過程についての、複雑であっても説得力のある説明を構築するには、これらの研究文献が役立つ。

恥辱は、もう一つの点においても、嫌悪よりも複雑である。価値と願望に結びつきながら、恥辱は、論じるべきさらに多くの積極的な役割を発達と社会生活で果たしている。よって、恥辱についての私の説明は、最終的にきわめて複雑であり、そこには、いくつかはより信頼でき、いくつかはあまり信頼できないさまざまな種類の恥辱を含むことになるだろう。私が「原初的羞恥心 primitive shame」と呼ぶもの——幼児的な全能感への要求と窮乏を受け入れることへの抵抗に密接に結びついた羞恥心——は、嫌悪感と同じように、私たちの人間性から目を背ける態度だと言いたい。原初的羞恥心は、自分がそうでないような被造物になりたいという願望を表現している点において、規範的な意味において、非合理である。そして、それはしばしば、ナルシシズムと、他者の権利とニーズを認めることへの抵抗とが結びついている点において、実践上も信頼するに足りないものである。この種類の恥辱が多くのやり方で乗り越えられたとしても、好ましい結果が常に生じるとは限らない。さらに、すべての人間は、ある仕方では原初的羞恥心を乗り越えたとしても、自分の周辺に相当の原初的羞恥心をまとっていることは大いにありそうなことである。この理由から、そして後で述べる他の理由からも、恥辱は、善へと貢献する潜在性を持っているとはいえ、公的生活において規範的な観点から信頼できるものではなさそうである。そして、リベラルな社会は恥辱を抑制し、恥辱を受けることから市民を守る特別の理由があると私は論じたい。

よって、本書は、二つの感情とその法、特に刑法における位置づけに関わっているけれども、その問題意識と目的において、最終的にはもっと広がりがある。本書が批判する立場は、さまざまな場所と時代において影響力のあった広く普及している社会的態度である。その態度は、現在のアメリカ文化のなかであらためて注目を集めている。その態度は、リベラルな政治文化の存在と安定性にとって重大な脅威であるというのが私の主張となるだろう。それらの態度を批判することを通して、リベラリズムを維持する態度に、部分的であれ、根拠を与えることを私は望んでいる。

それゆえ、本書は、最終的に、リベラリズムの心理学的基礎についての論考、つまり、人間の平等を尊重するリベラルな見方を維持するための制度的・発達的条件についての論考となることを意図している。本書は、政治的平等性は感情の発達によって支えられるべきだ、というルソーの深遠な主張から影響を受けている。そして、その感情の発達とは、人間性を、不完全性を共有しているような状態として理解することに存する。しかし、そうしたリベラリズムは、最終的には、ルソー的であるよりはミル的である。それは、平等と同じく自由を発展させるような場所に価値を置き、あらゆる人にとってのきちんとした物質的条件と同じく人間の創造性を発展させるような場所に価値を置く。ルソーとミルはともに、正しい制度は、それが安定すべきものであるならば、市民の心理から支持を得なければならないと考えていた。したがって、両者は、人間の平等にきちんと注意を払う社会を創造するのに、教育の役割を強調した。私はそうした教育プロジェクトに関心がある。本書における分析は、リベラルな社会における公的教育は、私が見出した問題にいかにして取り組むべきかに関して多くの示唆を含んでいる。*19 しかし、個人と制度は相互的に支えあっている。制度は市民の善意によって支えられねばならない。しかしまた、制度は、善き常識的な市民はどのようなものかについての規範を体現し、それを教育するものである。制度は、実際の人々の心理によって支えられねばならないが、しかしまた制度は、常識的な市民の諸規範と法の適切な役割を通じて、政治的な心理を体現し、教育し、表現するものである。本書の議論は、平等な尊重という問題の教育的側面について大きな意味を持っているけれども、それでも主に、次のような人間の平等な尊重の法的・制度的側面について関わることにする。すなわち、いかなる種類の公的・法的文化が、リベラルな体制にふさわしい「政治的心理」を体現するのか。感情が理に適っているかどうかを定める正しい規準は、市民における適切な感情を表現し、育成するものであるが、そのために、どのような規準を法とすればよいのか、である。

ミルはこれらの問題に回答したが、本書の第7章で論じるように、ミルの回答は多元的社会にとっては完全な正解だとは言えない。ミルの解答は、傑出した個人の創造的な貢献を強調しすぎている。そして、スティグマや社会階級が生まれたところではどこでも、それらを取り除くことが重要であるが、それについては、ミルはあまりに強調しなさすぎる。こうして、刑法の道徳的基礎に関するミルの説明は、私の見解によれば、実質においては基本的に正しいのであるが、理論的根拠において問題がある。私は、少なくとも、ミルの「他者危害原理」にとってもっと良い理論的根拠の一部を提示できると思っている。だが同時に、どこのリベラルな社会にも存在する、その社会特有のいくつかの潜在的な危険についての心理学的・哲学的診断も与えるつもりである。この同じ分析が、伝統的にスティグマ付与され周縁化されたグループのための一般的な公共政策に対して、説得力ある理論的根拠を与えることを私は望んでいる。こうして、性的嗜好や性的不能障害の問題の解決は、刑法を大きく超えた範囲にまで広がり、非差別と教育法のもっと広い問題を包括するようになるだろう。

私が求めているのは、実際には、私たちがいつかは十全に達成できると期待できないような何かである。すなわち、私が求めているのは、自分自身の人間性を認識し、その人間性から目を背けることもなく、また私たちの前からそれを隠すこともない社会である。そうした社会とは、自分が貧困で脆弱であることを認める市民たちの社会である。それは、公的にも私的にも、とても多くの人間の苦悩の中心にあり続けてきた全能性と完全性への夜郎自大な希求を放棄する市民たちの社会である。その範囲において、そうした市民の精神性は、ミル的であるよりはホイットマン的である。すなわち、これまで長らく人間を導いてきた致命的な諸神話に代えて、平等な人間性の公的な神話を構築するのである。そうした社会はなかなか理解しづらい。というのは、不完全さは恐ろしいものであるし、完全性への夜郎自大なフィクションは心休まるものだからである。ドナルド・ウィニコット Donald Winnicott の患者が彼に（私が第4章で詳細に行う分析において）言ったように、「平等について警戒すべきことは、私たちはともに子どもであり、問題は、父親はどこかということです。私たちは、もし私たちのどちらかが父親であるならば、自分たちがどこにいるか知っているのです」。[20]そうした社会は達成不可能であるのかもしれない。なぜなら、人間は、死すべき運命と脆い動物の身体を不断に自覚して生きることに耐えられないからである。いくつかの自己欺瞞は、ほどなく死ぬべく定められており、人生でのほとんどの本質的な事柄が実際には自分のコントロールできる範囲を超えているような人生を生き抜くためには欠かせないものであろう。私が求めているものは、そうした自己欺瞞的なフィクションが法において裁定することのない社会であり、そこにおいては、――少なくとも、私たちの共通の生活をともに形成する制度を構築しながら――、私たちはみな子どもであること、そして多くの点において私たちは世界をコントロールできないことを認めるような社会である。

このことは、リベラルな社会において推進すべき善き道であるように思われる。リベラルな社会とは、それぞれの個人を等しく尊重し、共通の人間性に内在している脆弱性を承認することに基づいた社会を意味する。もし、私たちがそうした社会に完全に到達できないとしても、私たちは、少なくともそうした社会を理想として目指して、私たちの法がそうした社会の法であるべきであり、それ以外の社会の法であってはいけないことを確信できるのである。[21]

第1章

感情と法

Emotions and Law

いかなる被告も、自分なりの行動基準を設定し、事実、自分の感情はかき立てられたのだからといって自身を正当化したり弁明したりしてはいけない。ただし、さらに陪審団が、事実や状況が通常の常識人〔合理人〕にその情念を引き起こすのに十分だと信じれば別である。

——検察対ローガン事件

他方、あらゆる事例で、挑発の後にそのような興奮状態が生じたからといって、その挑発が十分であるとか理に適っているとか考えられてもいけない。というのは、そうであれば、習慣的に長い間ずっと邪な情念に耽溺し続けていたおかげで、悪人が、それ自体は道徳や社会を悪化させる心の邪悪さのためにかえって善人には得られないような減刑の請求を手にする可能性があるからである。

——メイヤー対検察事件

第1節　感情に訴える

フランク・スモールとC・R・ジャコビーはカイザーの酒場で喧嘩をした。ジャコビーは妻と一緒に酒場を出て通りを歩いていった。そのまま店から遠ざかろうとしているときに、スモールが追いかけてきて、ジャコビーの頭にピストルを突きつけ撃った。二日後に、ジャコビーは死亡する。殺人 homicide〔人を殺すこと一般。必ずしも犯罪を意味しない〕の等級を謀殺 murder〔計画（予謀）をもってなされる故意の殺人〕から故殺 manslaughter〔逆上して行われた非計画的な殺人〕に軽減するため、スモールは、喧嘩を始めたときから致命傷を負わせるまで激しい怒りがずっと収まらず、その激情のゆえに自分は殺害へと駆り立てられたのだと主張した。第一級謀殺の判決を受けると彼は上訴し、第一審裁判所は、人によって喧嘩の後平静に戻るのには遅速があるということを陪審に対して説示 instruction〔裁判官が陪審に対して事件の法律問題について説明すること〕しておらず、その点で誤っていると主張した。ペンシルヴェニア州最高裁判所はスモールの弁論を次のように言って拒否した。「仮に、被告が短気であり、暴力的かつ執念深いという証言を認めたとしてみよう。だから何だというのだろうか。こうしたことが罪の弁明になる、もしくは罪を軽くすることにでもなるというのだろうか。疑いもなく否である。というのは、それは自己管理の欠如の結果であり、弁明しようのない、自己修養の怠慢の帰結だからである」[*1]。

ジュディ・ノーマンは、何年にもわたって、夫から肉体的にも精神的にも虐待されていた。ジュディの夫は彼女に売春を強要し、そして何度も殺すぞと脅していた。ある晩、夫は、彼女をいつにない過酷さで打ちすえたうえ、「犬」呼ばわりし、自分がベッドで寝ている間、彼女を床に寝させた。ノーマンは赤ん坊を彼女の母の家へ連れていくと、ピストルを持って戻ってきた。彼女は夫が寝ているところを撃ち、夫は死んだ。第一審で被告の弁護人は、彼女が殺したのは、もしそうしなかったら「一生、これ以上ないというくらい酷い拷問と虐待に耐えていかねばならぬ運命が待っているだろう」が「逃げ出すことも絶対にできない」ということを恐れていたからだ、と証言した。ノース・カロライナ州最高裁判所は、第一審裁判所が正当防衛について陪審に説示するのを拒否したことを支持した。提示された証拠では「被告が、身近に迫った死や多大な身体的危害に対する理に適った恐怖心のゆえに夫を殺害した、という評決は支持されないだろう」と、多数意見は判断している。反対意見は、「夫の野卑な行動が被告の生活の質をあれほどにまでどん底へと追いやっていたのだから……自分の悲惨な人生を守ろうとして……やったことにおいて彼女は正当化される、そう陪審員たちが判定したのはもっともだ」としている[*2]。

一九七六年に連邦最高裁判所は、ノース・カロライナ州の死刑制定法は違憲であると宣言した。理由は、この死刑制定法は、被告が自分のこれまでの人生を量刑審理 penalty phase で説明して陪審の同情 compassion に訴える機会を許さないからだというものである。同情の余地があるかないかは、連邦最高裁が書くところによれば、適切な刑事判決の手続きの本質的な部分をなしている。

犯罪者一人ひとりの性格や経歴、あるいは個別的な犯罪情況のうち、事件に関連している面に対して訴訟手続きが何ら重要性を与えないとすれば、死という極刑を負わせる際に、人間の持っているさまざまな弱さから起こる同情すべき要素、すなわち減刑の要素の可能性をいっさい斟酌しないことになる。それは、特定の犯罪で有罪を宣告されたすべての人を、この世にたった一人しかいない個人としてではなく、やみくもに死刑を科せされる、顔の見えない没個性的な大衆の一員として扱っているのである。*3

一九八六年のカリフォルニア州の裁判で連邦最高裁はこの判例を引用し、陪審員に注意を促すカリフォルニア陪審説示について審議している。この説示によれば、陪審員は「単なる感傷、憶測、共感、情念、偏見、世論や国民感情によって揺らいではいけない」*4とされる。これが合憲なのは、陪審員たちに「何にもつなぎ留められていないuntethered」共感 sympathy を無視するように求めていると解釈される場合だけだ、という点でみな同意している。「何にもつなぎ留められていない」とは、つまり「量刑審理で、加重事由〔被告人に下すべき宣告刑を決定する時に考慮される事情。他に減免事由・減軽事由がある〕や減軽事由として提出される証拠に根ざしていないような共感」*5のことであり、この説示は、そうした証拠に基づかない共感に限って閑却するように言っていると解釈されているわけである。陪審員に対して、あらゆる同情的な感情を考慮するな、と言っていると解釈されるなら、明らかにその説示は違憲となるだろう。*6

感情への訴えは法で顕著である。さらに、感情はただ単に強い、弱いで量られるだけでなく、より理に適っている感情や、より理に適っていない感情として評価されうるとされる。[1] つまり、法のうえで仮想されている「常識人〔合理人〕reasonable man」という基準により合致しているか、より合致していないかによって評価できるものだ、と一般的に合意されている。私の挙げた例ではっきりしているように、この「常識人」という基準が争点となっているのである。フランク・スモールは、法廷が伝統的に「通常の道理をわきまえた」市民だけにしか与えてこなかった認定を、自分の人並み外れて短気で暴力的な性格のために勝ち取ろうとした。ジュディ・ノーマンの生活に対する恐怖心は、弁護士や反対意見の判事によって、申し分なく理に適っているものとして描き出されているが、検察側や多数意見によれば、道理に外れたものとして非難されている。連邦最高裁はある種の同情が理に適っていることを認めている。しかし、最高裁の意見が示す証拠によると、検察官は、まったく感情に左右されない態度こそが唯一の道理をわきまえた態度なのだということをほのめかして、たびたび陪審員たちの誤解を招いている。

たいへん興味深いことに、あらゆる立場の人が感情について一致した考えを持っているように思われる。それは、感情というものが理に適っているとか、適切であるとか評価できるものであり、したがって、自分でどうすることもできないものではなくて、自らじっくり磨き上げることができるような性格の一部なのだ、という見解である。スモールの上訴を審問した判事は、彼の行動は「弁明しようのない、自己管理の欠如」を示していると書いている。ノーマンの弁護側は、彼女の暮らしぶりをとりわけ強調し、それからすれば、零落した状態から逃れられず、近いうちに死んでしまうのではないかということを彼女が恐れたとしても、まったく理に適っているとしているのだ。他方、検察側は、これらの要素が、「身近に迫った死や多大な身体的危害に対する理に適った恐怖心」に基づいて彼女が行動したということを示しているとは言えない、と論じている。伝統的に、理に適った恐怖心という概念と関連づけて、正当防衛は定義されている。そのことを踏襲したうえで裁判が行われているために、恐怖心は衝動にすぎないのではないかという可能性が考慮されることもないし、そして、そもそも恐怖心が理に適っているとか適っていないとか妥当に評価できるものなのかどうかを調べてみることにすら人々は何の関心も持っていない。最高裁は、同情が思考と密接に関係していると想定しているようだ。同情は証拠に基づいており、その範囲を限定するために、刑事裁判の量刑審理で提出される証拠に「つなぎ留め」ることができる。

この本全体を通して私のしようと思っていることは、二つの特定のタイプの感情を精緻かつ大いに批判的に評価することなので、まず、英米法の伝統における感情全体に対する一般的態度を理解し、そして、この態度が知らず知らずのうちに基づいている感情についての考え方を理解しておくことが重要となる。英米法の伝統は、いずれ見ていくことになるが、感情を重大だと思われる利害についての思考と密接に結びつけ、そしてまた、どんな利害を重大だと考えるのがまともなのかに関する一般的な社会規範と感情を緊密に結びつけてもいる。このような感情についての考え方は基本的に正しいと私は考えているので、それを支持する論証をし、社会的感情や道徳教育の全体像にとっての、この考え方の長所を示すつもりである。

伝統的な考え方の利点を説明したうえで、この考え方が興味深い役割を果たしている三つの法の分野を仔細に検討する。すなわち、「理に適った挑発 reasonable provocation（常識人でも感情に駆られて犯罪を行ってしまうほどの敵意を抱かせる挑発行為）」の法、正当防衛の法、そして、刑事判決における同情への訴えの役割である。これらは、ただ単に、感情の評価がどのようにして典型的に機能するのかを示すための例として出されているにすぎない。刑法でも民法でも、同様の分析のために選ばれておかしくないような領域は他にたくさんある。[*7]

私が描き出そうとしている感情は社会規範に関連づけられるので、当然ながら、ここである疑問が生じる。多元論をリベラルな立場から尊重する社会が、どの程度まで感情を評価することに携わるべきなのか、したがって、感情が含んでいる規範の評価にどの程度関わるべきなのか。この章の結論として、私は簡単に政治的リベラリズムの考え方と、私の支持する法の正当化について述べる。次に、そのように理解された政治的リベラリズムの範囲でも、感情を評価することは、限定的とはいえ、なお重要な役割を担っていると論じるつもりである。

感情について話しているとき、私たちは何について語っているのだろうか。感情をどのように分析すべきかをめぐっては見解の相違が多々あるのだが、重要なのは、感情のカテゴリーに何が含まれるかに関して広く一致をみているということである。哲学的なものであれ、通俗的なものであれ、長きにわたる西洋の伝統では、人々が普通「感情」とか（特に昔には）「情念」とか呼んでいるような人間の経験には共通した性質がたくさんある。だから、それらを一まとめに分類しておけば便利だと考えられてきた。[*8] こうした哲学的伝統と、それに関連した通俗的思想や文学的思想では、いずれにおいても、主要な感情のうちに、喜び joy、悲嘆 grief、恐れ fear、怒り anger、憎しみ hatred、憐れみ pity や同情 compassion、ねたみ envy、そねみ jealousy、望み hope、罪悪感 guilt、感謝の念 gratitude、羞恥心 shame、嫌悪感 disgust、そして愛 love、を含めているのが典型である。[*9] 非西洋の伝統でも、だいたい同じように経験を分類しているようだ。[*10] さらに最近では、進化生物学と認知心理学の感情の研究が、非常に似通ったリストを出してきている。

このグループ分けのポイントは、先に述べたような経験のグループを、飢えや渇きといった身体的な欲求であるとか、そしてまた、苛立ちやある種の憂鬱さのような、対象を持たない気分などから区別することにある。標準的なリストにある感情は互いに多くを共有し、そして、すぐ後で述べるつもりだが、構造のうえで欲求や気分とは異なっているように思われる。もちろん、感情というカテゴリーに属していても、なかには多くの相違がある。場合によっては、その分類がいまだに論議の的となっているものもある。しかし、この一群のなかの中心的なものに関しては、時代や文化の違いを越えた、一致した見解があるということが、目を引くのである。[*11]

私は、感情は「人間の経験」であると言ったし、それはもちろんそのとおりなのだが、大多数の現代の研究者、それから古代の多くの研究者は、人間以外にも、感情を持つ動物がいる、あるいは少なくともいくつかのタイプの感情を持つ動物がいると考えている。[*12] 明らかに、生物種間の認知能力の差は、それに応じて感情生活の違いを生み出しており、また、ある感情のタイプは、他のタイプより、人間以外の動物に帰属させやすいことがわかっている。多くの動物は、たぶん、恐怖心を持つ。おそらく怒りや悲しみの感情を持つ動物はより少ない。同情する動物はさらにずっと少ないと思われる。というのは、同情は通常、遠近法的思考、つまり、他人や他の生物の位置を心のなかで想定する能力を必要とするからである。[*13] 言語を使わない生物に感情を帰属させる方法を定めるのは難しいが、それでも、こうした問題は、感情の理論的説明をしようとするなら無視すべきではない。広範囲の感情を帰属させることが、動物の行動を説明するのに不可欠であると考えざるをえない証拠があるのだ。とはいえ、私はさしあたり、その問題を脇に置いておき、法の通常の題材である人間の感情に焦点を絞るつもりである。

第2節　感情と信念、感情と価値

私たちが感情について考えるとき、それらは、言ってみれば、外側から入り込んでくる力のように思われることが多い。感情は私たちの思考や評価、計画とほとんど結びついていないように見えることが多いのである。一見したところ、非思考的な力としての感情というこうした観念は直観的に正しいように思われる。だとすれば、私たちが感情について持つ伝統的なイメージを擁護しようとする以上――この伝統的なイメージは古代ギリシアにおける感情の考え方と善き性格への感情の寄与に関する考え方にルーツを持っているのだが――、なぜ非思考的な力として感情を考えることが根本的に不適切なのかを理解しておく必要がある。

では、前述の夫を殺してしまったジュディ・ノーマンの恐怖心について考えてみよう。少なくとも何らかの強力な感じと身体上の変化が、恐怖心に伴っているということは、非常にありそうである。にもかかわらず、これが彼女の感情に含まれるすべてではないと私たちが考えるのはどういうわけだろうか。

何よりもまず、彼女の恐怖心には対象がある。それは何かに焦点を合わせている。すなわち、夫によって殺される（殺されないまでも、打ちひしがれ、零落する）という見通しに、である。それは、こうした恐るべき可能性についての恐怖心なのである。もし彼女の感じから、将来の不幸に焦点を合わせるというこの特徴を取り除いたとしたら、何か別のものになる。それは、恐怖心ではなく、単なる苦痛や動揺だろう。実際、面白いことに、ジュディ・ノーマンの身体の感じが厳密にどのようなものであったか、私たちは本当にはわからないし（彼女は身震いしていたのか。胃に痛みを覚えていたか。心臓がはやっていたか。おそらくすべてがあてはまるときもあったのではないか）、おそらくすごく関心があるわけではない。私たちの気にかけているもの、つまり、彼女が恐怖を感じていたと確信させるものとは、そうした恐ろしいことがこれから起きるのではないかという考えで彼女の頭がいっぱいだった様子を想像する仕方である。

さらに、彼女の感情の対象は、哲学者たちが一般的に志向的対象と呼んでいるものである。つまり、感情における対象の役割は、この感情の持ち主によってそれがどう見られているか、そしてどう解釈されているかに左右される。この点を探るために、もっと理解しやすい事例を用い、その後でジュディ・ノーマンに戻ることにしよう。ある母親が、とても愛しているたった一人の子どもがいましがた亡くなったと知らされたとする。それを聞かされて、彼女は悲嘆に暮れている。ここで大事なのは、この母親の悲嘆が、自分の置かれた境遇を彼女が見る仕方に基づいているという点である。つまり、この例であれば、可愛がっている子どもを亡くしたばかりの女性のものとして、彼女が自分の境遇を見ているということに基づいているわけである。彼女の状況把握は、事実として、正しいかもしれないし、正しくないかもしれない。たとえば、ひょっとすると子どもは生きていて元気だということもあるし、彼女に知らせた人が間違っていたり、嘘をついていたりするかもしれない。その場合に、彼女の悲嘆は間違った信念に基づいていることになるが、だが、それでも悲しみは悲しみである。なぜなら、そのように彼女は自分の境遇を見ているからである。

　別の問題として、理に適っているかどうかの問題がある。この母親が子どもの死んだことを信じたのは、彼女が信用していて、子どもがどんな様子かよく知っている立場の人がこの知らせをもってきたからだとしてみよう。この場合には、子どもが死んだという彼女の信念はやはり間違っているかもしれないが、しかし、理に適っているように思われる。一方、まったく信用のおけない人から根も葉もない噂話を耳にしたために彼女がその知らせを信じたとすれば、それがたまたま本当であろうとなかろうと、彼女の信念は理に適っていない。このようにして、理に適っているかどうかの問題は、真かどうかの問題とは独立である。理に適っているかどうかは、真実かどうかとは違った仕方で、証拠と信頼性に関わっているのである。

　それでは、ジュディ・ノーマンに戻ろう。彼女の恐怖は、彼女が自分の置かれた境遇を見る仕方に基づいていた。彼女の場合は、自分の生命と安全が夫によって脅かされているものとして自分の境遇を見ていたのである。この事件をめぐる裁判の両陣営は、夫が自分に深刻な身体的危害を与えそうだという彼女の信念が理に適っているかどうかについて意見が対立している。双方とも、それが真実かどうかの問題は持ち出していない。きっと、彼女の信念が未来についてのものであり、そうであるかぎり、真実かどうかは確かめようがないからだろう。問われていたのは、彼女の過去の経験や彼女が手にすることのできた証拠に基づいて、自分の生命や身体の安全が脅かされていると信じることが理に適っているかどうかということにある。

これまで私たちは、非理知的な感じや身体的な力から区別される感情の特性を二つ見てきたが、この議論を見ればすでに、その三番めの特性が明らかとなっている。すなわち、感情は対象に関する信念を含むのである。ときに、それは非常に込み入った信念のこともある。アリストテレスは『弁論術』でこの点を強調し、いかにして聴衆のなかに感情を創り出すかについて、若き演説家に助言を与えている。[*14] 演説家というものは、聴衆に自分たちの置かれた状況に関して何ごとかを信じさせることで、感情を創り出したり消し去ったりするのだ、とアリストテレスは論じている。仮に、私が聴衆に恐怖を感じさせたいとしよう。[*15] それならば、アリストテレスが言うところによると、私は聴衆に対して、近い将来、由々しい凶事が聴衆自身や愛する者たちに降りかかり、その凶事を避けられるという見通しははっきりしないのだ、と信じ込ませなければいけない。もし私が、聴衆のなかに、誰か、たとえば、ペルシア人たちに対する怒りをかき立てたいのであるなら、ペルシア人たちが聴衆の（あるいは愛する者たちや、同盟者たちの）幸福の一部を台なしにしてしまい、しかも、その損害は単に偶然そうなったのではなく、ペルシア人たちが喜々として不当にも与えたものだったということを、聴衆に信じ込ませなければならない。[*16]

これら複合的に結びついた信念のなかの要素を変化させると、聴衆の感情に変化をもたらすことができる。たとえば、演説家が、今度は、恐怖心を取り去りたいと思っているとしよう。それには、聴衆が恐れている損害は、結局、大したものではないのだと説得するという手がある（私たちは、クリップや歯ブラシのようなつまらないものをなくしても恐れることはない）。または、そんなことはまず起こりそうもないと聴衆を説得することもできる（私たちは、普通、火星からの侵略を恐れたりしない）。あるいは、もし悪いことが起こったとしても、きっとそれを回避したり、深刻な損害を防いだりできると納得させることもできる（こうして、私たちは、虫歯を放っておくと膿瘍になって、それが脳まで達してしまうこともあると知っていたとしても、歯の膿瘍で死んでしまうことを恐れない。なぜなら、そういう悪いことが起こるずっと前に効果的な処置をすることができるからである）。同様にして、関連する一連の信念をどこか変えることによって、ペルシア人に対する聴衆の怒りを取り去ることができる。その損害が実際はスキタイ人たちによるものだったと信じさせることもできる。もしくは、ペルシア人たちはそういう悪いことをたまたましてしまったので、非難するようなことはないと信じさせることもできる。

アリストテレスの説明は説得力がある。信念は、感情にとって本質的な基礎である。感情のタイプはそれぞれ特定の信念群と結びついているので、もしそのなかの信念を持たなければ当の感情を持たないことになるし、あるいはそうした信念をもつことを止めればその感情を持つのをやめることになるだろう。だから、政治的修辞は感情のうえで人を動かす力があるのである。言うまでもないくらい明白だが、政治家といえども聴衆の身体の状態や感じに直接影響を与える術をもっていない。政治家が影響力を与えられるのは、人々が状況について持つ信念である。ところが、そういう信念は、恐怖心や怒りのような感情に必要であると思われる。多くの場合、こうした信念は感情の十分条件となっているとも思われる。つまり、悪い見通しに直面していると人が信じるようになるだけで、その人が恐怖心を持つようになるのに十分だ、ということである。この信念そのものは、たぶん、さらに身体的変化や何らかの感じが生じる引き金となるだろう（最終的には、人間の子どもと人間以外の動物の感情を適切に説明するためには、おそらく、「信念」概念を非常に広く柔軟に理解しなければならないだろう。その場合、XをYとして見るということを含むならどんな認知状態も信念とすべきだろう）。

別の重要な点が、アリストテレスや、この話題について書いた他の哲学者たちによって強調されている。それは、信念が感情とたいへん密接な仕方で結びついているということである。信念は、感情そのものの一部となっていると思われるのである。言い方を換えれば、もし、私たちが怒りのような感情を定義して、怒りにとって絶対的に不可欠なこと、他の苦しい感情から怒りを区別させるようなことすべてに言及しようとするなら、怒りがどんなふうに感じられるかということを挙げただけではうまくいかないことがわかるだろう。そうアリストテレスは示唆している。否定的感情の多くが、かなりよく似た苦痛の感じを伴う。恐怖心、哀れみ、ねたみ、そねみ、怒りなど、私たちはこれらの感情を、それぞれに特徴的なタイプの感じに結びつけ、信頼できるやり方で区別することなど本当にできるだろうか。それらを区別しようとすれば、それぞれに特徴的な信念を持ち出してくる必要もあると思われる。恐怖心は、未来に差し迫った良くない可能性についての信念を含む。怒りは、不当になされた被害についての信念を含んでいる。憐れみは、他人がひどく苦しんでいることに関する信念を含む、などなど。同じことが、いわゆる肯定的感情についても言える。それらはすべて何らかの快い感じと結びつけられるかもしれないが、愛、喜び、感謝の念や希望をこうした良い感じだけと関連づけ、それぞれに特徴的な一連の信念に言及しないで区別しようとするのは、実際難しいだろうし、まず無理だろう。

いやそれどころか、アリストテレスよりさらに歩を進めて、感じは感情を定義する際に本当は対して役に立たないのだと指摘しても良いだろう。というのは、あるタイプの感情に結びつけられる感じは、人によっても、また同じ人でもその時々によって、大きく変わるからである。[*17] ジュディ・ノーマンの恐怖心を考えてみるとよい。彼女が自分の生活を恐れている間、たぶん、万華鏡のように移ろいゆく一連の感じを抱いただろう。それらを想像することだけでも難しい。ときには、おそらく、震えもしたろうし、動悸もしただろう。また、呆然としたり、脱力感を感じたりするときがあったかもしれない。そして、もし、このことが比較的単純な感情である恐怖心について言えるならば、悲嘆や怒りを経験している人についてはなおさらあてはまる。それに、人は十人十色である。ある人は、煮えくり返るような感じと結びついた怒りを経験するだろう。別の人は鈍いうずきを経験するかもしれない。では、愛はどうだろう。友人であろうと、子どもであろうと、またパートナーであろうとも、誰かを愛するという経験は、確かにたくさんの感じを伴う。しかし、愛にはいつもある特定の感じが含まれているに違いないというのであれば、あまりに限られすぎた話である。

事実、時おり感情は、それと結びつけられるような特定の感じがなくても現れることがある。私たちの信念の多くが、ずっと意識されないまま働いて、行動を動機づけているということを認めるのに、何も感情の抑圧というややこしい説明を必要とするわけではない。落としたものは地面にぶつかるという信念、私の演台は堅い物体で手が通り抜けることはないという信念、もし私が演台を動かしたいならばそれを持ち上げて押さなければならないという信念、これらの信念や、他にも数えきれないくらい多くの信念が、たとえ意識されていなくても、講義の間、私の行為に影響を及ぼしている。感情についても同じことが言えるのである。親を亡くしたことの悲嘆、自分の死に対する恐怖心、子どもへの愛、それぞれが私の生活という織物に染みついていて、たとえ四六時中それを意識していなくても、ということは、それに結びつけられる特有の感じの状態に気づいていなくても、多くのさまざまな行為を説明してくれる。

だとすれば、感情に関わる思考を、単なる随伴物や因果的な先行条件とみなすわけにはいかない。感情を同定するなり定義するなりして感情同士を互いに区別するために思考が必要とされるならば、思考は、これこそ感情であると言えるものの一部をなしているのであって、まさに感情本体を構成しているということを意味する。さらに、思考は、感情の構成要素である感じが変化、変動しやすいのに比して、より安定していて分析しやすいと思われる部分でもある。そこで、私たちはこう結論すべきであろう。アリストテレスと法の伝統が、感情に含まれる思考に焦点をあて、その思考が理に適っているかどうかについての問題を問いかけるとき、正しい方向を向いていたのだ、と。

対象の見方と対象についての思考が、感情の経験にとって絶対必要であるとすれば、それはどんなたぐいの思考でなければならないだろうか。たいていの感情は複合的な一群の思考を含んでいると、私は示唆してきた。私たちの例を振り返ってみると、それらのなかに興味深い重なりあいがあることに気づく。すべての感情は対象の値踏みや価値評価を含み、すべての感情はその対象を、取るに足らないものとしてではなく、重大なものとして評価している。私たちは、ささいな喪失を恐れない。私たちは、自分がちょっとばかり軽く見られたことを怒りはしない（もし怒ったとすれば、実質以上にそれを重要だと考えているからである）。私たちは、明らかに重要でないと思われるものを失っても悲嘆に暮れたりしない。ときには、感情の経験が、それまで本人も気がつかなかった価値評価のパターンをあらわにすることだってある。友人の死に対する自分の反応が、その友人が人生で本当はどんなに大切だったのか教えてくれることがあるだろう。容姿を馬鹿にされて怒ったということが、自分で考えていた以上に、自分の見た目に重きをおいていたことを明らかにすることもあるだろう。

感情の対象に見られる価値は特殊な種類の価値である。それは、その人自身の幸福や、その人が愛着を感じているグループの幸福と関連している。人は世界のありとあらゆる惨事をいちいち恐れるわけではない。重大な点において自分に影響を及ぼす惨事を恐れるのである。ありとあらゆる死を悲しむのではなく、自分自身の人生で中心的な役割を果たす死だけを人は悲しむ。このことは、感情がいつも自分本位だということを意味しない。というのは、人は、自分の外部の事柄や人でも非常に大事だとみなすことができ、また実際、そうしているし、その程度に応じて、こうした事柄や人に振りかかることに関して恐怖心や怒り、悲嘆を感じることになるからである。けれども、要点は、私たちがあらかじめ自分の目的や目標の図式のなかでなんとか一定の重要性を与えてきたことについてだけ、私たちは感情を持つ、ということである。

ここまで来れば、欲求や、対象のない気分の両方から、感情を一くくりにして区別することがなぜ重要に思われるのか理解できる。感情が飢えや渇きのような欲求と区別されるのは、信念が欲求の場合よりはるかに重要な役割を果たしているからである。対象についての思考をはるかに多く含んでいるのである。飢えや渇きはそれに先立つ身体の状態に基づいており、典型的には、満足感が生まれるまで、その対象を欲し続ける。議論や信念の変化が影響を与えることはまずほとんどない。セクストス・エンペイリコス〔Sextos Empeirikos, 三世紀初めにローマやアレクサンドリアで活躍した医者・哲学者〕が述べたように、「論証によって、空腹の男のうちに自分は空腹でないという確信を生じさせることはできない」。またアダム・スミスが指摘しているように、私たちはしばしば、他人の身になってみることで悲しくなったり腹を立てたりするが、そのような仕方で別の人の空腹を想像してみて空腹になるなどということは、以上の理由のゆえにないのである。別の人の信念を取り込むだけでは不十分だというのは、空腹はある身体の状態を必要としているのに、私たちが端的にその状態にないからである。[*18] スミスの見解は、アリストテレスなら喜んで認めそうなことを含意する。すなわち、怒りや恐怖をかき立てることを目指した政治的雄弁術はあるが、同様に飢えをかき立てるのを目指した政治的雄弁術はありえない、ということである。

信念や規範が欲求に影響を与える可能性があるということを私たちは否定すべきではない。特定の食べ物に対する飢えが、ある社会で教えられた結果の産物だということはありそうなことだ。性的欲求となると、飢えや渇きよりもずっと深く社会的学習の影響を受けている。そのうえ、ある程度の肉体的な飢えや性的不満があるときは、それに注意を向けさせるような修辞は、飢えや欲求不満を増大させることができる。性的欲望が食への欲望よりも感情に似ていて、より観念的であるかぎり、それに応じて、性のポルノグラフィには大きな余地があり、食に関してポルノグラフィに相当するものには比較的小さな余地しかないだろう。ポルノグラフィが効果を持つのは感情と欲求の境界線上であり、このとき、欲求の観念的側面、つまり感情に似た側面が利用されているのである（それはまた自慰行為を通じて欲求を満足させるが、食のポルノグラフィがあったとしても食欲はそのようには満たされない。これが、食のポルノグラフィがたいていの生活で大きな役割を果たさないもう一つの理由である）。だから、感情と欲求をあまり大ざっぱに区別して、信念や規範が性欲や食欲などに影響を与える可能性を無視すべきではない。しかし、にもかかわらず、この区別そのものは依然として示唆に富んでいる。

憂いや苛立ち、内因性の憂鬱さのような気分となると、ことはさらに微妙になる。私たちが手に入れたい区別は、志向的対象に焦点をあてる状態とそうではない状態の間の区別なのだが、どんな個別の事例であってもこの区別を正しくつけることは難しい。本物の感情でも極端にぼんやりした対象を持つものがあるかもしれない。すると、自分の未来についての漠とした恐怖や、自分の人生の見通しについての漠とした憂鬱さを人は持つかもしれない。これらは感情であって、単なる気分ではない。なぜなら、対象を持つし、そうであるかぎり、含まれている信念を変えてやることでその状態を変えるということがどんなものか想像できるからである。しかし、個々の場合に、いったい対象がないのか、それともぼんやりとした高度に一般化された対象があるのかどうかを、にわかに決められないことがあるかもしれない。自分の感情の対象が何なの言えないことが頻繁にあるということをいったん認識すると、問題はさらに深くなる。私はたったいま失礼なまねをした人間に自分は腹を立てているのだと思っているが、自分の反応をもっと体系的に調べてみれば、実は、自分の仕事についての、または結婚についての、ひょっとすると遠い過去の待遇の悪さについての根深い怒りを自分が経験しているのだということを、この怒りの強さは私に示しているのかもしれない。[*19]また、現在の人に向けられた愛や嫉妬を私が感じていても、過去のある人物によって決定的に左右されていて、多くの点で過去のその人についてのものなのかもしれない。こうした現象によって、感情と気分はよく混同されることがある。憂鬱さを感じているとしても、私の憂鬱さが単に内因性で、おそらく発端が主として化学的なものであるのか、あるいは、自分でもすぐには把握できない過去または現在の対象を持つものなのか、知るのはたいへん難しいかもしれない。信念が引き起こした憂鬱であっても、もちろん、化学的な結果を持つだろうから、難しさはますます増える。しばしば、見分ける唯一の方法は、どのような治療が効果的であるかを見ることである。けれども、これですら問題を解決するわけではない。というのは、症状を和らげる治療は、根底にある原因を相手にしなくても、かなり成果を挙げる場合があるからだ。[*20]しかしながら、とにもかくにも、私たちが求める概念的区別は明瞭である。感情は、志向的対象に焦点を絞ることと、その対象についての評価的な信念を含んでいるのである。

第3節　感情、値踏み、そして道徳教育

感情は値踏みや価値評価を含むと述べてきた。これは二つの異なった仕方でそうなのだということを、私たちは理解できるようになった。第一に、私が論じてきたように、感情はそれ自身のうちにその対象の値踏みや価値評価を含んでいる。ジュディ・ノーマンの恐怖は、身に振りかかるかもしれない非常に悪いこととして、自分の死を評価している。親しい人に先立たれた人の悲しみは、愛した人の死をつらい喪失だと評価する。ペルシア人へのアテナイ人の怒りは、ペルシア人たちがアテナイの人々に与えた損害を重大でひどい損害だと評価している。

しかし、このことは、すでに示唆したように、感情自体も評価されうるということを意味している。私たちは、ある人の感情が、正しい信念に基づいているとか、間違った信念に基づいているとか指摘できるし、そして（それとは独立に）理に適った信念に基づいているとか、理に適っていない信念に基づいているとか指摘できる。そのうえ、ここまで来ればわかることだが、そのような判断は、感情に含まれる信念のうちの、事実に関する構成要素についてだけでなく、価値評価や値踏みに関する構成要素についても下すことができるのである。親しい人を亡くした人の悲嘆を例に採ろう。それを評価する際に、私は当然、その人の愛した者が死んだということが真実かどうか尋ねるだろうし、また（それとは別の点として）死んでしまったというその人の信念が理に適っているかどうか、言い換えれば、確かな証拠や権威に基づいてこれを信じているのかどうかを尋ねることになろう。だが、私はさらなる質問を投げかける。愛する者の死は、それについて心をかき乱すことが理に適っているようなことなのだろうか。この喪失はつらくて重大な喪失だというその人の見方は、理に適った見方なのだろうか。私たちのほとんどはためらうことなく、「もちろん、そうだ」と答えるだろう。古代ギリシアのストア派の人々なら、「それは違う。自分たちのコントロールの埒外にあることに心をかき乱すのは正しくない」と答えるだろう。要するに、この人の悲嘆を私たちがどう評価する

かは、正しいと思われる規範や価値に関して、私たちが一般的に何を考えているかに依存しているのである。愛する者を非常に重要とみなし、そのような死をつらいと考えることは正しいと、私たちのほとんどが思っている。ストア派がこれと異なっているのは異なる規範のセットをもっているからであり、それによれば、自分たちのコントロール外の人々や出来事に愛着するのは弱さであり、欠点であるとされる。

あるいは、ペルシア人に対するアテナイ人の怒りを考えてみよう。一方で私たちはこう尋ねる。「ペルシア人たちは実際何をやったのか、そしてアテナイ人たちは事実について正しいか」。事実を間違って捉えた、もしくは、証拠を選り分けないであまりに性急に立場を固めてしまったと言って、アテナイ人たちの感情が批判されることがあるだろう。しかし、ここでもまた、私たちは別の種類の質問を投げかける。ペルシア人たちがやったとされることは、本当に悪いことなのか、それについて狼狽してしまうのは正しいことなのか。ひょっとすると、ペルシア人のやったことは、アテナイ人の植民都市の一つで作物に被害をもたらすことだったかもしれない。そうだとすると、私たちはこう問わねばならない、それはどれくらい悪いのか。アテナイ人たちは、それについてどれくらい狼狽すべきなのか。それは、大騒ぎするだけの価値が実際にあるようなことなのか。あるいはまた、もしかすると、指導者の一人が侮辱めいたことを言ったのかもしれない。だとすれば、私たちが自問しなくてはならないのは、それがどれだけ重大事なのか、道理をわきまえた人間でも真に受け、激怒し、場合によっては戦争さえしかねないようなたぐいのことであるのかどうか、ということである。

人はあらゆる種類のことを気にかけ、そして私たちは絶えず、人が気にかけている事柄を評価している。私たちは、たとえば、人が通行止めにあったことについて周章狼狽していれば、その人の振る舞いは理に適っていないと考える。「落ち着けよ、そんなに大したことじゃないじゃないか」とその人に言うかもしれない。著書『怒りについて』のなかで、セネカ〔Seneca, 前四年頃〜後六五年。ローマのストア派の哲学者〕は、ある晩餐会で、最高の名誉にふさわしい席とは思われない場所に座らせられたときに激しい怒りを覚えたという自身の体験を報告している。[*21] 自分でもそんなふうに反応するなんて道理に外れたことだと言うのはわかっている、とセネカは言っている。こんなことは、まさしく、道理をわきまえた人間が腹を立てる筋あいのことではないのである。同じような判断が、恐怖心についてもなされる。鼠が音を立てるのを恐れるとしたら理に適っているとはとうてい言えないだろうが、しかし、昔もいまも、私たちの多くは鼠をずいぶん怖がっている、とアリストテレスは述べている。[*22] 友人が鼠を恐れているからといって、私たちがわざわざ多くの時間を割いてまでして友人を批判するようなことは、おそらくない。しかし、見当違いな恐怖心が社会的に重大であることは頻繁にある。私の同僚の一人は、ハイド・パークでアフリカ系アメリカ人の男性が自分の方へ向かって歩いてくるのを見ると、いつも怖がりながら通りを渡る、そう仮定してみよう。そして、私は、ある人種の人すべてを恐れるのは理に適っていないと、彼に納得させたいと思っているとしよう。第一に、そのような恐怖心はおそらく事実について混乱した信念を反映しているのだと私は指摘するだろう。たとえば、おそらく、ハイド・パークで生じる犯罪の大部分がアフリカ系アメリカ人の男性によってなされているという事実と、ハイド・パークのアフリカ系アメリカ人の大部分は罪を犯すという間違った見解を彼は混同しているのだろう。次に、私は、彼の感情が、おそらく、人種についてのより根深い信念も反映しているのだろうが、その信念も同様に（私が序章で明確にしたような規範的意味で）非合理的なのだ、と示すことになろう。黒人男性はすべて社会の脅威であるとか、もしかすると、犯罪性は人種と遺伝的なつながりがあるということさえ、彼は信じているかもしれない。これらの価値評価的な信念を「非合理だ」とか「理に適っていない」とか言うことで私たちが言いたいのは、それらは根拠がなく、誤った考え方に基づいており、より詳しく厳密に吟味すればそれらが悪い考え方であることが示されるだろう、ということである。

これまで、私はものごとをあまりに単純化しすぎた。人の感情の価値評価的要素を評価するときに、私たちは、最終的に、事実についての信念で行ったように、理に適っているということから真であるということを区別する必要がある。[*23] 人が、たとえば、あわてていたり不注意だったりしたために、穴だらけの推論過程を経て何が重要かについて正しい見解を持つにいたったとすれば、真ではあるが理に適っていない（規範的な意味の「非合理的な」）価値評価の見解を持っていることになるだろう。また、人が信ずべき正しい理由がある証拠や教えに基づいて間違った見解を持つようになったとすれば、偽であるが理に適った見解を持っていることになるだろう。この後者のカテゴリーは、時間を通じた規範の変化について考える際に重要である。というのは、私たちは、通常、人々が自分たちの社会の標準的な規範を受け入れているならば理に適っていると考えるからである。いずれにしても、私たちが見ていくように、法はこのように考えているのであり、常套的に、「常識人」を「平均的」または「通常」人と同じとしている。それでもなお、そのような規範が間違っているかもしれないことを、私たちはみな知っている。時代が違えば、女性も別の人種の人々も等しく人間であるわけではないという判断を認める規範があったことだろう。今日でも、私たちはおそらく、それと同じくらい誤った見解を保持しているはずだが、しかし、それがどれかを知るのは難しい。それに、私たちが道理をわきまえ、自立して批判的に考える者であろうと誠実に努力するのであれば、現に誤った規範的信念を持っていたとしても道理に外れているわけではない。私たちがもし自分たち自身にいくらか寛大であるとすれば、そう言ってよいかもしれない。すると、古代アテナイの人が女性は劣っていると信じていたとしても、この見解は誤っているが理に適っている、あるいは少なくとも道理に外れてはいない、と判断してもよい。一方、そのような信念は、今日のアメリカでは、誤っていて、かつ道理に外れていることになろう。

価値評価的信念のこうした評価は、法において感情が果たす役割にとって中心をなすものである。それがどのように働くかは、子どもの道徳教育の実践においてそれがしっかり確立されていることを見れば、さらによく理解することができる。もし感情が信念に結びついていなかったとしたら、もし、電流のように、感情が知性を介さぬ動揺にすぎないとしたら、親や教師は、ラットに迷路を駈け抜けることを教えるような具合に、行動的な条件づけの過程によってのみ子どもの感情に影響を与えられることになるはずだ。当の感情と結びついた行動に褒美と罰を与えることで、適切な感情を促進し、適切でない感情を抑制できると期待できるだろう。

しかし、当然、これは現実の親たちがやっていることではない。少なくとも、子どもが一定の年齢に達してしまえばこんなことはしない。親たちは、アリストテレスの演説家のように（むろん、聴衆が自分の子どもであるだけに、演説家よりはずっと親密に知っているわけだが）信念に影響を与えることで感情にも影響を与えるのである。よその子に自分のおもちゃを取られて子どもがすごく怒っているなら、私たちは、ある点までは、火に油を注ぐようなことをする。これはずるいことなんだよ、それに腹を立てるのは正しいんだよ、でも怒りすぎたらいけない、たぶん、ちょっと怒るのがいいんだ、こんなふうに子どもに説いて聞かせる。これに対して、よその子が学校のおもちゃを順番に使わせてほしいと言っているために子どもが怒っているとしたら、それで怒るのは正しくないと私たちは言う。順番に使わせてあげなさい、あなたのおもちゃじゃないでしょう、みんなが仲良く使うものですよ。

子どもが大きくなるに従って、感情に関わる状況についてずっと洗練された評価を教える。見知らぬ人が笑顔で車に乗らないかと誘うときのように、子どもたちに全然危険でないように見えても、怖がるのが正しい状況もあるのだと私たちは教える。また、子どもたちに危険であるように見えることが本当は危険でないこともあると教える。ある年齢を超えれば、暗闇を怖がるのは馬鹿げているし、暗闇には本当に悪いことなどない、というわけである。子どもたちが自分と肌の色が違う人を生来恐れているということはない。それどころか、大人たちにその事実に目を引かされるまで、肌の色が人間についての顕著な事実であることにほとんど気づかない。*24 そうではあるが、子どもが、黒い肌の人は怖がられるものだという見方を、どういうわけか持つようになったと仮定してみよう。親や教師は子どもを説いて、そのような信念には何の根拠もないということを示そうとするだろう。

事実、社会のなかの人種差別や性差別に私たちがどのように取り組んでいるか考えてみることは、私が概説したアリストテレス流のやり方で感情を考える理由をより理解するための一助となる。というのは、私たちは、人種間の恐怖や憎しみが単なる理不尽な衝動にすぎなくて抑圧することによってのみ対処することができるのだ、などと実際には考えていないからである。私たちは、理を尽くしてそれを論じることができると考えているのである。こうした憎しみの元となっている、事実と価値両方の事柄に関わる間違った信念をいったん取り除いてしまえば（あるいは、そんな信念を初めから持たない方がはるかによいが）、人々は感情の面で変わることができる、私たちはそう考えている。

こうした変化が簡単だと考える必要はない。若いうちに教えられた信念は根深い習慣となり、それを捨てることは、集中と自己改革の粘り強い努力を必要とする。自分が古くて欠陥のある仕方で対象を見ていることに気づいたときはいつでも、私たちは認識を改めて、それとは違ったものの見方に換えるよう努力しなければならない。[25] この過程が成功する保証はない。それは、とりわけ、ほとんどの人は、ずっと一貫してそのことに集中しようという忍耐も決断も持ちあわせていないからである。また、あるタイプの理に適っていない感情にはより深い根がある場合がある。スティーヴン・カー（序章で書いた、二人のレズビアンの女性を射殺した殺人犯）は、レズビアンに対する彼の憎しみが、まだ幼い頃、母親がレズビアンになり、彼を捨てたことに由来すると主張していた。これが本当かどうかはともかくとして、この種の話はままあることであって、道徳上の自己改革を実行している最も決意の固い人ですら、その道のりが険しいことを確約している。スティーヴン・カーは、もちろん、そのような決意の人からはいちばんかけ離れた人物だ。[26] だから、信念を変えればそれに応じて感情も変わるという見解を持っても、そのような変化が簡単で手っ取り早いものだという馬鹿げた見解を私たちは持つ必要はないのである。[27]

さらに、人間の生涯に特有の構造こそが理に適わない感情へと傾きがちにさせていると、私たちは考えることになるだろう。言い換えれば、道理をわきまえるということに対してはある構造的な障害があって、そのために、適切な感情を身につけようと奮闘することが、すべての人間にとって何かしら困難な闘いとなっている、と信じてもよいのである。このことは、嫌悪と羞恥（恥辱）に関する章で論じるつもりである。人間の一生は奇妙なものである。私たちは幼年期を肉体的に非力の状態で過ごすが、他の動物では事実上まずもってそんなことは見られない。そして、助けなしに自分自身の物理的欲求を満たす能力という点で、生涯を通じて比較的非力のままである。幼年期、児童期を通じ、心と感覚を介して世界を把握する能力が成熟していっても、私たち自身が欲しいものを得る肉体的能力はそれに見合うようにならない。私たちは、長い期間、他人に極端に依存している状態のままである。そのうえ、私たちは、他の動物よりはるかに広範にわたって、自分たちの限界に気づいてもいる。ある年齢以上になれば、私たちは死という事実を気にするようになる。死を恐れ、死についてじっと考え込み、自分は本当は死なないのだと念願する。こうしたすべての点で、私たちの一代記には葛藤と両価感情《アンビヴァレンス》が書き込まれる。私たちが、自分たちの死と人間の持つ獣性を否定するやり口を考え出したとしても驚くにあたらないし、また、私たちの感情がこれらの苦闘を反映していることも驚くにあたらない。

そんなわけで、「常識人」は多かれ少なかれ「平均的な人」と同じだという虚構のうえに法は機能しているのだが、法について考える人がこの想定の背後を見据えて問題とすることが重要だと私は論じるつもりである。平均的な人（それはまた人間一般でもあるわけだが）であっても、緊張状態や両価感情をかなり見せるし、そして規範的用語で言えば、道理に外れていることが相当ある。ある感情がとりわけそのように道理に外れていることの宝庫となりやすいことが示されれば、特に疑いの目をもって、その法的な役割を吟味すべき理由がある。

私はアリストテレス的な感情の考え方、つまりコモン・ローの伝統の中心となる考え方を擁護してきた。だが、要するに、この考え方と、基本的に良い教育を施せば大部分の人は十分徳のある、道理をわきまえた人になるというアリストテレスの楽天的な想定と結びつける必要はないのである。その代わりに、幼児期や児童期に関する、より充実した内容の的確な見解と結びつけることができる。そして、こちらの方は、典型的な人間の発達過程で起こる複雑な両価感情や緊張状態を公平に扱う。アリストテレスは、当時のギリシアの男たちと同様に、子どもにそれほど関心はなかったし、おそらく、まじまじと子どもを見るなどということはけっしてなかったろう。*28 子どもたちをよく見れば、私たちの感情の起源について何かしら学ぶことがあり、このために、少なくともいくつかの領域で、感情における世間一般の規範をあまりに尊重しすぎる法の慣行を私たちは批判するようになるかもしれない。

非常に妥当と思われ直観的な影響力を持つ、感情についての考え方に従って、私たちの法の伝統は働いている、と私は論じてきた。[*29] この見方によれば、感情は知性を介さない情動のうねりではなく、世界における出来事と、当人の重要な価値や目標の両方に波長を合わせた知的な反応なのである。[*30] 感情は世界のなかの事柄の評価を含むと同時に、また他人の評価も招く。さて、もう、これらの考えが法理の諸領域をどうかたち作っているかを述べてもよいだろう。

第4節　感情と「常識人」──故殺と正当防衛

この節で、私は犯罪容疑者の感情に焦点を絞ることにするが、刑法の根本的な輪郭を正当化する際には、典型的に、「常識人」の感情が同種の役割を果たすということを忘れるべきではないだろう。私が描いてきた感情の見方によれば、謀殺やレイプなどが人間にとって重大事であるという信念と、そういう危険が身近に迫っているのを恐れたり、起きてしまった時には怒ったり、他人がそういう目に遭った時には同情したりするのは理に適っているという考えの間には、密接な論理的関係があることになろう。だとすると、なぜこうした犯罪を取り締まらなくてはならないかに関して、少なくとも先のような理に適った感情の役割を（それらの役割を強調するにせよしないにせよ）含意しないような説明をするとしたら、難しいことになるだろう。

故意故殺 voluntary manslaughter の標準的な法理によれば、謀殺の責任を問われた被告が次のようなことが示すことができれば、その犯罪を故殺へ減軽してもよいとする。それは、殺人が犯罪被害者の挑発に乗せられてなされたということ、その挑発が「十分 adequate」だったこと、被告の怒りが「常識人」の怒りであったこと、それから「冷却期間」のゆとりがなく、「激怒のあまり逆上して in the heat of passion」殺人がなされたこと、である。この法理は、罪を軽くするのであって、完全な無罪弁明を与えるものではない。この量刑の違いは故意故殺と正当防衛の間にあり、正当防衛の場合には完全な無罪弁明を与えることがある。そのいちばんもっともらしい理由は、故意故殺の場合、当人の生命は脅かされておらず、それゆえ法に助けを求めることもできたし、またそうすべきであったというものである。にもかかわらず、法理は、被告の状況や感情に関する何かが、この故意故殺という犯罪を謀殺よりは悪くないとすると捉えている。何が違うのだろうか。

すでに述べたように、被告は、自分が挑発行為の結果として暴力行為に及び、その挑発行為が法的十分性の審査基準を満たしているということを示さなければならない。さらに、被告は、その犯罪の被害者によって挑発されたのでなければならない。もしAがBに挑発され、そしてCを殺したのであれば、この法理のもとでは、いかなる罪の軽減も得られない。[*31] 典型的な状況は、BがAに深刻な危害を与える行為をし、Aが暴力によって報復するといったものである。初期のコモン・ローの権威は、「十分な」挑発行為を法律問題として定義した。十分な挑発行為とそうでない挑発行為の区別は、かなり細かいことが多々あった。たとえば、顔への殴打は十分で、頬への張り手はそうではなかった。[*32] 人妻との姦通は十分で、別の男の女友達との姦通はそうではなかった。[*33]

現代の当局は、十分な挑発行為のこのような固定した定義を放棄して、判事と陪審にその決定を委ねている。その理由は、ある影響力のある判例によれば、十分な挑発行為の分析は「さまざまな事件によってその発生時に示される、無限と言ってもよいほどの多様な事実によって変わってくるし、またそれらの事実に依拠しなければならないからである。法が、過去の決定に照らして、今後、理に適った挑発、もしくは十分な挑発行為を構成すると考えられることになる、すべての多様な事実と事実の組み合わせを列挙できるなどと想定することはどう公平に考えても無理である」。[*34] このアプローチにはまだ異論があって、多くの司法管区が厳格なカテゴリーを好んでいる。その論争の理由は、煽動的な偏見の効果を避けることに対する関心である。判事や陪審が問題を彼ら自身で評価するということは際立って理に適っているように見えるが、この権益は、評価のときに彼らが不公平な偏ったやり方でそうするのではないかという懸念と比較考量されなければならない。

だから、司法管区の法理が、挑発行為が十分かどうかに関して判事と陪審員たちの分析を加味する余地を多く残

していると しても、挑発行為のなかには法律問題として不十分であると規定されてきたものもある。たとえば、スティーヴン・カーが、レズビアンの行為を目のあたりにしたときの彼の抗しがたい嫌悪感の証拠を認めるよう求めた際、ペンシルヴェニア州の判事はレズビアンの行為を挑発行為として不十分であると規定していた。「[法は]二者間の同性愛行為が、不法な殺人を減刑する……つまり、謀殺から故意故殺へ減刑するのに見合った合法的な挑発行為であると認めていない」。「常識人は」、裁判所はこう結論している、「単に自分の観察を中断し、現場を立ち去るだろう。つまり、常識人は恋人たちを殺そうとはしない」[*35]。判事の所見で暗にほのめかされているのは、その女性たちが彼の目の前にいて、そしてレズビアンであったこと以外に、カーを挑発するようなことを何もしていないという事実である。彼女たちは彼を傷つけていないし、彼に対して攻撃的な行為も行っていなかった。一方、そのような攻撃的行為こそ、理に適った挑発の理論を適用するための必要条件なのである。

こうして、法は、被告の感情が実際に常識人の感情であると示すことを被告に要請していないが（それは絶望的なくらい主観的で不確定な探求となろう）、被告の状況が、常識人であったとしても極端に激しい怒りやそれに関連する感情が引き起こされただろう、と言えるような状況だったと示すことを要請している（さらに、被告が何らかの強い感情のもとにあったと示すことを要請している）。理に適った挑発であることを示すには、被害者によって被告に対して何らかの攻撃的行為もしくは加害行為がなされ、その行為があるレベルの深刻さに達していることが常に必要とされている。その内幕はおそらくこういうことだろう。私たちは、理不尽な殺人を助長するような社会規範を掲げたくない。そして、概して、私たちは、正当防衛のためになされたのではない殺人を容赦しない。常識人なら、挑発された状況でも、けっして実際に私刑を加えるようなことはしないだろう、と私たちは考えている。しかし、自分自身や愛する者たちへ一定のタイプの被害が与えられたときは、常識人でも憤るという事実を一般の人々や法に認知してもらいたいのであって、だから、法理のなかに、そのような状況で暴力行為に及んだ人のための軽減措置を組み込みたいのである。殺人行為が正当化されるわけではないが、それに対してより軽い罰を与えるという意味で部分的には弁明される。その理由は、単に、その人の感情が理解できるからというわけではない。感情の影響下に選択される行為ではなく、当の感情自体が適切だということである。[*36]

気をつけなければならないが、カーは嫌悪感を抱いていなかったとか、彼の嫌悪感は極端に強くはなかったとか、あるいは、この嫌悪感は殺人を誘発しなかったなどと、カー事件の判事は言っているわけではない。判事が言っているのは、そうではなくて、これらは常識人の反応ではない、ということである。道理をわきまえた常識人ならば、嫌悪していようといまいと、暴力を振るってしまいそうになるほど感情に圧倒されなかっただろう。法には、こんなふうにして、何が道理をわきまえた人を極端な感情へと駆り立て、何が駆り立てないのかについてのモデルが含まれている。この章の題辞とした判例、ローガン事件（*People v. Logan*）が核心を突いているように、「いかなる被告も、自分なりの行動基準を設定し、事実、自分の感情はかき立てられたのだからといって自身を正当化したり弁明したりしてはいけない。ただし、さらに陪審団が、事実や状況が通常の常識人にその情念を引き起こすのに十分だと信じれば別である」。

同じことは、本章の冒頭で触れられたフランク・スモールの例でも言える。スモールが主張していたのは、彼がただ大部分の人より怒りっぽい人間であるために、怒りが非常に激しいのだということであった。判事はこの主張を詮議せず、人がそのような状態になるように自分自身を許すということに法は報いないのだと述べた。スモールの極端な感情は、裁判所が記すところによれば、「自己管理の欠如の結果であり、弁明しようのない、自己修養の怠慢の帰結」である。[*37] 自分自身をくだらない瑣末事によって挑発されるがままにさせておいたことに対して、私たちは報いたりはしない。[*38]

殺害が「冷却期間」のゆとりなく、「激怒のあまり逆上して」なされたのでなければならない、という法理上の要請についてはどうだろうか。これらの法理が示しているのは、感情はなるようにしかならないし、ほんのわずかのあいだだけ理性を無力にするような衝動なのだと法律の権威が考えているということである、そう解釈されるかもしれない。しかしながら、これは法理の正しい理解であるはずがない。カーとスモールの感情はとても激しかったかもしれないが、しかし、減刑されなかった。減刑を勝ち取るために、実際に極端な感情に囚われていたのだということを被告が示す必要すらない。重要だと思われるのは、その状況が、常識人でも極端な感情を持っただろうと言えるようなものだったということである。しかし、それなら、たとえ被告が被害者のやった不当な行為によって十分に挑発され、そして被告の怒りが想定上の常識人の怒りと同じであるとしても、長い時間が経ってから被告が被害者を殺した場合に、なぜ被告は故殺罪へと軽減されてはいけないのだろうか。確かに、被告になされた悪事への怒りは、時間が経過しても不適切にはならないのである。誰かがGの子どもを殺したばかりだとしてみよう。Gは犯罪のことを知ってすぐに殺人犯に遭遇し、そして犯人を撃ち殺した。Gが減刑されることは、この法理のもとでは非常にありそうなことである。しかし、もし三週間かかって犯人を突きとめ、殺したとしたら、彼女は減刑されないだろう。なぜだろうか。きっと、道理をわきまえた人でも殺人犯にこれ以上ないくらいの怒りを、おそらく一生の間、持ち続けるはずなのだ。

　この難問を解くために、私たちは、感情だけでなく、他の事柄との関係を考えなくてはならない。私はすでに、この法理によって減刑はされるだろうが、私刑《リンチ》を加えることがけっして正しくない以上、完全に無罪放免にされるわけではない、ということを述べた。この意味で、Gの怒りは常識人のそれであるが、彼女はすべての点で道理をわきまえた常識人だというわけではない。道理をわきまえた人ならば他の考えや感情を持つだろう。法に対する敬意、殺人についての予期される罪悪感、罰への恐怖心など、多くの状況で、これらの別の考えや感情が割り込んできて、Gが殺人犯を殺すことを妨げる。その代わりに彼女は警察を呼ぶだろう。彼女が犯人を見つけた直後でわけもわからず動揺しているときには、彼女が優先順位を正しくつけなかったこと、そして自分を抑制しなければならない理由があるのに気づかなかったことを私たちは許容する。しかしながら、私たちは、人というものは、しばらく経った後では大きな構図でものごとについて考え、社会あっての自分であることを忘れるほど一つの感情に囚われないものだと期待している。私の考えでは、そう理解すれば、法理はいちばん妥当であろう。[*39]
正当防衛はまた別の話である。この場合、命を脅かされている（あるいはひどく身体を傷つけると脅されている）ことが人に殺す権利を与えるから、脅かされている人が殺しても悪いことはしていないと私たちは感じている。こうして、正当防衛には完全な無罪の申し開きが立つ。しかし、法理は、ふたたび、常識人が生命や安全のために恐怖を抱きそうな状況の範囲を慎重に定義している。ブラックストン Blackstone が述べているように、「正当防衛の法は必然性の法である」。権利は必然性がそこにあるときに初めて生じ、必然性と同じ範囲だけ広がる。法理の現代的な概要を引用すれば、

被告人に対する致命的な暴力の行使という、現実の、または明白な脅威があったのでなければならない。その脅威は違法かつ直接のものだったのでなければならない。被告人は、自分が、死または深刻な身体的危害の差し迫った危険にさらされていると、信じていたのでなければならない。これらの信念は正直にそう思っていたというだけでなく、周囲の状況に照らして、客観的に合理的でなければならない。これらすべてが揃って初めてことが足りるというのは明らかである。[*40]

法理の早い段階から、これらの範囲の重要性は強調されている。

この自然な防衛の権利は、攻撃の権利を意味していない。というのは、過去の傷害、あるいは身近に迫った傷害をめぐって互いに攻撃しあう代わりに、人はただ法廷を頼ればよいからである。それゆえ、人は予防的防衛の権利を法的に行使できないが、しかし、突然の暴力事件では行使できる。このときは、法の助けを待てば、その結果として、確実にすぐ苦しむことになるだろう。そういうわけで、正当防衛の申し立てによって殺人を弁明するために、

殺害者には、暴漢から逃れる他の可能な手段がなかったと考えられなければならない。[41]

そのような議論には（たとえばジュディ・ノーマンの事例のように）死や危害に対する被告の理に適った恐怖心に言及しているものもあれば、単に、自分が死や深刻な身体的危害に直面しているのかもしれないという理に適った信念だけに言及しているものもある。[42] 私たちの分析からすれば、こんなふうに簡単に恐怖心と信念が入れ換わってしまっていることに驚くことはない。なぜなら、信念は、恐怖心のうちの一要素であり、かつ法律上の目的にとって最も当を得た要素だからである（そのような事例の恐怖心で、ある役割を果たしている別の信念、つまり、自分自身の生命は何にもまして重要だという信念は、終始、当然のこととされていて、それが理に適っていることは法理全体の基礎となっている）。

法理の一般的な趣旨によると、生命や身体の安全についての激しい恐怖は、ただそれだけでは、致命的な暴力を使うことを正当化するのに十分ではないとされる。加えて、私たちは、恐怖心が理に適っていること、すなわち、状況についての理に適った信念に基づいていることが要請される。ここで、真かどうかではなく、理に適っているかどうかが関連するカテゴリーであることが容易に看て取れる。侵入者が銃で私を脅せば、結局は、その銃はおもちゃで、空包が装填されていたことが判明するかもしれなくても、銃も弾薬も本物だと私が信じることは通常、理に適っている。私の信念が間違っていたことがわかったとしても、正当防衛を申し立てることはできるだろう。

理に適っていることの基準がさらにどのように定義されるべきかについて、多くの問題がある。たとえば、信念は、どんな人間が抱いても理に適っているようなものであるべきか、それとも、その人個人の経歴や経験に照らして理に適っているようなものであるべきか。この問題はバーナード・ゲッツの事件で議論された。ゲッツは、ニューヨークの地下鉄で、一、二人の男に五ドルくれと言い寄られた後、彼らを含む四人を撃って怪我をさせたことによって殺人未遂の廉《かど》で裁判にかけられた。[43] 自分の命が危ないという信念は、暴行されたというゲッツ自身の個人的な経歴に照らして理に適っている、と彼は主張した。この主張はニューヨーク州控訴審裁判所 New York Court of Appeals によって拒絶された。ニューヨーク州最高裁判所の主張は、理に適っているかどうかの基準は客観的なものであって、主観的なものではなく、そして以前の経歴に基づいた偽りのない信念は必ずしも理に適っているかどうかの基準を満たすのに十分ではない、ということだった。[*44] さまざまな法律上の典拠によって、この基準がさまざまに定式化されていることからも問題は生じている。例を挙げると、模範刑法典 The Model Penal Code は、きわめて重要な「理に適っている reasonable」という語を省いており、また、法理を再公式化して、たとえば、不注意に信念を形成している被告は、過失致死罪以下の罪にしか有罪にできないようにしている。ニューヨークは、模範刑法典の姿勢に従いながらも、「理に適っている」という語を、関連する制定法に入れ直している州の一例である。ともかく、伝統は依然として、被告の恐怖と、その恐怖を基礎づけている信念が理に適っていることを査定するよう促しているのである。

法理は、自分自身の生命の重要さと、その保護に関して大いに配慮することの正当性を当然視している、と私は述べてきた。だが、それに含まれる評価は、実際には、はるかに複雑である。というのは、正当防衛の主張を成功させる可能性があるのは、生命が脅かされることだけではないからである。すでに見てきたように、深刻な身体的な傷害も典型的には含まれている。しかし、守る目的で暴力を振るうことが許されている他の重要なことがまだある。司法管区によっては、強姦や、あるいは強奪でさえ、それを回避するために致死的な力を使っても、正当防衛を申し立ててよいところがある。[*45] そのような制定法では、暗に、身体的に無傷であることや財産を重要なものとして評価し、そのために戦うことは理に適っているとしているのである。また、ある司法管区は、反撃する前に、避難したり、退却したりする義務を課しているが、そうしていないところもある。この避難や退却の要請を課すのを拒否する根源を辿ると、明らかに、名誉についての一九世紀的な考え方に行き着く。「真の男子たるものに……暴漢から逃げることを、すなわち、暴力や脅かしによって、悪意をもって命を奪ったり身体をひどく痛めつけようとしたりしている暴漢から逃げることを」要請するならば屈辱的なことであろう、というのである。[*46] このように名誉を高く評価することは批判されてきたが、多くの司法管区では、いまだに、この種の状況で、不名誉への恐れを好意的に評価するのを認めている。[*47] 名誉やアイデンティティについての同様の考えによって、自分が主である家では襲撃から逃げる必要はないという考えが広く浸透している。男が「自分が主である家からの逃亡者に」させられることは名折れであろう。[*48] 最後に、他人の死や傷害を妨げるために干渉する場合、正当防衛を申し立てることが許されている。しかし、この免責事由を得るために、人が正確に何を信じていなければならないかについて諸州は割れている。被告が、道理上 reasonably、被害者であると見た人を助けるために攻撃に出なければいけない、と道理上信じたのであれば、被告は免責されることになると考えているところもある。ある人に味方して被告が介入する場合、そもそも、その人が事実として致死的な暴力を行使する権利を持っていたのでなければならないと、より強い要請を課するところもある。[*49] そのような法理には、また、私たち相互の関係についての規範と、救助者となるなら注意しなければならないことについての模範が含まれている。

ジュディ・ノーマンの事件に戻ろう。虐待された女性たちは、ここしばらく、自分を虐待した配偶者の殺害を正当防衛行為として描き出そうとしてきた。話を難しくしているのは、被害者が女性の生命を直接は脅かしていないわずかの間に、配偶者への殺人行為が行われたケースがないわけではないということである。だが、これは典型的なケースでないと指摘することが重要である。それが典型だというイメージはメディアが作り上げたものである。このような事件に関する近年最良の調査では、虐待されて配偶者を殺した女性の八〇パーセントは、直接ぶつかりあっているときに殺害している。[*50] こうして、伝統的な正当防衛の法理は、そのような事例の大多数を説明するのに適切であることがわかる。にもかかわらず、その残りの事例が重要な少数派を構成しており、最近の法思想は、これらの事例を適切に扱うために法理に取り組んでいる。明らかなことだが、女性が日常的に暴力を振るう者を恐れながら暮らしていれば、通常は肉体的にはるかに弱いのだから、自分自身を守るのに成功するのは夫が寝ているときか、さもなくば一時的に注意が散漫になっているときだけだと考えることが多い。このような考えはたいへん理に適っていると思われる。それでもまだ、寝ているときに人を殺すことは正当防衛であるという考えは、まずいことに、伝統から見ると、正当防衛かどうかの狭い境界領域にひっかかってしまうのである。もう一つ、逃亡の問題がある。もし、実際に、夫が寝ていて、ちょっと歩けばドアから出られるとしたら、虐待された女性が逃げられないということは、司法当局にはたいへん奇妙に思える。現に、ジュディ・ノーマンはドアから歩いて出て、夫を殺しに戻る前に子どもをどこかに預けてきていた。

こういう理由で、裁判所は、虐待された女性に正当防衛の申し立てを認めるのに難色を示してきた。ジュディ・ノーマン事件の少し前だが、カンザス州最高裁判所は、被告が寝ている夫を撃つという、ノーマンの場合と似た事件で陪審団に正当防衛の説示を与えることは誤りだとしている。

陪審に正当防衛についての説示をするためには、差し迫った脅迫か、攻撃者による公然の行為を含む衝突の場面を示す何かがなければならない。被告が長期にわたる家庭内の虐待を被り、被害者が虐待者である場合も、この要請に例外はない。そのような場合、論点は、殺人によって虐待者との過去や未来の問題の解決になると被告が信じているかどうかではなく、殺害を取り巻く状況が、被告のうちに、致死的な力を行使することが必要だという理に適った信念を作り出すのに十分かどうかということである。……そのような状況では、虐待された女性が、眠っている夫からの生命を脅かすような差し迫った危険を恐れるとしたら理に適っているはずがない。*51

同様に、ジュディ・ノーマンの行為は、彼女の生命が差し迫った危険にさらされているという理に適った信念を持っていなかったことを示しているように、判事には思われたのである。彼女は家から立ち去ることができたし、実際そうした。彼女が襲ったとき、夫は眠っていたのだ。

このような事例が示唆しているのは、男性同士が暴力によって脅し、脅されているという状況に何よりもまず対処しようとして法理が練られていて、虐待された女性の状況や事情に立ち向かうには、あまりうまく考案されていない、ということである。彼女は、事実、配偶者から離れた生活について見通しのある望みがないかもしれない。もし彼女が去れば、彼はかなりの確率で彼女を追ってくるだろう。それに、いずれにせよ、そういう女性は普通夫を離れては生計が立たない。また家を出れば、子どもの安全のことを恐れるかもしれない。虐待された女性についての専門家たちは、彼女たちの感情状態の心理学的分析をしてきた。彼女たちは、恒常的に虐待され続けているような人間関係にいて、感情的に虚脱し、絶望するようになるというのである。*52 一九八〇年のある事件で、州は虐待された女性に関する心理学の専門家の証言を排除するのに成功したが、ニュージャージー州最高裁判所は被告の謀殺罪の判決を覆し、専門家のこの証言が、生命を脅かされているという彼女の信念が客観的に理に適っていることを妥当に証明するものだとしている。*53 けれども、法のこの領域はまだ議論されている。ジュディ・ノーマンの件で意見が二つに割れていることは、こういう状況で、理に適っていることの基準がどのように理解されるべきかをめぐる議論の奥深さを表している。その一方で、陪審はそのような事件で、法理の正式な要請が満たされていない場合でも、被告を無罪とすることがますます一般的になってきている。*54

第5節　感情と社会規範の変革

ある晩、キース・ピーコックがふと家に帰ってきてみると、妻が他の男と寝ていた。数時間後、彼は妻を撃ち殺した。ピーコックの故意故殺罪の申し立てを受けて、ロバート・ケーヒル Robert Cahill 判事は、ピーコックに八ヶ月の外部通勤制による自由刑を言い渡した。判事は、「幸福な結婚をした者が配偶者を養うために働いている間にその私生活で裏切られる、これ以上激しく、押さえられない怒りを」かき立てるものを自分は想像できないと述べて、ピーコックへの共感を表明した。*55「私は真剣に疑うが、いったい、結婚して四、五年になる男で」、ケーヒルは続ける、「身体上の罰を加えず立ち去るだけの強さを持つ者がどれくらいいるというのだろうか」[56]。

この話で唯一注目すべき事柄は、誰もがこの話を注目すべきだと考えるということである。何世紀もの間、姦通は、情人もしくは不貞な配偶者の殺害を、故意故殺へ軽減するのに十分な挑発であるとしてみなされてきた。何世紀もの間、この犯罪で有罪とされた男は甘い刑ですんできた。しかし、ケーヒル判事の判決と所見は論争の嵐を巻き起こしたのだ。新聞は批判的な論説を掲載した。抗議の者たちは裁判所を取り巻いて、ケーヒルの解任を要求した。正式な懲戒手続が始められた[57]。

かつて法のうえで解決していたこと、つまり、不倫は道理をわきまえた男を殺人的な怒りへと駆り立てることがあるということが、いまでは争点となっている。一九七三年までは、妻の情夫を殺したテキサスの男には、殺人に対して制定法で認められた完璧な抗弁があった[58]。その制定法は、廃止されるときまでには「時代錯誤、もう過ぎ去った開拓時代の考え」であり、州を法律上のお笑い草にするものとして考えられるようになっていた[59]。完全な無罪弁明ではなく、罪の軽減を通して寛大な処置を表明していた他の州でも、ケーヒル判事への民衆の批判が示しているように、同じような転換が行われている。

おそらく、人々は、不貞を働かれた夫の怒りが本物であるとか、強いとかいったことを疑っているのではない。そうではなく、この感情は理に適っている、道理をわきまえた男が持つような感情だ、という判断に反対しているのである。感情は価値評価を含むのだから、これらの感情の評価は社会の規範を反映したものとなるだろう。どんな場合に恐怖心と怒りを理に適っているとみなすべきか、すなわち、想定上の常識人でもそのような状況で抱くような感情とみなすべきか、ある社会がそう問うとき、何を重く評価することが理に適っているのかを暗に問うているのであり、そして、その答えは、流布している規範の標準に基づいて典型的に与えられる。すると、そのような規範的評価は、社会の規範が変化を被るにつれて変わっていきそうである。たとえ、不倫が重大な道徳的悪であって、それに怒りを覚えることは正しいと今後考えられていくとしても、伝統的な法理を擁護して典型的に主張されていたこと、すなわち姦通は「男の所有物のこのうえない蹂躙」であるということを主張する人は、今日ほとんどいない[60]（この変化は、姦通が適切に犯罪行為と判断されるかどうかについての見解の変化と密接に関係しているかもしれない、ということに注意しておこう）[61]。おそらく、目下の見解は、自分の配偶者とその貞節を気にかけることは理に適っているが、配偶者を殺した夫のような仕方で貞節を気にかけるとすれば理に適っていない、というものである。つまり、怒りは理に適っているが、人殺しへといたるような怒りは理に適っていない。このような男は妻を自分が管理すべき所有物の一つとして扱っていて、彼の目から見ればどんなに酷いことに見えようとも、そうした自由な選択をした一人の人として妻を扱っていないのである。

嫉妬深い夫の例では、結婚についての新しい理解が、男性による支配と管理の規範を変えてしまった。この規範はかつて、理に適っているかどうかの基準を適用するときにその根本にあったものである。同様の転換が、ドメスティック・バイオレンス domestic violence の領域で行われている。すでに見てきたように、正当防衛の法理は、男性に立ちはだかる、ありがちな状況を扱うために作られていた。彼らの命は敵対者や侵入者によっていままさに脅かされている（ときには、もちろん、女性も同じような危険に直面するが、「真の男子」とか家の主という考え方が出てくるところを見ると、脅威にさらされた男性が標準的な事例として採られていることがわかる）。この模範的なシナリオでは、生命への脅威が差し迫っていると主張する申し分のない理由がある。司法当局は、自分は完全に罪を免れるだろうと信じて、人々が敵を数時間後に追いつめ、殺害するなどということを助長したくなかったのである。そのような殺害者は、ことによると、故意故殺への減刑を受けるかもしれないが、正当防衛の申し立てはけっしてできないであろう。ここまでは完全に論理的であるように見える。

ところが、私たちはドメスティック・バイオレンスについて前の世代よりよく理解しており、たいへん重大な社会問題として、それに注目することを決めたのである。この問題の研究が示すところによると、女性は自分の立場を逃れられないもの思い、そして、たとえ彼女の夫が寝ているか何かで、そのときには得物をもって脅しているのでなくても、致死的な暴力を使う以外に選択肢はないと理に適った信念を持つことがある（そのような信念が理に適っていることは、虐待者がしばしば、パートナーが去った後でも、追いかけて暴行するという証拠によって支持されている）。こうした問題はまだ根の深い論議の的となっている。たとえば、ジュディ・ノーマンのような境遇にある女性は、虐待が十分な挑発だったのだから故意故殺へ減刑されてもおかしくないが、正当防衛に基づく完全な無罪弁明にはあたらないと妥当に考えるかもしれない。こうした難しい問題は時間をかけて解決されるべきである。しかし、はっきりしていることは、ドメスティック・バイオレンスによって引き起こされる、生命、無傷な身体、尊厳などへの脅威は目に見える範囲で際立って生じてきたのであり、社会として今、これらの問題は以前よりもっと大きな重要性が与えられている、ということである。私たちは、家庭内の虐待の被害についてよりよく理解するようになり、そして、女性をいかなる意味でも夫の従属物として考える傾向をもはや持っていない。そのような規範における転換は、虐待された女性の怒りや恐怖に対する評価も変えているのである。

第6節　理に適った共感——刑事判決における同情

これまで私たちは、刑事被告人の感情に焦点を絞ってきた。怒りと恐怖心は、推定上の犯罪行為を評価する過程で重要な役割を果していると私は論じた。そのような感情はけっして思い違いがないというわけではないし、法理自体も、感情は多様な仕方で不適切な場合があると主張している。その一方で、法理はまた、これらの感情は、事実の正しい評価と、重要な価値の理に適った説明に基づいていて、「理に適っている」ことがありうる、と考えている。そうである場合、それらの感情は、暴力行為に対して減刑事由となるか、または正当防衛の時は完全に無罪にすることがある。刑事判決の過程のなかで持つような役割を感情が果たしている理由は、感情が重大な被害や損害に相応していて、そして被害や損害は法的規制の適切な領域であると一般的に同意されているからである。すでに触れたように、こうした判断は、世間一般の感情に関する判断の趨勢と密接に関連している。すなわち、市民がある種の損害を恐れたり、それに怒ったりすることは概して理に適っているというのである。そのような考え方は、刑法の正当化にしっかりと組み込まれている。

いまはしかし、すぐ次に観察者の感情へと話題を転じ、刑事判決の過程で同情が果たす役割を考えることにする。明らかに、同情は刑事判決で役割を果たすことがありうる。当然ながら、このとき被告の人生を考え、特殊な過去、たとえば、子どもの頃性的虐待を受けたという過去の経歴が人格を不安定なものにしたのかもしれないと私たちが思うのならば、刑罰を加減する。たとえ、現在の非常に制限された精神障害の基準のもとで限定責任能力の申し立てがうまくいかないとしても、そのような過去のおかげで、犯罪行為がより理解できるものになり、またそれに従ってさほど凶悪でないと考えられるのなら、そうするのが自然である。このような判断は型通りに下される。それは、広く喧伝された事件の口さがない世間の評判でも、判事や陪審員による実際の真面目な審議でもそうである。たとえば、スーザン・スミスは、子どもの時性的虐待を長い間受けた経歴を持ち、その後自分の子どもたちを殺害した母親であるが、第一級謀殺の判決が下されたものの、死刑ではなく終身刑を言い渡された。この判断は、彼女の経歴のゆえに、判決に際してある程度寛大であってもよいとする世間一般の情を反映している。[*62]

しかし、私たちが強いて問う必要がある問題は、この同情の役割が法の伝統によって、理に適っていて善いこととみなされているかどうか、ということである。同情にこの役目を持たせることに対する反論は、容易に思い浮かべることができる。曰《いわ》く、人々の共感は気まぐれで安定していない、人々にはもともと、被告のタイプによって反感を持ったり、好感を持ったりするという偏見があって、それが被告の身の上を聞く態度に影響を与えているのだ、など。だが、こういう恐れがあるにもかかわらず、刑法における長い英米の伝統は、判決の時の同情の地位を強調し、「つなぎ留められた」、つまりは理に適った、同情の概念を構築しているのであるが、これは理に適った怒りや恐怖心についての法の考え方に相通ずるものである。

この伝統を吟味できるようになる前に、しかし、感情自体についてもう少し言っておかねばならない。[*63] 同情は、これまで論じてきた他の感情のように、思考を含んでいる。アリストテレス以来、同情の標準的な分析が強調するところによれば、この感情は他人がひどく悪い目に遭っているという思考を必要としているとされる。すると、まさに同情しているとき、私たちは他人の苦境を深刻であると評価しているのである。アリストテレスは、このことを、苦境が「大きさ」を持っていると表現する。「大きさ」の見積もりは、苦しんでいる人自身の見積もりを反映していることもあるが、いつもそうであるとは限らない。苦境のためにかえって、自覚を失ったり、精神的な損害を被ったりして、自分の喪失の深刻さがわからなくなっているような人に対して、私たちは大いに同情する。また、ただ「甘やかされて」いるだけで、本当はそれほど悪くはないことにたらたら不平不満を言っていると思えば、私たちはそういう人に同情するのをやめる。すると、他人に同情するとき、私たちはすでに「賢明な観察者 judicious spectator」の態度を取り始めていて、できるかぎり人の不運を評価しているのである。もちろん、私たちは性急にすぎたり、間違ったりすることもあり、そうして、アダム・スミスがこの用語を作った時に心に思い描いていたような、申し分ない「賢明な観察者」になり損なうこともあるが、同情の観察者的な本性からして、すでに、少なくとも反省的評価をするようには促されているのである。

同情が一般的に含んでいる二番めの思考は、アリストテレスが、同情と悲劇を結びつけたときに強調しているものである。[*64] つまり、人は自分の窮状のすべてに責任があるわけではないという考えである。いくらかは責任があるかもしれないが、私たちが同情を抱くかぎり、その苦境と責任は釣り合いがとれていないと私たちは判断しているのである。

この伝統は、さらに、同情には、私たち自身が同じような目に遭いやすいという考えが一般的に含まれていることを強調する。それは、苦しんでいる人と、共感している人自身の可能性や弱さとを結びつけている。こうして弱さの共同体ができることは、人助けの動機として、同情の大きな強みの一つである。それはまた、自分たちがそういう目に遭う可能性が他人より明らかに高いと考えている人でも、その人たちの窮状に同情しないことがあるのはなぜか、ということを説明してくれる。ルソーは、フランスの王や貴族が下層階級に対する同情を欠いているのは、当人たちが「人間などというものではけっしてないつもり」であり、自分はあらゆる人生の浮き沈みに左右されるような存在ではないと思っているからだ、と言っていた。一般的には、人間誰もが同じようなものだという考え方は、感情移入による想像という行為によって強められる。このとき私たちは、自分自身を他人の身に置いているのである。

人と同じような可能性があるという判断も、感情移入による想像も、厳密に言えば同情には必要ではない、と私は論じたい。動物にありうることが私たち自身に同じようにありうると考えたり、私たちがその動物だったらと想像したりしないでも、私たちは苦しんでいる動物に同情することがある。もちろん、動物の苦境というものを何とか理解することが私たちに必要ではあるが。また、全能の神が、人間とまったく異なる可能性を持っているのにもかかわらず、人間の苦しみに同情を抱くということも、私たちは想像できる。多くの宗教的伝統は、そう想像することには身体が必要だと考え、神が人間の苦しみを想像する仕方を制限している（たとえば、聖トマス・アクィナスによると、神（父）は関連する概念形成はできるだろうが、特殊者を想像することはない）。しかし、確かに、みな同じようなものだという認識と感情移入による想像は、不完全な人間が他人への同情を抱くようになる際の、たいへん力強い心理的な助けなのだと当然みなすべきだろう。C・ダニエル・バットソン C. Daniel Batson による感情に関する実験によれば、苦しんでいる人の境遇について生々しく話して説明すると、同情的な感情と援助行動を生み出すのに効力を発揮する、ということがはっきり示されている。*65

私たちが同情的な感情を持つとすれば、さらにもう一つの思考が加わらなければならないと私は考えている。それは、私が幸福主義的判断 eudaimonistic judgement と呼ぶものである。すなわち、当の人は、同情的な感情を抱いている者にとって大切な人だという思考である。私たちは最も重大な関心事を現在の私たち自身から見て透視図的に配置しているが、そのなかで私たちの感情はいまの自分に近いところに位置づけられている。私たちは、気にかけている人のために深く悲しみ、気にかけていない人のためには悲しまない。私たちは自分たちや気にかけている人たちに振りかかるかもしれない災いを恐れ、遠くの災いを恐れない。もっとも、遠い災いでも、自分が気にかけたりや関心を持ったりしていることの輪のなかに入れてしまうようにすれば話は別である。私たちをより大きな人間のグループと結びつける潜在能力が同情にはある。しかし、大きなグループと自分を結びつけるためには、少なくともそれとほぼ同じくらいの時期に、苦しんでいる人や人々を、自分たちの大事な目標や目的の内部にあるものとして、つまり私たちの関心の輪の一部として、注目するようになるという道徳上の達成がなければならない。このような注目は同情と同時に起きることがある。バットソンは、見知らぬ人の苦境についてのいきいきとした話が、その人への強い関心を生み、感情や援助行動へといたる場合があることを示した。しかし、このような注目が不安定であることがわかるかもしれない。中国で起きた地震の被害者に同情している人でも、自分の小指の痛みに気をとられればすっかりその感情をなくすだろう、とアダム・スミスは皮肉な意見を述べている。同情の持つ一様でない遠近法的な特徴は、道徳教育と倫理学に問題を投げかける。[*66]

以上、四つの判断を詳しく説明したので、同情がどのように、そしてなぜ間違いになることがあるのかを理解できる。それは、苦境の深刻さを間違えることによって、間違いであることがある。それは実際に起こったことに関して正しく知らされていないか、もしくは、悪い出来事がどれくらい深刻なのかについて混乱しているためである（社会学者のキャンダス・クラーク Candace Clark によると、多くのアメリカ人は、同情することが多い場合として、病気や死期が近いことと並んで、渋滞で動けない時を挙げている）。[*67] また、人が自ら招いたのではないことについてその人を責めたり、その人がやったことなのにその人に責任があると考えなかったりなど、責任について誤って考えているために、同情は間違いであることがある（クラークによると、アメリカ人は、納得できる理由で自分の判断を裏づけることが難しいという事実にもかかわらず、貧しい人が貧しいのは彼らの責任だと咎める強い傾向がある）。最後に、関心の範囲のなかにあまりに少なすぎる人々（それに、他の生物）しか含めないことによって、間違うことがある。

大部分の社会には、どの場合に同情が理に適っていて適切であるのかに関する深刻な不一致が見られるだろう。貧しい人々は彼らの貧しさに責任があるのだろうか。失業はどれくらいつらいことなのか。外国の人々の幸福についてどの程度関心をもつべきなのか。これらのことや他の多くのことをめぐって論争はまだ続くだろうと予想できるし、法的な規範を設けて、この手の非常に議論の余地のある問題にはっきりと答えを出そうとするのはあまり賢明とは言えないだろう。その一方で、同情の実例のうちで中心的なもののいくつかについては、理に適っていると一致して考えられており、少なくとも、そのなかには刑事判決で役割を担っているものもある。ある種の児童期の虐待は、たとえば、本人の落ち度でもないのに子どもが苦しまなければならない深刻な悪であると理解されている。もし法の手続きが、判事や陪審員に、そのような人々の人生の浮沈に注目するように指導するとすれば、同情がその結果となるであろうと予想できる場合があるし、このような同情なら理に適っていると一般的に同意されるだろう。

では、刑事判決を考えてみよう。すでに紹介したある判例、ブラウン事件（*California v. Brown*）、に焦点を絞ってみたい。問題となっていたのは、州の陪審説示だった。それは、陪審員たちに、「単なる感傷、憶測、共感、情念、偏見、世論や国民感情によって」揺らいではいけないと指示していた。問題は、この説示が違憲かどうかということであった。違憲とする根拠は、「適切な罰を決める際に、裁判が行われている犯罪に関係しようとしまいと、「被告の性格や経歴のいかなる［共感できる］側面」でも考慮すべきだという憲法上の義務」を閉却するように、この説示が陪審員に求めているということである。[*68] 被告には同情を引くような証拠を量刑審理で提出する憲法上の権利があり、この権利を奪うことは（残虐で異常な刑罰に対する憲法修正第八条の保証に関する）憲法違反である。これについてはもともと一般的な合意があるということは注意しておこう。したがって、量刑審理で提出される証拠に基づくある種の同情は、もしその判決が合憲であるとするならば、死刑判決の手続きの一部として有効でなければならない。この事実を誰も問題にしていないのである。

アルバート・ブラウンは、一五歳の少女の死亡に関して、強姦と第一級謀殺で有罪とされていた。量刑審理で、訴追側は前科の証拠を提示した。弁護側は、被告が普段はおとなしい性格だったという、家族たちの宣誓証言を出し、また、「ブラウンが被害者を殺害したのは、彼の性機能障害への羞恥心と恐怖心のためである」という、精神分析医の宣誓証言も呈示した。ブラウン自身も証言をし、自分の行為を恥じていると述べ、陪審員団に死刑の減刑を請うた。[*69] この判例は、死刑から終身刑へと減刑するのに、この証言が十分だったかということには関わっていない。繰り返すが、この種の証言が関連性のあるものであって、陪審団はそれを斟酌し、そして自分で決断することを許されるべきである、ということは、あらゆる立場の人たちが認めている。

問題となっているのは、この説示が陪審員を誤って導いているのかどうか、この関連する証拠を考慮すべきだという義務を果たさないように言っていることになるのか、したがって憲法上の命令を遂行すべきだという陪審員の義務を果たさないように指示していることになるのか、ということである。多数意見は、説示にある「単なる」という語が、「感傷」だけではなく、その後のすべての語を修飾していると取って、陪審員は「単なる共感」のみを閑却するように求められているとしている。つまり、これは「何にもつなぎ留められていない共感」、すなわち、量刑審理で実際に提出された証言に基づかない共感のことを言っているので、考慮しないように求められているのはそれだけだ、としているわけである。多数意見は、さらに、これがその説示の真意であることは平均的な陪審員なら理解するだろうし、そして誤解させられることもないだろうと論じている。「私たちは、合理的な陪審員なら、この異議を申し立てられた説示を違憲にするような仕方で解釈することはないだろうと考えている」[*70]。反対者は（私の見解では妥当に思えるが）、この説示は一見して明らかに紛らわしいと論じている。「単なる」は「感傷」だけを修飾しているのであり、共感をいっさい考慮しないように求められているのだ、と陪審員はたぶん結論するだろう、と言うのである（この紛らわしさは、「単なる偏見」と対比されるような偏見の適切な形態などないという事実によって、さらに増すだろう）。さらに、検察官特有の行動によって、本文の紛らわしさはさらにひどくなっている。彼らは、説示の紛らわしい解釈を押しつけることで、威圧的な態度をとって、共感を呼ぶような証言を陪審員たちが斟酌しないようにさせるのである。こうして、典型的な例を挙げると、ある検察官は「判事があなた方に説示するように、共感によって揺るがされてはいけません」と言っていたのである。[*71]また別の検察官は、「共感は興味深いものであります。なぜなら、それを考慮するまいと思っても、あなた方がしようとしているこの決意は感情のうえで付帯的な意味合いを持つからです。私たちの感情すべてを完全に濾過し、この決意を理性的な基盤に基づかせることはたいへん難しいことでありましょう。けれどもその説示は、そうしようと試みるべきだとあなた方に言っているのです」と述べた。[*72]反対論者は、被告には共感を引き起こすような証拠を提出する憲法上の権利があり、また、減刑にいたる同情を生み出すかもしれないという可能性も含めて陪審員にそれを正式に斟酌してもらう権利も持っている、という点では多数意見に同意している。だが、反対論者は、ブラウンの憲法で認められた権利が、この説示によって侵害されていると結論している。この説示は、陪審員たちを混乱させて、自分たちの憲法上の義務を顧みないようにさせてしまうことが多分にあるだろうというわけである。

「〔証拠に〕つなぎ留められた」、つまり「理に適った」同情は判決手続の一部であって、それについてはすべての人が同意している。そういった同情は、たまたま目を引いた性質にではなく、量刑審理で提示される証言に基づき、そしてまた、道理をわきまえた陪審員によるその証拠の評価に基づく。ブラウンの事件では、たとえば、理をわきまえた陪審員はすべての証拠を聞きつつ、同情をもって反応しないかもしれない。というのは、性機能障害が、それによって殺人的な激高が説明され、刑を軽くできるというほど重大な苦境ではないと考えられたとしても、まったく理に適っているからである。もしブラウンが子ども時代にひどい性的虐待を受けていたということでもあったならば、同情を引く可能性はもっと大きかっただろう。いずれにしても、ひょっとすると同情を引くかもしれない証拠を提出する機会があるということは、すべての被告の権利である。ウッドソン判例が一九七六年に主張したように、この手続きは、被告を「この世にたった一人しかいない個人」として扱うという、まさにそのことの一部をなしていると考えられているのである。

「つなぎ留められた」同情のこの役割については、重大な未解決の問題がまだいくつかある。たとえば、もし、同情の役割が憲法上要請されていながら、しかも、それと同時に、どんな裁量的な死刑手続にも人種を口実にした偏見がありそうだとしたら、合憲と言えるような死刑執行の方法などないということを含意しているのではないか（この問いに対する答えは「そうだ」であると私は信じている。また、死刑が憲法違反だと考える理由はいくつかあるが、そのうち、この議論は、より直接的な道徳的論証によっては死刑の違憲性を納得しない死刑賛成論者でも、もしかしたら説得できるかもしれない論証であろう。私はそう考えている）。

私たちが直面しなければならないもう一つの問題は、判決手続における被害者への同情の適切な役割である。量刑審理に被害影響陳述 victim-impact statements を取り入れようという強い動きがずっとある。ウッドソン判例の議論を支持するものは誰でも首尾一貫して被害影響陳述も支持しなければならないと主張する人が、法律における同情の役割を擁護する者のなかにはいる。[*73] 言い換えれば、被告に共感を求めて陪審に訴える機会があるのなら、被害者の遺族もまたこの機会を持つべきであるということである。他方、量刑審理は被告（すでに有罪が宣告されている）に関するものであり、そして個人が生きるべきか死ぬべきかに関するものである、と論じることもでき、私の見るところそれは妥当である。被告がやった犯罪の程度についての証拠は、すでに裁判の主な審議で導入されている。被害者の身内に与えた影響についてさらに証拠を提出することが、関連性を持つのかはっきりしない。その一方、被告の深刻な発達上の損傷についての証拠が関連性を持つことは認められており、また明白である。さらに、被害影響陳述は、正しい「幸福主義的判断」（すなわち、同情的な関心をもって被告を注視すること）をかたち作る際の諸問題をこじらせるかもしれない。というのは、被告よりも被害者の方が陪審員と共通点をもつことが非常に多く、したがって陪審員は被害者の方に同情を感じやすい場合があるが、こうした陪審員と被害者との同盟的類似性が陪審員と被告の間に楔を打ち込むからである。[*74] 最後に、被害影響陳述を用いることは、被害者を不平等に扱うことである。なぜなら、遺族がいる人々は、身寄りのない人とは違った仕方で考えられることになるからである。これらすべての理由から、被告に対する「つなぎ留められた同情」というウッドソン的伝統を支持しながらも、被害影響陳述に懐疑的でいるということはまったく矛盾しないと思われる。

しかし、もう一度繰り返すが、これは、何が理に適った同情か、そして厳密には、それはどんな役割を果たすべきかについての議論であって、理に適った同情があるのかどうか、もしくはそのような感情の誘発要因が判決の手続きで重要な部分をなしているのかどうかについての議論ではないのである。

同情は公生活で多くの潜在的な役割を持っている。社会福祉計画、対外援助や世界的規模の正義に向けたその他の努力、そして弱い立場の人々のグループに対する抑圧や不平等を正そうというさまざまな形態の社会変革、これらのためのきわめて重要な土台を提供することができるのである。私はここで、刑法で重要なその機能のごくわずかな一部だけに注目してきた。最も慎重な法学者でさえ、同情が判決手続に組み込まれていることに同意しており、同情を消し去ろうとする企ては基本的権利の侵害である、ということを示すのが私の目的であった（ここまでのことは嫌悪感や羞恥心〔恥辱〕にはあてはまらないと私は論じることになる）。

第7節　感情と政治的リベラリズム

私たちは人々の感情を評価したうえで、重要な善 goods についてより理に適った価値評価に基づいているものもあれば、そうでないものもあると判断する。このとき、ある懸念が当然ながら湧き上がってくる。その懸念とは、結果として生じる法概念が、他人の善に関する見方を別の人に押しつける狭量なものになりはしないかということである。法によって尊重される見解はまた大多数の見解でもあるのが典型的なケースである。このことを認識するとき、懸念はとりわけ強くなる。少数派の価値は多数派の価値より適法ではない、またはより重要ではないといって、多数派が少数派を虐げる事態を招いているだけではないのだろうか。

この懸念は、その方向性において基本的に共同体主義者である政治思想家たちを悩ませることはないだろう。共同体主義の立場は（たとえば、アミタイ・エツィオーニの「共同体主義宣言」や彼の他の著作で表されているように）典型的に、価値の均質性をたいへん重要な社会的善として評価する。[*75] 共同体主義者は、しばしば、この善を追求するために自ら進んで、多様性と、ある程度の自由の両方を犠牲にする。法に関して言えば、法が多様性を抑制し、さらに人々の自由をいくらか禁じさえする一方で、また同時に価値における均質性を促進するということを、エツィオーニは明らかに法の見地からして利点であるとみなしている。これこそ、「単色社会 monochrome society」（彼のいちばん新しい本の題名である）がそうなると想定されているものである。つまり、私たちを分かつものではなく、私たちが共通に持っているものに自分たちのアイデンティティを見出すような社会である。そうした共同体主義の思想家にも、共有の価値の名のもとにどれくらい自由を制限してよいのかということについてまだ直面しなければならない問題があるが、法を通じて共有の規範を課そうとする計画全体は、やっかいなものには全然思われないだろう。

リベラリストはまったく異なった立場を採る。典型的には、リベラリストはジョン・ステュアート・ミルにならい、自分自身の選択基準によって、選んだり、公言したり、そして生活したりするという個人の自由をきわめて重要な社会の善であると考えている。リベラリストのなかには、ミル以外にも、個人の自由の尊重は他の善まで生み出すのだと強調する人がいる。たとえば、ミルは、人々に受け入れられにくい不人気の意見でも、その表明を保護することでもっと真理を得られる可能性は高いと論じている。自由に議論ができる精神的風土において初めてそれぞれの立場の長所がはっきり見えてくると期待されるからだ、と言うのである（この立場は第7章で論じる）。またその代わりに、ある人の人となりの一部として、その人の選択には固有の重要性があるということに注目し、自由の尊重を人格 person の尊重という、より一般的な規範に結びつけるリベラリストもいる。大事な問題で、こう考えるべきだ、こう言わねばならないと人々に教え込むような社会は、各人がおのおの人生の意味を探すということの核心にあるものに対して敬意を欠いている、というわけである。[*76]とはいえ、どちらのリベラリストたちも、法はある規範に肩入れして、別の規範に反対すべきであるという考え、つまり、これは保持すべき（それから、感情を基づかせるべき）善い規範で、あれはそうではないと、法が言うべきであるという考えには神経質になることだろう。

本書では、これらの政治姿勢のうち、特に一つの態度を擁護することはしない。少なくとも、直接的または体系的にはしない。しかし、書いている際の見地はリベラリストのものである。ここでのリベラリストとは、人格の尊重は、何が人生で価値があるかに関する人々の考え方に対して多大な尊重と敬意を必要とする、と信じる者のことである。ミルやジョン・ロールズ John Rawls にならって、私は別のところで、少数意見への多数意見の専制は政治生活における主要な危機であると論じた。そして、古典的なリベラリズムの伝統の大きな強みは、個人が最も重要だと考える目標を選択する際の自由の領域を尊重していることだと述べた。[*77]したがって、法における感情の役割に関する私の見解にはリベラリズムから反論があると想像されるが、その反論に対処しておかねばならない。

反論に答えるために、私たちは単にこう言えばよいだろう。すなわち、法が犯罪者と被害者双方の感情に内在する価値評価を認め、そのなかにはより妥当なものもあれば、より妥当でないものもあると判断するのは不可避なのだ、と。いま想定している反対者は感情への訴えを排除せよと主張するだけに留まらないように思われる。彼もしくは彼女は、あらゆる心的状態について下される評価的判断に反対しなければならないだろう。とりわけ、志向的で、価値を担った性質を内部に持つ心的状態について下される評価的判断には異を唱えなければならなくなる。すると怒りや恐怖心のみならず、意図や動機、その他の感情以外の心的状態も拒否されなくてはならないことになる。それにかえるやり方があるとしたら（当面、刑法に焦点をあてるが）、すべての犯罪行為に無過失責任（加害者の過失の有無に関わらず、損害賠償責任を負わせること）の基準を設けることになるだろう。だが、これは、現在の慣行からすると、急進的で、多かれ少なかれ想像を絶する変化を意味する。言い換えれば、殺すという身体的運動にどんな心の状態が伴っていたとしても、殺人は殺人である、と言わなくてはならないことになってしまう。正当防衛での殺害を、法のもとでは、害意ある予謀殺と何ら違いのないものとして扱わなければならないだろう。そのようなアプローチは、刑法における完全な変質を意味することになる。私たちは、詐欺や窃盗、恐喝だけでなく、謀殺や強姦のような犯罪を考えるとき、罪の重さによって犯罪のレベルをさまざまに分類し、当の犯罪の範囲内で異なった犯罪者に異なったレベルの判決を推奨するといったように、ずっと価値判断を行っているのである。多くの場合、これらの評価は感情や心の状態の評価を含む。事実、評価なくしては、どうやって犯罪を記述したらよいかさえ知ることは難しくなる。「謀殺」、「レイプ」そして「恐喝」には、すでに、心の状態の評価が含まれているし、私たちが根気強くそのような判断を避けようとするならば、こうした行為を記述するために新しい言語を見つけなければならないだろう。だから、あたかも、リベラリストたちはすでに感情について価値判断がなされているような法体制とともに生きているのだが、かといってそれ以外のやり方について現実的な見込みを持っているわけではないように見える。こう私たちは答えることができるだろう。*78 そのうえ、この法体制は、同情に関しては、憲法上要請されていると理解されてきたのである。

法が、意図、動機、不注意、予謀のような心的状態に言及し、なおかつそれを評価しているのを甘んじて認めておきながらも、感情の評価とそれが含む価値査定にだけは異論を唱える、そんな反対者を想像できるだろうか。もちろん、刑法は多くの領域で、そんなふうに手続きを行っている。しかし、問題は、私たちが論じてきた領域も含めたあらゆる領域でそれと同じことをするアプローチを擁護できるかどうかということである。それは確かに何だって可能である。しかし、先のような区分の根拠がどんなものなのかを理解するのは、いくらか難しいだろう（やっかいな評価の問題を取り除いてくれないだろうし、志向的で、価値を担った性質を内部に持つ心的状態に向けられた評価すら除外しないだろう）。序章で触れたように、今日、感情に反対する立場の最もよく知られた形態は、心的状態への訴えをいっさい否定する功利主義的な立場である。にもかかわらず、そのような立場に出会った時でも、なお、その立場は刑法における多くの法理を変質させることになると私たちは言うことができる。予謀と正当防衛の法理や、判決の文脈での同情への訴えの法理だけでなく、私がここでは論じてこなかったような、たとえば、強要の法理なども変質させてしてしまうだろう。したがって、現行形態の法理を持たない刑法というものに首尾一貫した説明を与える責務は、反対者の側にあることになる。

さらに、序章ですでに強調したように、犯罪容疑者の感情の状態を評価することに対する反論であっても、刑法の根本的な正当化の際には、感情が果たす実質的な役割と感情に含まれる価値査定を現行のままにしていることが一般的である。たとえ、私たちが、刑事被告の評価の内部では恐怖心や怒りを排除したとしても、法規制の概要を記述したり、窃盗、暴行、謀殺などに対抗する法の存在そのものを正当化したりするときには、理に適った恐怖心や理に適った怒りといった概念に大きな役割を与えたままなのである。もし、反対者によって、これらの感情に訴えること自体が、その役を外されるべきだとするなら、この反対者ははるかに大きな仕事を背負い込むことになるだろう。つまり、彼は、これらの犯罪被害に対して人々が持つ態度へ言及せずに、なぜそれらの犯罪が悪いのかを言わねばならないのである。もう一度言うが、これは大仕事であり、伝統的な理解を大幅に修正する必要が出てくるだろう。私自身は、なぜ謀殺や暴行などが悪いことなのかを整合的に説明するとしたら、その説明がどんなものであっても、市民がそのような犯罪を恐れるのは理に適っているし、そして発生したときに怒るのも理に適っているということを少なくとも含意するだろうと信じている。この含意が強調されようとされまいと、それは変わらない。ところが、そうだとすると、犯罪者の心の状態を評価するとき、「常識人」に関するこうした事実を引き合いに出すことを避けるとしたら、いささか妙なことになりはしないだろうか。

このような答え方は、現状のまま、伝統的な理解に依拠していて、いまのプロジェクトの文脈からすると十分満足のいくものではないだろう。というのは、私は確立している法律上の慣行にいくつか重大な変更を迫るつもりだからである。そういう変革を勧めておきながら、私の目的に適うとなれば現行のやり方に後戻りしてしまうというのでは、辻褄の合わないことになろう。けれども、注意されなくてはならないのは、刑法とその正当化から感情の評価を一切合切締め出してしまおうとすれば必要となってくるはずの過激な変化に比べれば、私の提案する変化は小さくて微妙なものだ、ということである。しかし、幸いなことに、リベラリズムの観点からなされる反論に対しては、もっとずっと強力な答えを返すことができる。

リベラリズムは、選択の自由をたいへん大きな善であると評価する際に、価値の問題について完全な中立性や不可知論に与《くみ》しているのではない。それどころか、大きな善としての選択の自由に与しているという事実が、かえって、価値について中立的ではないことを示している。それに、概して、リベラルな社会の政治的文化は価値判断を免れていない。それは、道徳的な事柄の居場所がないような考え方ではなく、偏った道徳的な考え方であるとして捉えておくのがいちばんよい。

この考えをより正確にするために、最も強力な新しいかたちのリベラリズムを一つ考えよう。それは、チャールズ・ラーモア[*79] Charles Larmore とジョン・ロールズの「政治的リベラリズム」である。[*80] 政治的リベラリズムは人格の尊重という規範に基づいている。それは、人生で何が善いことであり、何に価値があるのかに関する人々のいろいろな考え方を尊重するよう要請しているものと理解される。現代のどんな社会でも生き方にはたくさんの宗教的な立場、世俗的な立場があり、そして、こうした立場の間の不一致はなくならないように思われる。そう理解したうえで政治的リベラリストは、究極的な価値の問題（たとえば、魂の不死性、それから人の徳目リストの個別的内容のような問題）をめぐる人々の間の「理に適った不一致」には限度があると考えている。政治的リベラリストは懐疑論者ではない。他の立場よりも優れた立場などない、とは考えていない。彼らはただ、多くの意見の不一致が、道理をわきまえた人々の間の理に適った不一致であると考えているだけである。これが実情である以上、政治的社会が人格の尊重に必要なことの一部として、そうした相違を尊重することは正しい。しかし、相違を尊重するがゆえに政治的リベラリストは政治生活から価値を除くべきだと信じなければいけない、ということにはならない。逆に、人格の尊重はまさしく基礎的な価値であって、それに関して政治的リベラリストが中立であるわけがないのである。そして、これは政治的社会の他の多くの側面にも関わりを持っている。

たとえば、もし私たちが人格を尊重するなら、そして、価値において平等である者として人格を尊重するなら（これは政治的リベラリストが擁護するかたちの相互尊重であるが）、私たちは当然ながら、すべての人に一定の宗教的、政治的、そして市民的自由を与えるような政治的社会の形態を支持するようになるだろう。こうした自由が広範なものであり、かつ何らかの意味で平等であってほしいと私たちは思うようになる。ロールズは、すべての人が持つ同じような自由と矛盾しないかぎり最も広範にわたる自由を私たちは選ぶだろうと言うことによって、このことを捉えている。私たちはまた、どんなものであれ何らかの人生設計をもって暮らしていくための前提条件となる他の「基本財 primary goods」を、すべての市民が受け取れるように望むだろう、とロールズは論じている。こうして、私たちは、所得、富、機会を分配し、それによって、すべての市民が自分の人生設計を進めていけるようになることを望む。個々のロールズ案の細部は議論の多いものであるが、ここで私たちがそれに関わる必要はない。私たちが関心を持つべきなのは、すべての市民が、自由とその他の基本的な財の両方に関する社会の協定を是認するように求められ、また、すべての市民は、それらを単なる生活様式、すなわち平和的に共存するため耐え忍ばなくてはいけないものとしてだけではなく、善いものとして是認するよう請われることになるだろうという考えである。だとすれば、何が善いもので、価値のあるものなのかについての偏った考え方を、すべての市民が共有するように要求されているのである。

どうやったらこれはリベラリズムと両立できるのだろうか。そう問われるかもしれない。答えはこうである。リベラリズムは常に何かを支持しており、そして常に何かを是認するよう人に要求している。何かとは、人々の平等な価値であり、そして人々の自由である。アメリカのような複雑な現代社会にいま存在しているさまざまな見解はそれほど異なっているわけではなく、こういった領域で核となる一群の規範に関して、それぞれ見解の支持者たちの意見が一致できないことはない、とロールズは論じている。彼が示唆しているのは、いろいろな宗教や、生き方についてのその他の見解は、それでもなお、人生観全体に含まれるものの一部としてなら自由や機会の政治的価値を是認することはできる、ということである。彼は印象的なイメージを使っている。政治的文化の価値は、カトリック、プロテスタント、ユダヤ教徒、仏教徒、無神論者などが信奉していることの残余部分に取りつけられる「モジュール」なのである、と。そのように取りつけることができるのは、論争の多い宗教上の問題（たとえば、魂の本性）に足場を持っていないからである。そのうえ、さまざまな見解の信奉者たちは、それを、このやり方で自分たちの見解に取りつけたいと思うだろう。なぜなら、それが、自分たちを尊重し、自由と相互尊重の両方に基づいて他人と生きていきたいという自身の欲求によく応えてくれる見解だとわかるからである。このようにして、ロールズは、多元的社会で流布している主要な価値観のすべてを含む「重なりあう合意」が存在するようになると見ている。

合意に加わることを拒否される見解もあるかもしれない。たとえば、不寛容、あるいは、黒人や女性は平等な政治的権利と公民権を持つべきではないという考えを説く宗教がそうかもしれない。言論の自由という強い規範がすべての市民に適用されるので、このような見解の支持者が迫害されることはないだろう。しかし、彼らは、基本的な社会的合意と対立しているので、「理に適っていない」と正しくみなされることにはなるだろう。合意と対立しているかぎり、彼らの提案はそのまますんなりと多数決の議題にはならない。合意上の基本的な自由と権利を守っている憲法の原則は、連邦議会が奴隷制の復活や女性の投票権の剥奪に向けた動議を討論することを（現在そうしているように）妨げることになっている。

私は政治的リベラリズムの考えをいくらか詳細にわたって紹介してきた。それは、この考えの全体像を目するおかげで、いままで論じた感情や価値の評価のタイプは必ずしも政治的リベラリズムと背馳するものではないということが理解しやすくなるからである。政治的リベラリズムは、すべての市民の一定の基本的権利と自由を重んじるように、私たちに要求する。それはまた、豊かな人生を送るための前提条件である一定の「基本財」を重んじるように私たちに求める。[*81] だから、そのようなリベラリズムが、すべての市民の自由と権利を保護する法に強い関心を持ち、また、財産のような、その他の基本財を保護する法にも強い関心があるだろうということは理解するに難くない。[*82] 謀殺やレイプ、窃盗に対する法は、重なりあった合意の自然な表明である。軽率さによる犯罪、あるいは単に投げやりな犯罪から、じっくり練られた犯罪を区別する判断も同様である。実際、人格の尊重は、権利の侵害から人々を守るということを要請しているように思われる。刑法を、因果応報に基づいて考えようと、抑止、あるいは価値表明に基づいて考えようと、犯罪のレベルに標準的区別を設けることはきわめて理に適っているように思われる。

私たちが取り上げた刑法の三つの領域は、そのようなリベラリズムのアプローチとたいへんうまく合ってくれる。「理に適った挑発」の法理のもとで罪を軽減された人は、生命や、身体が無傷であること、そして彼女の愛する者の生命や身体が無傷であることといったような財〔善〕を重んじていたのに、それらが被害者の害意ある行動によって脅かされたのである。これらの財〔善〕を重視することは、政治についての考え方〔政治的構想〕の一部である。被害者はこのようにして彼女の権利を侵害し、権利はすべての市民に属していると私たち全員が合意しているのだから、彼女はその暴力的行為の罪の軽減を受けるに値するのである。正当防衛で殺害した人は、主要な財〔善〕（生命や身体の安全）を守るために殺したのであり、それは政治的構想のうえでも同じように主要なものである。言い換えれば、これら二つの事例で危険にさらされている財〔善〕は、リベラリストと共同体主義者の間の共通基盤であり、その点までは両者の間に伝統的な法理の是認を左右するような違いはないはずである。同情について言えば、私は『思想の地殻変動 *Upheavals of Thought*』のなかで、リベラルな社会は、一連の基本的な権原付与 entitlements の支持との関連で、同情にさまざまな役割を割りあてることがあると書いた。[*83] 私たちの目下の関心について言うと、刑事判決の手続きにおける同情の可能性は、残虐で異常な刑罰に反対する憲法修正第八条の保証によって要請されたものとして理解されている。

しかし、リベラリズムはいくつかの面で、これらの法理に関して私たちの考えと異なっている場合がある。故意故殺の法理には妻が所有物であるという考えに基づく説もあるが、政治的リベラリストならこれを否認するだろうということは容易に看て取れる。彼らにとって、すべての市民が平等だというのは、政治についての考え方の肝心な部分なのである。虐待された女性による減刑や無罪の申し立ては、そのような法律上の変更が市民として女性が完全に平等であることを保証するために重要だと論じられるなら、少なくともあるタイプの共同体主義者たちよりは、リベラリストたちの方が好意をもってその申し立てを聴くことだろう。一方、男子の面目 manly honor に関する伝統的な規範は、正当防衛の法理の別の側面を基礎づけているが、政治的リベラリストたちによって、少なくとも何かしら懐疑的な目をもって見られることになりそうである。はたして、私たちは、他人に対する暴力行為を許してしまうような、そうした名誉の見方を、政治上の目的のために私たちが支持する価値の中核に加えたいと思うだろうか。市民が現実に抱いている価値の考え方の多くは、そのような男子の面目の考えを支持している。私たちが問う必要があるのは、そうした考えが、私たちが共有している政治的共同体についての平等主義の考えとうまく合ってくれるかということである。そして、たとえうまく合ってくれたとしても、市民がただ同意しないと言ってすむような任意の問題ではなくて、むしろ、政治的構想の限定的な「モジュール」に取りつけられなければならないくらい十分に中核をなすものであるかどうか、問題にしなければならないだろう。実際、法理の歴史が示しているように、道理をわきまえた市民たちはそのような名誉規範についてはなはだしく意見を異にしているのだから、リベラリストなら、そういう規範を法理の核となる部分から切り離す傾向があることだろう。

一般的に、リベラリズムが私たちに問いかけるように促しているのは、理に適った意見の不一致がある領域で問題となっている価値評価は、全市民が共有するよう要請されている政治についての考え方の中核にあるのか、それとも、その外にあるのか、ということである。共同体主義者と違い、リベラリストにとって、これは根本的な区別なのである。リベラリストは、その中核の外部で価値の均質性を促進したり、強めたりすることは許されないと考えているし、他方、共同体主義者は、全面的な均質性は善いことだと考えるのが典型的である。たとえば、名誉や地位に関わる多くの価値評価は、アメリカでも他の政治的文化でも、政治についての考え方の中核にはないように思われるが、それでもなお、正当防衛の法理の歴史が示しているように、そのような価値評価がたいへん影響力を持つことがある。リベラリストと共同体主義者は、こうした評価に対する法の役割に関して意見が違うことが多いだろう。

それとまた別に、より一般的な点で、政治についてのリベラリズム的な考え方を認めるとしたら、法における感情の役割に関する判断の傾向は影響を受けることになる。リベラリストは、ジョン・ステュアート・ミルの「他者危害原理 harm principle」（他人に危害を及ぼさない行為であれば、たとえ自分にとって不利益になっても、社会によって規制されることはないという原理。以下では「ミルの原理」としても言及されている）にあからさまに与《くみ》しているわけではないが、かなりの共感を持ちそうである。行動に対する法的制限の必要条件は、同意していない他人にその行動が危害を及ぼすものであるということだ、とミルは考えていた。*84 もしかすると行為者本人だけに危害を及ぼすかもしれないとか、あるいは、自由に仲間になることに同意した人に危害を及ぼすかもしれないとかというだけでは、行動は正当に制限することはできない。ミルは、一方で博奕打ちや性労働者の自由を擁護しつつも、そういう人が間接的に害をなしていると言ってもよいような場合についてはどっちつかずになる。ミルは、彼の原理を拡張して、売春宿の主人や賭場を経営している胴元に法的な罰則を科せられるようにすることを考えていた。その根拠は、こういう人たちは他人の弱みにつけ込み、とどのつまりは害をなすのが典型的だからというものである（博奕打ちは、本来家のものであるお金を使い果たして、家族に害をなすかもしれない。売春宿の主人は、彼が集めて食い物にしている女性たちに害をなしている）。このように、この原理の適用範囲はいまだ議論の的となっており、現代の政治的リベラリストはそのような事例をずっと討議している。また、リベラリストたちは、問題となっている自由が取るに足らないことのように思われる事例も議論している。シートベルトやバイクのヘルメット着用を法律が義務づけることを、多くの政治的リベラリストは気にかけないだろう。選択の自由へのこのような押しつけは、重要な自由の領域には関わっていないし、医療費の面で社会的に大きな節約になるかもしれないからだ、というのがリベラリストの根拠である。*85

しかし、概して、政治的リベラリストはミルの考えに共感しそうだ。それというのも、自由はたいへん大きな善であると彼らは典型的に考えており、そして、人々には、他人の持つ同じような自由と両立するかぎり、最大限の自由を享受する資格があると信じているからである。他人を害する自由は、明らかに、害される人の自由を制限している。肉体的な力や詐取する能力が平等ではないという点で、それはまた自由を不平等なものにもする。だから、レイプや窃盗を許せば、自由をただ制限するにとどまらず、不平等に自由を制限することになるだろう。そのうえ、一定の基本的権利と自由は、少しでも有意義な人生を送るためには欠かせない要件であるが、有害な行為はこれらの権利を侵害する。仮にレイプがすべての市民の自由を平等に制限するのだとしても、依然として、全市民にとって、自分の生活を送る能力に害を与えるものであろう。したがって、リベラリストは、他人を害する行動の制約を苦もなく正当化できる。他人に害を与えない行動を制約することに関しては、リベラリズム路線に沿って正当化することはさらにずっと難しい。

ミルの原理を厳密にどのように理解したらよいのかについては、難しいことがたくさんある。危害は、どれくらい差し迫っていて、どれくらいありそうなことでなければいけないか。危害と不快なこと offense のあいだに設けるべきはっきりした区別はあるだろうか。ミルは、彼の原理にあてはまる危害は、切迫していて、かつ非常にありそうなことでなければならならず、そして、基本的な「法定権利 constituted rights」のうちで、前もって境界を画定しておいた一定の範囲に関して害をなしていなければならないと信じていた。[*86] だから、ミルにとって、危害は、単なる不快なことからはっきり区別される概念であり、またたいへん狭いカテゴリーであって、ミルの政治についての考え方の根本である基本的権利の一覧表に基づいて定義されるものであった。[*87]『自由論』全般の趣旨にとって根本的なのは、無神論者や博奕打ち、売春婦のように、その行動が大多数の人々にとって明らかに不快ではあるが、ミルが与えた限定的な意味での害はなしていない人たちの擁護であった。つまり、彼らは、盗み、窃盗、暴行、レイプなどはしていないというのである。

法における感情の役割の問題に取り組みたいと考えているリベラリストなら、ミルの原理にいくらか足場を求めなければならないだろう。一般論として、この原理自体を是認するのだろうか。そして、もしそうなら、多少なりともミルが行ったように解釈するのか、それとも、より広い危害のカテゴリーを認めるのか。もし認めるなら、どうやってこのより広いクラスを規定するのだろうか。この見方では、この原理によって守られる最も重要なタイプの自由とは何なのだろうか。それとは別にあまり根本的ではないような自由があって、私たちは、この自由に関しては、自分本位の行動を規制することにさほど躊躇しないのではないだろうか。

私は、基本的にミル的な立場から議論するつもりだし、ミルの原理を多かれ少なかれ彼がしたように解釈し、政治的構想の中心をなす権利の限定的な一覧表に基づいて関連する危害を規定するつもりである。しかし、第3章では、直接的な身体的不快 bodily offense のうちの限られたクラスのものは、十分危害に似ていて法的規制に関わってくる、と論じる。私は、ミルの見解を全面的に擁護するつもりはないし、第7章では、ミルが彼の原理のために与えた論証の大筋を批判することになるのだが、なぜそれが、善としての自由に惹きつけられる人々にとって魅力的な原点となっているのか、随所で示してみようとは思っている。

刑法の基礎についてのミルの考え方には議論の余地がある。アメリカ法の伝統はけっしてそれを完全に是認してこなかった。[*88] 不同意の第三者に危害を与えていない行動を制限することは、私たちの司法制度の最高段階ではけっして拒絶されたことがない。州裁判所も上訴裁判所も、同性愛行為やヌード・ダンスのような領域でミル流の論拠を使ってミル流の判決を言い渡してきたのだが、連邦最高裁はこうした領域での制限的法律の合憲性を支持し続けている。第七連邦巡回控訴院はヌード・ダンスに反対するインディアナ州条例を違憲だとしたのだが、それを覆す判決理由で、レンキスト Rehnquist 首席判事は、「道徳的不承認」という観念だけで法の完全に適切な基盤となっていると主張した。[*89] そして、典型的な辛辣さを示す補足意見のなかで、スカリア Scalia 判事は、ミル的原則が（彼は、ミルではなく、ソロー Thoreau に帰しているが）、われわれの国家によって、法の限界について考えるための適切な基盤とみなされたことは一度もないと、（歴史の記述に関するかぎり正確に）述べている。

反対意見は、一般的な公の場で裸になることを制限する意図は、不同意の人々を不快なことから保護することだ、と確信を持って主張している。そして、同意のうえで入場料を払ったひいき客だけが被告たちの踊りを観るわけだから、その意図はここではあてはまるわけがなく、それ以外の意図があるとすれば、それはこの興業のコミュニケーション上の要素と関連していなければならない、と論じている。おそらく、反対論者は、「他人を不快にすること」が、一般的な公の場で裸になることを制限する唯一の理由であるはずだと信じているのだろうが、私たちの社会が、ソロー風の「他の誰かを傷つけないかぎり好きなことをしてもよい」式の理想美をずっと共有してきたと考える根拠はまったくないし、ましてやそれが憲法に書かれていると考える根拠はなおさらないのである。私が思うに、六万人の完全に同意した成人がフージャー・ドーム〔米インディアナポリスの多目的ドーム、現在はＲＣＡドームに改称〕に集結して互いの性器を見せあえば、仮にこの群衆のなかに不快を感じる無垢な人がまったくいなかったとしても、ヌードに関するインディアナ州の法の意図に違反することになるだろう。私たちの社会が、そしてまたすべての人間の社会が、一定の活動を禁じてきたのは、他人を害するからでなく、そうした活動が、伝統的な言い方に従えば「良俗に反する contra bonos mores」、すなわち、不道徳であると考えられるからなのである。そのインディアナ州制定法の意図は、目にした人が品位を汚されるかどうかに関係なく、自分の秘部を見境なく露出すべきではないという伝統的な道徳上の信念を強化することである。以上のゆえに、徹底的に教化された成人だけがいるところでは、その意図がコミュニケーションの抑制でなければならないと断定する基盤を、反対意見は何ら持ちあわせていないのである。

嫌悪や羞恥について私がこれから述べることには、法の限界に関してミル風の全体的見地を前提としているものもある。他方、そうした見方が読者に共有されていると仮定することはできないし、またそのつもりもない。したがって、私の論証のうち、どれがミルの思想に依拠していて、どれが依拠していないかについてはできるだけ明示するつもりである。だが、ミルの思想に懐疑的な読者に、それを支持することになるかもしれないさらなる理由を示したいとも私は思っている。なぜ人々がこれほどまでに躍起になって無害な行動を犯罪とみなしたがっているのだろうか。その理由のいくつかでもより十分に私たちが理解したとき、そして、こうした法律に分かちがたく編み込まれたより一般的な社会の態度をいくらかでも理解したとき、非ミル的な法律に対して――すべてではないにしても――懐疑的になるべき理由を私たちは持つことになる。たとえあらかじめミルの原理を受け入れていなかったとしても懐疑的になるだろう。こうして、法における嫌悪の役割に関するデヴリン判事の見解（序章で触れたが、詳細は次章で議論する）に当初共感を抱いていた人ですら、一旦、嫌悪の認知的内容と社会生活における嫌悪の典型的な役割についてもっとじっくり顧みたなら、そのようなこだわりを考え直すかもしれない。

第8節　感情の評価の仕方

私が示してきた全体像に従えば、感情において役割を果たす規範の評価は、多くの異なったレベルでなされるのでなければならない。このことを見るために、怒りの具体例を考えてみよう。ある親が、自分の子どもをたったいま殺した人を（すぐに、あるいは長い時間が経過せずに）殺すという事例である。私たちの問題は、彼女の怒りが「常識人」が抱くたぐいの感情であるかどうかということであり、また、それに応じて、殺人のレベルを謀殺から故殺へと減刑するべきかどうか、ということである。

第一に、私たちは、その行為と状況の詳細について問わねばならない。その親は、子どもの殺害に関する事実を正しく把握していたか。そうでなければ、被害者が子どもを殺したという彼女の信念が真摯なものであったのか、そして、単に真摯で正直であるだけでなく、理に適うものでもあったか。さらに、子どもを殺すということがある種の報復をするのに十分な挑発だと考えた点で、彼女は理に適っていたか。子どもの殺害は深刻な重要性を持つような事柄であるか。この種の事件は伝統的な法理で一般に認知されているのか、もしそうでなければ、これは、認知されるべきだという方向で社会規範は発展してきたと私たちが信じているような事件なのか。これらすべての疑問に答えて初めて、その怒りが、理に適った挑発という法理のもとで、理に適っているとみなされるべき種類の怒りであるかどうか言うことができる。

このような事件で私たちが陪審の一人となっているならば、以上で私たちの問いかけそうなことは終わりである。なぜなら、その法理は存在し、そして私たちの仕事はそれを適用することだからである。「十分」とみなされる挑発が法律問題として固定されているわけではないのだから、私たちはまさに建設的な役割を担っている。私たちの仕事の一つは、いま扱っている事件がその一般的な審査基準を満たしているかどうか規定することになるだろう。理に適っているかどうか、十分な挑発であるかどうか、これらを客観的に判断する際に社会規範の変化が影響を与えるように思われるかぎり、その手続きにおいて、私たちはそうした規範の変化に敏感になることが多い。しかし、これが私たちの問いかけの限界である。

しかし、もし、より距離を置いた観点から、その事件を評価しているとすれば、私たちはさらに疑問を投げかけなければならない。まず、殺人を誘発する感情が「理に適っている」という考え全体について問わねばならない。「常識人」ははたして殺害するだろうか。殺してしまいかねない暴力で報復したいという衝動は自制できる、と私たちはみな承知している。ならば、自制こそ、常識人が本当にすべきことではないだろうか。その法理全体が、フロンティア精神の古臭い遺風なのではないだろうか。言い換えれば、私たちは、そのような事件に関わる怒りのタイプと、そして被告の罪を軽減するときに果たすその怒りの役割を評価することになるのである。

一般性の度合いをさらに一歩高めれば、怒りがしばしば理に適った感情でありうるという考えについて問うことになる。ここで、私たちは怒りの一般的な説明を手にしようとしなければならないだろう。そして、おそらく、アリストテレスの説明に近いことを考え出す。つまり、他人の不当な行為によって、何らかの深刻な危害や損害を与えられ、そしてその行為は不注意ではなく進んでなされたのだ、という信念が、怒りには含まれているという説明である。これが私たちの支持する説明だとしてみよう。この説明を踏まえて、私たちが問うことになるのは、この怒りが、その危害や深刻さについての事実がすべて正しいならば理に適っている、と言えるような種類の感情であるかどうかということである。古代ギリシアのストア派に同意する人のなかには、この時点で、怒りはけっして理に適っていないという人がいるかもしれない。なぜなら、ストア派にとって、他人によって損害を与えられうるようなことは、人生において深刻な重要性を実際には持っていないのである。自分自身の徳 virtue だけが本当に重要なことであり、それは他人によってはけっして損害を与えられないのである。しかしながら、どんな人生にも、他人によって損害を与えられるような大切なことがたくさんあるのだから怒りはしばしば理に適っていると言える、そう私たちの大部分は判断するだろう。

最後に、私たちがたまたま持っている人生観ではなく、私たちの政治学説や法理をかたち作っている核となるような見方に基づいて、怒りが頻繁に理に適っていることがあるようなたぐいの感情なのかどうかを問わねばならない。この問いを、第6節で述べたロールズ・タイプの政治的リベラリズムの観点から問うているのなら、非常に頻繁に怒りは理に適っていることがあると答えることになる。というのも、政治的リベラリズムは一定の権利、自由、機会や、その他の基本財をたいへん重要であると認識していて、そして明らかに、これらは他人の不当な行為によって損害を与えられることがあるからである。そのような「法定権利」の領域における危害が法的規制の必要条件であるという点でミルに同意してもしなくても、それは、通常、法的規制の十分条件となっていると、私たちはおそらく考える。すなわち、それ以外のことで国家がなすべきことをどのように考えているとしても、私たちはまず、国家というものは、一定の中核をなす領域で人々の権利を守るべきだと考えているのである。

法律の問題ではよくあることだが、私たちの疑問は、比較的、具体的のままとどまるだろう。というのは、明らかに、感情は、すべての事実が正しい場合に法的な関連性を持つようになるたぐいのものだからである。怒りと恐怖心は、たとえば、このカテゴリーに入るように思われる。問われているのは、「常識人」なら法的に顕著な領域でそうした感情によって動機づけられるだろうかということではなく、むしろ、法の多岐にわたる特定の具体的領域で理に適っていると私たちが認めたいのはどんな種類の怒りや恐怖心か、ということなのである。

ときどき、私たちは、ある感情のカテゴリー全体について疑問を持つことがある。正否はともかく、嫉妬心は、他人との不適切に独占欲の強い関係に基づいた感情だと、ときおり考えられてきた。嫉妬深い人は、単に、愛を失うかもしれないということを恐れているだけではない。それに加えて、恋敵による脅威を取り去ることで愛する人の行為をコントロールするのは善いことだと考えているのである。落ち着いた恋愛観を持った人なら、こんな独占欲の強い考え方はしないものだと思われるかもしれない。だとすると、嫉妬心は「道理をわきまえた人」の感情ではないことになる。さらに付け加えて、このような独占欲の強い考えは男女関係のとりわけ有害な面であり、女は男の所有物だという女性観の一部なのだ、と言うかもしれない。もちろん、こうしたことはどれも、嫉妬心が人生のいたるところで見られるものではないということを意味してはいないが、もし嫉妬心が、他人に対する一連の不適正な態度を露呈していると考えられるならば、法と公序良俗の形成における嫉妬心の役割を疑問視する理由を私たちは持つことになる。たとえば、恋敵や不貞を働いた配偶者を殺した人に、「理に適った挑発」を根拠にして減刑を認めることに対して、人は異を唱える可能性が非常に高いだろう。

嫌悪感と、それからある程度までは羞恥心〔恥辱〕について、私がこれからしようと思っているような論証は、嫉妬心に関するこの仮説的な論証に似ている。嫌悪感の認知的内容は大いに問題があり、また、少なくとも、私が「原初的羞恥心 primitive shame」と呼ぶ、ある基本的なタイプの羞恥心については同じことが言えると論じるつもりである。嫌悪感や羞恥心を人間の生活から消し去ることができるとか、ましてや消し去るべきだなどと、私は論じるつもりはない。嫉妬心と同様に、嫌悪感や原初的羞恥心は人間生活の構造に深く根ざしていて、たぶん、根絶することなどできないだろう。それは、両方の感情とも、人間であるというまさにその事実に含まれる強い緊張状態を乗り越える方法だからである。人生には高い志と苦々しい限界がつきものなのだ。しかし、両感情の認知的内容は問題が多く、その社会的な作用は公平な社会を危うくするものである。

第2章
嫌悪感と私たちの動物的身体
Disgust and Our Animal Bodies

婦人科の教授。彼は連続講義を始めるにあたり、こう語った。「紳士諸君、女というものは、日に一度排尿し、週に一度排便し、月に一度月経があり、年に一度出産し、そして機会があればいつでも性交する動物なのだ」。

うまい具合に規則づけた文章だと僕は思う。

――W・サマセット・モーム『作家の手帖』

とりわけ文化的生活においてだが、少なくとも一人のユダヤ人も関わることがなければ、どんなかたちであれ不潔や不埒が生じることがあっただろうか。

細心の注意を払ってこの膿瘍にメスを入れたとき、君は見出したのである。腐敗する肉体に湧くウジのように、突然の閃光に撃たれて目のくらんだやつを――ユダヤ野郎を！

――アドルフ・ヒトラー『わが闘争』[*1]

あなたが若くて恋に落ちていた時に、「おまえが糞とか小便とかをするのがいいんだ。糞も小便もしない女なんぞご免蒙りたい」と男が言えたのだったら、あなたはきっとほっとしたんだろうが。

――D・H・ロレンスのオットーライン・モレル宛書簡、『チャタレイ夫人の恋人』からの引用

第1節　嫌悪感と法

嫌悪感は、ほとんどの人間の生活のなかに強く働いている感情である。*2 嫌悪感によって、私たちの親密さの度合いは決まってくる。身だしなみに気を配るといったような日常の決まりごとは、多くの場合この感情に基づいている。たとえば、私たちは体を洗い、排尿や排便を人の目から隠そうとし、歯磨き粉やうがい薬を使って周りを不快にさせる匂いを洗い流し、誰も見ていない時に脇の匂いを嗅ぎ、鼻糞が鼻毛について目立っていないか確認するために鏡をじっと見たりするのだが、私たちは嫌悪感に基づいてこうした日常的な習慣を身につけるのである。多くの点で私たちの社会的関係を決めているのもまた、嫌悪を催させるものとそれをさまざまな方法で取り除こうとする振る舞いである。排泄物や死体、腐りきった肉など、嫌悪を催させる動物的なものへの対処法は、社会の慣習を生み出すものとして広く浸透している源泉である。そして、ほとんどの社会は、ある特定の人々の集団を忌避するように教えている。そういった人々が嫌悪を催すような身体上の特徴を持ち、社会の健全な人々が寄せつけてはならないような汚濁の伝達者であるからだという。

また、嫌悪感は法においても強力な役割を果たしている。第一に、嫌悪感は、いくつかの行為を非合法化するための主要な、それどころか唯一の正当化根拠という役割を演じている。たとえば、ソドミー禁止法はたびたび擁護されてきたが、それは正しい思考の持ち主なら、そのような行為を思い浮かべただけで感じるとされている嫌悪感に端的に訴えることによってであった。オスカー・ワイルドの三度目の刑事裁判を担当した判事は、「この二つの恐るべき裁判の詳細を聞いてきた名誉ある男たちの胸に去来するに違いない心情」を叙述するのを控えたいと述べた。だが、被告人たちに対してその判事が下した辛辣な有罪判決は、彼の〔同性愛への〕嫌悪感をはっきりと示していたのである。[*3] よく知られているように、デヴリン判事は、たとえ非同意の他者に危害を及ぼさない場合であっても、そうした社会的嫌悪感は当該行為の禁止を支持する強い理由にあたる、と論じている。そして、同意に基づく同性愛行為を禁止することに対して、デヴリンはこの結論を援用している。[*4] 嫌悪感に関する最近の著作のなかで、法理論家のウィリアム・ミラーは、デヴリンの具体的な政策勧告に賛同こそはしないものの、その一方で、社会そのものと嫌悪を催させるものとの間にうまく設けられた障壁によって、その社会における文明化の度合いを適切に測定することができるのだ、と論じて、デヴリンの議論を大筋で擁護している。[*5] こうした見解では、法の作り出す障壁は文明化を促進する要因と安易にみなされることになるだろう。保守系の生命倫理学者、レオン・カス Leon Kass は現在〔二〇〇四年当時〕、ジョージ・W・ブッシュ大統領の命を受けて、幹細胞研究に関連する道徳上の論争を検討する評議会の議長を務めているが、社会が一般に新しい医療の可能性を考える時には、「嫌忌 repugnance という知恵」[1] を信頼するのが賢明だとごく最近論じたばかりである。ヒト・クローニング禁止を擁護する論文のなかで、カスは、嫌悪感は「私たちの人間性の中核を守るよう主張するために残された、唯一の声なのかもしれない」と示唆している。[*6]

何が嫌悪を催させるものなのかを判断することが決定的に重要となる法の分野の一つとして、現行のわいせつ禁止法がある。社会の平均的成員の嫌悪感は、現在の共同体の基準に照らして何がわいせつ物なのかを定義する際の重要な要素である、と一般に考えられてきた。連邦最高裁判所が指摘するところでは、「わいせつ obscene」という言葉の語源には、ラテン語で不潔さを意味する言葉 caenum が含まれており、二つの著名な辞書が「わいせつ」の定義のなかに「嫌悪を催させる disgusting」という言葉を取り入れているとのことである。[*7]

また、すでに他の根拠から違法とされている種類の行為を法の文脈で議論する時にも、社会の嫌悪感はある役割を果たすことになる。被害者が同性愛者であることに対して犯人が嫌悪感を抱いていた場合、その嫌悪感はその殺人に関して罪を減軽させる要素とみなされることがある。[*8] 罪刑の潜在的な加重要因が考慮されるような殺人を評価する際には、判事や陪審の嫌悪感は、その評価に関与するとしばしばみなされてきたのである。

こういった問題に対する一つの見解からすれば、嫌悪の感情は法に大いに関与するものであり、法的手続きにおける重要な部分をなしている。デヴリンの見るところ、社会の成員の嫌悪反応に法が応えなければ、社会は自らを守ることはできない。そして、すべての社会は自己保存権を持っている。よって、すべての社会は、法を通じて成員の嫌悪反応を表現する権限を持つのである。[*9] カスにとって嫌悪感とは、「筆舌に尽くせないほど重大な事柄を侵犯しないよう、私たちに警告する」[*10] 深遠な知恵を体現している。その深遠な知恵に注意を払わなければ、私たちは自らの人間性を喪失する危機に直面すると言う。ミラーにとって、悪徳や不作法に対する社会の憎悪は必然的に嫌悪感を伴い、嫌悪感がなければ、そういった憎悪が維持されることはありえない。嫌悪感は「私たちがけっして妥協することができない道徳上の問題を際立たせるのである」[*11]。そうだとすれば、ミラーにとって、嫌悪感は、刑法の領域において、そしておそらく刑法以外の法領域においても正当な役割を演じることになるはずである。ミラーはここまで踏み込んで論じているわけではないけれども。

嫌悪感の法的役割を認めようとするこれらの議論は、どれも保守的である。しかし、ダン・M・カハンが最近論じたところによると、嫌悪感は進歩主義的な法思想にとっても同じく重要であり、大多数の法理論家たちが現在望んでいる以上に、刑法において大きな役割を果たすことが認められるべきである。嫌悪感は「断固としていっさい妥協することなく、すみやかに判断し[*12]」、まさに「残酷さを知覚し、否認するためには必須のものなのである[*13]」。

これらの論点はもっともであり、簡単に看過ごされてよいものではない。また、第1章で論じたように、法理論家たちが共感や憤り、圧倒的な恐怖心への訴えについて論じる際には、法のなかで感情へ訴えかけることを一律に否定したり、私たちみながあまりにしばしば耳にするように、強烈で誤解を招くような仕方で感情と理性を対立させたりする。しかし、こうしたことによって上記の論点は忘れ去られるべきではない。もしこのような感情のどれもが複雑な評価的認知を含んでいるのなら（私にはそう思われるが）、これらの感情を一くくりに「不合理」とは呼ぶことはできない。その代わりに、その感情の表現する認知を評価しなければならない。つまり、どのような種類の信念を評価するときにも行うように、そのような認知に特有な主題と一般的な形成過程を考慮し、そのうえで、どの程度その認知を信頼することができるのかを問わなければならないのだ。感情に含まれる認知であるからといって、いついかなる時も信頼できないと考える理由はないように思われる。

すでに論じたように、通常、感情の評価は、個人がその状況をどのように判断したか、その判断にはどのような価値が含まれているのかを問いながら、具体的な事例に向きあわなければならない。怒りそれ自体は、信頼が置けるものでも、置けないものでもないし、理に適うものでも、適っていないものでもない。私たちが理に適っていないと一貫して主張することができるのは、特定の対象について特定の人が有する特定の怒りについてだけである。しかしながら、すでに論じたように、あるタイプの感情は、その発生原因と思われるものやそれ特有の認知内容、そして人生の営みで果たす一般的役割を考えれば、常に胡散臭いか、疑わしいものであり、特別な吟味を必要とするという判断がなされる場合がある。第1章において私が示唆したのは、嫉妬に関して、そういった問いが提起されうるということであった。私が本章で嫌悪感についてなそうとするのは、そうした種類の議論である。社会的生活において、しかし、その生活のなかでも特に法に関わる部分において、嫌悪感の特定の認知内容が当の嫌悪感を信頼性に欠けるものにしていることを論じようと思う。嫌悪感は汚濁の忌避を表している。この忌避は、非動物的であろうとする人間の欲求に結びついている。それゆえ、嫌悪感は、さまざまな形態のいかがわしい社会的実践にたびたび結びつけられることになる。そのような社会的実践において、動物的な身体を持つという事実について感じる不快感は、社会的に弱い立場にある人々や集団といった自らの外部へ投影される。規範的な意味からすれば、このような投影反応は不合理である。なぜなら、このような投影反応が、自分ではない何者かになりたいという願望を表しているからであり、そうした願望を追求する過程で、他人を攻撃目標にして、はなはだしい危害を与えるからである。

このような投影反応は、歴史を通じて多くの悪を生み出してきた源泉である。そういった悪のなかでも際立っているのは、女性憎悪や反ユダヤ主義、同性愛者憎悪である。法との関連でとりわけ重要なのは、多元主義的な民主主義社会がこのような投影反応に対して自衛することである。たとえば、一方で、法は、憤りが善き市民にふさわしい道徳的反応であり、すべての市民が共有できる理由に基づいているとして、己と憤りとの関連性を当然認めるだろう。他方で、嫌悪感は、私たちのなかの非常に多くの人をゴミ山に投げ捨てたがるのだが、法がそのゴミ山へ嫌悪感を向けるのは賢明なことだろう。

具体的に言えば、私は（第3章で）次のことを論じようと思う。被害者と目される人物に対して被告人が抱いた嫌悪感は、刑事裁判での判断に関わる証拠にはまったくならない。ポルノグラフィ禁止法について言えば、嫌悪感は目くらましとして利用されている。嫌悪感は、危害についての重大な問題点を覆い隠し、その危害が以後も続くことに力を貸しさえする。そして、ある実践（たとえばソドミー）を非合法化するのに、嫌悪感はけっして良い理由ではない。殺人が尋常でない嫌悪感をもたらすがゆえに他の犯罪より悪質であると感じる場合でさえ、嫌悪を催すというこの反応それ自体は、自分自身に悪をなす能力がないことを示すために用いられる指標としては信用されるべきではない。

第2節　嫌悪感に法的役割を認める議論——デヴリン、カス、ミラー、カハン

私たちは、嫌悪感に法的役割を認める立場 pro-disgust position〔以降、これを「嫌悪感支持の立場」と呼ぶことにする〕をさ

らに細部にわたって理解することから始めなければならない。この立場は実際には単一のものではなく、複数の立場の集まりである。それゆえ、嫌悪感に十分な法的役割を認めることを支持して展開されてきた主要な議論を、一つ一つ精査する必要がある。

嫌悪感支持の議論のなかで、最も影響力があったのは、有名な講義「道徳の強制」〔一九五九年〕でのデヴリンの議論である。判事であったデヴリンは、議論のとっかかりとして、一九五七年に公開されたウォルフェンデン報告書[2]を取り上げた。報告書は、合意している当事者間の同性愛関係を処罰の対象から除外するよう勧告し、その時点で違法ではなかった売春の非合法化に反対した。ウォルフェンデン委員会は報告書の勧告を擁護し、「私的な不道徳的行為」一般の法規制への反対を表明した。基本的に、委員会はミルの方針を採用していた。その方針によれば、他人に何の危害も加えない個人的行為の規制のために法を行使することについて、社会は何の権利も持たないとされる。〔この委員会報告に対する〕デヴリンの反論は込み入っている。一般に個人的自由が広範囲にわたるものでなくてはならないとする点で、デヴリンはウォルフェンデン委員会に同意している。「社会の統合に反しないかぎりで、個人の自由はできるかぎり許容されなくてはならない」[*14]のである。しかしながら、彼はそこで続けて、もし広く共有された「既存の道徳」を持たなくなるのなら、社会は存続することができなくなる、と論じる。デヴリンは、この既存の道徳がけっして変化しないとみなしているわけではないが[*15]、次のようには言っている。「共通の道徳が遵守されないなら、社会は崩壊する。道徳的な拘束の弛みがたいてい社会の崩壊の最初の段階に起こることは、歴史が示すとおりである。それゆえ、政府やその他の必要な制度を保護するために、社会はいくつかの方策を講じるが、道徳規約を保護するために、社会が同様の方策を採用するのは、もっともなことなのである[*16]」。

ところで、この点についてミルの原理の擁護者〔とウォルフェンデン報告書の執筆者たち〕はもちろん、次のように応じることができるだろう。すなわち、社会には共有された道徳が確かに必要ではあるが、この共有された道徳は、市民の憲法上の基本権やエンタイトルメント〔権原付与〕を規定する政治的諸価値の中核をなすもののうちに見出すことができるのだ、と。ミルの用語で言うそれらの「法定の権利」[*17]の観点からすれば、市民を危害から守るためには、いずれの原理においても、そうした中核的な政治的諸価値が必要となるのである。だから、共有された道徳がなくても社会は存立する、とリベラルが主張する必要はないし、そう主張してはならない。リベラルは次のように言いさえすればよいのである。すなわち、共有された道徳とは政治的にリベラルな道徳のことでなくてはならない。そして、その道徳は、共有された政治的かつ憲法上の諸価値と、善き生についての人々の包括的構想のその他の〔＝政治的かつ憲法上の諸価値以外の〕側面とを区別するものでなくてはならない、と。ここでの「その他の側面」には、宗教に関する事柄や、性的な行為や願望に関する事柄が含まれるだろう。ただし、性的な行為や願望の場合、非同意の人々への危害になるものはまた別の話になる。またリベラルは、個人にとってきわめて重要とされる領域での自由を保護することは、それ自体が道徳的規範であり、共有された価値であると言い加えてもよいだろう。自由は多くの社会において最も大事にされている価値のうちの一つなのである。つまるところ、デヴリンは初めから誤解を招くような仕方で問題を整理したうえで、以下の二つの選択肢しかないと示唆しているのである。つまり、個人的な性道徳や、その他の場面における個人道徳を強制するために法を使用するか、あるいは、道徳的規範を強制するために法を使おうとする企て全体を差し控えるかのいずれかを選択するほかないというのである。明らかに私たちにはさらなる選択肢がある。すなわち、リベラルな社会の中核的な諸価値を強制するだけならば、法を利用してもよいというものである。そして、その諸価値のなかで際立っているのが、個人的自由の領域の保護なのだ。

したがって、デヴリンはリベラルたちに対して、リベラルな中核的諸価値だけでは社会を一つに維持するのに不十分であることを、そしてそれ以外の諸価値を――そしていくつかの点で直接対立する諸価値を――守ろうとしないかぎり社会が崩壊に至ることを示す必要がある。そして、自らの主張を擁護するために、デヴリンは、実際、社会の解体についての非常に特殊な図式を用いている。この論文および関連する諸論文を通して、デヴリンは特定のタイプの私的不道徳行為に焦点をあわせている。それは、標準から外れた性行為、過度の飲酒、および薬物の使用である。このような例を用いながら、「悪徳」が蔓延することで社会に生じることになる危険を、デヴリンはかなり特殊なかたちで描き出す。人々がそれらの「悪徳」によってあまりに心を乱されてしまい、重要な活動を行えなくなるというのである。デヴリンの議論のなかでは、標準から外れた性行為は、人格を麻痺させて普通の営みを不可能にするたぐいの中毒として描かれている（同性愛者は実際「中毒患者」であると書かれている）。たとえば、デヴリンはこう記している。「常に酩酊していたり、薬物を常用したり、放蕩にふけったりする者は、共同体の有益な成員とは言えないだろう」。[*18] さらにはっきりとした言い方で、「放蕩者の国だったら、血と労苦と涙と汗を求めるウィンストン・チャーチルの一九四〇年の呼びかけ〔一九四〇年五月一三日、下院での首相就任演説〕に応じることなどできなかっただろう[*19]」と彼は論じる。社会の主要な活動が遂行されるべきならば、平均的な市民には自制心や目的意識といった性質を有することが期待されている。不道徳はこれらの性質を衰退させることによって、社会に重大な危害をもたらす。デヴリンはこう言って、ミル主義者を説得しようとするのである。

もしアルコールや薬物の濫用について考えるなら、こういった論拠に基づいて主張を論じることは少なくとも可能ではある。ただし、アルコールや薬物の合法化が、デヴリンが考慮したようなたぐいの社会的危険（つまり、アルコールや薬物の濫用の「伝染」を通じて、社会の衰退が広まるといった社会的危険）であるかどうかは、きわめて不明瞭ではあるが。だが、同性愛について言えば、デヴリンの議論は一種の「モラル・パニック」の様相を帯びているように思われる。モラル・パニックについては、第5章で検討する機会があるだろう。[*20] 同性愛に対する公共的な寛容さによって、社会の骨組みは、はっきりとはしていないが何らかの仕方で腐食するだろうという考えは、特別に新しいものではない。だからといって古びたものでもない。二〇〇一年九月一一日直後にジェリー・ファルウェル師 Jerry Falwell が合衆国全土に宛てて出した声明[3]は、ワールド・トレード・センター爆破攻撃の責任を、「ゲイやレズビアンたち」に帰そうとするものだった――おそらく、デヴリンと同じように、ゲイやレズビアンたちの存在が、何らかの仕方でアメリカを弱体化させたと考えてのことだろう。[*21] いまでもこういった主張を耳にするが、それらの主張は常軌を逸しており、まったくもって信じがたいものである。デヴリンの議論のこのような特徴を、私たちは心に留めるべきである。なぜなら、彼が言うことの多くが、同性愛行為や、その同性愛行為が人格に対して及ぼす影響についての誤った事実を前提にしているように思われるからである。デヴリンはもちろん、異性愛者を「中毒患者」とは表現しなかったし、その性的選好を、社会の活力を奪う中毒と描写することもなかった。*22

デヴリンによれば、個人的自由の重要性を考慮すると、社会の道徳的な決まりごとに対する脅威すべてが、法的介入を認めるに足るほど深刻であるわけではない。そこで、デヴリンはあるテストを提案する。すなわち、それを超えてまで、社会が不道徳な行為について寛容であることを求められるべきではないような地点とはどこかを決定するテストである。適切な基準を見つけるために、デヴリンは「常識人」という有名な法的フィクションに取り組む。その「常識人」を、デヴリンは「クラパムの乗合馬車に乗りあわせた人」*23[4]とも記している。もし常識人が、他人のその人自身だけに関わる行為に対して、非常に激しいかたちで不承認を示すなら、問題の行為は法によって禁止されてもよい。デヴリンはその激しい感情のことを「不寛容、憤り、そして嫌悪感」と呼ぶ。デヴリンによると、これらの感情は「道徳法則の背後に存在する力である」。そして、そのような感情がなければ、個人から選択の自由を奪ういかなる権利も社会は持たないとされる。*24 このようにまったく異なる三つの心情を列挙したにもかかわらず、私が後で明らかにするように、デヴリンの議論の内容は、嫌悪感に焦点をあわせているかのように思われる。後で論じることだが、憤りは、不当に加えられた危害や損害に対する反応であると一般に理解されている。しかし、デヴリンは、そのような危害が存在しなければならないとは主張してはおらず、それどころか、彼の議論全体は、そのような危害だけが法的規制を正当化するというミルの主張に反するものである。後にデヴリンは嫌悪感を特に取り上げて議論を続け、同性愛に関して問われるべき問いが、「心を鎮め、感情を抜きにして考えるときに、存在するだけでただちに犯罪となるような不快きわまりない悪徳であるとみなされるかどうか*25」であると述べる。つまり、不明瞭ではあるが、デヴリンは二段階に分かれた探究を示唆しているのである。まず、「常識人」は同性愛行為に嫌悪感を抱く。次に、その常識人は同性愛行為から距離をとって考え、そのように感じることが本当に正しいのか、静かに自問するのである。

デヴリンはなぜ嫌悪感を、立法にとっての信頼に値する基盤と考えたのだろうか。嫌というほど広まってしまえば、社会の機能を侵食することになる悪徳がいくつか存在するという点で、デヴリンを認めるとしよう。だが、たとえそうだとしても、どのような活動がそういった特性を備えるのかということに関して、嫌悪感が信頼に足る指標であると、なぜ想定しなければならないのか。異人種間結婚は、広く嫌悪感の対象とされていた――しかし、この嫌悪感が信頼に値する仕方で社会的危険を探知しているとは、デヴリンですら論じなかっただろう。そのデヴリンは、異性愛結婚であればいかなる形態であっても満足すると思われる。共同体のなかに精神障害者や身体障害者が存在し、世間の目に触れて活動しているだけで、しばしば嫌悪されてきた。しかし、そのような障害者たちが社会構造に危険を及ぼすと主張するのは、困難であろう。他方で、誰が見ても社会構造に危険をもたらすにもかかわらず、広い範囲で現れ、好まれてさえいるがゆえに、嫌悪を呼び起こす傾向を持たないような行為形態が存在している。多くの社会で、人種差別や性差別はそういった扱いを受けてきた。貪欲さや過酷なビジネスの実践に至っては、称讃される場合すらある。だから、この議論の決定的な地点で、私たちはすっかり混乱してしまうのである。また、嫌悪感の内容もしくは嫌悪感の対象にされがちなものについてのさらなる分析があれば、デヴリンの見解をさらに評価するための助けとなるのだが、彼はそういった分析を示していない。したがって、私たちはここでデヴリンから離れ、こういった問いのいくつかに対して答えを携えているだろう他の論者に向かわなければならない。

レオン・カスは、デヴリンに非常に近い見解を持っている。ただし、嫌悪感の感情とその社会的役割を考察する方法に関して、カスは少しだけ多くのことを語っている。カスは、法的規制に関する一般理論こそ展開しなかった。だが、彼はミル主義者ではないと言っても過言ではない。〔なぜなら、カスによれば〕ある行為がミルの言う意味で「他人に関わり」、同意のない他人の「法定の権利」に不利な影響を及ぼすことを確かめなくても、社会は当該の行為を禁止してまったくかまわないからである。しかし、社会に対する危険についてのカスの見解は、嫌悪感が重要とされる理由についての議論の場合と同じように、デヴリンのものとは異なっている。カスが心配する危険は、「放蕩」の蔓延が引き起こしかねない、社会の行動機能および計画作成機能の崩壊ではない。代わりにカスが心配するのは、人間を他人の目的の手段として扱おうとする習慣を徐々に受け入れることによって、人間の中核的価値が知らず知らずのうちにむしばまれるかもしれないという危険である。彼が恐れる世界とは、「自由になされるかぎりで、あらゆることが許容されると考えられている」世界である。そのような世界において、「所与の人間本性は、もはや尊重に値するものではない」[*26]。ここまでは、カスはリベラルな伝統に収まるそのままに議論しているように思われる。なぜなら、確かに人間の尊厳への尊重は、どのような形態の持続的な政治的リベラリズムにおいても、その中核にある政治的諸価値に含まれているはずだからである（しかしながら、「所与の人間本性」という言葉は、人間性についての特定の形而上学的見解、ないしは特定の宗教的見解を示唆する点で、人間の尊厳という政治的理念を超えている）。そして、確かにリベラルは、すぐさま次のことを認めることができる。すなわち、リベラルな社会が防がなければならない主要な危険の一つは、人間が手段としてのみ扱われ、目的として扱われないことである。もし人間の尊厳の侵害と嫌悪感が確実に相関関係にあると納得できるのであれば、私たちは嫌悪感をともかくも法的規制に関連するものとみなしかけている、ということになるだろう[*27]。

カスによれば、「嫌忌 repugnance」の心情のうちには、あらゆる合理的議論の基盤となる「知恵 wisdom」が存在する。私たちはある種の予測を検討する時に嫌悪感を持つが、それは、「正当に大事にしてきたものが侵害されるのを、ただちに議論の余地なく直観し、悟るからである」。嫌忌は「人間の過度の身勝手さ willfulnes に抵抗し、筆舌に尽くせないほど重大な事柄を侵犯しないよう、私たちに警告する」[*28]。「嫌忌が議論 argument ではない」ことをカスは認める。しかし、彼の考えによると、嫌忌によって、私たちはある水準の人格性を獲得することができ、その獲得の仕方はいくつかの点において議論より深遠で信頼の置けるものである。「重大な事例において……嫌忌は深遠なる知恵の感情的表現なのだ」[*29]。

それからカスは、忌まわしいとされている六つの行為を列挙する。カスが論じるところによると、嫌忌の論拠を示そうとする企てはそれ自体が疑わしいものであり、「私たちの恐怖心を合理化して取り去ろう」[*30]とする皮相な企てに過ぎない。カスが例として挙げるのは、父娘の近親相姦（合意が存在する場合も含めて）、獣姦、死体損壊、人肉食、レイプ、そして殺人である。私たちはすぐさま当惑を感じることになる。なぜなら、これらの行為のほとんどは、ミルの他者危害原理がそのまま適用される範囲に含まれ、非同意の他者への危害を引き起こすからである。レイプと殺人は明らかにそうだし、父娘の近親相姦も同様である。なぜなら、小さな子どもには同意能力を認めないのが正当だし、誘惑者が実の父親の場合は、とりわけそうだからである。獣姦が同意のない他者への侵害を引き起こすのは、通常、獣姦が動物にすさまじい苦痛と侮辱を与えるからであり、人間の出来心によって動物を道具として使用するからである（ミルだったら、きっとこの意見に同意するだろう。彼は動物の法的権利の偉大な擁護者であり、財産の多くをＳＰＣＡ〔動物虐待防止協会、一八二四年イギリスにて設立〕に遺贈している）。先に人間が殺されていなければ、人肉食も起こりえない。どのようなかたちの強制も受けることなく、ある人が自然的原因によって死亡したといった状況を想像するとしても、そのような状況は、死体損壊という犯罪の一つの陰惨な例にすぎない。死体損壊は確かに真の道徳的問いを引き起こす。それは、死体損壊が禁止されるべきか、そして、いかなる根拠において禁止されるべきかという問いである。これらの問いには第3章で戻ってくることにしよう。しかし、死体が物塊であって自ら動くことがなく、生きている人格ではないと明言するや否や、死体損壊は複雑な問題となる。カスはこの問題について何も議論していない――しかし、推定ではあるが、この事例は、カスがミルの原理の及ぶ範囲を越えてしまっている唯一の事例である。この事例に関して私たちがなそうとするのは、それについて反省し、議論することであって、嫌忌に合理性とはまた別の知恵が含まれていると想定することではない、と私には思われる。

さらに言えば、カスが恐怖心の皮相な合理化以外の何ものでもないとしている議論の例は、きわめてアンフェアなものである。彼が例示したのは、もっぱら「近親交配による遺伝子上のリスク」という理由によって近親相姦が不正とされるという主張である。ひょっとすると、実のいとことの近親相姦の法的身分に、あるいはさらに、成年に達した兄弟姉妹との近親相姦の法的身分に関心を寄せる人なら、こういった議論を提唱するのかもしれない。しかしながら、父と娘の近親相姦に対し、このような議論を最初に行うのが自然であるとするのは、まずありえないことであり、娘に対する危害を中心に考えるのが普通である。そのうえ、成人に達した実のいとこ同士の近親相姦が、そして兄弟姉妹間で行われる近親相姦ですら、嫌悪を催させるとは限らない。それどころか、ワーグナー『ワルキューレ』におけるジークリンデに対するジークムントの愛など、ロマンティック・ラブの文化的範例のうちで最も好まれているもののいくつかは、兄弟姉妹同士が心の奥底で惹かれあうことに基づいている。恋人たちは、その血縁関係にもかかわらず互いに惹かれあってしまうというのではなく、まさにその関係ゆえに惹かれあうのだ。彼らは互いのなかに自らの顔を見出し、自らの声を聞いているかのようである。だから、もし成人同士の同意のうえでなされたこの種の近親相姦を非合法にする理由を見つけようとするなら、嫌悪感は何の助けにもならないだろう。おそらく、健康問題に関する議論がまさに必要とされるものなのである。

そういうわけで、これまでのところ、嫌悪感が人間の権利や人間の尊厳に対する深刻な侵害と確かに相関的であるとするカスの主張は、説得力を欠いている。また、嫌忌の心情が手引きとしてはほとんど役立っていないように思われる事例についても、彼はまったく考慮していない。彼が言及するのは、「昨日の嫌忌のいくつかが今日平然と受け止められる――ただし、それが常に善いこととはかぎらないと付け加えなくてはならないだろうが[*31]」という点についてである。カスは同性愛関係（この話題に対し、カスは強い否定的意見を持っている）を念頭に置いていると推測しても、さしつかえないように思われる。だから、カスの見解によれば、デヴリンも言及したような心情を私たちが同性愛に寄せていた時、この心情は正しい手引きを示してくれていたのであり、心情が提供するそういった手引きを私たちが見失ってしまったことは、あまりにも大きな損失ということになる。このような見解に対し、多くの読者は強硬に異議を申し立てるだろう。嫌忌の心情が正しい手引きを示したとカスは言うが、それなら、過去、広い範囲で嫌忌の標的とみなされていたような対象についてはどうだろうか。たとえば、ユダヤ人や異人種間結婚のカップル、ジェイムズ・ジョイスとD・H・ロレンスの小説である。これら過去の事例のなかに現れる嫌悪感には知恵が含まれていたとカスは言いたいのだろうか。今日でさえ、公共の場所で知的障害者を見る時や、身体が変形した人や肥満の人を見る時に多くの人が感じるとされる嫌悪感についてはどうだろうか。いまやカスは以下のようなジレンマに直面するのである。つまり、カスが述べようとするのは、これらのなかのどの事例でも、嫌悪感は昔もいまも正しい手引きを示しているということだったとしよう。その場合、ほとんどの読者はカスに対して、馬鹿げており道徳的に恥ずべき主張をしているという印象を抱くだろう。そうでなければ、いくつかの事例において、嫌悪感は実際には間違った手引きを示していたと述べることになる。だが、その場合、嫌悪感の手引きが誤りだった事例から正しかった事例を区別する基準が必要であると認めたことになる。カスはこのジレンマに取り組んでいない。たとえば、嫌悪感がどのような場合に信頼に値するのか、どの程度信頼できるのかの見分け方について、カスはいかなる情報も提示しない。しかし、彼の議論は、嫌悪感が大いに信頼に値するという強い主張を必要とする。なぜなら、彼の議論の要点は、ヒト・クローニングの展望に対して現在私たちが抱いているとされる嫌悪感を、さらなる反省や議論なしに、その実行を禁止する十分な理由として受け入れるように、私たちを説得することにあるからである。

嫌悪感は、法の領域における正しい手引きを示し、その手引きの方が合理的議論の示すものより深みがあり信頼に値する。そう信じるために(そのような場合があるとしての話だが)、何を信じる必要があるのだろうか。このような主張を擁護する一つの方法は、デヴリンが採用したものであろう。デヴリンによれば、嫌悪感は文化的所産であり、よって私たちの社会的関心事についての優れた指標である。だが、このような考えはカスの見解ではありえない。なぜなら、カスの見解においては文化それ自体が腐敗しているからである。まさに文化を信頼することができないからこそ、嫌悪感に頼るのである。カスは、その見解からして、嫌悪感に文化外の権威があると信じている。しかし、何を根拠にそのようなことを信じるのだろうか。もし何らかの根拠があるとしても、それの意味するところが嫌悪感は私たちの進化の遺産の一部分であるということなら、それを根拠にして嫌悪感に道徳的権威を与えるのは、受け入れがたいように思われる。また、カスのきわめて宗教的な志向を考慮するなら、彼がこのような立場に立つとも思えない。おそらくカスは、ユダヤ・キリスト教的伝統が原罪と同等視する「身勝手さ」を抑制するために、嫌悪感が神によって与えられているとか、自然が思慮深く定めた目的によって、何らかの仕方で幸運にも植えつけられるなどと、考えているに違いない。もしこれがカスの見解ならば、それは驚くべき奇抜な神学的見解である。しかし、特定の宗教的目的論を認めない人を納得させる言葉に翻訳されないかぎり、こうした見解は政治的にリベラルな国家において何の影響力も持ちえない。だが、そのような翻訳はカスの議論のなかには見られない。

嫌悪感についてのミラーの見解は、デヴリンとカスの見解よりもいくらか複雑である。この二人の論者とは異なり、ミラーは嫌悪感についての徹底的な分析を行う。以下の分析において、私はミラーのこの分析にたびたび言及しようと思う。ミラーが信じるところによると、嫌悪感は明確な認知内容を持っており、その認知内容を通じて手引きを示す。だが、嫌悪感がそういった手引きを示すのは、議論の背後や議論とは離れたところに潜んでいる力であることによるのではない。ある「一次対象」——身体の排泄物、傷んだ食物、死体——に向けられた嫌悪感は進化論的な起源を持ち、非常に広い範囲に見られる、とミラーは考えている。しかしまた、一次対象への嫌悪感をその他の対象へ拡張させる方向について、任意に決定する権限が社会に与えられているとも考えている。ミラーによれば（そして私はこれを擁護しよう）、嫌悪感に含まれる中核的概念は、汚濁 contamination という概念である。たとえば、ある人が嫌悪感を理由にしてある行為を禁止しようと提案するとき、その人は、その行為がなされることによって自分や社会が汚染されることのないようにしているのである。この分析はおそらくデヴリンやカスの見解と両立する。しかし、このミラーの分析の方がずっと明確である。最後に、ミラーは詳細に次のように論じる。嫌悪感は社会的ヒエラルキーの伝統と密接に関連している。ほとんどすべての社会は人間の階層を構築する。その階層のいくつかに属する人々は、堕落して嫌悪を催させる者たちとみなされる。たいていの場合、底辺にいるのはユダヤ人か、女性である。ヒエラルキーの確立は嫌悪感の本質をなすものである、とミラーは考えようとしている。つまり、嫌悪感はその対象を低劣で下等なものとみなし、それによって人間や対象の階層を構築すると言う[*32]。

嫌悪感の手引きが疑わしいものかもしれないことにミラーがはっきりと気づいているのは、彼の議論のこのような大雑把な概略からでも明らかである（なぜなら、嫌悪感が構築するヒエラルキーに対して、ミラーは批判的だからである）。それにもかかわらず、なぜミラーは嫌悪感の示す手引きの有効性を認めたのだろうか。規範的な側面に関して、ミラーの著作には簡潔でわずかな記述しかなく、そこでは法的規制について、ほとんど何も触れられていない。だから、嫌悪感の示す手引きの有効性に関するこの問いにどのように回答するにしても、かなり憶測に頼らなければならないのだが、ミラーはここで鍵となる二つの主張をしているようである。ミラーはまず一般論としての主張を展開し、文明の発展に応じた進歩の指標として嫌悪感を使用してもよいのだと述べる。つまり、社会が嫌悪すべきとみなすものが多ければ多いほど、その社会はより発展していることになる。この主張の詳細は、本章の後の議論のなかで検討しよう。しかし、この主張が法的規制とどのように結びつくのかは明らかではない。そこで二つめの主張にすぐ取りかかることとする。これは、カハンがミラーの「道徳的不可欠性説 moral indispensability thesis[*33]」と適切に呼んだ主張である。これは、残酷さへの反感を刺激して強化するためには嫌悪感が不可欠であるとする主張である。嫌悪反応に注意を向け、立法の際にその反応が私たちに影響するのを許さなければ、「悪徳のなかでも残酷さを最優先に考察する」ことはできない[*34]。

ところで、デヴリンやカスが興味をよせるようなたぐいの法的規制を擁護するのに、つまり、ミルの原理に抵触しない行為（自己に関わる行為）の規制を擁護するのに、ミラーのこの主張はほとんど寄与しないように思われる。同性愛が残酷さの一形態であるなど、デヴリンやカスですら信じていない。もし信じているのなら、同性愛行為の非合法化を正当化するための非ミル主義的な方法を探求するのに、当然、デヴリンとカスがあれほど多くの時間を費やすはずがない。また、ミラーもそういった主張をしているのではない。つまり、嫌悪感はいつでも残酷さの存在を知らせてくれるのだから信頼すべきだ、といったことをミラーが考えていないのは明白である。ミラー自身の説明によると、嫌悪感は一般に汚染源とみなされる何かの存在を表示する。しかし、彼自身主張するように、有害でも残酷でもない汚染源は数多く存在する（ミラーが嫌悪感の二つの主要な対象として挙げるのは、男性の精液と女性の体液である。そして、社会的に弱い立場にある何の罪もない人々や集団を攻撃の標的にするために嫌悪感が使用されてきたという歴史的証拠を、ミラーは強調している）。また、ミラーは、残酷さはいつでも嫌悪を呼び起こすと論じているわけでもない。ミラー自身は、何の力もない人々や集団を残酷な仕方で従属させ、そのことによって社会が快を得るという証拠を引き合いに出している。こういった証拠に鑑みれば、残酷さはいつでも嫌悪を催させると論じるのは困難であろう。だから、嫌悪感は残酷さの存在を確実に知らせてくれるといったことが、ミラーの論旨であるはずがない。彼の論旨はもっと間接的なものでなければならない。たとえば、嫌悪感は道徳的素質の一部であり、それ抜きには残酷さにうまく反応できないといったものでなければならない。しかし、その妥当性はともかく、この論旨は、法的規制を擁護する根拠として嫌悪感の使用することを裏づけてはくれない。なぜなら、私たちはいつも自分の人格のうちに嫌悪感を保持しながら、法的規制の擁護論を他の要素に根拠づけるだろうからである。

嫌悪感を擁護するミラーの主張はつまり不完全である。そして、私たちの関心事である法的規制の問題に、彼はほとんど興味を持っていないように思われる。[*35] しかし、ダン・M・カハンはミラーの著作を論じながら自説を展開し、以下のような法に関わる問題を提出している。[*36] 嫌悪感への訴えは、通常、伝統的価値を擁護する保守主義的な法理論家たちによってなされると仮に認めることから、カハンは始める。しかし彼はこの仮定には何の必然性もないと指摘するが、これはまったくもっともなことである。ミラーは、時代の変化によって嫌悪感の対象も変化すると主張する。そうであるならば、新しい社会秩序の擁護者たちは、嫌悪感への訴えを利用しながら低劣や下等とみなすものをおとしめ、伝統に囚われない人々や価値を作り出すということもありうる。そして、カハンは、進歩主義的な法思想家たちが嫌悪感を退けたのは時期尚早であったと結論づける。つまり、嫌悪感は広く認められる道徳的心情であり、進歩主義者も自分自身の目的のために嫌悪感の力を利用する方がよいというのである。

しかしながら、人はこう問うことだろう。なぜ嫌悪感への訴えを第一に考察しなければならないのか。（ミラーに依拠する）カハン自身の説明によれば、嫌悪感は、個人の値打ちや価値に応じて人々を区分するヒエラルキーや不平等な序列に結びつけられているという。それなのに、立法の過程で、他の心情や異なるさまざまな複数の心情に法を根拠づけるのではなく、ともかく嫌悪感に信を置くべきとされるのはなぜだろうか。この点で、カハンの議論はいささか不明瞭になる。なぜなら、カハンは、デヴリンやカスとは違い、「自己に関わる」行為を違法とみなすために嫌悪感を利用することを擁護していないからである。だが、カハンは、このような〔「自己に関わる」行為を非合法化する〕「道徳の法律」に反対してはいない。私たちが知るかぎり、薬物使用や客引き、ギャンブルといった、いくつかの種類の「自己に関わる」行為についてなら、カハンはそれを規制することを支持する基準として嫌悪感を利用することを擁護するかもしれない。しかし、カハンの挙げた事例から判断するに、彼が特に取り上げるのは、もっぱらミルの基準をたやすく満たす犯罪である。実際、カハンは論文全体を通じて殺人に注目しており、残酷さがあらゆる形態のなかでも最大の悪であるというミラーの見解を受け入れている。殺人や残酷さは悪であると言うために、私たちは何も嫌悪感に訴える必要はない。

しかしながら、カハンの見解は、ある殺人は他の殺人より悪いものであり、殺人や特に殺人者の間に序列をつけるために嫌悪の心情を信用することは良い方法だというものに思われる。私たちは、法的に重要な加重要因を特定するために、もしくは、ある殺人者がとりわけ卑劣ないし低劣であると判定するために、嫌悪感に依拠することができる。すると、判決の際、嫌悪感はある役割を果たすことになる。つまり、序列づけを通じて、残酷さに対する否認と反感を強化するのである（この主張の詳細は第3章で検討しよう）。私はカハンのこういった考えを受け入れることはないが、限定的とはいえ、この考えはある種の妥当性を持っている。なぜなら、カハンが嫌悪感の影響を認めたのは、この場合、他のもっとミル主義的な根拠に即して違法とされる行為の文脈のなかだけだからである。

ここまでの議論をまとめることにしよう。嫌悪感に法的役割を認める立場は実際には多くの立場からなることが、いまや理解される。しかしながら、ここでのどの論者にとっても嫌悪感はともかくも有益な法的基準となる場合があり、ある種の行為の法的規制に関する情報を示すとされる。ここで一つの重要な区別を強調してもよいだろう。この四人の論者が考えているのは、単に限定された意味での、個々人に対する危害としての嫌悪感ではない。つまり、この論者たちは、一般に生活妨害禁止法によって提示される種類の嫌悪感を考えているのではない。生活妨害禁止法は、著しい苦痛を伴う種類の侵害を加える人々に刑罰を科す。そういった侵害はしばしば嫌悪感という形態をとる。たとえば、嫌悪を催させる臭いは、それを発生させた人の隣人に影響を及ぼしたりする。これが、法における嫌悪感の役割の一つである（生活妨害については第3章で議論しよう）。しかし、四人のどの論者にとっても、嫌悪感はずっと幅広い根本的な意義を持っている。個々の論者にとって、嫌悪感はそれ自体規制されるべき危害ではない。むしろ嫌悪感は基準となっている。つまり、何が悪なのか、それどころか何が非常に悪いことなのか、すなわち、（彼らが論じるには）何が規制可能なのか、嫌悪感はこういったことを明らかにするための基準なのである。法によって規制可能な（もしくは規制されるべき）行為を特定するために、私たちは「常識人」の嫌悪感という概念を使用する。その現場に立ち会ったどんな人に対しても苦痛を与える生活妨害になるような嫌悪感を、当該の行為が実際にもたらすかどうかという問題に立ち入ることなく、この概念は使用されている。デヴリンとカスによって考察された事例の多くは、私的になされるがゆえに、生活妨害禁止法によってカバーされるような種類の嫌悪感を実際に呼び起こすことはおそらくないということに注意しよう。そういった事例の行為を嫌う人々がそのそばにいて不快な目に遭うことはまずない。そうではなく、嫌悪感は、ある行為がどの程度悪質なのかを問う場合に私たちが従う道徳的な筋道ないし基準なのである。そして、不道徳さの判断は（それはまた四人の思想家にとっては、社会的危機についての判断なのだが）それ自体、行為の法的規制に関連するものなのである。

この点を除くと、何が最も差し迫った社会的危機なのか、そういった社会的危機に対処するために嫌悪感がどのように役立つのかに関して、四人の論者の見解は異なっている。ミラーは規範面での明確な見解を持っていないので、ここからは他の三人に集中するとしよう。カハンの見解は――少なくとも、嫌悪感について論じたこれらの著作の目的にとっては――ミルが賛同するような種類のはっきりとしたリベラルな見解、つまり、法的規制は第一に他者危害に基づくとする見解であるように思われる。カハンは、きわめて有害な行為との関わりのなかでだけ、嫌悪感への訴えを使用する。しかし、そういった文脈においては、行為がどの程度有害かではなく、もっと別のものを測るため、つまり、その犯人がどれほど卑劣で下等であるのかを測るために嫌悪感は使用されるのである。カハンはここでミルから離れることになる。ただし、デヴリンやカスほど離れているわけではない。

デヴリンやカスにとって、嫌悪感はさらに広い範囲で使用される。嫌悪を催させるものとしてカスが挙げた例のほとんどには、実際には他者への危害が含まれてはいる。それでも、対象が限定されるミルの原理をカスが受け入れないこと、そしてデヴリンとともに無害な行為を規制しようとしていることは、明白である。しかし、規制を擁護するためにカスが使う議論は、デヴリンのものとはまったく異なったものである。そこでは、嫌悪感を信頼に足ると考えるべき理由についてのまったく異なる描像が利用されている。デヴリンにとって、嫌悪感は社会的に発生するものであり、社会に深く根づいた規範を私たちに知らしめる点で、価値があるとされる。カスにとっては、嫌悪感は社会に先立っている、もしくは社会外のものである。そして、堕落した社会は私たちの人間性に迫る危機を覆い隠し、見えなくしてしまったかもしれない。そういった危機への警告を発するという理由で、嫌悪感には価値があるとされる。しかし、嫌悪感がそれなしではもたらされないはずの情報を私たちにもたらすという点では、二人の結論は一致している。また、嫌悪感の表明が合理的な議論の吟味に耐えるかどうかはともかく、嫌悪感が法的規制に関係することについても、彼らは一致した意見を持っている。

すでに示したとおり、これらの見解はいくつもの問題を内包している。これらの見解は総じて欠陥を含んでおり、提示されうる反例に反論することがほとんどできない。しかし、これらの見解がこれまで影響力を持ち続け、いまでも社会のなかに消えずに残っているからには、それらの提起した問いはさらなる検討に値するように思われる。このような検討にあたり、嫌悪感とその働きに関してなしうる最良の説明をすることから始めなければならないのは明らかだろう。なぜなら、そのような説明だけが、嫌悪感の信頼性と社会的役割について私たちが提起してきた問いのいくつかに答えることができるからである。

第3節　嫌悪感の認知内容

嫌悪感は何より本能的な感情であるように見える。嫌悪感は刺激に対する激しい身体的反応を伴っており、そういった刺激はしばしば身体上の特徴を際立たせてきた。嫌悪感の典型表現は嘔吐である。嫌悪を催させる典型的な刺激源は不快な匂いであり、それ以外の対象も、見た目だけで不快感を催させるようなものである。[*37] それにもかかわらず、心理学者のポール・ロジン Paul Rozin による重要な研究が明らかにしたところによると、嫌悪感は複雑な認知内容を持っており、その認知内容は、汚染源の摂取という考えに向けられている。[*38] 嫌悪感についてのロジンの大本の定義は、「不快な対象を（経口）摂取するという予測への嫌悪である。不快な対象は汚染源である。つまり、口にできる食べ物に不快な対象がほんの少しでも接触すれば、たいていの場合、その不快な対象はその食べ物を口にできないものにしてしまう」。同様に、ヴィンフリート・メニングハウス Winfried Menninghaus は嫌悪感を、「同化することのできない他者に抗する自己主張の危機」、「望まざる近接」の拒否と呼んでいる。そこでは、対象は「汚染源と査定され、自己から激しく遠ざけられる」。[*39] 嫌悪感の対象は、摂取するのに不適当というだけでなく、汚染源とみなされなければならない。たとえば、紙やマリーゴールド、砂といったものは、摂取するのに不適切とされる。だが、嫌悪を催させはしない。[*40]

ロジンは、当然、嫌悪感が進化論的基盤を持つとは論じていない。実際、ロジンはダーウィンの以下のような議論を受け入れている。それによれば、嫌悪感はもともとある種の拒否（元来は、望まざる食べ物の拒否）であり、強い否定的感覚体験に密接に結びつけられている。[*41] しかし、ロジンが示すように、嫌悪感は苦手意識 *distaste*、つまり、感覚要因によって刺激されて生じた否定的反応とは区別される。そして、嫌悪感は危険（感覚）、すなわち、有害な結果への懸念によって刺激されて生じた拒否とも異なる。嫌悪感は単なる苦手意識ではない。なぜなら、［ロジンの実験によれば、］まさに同じ臭いが、対象についての被験者の考え次第で、多様な嫌悪反応を引き出すからである。[*42] ロジンの実験の被験者たちは腐敗した臭いを二つの異なる小瓶から嗅ぐのだが、実はなかには同じ物質が入っている。この時、被験者たちは、一方の小瓶に排泄物が、他方にはチーズが入っていると聞かされている（私たちは、それらの実際の臭いを混同しがちである）。通常の場合、自分がチーズの臭いを嗅いでいると考える被験者は、その臭いを好みだと思い、排泄物の臭いを嗅いでいると考える被験者は、それがとても嫌なもので不快であるとみなす。「対象の快楽的価値を主に決定するのは、その対象の感覚属性よりはむしろ、それについての被験者の考えである」[*43]。一般に、嫌悪感はまず、観念化された要因によって引き起こされる。つまり、物の本性ないし由来によって、そして物の社会的来歴（たとえば、誰がそれに触ったか）によって、嫌悪感は呼び起こされるのである。砂糖のような味がすると確信している場合でさえ、被験者たちは粉になった乾燥ゴキブリを食べるのを拒否するか、もしくは食べたとしても、その味にむかつきを覚えるという。

また、嫌悪感は（知覚された）危険とも同じではない。摂取されないかぎり、危険物（たとえば、毒キノコ）は周囲にあってもかまわないとされる。嫌悪を催させる物がそのようなかたちで受け入れられることはない。危険が除去されれば、危険物は摂取されるだろう。解毒された毒キノコは口にすることができる。しかし、すべての危険が除去された時でさえ、嫌悪を催させる物はそのままである。人々は、殺菌されたゴキブリを食べるのを拒否する。未消化のまま排泄物と一緒に出てくるとされる、消化不可能なプラスティックのカプセルに入れられたゴキブリを飲み込むことでさえ、多くの人は拒否する。
嫌悪感は身体の境界に関係する。つまり、嫌悪感は、疑わしいものが自分に取り込まれるかもしれないという予測に向けられる。多くの物や多くの人々にとって、特に境界とされるのは口である。[*44] 嫌悪を催させるものは異物とみなされなければならない。自らの身体のうちに留まるかぎり、自分の身体の作り出したものは嫌がられないが、身体から離れれば嫌悪を催させる。自分で唾を吐いたグラスに口をつけることに対し、たいていの人々は嫌悪感を抱く。だが、口のなかにある唾に対しては無頓着である。嫌悪感の観念化された内容とは、不快とみなされるものを摂取することによって自己が堕落するか、汚染されることになるというものである。ロジンと彼の同僚の行ったいくつかの実験が示唆するところによると、そのなかにある思想とは、「あなたはあなたが食べたものである」というものである。つまり、あなたがもしいかがわしいものを摂取するなら、それはあなたを劣化させるのである。[*45]
嫌悪感の対象は幅広い範囲にわたっている。しかし、そこでの焦点は、動物とその排出物にある。アンギャル Andras Angyal がより細かく議論したところによると、嫌悪感の核心は（人間を含めた）動物の老廃物である。私たちはそのような老廃物を、自分を劣化させるものとみなす。[*46] ロジンは、動物的な物質についての私たちの先入見を実験に基づいて確認する。だがロジンは、嫌悪感が動物やその排出物と接触した対象へと転移させられることがあるとも言い足している——嫌悪感の主な原因は、「嫌がられている、もしくは不快とみなされる人々」との接触なのである。こういった拡張についてはすぐ後で論じるとしよう。ロジンはまたミラーとともに、嫌悪感が排泄物だけでなく腐敗に着目すると主張する。たとえば、死体は、排泄物と同じように、嫌がられているものの核心にあるとされる。[*47] なぜ、植物の排出物（腐敗してかび臭い例は別だが）は嫌がられることがほとんどないのか。これを説明するのは困難だが、アンギャルやロジン、ミラーはみな、以下のように結論づけている。すなわち、私たちは、自分たちと非人間的動物、もしくは自分たちと自分たち自身の動物性との間の境界を取り締まることに関心を寄せており、ある考えが私たちを刺激するには、その考えがこの関心に関わっていなければならないのである。[*48] だから、涙は人間の身体の分泌物だが、嫌悪されてはいない。それはおそらく、涙は人間独特のものと考えられ、それゆえ私たちが動物と共有するものを思い起こさせないからである[*49]。対照的に、排泄物や鼻汁、精液、その他の動物的な身体的分泌物は、汚濁をもたらすとみなされている。私たちはそれらを摂取しようとは思わない。そして私たちは、そういった身体の分泌物と定期的に接触する人々を、汚染されているとみなす（たとえば、インドのカースト制度において以前「不可触賤民」と呼ばれていた人々は、便所の清掃を日々の仕事にしていた。また、多くの文化で、口または肛門で精液を受容することは汚濁であり、低い身分、もしくは卑しい身分のしるしとみなされていた）。皮と頭を切り落とし、肉を小さなかけらに切り刻むことで、私たちは肉の動物的起源を隠す。それによって、私たちは嫌悪を催すことなく肉を食べるのである[*50]。

嫌悪感には、自分たち自身の動物性との疑わしい関係がつきものである。そう結論づける点で、アンギャルやロジン、ミラーはみな一致する。その中核にある考えは、もし私たちが動物的な分泌物の動物性を取り入れてしまうなら、自らを動物の地位へと降格させることになるという信念である。同様に、もし腐敗しかけたものを吸収するか、もしくはそれに接触するのなら、私たちは自らをいずれ死に至り朽ち果ててゆくものにしてしまうだろう。こうして、嫌悪感は私たちの動物性一般を寄せつけず、私たちの動物性へ憎悪を向けるときにとりわけ目立って嫌われる死の定めを遠ざける。実際、私たちの動物性のいくつかの側面――たとえば、強靭さや敏捷さ――が嫌がられていない理由を説明するためには、この制限を加える必要がある。嫌悪を催させる排出物は、衰えながら自らが老廃物になってしまうという、私たちの脆弱性と結びつけられているものである。ミラーが表現するように、「究極的に、すべての嫌悪感を生じさせる基盤は私たちなのである――つまり、私たちは生き、そして死ぬが、生から死へと至る過程は汚らしいものであり、自らに対する疑念を呼び起こし、隣人を恐怖させるような物質や臭いを発生させるのである[*51]」。

こういった分析に照らせば、私たちの知るあらゆる文化において人間の尊厳の本質を表しているのが排泄物を洗い流し処分する能力であることに、私たちが驚くはずがない。ロジンは、私たちの注意を刑務所や強制収容所の状況の分析に向けさせる。その分析によれば、収容者たちが体をきれいにすることやトイレを使用することを禁じられた場合、他の人々はすぐさま収容者を人間以下の存在と知覚するようになる。収容者を拷問や殺人の対象とみなすことに、人々はためらいを覚えなくなる。[*52] つまり、収容者たちは動物になってしまったのである。そして、マサチューセッツ連邦地方裁判所が一九九五年に下した判決は、この分析と同じ認識に基づいていた。そこでは、ブリッジウォーター州刑務所における状況は、修正第八条における「残酷で異常な」刑罰からの自由という受刑者の権利の侵害にあたるとされた。受刑者が抗議した主な状況とは、ケミカル・トイレ〔飛行機や電車で使われる臭い消しに化学物質を使うトイレ〕のもたらした不快な状況のことである。このトイレは決まって溢れ出し、逃れようもない光景や臭いを生み出したという。[*53]

嫌悪感についてのこういった分析は現代心理学の研究成果ではあるが、以前の考察に多くの点で一致している。そうした考察のなかでも傑出しているのは、『文化への不満』やその他さまざまな文章および書簡における、フロイトの古典的分析である。[*54] フロイトにとって、嫌悪感の歴史は、直立歩行の歴史とともに理解されなければならないものである。多くの動物にとって嗅覚は特に鋭い感覚であり、別の動物との性的行為と密接に関係するものである。一方、人間は、排泄や臭い、性欲といったこの動物的な世界からたもとを分かち、鼻を高いところにつけたのである。この時点から、人間という動物と、生殖の領域における臭いとの間の関係は、問題をはらんだものになる。人間はその臭いの魅力を忘れることができない。だが、文明化のためには、それは抑圧されなければならない。よって、子どもたちはこの臭いに対する嫌悪感を学ばなければならない。この発達史には後で戻ることにしよう。ここでは、フロイトの精神分析的説明と、認知心理学において展開された近年の説明との間に、実質的な一致が見られることが示されれば十分である。

嫌悪感についてのフロイトの説明は、死や衰えではなく、むしろ「下等」動物と私たちの間の身体上の共通性に向けられている。しかし、精神分析家アーネスト・ベッカー Ernest Becker は説得力を持って次のように論じる。すなわち、少なくともある年齢以降になると、人間の嫌悪反応はたいていの場合、死や衰えの意識によって非常に強く媒介させられるのである。身体の老廃物に対する嫌悪感が発達するに従い、子どもたちは「身体を持つものすべてに共通の運命、すなわち、衰えと死」[*55]に反発するようになる。ベッカーは、嫌悪感を謳ったジョナサン・スウィフトの詩に関して洞察的な議論を行い、以下のように結論づける。「排泄は狂気をもたらす災いである。なぜなら、みじめにも自分に限りがあること、自分が身体を持つこと、そして希望や夢が実現しそうにないことを、排泄は人間に示してしまうからである」[*56]。このように、ここでまたも、嫌悪感の精神分析的説明は実験心理学の近年の知見と合致する。[*57]

そしてロジンの研究は、他の実験研究や経験に適合した他の理論から、幅広い支持を受けている。最も有名な理論的選択肢として、清浄と危険についてのメアリー・ダグラス Mary Douglas の理論があるが、嫌悪感についてのロジンの理論は、それよりも明らかに望ましく思われる。[*58]ダグラスにとって、嫌悪感と不潔は社会的な文脈に結びついている概念である。そして、その中心にあるのは変則性 anomaly の概念である。対象は、ある文脈においては清浄かもしれないが、他の文脈では不潔かもしれない。対象を嫌悪を催させる不潔なものとするのは、社会によって課せられた境界の侵犯である。嫌悪感をめぐる社会的要因の存在に気づかせた点で、ダグラスの理論は重要な仕事を行った。その社会的要因については後でさらにコメントしよう。そして間違いなく、驚きは、嫌悪を催させるものへの感覚を支配している一つの要因である。それでもなお、この理論にはいくつかの欠陥があり、タブーや禁制の働きについてどんなに巧みに洞察しているとしても、それらの欠陥ゆえに、嫌悪感の説明としては疑わしいものになってしまっている。[*59]まず、ダグラスの理論は、清浄と嫌悪感という二つの非常に異なる概念を一緒くたに使ってしまっている。ある物が嫌悪を催させなくても不潔な場合があるのは、明らかである。二つめに、ダグラスには、嫌悪感と危険感覚を同一視する傾向がある。それゆえ、魔術は、嫌悪を催させる飲食物とともに、社会的境界を侵犯するものに分類される。第三に、彼女の説明は文脈に依存しすぎている。排泄物や死体、たいていの体液は、いたるところで嫌悪感の対象とされている。汚濁の概念がどのように他の対象に拡張されるのかを決定することに関しては、社会には広い裁量が認められている。だが、これらの一次対象に嫌悪感を抱かないように仕向ける裁量を、社会が持っているとは思えない。

四番めに、なぜ私たちがいくつかのものに嫌悪感を覚えるのかを説明するのに、変則性という概念は弱すぎる。排泄物や死体は嫌悪を呼び起こすが、変則的なものではない。反対に、イルカのような生物は自然における変則例、つまり海生哺乳類である。しかし、誰もイルカには嫌悪感を覚えない。嫌悪感のなかには、単なる驚きや社会規範からの逸脱といった考え以上の何かが存在するように思われる。その何かは、動物性に対する不安というロジンの考えのなかでは適切に把握されているのであろう。

しかしながら、ロジンの理論には固有の問題があり、その問題をこれから検討しなければならない。私の信じるところでは、彼の説明の全体的な趣旨に完全に適合するように、それらの問題に対処することができる。まず、境界としての口にロジンは焦点をあわせているが、それはあまりに狭いように思われる。嫌悪感を伴う汚濁が、鼻や皮膚、性器を通して生じる場合もあるからである。それが、当初ロジンの理論のこの部分を、私があまり積極的に扱ってこなかった理由である。デイヴィッド・キム David Kim の示唆ははるかにもっともであり、ロジンの説明の全体的な趣旨にも適っている。彼の重要かつ卓越した研究に見られるその示唆によると、ここで鍵となる考えとは、世界から自己へと境界を横断するというものである。そして、嫌悪感は、媒介された感覚や遠感覚にではなく、哲学的伝統が「触知できる tactile」感覚とみなしている三つすべての感覚に密接に結びつくことになる。すなわち、視覚や聴覚にではなく、触覚や嗅覚、味覚に結びつくのである。キムが言うように、嫌悪を催させる悪臭が鼻に入り込み、そこで鼻と接触したまま居座るという考えを通じて、人がその臭いに嫌悪を催すようになるという意味では、三つの接触感覚はすべて触覚に似たものである。

また、「アニマル・リマインダー〔自分が動物であることを人間に思い起こさせるもの〕」という概念もここで持ち出す必要がある。私たちはあらゆる動物に不快さを感じるわけではないし、自分自身の動物性を想起させるものすべてに対して、嫌悪感を抱くというわけでもない。前に述べたように、強靭さやすばやさ、そしてこれらの性質を備えた実例とみなされる動物に対しては、嫌悪を感じることはまずない。そこで、ロジンがいつもというわけではないが折に触れて言い足していたものを、私たちは付け加える必要がある。すなわち、他の動物たちと共有するある種の脆弱性に、つまり、朽ち果てて自分たちそのものが老廃物になってしまうという傾向に、私たちは懸念を抱いているのである。後で見るように、ベッカーはすでにこの点をよくわきまえており、嫌悪感への基盤についてのロジンのいささかあいまいな説明にかたちを与えるためには、ベッカーの洞察を導入する必要がある。この点を一度でも明確に認めるなら、デイヴィッド・キムがロジンの理論に提起した他二つの問いに答えることにもなるだろう。キムは、これほどまで頻繁に昆虫が嫌悪を呼び起こすのはなぜなのかと問い、「アニマル・リマインダー」理論はこの着目への十分な説明にならない、と感じている。しかし、昆虫はとりわけ嫌悪を催させる属性と結びつけられる傾向にある。そして、そういった属性――粘着性や粘液性、そして動物としての私たちの死や脆弱性を表すその他の徴候――は、衰退を合図するものである。

二番めの、そしてさらに困難な問題は、障害者たちに対して人々がしばしば嫌悪感や忌避を覚えるのはなぜか、というものである。このような嫌悪感の大部分は社会的に構築されたものであり、よって、この嫌悪感についての私たちの論争は、後で嫌悪感の社会的拡張を取り扱う際に取り上げることにする。しかし、脚の代わりに義足を着ける人や、その顔つきや挙動が発達遅滞の徴候を示す人を目にした時に伴われる、何らかの一次的な嫌悪感は存在するのかもしれない（私たちがそのことを実際に知ることはないけれども）。これらの障害者はもちろん、私たち自身の脆弱性を思い出させるものである。私たちは不滅の理性的魂を持つのではない。私たちの心的能力は停止することもある。死ぬ前でさえ、私たちは身体の一部を失うのかもしれない。*60 ロジンの理論に対するいくつかのありがちな問いに答えを示すには、確かにさらなる検討が必要とされる。しかし、その趣旨を維持することは可能であるというのが、私の結論である。

したがって、嫌悪感は、汚染源とみなされる一群の中核的対象に端を発する。それらが汚染源とみなされるのは、私たちにいずれ死が訪れることや動物としての脆弱性が備わっていることを思い起こさせるものとみなされるからである。こういった対象への嫌悪感は人の考えによって媒介され、その媒介の程度に応じて習得される。だが、そのような嫌悪感は、あらゆる人間社会のなかのどこにでもあるもののように思われる。しかし、複雑に入り組んだ関係を通じ、嫌悪感はすぐさま他の対象へ拡張される。ロジンの研究によると、これらの拡張に顕著な特徴は、「心理的汚濁」という概念である。その基本的な考えは、無害なものと嫌悪を催させるものとの間に生じた過去の接触によって、それまで受け入れられていたものが拒否されるというものである。ロジンがまったく適切に「共感の呪術」の法則と呼ぶものによって、この汚濁は媒介される。その一つの法則が伝染の法則である。伝染の法則とは、接触したもの同士が、その後も相互に作用し続けるというものである。[*61] たとえば、死んだゴキブリが一杯のジュースのなかに落とされるのを見たとする。すると、それと同じ種類のジュースを飲むことを人々はその後拒否するようになる。感染症にかかった人が着たことがあるとわかれば、よく洗濯してあっても、その服の着用は拒絶される。そして、多くの人々は古着の着用にいつも怖気づくようになる。[*62] ロジンと彼の共著者たちが述べるように、「伝染の法則を嫌悪感に応用することは、私たちをがんじがらめにする可能性がある。私たちが食べたり触ったりするものはすべて、すでに汚染されているのかもしれないからだ」。複雑な日常習慣上の禁制を取り入れて、汚濁が認められる関連領域を明確にすることで、私たちはこの問題に取り組んでいる。[*63] ロジンたちはそう結論づけている。

ロジンの分析の核心にダグラスの社会分析の比較的有益な側面を結びあわせることは、この点で可能である。ダグラスの議論を思い出そう。それによると、汚染源についての私たちの考えには、たいてい、境界侵犯や許容範囲への侵入、もしくは「場違いのもの」といった概念が含まれている。嫌悪感の中核にある概念を説明するものとして、ダグラスのこの理論が不適当であることは明らかである。[*64] 嫌悪感の中核的ないし一次対象は、動物の脆弱性と死の不可避性を思い出させるものである。しかし、伝染の法則を通じて、その他のあらゆる種類の対象は、汚染源なのかもしれないとみなされることになる。汚濁の拡張は、社会的に境界が線引きされることによって媒介される。その結果、境界を侵犯するだけで、嫌悪されることになる。[*65]

嫌悪感を拡張させる第二の法則は、「類似」の法則である。この法則によると、二つのものが似ていたなら、一方に対してとられた処置（たとえば、それを汚染すること）は、もう片方に影響を及ぼしたとみなされるという。たとえば、被験者は、たとえ本当の原材料を知っていたとしても、犬の糞のかたちをしたチョコレートファッジのかけらを摂取するのを拒絶する。また、（無菌の）おまるに入れて出されるスープを飲むことや、（無菌の）蠅たたきでかき混ぜられたスープを飲むことも、そして新しい櫛《くし》でかき混ぜられた大好きなジュースを飲むことも、被験者は拒否する。[*66] 類似はきわめて順応性が高い概念なので、この法則もまた社会の規則や境界によって大いに媒介を受けている。

　生まれて三歳になるまでの幼児には、嫌悪感は備わっていないように見受けられる。幼児は生まれながら苦みを拒否し、後に嫌悪感を持つときの特徴となる、大きな口を開けるような顔の表情を作る。しかしこの時点で、嫌悪感は単なる苦手意識から切り離されておらず、危険感覚はその場に現れてすらいない。生まれて五年が経つと、危険のカテゴリーが生じるようである。そして、その後四年ほど経たないと、本格的な嫌悪感は現れてこない。生まれてすぐだと、子どもたちは排泄物や嘔吐物に拒否反応を見せない。むしろ、子どもたちは自分たちの排泄物に魅了され、愛着を感じる。その後に習得される嫌悪感は、愛着を忌避へと変ずる強力な社会的力である。[*67] また、本当に刺激性のものを除き、三、四歳になる前に子どもが臭いを拒否するということを支持する証拠もない。嫌悪感はつまり、親と社会から教えられるのである。そのことは、嫌悪感に進化論的起源がないことを示すものではない。生得的素質に基づく多くの特性が成熟するには、時間がかかる。むしろ、言語と同じく嫌悪感に関しても、生得的素質がかたちになって現れる際には、社会的伝授が大きな役割を果たすことを示しているのである。

　この伝授は、通常、トイレ・トレーニングを通して始められる。精神分析家たちはこの過程にあらゆる関心を払ってきたが、それでも、この仕組みについてのもっと詳細な経験的研究がさらに必要である。[*68] 比較文化研究はとりわけ興味をひくものである。ほとんどすべての社会において、親たちは子どもたちに、排泄物に関する苦手意識と嫌悪感両方の強力なメッセージを伝える。これらのメッセージは、愛着を忌避に変換する。あるいは変換するとはまでは言えなくても、忌避の背後で子どもたちが愛着を抱くものすべてを非常に強力に抑制する。こうしたことは明らかである。しかしながら、大人の持つ本格的な嫌悪感を身につけるまでに、子どもたちがたいてい通過するとされている段階がどのようなものかについては、明らかではない。ロジンが暫定的に認めるように、自分たちの排泄物に対する子どもたちの嫌悪感は、すぐには成熟段階まで発達しない。その代わり、子どもたちは親の指導に応えるかたちでまず苦手意識だけを発達させる。しかし、親や他の人々が嫌悪感を繰り返し示すと、結局、子どもたちは本格的な嫌悪感を共有するようになる。*69 子どもたちの嫌悪感の水準は、親の嫌悪感の水準と強く相関している。そして、ロジンの経験的な調査が示すように、一次対象に対する嫌悪感の水準は人によってかなり変化する。*70

身体の排泄物に対する嫌悪感を持たないように子どもを育てることは、はたして可能なのだろうか。明らかに、そのことを困難な課題にするような進化論的傾向が働いている。また、そのような試みは必ずしも賢明とは言えないだろう。嫌悪感は危険感覚を重ねて強調し、多くの本当に危険な物を回避するよう、私たちを刺激する。嫌悪を催させる物が危険物に正確に対応していなかったとしても、多くの日常的な目的からすれば、そのような対応は危険を発見するには十分な方法である。今日でさえ、細菌やバクテリアが存在するかどうか、自分たちの置かれる環境をいちいち試験するという選択肢を、私たちは持ちあわせていない。こういった進化論的連関の及ばないところでは、一次対象への嫌悪感は人生を本当に困難なものにする問題の回避を表している。死と衰退についての個人の理解が成熟するにつれ、そういった逃避的態度はさらに促進される。私たちは、自分たちの死や、死を内包する衰退に対して、気楽に接することはとうていできないと思われる。衰退や死についての不安から生育する以上、嫌悪感は遅かれ早かれ姿を現すだろう。生きるためには、それは避けられないのかもしれない。

まだ答えられていない問いが一つある。一次対象への嫌悪感は、その同じ対象への愛着をどの程度伴っているのだろうか。子どもは、自分の排泄物に愛着を持ち、嫌悪感が愛着を抑圧するのであるが、それでも背後で愛着を持ち続ける、とフロイトは適切に論じている。しかし、おそらく個人によって背後に保持されるこの愛着の強さは大きく異なり、さらに社会によっても大きく異なるだろう。そのような相違は、たいていトイレ・トレーニングにかなりの影響を受けている。トイレ・トレーニングの過程では、子どもが排便をすませると、親はしばしば褒め言葉をかける。そして、子どもは排泄物を自分から親への贈り物とみなすようになる。この現象について、私たちはまださらに多くのことを知る必要がある。その他の一次対象に対する嫌悪感に関する場合、発達の初期段階に愛着が存在すると仮定すべきかどうかは、それほどはっきりしていない。嘔吐物、鼻水、ぬるぬるした動物、腐敗物、死体。こういった一次対象は、私たちを魅了するのだろうか、それともただ嫌悪感をもたらすだけなのだろうか。仮に、それらが魅惑や魅了の対象であるとしよう。禁止されなければ、それらへの愛着は生じなかったのだろうか。それとも、そういった愛着は禁止に先立っているのだろうか。

おそらく、これらの問いへの回答は、単純なものでもなければ一つというわけでもない。子どもたちはなるほど、ぬるぬるするものに嫌悪を覚えながらも、それで遊んでいる。しかしまた、嫌悪すべきものだと親が指摘すればするほど、子どもたちがそのぬるぬるするもので遊ぶようになることがある。そして、私たちのほとんどが何の魅力も感じないにもかかわらず、死体は時に執着の対象とされてきた。たとえば、死んだ兵士たちの遺棄された死体を見るべきではないとわきまえているにもかかわらず、レオンティオスはその死体を見たいと欲する。[*71] レオンティオスのこの例を欲求的な執着の典型例として理解するよう、プラトンは読者たちに期待する。『国家』のこの部分に対し、現代のアメリカの読者たちの多くは当惑を示す。欲求と道徳的憤りの間の葛藤を描写したかったのなら、プラトンはなぜ、私たちみながなじんでいるような欲求を選ばなかったのだろうか。だが、腐敗していく死体を見たいという欲求を強烈に感じる読者の存在を、プラトンはあてにすることができたに違いない——人々の欲求が強烈だったのは、おそらくギリシアの伝統において、死体の遺棄がきわめて不名誉なものとされていたからであろう。よって、この事例やそれ以外の事例において、嫌悪すべきものがどの程度人を魅了するかという点で、そしてとりわけこの魅了がそれ自体どこまで社会的禁制によって構築されたものなのかという点で、個人や社会の間には相当の差異があるように思われる。

一次対象に対する嫌悪感の発達についての話の全体がどのようなものだろうと、以下のことは明らかである。すなわち、嫌悪感に関係するかなり複雑なタイプの因果的思考（たとえば、伝染や類似といった思想）を子どもたちができるようになるさらに後になってから、大人の嫌悪感の体験において顕著な、間接的で心理的な汚濁の概念が発達するのである。こういった発達には、親と社会の両方からの伝授が関係する。したがって、ロジンが言うように、嫌悪感は、社会的伝授のとりわけ強力な媒介者である。社会は、嫌悪感とその対象に関する伝授を通じて、動物性や死、それらに関連するジェンダーや性の側面に対する態度をしっかりと伝える。嫌悪感の認知内容と原因が示唆するところでは、一次対象とされるもの――排泄物やその他の体液、死体――はどの社会でもあまり変わらない傾向にある。しかし、嫌悪反応を一次対象に酷似していると考えられている他の対象に拡張することに関しては、社会によって大きな幅がある。よって、嫌悪感の「自然的」対象がいくつか存在していると述べるのは、ある意味で正しいように思われる。一次対象への嫌悪感の体験のなかには、人間に広く共有され深く根づいているような思考形式が含まれているからである。しかし、社会的伝授や伝統がかなり多様な形態を持つことの結果として、嫌悪感の対象は多岐にわたることになる。だが、どの社会においても、嫌悪感とは、自分自身がやがて死や衰退を迎える動物であることをはっきりと思い起こさせるもの〔アニマル・リマインダー〕を摂取し、それによって汚染されることに対する拒否反応の表れなのである。

第5節で見るように、こういった拒否反応には、非常に切迫したものが含まれている。人はこの切迫感によって不安に駆られ、また自己を一次対象による汚濁からさらに守ろうとして、一次対象への嫌悪感をその他の対象に拡張するようになる。子どもたちはいつのまにか、「シラミ取り」として知られるどこにでもある折り紙細工で遊ぶようになり、嫌われ者や仲間外れの子の皮膚から、シラミ虫を捕るしぐさをするようになる。子どもたちが嫌悪感に基づく社会的序列化を実践するのは、この時期（おそらく七、八歳頃）からである。どの社会でも知られるようなそういった序列化は、不潔さや悪臭、汚濁といった嫌悪を催させる属性を身にまとっている人間の集団を作り出す。こういった従属集団の人間たちは、支配集団に属する人間たちとその人々を悩ます動物性の側面との間に、いわば「緩衝地帯」を作り出すのだ。

しかし、嫌悪感の社会的拡張にさらに言及できるようになるために、私たちはまず、嫌悪感と怒り（もしくは憤り）の関係に取り組まなければならない。そのようにして初めて、見た目では道徳的な意味合いを帯びる嫌悪感を使用することの是非を考察し、そういったモラリズムと人間の緩衝地帯の生成との関係を詳細に分析する段階に進むことができるだろう。

私はこれまで嫌悪感を、ある文化的な普遍性を有するものとして取り扱ってきた——そして心理学の研究は、嫌悪感には、文化的境界を越えた大まかな共通性が存在すると示唆している。私は、拙著『思想の地殻変動』のなかで感情についての一般的説明を展開した。そこで指摘したように、所与の感情に対してどの対象が適切と考えられているかのみが、社会に応じて異なるのではない。ある感情とその他の感情との関係についてのさらに正確な理解に関しても、社会ごとにある程度の相違が存在する。嫌悪感は認知内容を持っているのだから、この規則の例外にはならない。ある範囲において、嫌悪感は単一のものではなく、部分的に重なりあったものの集合である。その範囲がどのようなものであるかを示すには、一つの例を挙げれば十分なはずだ。古代ローマにおけるファスティディウム fastidium という感情についての重要な研究において、ロバート・カスター Robert Kaster が論じるところによると、この感情の意味は、英語の「嫌悪感」のそれとかなり重なっており、ある点まではロジンの分析とぴったり一致する。[*72] たとえば、人々は、（死体や排泄物など、ロジンが示したのと）同様の範囲の「一次対象」に対してファスティディウムを示し、一次対象にほぼ同然とみなされる人々に対して、この感情を拡張する。しかし、嫌悪感とファスティディウムとの間には、重大な相違が存在する。すなわち、ファスティディウムは、同じ言葉であっても、嫌悪感に似た意味でのファスティディウムとはいくらか異なっていると（ローマ人たち自身によって）認識される経験の方を意味する場合がある。ファスティディウムには、一種の気難しい高慢さを持って人を見下し、卑しいとみなされるものから距離を保つことが含まれているのである。この種類のファスティディウムは軽蔑と密接に結びついており、したがって、適切な階級やヒエラルキーといった貴族的感覚に密接に関係している。

カスターは、説得力のある詳論のなかで以下のことを示している。一つの言葉が二つの明らかに異なる経験を名指しするという事実は、その個々の経験の来歴に無関係ではない。それら異なる経験の二つの区分は重なりあい、交差し始める。その結果、ヒエラルキーに関連する意味でのファスティディウムによって下位に属するとみなされた人々は、そこですぐに嫌悪を催させる属性を付与されるようになる。そして、嫌悪を催させる属性に結びつけられる人々は卑しいものと位置づけられ、見下されることになる。英語での言葉〔disgust〕が、このことにまったく無縁というわけではない。なぜなら、嫌悪感はさまざまな場所で社会的ヒエラルキーを構築しているからである。しかし、貴族的軽蔑と嫌悪感との独特の混合や、この二つの間の揺れ動きは、ローマ人特有の構築物であるように思われる。そして、そのことにより、他の社会におけるものとは微妙に異なる経験や判断が引き起こされるのである。

文化分析として正確なこの種の優れた研究が私たちに示すように、他の感情と同様、嫌悪感に関しても、議論の対象とされる文化の特質を分析し、批判するところから始められるべきである。人間的なもの、および不潔なものについての当該文化特有の理解は、そこで深く掘り下げられるべきである。にもかかわらず、嫌悪感は、文化を超えて大きく重なりあう感情であると思われる。嫌悪感は、影響力のある西洋文化的形態を携えてきたので、その影響力のある形態そのものが、時間と場所を超えて〔嫌悪感体験に〕顕著な類似性を与えてきたのである。したがって、以上のような一般化がすべて不完全であることと自覚しながら、嫌悪感を引き続き単一の現象として取り扱うことができるだろう。

第4節　嫌悪感と憤り

これまでの議論で理解できるように、嫌悪感は危険の恐怖からだけなく、怒りや憤りからも区別される。嫌悪感の中核にある考えは、自己への汚濁である。つまり、この感情は、汚染源かもしれないものの拒否を表現している。嫌悪感の主な対象は、人間がやがて死に至ることや動物であることを思い起こさせるもの、人間を汚染するものとみなされる。対照的に、憤りには主として不正もしくは危害の概念が含まれている。怒りを抱いている当人に対してなされたか、あるいは、怒りを抱いている当人が重要と考える人や物に向けてなされたかはともかく、怒りの哲学的定義には標準的に不正の概念が含まれている。たとえば、セネカの『怒りについて』で報告され議論された、古代ギリシアにおける標準的定義は、「不正に仕返ししようとする欲求」、「自分に対して不正を働いたと自らが信じる人を罰したいという欲求」、そして「適切な範囲を越え、自分に対して不正を働いたと自らが信じる者に報復したいという欲求」というものである[*73]（アリストテレスの初期の説明はこれらによく似ている[*74]）。「不正を働いた」という言葉に「適切な範囲を超えて」を付け加えている点で、ストア派のものとして最後に挙げた定義には、不正の概念が二度含まれている。不正（であると信じられているもの）の概念が非常に重要だからである。このことに注意を払うことにしよう。西洋の哲学的伝統における、怒りと憤りについての以後の定義のほとんどは、これらの先例に従っており[*75]、この点で、心理学はストア派と同様の道筋を辿ってきた[*76]。

危害や損害といった概念は、怒りの認知内容の中核に位置する。それゆえ、怒りが公共の場で言明され表現されうる推論に依拠しているのは、明らかである。損害や危害は、あらゆる公共文化や法体系が集中的に対処しなければならないものである。つまり、損害や危害は、公共的な説得と公共的議論の中心的話題である。哲学史において、このことは幾度となく観察されてきた。たとえば、第1章で述べたように、野心的な雄弁家に対して、アリストテレスの

『弁論術』は、不正と推定されるものについて聴衆が共有できる理由を表示し、聴衆のなかに憤りを呼び起こす巧みな策を示す。またアリストテレスは、実際には聴衆が信じているようなかたちで不正がなされたのではないと説得し、憤りを除去する策をその雄弁家に対して示している。*77

第1章で論じたように、個人の怒り（や怒りの欠如）のもとにある理由は誤っているかもしれないし、何の根拠もないのかもしれない。そして、そのような理由の錯誤は、まったく別々のかたちで生じることがある。ひょっとすると、何の損害も生じなかったのかもしれない。ひょっとすると、損害は生じたかもしれないが、ある人の憤りの現在の対象以外の人物によってなされたのかもしれない。あるいは、損害は生じ、現在対象とされる人物がその損害を与えたのかもしれないが、しかし、それは、怒りを抱いている当人が信じるような不正行為ではなかったかもしれない（たとえば、それは正当防衛の行為だったのかもしれない）。さらに細かく言えば、損害を受けた物や他の人に軽視された物は、もしかすると、憤っている人が信じるほど重要なものではなかったのかもしれない。たとえば、自分の名前を忘れられてしまうことは、多くの人々が信じるほど重要なことではない。それにもかかわらず、もしその人たちの名前を誰かが忘れたとしたら、その人たちは機嫌を損なうだろう。アリストテレスはそのように書いている。前に見たように、もし主人が晩餐で勧めてくれた席があまり名誉なものと思えないなら自分は憤慨するだろう、とセネカは書き記している。だがセネカは、自分がこれらの上辺だけの名誉のしるしを過大評価していることについて、自己批判をしているのである。さらに深く述べると、ギリシアとローマの哲学者は、名誉や金銭などのある種の「外的な善いもの」が一般に過大評価されていると考えていた。人々の怒りの反応の多くは、この過大評価に基づいている。そして、過大評価に基づけば基づくほど、人々の怒りを公共的理由の源泉として信頼することができなくなるだろう。人々はまた、重要なものを過小評価することもある。すなわち、アリストテレスは、身内が侮辱にさらされ怒りを発すべきなのに、そうしようとしない人々に言及する。私たちは、遠くに住む人々や自分たち自身と異なる人々になされた不正に対して、しばしば怒らずにすませてしまうことも付け加えてもよいかもしれない。私たちは不正を不正として見ないこともある。たとえば、奴隷制を実践する人々の多くはそれを不正とは感じなかった。また、何世紀にもわたって、婚姻における女性のレイプは、男性の所有権の行使としてしか考えられてこなかった。

つまり、これらどの点においても、怒り（や怒りの欠如）は見当違いなものになりうる。しかし、もし怒りに結びついている思考が完全に吟味に耐えるのなら、私たちは友人や同胞市民に対して、それらの思考を共有し、怒りを共有することを期待できる。この点で憤りがロマンティック・ラブとはまったく異なるのは、アダム・スミスが以下のようにに述べるとおりである。「友人が傷つけられたのなら、私たちはすぐ友人の憤慨に共感し、友人が怒りを向けている人に対して怒りを覚える……しかし、たとえ友人が恋をしていて、その情念が同じ種類のどの情念とも同じ程度理に適うものだったとしても、私たちは、自分たちが同じ種類の情念を心に抱くはずだとは考えていないし、友人がその情念を向けている同じ人に対して、そういった情念を心に抱くはずだとは考えていない[*78]」。愛が基づくのは、通常けっして言葉にすることができず、いわば他の人によって共有されえない特異的反応である。それゆえ、私たちは、友人たちに対して自らの愛を共有するよう期待することはできない——ただし、スミスが書いたように、もちろん友人たちは、将来に対する恋人たちの不安や希望を共有してくれるかもしれないが[*79]。賢明な観察者は、他の人の立場に立って怒りを経験するだろうが、愛についてはその限りでない。スミスはそう論じることによって、自分の判断を理由についての公共的な議論に依拠させようとする社会のなかでは、怒りは公共的行為の基礎となるが、性愛はそうではないと示唆するのである。

嫌悪感は怒りとはまったく異なっており、決定的な点で性愛に似ている。いくつかの嫌悪反応は進化論的基盤を持っており、ゆえに、それらの反応は社会を超えて広く共有されるのかもしれない。そして、媒介されて生じるタイプの嫌悪感が、一つの社会のなかで広く共有されるかもしれない。だが、これらのことが意味しているのは、嫌悪感は、嫌悪感を有している人たちに、公共的説得のために使えるような一連の理由をもたらすということではない。親の強烈な反応や他の形態の心理的影響によって、あるものに対して嫌悪感を持つように幼児に教え込むことはできる。

だが、コウモリを嫌悪しない人に、コウモリが本当は嫌悪を催させるものだと説得するところを想像してみよう。対話を通じて相手を実際に説得するだけの、公共的に言語化可能な理由はまったく存在しない。あなたのできることと言えば、コウモリの属性とされているものをかなり細かく描写して、対話者がすでに嫌っているものとの何らかの関連性や似ている点を明らかにすること（たとえば、濡れた貪欲な口や、ネズミに似た体）だけだろう。しかし、もし相手がそういったものに嫌悪を感じなかったら、それでおしまいである。[*80]

さらに、ゲイの男性を嫌悪しない人に対し、本当は嫌悪を催させるものなのだと説得しようとするところを想像しよう。あなたは何をするだろうか。コロラド州での、州憲法修正二に賛同するキャンペーンが示すように、二つの可能性がある。[*81] まず、嫌悪感を訴える立場から、恐怖心（ゲイは子どもたちをあなたのもとから連れ去ってしまう）や憤り（ゲイには「特別な権利」が与えられている）といった、より理に基づいた心情を訴える立場に変わることが可能である。反対に、嫌悪感を訴える立場に留まるなら、ゲイの男性の嫌悪すべき属性なるものにこだわらなければならないだろう。そして実際に、住民投票の賛同者たちは、ゲイの男性が排泄物を食べ、人間の血を吸うと書かれたパンフレットを配布していた。[*82] 嫌悪へのこのような訴えは、法のもとでの異なった待遇を理に適うかたちで根拠づけることができるような公共的理由ではない。修正二の支持者たちはこのことをよく自覚していたらしく、こういった戦略を使用したことを認めようとしなかった。支持者たちの直接的証言は、「特別な権利」と社会への危険に集中していた。そのキャンペーンが嫌悪感に訴えていたことを証拠として持ち出したのは、反対尋問での原告の方であった。

嫌悪感は、憤りに関しては存在しないような問題を、しかも複数の理由においてはらんでいる。まず、憤りは、危害もしくは損害に関係する。すなわち、すべての人に一般に受け入れられるような、法的規制を支持する根拠に関係する。嫌悪感は汚濁に関係する。法源として考えると、汚濁は大いに議論を招くものである。さらに、憤りは一般に、生じた危害を引き起こした人が誰なのかという通常の因果的思考や、それがどの程度深刻な危害なのかについての通常の評価に基づいている。対照的に、嫌悪感が主に基づくのは、本当の危険というよりはむしろ呪術的思考である。

ロジンが示したように、嫌悪感はリスクに関する情報に無反応であり、危害の真の源泉に適切に相関しているわけではない。最後に、憤りはその一般的性質において、私たちが損害に対して脆弱であり、他の人の不正行為によって私たちが最も大事にしているものにも危害が加えられることがあるという事実に反応する。これは人間の生命についての重要な事実であり、これが真実であることを否定する人はほとんどいないだろう。[*83] 対照的に、嫌悪感は、自分とは別種のものになりたい、つまり、動物以外のものになりたい、不死身になりたいという望みを中心に据えている。嫌悪感に見られる汚濁の概念は、自らを非人間化しようとする野望のために利用される。どれほどありふれたものであろうと、この野望は問題をはらんだものであり、不合理であり、そこには自己欺瞞と空しい切望が含まれている。

私たちの知るかぎり、すべての社会はこの強い感情によって人間の動物性の境界を取り締まっているようである。さらに、隣人たちに敵対するグループを締め出し、排他的な連帯を促進させることに成功したのだから、私たちの進化の歴史のなかでは、そういった取り締まりに価値があったことは明らかだ、とまで言えるのかもしれない。おそらく今日でさえ、社会は繁栄のためにこのような取り締まりを必要とする。なぜなら、自分自身の衰えゆく身体に日々直面することに、人々は耐えることができないからである。しかし、取り締まりそれ自体が、社会的に広まると、公共的理性の吟味に耐えられないようなかたちで行われてしまうことは、否定できない。嫌悪感を法の基盤とすることは、単に実践的にだけでなく原理的にも、どこかが間違っているのである。

この点に関して重要なのは、基準としての嫌悪感と、推定上の危害としての嫌悪感との間の区別を思い出すことである。きわめて不快なものの存在にさらされることは、危害もしくは損害に酷似した何かをもたらす場合がある。不快な臭いや不快な物質はたいてい、「公的不法妨害 public nuisance」を生み出すものとみなされる。そして、前に言及したように、溢れ出してしまうケミカル・トイレのそばで過ごすよう強いられることは「残酷で異常な罰」にあたるという主張を、受刑者たちは認めさせることができた。[*84] 嫌悪感に関係するこれらの事例は重要であり、私は、第3章にてこの領域における何らかの法的規制を擁護するつもりである。

しかし、私たちが本章での議論の大部分を割いて取り組んでいるのは、嫌悪感への訴えでも別のタイプのものである。すなわち、どのような振る舞いが法的に規制されることになるのかを測る基準として、嫌悪感を使用するというものである。その場合、そういった振る舞いが非同意の当事者に何らかの害をもたらすかどうかは問題にならず、そういった振る舞いの存在をその当事者が意識するかどうかということでさえ、問題にならない。それは、ミルが「単なる推定上の」損害と呼んだものである。すなわち、そのような行為に遭遇したとすれば感じただろうと人が想像する場合の損害である。[*85] こういったかたちで嫌悪感へ訴えることこそ、デヴリンとカスの議論のなかに私たちが見出した種類のものである。もちろん、そのような行為を想像すること自体は、心からの苦悩を呼び起こすのかもしれない。だが、この事例は、ある人がいやいやながら自分の嫌がっているものを目のあたりにするといった事例からは、注意深く区別されなければならない。こういった事例すべてが、法的規制に賛成するのに十分な根拠を示すわけではない。私はそのことを後で論じるつもりである。だが、「単に推定上の」タイプの嫌悪感が関与する事例は一様に問題を抱えている。おそらく、そういった事例は、法的規制に賛成する根拠を提供するはずはないのだ。

嫌悪感が道徳化される場合があるという事実によって、嫌悪感と憤りの境界は時にあいまいなものとなる。後で見るように、オスカー・ワイルドの裁判を担当した判事は、自分がソドミーの悪質さへの道徳的心情を表現したと申し立てている。ということは、その判事は、自分があるタイプの公共的理由を述べていると考えていたわけである。ロジンや他の心理学者が見出したところによると、「嫌悪を催させる disgusting」という言葉はしばしば道徳的な現象に適用される。この場合、嫌悪感は、「恐ろしい horrible」や「常軌を逸した outrageous」といった、損害を暗示する言葉と互換的なかたちで適用されることになる。自分がこの適用を考察しだした当初は、英語を使用する際にたまたま起きた事故とみなすか、何らかのタイプの不注意な言葉遣いにすぎないと考える傾向にあった、とロジンは記している。[*86] しかし、後の研究が明らかにしたように、英語以外を母語にする人も同様にこの種の拡張を行っているのである。だとすると、この現象をどのように理解すべきだろうか。憤りとこれらの事例における道徳化された嫌悪感は、なおも区別されるべきなのだろうか。

　思うに、私たちがここで述べるべきなのは、いくつかの異なる事柄が進行しているということである。いくつかの事例について言えば、そこでは言葉がいい加減か不注意に使用されていたと説明するのが、おそらく最もよいだろう。また、おそらくある程度までは、英語は怒りを表現する情緒的に強い形容詞を備えていないという事実によって、説明することができる（「それはけしからん！ That's outrageous !」という表現はとりすましていて、穏やかであるように思われる。よって、「それは気持ち悪いね！ That's disgusting !」という表現に置き換えられることがある）。別の事例では、たとえばワイルドの裁判の事例では、モラリズムはきわめておなじみのタイプの嫌悪感を覆い隠しているように思われる。その嫌悪感は、低劣な生き物とされる者の存在、すなわち、人間の緩衝地帯の住人による汚濁を表現する。この緩衝地帯については第5節で論じよう。これとはまた別の事例では、嫌悪感による判断に本当の道徳的判断が結びつけられている。たとえば、ぞっとするような殺人者は、損害という意味で非常に悪質とみなされるだろうし、血糊と血液によって嫌悪を催させる者だとみなされるだろう（私は第3章でこの種の事例を議論しよう）。さらに別の事例では、おそらく真の意味での拡張が存在するのだろう。しかし、汚染源から距離をとるという考えは、真の意味での拡張が行われるこの事例においてもその中心をなしている。たとえば、悪徳政治家たちに「嫌悪を感じる」と述べる人々は、この同じ悪徳政治家たちに対する怒り（もしくは激怒）を表現する時とは別のことを口にしている[*87]。悪徳政治家に「嫌悪を感じる」と述べる人々は、その政治家たちが危害をもたらしたと言っているのではない。その政治家たちが共同体に対する汚染源であり、むしろ、追い払ってしまいたいとしか思えないような、ぬるぬるしたナメクジのようなものなのだと言っているのである。もしかしたら、人種差別主義者や性差別主義者などについても、同様の心情が示されるのかもしれない。

　この最後のタイプの嫌悪感はいくつかの興味深い問いを提起する。それらの問いには共感しながら考察することが必要となる。本章で私は嫌悪感をかなり批判してきたので、公平のために、私を深く感動させる事例によってこの点を描写させてほしい。私がそのような事例だとみなすのは、マーラーの交響曲第二番第三楽章における有名な「嫌悪の叫び」である。この音楽的経験を言葉で完全に捉えることは不可能である。しかし、マーラー自身の解題を引用すると、その考えとは、「恐怖を感じるようになる」まで、「生活の喧騒」を、つまり、社会の浅薄さと家畜のような利己主義を注視するというものである。生活の喧騒は、「君たちが夜の外の暗闇から覗き込む……明るく照らされた舞踏会場で踊る人々の姿の揺らぎのようである……君たちにとって、人生は無意味なものに映る。人生は恐ろしい幽霊であり、君たちは嫌悪の叫びを上げながらそこから逃げ出そうとする」[*88]。この嫌悪感を、社会的相互行為が失われたことに対しての、かけがえのない道徳的反応であると考えてもよいだろう。偽善や窮屈で硬直化した慣習、真の共感の不在が人々になした不正に対する憤りの感情に、その嫌悪感は酷似している。この「嫌悪の叫び」に対するマーラーの反応は、次の第四楽章のなかに見られる。そこではマーラーは人間の苦悩への純粋な同情に目を向ける。「嫌悪の叫び」に対するマーラーの反応は、民族詩からのテキストや主にバッハを彷彿させる音型において具体化している[*89]。このことが意味するのは、ある種の嫌悪感は社会の形態や制度を批判するのに十分な公共的理由を提供する、ということではないだろうか。

私はそうは思わない。「嫌悪の叫び」がどんなに憤りに近づこうとも、その内容は反社会的である。その内容とは、「この醜い世界が自らの一部であることを、私は拒否する。人間を駄目にするそれらの慣習に、私は吐き気を催す。そして、それらが私の（清浄な）存在の一部になることを、私は拒否する」というものである。憤りは建設的な機能を持っている。憤りが語るのは、「これらの人々に対して不正がなされてきたが、そのような不正はあるべきではなかった」ということである。憤りはそれ自体で不正を正す動機を提供する。実際、憤りは、不正を正す欲求を含むと一般に定義されている。対照的に、嫌悪する世界から逃走する芸術家は、その時点でまったく政治的存在ではなく、ロマン主義的な反社会的存在なのである。

よって、交響曲の次の第四楽章に見られる、同情へのマーラーの転回は、彼の嫌悪感から直接生じたのではない。

嫌悪感をただ欠いている幼児の心に現れる同情的心情を描くことによってマーラーが劇的に示したように、実際この転回のためには、マーラーが嫌悪感を克服することが必要である。「おお、赤い小さなバラよ、人間は大いなる苦難のなかにいる」というフレーズによって、歌詞は始まる。優美な花の姿は、目の前の嫌悪感に対する人間自身の対処法である。私たちはいまや人間を、花のような優美でもろい存在とみなす。つまり、私たちはその不完全性に嘔吐したいというつかのまの誘惑を克服したのである。よって私は、道徳化された形態の嫌悪感がきわめて問題をはらんだ感情であることを、マーラーとともに論じたいと思う。社会の真の建設的共感に至る途上において、そのような形態の嫌悪感は抑制されなければならず、そしておそらく打破されなければならないのである。

私自身の経験では、道徳化した嫌悪感は以下のような形態をとる。政治があまりにも腐敗していることがわかると、私はフィンランドへ移住してしまおうかといった想像に駆られ、時には真剣にそれを検討することもある。フィンランドは、私が国連の組織で働いた時に、八度の夏を過ごした国である。つまり、私がかなりのところまで知っているが、知りすぎているわけではない国である。私はフィンランドを、透明な薄青の湖と手つかずの森の国、そして同時に、貪欲や侵略、腐敗によって汚されていない、社会民主主義の徳を備える国と想像する。そのような想像はまったくの誤りというわけではない。しかし、端的に言うと、私の空想は逃避的空想であり、フィンランド社会への建設的関与というよりも、現在の不満の裏返しにすぎないものに結びついている。アメリカの政治家に対する怒りは、抗議と建設的関与の方向へ向かう。アメリカの政治家に対する嫌悪感は、逃避と傍観につながる。

ひょっとすると、自分自身や自分の現在の社会に向けられるある種の嫌悪感は、道徳的改善に生産的なかたちで結びつくのだろうか。[*90] 予言のレトリックは現在の悪質なありように対して時に怒りを向けるが、同じように嫌悪感を呼び起こすことがある。そして、嫌悪感を伴うような、現在の自分についての心象を利用することによって、汚された自分から都合よく逃れることはともかくも可能ではある。しかし、私はそういった逃避に懐疑的である。なぜなら、もし自分の心象が嫌悪感を伴うなら、自分が汚れているという言明をすることになるからである。それははたして自分のための有用な態度だろうか。そのような態度が示唆しているのは、自らの悪行の償いをし、善への潜在的能力を発達させなければならないという建設的な考えというよりはむしろ、自分がただ何の望みもないままに捨て去られるべきであるということではないだろうか。このような考えが宗教や政治によって過剰なまでに利用されることは、自己の建設的向上に結びつけられるのではなく、むしろ、自己への憎悪と軽蔑という考えに過剰に結びつけられているのではないか。そういう疑念を私は抱いている。さらに、こういった思考を伴いかねない自己超越の空想は、ありえない力や清浄さを持つという空想とほぼ同義である。[*91] そういった空想には、人間にとっての重要な要素が欠けている。

しかし、ダン・M・カハンなら、ここで次のように論じるだろう。嫌悪感の有する明白な力を、なぜ善のために使おうとしないのか。[*92] どの社会にも嫌悪感が存在するのなら、そして、どの社会でも嫌悪感が有力な道徳的心情であるなら、なぜ嫌悪感を利用せずにいるのか、なぜ人種差別や性差別、そしてその他の真正な害悪に対して嫌悪感を持つよう、人々に教え込まないのか。この提案の第一の問題は、嫌悪感がただ一つの行為に向けられるに留まらないということである。悪行への怒りは、犯罪者を更生させようとする欲求や、犯罪者の人間としての尊厳への尊重と両立する。汚濁というその中核的概念のゆえに、嫌悪感は根本的にその人を消去しようとする。私には、人種差別主義者や性差別主義者に対してそのような態度をとってはならないように思われる。私たちは、人とその人の行為とを慎重に区別しなくてはならない。ある人々がなした悪行や危害をもたらす行為について、私たちはその人々を責めなければならないが、成長し変化する人格として、その人々に対する尊敬を維持しなければならない。よって、私が考えるところによると、「その嫌悪すべきネズミどもをここから追い出そうぜ」といった反応は、リベラルな社会における有益な反応ではない。その言葉がたとえ、悪い動機と意図を持つかもしれない人々に対するものであった時でさえ、そうなのである。

また、私のフィンランドの話が例示するように、清浄さに結びついているこのような空想のなかにも、建設的なものはまったく存在しない。私たちが人種差別主義者や悪徳政治家に望むべきなのは、良い振る舞いである。改心を望めるならさらに良い。そのような人たちが悪をなすならば、罰せられなければならない。しかしながら、人種差別主義者や悪徳政治家はまるで嘔吐物や排泄物のようだという考えによって、どのような有益な方針が示唆されるというのだろうか。もちろん、私たちはその人たちを国外追放にしようとはしないし、たとえできたとしても、そうしてはならない。こうして、嫌悪感は、私たちを社会の浄化という実現不可能なロマン主義的空想に耽溺させるとともに、人種間の関係や政治家の行動を改善させるために私たちが採用しうる現実的な手段から、私たちの思考を遠ざけてしまう。たとえその人々が不道徳だったとしても、いずれかの市民集団を穢れのように扱うことによっては、何も得られない。そしてもちろん、次の節で論じるように、そのような処置はまた、伝染や類似といった呪術的思考を通じて、集団や害のない人々の犠牲に直結することになりかねない。アメリカ人はテロリストに嫌悪を感じるべきだということは、良いことなのだろうか。答えはノーだと言わせていただきたい。それは特に、嫌悪感がその対象をテロリスト以外の人々へとやすやすと広げかねないからである。つまり、すべてのイスラーム教徒とアラブ系アメリカ人を捕虜収容所に放り込まなければならない、もしくは私たちの境界からそれらの人々を消し去らなければならない、と私たちが考えるように仕向けるからである。怒り、そして状況を改善しようとする決心——これらは適切な心情である。嫌悪感はそれらより疑わしいものである。清浄な国家という空想は、きわめて危険で攻撃的な外国人憎悪と隣りあわせなのである。

第5節　投影的嫌悪感と集団の従属

嫌悪感が原則として疑わしいのならば、特定の集団と個人を締め出そうとする社会的努力のなかで、嫌悪感が歴史を通じて強力な兵器として使用され続けてきたことを認める時、嫌悪感を疑いの目で見るいっそう多くの理由を私たちは持つことになる。自分たちの動物性から自らを隔離したいという欲求は非常に強烈なので、私たちは、排泄物が落ちていたり、ゴキブリやぬるぬるした動物がいたりするところで立ち止まろうとはまずしない。私たちは、自分たちから遮断された人間集団を必要とする。その集団は、本物の人間と下等動物の間の境界線を例示するようになる。その人間もどきの動物たちが私たちと私たち自身の動物性の間に位置するのなら、自分たちが動物でありいずれ死ぬということから、私たちはさらに一歩遠ざかることになる。よって、嫌悪を催させる属性——べとべとしているものや悪臭、ねばねばしているもの、衰え、不潔さ——は、歴史を通じて繰り返し同じように集団に結びつけられ、それどころか投影されてきたのだった。そして、そのような集団との関係において、特権的集団は、自らが優れた人間の地位にあることを明確にしようとする。ユダヤ人や女性、同性愛者や不可触賤民、下層階級の人々——これらの人々はみな、身体の穢れによって堕落した存在と想像されているのである。

これらの注目すべき構築物のいくつかをもっと細かく見るとしよう。中世以来の反ユダヤ主義的プロパガンダにおける、お決まりのユダヤ人イメージとは、嫌悪を催させるほどひ弱でもろく、液体やねばねばしたものに耐性があり、その湿っぽい粘性が女性を思い起こさせるといったものであった。一九、二〇世紀を通じて、このようなイメージは広められ、さらに巧妙なものとなった。ユダヤ人は、ドイツ人の男性的自我の清潔な身体にもぐり込んだ不潔な寄生虫とみなされるようになった。とりわけ影響を与えたのは、オットー・ヴァイニンガー Otto Weininger の著作、『性と性格』である。ヴァイニンガーは、自己嫌悪に陥った同性愛者のユダヤ人であり、一九〇三年に自殺を遂げている。ヴァイニンガーは、ユダヤ人は本質において女性であると論じた。「いくらか考察すれば、驚くべき結論が導き出されるだろう。すなわち、私は、女性的性質の本質が男性的本性に最も強烈に対置していることを示したが、ユダヤ教はまさにそのような性質によって満たされているのである」。彼が探究したユダヤ人的・女性的特性のなかには、男性的企てとしての国民国家を理解することができないというものがある。つまり、ヴァイニンガーが論じるところによれば、ユダヤ人と女性は、マルクス主義的思考に対する親和性を持っているのだという。また、彼（女）らは階級差を理解することもできないとされる。彼（女）らは「貴族の対極にいる。個人の間の境界の保存こそが、貴族に関する主要な概念だからである」[*93]。

一九世紀後半において、こういった考えはすでに幅を利かせていたが、第一次世界大戦のもたらした荒廃の結果として、きわめて大きな影響力を持つようになった。その当時の人々は否応なく死と崩壊の恐怖を感じており、間違いなくそのような恐怖によって後押しされて、多くのドイツ人は、女性憎悪の特徴とされる、嫌悪を催させる属性を女性と同様ユダヤ人に対しても投影したのだった。ドイツ人たちはそのような属性を恐れ、ひどく嫌った。真のドイツ男の持つ清潔で健全な堅固さ（金属と機械のイメージにおいてはしばしば称讃される）は標準的に、女性・ユダヤ人・共産主義者的な液体や異臭、どろどろとしたものと対比させられていた[*94]。ドイツ義勇軍 Freikorps[5] に属していた集団（この時代のドイツ将校の集団）の手紙や回顧録に関する印象的な研究を通じて、クラウス・テーヴェライト Klaus Theweleit が論じているように、「鋼鉄の男の喫緊の課題は、彼自身をもとのとおりへ変容させてしまう力であれば、どのようなものでも追跡して遮り、征服することである。そのような力は、肉や髪、皮膚、骨、腸と感情の、恐ろしいまでに無秩序な寄せ集め（これが人間と呼ばれている）へと――古い人間へと、その鋼鉄の男を変容させてしまう」。エルンスト・ユンガー Ernst Jünger の小説『内的体験としての戦闘』のなかでは、乱雑でべとついた人間性から逃避しようとする願望が巧みに描写されている。

これらはまさに鋼鉄の姿であって、その鷲の目は、旋回するプロペラの間から、雲を貫いて矢のように投げかけられる。彼らは、モーターエンジンを搭載した戦車の一群のなかへ突入し、うなりを挙げる激戦区を突っ切って地獄へと向かっていくことすらものともしない。こうした男たちは戦闘精神に骨の髄まで満たされていて、その苛烈な意志は集中的な決然たるエネルギーの放出のなかで解き放たれる。

彼らが音もなく鉄条網を切り裂いて路を開き、攻撃の足がかりを掘り固め、お互いに夜光時計を合わせ、星を頼りに北の方角を定めるのを見る時、このような思いが脳裏に閃くのだ――これは新しい人間だ。突撃工兵にして中央ヨーロッパのエリート。まったく新しい種族、知的で強靭な意志の人。虎視眈々と獲物を狙うしなやかな猛獣。彼らはこの崩壊した世界における創造主となるだろう。*95

この熱狂的な一節のなかで、ユンガーは機械のイメージを動物の生命のイメージと結びつける。それによりユンガーは、新しい男が何らかの意味で強靭な野獣でありながら神でなくてはならず、獲物を捕らえようとする猛獣でありながら不死身でなくてはならないという思想を表現する。新しい男がけっしてそうであってはならないものが、人間である。彼の男らしさは、欠乏と受容性によってではなく、「集中的な決然たるエネルギーの放出」によって特徴づけられている。彼は恐れを知らず、寂しさを知らない。新しい男はなぜこういった属性を身につけなければならないのか。それは、世界の基盤が崩壊してしまったからである。ユンガーが示唆するところによると、死と破壊のなかで生きる男たちの唯一の選択は、途方もなく抗いえない寂しさに屈服するか、あるいは、迷惑にも苦痛をもたらす人間性をかなぐり捨てるか、というものである。こういった男たちにとって、ユダヤ人と女性両方に向けられる嫌悪感は、自分たちと死にゆくにすぎない存在との間の相違を主張する唯一の方法なのである。

同様に、私たちは、嫌悪感が脆弱性や羞恥の体験とも密接に結びついていることを見て取ることができる。鉄や金属のイメージをこのように執拗に取り上げることの裏には、自分たちが死にゆく存在にすぎないのが恥ずべきことであり、それを隠匿する必要がある、あるいはすっかり超克してしまえばなおさらよいという意味が隠されている。第一次世界大戦のもたらした荒廃の末にこのような複雑な感情が爆発したことについては、何の驚きもない――しかしもちろん、達成できないにもかかわらず、不死身になることを人間がきわめて頻繁に切望することを考慮すれば、このような複雑な感情は、多くの異なる状況においても生じるのだろう。つまり、嫌悪感は、無力さやその無力さへの羞恥心という幼児期の体験を、人間の一生の過程を遡って示すのである。第4章で論じるように、文化や家族が辿った歴史的経過によって、無力さに対する原初的羞恥心や攻撃的反応が他より温厚で調和的な形態をとることは確かにある。だが、そのような羞恥心や攻撃的反応は、人間の歴史のほとんどに基底する、はるか昔からの特徴である。テーヴェライトの研究やその他の関連する研究が証明するように、ドイツ人の男性的自我というこの時代の社会や家族の構築物は、ある種の病理的でナルシスティックな羞恥心と密接に関わっている。後で論じるように、そのような羞恥心は、他者関係が理由で病気になることを予示する。[*96]

ユダヤ人とは、一見清潔で健康な身体（＝国家）にできた腫瘍の膿みに潜むウジのことであるという、本章のエピグラフにあるヒトラーの主張の源泉を私たちが見出すのは、ユダヤ人とドイツ人との間に存在するとされた、まさにこの完全な相違においてである。ユダヤ人は嫌悪をもよおさせ、粘液的でぬるぬるなよなよしており、それに対し、ドイツ男性の身体は清潔で健康である。べたべたで嫌悪を催させる者としてのユダヤ人に関連するイメージは、その時代にはありふれたものとなり、子どもたちへのおとぎ話のなかへさえ紛れ込んでいた。そういったおとぎ話のなかでは普通、嫌悪を呼び起こすおなじみの属性を持つ気持ち悪い動物として、ユダヤ人は描かれている。[*97]以上に関連した出来事として、その時代の医学的言説がユダヤ人（と共産主義者）を、ガン細胞や腫瘍、病原菌、「菌の感染増殖fungoid growth」と叙述するということが、普通に見られるようになった。そうすることで、医学的言説がユダヤ人や共産主義者を非人間化したのだった。そして、驚くべき転倒が起こる。ガン自体が、社会転覆を企みつつ健康な身体のうちに巣食う集団として記述されたのである。さらにはっきりと、「ボリシェヴィキ主義〔急進的共産主義〕」や「たかり屋」（これはユダヤ人に対するおなじみの記述である）と記述されることさえあった。[*98]

ユダヤ人の事例が示しているように、集団への嫌悪感は巧みな社会工学にたびたび依拠する。この社会工学は、人々に広く共有される反応にさえ依拠する必要がない。ユダヤ人に対する嫌悪感は、恥辱や恐怖、荒廃の体験に深く根ざしていたように思われる。だが、嫌悪感が特にユダヤ人に対して向けられたという事実は、ユダヤ人の社会的成功の人為的な産物である。ユダヤ人の成功は、彼らをおとしめようとする手の込んだイデオロギー・キャンペーン活動に結びつけられたのである。ある集団をおとしめる確実な方法は、完全な人間と単なる動物の間の地位を、その集団に占めさせることである。ユダヤ人と嫌悪を催させるステレオタイプとが結びつけられるようになったのは、ユダヤ人が何らかの本質的な点で、実際に（もしくは「もともと」とか「元来」）嫌がられたからではない。因果関係はむしろ逆転している。ユダヤ人（もしくは何らかの集団であればとにかくかまわないのだが、さまざまな理由でユダヤ人がすぐに思い出された）を動物のステレオタイプと結びつけ、それによって支配集団から遠ざける必要があったからこそ、ユダヤ人はそのような仕方で表現され、語られるようになったのであり、その結果、嫌がられるようになったのである。

この因果的連鎖がどのように働いたのであれ、ユダヤ人の身体は、「普通の人間」の身体とは実際に決定的な点で異なっていると広く信じられるようになった。[*99] 一九世紀以降、疑似科学の文献は揃いも揃って、ユダヤ人特有の属性なるものを記述した。ユダヤ人のものとされた属性とはたとえば、ユダヤ人の足やユダヤ人の鼻、病気持ちとされる皮膚、（遺伝的梅毒といった）ユダヤ人特有の病気といったものである。[*100] ユダヤ人の鼻は一般に動物性に結びつけられており、女性の悪臭や性的資質、はてには月経に結びつけられた（感覚のなかで嗅覚は最も動物的であるとされていた）。ユダヤ人は特徴的でむかつくような悪臭を発すると広く信じられており、その臭いはしばしば、月経期間中の女性が放つ臭いとされるものになぞらえられた。[*101]

実際、集団に向けて嫌悪感が投影されるときに引き合いに出されるのは、女性の身体である。女性憎悪に基づく嫌悪感は、いくつかの経験的な出発点を持っている。ほとんどすべての社会において、集団に対する投影がこのような単調とも言える規則性を持って現れる理由を説明するのに、そういった経験的な出発点は役に立ってくれる。女性は出産し、それによって、動物の生命と身体の死との間の連続性に密接に結びつけられることになる。また、女性は精液を受容する。すると、（調査が示唆するように）自分の身体から放たれた後にだけ精液に嫌悪感を抱くなら、男性は女性をすぐに、この（男性にとっては）嫌悪すべきものによって汚染されるものと見るようになるだろう。一方で、自分自身についていては、女性と接触しなければ汚染されることもないとするのである。こういった事実と結びつけられ、女性はしばしば、ひ弱でしつこく、ぬるぬるし、臭いものとして想像され、その身体は、汚染された不潔な領域として想像されてきた。ミラーが論じるところによると、女性憎悪は、嫌悪感の中核にある観念にきわめて接近したところにある。ぬるぬるして臭いとみなされた少数派は、ユダヤ人以外にも何らかのかたちで存在したのかもしれない。しかし、ほぼいたるところで、女性がそうみなされてきたというのは偶然ではない。なぜなら、男性は生まれながら、とりわけ自身の性的資質や体液によって悩まされているからである。ミラーが論じるには、男性は精液を悲惨で心からの嫌悪を呼び起こすものとみなしている。よって、精液を受容する者は誰でも汚染されていることになる。フロイトにならってミラーが論じるところによると、自分の性的対象をまったく堕落していないものとみなすことに、男性は常に大きな困難を抱えており、すでに堕落している対象を探そうとする。なぜなら、対象がすでに堕落しているのであれば、まだ堕落していない者を堕落させることの罪を問われることなく、思いのままに、自分の欲求――この欲求には、精液を受容する対象を堕落させることが含まれていると理解されている――を満たすことができるからである。[*102] ミラーの考えでは、愛は嫌悪感を緩和してくれるが、ただしそれは一時的なものであり、またその範囲も限られている。一般に女性は男性の精液を受容し、（その摂取が口からか膣からであるかは問わず）「自分が食べるものである」がゆえに、男性のぬるぬるする死に至る部分なのである。男性は、その死に至る部分から距離を置く必要がある。[*103]

ミラーが明らかにしたものが普遍的な現象なのか、疑問に思う人もいるかもしれない。確かに、精液が嫌悪を催させるものの典型例であるという考えは、全員一致の合意を得られるようなものではない。しかし、男性の嫌悪感についてのミラーの説明は、その一般的概略において、長きにわたり世間に広まっているような女性憎悪を跡づけている。きわめて多くの文化と時代において、女性は不潔な穢れとして、そして汚濁の源泉として描写されてきた。そういった汚濁の源泉は、男性を魅了するがゆえに、ともかく追い詰めて罰しなければならないとされたのである。[*104] トルストイの『クロイツェル・ソナタ』は、彼自身の性的資質との苦闘に密接に結びついている作品である。この小説のなかで、妻殺しの夫はセックスをこう描写している。セックスは、欲望を呼び起こした女性への激しい憎悪に不可避的に関連するものであり、それゆえ、どんな性的関係にとっても本質的とされる、欲望への服従に対する激しい怒りと憎悪に関わりを持っている。この夫は妻の殺害を性的行為の自然な結果と表現し、セックスの自制を、憎悪と嫌悪感によって損なわれることのない男女関係の唯一の希望と表現した。ショーペンハウアーは、これとよく似た見解を持っていた。ショーペンハウアーにとって、女性は、自己保存に奮闘する動物本性の力を体現する存在である。女性の魅力は、観想と超然へ至ろうとする男性の計画にとっての根本的な障害であり、彼女の動物性に対する忌避は、こうして激しい怒りや憎悪と密接に関わっている。ヴァイニンガーはこの考えをきわめて詳細に展開して、次のように論じている。女性は、男性と違って完全に性的で性欲的であり、事実上、男性の動物的な部分である。男性は、嫌悪感や罪悪感といった反応を伴わせながら、不公平にも自らのその動物的部分から距離を置こうとする。「つまり、女性は罪にすぎない。そして、女性が罪なのは、男性の過失を通じてである……。彼女は男性の一部、拭い去ることができない他者、下位の部分にすぎない」[*105]。ヴァイニンガーによれば、ユダヤ人が女性であり、女性と同じように嫌悪を催させるがゆえに、ユダヤ人女性は、二重に嫌悪感をもたらす過剰なまでに動物的な存在である。彼女たちはうっとりさせる魅力を持つが、遠ざけられなければならない[*106]。

男性は身体的なものや衰えうるものに対して憎悪を抱き、女性はその憎悪を表現する媒介者になる。こうしたテーマの変形は、ほぼすべての社会のなかに見出されるだろう。セックスや出産、月経をめぐるタブー——これらはみな、あまりに身体的なものや、身体の分泌物を過度に含んでいるものを遠ざけようとする欲求を表している。エピグラフにあるモームの引用に出てくる、婦人科の教授について考えてみよう。彼にとって、女性はすべての身体機能を象徴するものであった。女性は事実上男性の身体であり、女性の受動的な性的熱情は、彼女の多くの嫌悪すべき特性のなかの最たるものである。テイラースーツの歴史に関するアン・ホランダー Anne Hollander のウィットに富んだ説明は、女性のスカートがどのようにして不潔で汚染された嫌悪すべき部位を隠すと一般に考えられてきたのかを辛辣に物語っている。膨大な長さの布地から作られた広くかさばったスカートによって、嫌悪を催させるそういった部位から安全に距離をとるのは良いことだとされていた。足を見せることが女性に許されるようになったのは、ごく最近のことである。それによって女性たちは、自分たちが男性と同じく人間としての体組織を持っており、体液を溜め込む不潔な汚水槽ではないことを示したのだった。[*107]

最後に、今日の合衆国における嫌悪感の代表格、すなわち、男性の同性愛者に対して男性が抱く嫌悪のことを考えてみよう。女性の同性愛者は、恐怖心や道徳的な憤り、もしくはあいまいな不安の対象なのかもしれない。しかし、嫌悪感の対象にされることはあまりない。同様に、男性の同性愛者に対して、女性の異性愛者は否定的な感情――恐怖心や憤り、不安――を感じるかもしれない。しかしまたしても、彼女たちが男性の同性愛者に嫌悪の感情を持つことは稀である。男性の同性愛者に嫌悪を催すのは男性たちである。男性の同性愛者のことを肛門に挿入することができる男性と想像する考えが、男性たちに嫌悪を催させるのである。精液と排泄物が男性の体内で混合しているという考えは、想像できるかぎりで最も嫌悪すべき考えである――男性にとっては。男性からすれば、挿入不可能性という発想は、べたべたしたものや分泌物、そして死からの神聖な境界線である。男性の同性愛者が自分のかたわらに存在していることによって、自らの清潔な安全性が失われ、そういった動物の排出物の容れ物になってしまうに違いないという考えが呼び起こされる。つまり、嫌悪感は究極的には、誰かが自分に挿入することができるとする想像や、自分が分泌物を出すといった想像に向けられているのである。だから、男性の同性愛者は嫌悪のまなざしを向けられ、そしてまた、彼以外の全員を人の嫌がる者にしてしまう猛獣であるとして恐れられるのである。男性の同性愛者に見られただけで、汚染されてしまう――軍隊のシャワーについての異常な議論のなかで、そういった意見を目にすることがある。男性の同性愛者の視線は、汚濁をもたらすとみなされる。その視線が、「おまえだってやれるんだろ」と言うからだという。そして、このことが意味するのは、あなたが清潔なプラスティック製の身体組織からではなく、排泄物や精液、血液からできているのだろうということである[*108]（そして、このことが意味するのは、あなたがまもなく死ぬだろうということである）。

女性憎悪や同性愛憎悪に基づく嫌悪感は、ともに、身体の排出物やその排出物が脆弱性や死と結びついていることに対する（特に男性の）両価感情《アンビヴァレンス》に深く根ざしている。確かに、これらの反応は、習得や社会形成に結びついている。しかしながら、そういった反応は、ユダヤ人に対する嫌悪感に関しては見られなかったようなかたちで、文化を超えて広く共有される傾向にある。反ユダヤ主義に基づく嫌悪感の場合、その集団〔ユダヤ人〕の実際の身体的属性は、彼らが嫌悪感の対象として選ばれることとはほぼ無関係であったように思われる。だが、同性愛者や女性への嫌悪感の例ではそのかぎりではない。つまり、体液に関して広く共有された不安は、体液を受容する人々を標的にするというかたちで現れる。反対に、反ユダヤ主義に基づく嫌悪感には、意図的に構築されたという特徴があったが、これらの例での同性愛者や女性への嫌悪感には、それと同じ要素が確実に混合されている。支配集団は、従属集団に人間もどきの動物という身分を与えることによって、自分たちの動物性からはるかに遠ざかることができる。ここでもまた、嫌悪を催させる属性が、そのような従属集団を保持しようとする関心に沿って女性やゲイの男性に対してさらに付与されるのだ。それによって、女性やゲイの男性は嫌われ者に仕立て上げられるのである。悪臭やべたべたしたもの、排泄物の摂取——これらは、ある政治的目的に貢献するような仕方で、集団に投影される。

嫌悪感が政治的役割を持たされている最近の事例では、これらの領域は一まとめにされ、国家の清浄性という不安をかき立てるイメージと結びつけられている。その事例とは、二〇〇二年三月にインド・グジャラート州において、ヒンドゥー教徒をムスリムに対する暴力へと駆り立てるために、嫌悪感を利用したというものである。[*109] たいていの場合、ヒンドゥー・ナショナリズムのレトリックは清浄と汚濁という考えを利用しており、ムスリムはしばしば、国家の身体を傷つけるよそ者と表現される。清浄についてのこの一般的な考え方は、しつこいほど身体的形態をとる。[*110] たとえば、ムスリムの男女は過度に性的な動物的存在であり、その身体的な繁殖の旺盛さが、清浄なヒンドゥーの男性による支配を脅かすと表現される。暴動の最中に配布されたパンフレットは、この性的な虚像を執拗に膨らませ、火や金属によって性的な局部（肛門と膣）を凌辱することで、ムスリムの男女の身体に報復しようと考えていた。このような責め苦は、実際には女性たちの身体に対して加えられた。彼女たちは輪姦され、巨大な金属棒を膣にねじ込まれて拷問され、生きたまま燃やされた。[*111] ある種の攻撃は、国家から汚染源を取り除こうという空想に人々が駆り立てられたことで引き起こされる。このグジャラートの事例は、それ以外の非常に多くの事例のように、嫌悪感とそのような攻撃の間につながりがあることをはっきりと示している。

第6節　嫌悪感、除外、文明化

ウィリアム・ミラーは、社会学者ノルベルト・エリアス Norbert Elias に従って、社会がより多くのものを嫌悪を催させるものとして認識すればするほど、その社会の文明はより高度な発展段階にあると論じた。[*112] ミラーは、ロジンによる嫌悪感と真の危険との区別を正しいものと認め、そして、ユダヤ人や女性、同性愛者その他を含めた動物を象徴する集団への嫌悪感と憎悪との結びつきについて、これまで私が述べてきたことすべてを正しいと認めているのだが、それでもミラーは、エリアスに依拠するこの説を支持するのである。またミラーは、私が挙げたマーラーの例のような、道徳化された嫌悪感が現れる事例に対してだけ有効性を認めるといったように、自らの主張の範囲を制限してもない。人々が人種差別やその他の形態の社会的不正義に対して、どの程度、嫌悪感を覚えるかに応じて社会の進歩を測れることができるということであれば、少なくとも議論の対象となる余地はある。しかし、ミラーが取り上げるのは、もっぱら身体的なものである。私たちが清潔さに着目すればするほど、そして、べとべとなものや不潔さ、そして私たち自身の身体の排出物に不寛容になればなるほど、文明はより高度な段階へと達することになるというのが、ミラーの主張なのである。

この主張は、事実の記述としても、歴史的に見ても、まったく説得力を欠いている。この主張が事実記述としての説得力を欠いているのは、それが嫌悪感の領域における単線的な進歩を仮定するからであり、社会は、身体の排泄物やその他の嫌悪を催させるものに対する寛容さに関して時代ごとに大きく移り変わるということを無視しているからである。エリアスとミラーは、ヨーロッパの歴史のなかのわずかな時期を取り上げている。それゆえに、エリアスとミラーは、現在までとはいかないが少し前までのイギリスで行われていた衛生習慣よりも、古代のローマ人の習慣の方が多くの点で進んでいたということに気づけなかった。北部イングランド、ノーサンバーランドに駐留していたローマ人の兵士は通常、便座に腰掛けて用を足していた。その便座の下に水が流れており、もしかすると兵士たちはそこにスポンジを浸して、尻を拭いたのかもしれない。どの主要都市でもローマ人は、帯水層に設けられた管によって運ばれた豊富な水道水を得ており、その技術は特筆に値するものであった。その水道システムは、料理や飲料用の水とトイレを流すのに利用される水とを仕切っていた。[*113] ローマ本国か植民地かを問わず、住民はどこでも多くの種類の風呂を利用することができた。記録資料や考古学的証拠から判断するに、身体の清潔さの平均的水準は総じて高かったようである。それに対し、エリザベス一世治世下のイギリスにおける廷臣たちは宮殿の片隅で放尿や排便におよび、その悪臭によって、女王は一時別の住居に移ることを余儀なくされた。そして、週一回の入浴というのが、あらゆる階級のイギリス人たちがごく最近まで一般に知っていた最高の回数である。

一般に、今日の世界のなかでも、衛生習慣はその土地ごとに大きく異なっている。皿洗いをした後の石鹸を含んだ汚水で皿を濯ぐイギリスの習慣に、また、イギリス人たちが体を洗ったバスタブの水で体の石鹸を洗い流して満足するのに、アメリカ人は衝撃を受ける。どの階級に属するインド人も排便後は石鹸と水で尻を洗い、アメリカやヨーロッパにおけるトイレットペーパーの慣習を標準から外れたものとみなしている（同様に、こういう洗浄を手際よくすますため、フィンランドにおけるトイレの個室の内部には、シャワー付きのトイレシンクが備えつけられている）。よって私たちは、体液への感受性が一様に拡大の方向へ発達していることを見出せそうにない。

規範の観点から述べると、嫌悪すべきものに対する感受性というミラーの着目した性質を、何であれ実際の社会的発達と結びつけようとするのは、困難なように思われる。社会が発達するにつれ、より多くのものが身体にとって危険であるものと特定され、社会は細菌やバクテリアからうまく自己防護するようになるということなら、十分にありうることに思われる。ただし、そういった政策が常に賢明であるとは限らないことを、心に留めて置くべきである。過度の殺菌消毒は、喘息など、免疫不全の要素を伴う病気の発生につながりかねない〔よって、子どもたちが汚いものを嫌悪を催すものとみなすことに対して抵抗するのは、健康面から見れば好都合なのかもしれない〕。だが、規範面でのミラーの主張は、危険感覚に関する主張ではない。彼の主張は、〔伝染や類似など〕嫌悪感を特徴づける呪術的思考それ自体が社会の進歩の徴候であるというものである。

そのような何らかの大まかな主張を考えるのなら、ミラーのものより間違いなく適切な主張とは、社会の道徳的進歩はそれが嫌悪感を危険や憤りから分離させる程度に応じて測れるというものである。つまり、ある対象は動物性や死への不安を象徴するが、そういった象徴的な関係ではなく、実質的なリスクと危害が法や社会的規則の根拠とされている度合いに応じて、社会の進歩を測るということである。たとえば、インドのカースト制度は、マハトマ・ガンディーの振る舞いと比べるならば文明的ではなかったことになる。ガンディーは屋外の便所を掃除したのだが、それは、私たちはこのような単調な職務によっても汚されることのない人間の尊厳を共有していると示すためであった。*114

同様に、D・H・ロレンスの作中人物であるメラースのチャタレイ夫人に対する振る舞いは、彼女の周りにいたどんな上流階級の男性よりもはるかに文明的だった。上流階級の男性たちは、夫人の身体やその分泌物に嫌悪感を示した。しかしメラースは、糞も小便もしないような女性を愛するなどありえないと夫人に告げた。ロレンスは、オットーライン・モレル〔彼女は当時の芸術家や知識人たちのパトロネスを務めていて、ロレンスも彼女から援助を受けていた一人であった〕への書簡に、そのようなメラースの態度は「人をほっとさせる」ものであると綴っている。すなわち、彼女の態度は、男と女の関係性を、自己嫌悪とそれに伴う女性への侮蔑に基づけるのではなく、深く相互的で文明的なものにさせるのである。

ウォルト・ホイットマンとともに、私たちはさらに先へと進むこととしよう。本当に文明化された国家なら、すべての市民の完全な平等と相互尊重を阻害する障壁としての嫌悪感の力を阻止することに、精力を傾けなければならない。*[115] このためには、身体的なものへの私たちの関わり全体を作り直すことが必要だろう。身体やその排出物への嫌悪感は、有害な社会的ヒエラルキーの維持と協力関係を結んできた。それゆえ、民主主義の健全性は、そのような社会形態を批判して解消するかどうかにかかっている。よって、民主主義詩人の務めは、「興奮に満たされた身体 the body electric」を謳うこととなる。人間に共通の必要と切望が座するところ〔身体〕が根本的に受容できるものであり、喜ばしいものであることを、民主主義詩人たちは確かめる——さらに、その座が魂であり、個人の独自性と個人の尊厳が置かれる座であることを証明するのである。奴隷の身体、女性の身体、男性の身体。これらすべては、その尊厳と美において平等である。

男は女に優るとも劣らないほどに魂である。男もまた自らの場にいる。

……

男の体は神聖であり、女の体は神聖である。

……

それが誰であれ、体は神聖なのだ——あの体は労働者の一群のなかで最も卑しいやつだろうか。

……

各人がここかそこか、いずれかのところにいる。ちょうど裕福な人々と同じように、ちょうど君と同じように、各人は行列のなかに自らの場を持っている。

（「私は歌う、興奮に満たされた身体を」"I Sing the Body Electric," 6. 75, 83-83, 87-88）

この理念を実現するためには、たいていの場合に問題視されている身体の諸部分への嫌悪感を巧みに解消することが必要とされる。ホイットマンはそのことを理解していた。だからこそ、この詩の印象的で長大な結びにおいて、ホイットマンは頭のてっぺんから爪先まで、外見から内部まで、身体の各部位を列挙し、それらすべてを魂の諸部分であり、清らかで美しいものとして描き出すのである。「むき出しの体の肉を手で触れる時に感じる、奇妙な共感」に彼は直面する。この奇妙な共感が嫌悪感にとって代わり、昂揚感のうちに、身体の巡りはこう締めくくられる。

おお、私は言う。これらは身体の部分、身体の詩というばかりではない。魂の部分であり、魂の詩なのだ。
おお、私は言う。いまやこれらのものが魂なのだ！

（「私は歌う、興奮に満たされた身体を」"I Sing the Body Electric," 9. 164-165）

ホイットマンが明らかにしているように、身体のこの復権は女性の政治的平等と密接に関連している。女性憎悪はたいてい女性を、嫌悪を催させるものの集積場とみなしている。ゆえに、性別に基づく不平等（とそれに密接に関連する、同性愛者の男性の不平等）をなくすためには、（とりわけ性的側面における）身体の汚濁を浄化することが必要とされる。ホイットマンの詩の出版に対する反応は、問題の根深さを示している。当時のアメリカのピューリタニズムに典型的な手法からすると、論評者たちにとって、それを嫌悪すべきものだとはみなさずに、詩の性的なものへの注目を記述することは不可能なことだった。たとえば、不潔さの非難から彼を擁護しようとする人々は、以下のように、詩の性的内容を否定することでそれを果たそうとした。「〔『草の葉』という詩集の題をもじり〕これらの葉から毒は抽出されない」とファニー・ファーン Fanny Fern〔一九世紀アメリカの女流作家でコラムニスト、児童文学作家〕は書き、ホイットマンの詩を当時の流行小説と比較した。彼女曰《いわ》く、そのような流行小説は、「好色という名のエジプトコブラがレトリックの花畑のなかでとぐろを巻いている」ようなものだった。エドワード・エヴァレット・ヘイル Edward Everett Hale〔ユニテリアン派教会の牧師、作家〕は、この詩集の「斬新さと簡潔さ」を称讃し、「下劣さ grossness によって読者を誘惑しようとする言葉は、この詩集にはない」と主張した。[*116] これらの論評について印象的なのは、嫌悪の言葉を発する以外には、性的な願望について語る仕方にまったく欠けているということである。

ホイットマンの反応は、その一生涯を通じて、受容的で「女性的な」性的側面を、歓喜に満ちた美しいものとして表現することだった。同時に彼は、その当時のアメリカではこうした歓喜が空想のなかでしか実現されないことも示した。たとえば、『私自身の歌』第一一節で、ホイットマンは、「パラブル〔たとえ話〕」と呼ばれるものを提示する。彼は、奴隷の身体の説明のすぐ後にパラブルを置いて、その政治的平等というテーマへの結びつきを熟考するように私たちを促すのである。

二八人の若者は、岸辺のそばで水浴びをしていた。
二八人の若者は、みなすっかり親しくなった。
二八年という女の人生は、まったく寂しいものだった。

彼女は岸の高台のそばにすばらしい家を所有する。
彼女はみごとに贅沢に装いながら、窓の日除けの陰に身を隠す。

彼女がいちばん好きなのは、どの若者か。
ああ、彼女にとっては、彼らのなかで最も飾らない者が美しいのだ。

お嬢さん、どちらへ出かけられるのですか。ぼくには見えます、あなたがそこで水しぶきを上げながら、なおも部屋にこもっておられるのを。
浜辺沿いを踊りながら、歌いながら、二九番目が水浴びにやって来た。
他の若者たちは彼女に気づかなかった。しかし、彼女の方は彼らを見て彼らを愛したのだった。

若者たちの髭は濡れて輝き、水が長い髪から滴り落ちている。
小さな川となって彼らの体中を流れた。

一本の見えざる手も彼らの体を通り過ぎていった。
手はおののきながら、こめかみから肋骨へと降りていった。

若者たちは仰向けに浮かんでいる。その白い腹は太陽へと盛り上がっており、その腹に固くしがみついているのが
誰なのか、問おうとしない。
垂れ下がってはアーチのごとく曲げられて、あえぎながら萎えていくのが誰なのか、知りもしない。
彼らのしぶきでずぶ濡れになるのが誰なのか、考えようともしない。

（『私自身の歌』*Song of Myself*, 11. 199-216）

この詩句は、女性の性的憧れを描き出している。そして、女性が完全な性的満足を得ることから、そして性的存在として公共の場で認識されることから、道徳や慣習によって排除されていることを描き出している。〔黒人奴隷を謳った詩から女性を謳った詩へという〕詩句の順序は、私たちに、女性を排除された黒人男性の象徴とみなすように促している。そのような排除された黒人男性たちもまた、女性と同様に、白人たちの世界から自分たちの欲望を隠さなければ

ならず、恐るべき性的なものの侵入の暗喩として見られるリスクを負っている。しかし、目に見えないかたちで排除されている集団は他にもいる。ホイットマンは実際、女性の想像上の性的行為を、男性の身体の魅力について書いた他の詩に見られる口内受容という別の心象に結びつけて描写するなかで、男性同性愛者の排除にも言及している。若者の身体への男性同性愛者の欲望は、女性のそれにもまして隠匿しなければならないものである。若者たちが気楽に楽しんでいられるのは、性的な憧れを抱いて彼らを見つめているのが誰なのかを知らないからである。これがまさに、社会のなかで男性の同性愛者が置かれている状況なのである。この状況は、白人女性を性的な目で眺める黒人男性や、男性を性的な目で眺める女性が置かれるのとおそらく同じである。『カラマス〔菖蒲〕』収録の『ここに私から生えた最もはかない葉々が』という詩のなかで詩人はこう語る。「ここで私は自らの思いを葉の陰へ隠してしまう、むろん自分ではそれをあらわにはしない、／だが思いの方が私をさらしてしまうのだ……」（"Here the Frailest Leaves of Me," from *Calamus*, 2-3）。つまり、その女性もまた詩人自身なのであり、現実の生活では詩人の視線を避ける身体を、空想のなかで愛撫するのである。

先に引用された一節における、詩人の想像の視線のように、女性の視線はほのかにエロティックであり、身体のむきだしの脆弱性をさらし出すようにして、若者たちの身体を愛撫する。つまり、仰向けになって太陽の方を向く柔らかな腹を愛撫するのである。そして同時に、彼女はそれ以上のものを愛撫する。二八という数字は太陰暦での一ヶ月の日数を意味するが、女性の月経周期の日数をも意味している。女性の身体が持つ周期性のうちに、ホイットマンは自然の周期性そのものを見出す。そして、女性の身体は、男性の身体と精神が時に尻込みするような仕方で、有限性と儚《はかな》さ temporality に浸されている（ハヴロック・エリス Havelock Ellis〔イギリスの医者で性科学の創始者〕は、この一節について雄弁に書き連ねている。その際、「自然のなかには、女性の経血以上に怪物的で嫌悪を催させるものは存在しない」という大プリニウス〔古代ローマの博物学者で政治家、軍人、『博物誌』の著者〕の言葉を引用している）。*117 女性は、二八人の若者たちを愛撫しながら、自らの儚さと死の不可避性を愛撫し、そして同時に、若者たちのうちに彼らの儚さと死の不可避性を見出す。しかし女性は、そこから目を背けて若者たちを嫌悪するのではなく、むしろそれに近づき、愛を交わすのである。

ホイットマンが示唆するように、欲望の対象として見られたいという願望は、自らの死の不可避性や儚さと折り合いをつけたい、そして、自己再生的で流れゆく自然の潮流の一部となりたいという願望を包含している。なぜなら、セックスが根源的でありながら偉大なる美の源泉であることは、いずれ死に至る私たちにとって重要なことだからである。『草の葉』の最後の詩『別れの歌』で、ホイットマンは同志たる男性を抱擁するところを想像し、そして言う、「死が私を呼び出してくれるのだ」。よって、ホイットマンにとってアメリカの大きな欠陥とは、すなわち、彼にとってあらゆる憎悪と排除の前触れになる欠陥とは、陽光にさらされた自分の腹が含意するひ弱さや死の定めへの嫌悪感なのである。欲望のまなざしはそのひ弱さに触れる。それゆえに、そのまなざしは汚濁の源泉として拒否されなければならない。そしてホイットマンは、この欠陥を持ったアメリカの向こうに、詩人の想像するアメリカを示す。そこにおいて、アメリカは嫌悪感にまとわりつく自己逃避的傾向から救済され、かくして、真の意味で自由と平等の追求が可能になるのである。

ホイットマンのアメリカはフィクションである。いかなる現実の社会も、ここで描かれたような仕方で嫌悪感を克服したことなどない。また、そうした社会こそが私たちの是認すべき理想の規範だなどと、早急に結論づけるべきではない。人間は、人生を織りなす一つ一つの場面すべてにおいて、自分たちのなかから嫌悪感をできるかぎり取り除こうと本当に努力すべきなのだろうか。いくつかの考察は、それがあまり良い考えではないことを示している。

第一に、私たちがこれまで見てきたように、進化の遺産のなかで、嫌悪感は多くの場合に貴重な役割を果たしてきた。嫌悪感はしばしば、本当の危険から私たちを遠ざけてくれた。本当の危険を完全に探知していない時でさえ、嫌悪感は危険感覚を繰り返し強調した。人生の一場面ごとにそのつどいちいち危険を確認するのは、困難で不確実になりがちだ。よって、その一場面ごとに嫌悪感に頼りたいと私たちが思うようになるのももっともだった。そうなると、私たちがもともと嫌悪するものも含めて、すべての食物を食べようとすることは、概して誤りということになろう。排泄物や死体への嫌悪感は、おそらく子どもに教えるのに適したものである。危険の程度を計算するのが期待できない年齢では、嫌悪感は、子どもたちを真の危険から遠ざける道具として教えられる。大人も同様である。たとえば、大人たちは必ずしも、用心という理由に基づいて手洗いができるわけではない。だから、排泄物が嫌なので手を洗うというのは、本来の理由の代用として依拠するには優れた動機なのかもしれない。

第二に、私たちにはそう信じる理由があるのだが、おそらく多くの時代や文化において、もしくはある文化における多数の人々にとって、嫌悪を催させるものと魅了するものは、複雑な仕方で織り合わされている。嫌悪の感覚から完全に解放された性は実現可能だろうか、想像可能だろうか。たとえ多くの人々がそれを実現したり想像したりすることができるとしても、すべての人がそうできるとは限らない。身体についてのホイットマンの清潔な叙述は、あまり性的には思えない。よって、嫌悪感から解放された態度によって、あまりにも多くのものが失われたのではないかと問う必要がある。

このことを通じて、私たちは第三の最も重要な点に辿りつくことになる。結局、ホイットマンが私たちに望むのは、自分たち自身の死やその身体的実現へのシンプルな関係である。私たちは、衰退や人生の短さについての恐怖心や憎悪を抱くべきではない。しかし、衰退にひるまないよう、もしくは死を憎悪しないよう人間に望むことは、人間外の存在に、ひょっとすると人間以下の存在になるよう、人間に望むことかもしれない。人生は奇妙な謎、願望と制約の結合、強さと恐るべき儚さの結合である。人生が謎に満ちているとか、不可思議であるとか、恐ろしいものであるなどと考えないような存在になることは、何か人間以下の存在、もしくは人間以外の存在になることだろうし、それによって、人間の生活が示す価値や美のいくつかを確実に失う羽目になるだろう。いずれにせよ、そのような結果にはならないとはっきりとわかるわけではない。しかし、私たちは現在もさまざまなかたちで死と戦っている。その錯綜した努力の必然の結果として嫌悪感が生じるのならば、私たちの生活から嫌悪感が完全に捨て去られると期待するのは誤りである。

これらすべての理由から、私たちは、ホイットマンが示した嫌悪感の完全根絶計画を是認する前に、真剣に考えなければならないように思われる。しかしながら、ある種の動機は人生という織物のなかに織り込まれているべきだろうと言うことは、その動機が政治的目的や法的目的にとって正しい手引きとなってくれると言うことではない。先に論じたように、嫌悪感が示す手引きは、さまざまな理由から有害である。たとえば、嫌悪感は真の危険をうまく探知することができないし、不合理な形態の呪術的思考と密接に関わってしまっている。とりわけ大きな理由としては、嫌悪感がきわめて社会的影響を受けやすく、社会的弱者や弱い立場の集団を標的にするために利用されてきたことが挙げられる。

どのように引き起こされたのか、どの程度ひどいものなのかを問うことによって検証できるような、非同意の人々の身体への侵害があった場合には、上記の議論は、法を嫌悪感に基づかせるべきではないとする強い理由とはならないことに注意しよう。言い換えると、嫌悪感を生活妨害禁止法の及ぶ領域で利用することは、私が展開してきたようなタイプの批判にもなお耐えうるかもしれない。嫌悪感をこのように利用することがどの程度の批判に耐えうるのかについては、第3章において見ることにしよう。ここでの批判が異議を唱えるのは、デヴリンやカスによるもっと漠然とした全体的な議論に対してである。つまり、嫌悪感は、私たちの人格（あるいは、デヴリンの場合だと私たちの社会の秩序）のうちに根ざしている基準感情であり、常軌を逸していて禁止されるべきある種の行為――その種の行為は非同意の人々に危害をもたらすことはないという事実にもかかわらず――を選定するための信頼の置ける基準となるとされるのである。しかし、嫌悪感が共同体の支配的成員たちに対して、その人たちが向き合いたくないと感じている自分たちの動物性を表象している身代わりの動物群を作り出すそのやり方を見れば、嫌悪感は信頼の置けるものだとはとうてい思えないのである。

さて第1章で論じたように、どのような感情もそれ自体としては、もちろん法の基盤としての信頼性を持ちえない。怒りは危害に関する判断を体現するが、その判断は間違った方向を向いていることがある。たとえば、浮気された夫に怒りがかつて示したのは、妻の不貞が殺人を正当化する危害なのだという判断であった。しかし、少なくとも怒りは適切な主張を一つする。つまり、これは不正になされた深刻な危害である、という主張である。行為の法的規制を考慮する文脈でなされる主張としては、これが適切な種類のものであることは明らかである。怒りの主張が吟味に耐えうるならば、それを取り上げて真剣に顧慮することを法に期待できよう。

嫌悪感によってなされる主張とは、どのようなものなのだろうか。現在私たちが検討している無危害の行為の禁止を支持する基準として嫌悪感が利用される場合においては、その主張は以下のようなものに思われる。つまり、「この行為は汚染源である（「この人は汚染源である」となることも多々ある。行為と人は通常分離できないからである）。よって、その行為（その人）は私たちの社会を汚染する。もしこの汚濁が私たちから遠ざけられるのなら、私たちの生活はより良いものになるだろう」。しかし、これまで見てきたように、これは非常にあいまいな主張である。文字どおりに取れば――たとえば、その主張が意味するのが、実際に隣人の水道水に誰かが有害物質を入れて汚染したということなら――、私たちは危害の関係する領域へと移行したことになる。それについては次章で見ることにしよう。しかし、「たとえ私が当人たちと会わず、当該の行為に遭遇しなかったとしても、自分たちの寝室でセックスをするこの男性たちは、私たちの共同体を汚染する存在である」、もしくは「たとえ私たちに危害を加える行為をなさなかったとしても、私たちが住む市街をうろつくこれらユダヤ人たちは、害虫のように汚染をもたらす者である」ということを、私たちが述べているのにすぎないのなら、その場合、汚濁や穢れの概念は極度にあいまいで漠然としたものになる――これこそ、ミルが言うところの「単に推定上の」損害である。

私たちは正確には何を言おうとしているのだろうか。そのような人々やその行為が共同体のなかに現れることが、その共同体の没落を招くと言っているのだろうか。なぜそのように考えなくてはならないのだろうか。彼らが自分の好みに合わないからだろうか。好みに合わないというのは、とうてい法的規制を支持する十分な理由ではない。そして、もし私たちが、言葉の裏にあるように思われる本音を明らかにしてそれを叙述するのであれば、つまり、「私たちがその人たちを身代わりの動物として選んだのは、動物性や死といったぎょっとするような側面から、自分たち自身から遠ざけるためなのだ」と述べるのであれば、そういった理由は、いったん白日のもとにさらされてしまうと、法的規制に賛同する根拠をまったく提供しなくなるだろう。その代わりに、そういった理由はさらなる問いを呼び込むだろう。「ある人々の集団を露骨なまでに差別的な扱いをすることに対して、なぜ自らを反省しないのか」。端的に言えば、その問いの本当の内容は、嫌悪感の原因として構築されたものへの批判ではなく、嫌悪を催している人への批判を呼び込むだろう。

それでは次に、特定の法的問題を取り上げて、これまでに見出した問題の徴候を明らかにすることができるかどうか、そして、私たちの批判的態度が法の有益な手引きを提示してくれるかどうかを見ることにしよう。

第3章

嫌悪感と法

Disgust and the Law

［法律は］二者間の同性愛行為が、不法な殺人を減刑する、つまり、謀殺から故意故殺へと減刑するのに見合った合法的な挑発行為として認めていない……常識人は、単に自分の観察を中断し、現場を立ち去るだろう。つまり、常識人は恋人たちを殺そうとはしない。

――ペンシルヴェニア州対カー事件、ペンシルヴェニア、一九九〇年

人は自分がやりたいと思ったことをするわけだが、この権利は「他人のものに迷惑をかけたり、害を与えたりせずに自分のものを使いなさい Sic utere tuo ut alienum non laedas」という格言に表されているように、他人の権利との兼ね合いのもとで可能となる。アルドレッド裁判以降、アメリカでもイギリスでも制定された法律があるが、それは次のようなものである。誰も不快な臭いや大きくて奇怪な騒音、もうもうたる煙、有毒な気体、耳障りな機械音、あるいは無数の蠅のせいで、隣接する土地の所有者を危険にしたり、その人にとって耐え難かったりする建物のみならず、その人を不愉快にする建物ですら、自分の土地に堅持するいかなる権利も持っていない。こうした生活妨害をし続ける人は、誰であろうと、私有物の尊厳を盾にとって罪を逃れることはできない。

――カムフィールド対合衆国事件、一九八七年

忌々しい不快さだらけ……

――ウォルト・ホイットマン『草の葉』についての初期批評

第1節　犯罪としての嫌悪感と判断基準としての嫌悪感

これまで、私たちは、嫌悪感を根拠にして行為を法的に規制するやり方に反対してきた。レオン・カスが主張するように、確かに嫌悪感はきわめて強い感情であり、道徳的見識へと目を向けさせる力を持ってはいる。しかし、この主張は、私たちが行った嫌悪感の認知内容や社会の歴史についての分析を基にすると支持できない。実際、嫌悪感が呪術的な思考傾向を持ち、集団に基づく偏見や排斥と関係していることを考慮すれば、法的規制の根拠としては心もとなく見える。デヴリンの嫌悪感についての見解――嫌悪感は社会的規範に基づいているという考え――は、いくらか認めることができる。しかしながら、デヴリンは、嫌悪感が最近の社会的判断に相応しない道徳的見識を含んでいると述べているわけではない。社会的嫌悪感の完全なる不合理さ、そして社会的嫌悪感が他人に与える不当な危害を考えれば、彼の立場でさえもやはり批判の対象となる。また、嫌悪感は、残酷な行為に抗議する際の動機となると考えるミラーやカハンの立場に関しては、私たちは次のように考えている。すなわち、嫌悪感の道徳的な形態でさえ、純粋さや、汚濁からの自由という要求に加担してしまうのだと。こうした要求は、不人気な人たちや集団への中傷とあまりに簡単に結びつけられる一方で、証拠が提供されたり、吟味されたりするような具体的な犯罪の問題とはほとんど関係づけられていない。

こうしたことを踏まえたうえで、法の特定の領域に取り組む際には、私たちは第2章で論じた嫌悪感の用い方の区別を保持しなければならない。つまり、実際の犯罪としての嫌悪感の用い方、つまりある種の損害や危害としての嫌悪感と、行為を法的に規制する際の判断基準としての嫌悪感の用い方との区別である。嫌悪感を損害や危害という側面から捉える場合にせよ、法的規制のための判断基準とみなす場合にせよ、嫌悪感は社会的に同意が得られていない集団に対して何らかの危害を及ぼす。しかし、嫌悪感をこのように区分するのは、いつでも簡単にいくわけではない。時に、人が損害を受けたと感じるのは、ある種の行為について人が持っている見方が原因となっている場合がある。したがって、ある人は予謀された同性愛行為への誘惑を損害と感じるかもしれないが、それは、ソドミー禁止法の根底に働いているタイプの信念〔たとえば、ソドミーは自然に反する行為であるというような信念〕のせいである。また、わいせつ法が、平均的で常識的な人間という仮定された基準を使用して、表現物の不快さを測定、調整しているにもかかわらず、そうした表現物が提示する見解がしばしば実際の犯罪の引き金となる場合がある。公共の場所におけるヌードは特に難しいケースである。公共の場所におけるヌードは、少なくとも子どもに対して、危害を引き起こすと主張できるように見えるが、しかし同時に、害を受けたと感じるのは、そう感じる人の想像の産物が原因であって、実際の裸ではないと主張することもできる〔このケースは嫌悪感というより羞恥心の領域に属する事柄のように思えるので、この点に関してはもっと後の章で論じる〕。

しかし、〔嫌悪感に区分を設けることが容易ではないとはいえ〕どちらのタイプにも明確な事例がある。本章の二番めのエピグラフ、カムフィールド事件のなかで描き並べられていた生活妨害は、明らかに危害としての嫌悪感の用い方の側に分類される。第5節の「嫌悪感と生活妨害禁止法」では、この場合における嫌悪感と危害との関係と、嫌悪感と危険との関連を議論する。もう一方の側には、私的な場面における合意に基づいた同性愛行為を禁止する法を擁護する際に使用される嫌悪感がある。これは明らかに、「純粋に推定上の」、あるいは仮定的なタイプの嫌悪感の用い方の一つである。もし気分を害することがあり、それがしばしば生じているとすれば、それは、現に行われている何かを想像することによって、あるいはいま行われているたぐいの行為を法律が認めているという事実について考えることによって引き起こされる種類の不快なことであり、同意していない人に対して直接危害を加えているわけではない。私は、嫌悪感を判断基準として使用することには、どんな法的価値もないということをこれから論じようと思う。なぜなら、嫌悪感に訴える代わりに別の観念、特に損害や危害の観念に置き換えて、危害の証拠を探す方がよいからである。危害としての嫌悪感に基づく私の考えは、より込み入ったものになるだろう。私は、実際にこうした事例の多くが、法律によって適切に規定されていること、そして生活妨害に関する英米の法律とは、その一般的な趣旨においては、法的規制のための信頼できる基準が網羅されているということを論じる。しかし、ある種の人物やその行為が共同体にとって生活妨害であるとか、あるいは個人に対する挑発であるとする主張は、第2章で吟味した集団への不合理的な先入見に基づいてしまっている。それゆえ、嫌悪感が強い拒否感と危険（あるいは、そのどちらか）に強く結びついている場合でさえ、やはり嫌悪感に訴えることには制限を設けなければならないのである。

第2節　嫌悪感と犯罪者――「同性愛という挑発」を用いた抗弁について

そもそも犯罪者の嫌悪感が、暴力犯罪の正当な動機として認められることはあるのだろうか。第1章で見たように、「理に適った挑発」という抗弁（原告の主張する事実に矛盾しない事実を前提として行われる被告側の反論）は、殺人事件において、謀殺罪から故意故殺罪へと減刑するために、犯罪者の感情を持ち出している。*1 しかし、通常、その感情とは（嫌悪感というよりは）怒りである。この怒りは、被害者が、被告に与えた重大な悪事ないし攻撃に対する非常に固有な感情である。減刑を勝ち取るためには、被告は被害者からの挑発によって、「逆上している時」に犯罪を行ったことを示さなければならない。加えて、この挑発は犯罪の動機として「正当なもの」であり、被告が表に出した感情は「常識人」のものであるということも示されなければならない。しかし、被告の感情的な興奮の度合いは、罪を軽減するためには十分なものではないだろう。こういうやり方は「邪悪な感情」を持った人に有利な結果を与える。[*2] というのも、「残酷で、報復的で、攻撃的な傾向〔を持った人物〕は、コントロールできない感情を満たすために、ちょっとした挑発に飛びつき、殺人を行う」からである。[*3]

こうした理由によって、被告の感情的な状態は、標準的には証拠として認められない。ただし、法が定める基準に照らしてみて、理に適った挑発と判断された場合は除く。どういう場合に「常識人」は暴力を振るってしまうのか。この問題についての見解は、いままで見てきたように時間とともに推移したが、どの場合においても、被害者が被告に与えた何らかの深刻な攻撃と危害とが含まれている。際立った例として、身体的暴力、姦通、そして家庭内暴力といった三つの攻撃、危害を挙げることができる。このような危害が生じたという合理的な確信は、一般的な法の基準を十分に満たすように思える。しかし、減刑のためには、通常は、問題となっている危害が実際に生じたという証拠が必要である。だから、抗弁の裏に隠された考え方とは、次のようなものである。すなわち、怒りが生じる十分な理由があり、公衆の同意が得られるような場合には〔正当防衛とみなされ〕、殺人事件における刑罰軽減が是認される。

先に見たように、妥当な挑発として認められるものは、法律的に定義されている。ある特別なタイプの攻撃は、法的に見て十分な挑発か、あるいは不十分な挑発かが定義されている。より最近では、陪審員が自分たちの裁量で、攻撃を判断することがある程度はできるようにもなっている。しかし、裁判所はいまだに時おり、ある種の挑発を法が取り扱うものとしては不適当であるとして、陪審員にこうした感情に関わる証拠を聞かせるのを拒否する。[*4] ここで問題をまとめよう。私たちが考察しなければならない問題は、被害者に対する被告の強い嫌悪感が、挑発という抗弁が成立するための法律的要件を満たすかどうかということである。

この問題については二通りの見解があるだろう。まず一つめは、嫌悪感とは非常に強い反応であり、嫌悪の対象は、場合によっては、暴力や攻撃に類するような危害でありうるという見解である。この場合、身体は嫌悪を催す対象によって侵入された、あるいは汚濁されたと感じる。この観点は、生活妨害禁止法に用いられている。他人へと嫌悪を催す臭いを垂れ流すことは、起訴可能な犯罪である。なぜなら、それは所有物の享受を損なわせる行為だからである。これは、一種の危害なのである。このことはもっと後で検討するつもりだが、前もって簡単に記しておくと、パイプが詰まって水が溢れ、悪臭が立ち込めているトイレの傍に収監されている囚人は、嫌悪を催す周囲環境によってひどい危害を被っている。このような刑罰は、残虐で異常な刑罰を科してはならないというアメリカ合衆国憲法修正第八条をないがしろにしている。人間に対するこの種の危害や攻撃は、残虐で異常な刑罰なのである。

二つめの見解は、嫌悪感は人からの攻撃や不正行為に対する反応ではなく、ある人物の存在あるいは特徴に対する一般化された反応であり、したがって怒りとは異なるというものである。被害者が、被告、あるいは被告の愛する人に対して深刻な危害や攻撃を初めに加え、それによって被告を刺激したという事例のなかに、私たちは刑罰軽減のための正当な理由を確認することができる。他方、被害者は被告に対して悪事を働いたり攻撃したりしていないにもかかわらず、被害者が単に傍にいるというだけで被告が嫌悪を催し、そして危害を加えたという場合には、減刑の正当な理由は見当たらないように思える。見た目の不快さを暴力の引き金として認めてはならないだろう。私たちは第2章で、嫌悪感はたいていの場合、社会的に学習された偏見の結果であるということを示した。それゆえ、嫌悪感を根拠にして減刑を求めてしまったら、人種差別や宗教差別に基づくヘイト・クライムに対する自制心を殺ぐことになってしまうだろう。

この問題〔嫌悪感は危害に対しての防衛反応なのか、それとも社会的偏見の産物なのかという問題〕に適切に対処するためには、いくつかの区別を設けることが必要である。重要な第一の区別は、「一次対象」に向けられた感覚的な嫌悪感、苦手意識や危険性に近接している嫌悪感と、ユダヤ人、女性、人種的マイノリティそして同性愛者などの不人気な集団に向けられた社会的通念に基づく嫌悪感との区別である。私たちは、水が溢れ出て悪臭を放っているトイレが、何らの嫌悪感も引き起こさないような教育を行っている国や社会などないと考える。たとえ直面している嫌悪感が学習されたものだとしても、やはりそれはあらゆる社会に普遍的な性質であり、また目の前にある不快な感覚的性質、あるいは危険に対するごく一般的な反応である。これとは対照的に、不人気な集団への嫌悪感は、汚濁と純粋さに関する呪術的思考によってかたち作られている。また、これまで見てきたように、この種の嫌悪感は、たいていの場合、問題となっている集団の特徴――この特徴は、他の集団の人間にふさわしくないのと同様に、実際には当の集団の人間に適していない――に関して行われている投影 projection を含んでいる。そして、いつしか不人気な集団は、みなが実質的に共有する汚濁の媒体となってしまう。このような投影は、単に不合理であるばかりでなく反対すべきものである。なぜなら、投影は、こうした人々や集団を体系的に服従させることに加担しているからである。それゆえ、法律は嫌悪感の投影的形態〔つまり、社会的通念に基づく嫌悪感〕よりも、一次対象に対する嫌悪感の方により賛同すべきだと私たちは考えている。

第二の区別は、攻撃と単に傍にいることとの区別である。私たちの考えでは、挑発という抗弁が認められるのは次のような場合である。すなわち、被害者が被告に対して何か暴力的なこと――通常は何か犯罪的なこと――を行い、そうした被害者の行為によって被告がカッとなって（法律に助けを求めるという考えが起こる前に）同じような暴力的行為を行った場合である。これとは反対に、単に傍にいるということを攻撃的行為とみなすことはできない。被告は逆上し、逆上の引き金となったものに対し暴力という対処以外の選択肢を持たなかったとする考えは、表面上はあまり妥当性がないように見える。被告は第一の攻撃者であり、概して不利な立場にいる（正戦論と比較してみよう。この場合、戦争の正当化は、その国に対する先制攻撃に由来するはずである）。

ここで、いったんまとめてみよう。第一の区別は、法律は、「一次対象」に向けられた嫌悪感によって損害を受けたと主張する人々を、もっと優しい目で見るべきだという考えに帰着する。それに対して、第二の区別は、そのような基礎的な嫌悪感でさえ、被害者による被告への攻撃的行為がない場合には、挑発という抗弁、すなわち挑発から身を守ったという主張を認めることはできないということを帰結する。

最後になるが、第三の区別は、その場から離れることで不快さから逃れることができる場合と、逃れるのが難しい状況で嫌悪感が押しつけられている場合との区分である。標準的に言って、挑発という抗弁が認められるのは、被告に対して、敵意を持った行為や攻撃的な行為が押しつけられている場合である。偶然飲み屋に居合わせた被害者が、被告にいきなり殴りかかってきた場合にせよ、あるいは、被告の子どもが被害者にレイプされたという場合のように、被告と被害者との関わり合いの本質が、間違いなく決定的に被告の人生の一部を攻撃的にした場合にせよ、どちらの場合も、被告は攻撃的行為の標的であることを回避できないように思える（正当防衛における回避不能性の役割と比較してみよう。この場合、退却することができるならば退却する義務が求められることがよくある。ただし、第1章で見たように、自宅にいる場合は例外中の例外である）。これとは反対に、ある人物が不快な特徴――たとえば、尿や汚物にまみれているなどの特徴――を実際に持っていたとしても、この場合、通常はその場から離れ、そうした人に煩わされないようにすることができる。

以上の三つの区別を踏まえて、実際に最近の裁判のなかで、挑発という抗弁が、嫌悪感に基づいて主張された事例から始め、そしてより一般的な定式化へと進むことにしよう。ここで取り上げたいのは、同性愛者という存在に対しての嫌悪感が、挑発という抗弁の法的基準を満たすかどうかという問題である。先ほど私が挙げた区別が正しいならば、この基準は満たされないだろう。同性愛者の存在は、攻撃的な行為や危害を加えるような行為ではない。もしもある人物が、同性愛者が単に傍にいることで肉体的暴力のようなものを感じているというならば（ただし、このようなことがありうるならば、という話のうえでだが）、「常識的な」人間が採るべき策は、この場面から立ち去ることであって、同性愛者を殺すことではない。暴力は許されることではない。こうしたことを認めることができないのは、顔、民族性、肌の色そして身体的欠陥といった特徴が嫌悪感を引き起こしたので射殺したという主張を認めることができないのと同じことである。同性愛者は、生活妨害禁止法が認める狭義の迷惑を指す実際の物理的性質を持っていない。また、同性愛者の存在は攻撃性を持っていない。

先に述べたように、住所不定無職のスティーヴン・カーは、二人のレズビアンがキャンプ場でセックスをしているのを見た時、アパラチア山道近くの森に潜んでいた。彼は彼女たちを撃ち、そのうち一人を殺した。法廷で、彼は理に適った挑発を根拠にして故殺への減刑を求め、レズビアンのセックスを見て生じた嫌悪感が動機となって殺人に至ったと主張した。彼は、自分のいちじるしく強い嫌悪感を説明するために、幼少期の物語を土台にして、精神医学的証拠を提示しようとした。陪審員は、適切にもこのような証拠を認めなかった。「[法律は]二者間の同性愛行為が、不法な殺人を減刑する、つまり、謀殺から故意故殺へと減刑するのに見合った合法的な挑発行為として認めていない……常識人は、単に自分の観察を中断し、現場を立ち去るだろう。つまり、常識人は恋人たちを殺そうとはしない」[*5]。カーの嫌悪感は、危害や攻撃についての法的な必要条件を満たしてなかったので、法が取り扱うべきものとしては認められなかった。

先に示した三つの区分に戻ると、私たちはカーの嫌悪感が、単に推定的な嫌悪感であることに気づく。この嫌悪感には、一次対象に向けられた嫌悪感に含まれるようなどんな性質も見受けられない。攻撃と単に傍にいるということを分けた二番めの区別から見ても、カーの存在に気づいてさえいなかった女性たちは、明らかに彼に対して攻撃的な行為を行っていなかったと言える。そして、三番めの区別もまた、カーの主張に反対する。判事が言ったように、カーはいつでも立ち去ることができたのである。

カーの事件は非常に明確である。女性たちは彼にまったく何もしていなかったし、彼がそこにいたことすら知らなかった[*6]。法律的により問題となるのは、被告が、被害者によって強要された同性愛行為を根拠にして減刑を求める場合である。こうした場合には、被害者による同性愛行為がまずあって、その後続いて暴力行為が起こったと主張される。しかし、判事はこのような同性愛という挑発を時に証拠として認めない。ほんのわずかの被告たちが認められ、そして故意故殺罪への減刑か、あるいは謀殺罪よりも軽い刑となった[*7]。ところで、そもそもこうした行為は減刑を正当化するのだろうか。「常識人」は暴力を用いて同性愛行為から身を守る、という考えを法律は受け入れるべきなのだろうか。

同性愛という挑発を用いた抗弁において最も重大な問題は、事実を確立するのが非常に難しいということである。物理的な攻撃や家庭内暴力の場合は、そのあらましを目撃している者が多くいる可能性はある。しかし一般的に、被告たちは目撃者がいないところでことが起こったと陳述する。それゆえ、被告は、減刑を勝ち取るために被害者の性的指向を都合のよいものとして利用したということが、単なる疑惑以上のものになってしまう。しかしながら、被告が申し立てたように、事実はすべて真実であるとひとまずはしておいて、そして性的アプローチの非強制的で非威嚇的な形式だけを考察することにしよう。そこで問題はこうなる。予謀に終わった同性愛行為への誘惑に対する嫌悪感は、法律的に十分な根拠であり、減刑を正当化するものなのだろうか。

ジェリー・ヴォルクとその友人ジョン・ハミルトンは、ミネアポリスに無一文で辿り着き、泊まるところもなかった。*8 彼らはゲイの男娼のふりをする計画を立て、男性同性愛者を見つけた後、強盗を働いた。彼らの標的となったのはトレイトウ氏である。数時間後、トレイトウは自宅アパートに射殺体で発見された。彼の手と足にはテープが巻かれていた。ヴォルクの親指の指紋が、床に転がった壊れたウオッカの瓶についていた。ヴォルクは現場にいたこと、そして殺人事件の、少なくとも共犯者であることを認めた（しかしながらヴォルクとハミルトンの証言の間には、どちらが実際にトレイトウを撃ったかに関して齟齬があった）。ヴォルクの話によると、トレイトウが同性愛行為を行った時に不快感を催し、続いて殺人が起こった。ハミルトンもまた、ヴォルクが「かなり不快そうだった」と描写した。ヴォルクは上訴審において、第一審裁判所のやり方を不適切だと批判した。なぜなら、ヴォルクが陪審員に説明しようとしたある事情を、裁判所が拒否したからである。ある事情とは、暴力行為は逆上した時に行われたのだということであり、ヴォルクはこれを故殺の証拠として提示しようとしていた。

裁判所は異議を唱えた。「こうした事情が真実であるとの主張を前提としても、逆上するのが正当であるような挑発行為はなかった。このような状況化にいる通常の挑発制御を持った人間は、単に現場を立ち去る」。別の言い方をすれば、誘惑は脅迫でも強要でもない以上、攻撃でもゾッとするような危害でもないということである。もし性的行為が嫌悪感を催させるならば、要するに立ち去ればよいのであって、誘惑者を殺してはならないのである。

もう一度先の三つの区分を取り上げてみれば、この嫌悪感が推定的なものであることに気づく。すなわち、被告たちの嫌悪感は、同性愛行為についての単なるイメージに対してのものであり、被告たちに対して実際に行われたことや押しつけられたことなど何もなかったのである（加えて、被告たちの嫌悪感に関する主張は、彼らがゲイの男娼のふりをすることで積極的に行為を促したという事実を兼ねあわせると、公正に扱うのが少々難しい）。カーの裁判より少し難しいのは、攻撃と単に傍にいることを分けた二番めの区別を適用させる場合である。なぜならカーの場合、女性たちは何もしなかったし、カーに気づいてさえいなかったのだが、トレイトウはヴォルクをセックスに誘ったからである。だからといってこれは強制的、暴力的なアプローチでもないし、嫌がらせのようなアプローチでもない。誰に聞いても、単に誘惑、あるいは提案――つまり彼らがゲイの男娼のふりをして客を誘ったという意味での提案があっただけである。だから、いま検討中の用語を使えば、これは攻撃よりも、単に傍にいるということの方に近いのである。[*9] 不快な状況が避けられなかったわけではない。判事が言ったように、彼らは立ち去ることができたのである。

この裁判の場合、判事は嫌悪感を法律問題とは無関係としたのだが、別の事件では正反対の判断がなされた。例として、シック事件（*Schick v. State*）を取り上げてみよう。[*10] 友人たちと外で飲んでいた被告が、別の男性（被害者）に車で自宅まで同乗させてもらった。彼らは一緒にセックスの相手となる女性を探してドライブした。しばらくして、被告が「誰かフェラしてくれるやついないかな」と尋ねると、被害者は「やってもいいよ」と答えた。彼らはさらにもう少しドライブし、地元の学校の野球場に行った。被害者はズボンを下ろしたが、被告は被害者を蹴り上げ、踏みつけ、金を奪い、そして被害者を野球場に置き去りにして死に至らしめた。[*11] 立ち去る前に、被告は被害者の車から自分の指紋を慎重に拭き取った。法廷で弁護側は、同性愛行為は殺人を説明するのに十分な挑発であると主張した。検察側は異議を唱えず、判事は弁護側の主張を認めた（窃盗と指紋を拭いたことは補足的に扱われた）。そして陪審員は、被告に故意故殺の判決を下した[*12]。

この事件もヴォルク事件と同様に、同性愛行為は被告によってけしかけられている。したがって強制も嫌がらせもなかった。被害者が行ったことはズボンを下ろし、被告がズボンを下ろすのを待ったということだけである。「行為」が嫌悪感だとするかぎり、被告の嫌悪感は純粋に推定的な嫌悪感であって、感覚的性質と結びついた嫌悪感、すなわち一次対象に向けられた嫌悪感ではない。そして最後に、被告はいつでも立ち去ることが可能であった。ここにもう一点加えることができると思うのだが、被告が、第一審で、強い嫌悪感について示さなかったのは、明らかに彼が性行為に同意していたからだという点である。被告は逆上した自分をコントロールできない状態にあり、ゆえに犯罪を行った。しかし、犯罪を行った後、冷静沈着に行動している。こうした場合でも、挑発という抗弁が認められたという事実は、不合理な嫌悪感の水準、すなわち現代アメリカ社会の多くの人々が、同性愛行為を単にイメージしただけで感じるような嫌悪感の水準を明らかにしている。

故意故殺罪についての伝統的な法理は、基本的に合理的で一貫性があるが、最近の裁判におけるいくつかの適用例を見るとそうではない。ただし、その法理は感情的反応のなかで減刑に結びつくものと、結びつかないものを明晰な理由とともに完全に区別して示している。たとえば、感情が「常識人」の感情であるならば、抗弁は正当化ではなく、部分的免責 partial excuse（刑法上の違法性阻却事由の一つ）である[*13]。憤りは、十分な挑発に対する理に適った応答である場合には、減刑に結びつく[*14]。嫌悪感はまったく重要ではない。なぜなら「常識人」の感情は、誰かによって穢されたと感じたり、あるいは「気分を害」したりしたことを根拠に暴力を許すことはないからである（許される行為があるとするなら、それは退去することである）。私の考察では、二つの感情は次のようになるはずである。ほとんどの場合、社会は嫌悪感が暴力の正当化には不適切であると認めている。ロバート・マイソン Robert Mison は次のように結論している。「ゲイの男性に向けられた殺意のある個人的な応答は、被告の不適切で特異な性質として扱われるべきであり、主張された被告の行動の妥当性を支持するものであってはならない」[15]。なぜなら「常識人」は単に平均的な人間なのではなく、規約としての社会の理想だからであり、私たちはゲイ・バッシングによる嫌悪感が、常識人の感情であると認めるべきではないのだ。

こうした判断の賢明さは、ユダヤ系の人間、女性、黒人あるいは身体に障害を持った人たちに対する直接的な嫌悪感について考察する際に確かめられる。どの事例の場合でも、私たちは——今日のアメリカでは——そのような集団の一員から言い寄られることに対して不快さを感じて、罪を犯した人間を、逆上という説明で弁護することに反対するだろう。別の時代や場所では事情は異なる。実際、ヴォルクの申し立てとまったく同じ方法を用いて、ユダヤ人から言い寄られることの忌わしさを主張する場面を、私たちはあまりに簡単にイメージすることができてしまう[16]。社会として、私たちは、同性愛に関する裁判で示されたような嫌悪感の問題について葛藤している。この事実が示しているのは、こうした集団が現在のところ私たちの欲望、すなわちあまりに動物的すぎる側面や粘着性から自分自身を切り離したいという欲望を照らし出しているということである。これこそが、感情的な反応に対して私たちが懐疑的であり、かつ法律問題としてそれを証拠に加えることを拒否する強い理由なのである。

第3節　嫌悪感と「平均的な人間」——わいせつ性について

嫌悪感は、ある行為が違法かどうかを判断する時の決定要因であるべきだろうか。いまや、私たちはデヴリン＝カスの問題領域に真正面から取り組むことになる。もしもある人が嫌悪感を催したとしても、法律はそうした嫌悪感を、救済手段を与える実際の犯罪として認めているわけではない（わいせつ法では、著作によって個人的に嫌悪を催した読者に対して、その損害に対する訴訟原因を与えてない）。むしろ、嫌悪感は判断基準である。つまり「常識的な」あるいは「平均的な」人間が、問題の表現物に対して嫌悪を催すかどうかを問うことによって、どのくらいその表現物は悪い物なのか、それを実際に好む傾向を持った人たちから遠ざけることはどのくらい重要なのかを見極めるのである。通常、この問いかけは仮説的なものである。つまり「クラパムの乗合馬車に乗り合わせた人」は、ポルノ映画、あるいはソドミーや屍姦を好んで求める種類の人とはまったく別の人間として想定されている。このような映画や行為が、法律的に認められるべきものかどうかが問題となる時には、まさにそうした分別のある人の反応が、このような映画や行為を実際に求めている人の反応よりも信頼性のある指標とされている。

私たちは、わいせつ法から考察を始めようと思う。とりわけ、わいせつ法はいくつかの重要な問題を明瞭にする。わいせつに関する法律的考察は、問題となっている表現物が持つ不快さと、仮定的な「平均的人間」の感性との関係に典型的なかたちで言及している。一九七三年のミラー事件（*Miller v. California*）によって制定された法律上の基準は、作品が州の規制を免れない可能性があることを示している。州の規制は「まず、当該作品が全体としてセックスへのわいせつな関心に訴えている。次に、明らかに不快感を与える方法で、州法により特定化された性行為を描写している。最後に、当該作品に全体として真面目な文学的、政治的、あるいは科学的価値が欠けている」[*17]という点に焦点を定めている。この規定は「現時点の地域社会の基準に照らした、平均的人間」の観点から作られている。嫌悪感は、二つの観点から取り上げられている。一つめは、「明らかな不快感」と結びつけられ、もう一つは何が「わいせつな関心」なのかについて考えることと結びつけられている。これは「ヌードやセックス、あるいは排泄物への下品な興味あるいは病的興味」として理解されなければならない[*18]。

裁判所は、嫌悪感と「平均的人間」の感性とのつながりをより明らかにするために、わいせつという語の分析を行った。この分析は興味深く、また重要な考察である。裁判所は、わいせつについての正確な定義を提示しなかったという理由から、最初の判決を批判し、ラテン語の caenum、つまり不潔なものに由来する「わいせつ」の語源を論じた[*19]。次に、バーガー判事は、『ウェブスター新国際辞典』第三版から「五感に対して嫌悪を催させるもの、一般的に受け入れられている適切さとはなはだしく一致していないもの、侮辱的で不快なもの」という「わいせつ」の定義を引用し、さらに『オックスフォード英語辞典』からは「常識あるいは審美や上品さに対する攻撃、嫌悪感、ひどく不快で不潔なもの、馬鹿げたもの、憎むべきもの、忌まわしいもの」という定義を引用した。*[20]

しかしながら、これで問題が解決したというわけではない。裁判所は、この裁判で取り上げられた表現物が「ポルノグラフィ」、また「ポルノグッズ」として「より正確に定義された」ということを付け加えている。別の言い方をすれば、「わいせつ」という語が「ポルノグラフィ」という語を介することで、より洗練され、分析されたというわけである。*[21]「ポルノグラフィ」の語源は、ギリシア語の「売春婦」あるいは「娼婦」に由来しているということが新たに議論され、そしてポルノグラフィは（『ウェブスター辞典』を介して）「放埒さ、あるいはみだらさの描写、つまり性的興奮を引き起こすエロティックな行為描写」として定義された。

興味深いことに、この一連の考察のなかにはいくつかの考え方が入り混じっている。まず、裁判所は、「わいせつな関心」というロス事件（*Roth v. U. S.*）での語を「正確に」定義するために、わいせつについての辞書的な定義を使用し、嫌悪感という概念を持ち出した。そして今度は、嫌悪感という語が、売春婦という語や、「性的興奮を引き起こすようなエロティックな行動の描写」という関連する考え方を参照することによって「より正確に」定義された。言い換えれば、わいせつな関心に訴えるいずれのものも、何らかの不快なものであり、また（少なくとも性の領域において）不快なものは（女性の性を展示することで）性的興奮を引き起こすものなのである。ポルノグラフィは、嫌悪感の下位の区分であり、この下位の区分とは興奮を引き起こすやり方で女性の性を扱う。しかし、どうして嫌悪感と性的興奮は関連性を持っているのだろうか。嫌悪感と性的興奮はまったく別の事柄ではないのか。

これまで、嫌悪感と性的興奮との関係は、文字どおり、法的難問の原因となってきた。たとえば、獣姦映画に関する一九八七年の裁判を見てみよう。この裁判で弁護側は、問題の映画は「平均的な人間」を性的にまったく興奮させないので、性的にわいせつなものではないと主張した。実際、「平均的な人間」は『スネーク・ファッカー』、『ホースパワー』、『興奮した豚』のような映画を非常に不快に感じるだろう。*22 この難問に恐れることなく、全員一致の三名合議体[1]は、わいせつ＝嫌悪感〔わいせつは嫌悪感である〕と答えた。そして、平均的な人間を性的に興奮させたからといって、比較的刺激の少ない表現物をわいせつだとみなすことは法の精神に反するだろうし、同様に平均的な人間に嫌悪をもたらすにもかかわらず、かなり強い不快感を与える表現物を許すというのもまたきっと法の精神に反するだろうとの判断を下したのである。

しかしながら、ミラー・テストで求められている不快さの要件は、表現物に対して不快さや嫌悪感を示すような人の数が多ければ多いほど最低限の基準を超えていく。確かに、この映画に対する多くの人の反応は拒否や嫌悪である。したがって、グリエルミの主張——嫌悪感はあるが、性的興奮はないという主張——は正しい。しかし、それほど不快ではない作品は、法の保護を受けられないにもかかわらず、非常に不快な作品が、法の保護を受けるという結論を導くことはできない。*23

つまり、平均的な人間を性的に興奮させるものと、平均的な人間に嫌悪を催させるものとが別々の方向を指し示す時、嫌悪感はミラー基準の解釈において優先される。なぜなら、それほど悪くないものと、より悪いものを比べた時、より悪いものの方が法の保護を受けるなどということはありえないからである。嫌悪を催す表現物は、単に性的に興奮させる表現物よりも悪いのである。

誰もが認めるように、ミラー・テストで示唆されたこの二つの基準〔平均的人間を性的に興奮させるもの、平均的人間に強い不快感を催させるもの、という二つの基準〕は、常に別々の方向を指し示す。したがって、この二つの基準は、法廷が決着をつけなければならない多くの解釈上の問題を残している。それにしても、これまでなぜこの二つの基準が両立すると考えられてきたのだろうか。嫌悪感の何が性的なのだろうか。売春婦の活動の何が不快なのだろうか。答えはいまや明らかだ。嫌悪感と性的興奮との混乱した結びつきのなかにはっきりと見出されるのは、性それ自体が何らかの嫌悪感、何らかのうさんくささ、内部汚染を示すものであり、とりわけ欲望を刺激するような売春婦の肉体（つまり、数えきれないほどの男性精液の容器としての肉体）についてはそのように考えるという昔ながらの見解である。バーガー判事は、女性憎悪、人間嫌いの長い伝統によって巧妙に作られた概念的なつながりを示し、認めている。この長い伝統とは、私が第2章で議論したものであり、つまりはウィリアム・ミラーやアンドレア・ドゥオーキン Andrea Dworkin のような共通点のない著作家たちによって鮮やかに記述された伝統である。[*24] 女性の肉体は、粘性や粘着性を持った不潔な領域、そして男性に嫌悪感をもたらす汚染源として扱われた。そう考えられたのは、男性自身の肉体、動物性、そして肉体が死すべきものであるということに理由がある。バーガー判事にとって、動物としての自分に対する嫌悪感は、その象徴としての「売春婦」や性的興奮に投影され、結果として嫌悪感と結びつく。アダム・スミスによれば、「私たちは夕食を摂る際、汚れの落ちた食器を注文する」。「（男性という意味での）私たち」のセクシュアリティを思い起こさせるものの存在は、それが共同体のあちらこちらで目につき、私たちを悩ませ続けるならば、嫌悪を催させるものなのである。

この概念的なつながりは、ヴィクトリア朝以降、あからさまな性的表現を行う芸術に対する非難のなかに、頻繁に見つけることができる。典型的なものは、ジェイムズ・ジョイスの『ユリシーズ』についての初期批評に現れている。

私は『ユリシーズ』を読んで、これは長い文学の歴史のなかで最も恥ずべきわいせつな本であると思った。これに比べれば、ラブレーのわいせつさなど無垢である。まるで同書は、想像を絶する思考、イメージ、性的な言葉が流れる下水管のようなものだ。そしてこの本の不浄の狂気は、キリスト教やキリストという聖なる名前に対して直接向けられたゾッとするようなきわめて不快で、冒瀆的な言動で飾り立てられている。これまで、冒瀆的な言動は悪魔主義や黒ミサが行う最も堕落した乱痴気騒ぎと結びつけられていた。[*25]

この小説に対する非難は、主にモーリー・ブルームの独白に向けられた。というのも、この独白は、未婚女性の赤裸々な性的欲望の描写だったからである。生理期間についての熟考、ペニスについての考え、愛の回想といったあるがままの独白は、私が概説したような嫌悪－女性憎悪という枠組みに囚われている人にとっては確かに衝撃であった。[*26]実際、批評家の非常に奇妙な反応のなかに、私たちは嫌悪－女性憎悪の影響を見ることができる。

ジョイスは、自分の肉体の機能に向けられた私たちの嫌悪感が、国粋主義や狂信的傾向そして女性憎悪といった多くの社会的悪の根源にあると信じていた。またロレンスも、健康な社会とは、いずれ死すべき自分の肉体的特性に正面から向きあっている社会であり、そうした肉体的特性を嫌悪感に投げ込んで逃げてしまう社会ではないと考えた。この意味で、ロレンスとジョイスは同じ見解の持ち主である。もちろん、ジョイスの小説は、嫌悪感とは正反対のものである。ロレンスの『チャタレイ夫人の恋人』も同じく、肉体を多くの感情、すなわち欲望、ユーモア、慈愛そしてつつましやかな承諾などの対象として表現している。だが、両著者（それから彼らの読者に対する誘い）から明らかに抜け落ちている感情が一つある。それが嫌悪の感情である。ジョイスとロレンスの小説が嫌悪を催すものとみなされたのは、彼らの小説を読んだ社会が、あまりに深く自分自身の動物性に対する憎しみに囚われていたために、彼らの小説を本当の意味で読むことができなかったからである。肉体を嫌悪感なしで表現しようとした作者たちは、常にこうした社会からの非難に出くわした。[*27]彼らは、読者に肉体を見ろと要求したからこそ、半ば脅迫的な非難を受けたのである。読者の肉体（特に女性の肉体）への嫌悪感が、作品へ跳ね返るように映し出されているからこそ、作品が提示しているものからみな目を背けるのである。

かくして、芸術の領域において、どんなものが法的規制の対象となるかを見極めるテストに「平均的人間」の嫌悪感を使用するのは、その信頼性において疑わしいという私たちの主張の妥当な根拠が得られた。嫌悪感が、裸体に直面した時の恐怖や不安から身を守るために生じているなら、その肉体が、特に嫌悪をもたらさない方法で表現されている場合には、表現物を判断する者のセクシュアリティや動物性に対する憎しみが障害となって、当該作品に対する判断にバイアスがかかってしまう可能性がある。「平均的人間」の嫌悪感を判断基準として使用するなら、こうした可能性について考える必要がある。性の平等を追求するどんな社会も、この概念的なつながりに関しては懐疑的でなければならない。また、性的興奮と嫌悪感とのつながりを切断しようとする作品を保護しなければならない（また、性的興奮を引き起こすものと、嫌悪感をもたらすものとの概念的つながりを批判的に探究している現代パフォーマンス・アーティスト、カレン・フィンリー Karen Finley の作品を保護しなければならない）。「平均的人間」は、そうした表現物に嫌悪を感じるというのが本当ならば、平等性に最大の努力を払っているような社会は、「平均的人間」が反応する表現物そのものについてよりも、「平均的人間」とそうした人間の教育背景にこそ注意を払うべきである。

手短に言えば次のようになる。わいせつ性についての法律的な定義は、女性憎悪という見解と積極的に共謀し、そうした見解のなかに組み込まれている。

私は、キャサリン・マッキノン Catharine Mackinnon とアンドレア・ドゥオーキンの主張は完全に正しいと思う。その主張とは、性的な小説や映像や写真などの表現物が提起する重大な道徳的問題は、あからさまな性描写や当該の作品が持つとされる不快な刺激に関わる問題ではないというものだ。[*28] たとえリベラルな社会の市民が、性は不快なものだと信じ続けていたとしても、こういう信念を持つ人たちにとって、赤裸々な性描写を含む表現物が社会のなかにあることが有害ではないのは、自分たちとは違った宗教を擁護するテキストの存在が有害ではないとの同じである。そうした表現物はたやすく回避できるし、さらには子どもたちが簡単に入手できてはならないだとか、あるいはそうした表現物を苦手とする人たちの目に触れないように陳列されるべきだと要求することができる（同様に、保護者が、自分の子どもたちが、自分の属していない別の宗教の布教活動の一環として行われるような授業に参加しないようにと要求することや、ある宗派に偏った教材を公共教育に用いないように要求することは理に適っている）。

女性市民の平等性に最大の努力を払おうとしている社会が、真剣に取り上げなければならない問題は、服従、屈辱、それらに関連する危害といった問題である。ポルノグラフィに含まれているこうした視点は、リベラルな社会の核を脅かす。この核は、宗教や生について異なる見解を持つさまざまな市民たちの合意を可能にする土台である。よく言われるように、多くのポルノグラフィは、女性憎悪の強化を意図とした典型的な方法で性を描写している。つまり、女性を卑劣で非難に相当するものとして描き、また、むしろ非難を期待し、それを求めているかのように描き、屈辱や嫌がらせという男性的欲望のはけ口として描写している。ポルノグラフィは、女性の平等性とかなり直接的に衝突する道徳的な事柄であり、これこそ私たちが真剣に取り組まなければならない問題なのである。ポルノグラフィは、この意味で、ユダヤ人差別の文学や人種主義の文学に似ている。こうした文学は、リベラルな社会の秩序の基本となっている平等の価値や平等の保護と直接的に対立する記述を行っている。しかしもちろん、ポルノグラフィを従属とみなすこのフェミニスト的概念は、わいせつについての法律的概念と根本的に一致しない。しかし、フェミニストの考え方は「私たちの」思考をまさに新しく方向づけるだけではなく、「私たちの」伝統的な思考のうちにある女性憎悪を暗示的にではあるが暴露するものである。

確かに、この新たな方向づけの帰結が、法にとっていったいどんな価値があるのかは議論の余地のある問題ではある。そこで、ユダヤ人差別の文学と類比的に考えることによって、リベラルな社会が、この種の言論や表現に拡張される保護についてさまざまに異なる態度をとってきた、ということを確認しておきたい。たとえば、ドイツは、こうした表現物を禁止したり、また、出版された表現物を最初の段階で押収し、特別な保存庫に隔離し、そこからコピーを取ることを禁止したりするという措置は適切な態度だとみなしてきた。アメリカは、そうした言論や表現を保護している。ただし、治安を混乱させるような差し迫った危険がある場合は除外される。ジョン・ロールズは、憲法によって作られている秩序そのものの保護が、これからさらに拡張されるということを示唆している。ロールズは、こうした秩序そのものの安定性が揺らぐ危機的状況でないかぎり、「適切ではない」言論（リベラルな社会の憲法と対立する生き方を認めるような言論）は保護されるだろうと述べている。[*29] 他方で、アメリカは、伝統的に、政治的言論を他の種類の表現に比べて驚くほどに強く保護すると言われている。[*30] もしアメリカのような方向性を採るならば、私たちは暴力的に従属させるポルノグラフィを政治的言論とみなすべきかどうか、もしそうでないのなら、どんな水準の保護がポルノグラフィに与えられるべきなのかを考察する必要がある。マッキノン＝ドゥオーキンの分析を前提とすれば、ポルノグラフィは、ユダヤ人差別の言論や人種主義的言論を分類するのと同じ仕方で分類すべきである。確かに、これは妥当な考え方ではあるが、彼女たちとは異なる見解もやはり考察しておかなければならないだろう。したがって、問いはこうなる。ポルノグラフィは政治的言論とみなしてよいのか、もしそうでないなら、どのような水準の保護がなされるべきなのか。

何人かのアメリカのフェミニストたちは、従属や屈辱といった観点を根拠にして、ポルノグラフィの徹底的な検閲を擁護するのだが、マッキノンとドゥオーキンは検閲を支持していない。この点は、何度も何度も繰り返して強調する必要がある（なぜなら、彼女たちの主張は、検閲を支持するものだとの誤解を受けているからである）。マッキノンとドゥオーキンが支持しているのは、もし男性によって危害を受けた女性が、危害の決定的な原因はポルノグラフィだと証明できる場合には、その女性個人に、市民の権利として訴訟の理由が与えられるという条例である。[*31] ここでは、二種類の原告が想定されている。一つは、ポルノグラフィを作っている時の虐待に苦しんでいる女優やモデルたちであり、もう一つはポルノグラフィによって興奮した男性、あるいはポルノグラフィに描かれたシナリオを模倣する男性によって虐待を受けている女性である。もちろん、すでにこうした女性たちには、ポルノグラフィの悪用者たちを刑事事件として告訴できる権利が与えられているのだが、さらにマッキノン＝ドゥオーキンが起草した条例［ミネアポリス市の公民権条例の改正案］には、女性たちにポルノグラフィ作品の製作者や販売者を訴える権利、加えて発行の差し止め命令を出す権利が盛り込まれている。この差し止め命令は、ポルノグラフィ作品の抑制という結果をもたらすものである。ここに、確かに検閲に似たものが登場しはする。しかしながら、彼女たちの考えがまずもって示しているのは、ポルノグラフィは、危険な危害を引き起こす産物であるという見解である。原告は、必ず危害の証明をしなければならない。だから、彼女たちの主張は検閲とは異なるものである。こうした条例は、男性によって虐待を受けた女性が、虐待の決定的要因としてアルコールが関与していることを証明できるなら、酒造者や酒の販売者を相手取って損害賠償訴訟を起こすことができた禁酒法以前のかなり昔の法律をモデルにしているが、危険な商品とされるタバコや、銃器の製造販売者を相手取る損害賠償があるように、ごく最近の法律とも密接な類似点を持つ。マッキノンとドゥオーキンは、関連性のある危害が、ポルノグラフィから生じているとみなしてもよいような多くの事例があることを十分に論証している。[*32] ポルノグラフィと危害との因果的な結びつきに対して、批評家は理不尽な水準の証拠を要求してはならない。というのも、危害に関与するような危険な物を持っている時、一般的に言って、私たちは必要性の説明もしくは十分性の説明を求めないからである。[*33]

ただし、依然としてこの条例が実際に効果的な条例なのか、あるいは賢明な条例なのかと論じることはできる。はたして、裁判所はこの条例を十分に解釈するだろうか。あるいは、裁判所はレズビアンやゲイの作品のように、評判の良くない作品を出版禁止に追い込むことにこの条例を使用するだろうか。マッキノンとドゥオーキンのポルノグラフィについての考察は、あまりに射程が広いので、結局不適切な表現物一般の規制へと拡張するようになるのだろうか。[*34] もし作品の製造、販売者が作品内容の模倣に対しての責任を負うならば、この条例は、殺人や自殺を描写する作家は模倣殺人や後追い自殺（もちろんゲーテやドストエフスキーのような著名な作家に熱狂して行われたもの）に対しても法的責任を負うということを言っていることになるのではないだろうか。マッキノンとドゥオーキンは、条例をめぐるこうした問題点に気づいており、それぞれに妥当な回答を与えているが、この回答をここで逐一評価するつもりはない。しかしながら、この条例をめぐる問題に表れているように、条例の詳細に関して誤解する人がいたり、また条例の一般的な見解に関しても異議を唱える人がいたりするという可能性はある。とはいえ、この条例は、性に関する（そして女性に関する）道徳的な議論や政治的な議論の論題を、内在的嫌悪感という問題から、平等性、服従、そして関連して起こる危害や損害という問題へときわめて有益な仕方で新たに方向づけている。

今度は、急進的な嫌悪感擁護の立場に耳を傾けてみなければならない。ダン・M・カハンの立場から見れば、嫌悪感は、このように改訂されたフェミニズムのプログラムにおいてさえ価値のある役割を果たすとされるだろう。問題となっているポルノグラフィ作品が、フェミニストに対して明らかに攻撃的であり、女性の平等性を猛烈に攻撃している事例を考えてみよう。こうした攻撃は、私たちが第2章で確認したように、より豊かな道徳的意味において「嫌悪を催させるもの」と呼ばれるだろう。カハンは、このより豊かな道徳的嫌悪感が発展的で、生産的であると考えるだろう。しかしこうした場合でさえ、私は嫌悪感という感情は一般的に混乱しており、重大な道徳的問題から逸れていると主張する。これに関して、私たちが取り上げるのは、一九八四年、アンドレア・ドゥオーキンを名誉棄損にあたるやり方で描き、出版した件で訴えられた雑誌『ハスラー』の訴訟（*Dworkin v. Hustler Magazine*）である。『ハスラー』誌はいったい何をしたのか。次の記述を見てみよう。

二月の目玉記事はキャプション付きの漫画である。原告の申し立て状の記述によると、レズビアン行為に耽り、オーラルセックスをしている二人の女性が描かれ、キャプションには「エドナ、あなたはとってもアンドレア・ドゥオーキンに似ているね。この世は弱肉強食の世界ね」と書かれていた。三月の特集記事は一〇頁の写真の記事で、女性たちがレズビアン行為や自慰行為を行っている記事がメインである。何枚かの写真は暴力的な恰好をし、血糊をつけた明らかにやらせのシーンを描写している。おそらくはユダヤ人である男性が写った写真には、次のようなキャプションが付いている。「私がこの白人女性にイディッシュの悦びを教えている間に、アンドレア・ドゥオーキンのファン・クラブは本当に胸糞悪いことを始めている。いまから、聖なるマツァ（ユダヤ教の行事、過越の祭りで食される種なしパン）を断念する支度をしようじゃないか」。一二月の特集記事は、この雑誌の「懐かしのポルノ」という頁に含まれている。そこには、男性が自慰行為をする一方で、非常に太った女性にオーラルセックスをしている姿があり、見出しの一部は次のように記載されている。「私たちはちっとも信じていないのだが、編集者の一人は次のように断言している。『恍惚に苦しんでいる〔原文のまま〕この女性は、急進的フェミニスト、アンドレア・ドゥオーキンの母だ』[*35]。

この事件の中核とされる法律上の問題は、名誉棄損や中傷を罰する法律における公人という概念の定義、および事実の陳述と意見の特権的な記述との区別である。しかし、この問題についてはここではコメントしない。むしろ私が興味を持っているのは、裁判所が行ったわいせつについての考察のなかにある副次的な論考である。まず、この事件に関する裁判所の結論を先に見ておこう。裁判所は、『ハスラー』誌は政治的言論を含んでおり、ミラー・テストにおいてわいせつという結果が出なかったと結論した。「なぜなら、特集記事は、公共的な関心事についての意見を述べているからであり、『重要な文学的、芸術的、政治的、あるいは科学的価値』がない、というわけではないからである」。だから、『ハスラー』誌の記事はわいせつではない。再度繰り返しておけば、私は自分の論述の目的のために、この裁判の一面しか取り上げない。私が取り上げるのは、『ハスラー』誌の記事が、本当に政治的価値を持っているのかどうかという点である。

私にとって興味深いのは、この裁判の結論に至る過程でのホール判事の態度である。判事は、ドゥオーキンを攻撃している記事を説明する直前に、『ハスラー』に対して、そしてまた雑誌一般に対して、自分自身が催している嫌悪感を表すのが重要だとどうやら感じたらしい。実際、判事は次のように述べている。「『ハスラー』はポルノグラフィの雑誌である。内容の多くは、私たちが近年『嫌悪を催させるような不快な辱め』と言い表したものからなっている」。〔ミラー・テストの二つの基準を踏まえたうえで〕この発言に着目すれば、ドゥオーキンを攻撃する記事は「不快な」ものなのだから、政治的言論を含まないわいせつな表現物となる可能性がある。しかしより重要なのは、判事が表明している嫌悪感が、本当はいったいどんなものについての嫌悪感なのか、そしてそれはこの裁判の重大な論題に関わっていることなのかということである。

一つの解釈として――私たちはこれをカハンの解釈と呼ぼうと思う――判事が『ハスラー』に対して、またドゥオーキンの記事に対して感じている嫌悪感は、厳しく、妥協のない道徳的感情だというものである。たとえ他の議論が、またこの裁判さえもが、この道徳的感情は決定的な役割を果たすものではないと結論したとしても、表現についての合法的な取り締まりに深く関係しているものとして、この感情は敬意を払われるべきものである。カハンの理論全体から見た時、そこから引き出されるのはこうした見解であると私は思っている。しかしながら、やはり嫌悪感は疑わしい。なぜなら、この裁判の道徳的に重要な議題は、嫌悪感というよりも、危害や屈辱、そして従属という問題に思えるからである。ドゥオーキンは、屈辱や支配に関する男性的夢想を叶えるおもちゃとして扱われている。ドゥオーキンのフェミニスト的観点からの男性批判に対する報復として、『ハスラー』誌は嫌悪するもの、軽蔑に値するものとして彼女を描写して楽しんでいる。ドゥオーキンが主張していることは、この描写によって彼女が危害を受けているということである。こうした危害に対する妥当な応答は、激しい怒り、憤りであって、嫌悪ではない。私たちは、従属や不公平に直面した時、嫌悪感から嘔吐するのではなく、腹を立てる。どのような場合でも、嫌悪感とは対象が汚れているので離れようという考えを表すものであって、危害が生じたということを十分に表現することはない。だから、手短に言えば、ここでは嫌悪感は適切な感情とは言えない。嫌悪感は被害者が訴え、証拠が裏づけている危害に対する適切な応答ではない。

汚濁の問題が完全に見当違いであることに加えて、別の問題もある。それは、嫌悪感が本当はいったい何についての嫌悪感なのか、そもそも嫌悪感とはどんな感情が表現されたものなのかという問題である。ホール判事が嫌悪を催させると思ったものは、かの描写に対する肉体的な気持ち悪さである――描かれていた男性の行動に対する気持ち悪さ、またこれは考えざるをえないことなのだが、かように掲載されたアンドレア・ドゥオーキンの母親の画像に対する気持ちの悪さである。要するに、『ハスラー』誌は嫌悪を催させるものなのである。なぜなら、その雑誌は肥満に対する嫌悪を誘うように、肥満した人がセックスしている姿を私たちに見せつけるからである。嫌悪感は、『ハスラー』誌に対する拒絶ではなく、その雑誌が誘っているもの、強化しているものに反応して生じている。アンドレア・ドゥオーキンの母親の肉体に関して感じる男性の嫌悪感は、肥満体として表現されている。記事の全体的な目的は、女性憎悪という非常に伝統的な枠組みを使って、アンドレア・ドゥオーキンの母親の肉体（ひいてはドゥオーキン自身の肉体）は不快なものだとほのめかしながら、フェミニストとフェミニズムに恥をかかせることにある。したがって判事が「嫌悪感」と言う時、判事は少なくとも、部分的には、雑誌の計画と共謀してしまっていることになる。判事が、雑誌『プレイボーイ』[2]のほっそりとしたモデルに対しても同様に「嫌悪感」という語を使うとは思えない。加えて、判事が雑誌を遠ざける時、『ハスラー』誌に描かれた下層階級の男性たちに対する階級意識に基づいた蔑視も同時に表れている。判事は、彼らの外見や行動を嫌悪するものとみなしている。このことも雑誌の目論見と共謀してしまっている。なぜなら、『ハスラー』誌は、『プレイボーイ』誌のような高級志向のポルノ雑誌読者たちに蔑視されたり、不快と感じられたりするような「平凡な連中」を購買層としているセックス雑誌だと、プライドを持って、自認しているからである。いずれの場合にせよ、判事の嫌悪感は、この裁判で現に起こっていること、そして道徳に関係している感情を記録していない。最悪の場合、判事は、『ハスラー』誌が目論んだドゥオーキンの屈辱に加担してしまっている。良くてせいぜい、判事は、自分の前に置かれた法律的な問題にとってまったく関係のない下層階級の男性たちにいくつかの軽蔑的なコメントをしている。

要するに、〔私が主張したいのは〕たとえ私たちが重んじている価値を嫌悪感が支えているように見える場合でも、嫌悪感は綿密に分析されなければならないということである。嫌悪感を汚濁や汚染へと結びつけるのは不十分である。また、嫌悪感は、女性蔑視的なわいせつさを含んだ表現物に、典型的なかたちで現れている危害という重要な問題には無関係に思える。嫌悪感と伝統的な女性憎悪という概念の強い結びつきによって、〔おそらくは〕フェミニストの意見を表す方法はつかみどころのないものになり、また〔判事の嫌悪感の表明が、女性憎悪・肉体憎悪という伝統の再生産と、階級意識に基づいた蔑視をも表してしまうのと同じように〕両刃《もろは》の剣となってしまうだろう。

嫌悪感は依然としてポルノグラフィについての英米の分析にとって重要なのだが、きわめて興味深いのは、私が支持しているものに非常に近いアプローチをドイツが最近導入したということである。それは尊厳や従属、そして物象化に焦点を絞ったアプローチである。最初は、「道徳性に対する攻撃」と呼ばれていた関連する刑法の項は、いまや「性的自律性に対する攻撃」と呼ばれている。これに対応するように、分析の中心は、共同体の道徳性に対する攻撃から、個人の尊厳に対する攻撃の吟味へと移行した。[*36] 主眼点の転換から多くの興味深い帰結が導かれるが、とりわけレイプや売春、そして幼児虐待などの犯罪分野に影響を与えた。たとえば、それまで大人たちの間でのポルノグラフィの販売は合法化されていたのだが、一九七三年に子どもたちへのポルノグラフィの販売制限と、ポルノグラフィへの子どもの出演制限を目的として改正された（たとえば、ドイツにはインターネットでの幼児ポルノの販売を取り締まる厳しい法律がある）。

ポルノグラフィ作品に対する規制だけではない。ドイツの法律は、ポルノグラフィにおいて成人女性が物象化されていることを憂慮し、問題にしている。この論題は、刑法が対象とする領域に入らないのだが、ドイツ連邦行政裁判所は、一九八一年にきわめて興味深い判決を下した。それは、女性の裸を覗き見するショーを行うクラブの営業を認めない機関を支持する判決であった。[*37] 裁判所は、ドイツ連邦共和国基本法の第一条第一項で保障されている人間の尊厳に重点を置き、覗き見ショーはそのステージを演じる女優の尊厳を傷つけたとした。[*38] とりわけ注目に値するのは、裁判所が伝統的なストリップショーと覗き見ショーとを区分した点である。裁判所によると、ストリップショーは性的表現の長い伝統を持っており、ストリップを演じる女性は動き回り、観客を見据え、集団全体と関わりあうことができ、さまざまに異なる視点から見られるが、こうしたことはある意味で人間らしいいきいきとした活動を維持している。女優の尊厳は「お手を触れない」というかたちで守られている。[*39] これとは対照的に、覗き見ショーでは女優は事物に変えられ、単独の買い手にとっての単なる商品と化している。裁判所は、女性とボックス席の観客の双方が孤立しているという点を指摘しながら、女性がいきいきとした表現者から単なる「性的欲望を呼び覚まし、満たす物」

へと変えられていると結論している。このようにして女優の尊厳は傷つけられている。裁判所は、女性がショーへの出演に関して同意しているという弁護側の見解を退けた。それによれば、尊厳は主観的事柄なのではなく客観的事柄であって、任意に無視できるものではない[*40]。

私はこの判決をすべての点において擁護したいのではない。とりわけ、裁判所がストリップショーと覗き見ショーとの間に設けた区別はあまりに性急すぎると思うし、リベラルな社会は、無意識のうちに名誉を傷つける活動を選ぶ自由をどの程度まで認めるべきなのかという点について納得のいくような考察をしていないと思う。私は、ショーの女優の意思決定が——人間の尊厳を傷つける選択であろうとなかろうと——法的処罰から保護されていると考えたいと思う（けれども、刑罰について話しているのではなくて、単にライセンスの許可について話している際に、私はミル流の主張が重要性を持っているかどうかわからない）[*41]。ただし、ドイツの裁判所は基本的に適切な分析を行っている。なぜなら、裁判所は人間の尊厳、物象化、従属といった道徳的に重要な問題を見出したからである。嫌悪感は、この件には関係がないものとみなされている。

ポルノグラフィは、すべての市民の平等性と結びついているどんなリベラルな社会にとっても重要な問題を提起する。この問題とは、平等性、従属、屈辱という問題である。また同様に、市民の道徳的観点や宗教的観点の内容次第では、市民個人および集団にとって重要な個人の道徳性についての問題をも提起している。道徳的観点から本や映画の内容に異議を唱える市民は、赤裸々な性表現を理由とするにせよ、宗教的・政治的教義を理由とするにせよ、当の表現物を敬遠することによって、また表現物を公共の場や影響を受けやすい若者の面前には絶対に置かないよう努力することによって、平等性や従属、屈辱といった問題に取り組む。こうしたことが意味しているのは、多元的民主主義国家は、道徳的見解の相違——ジョイスやロレンスの小説が提起したような見解の相違——に取り組まなければならないということだと思われる。しかし、従属の問題は異なる。なぜなら、この問題は、多元的社会の核に存する価値に関わっているからである。この価値は、社会の基本原則が基づく政治的合意の一部である。たとえば、反ユダヤ人主義的言動に関するドイツの取り組みのように、いくつかの国家は問題となっている言動の全面禁止によって、この見解の相違に対応している。アメリカは、政治的に悪質な言動を守るという別の方向に進んだ。マッキノンとドゥオーキンのアプローチはこの方向に直接異議を唱えているわけではない。なぜならそのアプローチは原則ではなく、むしろ問題となっている言動によって害を被った原告に対し救済手段を見出す試みだからである。この救済策が、策として十分効果的なものなのか、理論として賢明なものなのかと考えるならば、私たちは今日の進化したリベラリズムによって議論され、実行に移された十分な民事的救済であることを認めなければならない〔3〕。

暴力的な性差別的ポルノグラフィによって提起されるジレンマに対して、私たちがどのような法的対応を取るにせよ、ポルノグラフィが投げかける問題は、あからさまな性表現だけの問題でもないし、嫌悪を催すとされる性的刺激だけの問題でもないということを理解しなければならない。実のところ、嫌悪感はこうした問題とは無関係なのではないかと思う。同じ国に住む市民の平等性が侵害された場合、適切な対応とは怒りであって、嫌悪感を抱くことではない。カハンの急進的な嫌悪感擁護の議論は、この怒りはあまりに脆弱だから、嫌悪感という感情を欠いては持続しないと指摘しているように思われる*42。カハンの考え方に魅力を感じる者は、嫌悪感の両義性と、害を被った際に生じる怒りをまさに強化するその傾向について、より真剣に考えなければならないと私は思う。

第4節　嫌悪感は不法行為の根拠となるか——ソドミー、屍姦の場合

ところで、そもそもカハンとデヴリンの見解は正しいのだろうか。言い換えれば、ある特定の行為に対する「常識人」の嫌悪感は、その行為を不法行為と決定する際の十分な理由となるのだろうか。一見したところ、汚濁という考え方を含む嫌悪感というものは、特定の食べ物や動物を嫌悪しているから敬遠するのとまったく同じように、嫌悪の

対象となっている行為や人物を拒絶するのに十分な根拠を与えるように見える。その一方で、特定の食べ物や動物への嫌悪感が、その食べ物を禁止する理由や、動物を殺したり隔離したりする理由として十分ではないのと同様に、嫌悪感が当該の行為や人物に対して法的措置を取るための明確な理由とはなりえないようにも思えるのである。

デヴリンは、自分が論じている嫌悪感とは「常識人」の嫌悪感、つまり平均的で、規範的という意味での普通の人間が持つ強い嫌悪感であるとしている。つまり、社会の生産的な成員として日々働き生活している人間が持つ、強い嫌悪感である（要するに「クラパムの乗合馬車に乗り合わせた人」の嫌悪感である）。デヴリンは、こうした人間の強い嫌悪感が、合法的規則に対する十分な理由を与えると主張する。なぜなら、こうした嫌悪感は、社会秩序を壊す行為を指し示すことができるからである。嫌悪感は個人の生活を穢すだけではなく、むしろこの個人が象徴となることで、共同体全体を汚濁する。嫌悪感は、共同体の存続を求める際に、私たちが排除すべき対象を示すというわけである。

すでに論じたように、共同体が、嫌悪感をもたらす行為によってどのように脅かされているかを述べるのは簡単なことではない。デヴリンは「常識人」が不快だと感じるものと、社会の非生産的な成員、つまり極端な「放蕩人」との深い関連性を強く主張した。しかし、この結びつきは論証されているわけではないし、証拠を公正に扱っているようにも思えない。ユダヤ人や女性、そして異人種間で結婚した人たちや同性愛者などはみな、これまでも市民であったし、完全に責任を負った市民である。にもかかわらず、そうした人たちは邪悪な人や欲張りな人、そして自己中心的な人たちよりも、もっと頻繁に嫌悪の対象とされてきた。邪悪な人や欲張りな人、そして自己中心的な人たちの方が、おそらくはリベラルな社会の秩序に対してより深刻な打撃を与えるにもかかわらず、ユダヤ人や女性、そして異人種間で結婚した人たちや同性愛者は嫌悪の対象として扱われてきたのである。

カスの主張を批判するのはさらに困難である。なぜなら、彼はデヴリンのように誰の嫌悪感を考慮するのか、なぜ嫌悪感を取り上げるのかを説明していないからである。カスにとって、嫌悪感とは「人間の本性」と結びついた道徳的規範が侵害されていることの表れである。しかし、こうした嫌悪感は、いったいどのような条件下で表れるのだろうか。嫌悪感が、道徳的規範の侵害の証拠となる役割を果たすためには、嫌悪感はどのくらい広く浸透していなければならないのだろうか。確かに、異人種間結婚に対する嫌悪感は、さまざまなところで見受けられる。だから、この嫌悪感は、本性に備わっている道徳的規範に対する侵害が原因で生じていると解釈された。実際、異人種のカップルであるリチャード・ラヴィングとミルドレッド・ラヴィング事件（*Loving v. Virginia*）の第一審の判事は、まさに次のような規範に訴えることで、異人種間結婚を認めないヴァージニア州法を擁護した。すなわち、「全能の神は白人種、黒人種、黄色人種、マレー人そして赤色人種を創造し、そしてそれらを別々の大陸に置いた。神の配置の干渉がなければ、この結婚を責める理由はどこにもない。神が人種を分けたという事実は、神が種の混在を望んでいなかったということを示している」。[*43] こうした考え方は、カスが認めている道徳的規範とはまったく縁がなさそうではある。しかし、カスは異人種間結婚禁止法の背後にある嫌悪感と、クローン作成、および同性愛に対して適用可能な法的基準とみなした嫌悪感とを区別するためのどんな方法も提示していないのである。

それゆえ、私たちにできることは、いまだに嫌悪感が、ある行為を不法行為と決定する際の第一基準となっている事例を詳しく研究することである。その際、異人種間結婚禁止法のような禁止に内在する論拠は信頼できるものなのかどうか、またデヴリン＝カスの立場を裏づけるように思われる例はどれほどあるかを検討する必要がある。

まずソドミーの法律を取り上げてみよう。アメリカの法律は、不倫、姦淫、同性愛行為など、合意に基づくさまざまな性行為を規制する多くの法律を持っている。[*44] ソドミーは行為の同性愛的性質によって定義される場合と、すべてのオーラルセックスや肛門セックスによって定義される場合がある。後者に関わる法律は、異性愛間のセックスにも同性愛間のセックスにも適用されるので、一見すると中立的である。しかしながら、ハードウィック事件（*Bowers v. Hardwick*）において、裁判所は、もともと訴訟に加わっていたある異性愛カップルを、州法の施行によって、どんな直接的損害も被らないので訴訟を起こす資格がないとみなした。[*45] だから、少なくともこうした法律のもっともらしい観点からすると、もともとの適用範囲とは別に、今日ではただ同性愛行為に対してのみ行使される可能性が高い。

二〇〇三年の六月二六日まで、この法律はかなりの州法に記載されており、少なくともいくつかの訴訟手続きでは主題とされていた。

この法律に反対する裁判は、比較的容易に起こる。同性愛行為に強く抗議する多くの人々でさえ、ソドミー禁止法に異を唱えている。なぜなら、めったに適用されず、加えてその適用が任意だからである。反対者によれば、その法律は、まさに警察がハラスメント行為に加担するよう促すものである。他の立場は、ミルに近い見解を採る。この立場に立つ人々は、道徳的観点からなされる不賛成は、私的な場面で、非強制的に、同意のうえでなされるそうした行為の禁止に根拠を与えるものではないと考える〔ミルの原則〔第1章参照〕において議論された他の二つの事例、すなわちヌードやセックスなどの問題に関しては第5章で論じる予定である。というのも、これらは嫌悪感というより恥の問題を提起するからである〕。

すでに述べたように、私はミルの原則を軽視する法律を問題とする時、その原理を前提としたうえで議論を行うようなことはしない。だから、私は後者のような応答〔ミルの原則を採用するやり方〕だけで議論を終わらせるわけにはいかない。とはいえ、ソドミー禁止法の擁護者たちは、評判の悪い性行為〔姦淫や不倫など〕を民主主義的に禁止してきたこれまでのすべての法律をも擁護しているのか、もしそうでないなら、多元的な社会――言い換えればいくつかの集団や宗教が混在し、ある立場においては認められる行為が、他の立場では認められないというように見解が乱立する社会――において、いったい何を根拠にして同性愛的ソドミーの違法性を擁護しているのか、こうしたことを問題にするのは非常に公平であるように思う。多くのアメリカ人は、セックスにせよ宗教にせよ、この上なく重要な個人的行為につながっている領域の問題に関して、単なる過半数の感情に訴えて論じることには慎重である。だから、反対票をいくらか集めることができるという事実だけでは、〔個人的な行為につながる領域の問題を法律によって制限する場合には〕不十分に思えるだろう。私たちには本当に有害なもの、損害を与えるものについてのより強力な判断材料が必要である。

だから問題はこうなる。ソドミー禁止法の擁護者たちが、ソドミーの有害性について説得力のある見解を提示するためには、いったい何を言わなければならなかったのか。デヴリンは、戦争に勝てる強い国を作る必要性を根拠にする。しかしいまではもう、世界中の優れた軍隊において、ゲイやレズビアンがすばらしい兵士であることが知られている。他の人たちは、同性愛行為のなかに、危害に似た性質を発見しようとした。同性愛行為の制限が検討される時にはいつでも、この行為によって危害を被ったと証言する者が跡を絶たないというのを観察するのは興味深い。コロラド州の州憲法修正二の審議[*46]において、州は心理学的自傷行為〔自分自身を傷つけること。他人ではなく、自分で自分に危害を加えること〕、幼児虐待など、市の基本的構造を破壊すると主張されたさまざまな行為に関する証言を提出した――これらはすべて、とにもかくにも同性愛者を平等な法的保護のもとから排除する際に、国家は、どんな可能な「きわめて強い公の利益」を持つことができるかを示すために行われた。[*47] 同様に、リューインの裁判(*Baehr v. Lewin*)では、ゲイのカップルの結婚に反対するために、そのカップルが子どもに心理的な危害を加えたということを示すことで、きわめて強い州の利益を主張したのだが、これは失敗した。[*48] どちらの場合においても、提出された証拠は他の専門家たち――非常に評判が良くて信頼できると判事がみなした専門家たち――の十分な検証によって却下された。同性愛行為は危険だという主張は、痛ましいほどの弱点として表れ、問題は、結局、嫌悪感に帰着した。実際、裁判において、嫌悪感が、修正二に関する投票の成功の背後にあることが明らかになった。第2章で取り上げたように、擁護者たちは、ゲイは排泄物を食べ人間の血を飲む――このプロパガンダは、中世の反ユダヤ主義に酷似している――と書かれたパンフレットを回覧したことを不本意ながら、しかし宣誓したうえで認めた。[*49]

実際の危害についての証言をする時、同性愛行為を制限することに賛成する者たちはミルの原則の価値を認めていない。なぜなら、擁護者たちが通常危害とみなすもののなかには、一種の自己危害が含まれているからである。かくして、その議論は、ミル主義者たちの論点をうまく回避していない。しかし、パターナリズム〔個々人の利益が侵害されることから人々を保護すること〕と純然たる嫌悪感とは別の事柄である。修正二の擁護者たちは、自己危害――ミルにとって、この行為は適切ではないパターナリスティックな法的規制の根拠である——についての十分な証拠でさえ、説得力をもって提示することができないのは明らかであった。精神病理学の専門家は、ずっと以前から同性愛は精神疾患ではないし、他の何らかの自己危害を十分に証明するいかなる証拠もないことに賛同していた。[*50] この修正案の賛成者が実際に提示できるものは、ただ嫌悪感だけである。しかし、そうした人たちが嫌悪感に基づいて論立てしたがらないという事実は、嫌悪感という根拠では、法的規制を獲得するには弱いと自覚していることを暗に示唆している。法的規制を獲得するためには、「ある種の」深刻な危害を示すことが必要である。本当の動機が嫌悪感だとしても、人々には動機は別のものだと思わせるような企てを行わなければならない。

ここで、オスカー・ワイルドの三度めの裁判に戻ってみよう、なぜなら、ワイルドの裁判は、この企てを特に興味深い仕方で示しているからである。量刑を言い渡す際のウィルス判事の有名なスピーチは次のようなものである。

オスカー・ワイルド、アルフレッド・テイラー、あなたがたが有罪を宣告された事件は、非常に罪深いものです。この二つの恐るべき裁判の詳細を聞いてきた名誉ある男たちの胸に去来するに違いない心情を記述するためには、法廷ではあまり使いたくない言葉を用いるしかないので、私は自重しなければなりません。……こんなふうに、この裁判のなかにどんな偏見も介入させないように私が配慮しているという点をつかまえて、きっとこの判事は自分の良識と道徳のせいで裁判に乗り気ではないのだなと思った人たちに向けて言います。いままでの私の言動をこう理解してほしいのです。つまり、私の言動は、オスカー・ワイルドとアルフレッド・テイラーになされた告訴、その身の毛もよだつ内容に対する最大限の憤りと一致した言動なのです。

被告人、私にはあなたがたにかける言葉がありません。こういうことができる人間は恥というものをまったく知らないのです。あなたがたに更生を期待する人などいない。これは私がこれまで扱った事件のなかで最悪の事件です……。

当然、こうしたこと踏まえれば、法律が許すかぎりでの厳罰をあなたがたに科すことが期待されています。私の個人的な意見では、事件の重さと比べてみても全体的に不十分な刑ですが、本法廷は、被告人それぞれに、懲役二年の重労働刑服務を言い渡します。*51

ウィルス判事は、自分の本当の心情を表すには「あまり使いたくない言葉」を必要とするのだが、「名誉ある男」と同じ彼の良識がそれを阻んでいると主張している。このようにして、彼はこの感情が下品な言葉でしか適切に表現できないような、話し言葉で言えばある種の吐き気のような、暴力的な嫌悪感であると強く示唆している。*52 判事が被告を嫌悪の対象として扱っているのは、被告を堕落し穢れた人間であるとみなし、本当の人間として扱う必要がないと考えているからである（スピーチの最後に、ワイルドは叫んだ「閣下、私は何も申し上げることができないのでしょうか」。判事は、ワイルドを退廷させるために看守に合図を送っただけで、何も答えなかった）。しかしながら同時に、判事は裁判の公平性を「二人の被告になされた身の毛もよだつ告発に対する最大限の憤り」と結びつけたと主張し、公共的理由に訴えている。判事は、憤りの道徳的力を主張しようとしている。にもかかわらず、彼のスピーチは、憤りが、嫌悪感を隠す公共の仮面にすぎないことを強く示している。

いまや私たちが問題にすべきは、憤りがどんなものに基づけば説得力を持つのかということである。ワイルドは「重大なわいせつ行為」を理由に有罪判決を下された。*53 彼は、法律的に性交が承諾されている年齢に十分に達している、多くの労働者階級の男性たちとオーラルセックスを行っていた（最も若い男性で一八歳であり、多くは二〇代であった）。同時に、文学の世界や戯曲の世界での出世を目論んで、みなワイルドとの関係を求めた。彼はそうした男たちを伴って旅行したり、彼らに豪華な贈り物をしたりして気前よく扱った。*54 こうした行動は「私がこれまで扱った事件のなかで最悪の事件」ということをほとんど示すことができない行動なので、判事がどんな人とも共有できる憤りの理由を提示しようとした際、その行動のなかに不正を指摘するのは非常に難しかっただろう。嫌悪感は、憤りという遮蔽物の背後に隠れている。判決を導いたのは、危害を被った際の憤りではなく、明らかに嫌悪感である。

さらに、検察側は、同性愛行為に対する嫌悪感を、階級に基づく嫌悪感に強く結びつけていた。最も若い男性が下層階級出身だという点が、公判で争われている関係が不適切で不快なものであることの証拠としてたびたび指摘された。これを示すこんなやりとりがある。「パーカー兄弟のうち、一人はホテルの使用人であり、もう一人は厩務員であることを知っていましたか」と尋ねられ、ワイルドはこう述べた。「知りませんでしたが、もし知っていたとしてもあまり気に留めなかったはずです。私は彼らが好きでしたから、彼らがどんな者でもいっさい気にしませんでした。私には、このグループを教化するという熱意があります」。このように、同性愛行為への嫌悪感は、ある種の反異人種間結婚に結びつけられた。つまり、上流階級と下層階級はセックスすべきではないということである。

要するに、ワイルドとテイラーに対する判決によって示された感情の背後にあるのは、他人に対する危害でもないし、また自己危害といういかなるパターナリズムの概念でさえない。そこで本当に言われていることとは、「二匹のぬるぬるとしたナメクジがいる。そんなものは、私たちの服のなかに入り込む前に踏み潰して当然だ」ということである。

ソドミー禁止法、つまり嫌悪感に基づいて法を立てるという伝統的な見解は、厳密な吟味に持ちこたえることができない。例によって、こうした法律の賛成者でさえ、嫌悪感は法律を維持するための土台としてはあまりに脆弱であると感じており、他のより説得力のある根拠、すなわち危害に基づく根拠の導入を模索している。しかしながら、こうした破綻とむき出しの嫌悪感が露呈された時、その感情はきわめて気まぐれなものであるように思われる。嫌悪感という感情は、より公共的に敬意を払うことができる何かというより、むしろジェンダーや階級などに関する迷信と結びついた感情である。嫌悪感に働きかけることは、まさに「私はそれが好きじゃない」と言っているようなものであり、ただ躍起になって床を踏み鳴らすようなものである。いかなる理由も、こうした法律についての論争を公共的な信念の一部にすることはない。

ロレンス事件（*Laurence v. Texas*）において、最高裁が下した最近の画期的な判決は、こうした点をすばらしく明晰に認めている。バウワーズ C. A. Bowers の歴史的・近代的社会分析を批評しながら、裁判所はこうした成人男女の合意に基づく私的な性的関係は「犯罪として処罰されることのない個人の選択の自由に含まれる」と論じた。それゆえ、国は「人に害をなさず、法が守っている制度の悪用ではない」ものを規制する必要がない。しかし、この裁判では、未成年者や強制の問題、そして「簡単には同意を拒否できない」関係さえも取り扱われていない。欧州人権裁判所における決定と、それに基づく欧州諸国の裁判を参考にしてみると、裁判所は「人間の自由の不可欠な部分」として、かような合意に基づく性的関係を結ぶ権利を認める新しい共通認識があると定めている。だから、アメリカには性的関係を規制しなければならないとりわけ強く差し迫った状況があるのだ、という見解を支持するいかなる理由も与えられない。

特に重要なことは、おのおのの仕方で私的に性的活動を行う自由と、尊厳の問題との結びつきについての裁判所の認識である。裁判所は、ソドミー禁止法が強制的であろうとなかろうと、労働者や子どもの保護、そして他の広範囲に及ぶ社会的問題に影響があることを理解している。おのおので選択される性行為の形式を刑事罰の対象とすることは、そうした行為をしている人々に「屈辱を与える」ことになる。「原告たちは、私的な生活を重んじる権利が与えられている。国は、私的な性的関係を犯罪とすることによって、そうした存在に屈辱を与えることはできないし、その運命を支配することはできない」。

裁判所は、ジョン・ロールズの政治的リベラリズムに緊密に沿うことで、道徳性と法律との関係を理解している。この政治的リベラリズムは、これまで私が自分の主張のいたるところで擁護してきた考え方である。同性愛に対する宗教的な激しい糾弾を再認識することは、多くの市民にとって「瑣末な関心ではなく、市民が志向し、それゆえ自身の生活の方向性を決定するための倫理的・道徳的な原理として容認された根本的で深い信念」を理解することである。だから裁判所は（ロールズの言い方を借りれば）「善の包括的構想 comprehensive conceptions of the good」と、多元的社会のなかでの法にとって許容される土台でありうるような政治的諸原理とを区別したのである。「問題は、大多数の人たちが、社会全体に対する己の見解を強化するために、刑法の運用を根拠にして、国の権力を使用してもよいかどうかということである。『私たちの責務は、すべての人の自由を規定することであって、私たち自身の道徳的規約を強要することではない』」。デヴリンのような観点とは対照的に、こうした見解は、人の尊厳と自由、社会多元論の認識、そしてこの多元論が刑法のために示す限界に敬意を払った二つの原理に基づいている。

いまやソドミー禁止法は、少なくともアメリカでは過去の産物である。しかしながら、いまだ、嫌悪感に訴えるという方法で規制されているいくつかの行為がある。したがって、私たちはさらにこうした問題を検討する必要がある。というのも、すべてのケースが、これまで考察してきたものと同じくらい脆弱ではないからである。とりわけ、明らかに危害を引き起こさない一つの性的行為がある。この性的行為とは、ミルの分類では確かに危害ではないのだが、ただ、あまりに不快で恐ろしいので、たとえその行為に異議を唱えるための私たちの手持ちの手段が嫌悪感だけしかなくても、多くの人々は直観的に違法だと感じてしまうような行為、すなわち屍姦である。ある判決によれば、屍姦とは「想像できるかぎりのあらゆる性行為のなかで、最も忌まわしく、下劣で、堕落した性行為」である。[*55]

最初の問題は、屍姦を実際のところ違法とすべきかどうかである。屍姦に関する歴史的な法律は一様ではない。リチャード・ポズナー Richard Posner とキャサリン・シルボー Katharine Silbaugh のセックスに関する法律一覧によれば、一九九六年の時点で、三六州が屍姦を処罰する法律をまったく持っておらず、こうした法の多くは近年制定されたものである。[*56] 多くの州には、死者の冒瀆を罰する法はあるのだが、性的な冒瀆に関しては、特に嫌悪感という観点を通して非常に厳しく罰せられるということは通常ない。実際、死者の冒瀆に関するいくつかの法律は、屍姦をまったく対象としていない。カリフォルニア州法は「故意の損壊」という語を使用しているが、この言葉が、性交の最中に死体に与えられた損壊に適用されるのかどうか明確ではない。[*57] その一方で、レイプに関する法律は、被告がレイプの最中に被害者を生きていると誤認した場合を除いては、通常は生きている犠牲者に適用されると解釈されている。そもそも、屍姦することを目的として殺人がなされる重罪謀殺罪が告発された場合でも、被告に有罪判決が下されるのはレイプではなく、予謀されたレイプに関してのみであると標準的には考えられている。[*58] 加害者が、犠牲者の死に関与していない屍姦に対しては、多くの司法において法律的に罰する準備がなされていない。こうした状況は、時に、屍姦とは被害者なき犯罪であることを根拠に擁護されるのである。[*59]

ここに、カハンの見解は関与してくるだろう。確かに、私は嫌悪感を法律と関連させることに異議を唱えているので、この私の立場からすると、屍姦はまったく犯罪ではないという帰結が導かれることになる。しかしながら、同時に、私たちの直観は、確実に何か別のもの〔やはり屍姦は違法ではないかという懸念〕を知らせている。そうすると、屍姦は、嫌悪感を不法行為の決定要因とすることの一例となるのだろうか。

この問題に答えるためには、死体損壊についてのより一般的な問題を検討しなければならない。私たちは、死体損壊を重大な不法行為とみなすが、それは主に、この行為が故人の遺族に危害を与えていると考えるからである。通常、死体は遺族の所有物である。したがって、死体は感情的あるいは宗教的に貴重な遺物のように、とりわけ重要で個人的な所有物なのである。どんなタイプのものにせよ、死体の切断は凶悪な行為であるが、とりわけ性的目的を持った切断は遺族に苦痛を与えるだろう。なぜなら、人情味に欠け無関心で、あまつさえ無慈悲で残虐な人がそうした行為を行ったという印象を与えるからである。故人に親族や友人がいない場合でも同様である。屍姦は、故人の生前の人生に対する侮辱であり、また宗教的あるいは個人的な意味に対する暴力とみなされるだろう。なぜなら、国は死体を死者の所有物とすることで、死者を冒瀆から守ることを保証しているからである。

このように考えると、私たちは死体と人間に関する形而上学的な問題に立脚しなくてもよい。つまり、問題の行為によって不快感が生じている宗教的信念や、他の深く浸透している倫理的・感情的信念で十分であり、また抗議する権利も、死体は遺族あるいは死者自身の所有物であるということによって保証されている。[*60] この意味で、死体の切断を罰する法律は、教会や宗教的遺物に対する冒瀆を罰する法律と緊密に関係している。教会や宗教的遺物に対する冒瀆は、単なる所有物に対する犯罪のみならず、とりわけ重大な種類の所有物に対する犯罪である。なぜならそうした冒瀆は、社会が保護することに同意している宗教的意味の軽視を表しているからである。たとえ、屍姦がこうした宗教的意味を持っていなかったとしても、ことのほか遺族たちの中核にある感情的な意味は持っている可能性がある。屍姦が、多くの人々にとって際立っておぞましく、常軌を逸しているのは、宗教的意味合いが色濃く反映されている対象を性的目的で使用することは、宗教的・感情的意味に対するいちじるしく、激しい冒瀆であると感じるのと同様である（たとえば宗教的聖域を性的に冒瀆する場合のように）。

さらに関連した問題は、同意の問題である。私たちの形而上学的、あるいは宗教的信念がどんなものであっても、私たちはいましがた亡くなった人の死体を見て、単なる物体となったとは思わず、通常はありし日の姿や振る舞いをそこに見る。それゆえ、私たちは眠っている人に対するものであっても、あるいは昏睡状態の人に対するものであっても、レイプを憎悪するのだが、それとまさに同じように、死体に対する性的暴行もまたゾッとするほど嫌うのである（こうした憎悪は、故人が性的関係を持っていなかった血縁者による暴行にも向けられるだろうし、また遺体の合法的な保管者による屍姦に対してさえ、その禁止の後押しとなるだろう）。ウィスコンシン州は、直接的にこの方針を採った。関連する法律には次のように記載されている。「性的暴行罪は、性的接触あるいは性的行為の際に、被害者が死んでいても、生きていてもすべて適用される*61」。

はたして、こうした考えは正しいだろうか。確かに、亡くなった人は死後のレイプで侮辱されているように見える。仮にこうした判断をしたとして、この判断は非常に難しい問題を引き起こす。その問題とは、ある人の死より後に起こる出来事が、その人に危害を与えていると言うことができるのは、いったいどの時点なのかという問題である*62。終末期における昏睡状態と、死んでいる状態との区別が確かに重要だとしても、死体のレイプは犯罪行為だ、とするのはあいまいである。間違いなく、こうした行為は、その実行者や実行者が持つ性的幻想に関する非常に不快な何かを表現している。しかし私は、この行為を犯罪行為とすべきかどうかという点があいまいに思えるのである。

では、ある人物が、遺体の合法的管理者であると同時に、配偶者のような故人の生前の性交渉の相手でもあるという特別な場合についてはどうだろうか。この場合、これまで考察してきた例とまったく同じような暴力は行われていないと意見が一致するかもしれない。しかし、同時に、私たちは結婚という関係が結ばれていても、レイプはレイプに変わりないと思うので、遺体との性行為は、実行者が配偶者であろうとレイプに似た行為であると考える。いずれにせよ、こうした行為は違法であるべきで、繰り返して言えば、問題となっている人に関してきわめて不愉快な何かを示している（ウィスコンシン州のレイプに関する法律は、とりわけはっきりと「被告は、被害者との婚姻関係を理由として、違法な性的暴行はなかったと述べることはできない」と示すことで、屍姦を禁止する法律と一致している）[*63]。

こうした考察は、屍姦の法的取り扱いに最も関連性のある考察だと私は思う。おそらく、この考察は、所有物の侵害が生じた場合に、何らかの刑罰を与えることを十分に正当化する。ここには、屍姦という侵害を、死体の冒瀆や墓荒らしなどよりやや深刻な侵害として定義する罰が含まれる。今度は、同意がない場合を考えてみよう。同意がないことはそれ自体厄介な問題である。しかし、同意がないということが、犯罪化を正当化するのに十分なのかは明らかではない。どんな場合でも、屍姦は、これまで嫌悪感を根拠にして禁止がなされてきた同意に基づくすべての性行為（たとえば、同意に基づく同性愛的なソドミー行為）とはまったく異なる。ソドミー禁止法が間違いであるのは、同意に基づいて性行為を行っている当人たちとは無関係の人たちが感じている嫌悪感を立法化しているからである。これに対して、屍姦に罰を与えることが正しいのは、遺体の処遇は、国であろうと個人であろうと、遺体を所有物として管理する者の完全に合法的な責務だからである。所有者として該当する個人がいない場合、あるいは所有者が同時に違反者の場合（配偶者が違反者のような場合）、法律的にどのように言ってよいのか私たちはとまどってしまうかもしれないが、やはり、確かに、この行為は道徳的におかしいと言うことができる。いずれにせよ、最終的に、屍姦は違法であると私たちは判断する。

以上のような分析を前提とすると——これまで述べてきたことと同じではあるが——嫌悪感それ自体は、いったいどんな行為が合法的なのかという問いに答える力を持っていないということになる。四つの現行法は、「常識人の感覚を逆なでするようなやり方で死体を不当に扱う」というデヴリンにも似た表現を用いることでそれをほのめかしている。[*64] しかし、これは不必要な考えであり、また検討しなければならない重大な問題からずれているように思える。これまでの私たちの考察には、遺族と個人の両方またはいずれか一方に対するあまりにひどい侮辱、所有物の侵害、レイプのような行為に関する問題が含まれている。ある宗教的聖域が侮辱される時、私たちが感じるものは激しい怒りである。宗教の保護は、社会を構成している私たちそれぞれに深く関わる価値だから、〔それが侵害されれば〕激しい怒りが生じる。同様に、誰かが愛した人の遺体を取り上げ、傷つける場合、私たちが感じるものも怒りである。なぜなら、死体損壊は特に深刻な種類の危害だからである。いずれにせよ、私たちはまた、死体損壊をレイプに似たものとみなすのである。故人の配偶者が遺体とセックスした場合、私たちは同情を感じるかもしれないが、しかしまたこの配偶者が、同意する存在がそこに生きた状態でいたかどうかほとんど気にかけていないという点には怒りを感じるだろう。私たちは、こうしたすべての事例に嫌悪を感じる可能性がある。しかし、私たちが論じようとしている法的規制がどんなものであれ、それに対して申し分なく説得力のある根拠は、嫌悪感ではなく怒りという私たちの反応にある。人に対する悪行という観点が、刑罰の合法性を説明する。これとは反対に、堕落したセックスによって私たちが穢されたという観点では、その合法性を説明することができない。実のところ、屍姦に対する嫌悪感という直接的な反応は、きわめて異なったように見える事例でさえ、すべて同じ事例として扱わせ、この問題をあいまいにする傾向がある。悪という側面に焦点をあてることは、嫌悪感に焦点を合わせることよりも、もっと妥当性と信頼性を持っている。それゆえ、屍姦のような非常に難しい領域においても、より良い指針を与えるように思われる。

第5節　嫌悪感と生活妨害禁止法

ここで私たちは、嫌悪感に依拠することが最も正攻法であるように見える領域、ある意味では正攻法そのものである領域、すなわち生活妨害禁止法に取りかかることができる。すでに述べたように、この法律は、実質的に嫌悪を催す経験から、すなわち所有物の使用や享受に対する妨害から身を守るための法律である。生活妨害禁止法において、嫌悪感は一種の危害として扱われる。一般原則は、本章のはじめに載せた二番めのエピグラフにある「他人のものに迷惑をかけたり、害を与えたりせずに自分のものを使いなさい」という一文が表している。嫌悪感は、法律的な禁止の根拠となる実質的な危害であって、どんな種類の行為が悪いのかを判定する基準ではない。こうした事例は単純に見えるので、これをより複雑な事例の考察の中心として扱うのは奇妙に見えるだろう。しかし、憶測や集団に対する中傷に基づいた嫌悪感についての研究は、生活妨害というカテゴリーにおいて、何が危害としての嫌悪感の本当に単純な事例か、道徳的にも法的にもより問題があるのは何か、を特定できると思う。

近代に起こった生活妨害に関するすべての裁判において、しばしば暗黙のうちに引用されている古典的な裁判がある。それは、アルドレッド事件（*Aldred's case* 一六一〇年のイギリスでの事件）である。この裁判では、誰も「不快な臭いや大きくて奇怪な騒音、もうもうたる煙、有毒な気体、耳障りな機械音、あるいは無数の蝿のせいで、隣接する土地の所有者を危険にしたり、その人にとって耐え難かったりする建物のみならず、その人を不愉快にする建物ですら自分の土地に堅持するいかなる権利」を持っていないという判決が下された。右に列記されているものは、すべて甲の所有地から、乙の所有地へと出されたものである。このなかには、識別できる物質（蝿や煙や気体）も、また想像的・概念的ではなく、現実の物質的音波や臭いも含まれている。だから、乙は甲が所有地のなかで何かしていると想像してイライラし、不快感を募らせているというわけではなく、実際にはっきりとした何かが甲によって乙に押しつけられているのである。さらに、嫌悪感が関係しているかぎり、このカテゴリーはしばしば実質的な危険（「有毒な気体」）と結びついているので、「二次対象」に向けられた嫌悪感が関わっている。

以降、この判決は重要な判例となった。この裁判に準ずる裁判の多くは、水利権に関係している。おそらく、先の裁判における隣人甲は、乙の土地を流れる水を汚していない。こうしたことから、実質的な危険は、生活妨害とみなすのに十分な根拠であるが、必ずしも必要ではないということになった。[*65] こういうわけで、居住地区に養豚場を建てることは、それが有害だとは証明できなくても生活妨害であり、また養豚場からの臭いが家畜の自然な臭いだったとしても生活妨害なのである。[*66] さらに、酪農場の傍に作られた豚を囲い込むための汚泥の沼は、その沼の水が原因で、畜牛が実際に病気にかかったと示すことはできなかったのだが、生活妨害であると判決された。[*67]

興味深いことに、生活妨害かどうかの境界線はかなり慎重に引かれている。魚の油を抽出し、搾りかすを廃棄物として出す工場は、たとえ「ひどい臭い」を放つ作業過程があったとしても、何らの生活妨害を行っていないとの判決が下された。しかし、工場が乾燥した魚の屑、リン酸塩、硫酸、そしてコールタールからリン酸肥料を製造し始めた場合、つまり「吐き気がしたり、病気になりそうなほどの悪臭と、不潔で不快な大量の刺激臭を伴うコールタール状の物質によって、原告やミルフォードに住む大半の人の生活を妨害するものを作り出した[*68]」場合は事情が変わる。面白いのは、原告側は強烈な魚の臭いに訴えを起こしたのだが、その臭いは生活妨害としては十分ではなかったという点である。有毒化学物質が混ざり合った臭気は、別の事柄だったのである。

さらに、伝統的には次のことが認められている。それは、もし不快な物質がこれまで水のなかにあり、いままでのところはその量はごくわずかであるが、そうした物質があるということを知った時に嫌悪感が引き起こされるならば、法的措置を取るのに十分な根拠となりうるということである。共通の援用はウッド Wood による生活妨害についてのテキストであり、次のように示されている。

空中権〔土地・建物の上空の所有権・利用権〕と同様、水利権に関しては、不純物を加えているということは必ずしも水に対する妨害ではない。つまり訴訟を基礎づけるにたるものではない。ただし、生活上の目的における水の価値を実質的に傷つける不純物を加えている場合、つまり水を家庭用としてほとんど適さないようにする場合、あるいは、体に害を与える気体の原因となったり、あるいは水から臭いが生じたりする場合、そしてその結果として、その近辺の所有地の快適性や利便性を損なう場合、あるいは何ら実質的で感知できる影響が水に与えられていなくても、それでも水のなかに動物の死骸が沈殿している、ないしは水際にトイレがあるというような感覚にとって不快な特徴がある場合、吐き気や嫌悪を催させるというように生活上の目的にとっての、あるいは製造業の目的にとっての価値を傷つけるような仕方で水を使用したりする場合に限っては起訴事実となる。*69

ここでようやく私たちは法的措置を取るために十分な三つの条件を見出すに至ったようだ。それは、危険、感覚障害、そして一次対象に向けられた嫌悪感という条件である。少なくとも、先例に従えば、最後の条件は、危険と感覚障害という条件から切り離すことができるだろう。この考え方が不可解であるのは、トイレや動物の死骸は実際に危険を作り、最終的には感覚に強い影響を与えるからである。しかしどうやらウッドは、また裁判所もこれに賛成しているのだが、たとえ死骸が危険を作り出していなかったとしても、やはりそうした死骸がそこにあるというわずかな思いが嫌悪感を生じさせるので、法的措置を取りうると考えている。同様に、水利権が関わる別の裁判でも「かなりの量の不純で、不快で、腐敗した物質、つまり人間の汚物やさまざまな排泄物が、湖の水のなかに日ごとに溜まってゆく」という事実は、たとえ「こうした堆積物が、水に多大な影響を与えるほどにはこれまで溜まっていなかったし、そして現在も影響はない」としても、生活妨害の成立に十分であるとみなされる。なぜなら、こうしたものがそこにあるという認識は「嫌悪を生じさせ、家庭で水を使用する際の妨げとなる」からである。*70

このように、生活妨害の範囲を広げることは、私たちがこの章のはじめで批判したタイプの嫌悪感、すなわち「単に推定的な」嫌悪感を認めることになるのではないだろうか。法的措置の根拠として裁判所が採用する嫌悪感が、次第に大量に溜まってゆくような何かを思った時の嫌悪感、強い感覚的嫌悪感を引き起こすような何かを思った時の嫌悪感だというのは非常に重要であると思う。加えて、現に嫌悪感が存在しているというのはただでさえ危険である。しかしながら、こうした裁判は、アフリカ系アメリカ人が湖で泳いだから湖が汚濁したと訴える場合——ほとんどは言わないまでも、多くの白人がかつてこうした意見を持っていた——とは非常に異なって見える。拡張が許される事例は、一次対象に完全に限定された範囲内の事例である。死体と排泄物は、一次対象に向けられた嫌悪感の範例である。したがって、この程度の拡張が「単に推定的な」生活妨害を認めるという方向への大きな理論的転換になるとは思われない。

しかし、確かに人間は、嫌悪を感じている集団の近くに住むことを好まない。アメリカ南部で実施されていたいわゆるジム・クロウ法の多くは、突きつめて言えば、アフリカ系アメリカ人とトイレや飲料水、あるいは公共設備を共有することを考えた際に催す嫌悪感や、人種主義的嫌悪感に付随する汚濁という呪術的思考に基づいた法律である。このように、汚濁しているとみなした集団を締め出すために、いつでも土地利用の規制や他の居住規制が用いられる。時おり、こうした汚濁という考えは、生活を妨害されるのではないかという懸念を装って現われる。クレバーン生活センター事件[*71]（*Cleburne v. Cleburne Living Center*）を考えてみよう（この裁判は第5章でより詳細に検討するつもりである）。「精神疾患者、知的障害者、アルコール中毒者、あるいは麻薬中毒者のための家」を建設する際には、許可を必要とするという都市用途地域規制法に従って、テキサス州クレバーン市は、知的発達障害者のためのグループホーム建設に許可を与えなかった（回復期にある患者のための家、高齢者向けの家、そしてサナトリウムの場合には許可は必要ない）。知的発達障害者は、典型的に恐怖と嫌悪の目で見られるのだが、こうした態度が建設拒否に反映しているように思われる。ただし、この区画は「かつて大洪水が起こった場所」だから、もし大洪水が起こったら、知的発達障害者は逃げることができないだろうというクレバーン側の主張はこのかぎりではない（洪水が起こった場所とその水量は、建設認可や災害保険など場面で重要なデータとなる）。法律が合法的基盤を持たないことが判明した稀なケースの一つとして、最高裁は建設拒否が平等保護条項の侵害に相当すると判断した。なぜなら、建設拒否は単に「不平等な差別」、「知的発達障害者に対する不合理な偏見」そして「あいまいで未分化な恐怖」に基づくものだったからである。

クレバーンの例は、住民法や都市用途地域規制法、そして生活妨害禁止法の領域に嫌悪感を拡張する場合の基準点を与える。不合理な偏見は、個人や集団の住居権利の剥奪や、平等性に基づく所有物の享受の拒否の根拠とはなりえない。生活妨害の伝統的なカテゴリーは、当然ながらきわめて小さく厳密なカテゴリーとして理解されており、主に感覚障害、健康への悪影響に焦点が絞られている。ただし、若干ながら苦手意識や危険性の両方と非常に近いやり方で、一次対象へ向けられる強力で理念的な嫌悪感を組み入れている場合がある。しかし、集団への偏見、あるいは呪術的思考に基づく嫌悪感を法的規則の根拠として、あるいは法的措置の理由として利用すること、さらには土地利用や居住地域を決める場合に使用することも、すべて徹底的に否定されなければならない。

あともう二つばかり例を挙げて考えたいと思う。この例は、生活妨害の境界線を興味深い方法で明らかにしてくれる。ミルが指摘したように、豚肉を食するのを禁止する宗教の信仰者は、しばしば豚肉に対してきわめて強く、そして非常に身体的な嫌悪感を起こす（ミルは例としてイスラーム教徒を挙げているが、この現象はユダヤ教徒の間でもまた見られることが知られている）。豚肉を食べている人を前にした時、そうした人たちの身体的経験は、排泄物や死体に対する嫌悪感と比較しても申し分ないほどに強いものであろう。そうすると、イスラーム教徒やユダヤ教徒の数がかなり多い共同体では、豚肉を食べることを禁止するのは正しいということになるのだろうか。あるいは、この章で考察した枠組みに従って、イスラーム教徒やユダヤ教徒に、その所有地に向かって豚肉を調理した時の臭いを漂わせる隣人に対する訴訟理由を与えることは正しいということになるのだろうか。

この問題は複雑である。というのも、問題となっている嫌悪感は、一次対象に向けられた嫌悪感と簡単に区別することができないからである。先に触れたように、食べ物は嫌悪感の一次対象のなかでも重要なものである。とはいえ、ミルは嫌悪感の起源は豚肉を食べてはならないとする宗教的禁忌にあり、ここから豚肉を食べることが悪いことになったと論じた。私は、異なった宗教的信念を持つ人々をそれぞれに尊重することは、宗教的教義に基づく感情を、異なる宗教的信念を持つ人たちに押しつけるのを未然に防ぐと思うので、次のように主張する。すなわち、豚肉に対する嫌悪感は、観念形成のうえで、宗教的帰属とは切り離せないし、不潔さや嫌な習慣について異なった見解を持つ別のグループへの投影と不可分である。もちろん、こうしたことに敏感なユダヤ教徒やイスラーム教徒の隣人に配慮して、隣人の所有地に豚肉の臭いが流れ出さないように気をつけることは大事ではあるが、宗教的に多元的な社会では訴訟原因のレベルが上がるわけではない。

今度は、肉を食べることに対する菜食主義者の嫌悪感を考察してみよう。イスラーム教徒やユダヤ教徒の場合との対比をより強調するために、次のような状況を仮定してみよう。すなわち、食品工場のなかの動物たちの多くがそうであるように、劣悪で不快な状況で育てられてきた動物の肉を菜食主義者の隣人が食べていると。ポイントとなるのは、私たちの社会では、菜食主義は宗教と同様の扱いを受けているという点である。別の言い方をすれば、菜食主義という考え方は、市民が持っていても公正であるような包括的教説 comprehensive doctrines の一つである。だから、隣人が焼いた子羊の肉に対する菜食主義者の嫌悪感は、隣人の焼いた豚肉に対するユダヤ教徒の嫌悪感と何ら違いのないものとして扱われることになる。しかしながら、二つの例は実のところ別のものである。菜食主義者の嫌悪感は、道徳的原理から生じている。動物に無用の苦しみを与える悪行、もっと言えば、動物たちが持つ権利の侵害に対する嫌悪感である。もしこの道徳的原理が社会のなかで一般的に認識されていたなら、それは基本的権利に関わるので、社会の政治的核をかたち作る種類のものであっただろう。この場合、菜食主義者の嫌悪感は、法律上尊重されるであろうし、そこでは劣悪な環境で動物を育てることに制限を設けたり、そのような状況で作られた食用肉の使用を非合法化するようなさまざまな法律が作られることになるだろう。しかしながら、こうした法は通常危害に基づく刑法であるし、また菜食主義者の嫌悪感それ自身は、法的に重要なものではないということに注意しなければならない。もし私たちが現在行われている方法を使って（論述の都合上、食肉生産のために現在とは異なるより良い方法が開発されるかどうかはひとまず置いておく）、食用のための動物を育てるのは認めないという意見にそもそも賛成するのなら、悪行は直接的に非合法的である。隣人は、自宅のオーブンのなかに焼いた子羊の肉を所持することなど断じてできないし、どのみち、いま使用しているような環境のなかで育てた子羊を焼くこともできない。

こうした対照的な二つの例は次のことを示唆している。つまり、いずれの場合も、個人の道徳的教義、あるいは宗教的教義に基づいた「推定的な」タイプの嫌悪感は、法律上、重要な要因ではないということである。一方は、政治的目的の基礎である教義の核として社会全般に認められているある種の道徳的教義であり、この場合、法律の制定を後押しするのは嫌悪感ではなく、承認である。他方は、市民が互いに許容できる範囲で一致しないようないくつかの教説のなかの一つとして位置づけられる。この場合、一人の市民が、別の市民の自由を制限するという目的のために嫌悪感を用いることは悪である。

第6節　嫌悪感と陪審員――「残忍で、非人間的な」殺人行為

いままで私たちは、同性愛行為という挑発を用いた抗弁について、わいせつ性について、ソドミー禁止法について、屍姦について、そして生活妨害禁止法について取り上げてきた。これで、違法性を論じる際に、嫌悪感を根拠に据えているという点で共通している事例のほとんどを考察したことになる。しかし、もう一つ重要なカテゴリーが残っている。それが「残忍で、非人間的な」殺人行為というカテゴリーである。そこで、最後にこの「残忍で、非人間的な」殺人行為と嫌悪感との関係を検討したいと思う。この問題は、特にカハンによって提案された嫌悪感支持に基づく進歩的な議論と、彼の分析の要に関わる問題である。殺人が「とりわけ憎むべき、非人道的な、あるいは残虐な」

仕方で行われた殺人であるかどうかを決定するために、陪審員が、裁判を通じて、嫌悪を催したかどうか尋ねられる場合がある。多くの州法が、死刑の適用の可能性と陪審員の嫌悪感とを関連づけている。[*72] 顕著な例は、ジョージア州法にある。ジョージア州法では、もし犯罪が「極端なまでに、あるいは理不尽なまでに下劣で残忍な、もしくは非人間的な」犯罪であるならば、死刑の判決を下すことが認められている。[*73]「嫌悪感」という語がはっきりと示されているわけではないが、この種の言い方は、加重事由を考慮する際に、陪審員が自分に生じた嫌悪感に耳を傾けるよう要請しているということが容易にわかる。ここでは、嫌悪感が、特に凶悪なクラスの殺人行為を識別する際に、中心的で、かつ価値ある役割を果たしていると考えられる。

まず、こうした嫌悪感の使用に関して最も重要な問題は——裁判所によって何度も指摘されたことだが——死刑判決のための必要条件の言い方が非常にあいまいであり、それゆえ死刑が「任意で一貫性のない仕方」で適用される可能性があるということである。こうしたことが問題となったのは、ジョージア州の言葉遣いに関係しているゴドフリー事件（*Godfrey v. Georgia*）である。裁判所は次のように記している。「このようなわずかな言葉のなかには、任意で一貫性のない仕方で、死刑判決を下すことに対して制限を与えるような確固したものが何もない。通常の感覚を持った人間は、ほとんどすべての謀殺を『極端なまでに、あるいは理不尽なまでに下劣で残忍な、もしくは非人間的な』ものとみなして当然である」[*74]。同様の見解が、オクラホマ州の事例にもある。そこでは全会一致法廷が「とりわけ憎むべき、非人道的、あるいは残虐な」という言葉は、陪審員に不十分な示唆を与えるものであり、したがって憲法に反してあいまいであるとみなした。憲法上はっきりしているのは「限定的な解釈」、あるいはこうした一連の解釈であり、これによって加重事由のより具体的な記述が陪審員に与えられる。具体的な加重事由の例としては、重罪に相当する行為の遂行中に行われた謀殺や拷問による謀殺が挙げられる。[*75]

こうした記述が与えられたとしても、まだ嫌悪感を重要な要因として残しておくことができる。しかしながら、嫌悪感は、拷問が行われたかどうかを見定めるためにはまったく必要ない。そして明らかに、こうした感情は、加重事由に関わると通常考えられている殺人のクラスをうまく見極めるものではない。重罪に相当する行為の遂行中に行われた多くの謀殺は、通常は嫌悪感を引き起こさないだろう。たとえば、銀行強盗の際に行われた行員の射殺は、当然ながら非常に凶悪であるが、嫌悪感が生じるのは稀である。他方で、多くの陪審員が、多少なりとも嫌悪感を催すいくつかの謀殺は、憲法上規定された加重の状況を含んでいない可能性がある。裁判所は、血なまぐさくむごい殺人の状況が詳細に描写されれば、そのすべてに対してではないにせよ、多くの陪審員が不快に思うだろうと正しくも認めている。血なまぐささとむごたらしさは、嫌悪感を引き起こす一般的な原因であるが、多くのとりわけ下劣な謀殺はこうした特徴がなく、こうした特徴を持った多くの謀殺は、どんな謀殺も下劣であるという意味においてのみ、下劣なのである。

このような歪みは、陪審員が何らかの理由で被告に反感を持った場合に大きな問題となる。例として、黒人男性の被告が白人女性に対して犯した罪を問われ、大部分が白人である陪審員の前に現われた時などが想定できる。このように、嫌悪感に訴えることは、法の平等保護条項に関わる深刻な問題を引き起こすだろうし、どのみち不平等で人種差別的な死刑の記録が明らかになることで、嫌悪感は問題視されることになるだろう。[*76] より一般的に言って、犯罪者の行為がもたらすゾッとするような醜悪さと忌々しさに訴えることは、陪審員に被告を完全なる「他者」〔陪審員が属する共同体にとって被告はよそ者だということ〕とみなすように求めることである。その結果、陪審員は、被告を自分たちから遠ざけることになる。嫌悪感に頼ることは、行き過ぎた処罰の要求を煽り、不幸な仕方で先入見と結託する可能性がある。[*77]

また、嫌悪感は精神能力についての重大な問題をもたらす可能性がある。検察側がこの種の嫌悪感に訴えて、陪審員の持つ道徳的領域の多少なりとも限界を超えたところに、憎むべき非道なクラスの罪を犯した殺人者を位置づけるなら、こうした線引きは不可避的に精神の正常さについての問題を引き起こす。さらに、殺人者を私たちとはまったく別の離れた所に位置づけたとすると、殺人者が完全に道徳的な主体であるということがあいまいになり、結果として、完全に責任能力のある者に対して課す刑罰を、こうした殺人者に与えることに疑問が生じる。たとえ法的な目的で心身喪失を規定したとしても、誰かを怪物のように残忍な人物とみなす際には、私たちは正常さについての問題と直接向きあうことになる。アリストテレスは、特定の個人があまりに奇妙だったら（たとえば、大釜で人間を焼いた神話の王パラリス）、その人は不道徳でさえなく、こうした極端で奇妙な病状は、目的のために正しいものを選択できる者ではないとみなされるという点をすでに指摘していた。[*78] どんな心理学的概念を使用したとしても、道徳的な責任能力の強い帰属と、醜悪で非人間的な行為に対する嫌悪感に訴える考え方とを結びつけようとする際には、似たような困難に巻き込まれてしまう可能性がある。おそらく、この難しさは解決することができるものなのだが、そのためにはこの問題に真正面から取り組まなければならない。嫌悪感は、私たちの共同体の道徳的境界線を支えるどころか、実のところ、境界線の維持を難しくする可能性がある。[*79]

この問題は、直接的に嫌悪感の認知内容に関係しているが、不当な扱いに対する憤りの認知内容とは結びついていないという点に注意しよう。嫌悪感とは、嫌悪の対象に共同体の成員あるいは世界の成員ではないというレッテル、すなわち私たちと同種ではないというレッテルを貼り、遠くに押しやるか、その対象との間に境界線を引くことである。これに対して、憤りは別の方向で働く。不正に対する憤りは、不正を行った人物の行為に着目し、責任を負わせる。憤りは、嫌悪感の場合とは正反対に、そうした人物に人間性と責任性の帰属を仮定している。[*80] つまり、ある人物は、共同体内で共有されている善悪の違いを理解していたにもかかわらず不正な行為したわけである。これは精神の正常さに関する法律的な定義に非常に近いものを前提している。それゆえに、嫌悪感は心神耗弱の抗弁に見合ったものに思えるし、私たちは、精神的に混乱した殺人者の行為に嫌悪感を催すことがしばしばあるだろう。しかし、計画的な殺人犯、そして完全に正常な殺人犯を厳しく取り締まる際に、嫌悪感が役に立つというカハンの考えは、ここで別の問題に直面するのである。

このさらに困難な問題を考察しなければならない。これまで論じてきたように、ある集団に対する私たちの嫌悪感は、この集団が映し出す私たちの姿から目を背けたいという願望を示すことが多い。こうした考え方は、とりわけ女性憎悪の領域にはっきりと見て取れるが、同じように、悪に対する反応にも、この考え方を適用できると私は思っている。私たちは、憎むべき悪の実行者は非道な人物であり、まるで怪物のようなものだから、自分とはまったく似ていないと自分に言い聞かせることがよくある。こうした傾向は、たとえばナチスやホロコーストについて書いたり読んだりする際に、大きな役割を果たす。ダニエル・ジョナ・ゴールドハーゲン Daniel Jonah Goldhagen の『普通のドイツ人とホロコースト――ヒトラーの自発的死刑執行人たち』がドイツとアメリカ両国に猛烈に強い関心を引き起こしたのは、その目新しさのせいなのか、それとも著作の質によってなのか簡単に説明することはできない。[*81] 思うに、それを説明するのは、多くの人々（ゴールドハーゲンによって、入念に身の潔白を証明された現代のドイツ人たちを含む）の願望である。つまり、ナチズムの恐怖を生み出した文化は奇怪だった、例外的な状況だったと考えたい人々の願いである。ゴールドハーゲンの本は、ナチス犯罪者の悪行との共通性を強調する著作（ハンナ・アーレントやクリストファー・ブラウニングの著作[*82]）や、ナチス精神を築き上げる際の文化的イデオロギーの役割に力点を置く著作（ラウル・ヒルバーグや[*83]オマー・バートフの著作[*84]）とは違って、ナチスを生み出したドイツは独特なので、「未踏の地に降り立った人類学者の批評眼で」見るべき「根本的に異なる文化」であるということを論じている。[*85] つまり、ナチスとそれに加担した人々は、別の時間や場所に簡単に再現することができるような要因によっては作られていないので、そうした人たちは、人間ならば誰しもが持つ根本的な破壊能力を示しているのではなく、嫌悪すべき特殊な怪物であるということを示している、というわけである。ここから、そのような怪物とは似ても似つかない私たちには、同じことは二度とできないという結論が導かれる。[*86]

ナチスを「人類学的」観点から見てみると、歴史研究の場合でも、映画や小説の場合でも、悪は外部にある異質なものであり、私たちとは何の関係もないということになり、安堵が保証される。このようにして、私たちの嫌悪感は境界線を作り出す。境界線が意味するのは、この汚濁は私たちの純粋な身体とは別のところにある、だからこの隔たりは維持されなければならないということである。あえて言えば、私たちは救済を求めて嫌悪感を呼び出している。邪悪な人間を嫌悪すべきものとみなして、そうした人間を自分たちから都合よく遠ざけるのである。

　こうした安堵とは対照的に、私たちと共通の性質を共有する人間としてナチスを、嫌悪感なしで描写すると——描写の力点がすべての人間が持つ破壊能力にあろうと、道徳的腐敗が蔓延する状況にあっての同胞からのプレッシャーという普遍的な役割にあろうと、あるいはイデオロギーを歪ませるような権威に対する普遍的な従順さにあろうと——懸念が生まれてくる。というのも、この描写は、似たような状況下では私たちはナチスと同じことをするかもしれないという警告となり、内省を要求するからである。さらにこの描写は、私たちのなかにある悪（能動的に結びついていようと、受動的に結びついていようと）への注意を喚起し、どのようにしたら同じ状況が自分たちの社会に起こらないようにすることができるのかという問題を提起する。[*87] 私たちは、ナチスのようになる可能性があるという事実に直面しなければならない。この事実は、重要な意味で、恐怖、弱さ、そしてこうした悪を引き起こす道徳的な盲目さを持った私たちは、ナチスと同種の人間であるという帰結を導く。悪へのこの反応は、ゴールドハーゲンによって引き起こされた反応よりもずっと心理学的にやっかいであり、政治的に挑戦的である。こう考えれば、（挑戦的内容を含んでいない）ゴールドハーゲンの著作が、これまで友好的に受け入れられてきたのは当然のことなのである。ゴールドハーゲンのやり方は、アメリカ軍がベトナムで犯した残虐行為、奴隷やアメリカ先住民（言うまでもなくユダヤ人たちもそうであるが、そうした人たちは滅ぼされたわけではないものの、ほとんどまともな扱いを受けていない）に行った、私たちアメリカ人自身の歴史における残虐行為を忘れ去ってもよいことにしてしまう。つまり、悪を引き起こしたのは怪物なのだ、この種の悪はただ共同体の外部で生じるのだ、というわけである。[*88]

　私は、殺人という犯罪行為に対して、陪審員として、あるいは目撃者として嫌悪という拒否反応が生じる時、似たようなことが起こっていると思う。私たちは、怪物のような人間が、自分たちの道徳的普遍性の境界の外側にいると考えるように仕向けられている。「まったくもってツイていた[2]」という諺が示すような考えを捨てるように促されているのである。しかし、実のところ、すべての人間は悪行の能力を持っており、またすべてではないにせよ、多くの憎むべき悪者は社会的、あるいは個人的環境が原因で歪んだ可能性が高いように思われる。こうした要因は、そうした人たちの悪事を説明する際に大きな、そして時に決定的な役割を果たす。もし陪審員たちが、悪事をなしたのはまさに別様に生まれてきた怪物、異常で非人間的な怪物だとするなら、その時、陪審員らは、自分たちや自分たちの社会についての思想は、法の平等性や原理に基づいた法の適用と密接につながっているだけでなく、より悪の少ない社会の構築とも深く関わっているとすることができなくなる（この問題はおそらくリベラリズムにおいてとりわけ切迫している問題である。市民たちは、少数派を悪者扱いすることが、一般に受け入れ難いということに気づいている。だから、犯罪者は、市民の悪者扱いしたいという欲求のはけ口に簡単になってしまう）。謀殺を「加重の状況」――たとえば拷問や重罪謀殺罪のような加重の条件――を考慮し、道理に適った考察を通して、クラス分けするならば、犯罪者を共同体の外側に押し出すことによって事件を終わりにすることがなくなり、内省的態度を抑圧せずに認めることができるようになる。なぜなら、こうしたクラス分けは、拷問はなぜ悪いことなのかと問いかけること、そして拷問の抑止を試みる際に使用している強い社会的理由について反省することを私たちに要求しているからである（憤りという感情は、しばしばこうした反省的過程と結びつけられている）。反対に、もし嫌悪感によってクラス分けするなら、私たちは内省的態度を抑圧し、ただただ悪は怪物で、外部にあるのだと自分を慰めるだけになるだろうと私は主張したい。

さらにもう一つ事件を考察しなければならない。この事件（*Beldotti v. Commonwealth*）は、カハンの嫌悪感擁護の主張のなかで顕著に描かれている。[*89] ベルドッティという名の殺人者は、明らかにサディスティックな性的欲望を満足させるために殺人を行った。[*90] 彼は、被害者である女性を絞殺し、乳首を切り取り、彼女をごみ袋に詰めた。警察は、彼の家から膨大な数の死体の解剖写真と、張り形のうえに貫通して置かれた彼女の膣と肛門を押収した。陪審員は、ベルドッティの犯罪は「極度の非道さと残虐さ」を示しているとし、彼に仮釈放のない終身刑という判決を下した。牢獄にいるにもかかわらず、ベルドッティは張り形、被害者の写真、彼女が入れられていたごみ袋、そして他の性的道具を監獄の外にいる彼の代理人に戻すよう要求してきた。州はこうした物を戻すことは、たとえベルドッティ自身に戻すわけではないにせよ「当然、猛烈な怒り、嫌悪、そして信じられないという思いを一般社会の一部に激しく起こす」と述べて、この要求を却下した。州は、この所有物をごみ箱に入れるように強く要求し、マサチューセッツの上訴裁判所は、所有物を戻すことは「文明化された社会で大事にされた品位という基本的な概念に対する攻撃である」という結論を出すことで同意した。

カハンに従えば、ベルドッティ事件は、共同体の道徳を後ろ盾にすることで、嫌悪感が刑法において消去できない役割を果たしているということを示している。つまり、この裁判の判決とその良い点は、嫌悪感に中心的な役割を与えることでしか説明できない。カハンは、更生や特別抑止〔刑罰による教育・更生・隔離によって犯罪者本人の再犯を予防すること〕との関連ではこの結果（ベルドッティに終身刑を宣告したこと）を説明できず、また一般抑止〔刑罰の執行が犯罪を計画する者を威嚇し、法の信頼度を高めて、犯罪を一般的に予防すること〕との関連では、州が特定のアイテムの返却を拒絶したことを説明できないと主張した。残されている唯一の説明は、カハンの結論によると、嫌悪感である。もしベルドッティの要求が聞き入れられていたら、彼の遺物が与える汚濁によって、州自身が「穢されていた」だろう。アイテムをそれらがあるべき場所であるごみ箱に入れるという要求は、疑う余地なく嫌悪感の表れであり、この裁判は、嫌悪感という感情が社会の道徳的境界を守るための中心的な感情なのだということを明らかにしている。

第一に、一般抑止についてのカハンの主張に私は納得できない。無論、明らかに、殺人の際に殺人者が使っていた道具を本人に返すことはあまりに甘い対処なので、終身刑が与える犯罪抑止力をかなり殺いでしまうということはありうる。これが意味するのは、殺人者がサディスティックな妄想に耽り、すべての道具が彼の代理人のところに保管されていると知って、刑務所のなかで楽しいひと時を過ごすことができるということである。これとは対照的に、彼の関係者に彼の鍵や財布を返したとしても、他の性犯罪者にベルドッティに対する処置が甘いと思わせることはほとんどないだろう。こうしたことは、囚人に与える影響としてはあまりに些細なことだろう。そして、おそらく、こうしたことがコメントされることは公的にはけっしてないし、他の性犯罪者の耳に届くことはない。

しかし間違いなく問題の中心は、カハンが応報について忘れてしまっているということである。最も自然に考えてみれば、州の拒絶は応報的な対価である。つまり、君はある女性の人生を性の玩具として扱ったのだから、私たちは君を罰するために君に性的快楽を与えるものを渡さない、というわけである。[*91] 州は、応報的反応について述べているわけではないが「猛烈な怒りと、嫌悪感と信じられないという思い」を述べていた。カハンは嫌悪感と汚濁のみに焦点を当てるが、しかし猛烈な怒りと信じられないという思いもまた間違いなく非常に重要であり、それらは密接に関係している。激しい怒りは、最も厳しく罰せられなければならない監獄というまさにそういう場所で、ベルドッティの望みを叶えることは理屈に合わないし悪いことだという考えを表している。これは、思いがけない――「信じられない」――という反応よりももっと強い反応である。ベルドッティの望みを叶えることは、人の死についての考え方、被害者の女性を大事に思ってきた人、そして社会そのものを軽視し深く傷つけることなのだ。こうした激しい怒りの意味は、公的に共有されうる理に適った判断を表しているきわめて認知的な意味である。[*92] 激しい怒りの認知的意味は、嫌悪感の認知的意味のように、自己の汚濁という点に焦点があるわけではない。激しい怒りの認知内容は、生じた害や悪事に焦点を絞っている。このように、激しい怒りは応報による処罰という考え方に密接に結びついている。つまり（凶器を戻すことで、この殺人者に報酬を与えるのではなく）彼を処罰しなければならない以上、ゾッとするような犯罪行為に使用された道具に彼が触れることは許されないのである。[*93]

嫌悪感は明らかに関与している。もし要求を聞き入れたら、市民が激しい怒りや信じられないという思いと同様に、（汚濁や冒瀆を表す）嫌悪を示すだろうと考えた州は間違いなく正しい。ただし、判決やその判決の正しさを説明するためには、激しい怒りだけで十分である。だから、カハンが指摘したように、嫌悪感に依拠する必要はない。また、私が主張したように、激しい怒りは、嫌悪感よりもはるかに強く法的判断と結びついた道徳的感情であり、それゆえはるかに頼りになるものである。それは公的に共有しうる論拠を持っており、私たちの道徳的な共同体の外側で、虫やナメクジを処理するかのように犯罪者を扱ったりすることはない。代わりに、しっかりと犯罪者を道徳的共同体のなかに含め、道徳的に判断する。このように、激しい怒りは犯罪者を怪物として、つまり私たちの誰一人としてそうあることが不可能な人間として描写するいかなる傾向も回避する。

実のところ、私は問題の裁判における激しい怒りは、ベルドッティに対する非常に正直で妥当な反応であるのみならず、明らかに、結果や意見をより良く説明するのにも役立っていると思う。州も裁判所もベルドッティを「未踏の地に降り立った人類学者」の眼で見て、異星人や怪物のように扱わず、きわめて常識外れな要求をした完全に正常な人として扱っている。州や裁判所が「信じられないという思い」を抱いているのは、ベルドッティが怪物ではなく、正常に人間であると認めているからであって、だから彼の要求が突飛なものであると判断したに違いない。もしもベルドッティをナメクジや嘔吐物の塊のように考えていたら、州や裁判所はその要求によって激しく怒らず、まさに精神が錯乱した者の病状とみなしただろう。しかしそうはしなかった。州や裁判所は、ベルドッティが理性的に認識できる人間であるとし、そのために要求に対しての適切な反応として怒りを表したのである。ここに嫌悪感はある。しかし嫌悪感は、激しい怒りと信じられないという思いの二つとかなりの緊張関係のなかにあるのだ。私は問題の裁判における判断は、激しい怒りと憤慨という適切な道徳的感情であり、それはベルドッティを正常で責任能力のある者として扱うのをより簡単にすると思う。

嫌悪感は、人間生活に深く根づいた反応である。すべての成人は、なんからのかたちで嫌悪感を知り、またすべての社会は、嫌悪感を何らかのかたちで教えている。多くの、あるいはほとんどの人間は、生きるために何らかの嫌悪感を必要としている。というのも、私たちは自分自身の衰えや、自分の肉体をかたち作っているどろどろしたものと毎日毎日向きあうことには耐えられないからである。しかし、嫌悪感は本当の危険をうまく追及することができない。にもかかわらず、私たちが若すぎたり、あまりに不注意だったり、裁判のメリットを熟考することに不案内だったりすると、嫌悪感を危険から逃れるための合理的で使い勝手の良い道具として使用してしまう。だから、嫌悪感は、法的目的や政治的目的にとって価値ある反応だということに基づいて結論を出してはならない。人間生活に深く根づいている多くの反応は、道徳的に問題含みのものであり、公共の活動を導くものとしては適切でない。私がこれまで主張してきたように、嫌悪感は身体的な苦手意識や危険に関わる狭い範囲の法律のなかでは、制限された手引きとなる。しかしながら、嫌悪感がある行為を法的規制の対象とするかどうかの推定的基準となる時、またとりわけ政治的な従属、および弱い集団や人物の周縁化を行う時には、危険な社会的感情となる。私たちは、嫌悪感が含んでいる人間観に基づいて法的世界を打ち立てるよりも、むしろ、嫌悪感を分析し、抑制することを学ばなければならない。

第4章

顔への刻印——恥辱とスティグマ

Inscribing the Face: Shame and Stigma

何人《なんぴと》であろうと、犯したその罪ゆえに剣闘士の養成所や採掘場に行くことを強いられた場合、彼はその顔を傷つけられてはならない。何となれば彼に下された罰は、彼の手や脚に表されうるのだから、神の美しさの似姿にかたち作られたその顔は、汚されてはならないのである。

——コンスタンティヌス帝の勅令、三一六年

ドーヴァー夫人は、鼻の先端の半分を切断してからは、結婚した二人の娘のうちの一人と暮らしていた。外観を損なう以前は、彼女は一人で暮らし、たくさんの親類を訪問したり、買い物をしたり、旅行したりすることを楽しむ、親しみやすい、朗らかな女性であった。しかしながら、彼女の顔の欠損は、彼女の生き方に明確な変化をもたらしたのである。最初の二、三年、彼女はめったに娘の家から出ようとせず、自分の部屋に引きこもり、裏庭に座って過ごすことを好んだ。

——アーヴィング・ゴッフマン『スティグマ』からの引用

それゆえ私たちは生誕によって、自己充足の絶対的なナルシシズムから、変容する外的世界の知覚へと、そして対象の発見の始まりへと、一歩を踏み出しているのである。われわれが新しい状況に長時間耐えられないという事実、またわれわれが周期的に眠りのなかで、刺激のないかつての胎内の状態へと、対象の回避へと遡行するという事実はこのことと連関しているのである。

——ジグムント・フロイト『集団心理学と自我の分析』

第1節　顔を赤らめること

嫌悪感と同様に、恥辱〔恥・羞恥心〕は、私たちの社会生活のいたるところに見られる感情である。私が子どもだった頃、忠告好きの親類が、居並ぶ子どもたちにしょっちゅう言ったものだった。「自分たちの長所によって前進したまえ。そして、自分の欠点を覆い隠せるようにならなければいけないよ」。当然私たちは、人生を経てゆくに応じて、自分の弱点を他の長所で埋め合わせたり、それを克服しようと鍛錬したり、あるいは否応なく欠点があらわになってしまうような状況を避けたりするなりして、実際に自分の欠点を覆い隠すことを学んでいく。私たちの多くは、ほとんどの時間、「正常に・規範的に normal」（私は後でこの概念の不思議さについて検討することになるが、この概念の力は、すべての近代民主主義社会において、否定しがたいのである）見えるようにと努力しているのである。そして時に自分の「異常な・規範的でない abnormal」欠点が否応なくあらわになると、赤面して恥じ入り、自分自身を覆い隠し、自分の眼を背けるのである。恥辱とは、こうした欠点の露呈に対して生じる苦痛の感情である。それは私たちの顔に、見間違えようもないしるしを焼きつける。

恥辱は、私たちの生活における常なる可能性であり、日常的な連れあいなのである。というのも、私たちはみな、一度知られるや否や何らかの「異常な」ものとして自分をしるしづけてしまうような弱点を持っているのだから。アーヴィング・ゴッフマンはその名著『スティグマ』のなかでこのように印象的な論述をしている。「重要なことに、アメリカでまったく恥じ入ることのない男性とは、次の者しかいないのだ。つまり、若く、既婚者で、白人で都会人の北部出身者であり、大学教育を受けた、異性愛の、プロテスタントであり、父親である者、完全雇用されており、顔色が良く、体格が良くて背の高い、スポーツの最新記録保持者である者だ」[*1]。しかし、もちろん、そんな人はほとんどいないし、ずっとそうであり続けるものに至っては誰もいない。それゆえ恥辱とは、終始私たちにつきまとうものなのである。ゴッフマンが言うように、「問題は、人がその身にスティグマの経験を負っているか否かではなくなってくる。当然負っているのだから。問題となるのはむしろ、どれほど多様なスティグマの経験を負っているのかということなのだ。『スティグマを受けた者』と『正常な者』とは、互いの相方なのである」[*2]。

自分の住まう特定の社会の価値システムにおける「正常な」ものごとの捉え方に気づく以前であってさえも、確かに羞恥心はすでに生じているのだと、私は考える。幼児期の、全能への要求、充足や快適さの要求のうちにすでに羞恥心は現れており、そして幼児が成長するにつれてますますその感情が増大するために、そこに有限性や、不完全性の自覚、またしばしば無力感がつきまとうのである。そのため羞恥心は、規範への社会的志向がどんなものであっても、その下に入り込んでくる。また羞恥心は、人間であることに本来的に備わっている緊張、つまり、自己自身が有限である一方、にもかかわらず途方もない要求と期待によって刻印された存在でもあるということの自覚、この自覚に含まれている緊張と折り合いをつけるための大変不安定な方法として働いている（他の点ではそうとは言えないが、この問題については、マックス・シェーラーによる感情についての古典的な考察に同意したい）[*3]。

しかしまた一方で、他の人々よりもいっそう恥じ入ることを運命づけられている人々もいる。実にどこにあっても社会は、嫌悪をもってそうしたのと同様に、恥辱をもって特定の個人や特定の集団を選び出す。それは彼らを恥じ入らせ、彼らを「正常でない」者としてしるしづけ、自己自身であることを恥じるよう彼らに強いるためなのである。

他の人々と違って見える人々、つまり、病気だと目に見えてわかる人々や、あるいはいわゆる奇形と言われる人々、精神的あるいは肉体的なハンディキャップを負っている人々、こうした人々は、いわば自分の顔に恥辱をまとってい るのだ。つまり、社会の振る舞いは彼らに、「正常な」仲間のなかに入ることを恥じるべきだと日々告げているのである。眼に見えるようなしるしがない場合、社会は彼らに刺青《いれずみ》を入れたり烙印を押したり、社会からの追放と非難を表す目に見える他のしるしをつけるなりすることによって、即座に彼らにしるしを与えることにしていた。罪人への烙印は（コンスタンティヌス帝の勅令が述べているように、それはしばしば顔に焼きつけられていた）、どのようなかたちにせよ、繰り返し登場し続ける懲罰である。それゆえ恥辱とは歴史を通じて、懲罰の執行の大きな部分をなしていたのだ。

さて今日、私たちは法のなかで恥辱が果たすべき役割について、対立する正反対の二つの見解を見出す。一方の見解において、他と異なっている人々に負わされている恥辱の付与は、有害な社会風習の一面であり、法の実践のうちに固定されて正当化されるようなことがあってはならないものである。この見解に従えば、普通と異なっているという理由ですでに屈辱を負っている人々が、より尊厳のある生活を享受するような方法を考案し、かつまた恥辱という社会的苦痛の一端を法そのものが担ってしまうことを拒むことによって、法はすべての市民の尊厳を等しく守るべきである。コンスタンティヌスの記録から引かれた一文に見られるように、この見解は、ヨーロッパの法の歴史のうちに深く根を張っている。多くの極端な刑罰を科していたローマ人でさえ、人間の尊厳が第一に宿っていると考えられるような部分に烙印を押すのを嫌ったのである。そしてやはり今日にあっても、何人かの著名な法思想家は、法は、弱い立場にある少数派の人々へのスティグマ付与を阻止するべきであると考えている。悪しき要因が関わっている場合にすら、これらの思想家は、概して以下のように考えている。刑罰というものが抑止と応報の両者を含んだ理由で科されなくてはならないとしても、犯罪者の尊厳への配慮は、常に刑罰のシステムのなかに、また犯罪者の社会への最終的な復帰という理念のうちに、しっかりと打ち立てられていなければならない。こうした第一の見解は、マイケル・ベルベやマーサ・ミノウなどを含む[*4]、障害のある人々の法的権利を論じる著作家の多くによって支持されている。

また私たちはこうした見解を、刑罰についての最近のいくつかの著作のなかにも見出すことができる。こうした著作のなかには、ジェイムズ・ホイットマンによるヨーロッパの刑罰についての研究や、トニー・マサロによる、より一般的な恥辱についての著作、ジョン・ブレイスウェイトによる社会復帰についての著作などが含まれる。[*5]

さて、第二の見解に従えば――これは、デヴリン判事の、嫌悪についての見解と無関係ではない――、近代社会の過ちは、恥辱のための十分な領域を形成していない点である。私たちは道徳的な指針を失ってさまよっているのであるが、その理由の大部分は、私たちが恥辱の感覚を失ってしまったからなのである。たとえば晩年のクリストファー・ラッシュによれば、アメリカは、「かつて恥辱が治安を保っていた、共有の社会的・法的境界線」[*6]を失ってしまっているという点で、まさに危機的状態に陥っているのである。同じように、共同体主義の政治思想家、アミタイ・エツィオーニは、道徳的価値の共有を推進し、道徳的価値を表現する方途として、恥辱刑の復活を推奨している。[*7]恥辱についてのこの見解の系統は保守的なものであり、こうした見解は、結局は、行動と法との善き源泉として凝り固まった社会的規範を擁護してしまうことになる。しかしながら、嫌悪の場合と同様、保守的と思われるこれらの立場は、自分自身では進歩的であると考えている思想家によっても（おそらくラッシュがかつてそうだったように）支持されており、その目的は表面上、支配階級の思いやりを欠いた行動に対立するためである。嫌悪の場合と同様ここでもまたイェール法科大学のダン・M・カハンは、恥辱刑を、地域社会奉仕や罰金と同じように、投獄に代わる罰則として評価するべきであると主張して、この運動の一部を導いた。[*8]カハンもエツィオーニのように、性犯罪から飲酒運転、公共の場での立小便にまで及ぶ広大な法的領域に、顔への烙印を復活させたがっている。つまり、犯罪者は自分の持ち物や車にしるしをつけるように強いられ、公衆のまなざしの前で明らかな屈辱 humiliating の儀式を果たすことを強いられるのである。カハンは、この強烈な価値表明の力 expressive power ゆえに、恥辱の付与を好ましく考えている。というのは、これほどまでに生々しく、確実に、犯罪者に対する社会の非難を表明する刑罰の方法が他にないからである。彼はこの見解を、進歩的であるとみなしており、彼の挙げる事例では、屈辱を負わされるのが社会的地位の高い人間であることもあって、この見解はある程度受け入れられているのだろう（彼はとりわけ、ニュージャージーやホーボーケン市で命じられている刑罰、公的場で放尿したビジネスマンは、歯ブラシで通りを磨かなければならないという刑罰を好んでいる）。*9

嫌悪についての章を読んだ方はすでに気づかれることと思うが、私は第一の見解を支持し、第二の見解については批判的である。しかしながら恥辱や恥辱付与のその発生史を探査すれば、私たちは、そうする理由について新たに理解を得るはずだし、また、なぜ人間社会は、アーヴィング・ゴッフマンが的確にも「アイデンティティの剥奪 spoiled identity」と呼んだものによって、その一員に対して繰り返し繰り返し顔への烙印を施そうとしてきたのか、その理由をもっと深く知ることだろう。そうしたことを理解した後にはじめて私たちは、いかなる形態の恥辱が人間らしい生活に対して有害であるのか、また、どのような形態が、向上心の重要な形態と結びつけられるのかを、理解しうるのである。私が考えるに、恥辱の規範的状況は、嫌悪の場合よりもはるかにいっそう込み入っている。というのは、恥辱のいくつかの形態は、確かに有効な倫理的価値を有しているからである。それゆえもしも、そうすべきだと私が思っているように、法における多くの恥辱の役割を批判するのであれば、その理由は、これらの恥辱の役割が、原初的で悪しき恥辱の形態に訴えかけるから、あるいはそうなってしまう危険性があるからにほかならない。

さて私はこの章において、羞恥心および幼年期におけるその起源についての考察に多くの記述を割くことにする。この考察は、対象関係論[1]の精神分析、特にドナルド・ウィニコットの研究に密接に関連している。*10 私は、この考察がいまや、アンドリュー・モリソン Andrew Morrison やオットー・カーンバーグ Otto Kernberg のような専門家による多くの臨床的な研究によって確証されていることを示したいと考えている。*11 しかる後、羞恥心とそれに関わるその他の感情との関係、嫌悪や罪悪感、怒りや鬱などの感情との関係を詳細に検討したい。羞恥心についてのこの考察と病的ナルシシズムの考察は、社会的な羞恥心とその病理との分析の導入につながることになる。

第5章と第6章において私は、法における羞恥心の役割について考察しながら、私たちが直面しているいくつかの具体的な問題点に私の考察した一般モデルをあてはめて考えてみたい。たとえば、刑罰における恥辱の役割や、あるいは「モラル・パニック moral panic」の現象など、また法によるマイノリティへの差別的な扱いとそれらモラル・パニックとの関係の問題、個人のプライバシー保護の問題、また最終的に、特に教育の領域における障害ある人々への法的待遇である。この問題に向き合うにあたって、正常な市民という非常にありふれた直観的な理念を捨て去る場合にのみ、現代のリベラルな社会は恥辱〔羞恥心〕という現象に対する適切な対応を形成しうるのだと私は主張したい。捨て去るべきは、ヨーロッパ思想史において多大な影響を及ぼしている社会契約の伝統によって、私たちへと受け継がれてきた正常な市民という理念であり、自らの受けた利益に対して、自らのなす貢献によって報いることができる、生産力ある労働者としての市民というイメージなのである。

第2節　原初的羞恥心、ナルシシズム、および「黄金時代」

人間は、自ら作り出したわけでもなく、また自らが支配するわけでもない世界へと生まれ落ちる。[*12] 必要なものが自動的に与えられている胎内での時間を経た後、人は世界へと入っていく。つまり、本章の題辞でフロイトが述べているように、人は「自己充足の絶対的なナルシシズムから、変容する外的世界の知覚へと、そして対象の発見の始まりへと、第一歩を[*13]」踏み出すのである。人間の幼児は、事実上、他の動物に類を見ないくらい貧弱で、無力な条件の下で世界へと到達する。そこで幼児が出会うものは、危険なものでありまた喜ばしいものである。幼年期についてのヨーロッパの思想の起源に位置する一節で、ローマの詩人ルクレティウス〔Titus Lucretius Carus 前九九年頃－前五五年〕は次のように記述している。生誕の混乱以来、何もできずに泣き続ける幼児は「自然が陣痛によって母の胎からこの世の光へと投げ出すや否や、獰猛な波に投げ出された水夫の如く裸で大地に横たわり、語ることもできず、あらゆる生命維持の扶助を欠いている。彼は悲痛な泣き声であたり全体を満たすが、かくも多くの災いをこれから迎えるものにとっては、これはあたりまえのことなのだ」（第五巻二二二―二二七行）。

「優しい乳母」が、食べ物を与えてくれるうえに、優しくあやしながら面倒を見て、幼児をなだめている。その情景を前に詩人は、より強く、より備えのある野生の動物はこのような甘えを必要としない、とそっけなく言い放っている（第五巻二二九―二三〇行）。人間の子どもの長期間にわたる無力状態は、その発達史を特徴づけている。幼年時代の初期の劇的状況は、対象世界を前にした無力さという劇的状況である。この対象世界には、よいものへの約束と脅威の双方が、つまり幼児が必要とし欲するものを約束するものと、それらを脅かすものの双方が含まれている。ルクレティウスが深く示唆するに、幼児は主に、この上もなく重要なものに向かう極度に弱い無力な存在として自身を知覚する。フロイトもこの状態に注目し、次のように述べている。「われわれは新しい状況に長時間耐えることはできない。それゆえわれわれは周期的に、眠りのなかで、刺激がなく、対象が回避されているようなかつての状態へと遡行する[*14]」。

しかしながら幼児は完全に無力なわけではない。というのも、彼らの環境のなかにははじめから、彼らが自分自身でまかなうことができないものを与えて、彼らの欠乏を助けてくれる代理人がいるのだ。したがって、いまのところ何ら弁別の設けられていない幼児の世界知覚の初期段階において、これらの代理人は大変な重要性を担っていることになる。幼児と代理人との関係は最初から、自然世界それ自体だけでは与えてくれないものの確保に対する幼児の熱狂的願望に集約されている。つまり、快適さ、食べ物、保護の確保に対する熱烈な願望である。

ルクレティウスが示しているのは、理論的な説明ではなく、一つの状況の描写であるが、しかし私たちはこの描写から説明を推定することができる。いくつかの精神分析的な説明とは異なった、対象関係論の伝統のなかで培われてきた説明と同じように、ルクレティウスの描写は古代世界で「外的な財 external goods」と呼ばれるもの、つまり高い重要性を伴った外的対象、支配されていない外的な対象に焦点を絞った幼年期のドラマを描き出している。幼児は最初から、苦痛に満ちた侵略的な刺激を除去する必要性を感じ、また侵されえない満ち足りた状態の回復を欲している。これらの欲求によって、回復の代理人として知覚される対象には、幼児の「対象世界 object world」における中枢的重要性がもたらされるのである。ここで主要な役割を果たすのが父親であれ、母親や、乳母あるいは別の保護者、保護者たちであれ、幼児は最初、この回復の代理人をそれほど明瞭な対象として経験するわけではない。むしろ、これらの回復の代理人は、自分の状態を変化させる、その変容の一過程として経験されるのである。この理由によって精神分析者クリストファー・ボラス Christopher Bollas は、保護者を「変容対象 transformational object」として語る。また彼は、至福への移行の「再来」を欲求するかたちであれ、その手段となりうる対象への欲望というかたちであれ、多くの人間のその後の人生が、かつてのこの対象への憧憬の刻印を帯び続けていることを鋭く指摘する。[*15] さらに、いまだなお完全な無力状態のうちにあるなかで、幼児は変容過程の出現をコントロールすることがほとんどできない。その突然の出現および消失は、幼児の世界を、不確かで予測不能なものとして特徴づける。つまり幼児の世界では、最高のものごとは稲妻のように到来し、突如として光明や喜びが身を貫くのである。

古代における感情の説明として中心的役割を担っていた神話について考察してみよう。この考察は、幼年時代の世界を再現する、想像力に富んだ試みであるように思われる。黄金時代をめぐるこの物語は、よく知られたものであろう。黄金時代とは、人間が自分のために何かをする必要のない時代、働いたり活動したり、あくせく動き回ったりする必要のない時代である。というのも大地そのものが、人間のいるまさにその場所に食料をもたらしてくれるのだから。乳の川が流れ、蜜の泉が地面から湧き出て、穏やかな気候に、住居の必要もない。ヘシオドスが語るに、この時代の人々は思慮深い合理性 prudential rationality を欠いていた。おそらく、考える必要がないからであろう。彼らは、この上ない完全な至福のうちに生きたのである。この物語を繰り返して語るストア派の人々は、この時代にあって「罪ははるか遠いものであった」と付け加える。そこにはいかなる侵害もない。なぜならすべてが完全だから。[*16] この物語が表しているものは幼児の全能感である。つまり、自分の欲求の周りを世界が回っており、自分の欲求を満たすように世界が十分お膳立てされているという感覚である。

しかしながら明らかにルクレティウスによる描写は、幼児の経験する世界がはじめから、この黄金時代と異なっていることを示している。ことによると、この章の冒頭のフロイトの洞察のように、誕生以前の原始的な経験こそ、幼児に本当の黄金時代をもたらしているのかもしれない。栄養と快適さの源泉にしっかりと結びつけられ、幼児は確かにまったき至福の状態にある。しかしながら、フロイトが語るように、誕生は幼児を対象の世界へともたらし、これらをすべて崩壊させるのである。この世界を生き抜くために、幼児はこれらの外的対象、周囲の人間に依存せねばならない。したがって、幼児の世界が時に「黄金時代」の世界であるとはいっても、それは居心地の悪い空腹と苦しみの世界と交互にやって来るものなのである。[*17] 大地が自動的にすべてを与えてくれるようなこともなく、突然変容する幼児の世界は、最初から偶然に満ち、穴だらけで、不確実性と危険に満ち溢れたものとして感じられるのである。

前言語的な幼児の内面的世界を再構築することは、常にいくらか思弁的である。とはいえ忘れてはならないのは、言語を身につけた大人でも、その内的世界の最も重要な特性を常に言語化できるわけではないということ、またもしかしたら自分の内的世界を十分に知っているわけですらないのかもしれない、ということである。つまり、大人の場合であっても言語的な手がかりへの過度の信頼は、過ちのもとになりうるのである。おそらく、初期の精神分析者たちはしばしば、幼児の行動に関する実験上の証拠にあまりに無関心であったのだろう。彼らは、臨床医や実験者というよりはむしろ非常に想像力に富んだ芸術家に近い。とはいえ、こうした芸術家たちは、たとえばプルーストがまさにそうしたように、並々ならぬ洞察によってその幼年期の世界に光をあてることができるのだが。何にせよ、より最近になってからは、ダニエル・スターン Daniel Stern やマーガレット・マーラー Margaret Mahler のように、分析者と、実験者、または幼年期についての今日の最先端の理論家との間には有益な交流があった[*18]（小児科医であると同時に分析家であるウィニコットのように、マーラーとスターンは広範囲にわたって子どもの研究を行い、明らかな撹乱に苦しめられることもなかった。したがってウィニコットの研究と同様、彼らの研究は、家族および社会に共通の諸問題によりはっきりした関連性を持っている）。

ジョン・ボウルビー John Bowlby の研究は、実験的証明と対象関係論との実り多き連携の、初期の良き模範であった。彼の見解は、いまでは、さらなる実験によって確証をもって受け入れられている。[*19] たとえばW・R・D・フェアバーンやウィニコット、オットー・カーンバーグやクリストファー・ボラスのような、[*20] 対象関係論の系統に属する思想家たち、またこの系統ときわめて近いアンドリュー・モリソン[*21]のような思想家の臨床的な研究は個々の患者の研究に、実験文献ではしばしば欠落してしまっているようなある種の奥行きを与えている。私がこれから描き出す児童発達の見取り図は、こうした対象関係論の系統の一環に由来するものであり、実験的証明と一致し、詳細にわたる臨床研究の大部分から指示を得ているものである。

人生の最初の数ヶ月、幼児は、明確な対象としての自己を自覚しておらず、また明確な対象としての保護者にも気がついていない。しかし、幼児は、空腹や苦痛の状態[*22]だけでなく、また快適さと充足との交互の感覚[*23]を経験しているのである。充足と快適さとは、幼児が生存するために要求されるものであるが、幼児自身の行為によって完全には制御されておらず、その点で偶然もたらされるにすぎない。保護者と幼児との関係は、時にこの上なく幸せな共生関係の一つであるが、しかしながら時になお空虚でもある。[*24]

だいたい六ヶ月かそれぐらいまでと現在は考えられているが、知覚能力が成熟してゆくにつれ、やがて幼児は環境に属するものから自己自身に属するものを区別できるようになる。それ以前の、保護者を識別する原始的なやり方は（生後数週間でさえ、幼児はパット越しにも、自分の母親の母乳の匂いと、他の母乳の匂いとを区別することができるという）、より明瞭なものとなり、また母親を、何かしら自分から切り離されたものとして見るようになってくるのである。自分が爪先を動かすことはできるが、自分で母親の乳房に達することはできないということを理解し始める。しかしその一方で、母親に対する幼児の理解はいまだ自己自身の欲求 needs を中心に形成されている。つまり母親とは基本的に、空腹を満たす乳房であり、安らぎを与えてくれる肉体であって、固有の意志や活動を備えた存在ではないのだ。[*25]

幼児の発達のこの時点において、ある程度の原始的な感情が幼児に帰されてもよいように思われ始める。たとえば、飢えに襲われた場合や、安息が見出せない時などには恐怖の感情を抱き、食べ物や快の源泉に対しては愛着を覚えているように思われるのである。大人の感情と違って、これらの感情は完全に明瞭化された対象に向けられているわけではなく、それゆえ感情そのものもあいまいで不明瞭である。とはいえ、その感情は、それでもきわめて強力でありうるだろう。食事や抱擁の規則的な法則に気がつき始めると、幼児は一方でこれらの法則の中心として初歩的な自己理解を形成していき、自分の欲求が満たされることへの一連の期待を形成していく。これらの理解は、フロイトや対象関係理論がともに強調しているように、完全に自己中心的なものである。「赤ん坊陛下」という有名なフロイトの言葉は、基本的にただ一つしか中心を持たず、それをめぐってすべてが繰り広げられるような、思考と感情の世界を表現している。良き母親とは、しかるべき時に出現する乳房なのである。[*26]

しかしながら、もちろん乳房はいつでも適切な時に出現するわけではない。主たる保護者は、自分自身の計画を携え、また意図的に、幼児にいくぶんかのストレスを我慢させようとすることさえあるのだ。というのもストレスは、幼児に対して運動への努力を促す、成長過程の重要な側面だからである。[*27] そのようにして、幼児が欲求と切望の明確な中心としての自覚を徐々に深めていくにつれ、また保護者も、常にその要求を手助けしてくれるわけではない世界の一部としてよりいっそう意識されるようになっていく。必要なものを獲得するための肉体的能力が基本的に存在しない最初の一年の間に、認知能力は急速に発達するということを忘れてはならない。自分をこうした欲求の中心として捉えている依存的な存在は、自分が依存している代理人に対する、愛情と怒りとの原初的な形態を獲得することになる。幼児は自分の快適さと食料の源泉として保護者を愛するのである。しかしながら要求が満たされず、結果として苦痛が生じる時、幼時は損害の源泉として、保護者に対して怒りを抱きもする。損害とは悪しきものであり、生じるべきではないのだという、アリストテレス的な感覚をある程度持っている可能性すらある。このため、世界の中心たろうと欲するかぎり、幼児は当然自分のものであるべきものが差し控えられている状況に対して反発するようになるのである。[*28]

意識化が成熟するにつれて、当然ながら、こうした反発はいっそう激しく、より高度化していく。利益とそれらの不在がともに外的源泉に拠っているのだという認識そのものが、確かに愛情と怒りの出現を約束しており、またそうした感情の緊密な相互関係を保証しているのである。それゆえボウルビーは実験研究と臨床研究との双方に基づきつつ、すべての愛着 attachment - love は根本的に両義的であると論じるのである。感情に関するスピノザの鋭い哲学的考察を思い起こさせつつ、ボウルビーは主張する。子どもにおいて、怒りと愛情とは常に同時に生じる。というのも、愛情は、私たちの利益になるような外的作用者 external agencies への認識を含んでおり、怒りはわれわれを害するような外的作用者への認識を含んでいるからである。[*29] 当然のことながら、幼児の自己中心的な観点から見れば、満たされないこととは害されることである。それゆえすべての外的作用者は、まさに自己からの分離と支配不可能性において、害悪の源泉なのである。

こうした発達史のなかで、羞恥心〔恥辱〕とはどこに位置づけられるものであろうか。いま一つの古典的神話を導入することによって、恥辱について論じることができるだろう。それは、プラトンの『饗宴』において、アリストパネスによって語られた愛の起源の物語であり、古典的な「黄金時代」の物語に基づくものである。人間はかつて完全体であり球形であったとアリストパネスは語る。この外形は、私たちの全体性と能力の外的な表れである。私たちは「その力と強さに、畏怖がもたらされるほど」であり、また「大いなる野望を抱いていた」(190B)。その結果、私たちは完全なるものとして全宇宙の支配を確立しようと、神々を攻撃したのである(190B)。ゼウスは私たちを完全に一掃するのではなく、欠乏や、危険、不完全さの状態を造り出し、単に私たちを「より弱きもの」に、つまり人間にした。こうした状態は神と人との間に乗り越えがたい深淵を設けたのである。ゼウスは最後に、球体であった体を二つに分けた。このため人間は、二本足で歩くようになった。そしてまた人間の顔の向きを変えたので、人は切断された自分の側面を絶えず見つめなければならなくなった。とがって突き出た手足、半端に毛に覆われた顔面、奇妙な前身の中心、性器に至っては、人間がその相方を必要としていることを露骨に示しており、自らの身体のかたちそのものが、私たちに対して不完全性をあらわにしているのである。へそは、かつて切り離された傷口が、神々によって縫い合わせられたことを表しており、いわば「われわれの苦難の記念碑 mnêmeion tou palainou pathous」(191A) なのだ。神話のなかの人々は、現在の自己の状態について恥じるのである。(確かに、性器というギリシア語 aidoia は恥を意味する aidôs を暗に示唆しているが)[*30] へそについてのアリストパネスの詳細な説明は、この神話がそれ自体、性に結びついているわけではないということを示している。この神話はむしろ対象世界へ生まれ落ちることのトラウマ的な性質を捉えようとしているのである。というのも当然ながらへそが実際に私たちに思い出させるのは、快と滋養からの別離、そして貧しい生活の始まりなのだから。

こうしてアリストパネスは、羞恥心を、私たちの非 - 全能の自覚および全的支配の欠如の自覚に基づいた苦渋の感情として描き出した。人生で見られるようなこの苦痛の感情の根底には、かつての全能と完全性の感覚の記憶や痕跡がある、とアリストパネスは示唆しているのである。私たちは、完全でなければならないと感じるし、そして、ひょっとしたら、かつて一度は完全であったのかもしれないとも感じる。けれども現在そうでないことは明らかなのだ。私たちは満たされたかたちでなければならないと感じるが、しかし実際にはでこぼこしていて、とがっており、たるんだり、またえぐり取られたりしている。性と羞恥との関連を指摘する説は、大変説得的であるように思われる。しかしながら、原初的羞恥心は特に性に関連するわけではなく、むしろ性的欠乏に関連するのであり、性的欠乏は、より一般的な欠乏、より一般的な弱さの一つの表れなのである。アリストパネスの話は正しいと言ってよいように思われる。つまり、人間であり、不完全であるというまさにその事実に対するある種の原初的羞恥心は、やがて長じた後にハンディキャップや欠点について感じられるような、もっと特定化されたかたちの羞恥心を根底で支えているのである。

別の言い方をしてみよう。すべての幼児の全能感は、その無力さと対になっている。世界の中心であり、そうあるべき自分が限界づけられたものであるということにすでに気がついており、自己が他者に依存しているのだと気がつく時、これに続いて幼児に、羞恥の原初的で基本的な感情が生じることが予測されるだろう。羞恥のうちには、何らか自分がふさわしくありたいと願うものから実際の自分がかけ離れており、自分が弱いのだと気がつく、その自覚が含まれているからである。[*31] その反応として、人は自分の欠点を見つめるまなざしから隠れ、欠点を覆い隠すということになるのだ。

羞恥心は、どの時期に芽生えるのだろうか。情緒 affect 理論によって、認知心理学の領野における恥辱についての研究に大きな貢献を果たしたシルヴァン・トムキンズ Silvan Tomkins は、羞恥心を主たる情緒の一つとして明示し、羞恥心は生後ほぼすぐに現れると主張した。[*32] たとえば、楽しみに期待していた食事が与えられなかった時など、幼児における羞恥心は、何らかの期待や喜びの中断によってもたらされる苦痛の情緒として定義されるのである。彼の理論は、情緒に基づいた理論であるので、羞恥心が生じていると主張するために個別的な認知内容を持ち出す必要はなかった。したがって、幼児が抱いているとされる思考に関する諸問題に頭を悩ませる必要はなかったのである。私自身の恥についての説明は、対象関係論の流派における説明と一致していて、羞恥心は特定の思考を必要とすると主張するものである。そのため私はこの幼児の思考という問題に向き合う必要があり、しかも、（私の分析に基づけば）羞恥心に結びつくような思考がこのような幼児初期にすでに存在するとはにわかには信じがたいのである。もちろん感情には、原初的で初発的な思考が含まれるであろう。たとえば、自分の体と保護者の体との区別にはっきりと気がついていない幼児であっても、ある種の恐怖を感じることもあるだろうし、またきわめて幼い幼児も、このような原始的な感情を有していると考えられる。けれども羞恥心には、少なくとも自己の存在の初期感覚が必要とされるのであり、滋養と快適さの源泉から離れた、無力な自己の明確な初期感覚が必要とされるのである。フランシス・ブロチェク Francis Broucek は、幼児がこの分離に気がつくとほぼ同時に、また、母との共生という胎内にも似た至福の生が中断されるとほぼ同時に、羞恥心が生じると主張する。[*33] とはいえ私は、（スターンやボラスなどとともに）付け加えたい。生誕の後、世界が実際に完全な至福状態であることなど、一刻たりともない。経験が成立するや否や、幼児は利益の不在とその現前とを代わる代わる経験するのであり、これらの利益を支配することはできないのだという無力さの自覚を徐々に発展させていくのである。羞恥心は、生後一年にわたって徐々に現れるのではなかろうか。またおそらく、十分に成熟した感情が到来するのは、分離の感覚が完成した後に限られるのではないだろうか。

注目したいのは、羞恥心がけっして自尊心 self-regard の減少を命じはしないという点である。ある意味で、羞恥心とは、本質的に自尊心を背景として要するものなのである。[*34] 人が、自分の不完全さや、自分のつまらなさのしるしを前に尻込みしたり、それらを覆い隠してしまったりするのは、何かしらの点で自分が完全で、価値があるということを期待しているからに他ならない。

より一般化して言えば、ここで理解されているかぎりの羞恥心とは、何らかの理想的な状態に達しえなかった感覚に対する苦痛の感情なのである。羞恥心とは、これを分析する専門家が一般的に認めているように、ある特定の行為に関わると言うよりは、むしろ自己全体に関わるものである（後で見るように、罪悪感の向けられる主たる対象は、人物全体というよりも、特定の行為である）。恥じ入ることにおいて人は、自分が望んだ何らかのかたちの完璧さや完全さを欠いていること、不十分であることを感じる。もちろん、それが自分にとってしかるべく獲得せねばならないたぐいの完璧さ、完全性であるとすでに判断しているからこそ、ここで恥が感じられるのである。多くの異なったタイプの理想的な性質に価値を認め、それらに憧れるようになるにつれて、人生のなかには、さまざまなタイプの恥が生じてくる（精神分析家たちは一様に、恥を自我理想と関連させることによってこれを示している）。何にせよ次のことに関しては一般的に同意されている。すなわち、幼児が自分のナルシシズムの挫折を不可避的に経験する時、標準的な幼児の原初的なナルシシズムは、きわめて原初的で広範な羞恥心を生ぜしめるのである。今後、これを「原初的羞恥心」と呼ぶことにしよう。

アンドリュー・モリソンは、この幼少期の羞恥が、後の生活に至るまで影響し続けることを強調する。

ナルシスティックな関心の本質は、絶対的にユニークな存在であること、他のものにとってかけがえのないものであること、つまり「意義深い他者」[2]であることへの切望である。この切望は、……「（他人やセラピストにとって、）唯一重要な人間ではないのなら、自分がまるで取るに足りないものであるかのように感じられる」という患者の症状に表されている。こうした感情は、フロイトが原初のナルシシズムに帰した尊大さや、共生的な融合、全能感などの原始的な幻想で満ちている。患者の自己の状況や立場に対する重視の一方で、反対にこの感情には、自分をただ一人特別に思ってくれるような対象とともにあること、競争を挑んできたり、妨害を設けたりすることなく生活の糧を与えてくれるような対象とともにあることを示唆しているのである。……羞恥心は、ナルシシズムの挫折に続いて不可避的に生じる。患者たちは、自分が特別な存在ではないと気がつくことによって被る苦しみを「この屈辱は、いままで経験してきた気持ちのなかでいちばんつらい」と記述する。……唯一性に対するこの切望は（まさにその本性によって）、けっして満たされることなどないし、あるいは長きにわたって満たされるものでもない。[*35]

言い換えれば、幼年期の全能感やナルシシズムの（避けることのできない）挫折に結びついているような羞恥心〔恥辱〕は、自立や分離のその後の発達によって部分的に克服されるにすぎず、私たちの生活のいたるところに身を潜めているのだ。

こうした見取り図のなかにおいて、羞恥心とは、社会規範の個別的な習得に先立つ、自己の力不足の自覚であると言えるが、しかしさらにこの感情は後の人生で、社会学習によって歪められていくことになる。より一般的な観衆の出現が大きな問題になるわけではない。羞恥心に伴う空虚感と挫折感に必要とされるのは、ただ二者の間に成り立つ最初の共生、すなわち幼児と保護者との間の関係のみなのである。ゲルハルト・ピアース Gerhard Piers が、羞恥心に関する名著において議論したように、[*36] 羞恥心は、利益 good の源泉に見捨てられるのではないかという恐怖に結びついている。[*37] この苦痛は第一に、自分が夢見ているような理想的状態との関係において感じられるものなのである。つまり少なくとも原初的羞恥心について言えば、集団それ自体との関係において感じられるものではない[*38]（後に、この苦痛は、社会的集団との関係においてさえ、追放や排斥への恐怖と結びついて感じられるようになる）[*39]。

嫌悪の場合と同様に、複数の社会が、恥ずべき場合とはいかなるものかについて異なった観点を教育し、また、異なったやり方で恥辱を他の感情と結びつけることによって、異なったやり方で経験を形成する大きな余地がある。ここでふたたびロバート・カスターの研究を引いてみると、対象への関連という観点から言っても、また他の感情への関連という点から言っても、ローマにおける羞恥心 pudor は他の文化における類似した感情の類型と比べた場合、微妙に異なっていることを示している[*40]。とはいえ実際、この恥という感情の場合、もろもろの文化に共通しての類似性は大きく、嫌悪の場合よりもいっそう類似が顕著であるように思われる。これは、恥辱が幼児期の早期から発現するからかもしれない。

羞恥心はなぜしばしば性と結びつけられてきたのか。また、なぜ、身体的器官をまなざしから隠したいという願望と結びつけられてきたのだろうか。先ほど見たようにアリストパネスの物語は、私たちの性的本性が死と欠落のしるしであることを示している。また多くに影響を及ぼしたマックス・シェーラーの考察は、欠如を自覚する苦痛の感情としての恥辱は、性をその対象としていると主張する。というのも、性的器官が人間の動物性と死の象徴であり、自己を超えようとするわれわれの空しい努力を象徴しているからである[*41]。それゆえまた私も同感であるが、彼は、恥辱と嫌悪を緊密に結びつけるのである。しかしながら幼児は明らかに、性器に恥ずかしさを感じてはいない。少なくとも排泄物に嫌悪を感じるよう教え込まれるまでは、彼らは性器に恥ずかしさを感じないのである。通常、性器に関する羞恥は文化によってかなり異なるものである。アリストパネスの言うとおり、羞恥とは、第一に全体性に対するより原始的な憧れに結びついているものであり、あるいはまた、人は完全であってしかるべきだという感覚に結びついているのだと私は考えたい[*42]。性器は、生活のなかで時に、私たちの不完全性というつらい側面として注目される。そしてまた原初的羞恥心を乗り越えていなかった者において、理想的な性の対象への願望は、幼年時代のナルシシズムのかたちをとるのである（モリソンの患者が記述しているように）。[43] しかしながら、恥ずかしさがそもそも第一に性的であり、あるいは、きわめて性的であると実際に考える、いかなる根拠も私には見出せない。羞恥〔恥辱〕は、ナルシシズムと放棄されることに関連する広範なテーマに結びついているものであり、性的な恥ずかしさは単にその一つの発現であるように思われるのである。[44]

原初的羞恥心が、自らの要求を満たそうとしない人々に対して幼児が示す、攻撃的な要請と緊密に結びついていることはすでに見て取れた。この原初的羞恥心が不適切に関わった場合に、社会的相互作用においていくつかの問題が発生しうることは、容易に考えられるだろう。ここでは、保護者や両親の振る舞いが、原初的羞恥心のとる以後の道筋にはなはだしい差異をもたらすことが見て取れる。次の節では、フェアバーン Fairbairn やウィニコット、マーラーやスターンによる、それぞれの異なった考察が記述されるが、これらの異なった考察には、共通の基盤が指摘されるように思われるのである。一歳から三歳までの間、幼児は分離と自立を経験しながら徐々に世界へと乗り出していく。[45] この時期に重要なのは、幼児がしばしば「移行対象 transitional object」に依存する点である。おもちゃや毛布などそうした対象は、保護者たちの定期的な不在の間、彼らに代わるものであり、こうした対象は幼児たちに、一人であっても安心できる術《すべ》を学ばせてくれるのである。[46] ある時期に、不安を感じながら保護者とより広い世界との間を行きつ戻りつしていく経験によって、幼児は決定的な能力を発展させていく。というのは、親と一緒にいる時でも一人で遊ぶようになっていく能力である。[47] 通常、十分に細やかに世話をされた子どもは、概してやがて、世話してくれる者がいつもそばにいてくれなくても平気なんだ、と感じるようになっていく。保護者が一緒にいる時でさえ、喜んで自分の活動に心を向けることができるようになっていくのである。この時点で幼児は以前と異なり、はっきりした経験的世界を伴った自分自身についての明瞭な感覚、また、欲求や活動を伴った人間としての保護者の明瞭な感覚を携えているのである。子どもの全能感に対して適切な反応を返し、しっかりした世話をする両親の（あるいは他の保護者の）対応の能力は、やがて徐々に育まれていくことになる相互依存や信頼関係のための枠組みを構築する。ひとたび、他人が頼れるものであるということ、そして、まったくの無力な状態のなかで見捨てられたりはしないのだということが理解されたならば、幼児はその全能感を徐々に緩め、常に関心を向けてほしいという欲求を次第に緩めていくのである。

幼児における初期の感情の両面性を考えてみると、葛藤なしにこうした状態に到達するとは考えにくい。だいたいこれぐらいの時期に、子どもはそれまで世界の異なった側面に向けられたものとして経験していた愛情や怒りなどの感情が（たとえばメラニー・クラインが指摘したような、「良いおっぱいと悪いおっぱい」のように）、実際には同じ一人の人間に向けられたものなのだと自覚していくように思われる。自分だけを溺愛してくれるような理想的で完全な親は、また、いなくなってしまえばいいと思うような、悪しき圧迫をもたらす親でもあるのだ。（二歳や三歳の）子どもが、自分の親を愛していると自覚しているのであれば、それは感情的危機を引き起こす可能性が高い。

感情的危機に関しては語られるべきことが多いが、それは羞恥心をはるかに超えた問題である。[*48] しかし、真に成熟した関係へと向かうなかで、いかにしてナルシシズムが乗り越えられるのか、ということここでの主題にとっても重要な側面であるため、何にせよこの危機について多少なりとも論じなければならない。子どもの生活のこうした危機についての最も優れた考察は、フェアバーンの、「道徳的防御 moral defense」と呼ばれる考察であろう。自分が愛している親を、一方で破壊したいと望んでいるということに気がついた子どもは、自分のはらむ底知れない暗い感覚に脅かされているように感じる。子どもは、自分自身が悪を携えていると考え、ひょっとしたら自分がまったくの悪者なのかもしれないと感じるのである。しかしこの時点までには子どもは、非常に初歩的なやり方であるにせよ、自己自身と自分の行為との区別を理解する能力を備えている。すべてを失ってしまったと感じることはなく、子どもは悪しき行為に対する罪滅ぼしをしようと努めることができるのである。悪しき行いをなすこと、あるいは悪を欲することでさえも、徹頭徹尾悪であることと同じではないのだ。道徳は、それを子どもに理解させる（他の人々の助けとともに）助けになるのである。

ここにおいて子どもは、保護者の完全な支配という要求を不適切なものとみなして、徐々にこれを断念できるようになっていかなくてはならない。この断念には、かつて一度も至福に満たされなかったことに対する嘆きと悲嘆が伴い、また自分の破壊の能力にまだ気がついていなかった無垢のひと時に対する悲嘆と苦悩が伴う。しかしながら子どもが、悪しき望みと悪しき行いを、善き望みと善き行いによって贖うことができると学ぶ時、その完全な支配の断念には創造性も伴うのである。世界の中心たろうとするまさにその欲求が別の人間を傷つけてしまっていたのだと気がつく瞬間から、多くの愛と創造が始まるのだとメラニー・クラインは鋭く指摘する。他者もまた生活する権利を持ち、自身の意図を携えているのだと理解していることを示しつつ、いまや子どもは他者のために何かをしようとし始める。[*49] 通常子どもは、他者がそれぞれ正当な要求と独立した目的を有しているような、個人からなる世界のなかで生きることを習得していく。そうした個人の世界のなかで、これらの主張に対する尊重は、自分自身のための過度な要求に歯止めをかけるのである。愛は、ナルシスティックな融合や、支配せんとする激怒を通じてではなく、交流や相互性を通じて徐々に理解されていく。つまり自己は次第に、尊大で完全性を要求するものではなく、不完全でちっぽけな人間として理解され、また受け入れられていくようになるのである。

これらは理念化された記述にすぎないが、時おりこのようなことが生じることがある。後に、羞恥心と罪悪感の対比において、こうした発達により詳しく触れることになるであろう。とはいえやはり、人生における初期のナルシシズムの刻印は大変根深い。プルーストは、この刻印は克服されえないものであると考え、後に生じるいっさいの愛は本質的に、かつて支配されることを拒んだその人、つまり母親を支配せんとする試みであると考えている。プルーストの考えはあまりにも悲観的な考えであるが、一方で相互性が確固とした規範であるという発想、また多くの人々が己の不完全性や支配力の欠如、死の定めを受け入れるようになっていくという発想は、あまりにも楽観的すぎる。結局のところ、自分が得なければならないと考えているものを得られないこと、欲しているものを獲得できないこと、とりわけ不死を獲得できないことは、都合の悪いことなのである。だからこそ、人間の生活の大半は、こうした問題の苦しみに囚われているのだ。羞恥心とナルシシズムがどこで道を踏み外し、またどのように成長の道を狂わせるのかを理解するために、この点をいくつかの症例に照らし合わせてみよう。

第3節　不完全性の拒絶――Bの場合

ウィニコットの死後、『抱えることと解釈 *Holding and Interpretation*』[*50]のタイトルで刊行された著作において、私が「原初的羞恥心」と呼んできたものによって成人の人格が歪められている可能性のある状況が、長きにわたる分析のごく一部ではあるがみごとに精査されている。若い医学生である男性、患者Bは、自発的行動の不能と、自分の考えの表現ができない、その不能に悩んでいた。他の人がいるところでは、行為し始めることも会話を始めることもできず、彼はきわめてつまらない人間だと思われていた。彼が他者に対して示していた、でくのぼうのような生気に欠けた人格は、言語と思考への不断の警戒によって内的世界の完全な支配を維持しようとする試みであったのだ。

分析のなかで、Bがかつて幼児期に、堅苦しく気づまりで、愛情ある対応に欠けた育児に苦しんでいたということが明るみになった。[*51]母親は、自分自身に完璧さを要求していた。彼女はまた幼児の側の欠乏も、自分の望む完璧さが達成されなかったしるしであると解釈したのである（そして彼女にとってこの完璧さは、半ば父親のように理想化された自分の夫に命じられたもののように思われたのである）。[*52]（ウィニコットが註記しているが、夫を理想化するこの傾向は、彼女が夫を愛していないということを含意していた。「彼女は現実の人間に関わるのではなくて、完璧さという質を重視していた」）。蓄積されていたこれら数々の息の詰まるような「抱え holding（支え）」の記憶に関わっていくにつれ、Bは徐々に、すべてにおいて自分が完璧さを要求していたということ、この要求は、自分が欠乏している子どもであるということを自ら許すことができない、その不能の当然の帰結であることに気がついていった。母親が完璧さを求めたので（Bにとってこの要求は、じっとしていることの要求であり、また死の要求でさえあるように感じられた）、彼は人に依存することや人を信頼することを、自分自身に許すことができなかったのである。ついに彼はウィニコットに「僕にとって不完全であることは、拒絶されることを意味するのだ」と吐露した。「あなたは僕に大きな問題を突きつけているように感じる。僕は人間らしくなったことがない。それを失ってしまっていたんだ[*53]」。人間らしさのしるしは、彼の母親によって拒絶された。彼女は、自分自身が不安を抱えているために、静かな、完全な赤ん坊のみを好んだのである。すでに最初の数ヶ月で、子育てや「抱え（支え）」は、自らの人間的な欠乏に対する幼児自身の態度をかたち作るのだ。子育てや「抱え（支え）」が、「人間的欠乏はまったく正当なものであって、無力な肉体は喜びと他者への関与の源泉なのだ」という感覚を生み出す場合もあるし、あるいはまた一方で、「完璧であることは、我慢できるただ一つの状態であり、それ以外のいかなる状態も断固として受けつけないぞ」というメッセージを発することもある[*54]。

先ほどの私の分析に基づくとすれば、この不運な男性の幼児期の感情には、何が起こっていたことになるのだろうか。まず、抱えられているということを信じることができず、母親が、頼りなく無力な赤ん坊を抱いて世話しようと欲しているのだと信じられないことで、愛－感謝 love-gratitude と怒りの両方の力が狂わされていた。この背景には、「無限に落ちていく」ような感覚が潜んでいる。この感覚はことさら強烈な怒りと、人間の現実を受けつけないような独占的な愛情を生ぜしめる。自分の怒りを恐れるあまり、彼はしばしば自ら眠りに陥った。ウィニコットが彼に語ったように、「この睡魔のなかには、非常に巨大な敵意が包み込まれているのである[*55]」。また人を信頼することができないという同じ理由で次に、通常の子どもの想像的な能力である遊びが停止させられてしまっていた。信頼や、支えの関係のなかで育まれていくはずの創造性がまったく成熟せず、患者の自己表示の方法は柔軟性に欠けて堅苦しく、まるで人間味に欠けたものだった。人間関係においては不完全な出来事が起こりうるものであるが、彼は「すべてのものごとを非人間的にしてしまい、そこにはいかなる興奮も、怒りも、高揚もない。立ち上がりたくもないし、人にぶち当たっていくつもりもない[*56]」のである。こうした堅苦しい非人間性が、今度は、彼の人間関係を特徴づけることになる。分析において常に見られた特徴は、彼が自分の妻をも含む誰のことについても描写できないということ、通常親しい人に対して使うファーストネームを多くの場合用いることができないということである。[*57] ウィニコットは、現実の人間関係においては「細やかなやりとり subtle interchange」の要素があるのだと彼に告げる。この「細やかなやりとり」こそ、幼年期に母親との関係に欠けていたものであり、彼の睡魔はこうした関係がどこにも見出せないことに対する絶望感を表現しているのである。すると患者は、実際に興奮してこう答えたのだ。「僕は、細やかなやりとりというものにずっと気づいていたに違いない。というのも、実際にはそれを知らないまま、僕はまさにそういったようなものを探していたのだから」。それはまさに成就されたのだとウィニコットは指摘する。「私たちは二人で、細やかなやりとりという問題に関わっていきましたね。このやりとりの経験は、あなたにとって喜ばしいものなのではないでしょうか。あなたはこの点に関する自分の絶望を、たいへんいきいきと自覚していますからね」。患者は『こりゃあすごい!!』と言えるぐらいになりたいですよ！」と答えたのだった。ウィニコットは次のように結論する。愛とは、多くのものを意味している。「けれどもそこには必ず、この細やかなやりとりの経験が含まれていなくてはならないし、そういった関係のなかでこそ、人は愛を経験し、また現に愛していると言えるのである」。

私たちはここで最後に、この患者の行動全体を支配するような、もう一つの原始的感情に気がつく。それこそ彼の人間的側面そのものに結びついている感情、さきほど「原初的羞恥心」と呼ばれた感情なのである。先に見たように、羞恥心はいかなる点においてもけっして自尊心を損なうものではない。明るみにされた自分の支配の欠如や不完全性の前で人が尻込みをしたり、あるいはそれらを隠そうとしたりするのは、ひとえに自己に支配を求めたりあるいは完全性をさえ期待したりするからなのだ。先に示されたように適切な成長過程においては、子どもは、欠如を恥じるべきではないのだと学んでいき、不完全な者同士の柔軟で創造的な「細やかなやりとり」に有益な喜びを感じるようになっていく。こうした成長過程によって、全能への欲求は柔らげられていき、幼児は他者との信頼関係を認めてそこに身を挺していくようになるのである。Ｂの母親はそうではなく、完全でないものはおしなべて価値のないものであると理解していた。また自分の子どもは、ただ子どもであるからというだけで、また抱えてもらいたがり安らぎたがるからというただそれだけで、価値のないものであると理解されていたのだ。すなわち「不完全であることは、拒絶されることを意味する」のである。彼の泣き声、空腹を満たすことへの要求、こうした人間の無防備さのしるしはすべて、彼女の眼には取るに足らない、価値なき者のしるしであったのだ。それゆえ彼は、良い食事とはまったく何も汚さない食事なのだろうと考えていたのである（また彼は、母親の髪の毛で締めつけられ、窒息する夢を見ていたという）。「何ごとであれ、やり遂げる方法はただ一つしかないんだ」と彼は結論する。「それは、完全であることなのだ[58]」。

したがって、Bは、自分が人にどう見られているのかという問題に取り憑かれていく。完全であるように人に思わせたかったが、しかし本当の自分を見たら完全であるとは思われないだろうと気がついていたのである[59]。ここで、観衆がどのように恥の説明として組み込まれているのかが理解されよう。観衆の参与は、この苦痛の経験の本質的な特質ではない。なぜなら、自分と自分の保護者との関係について彼が抱く感覚によって、Bの恥はすでにもたらされていたのだから。むしろ、この場合に観衆とは、苦しみをより強めるものとして、また哀れな子どもじみた自分を批判的に見つめている全能の自己の代理人として説明されるのである[60]。柔軟さの欠如、自己表示への抵抗といったものは、内なる現実を支配し制御し続けようとする試みにほかならない。その結果、たとえ誰もいないところであっても、困窮した頼りない自己をうっかり表してしまって恥を感じてしまうようなことがなくすませられたのである。睡眠は怒りに対する防御でもあるが、しかしまた、彼の人間らしい側面が発露してしまうのを防ぐために、羞恥心によってもたらされた反応でもあるのだ。眠っている赤ん坊は良い赤ん坊であり、完璧な赤ん坊である。これこそ、彼の母親が望んだ赤ん坊なのである。つまり羞恥心は、現実の傷つきやすい自己を覆い隠す原因であり、またロボットのような自律性を欠いた「見せかけの自分」を構築する原因となっているのである[61]。彼は、自分もまたウィニコットに対して完璧を望んでいたのだと気がつく。そして、それは不安に対する防衛であるのだという分析者の優しい言葉に背中を押されて、患者は注目すべき言葉を口にした。「僕たちが二人とも子どもであるなんて、驚くような共通点ですね。

ということは、どこに父親がいるんでしょうね！」[*62]。ここで彼はつかのま、多くの子どもが幼年期に得ていた、喜ばしい「抱え」と信頼の状態を得たのである[*63]。

相互交流を通じて原初的羞恥心に悪しき影響が及ぼされるか、あるいはそれが和らげられるかによって、全能の欠如に対する子どもの関係の二面性は、良いかたちにもまた悪いかたちにもなっていく。Bのこの症例はその形成の程度を示している。自分の欠点や無能力に対する原初的羞恥心は、感情的生活における普遍的かつ基本的な特徴であろう。しかしながら、子どもとの関係のなかで「人間らしくあることは、正当なことなのだよ」と示す親、子どもらしい子どもを喜んでいる親は子どもの後の対象関係における葛藤を和らげるのである。Bの母親はこの原初的羞恥心の悪化をもたらしたため、Bの現実の自分自身は身を潜め、彼は眠りに落ちるかあるいは虚構の姿がそれにとって代わらざるをえなかったのだ。Bは言う。「そこにプライバシーがないという苛立ちが、興奮する際のつきものでした。女の子との性的関係ではいつも苦しめられました。そこに他人がいるのですから、プライバシーが成立しないんです。それが嫌なんですよ[*64]」。

もちろん、恥辱は、さまざまなかたちでやって来る。人が自分に抱くいかなる理想も、それは「永遠の可能性」にすぎないという意味で羞恥心を含んでいる。私が「原初的羞恥心」と命名したもの――完全性への欲求、その当然の結果として、支配の欠如や不完全性を許すことができないその無能力など――は、ナルシシズムや幼児的な全能性への要求に緊密に結びつけられた、独特なタイプの羞恥心である。後で私は、建設的な羞恥心が可能となるような例を取り上げようと考えている。しかし、とはいえここで提示したいと思っているのは、原初的なタイプの羞恥心が、道徳的・社会的な生活のなかで存続している危険であるように思われるということなのである。Bのような病的なナルシシズムへと発達した者にとってはとりわけ危険であると言えるが、しかし私たちはみなある程度はこの危険に関わっている。つまり、原初的羞恥心や、ナルシシズムに伴う他者への攻撃性が、ごくあたりまえの羞恥心の形態のなかに潜んでいることもありうるし、さまざまな別のかたちをとって現れることもある。そのうちの一つが他者に恥辱を与えるというかたちをとるのだ。

それが健康なものであろうが不健康なものであろうが、身の周りの家族というものは羞恥心の発達の強力な要因である。しかしそれと同様、社会的な環境ももう一つの要因であるのだ。Bのケースでは、彼の羞恥心の肥大化の根底には、第一に親の振る舞いがある。しかしながら、正常とされる発達のパターンは、社会によってさまざまである。ウィニコットが処方として求めるのは、親たちが自らの不完全性を理解し、また提示することであり、そしてまた、ともに等しく不完全な二人の人間の間でのみ得ることのできる「細やかなやりとり」の喜びの感覚を、親が子どものうちに育んでいくことなのである。こうした育児は、たとえば子どもの遊びや創造的な取り組みに対して親が喜びを示すことによって果たされていくものであろう。[*65] けれどもそのような家族の文化および社会文化は、ある種の安全性を犠牲にしなくてはならない。つまり完全無欠で無慈悲な父親がいっさいの義務的なことを高みから命令するような、堅固なシステムに見られる安全性を諦めなくてはならないのである。

Bのケースは、かなり極端なものである。そのため、このケースは一般社会の問題に照らして考えるにはあまりに突飛であると思われるかもしれない。しかしここで私たちは気がつかなければならない。多くの社会的規範や、また多くの家族の規範が、Bの母親がしたような要求を、欠乏なくあることへの要求、何かを必要とする乏しい子どもでないことへの要求をいくぶんなりとも含んでいるのである。ナンシー・チョドロウが論じるように、こうした要求は、世界中の多くの文化における男性の発達史のうちに見られる。[*66] 女性たちは、成熟とは継続的な相互依存の関係を含むものであり、また欠乏を示すような感情は妥当なものなのだというメッセージを親から受け取っていく。その一方で男性は、母親への依存が悪しきものであると教えられ、また母親からの分離や自立こそが成熟であると教え込まれ、往々にして彼らは自らの感受性や遊ぶ能力など人間的な能力について恥を感じるようになっていくのである。

チョドロウが描き出した男性たちはBほど極端ではないのだが、しばしばBのように、自分が他人を必要としていることを隠し、内的世界から目を背けて、その世界を慎重に探索することがない。こうした場合、悪しき循環に陥ってしまうこともありうる。つまり、顧みられることのない感情、発達することのない感情が幼児のレベルにとどまり続け、それゆえいっそう恥ずべきだと感じられ、大人として現れている抑制する自己とのさらなる不一致が感じられるのである。「したがって」とアンドリュー・モリソンは付け加える。「ナルシシズムと羞恥心は、互いを活性化しあっている。自己はまず、一人ぼっちで、かつ孤立し、ちっぽけなものとして経験され、そしてふたたび、完璧であろうと欲し、自分の理想と合致しようと奮闘しつつ、さらに尊大なものとして経験されるのである」[*67]。

有能さと正常さの薄っぺらな見せかけを作り出して世に示してはいるが、他方で自分のうちなる欠乏をうまく隠してしまうことによって、発達が滞り、恥辱にいっそう苦しめられている患者たち――けっしてすべてではないが、そのほとんどが男性である――臨床的な文献は、そんな患者で溢れかえっている。ウィニコットにおける「偽りの自己」の概念と、クリストファー・ボラスにおける「ノーモティックな人格 normotic pesonality」の概念は、同じ一つの主題を言い表していると言えよう[*68]。治療の現場においてしばしば見られる「ノーモティック normotic」な人格とは、外面的には「正常」であり能力が高いように思われる人格である。恵まれた環境のもとに知的な生活を送っている者も多く、仕事においてかなりのキャリアを収めていることもある。にもかかわらず、彼らは決定的な意味で「まだ生まれていない」。というのは、彼らの生は「正常」ではあるが、しかし「ロボットの」生なのだ。感情や自我の主観的な自覚がごく初歩的な段階にしか発達していないのである。こうした人々にも、少数の友人はいるだろうし、表面的な社会参加に際して朗らかであったり、感じが良かったりすることもあるだろう。しかしながら、気持のやりとりや相手への信頼を必要とするような本当の親密さを得ることはできない。というのも、彼らは自分の内的な欠乏に関心を向けるすべを知らず、またこの欠乏に向き合うこともできないまま、他人を信頼することから目を背けているからである。同じ理由で彼らは概して、文学や詩など、内的世界をめぐって展開される作品や、内的世界における努力に対して何ら感動を覚えない。ボラスが語るに、こうした症状の根底には、「人間たることなくうまく存在していこうとする意欲」があるのだという。しかし現実には「うまく」やっていけなどはしないし、人間はすべてみな生きていくなかで自らの不完全性を繰り返し思い知らされるものである。したがって、こうした患者は最終的には抑鬱症や虚脱感のために治療を必要とするようになるのである。

「偽りの自己」というウィニコットの概念は上記のケースと微妙に異なっており、「偽りの自己」を携えていることは必ずしも病的な状態ではない。ウィニコットが強調するのは、私たちはみな何らかの意味で自己自身に関する何ごとかを隠しているということ、したがって、みな世間に対して示すための偽りの自己を必要としており、また用いているのだということである。つまり「偽りの自己」は少しも病理的なものではなく、実際に心理的な健康と両立している。健康な人間において偽りの自己が行使されるのは、ごく限られた範囲である。たとえば「洗練された上品な社会的態度や、『あけっぴろげにはしないこと』」であって、自分の恐怖や欠乏、弱さなどを世間にさらしたくない場合にまとう、防護服のようなものなのである。言い換えれば、妥当で限度のある社会的な恥辱に対する防御であると言えよう。人は内面において、自分が脆弱で不完全なものであると自覚している。しかし、そんな自分を喜んで受け入れたり、ごく親密な人々に対してそれをあらわにすることもできるのである。

とはいえ、徹頭徹尾偽りの自己を生き抜こうとする患者や、内的世界にもはや関与できなくなってしまった患者、内的世界を他人に対して示すことができなくなってしまった多くの患者のうちには、弱い自分の存在そのものに対する原初的羞恥心が存するのである。ウィニコットは、こういった患者のなかのある中年女性について、彼女は「自分がまだ存在し始めていないという感じを、これまで生きている間ずっと持っていた」のだと報告している。[*69] 彼女はかなりうまく生活をこなしていたが、人間的な現実性の感覚に欠け、Bと同じように自分の欠乏を完全に隠してしまっていたために、人間らしいあり方を失ってしまったのである。

オットー・カーンバーグ Otto Kernberg は、偽りの自己と本来の自己との間の弁証法について、またそうした弁証法と文学作品との関わりについて、注目すべき症例を示している。[*70] 彼のある患者は、自分の内面的な生活にもまた他者の内面性にもまったく興味を持つことができず、いつも文学作品を馬鹿にしていた。「堅固で冷たく、有用な事実」

しか受け入れなかったのである。ある日ふとアンデルセンのおとぎ話『ナイチンゲール』が思い出され、この物語は何日もの間彼の心につきまとうようになった。私たちはここで、宝石で覆われた機械仕掛けのナイチンゲールを好んで、生きているナイチンゲールを追い出してしまった皇帝についてのこの物語を振り返ってみよう。病気で寝ついてしまった皇帝は、ナイチンゲールの歌声を聴きたがる。しかし機械仕掛けのナイチンゲールは壊れてしまい、安らぎを与えてはくれなかった。自分自身とその人生に対するわびしい絶望のなかでまさに息絶えようとしたその時、生きているナイチンゲールが戻ってきて命を救うのである。この記憶に深く動かされた患者には、現実の自己よりも生命を欠いた機械仕掛けの自己を好む自分が、この皇帝のように思われた。まだどこかに残っている生きた現実の自己に触れることを、絶望的なまでに望んでいる自分が、この皇帝であるように思われたのである。「皇帝は救われた」と彼は締めくくる。「それは、彼が自分のなかでこんなにも善良なもの、そして許しを与えてくれるものを保ち続けていたからなのだ」。彼は皇帝と同様、まだ生きている魂を、宝石まがいの完全性を求めてそれを無視したことを許してくれるような魂を、自己の内に持っていた。このため確かに、彼はここで自分がまだ完全には死んでいなかったことに気がついたのだ。患者がかつて蔑んでいた形態の作品を通じてこれらのひらめきを得たという事実の重要性が、カーンバーグによって指摘されている。明らかにこの物語で重要なのは、その形式と具体的な内容の両方だったのである。形式は想像力という内面的世界へと訴えかけ、感情を力強く揺さぶり、内容は欠乏や感情の枯渇という論点を示し、また、患者自らによる内面的生の探求を支えるという仕方で内なる生命力の問題に光をあてている。

多くの患者の治療現場における数々の症例は、羞恥心やナルシシズムの問題が際立った役割を果たしているということを示唆している。カーンバーグとモリソンは両者とも、多くの症例記述を取り上げて、これらの現象について長きに及ぶ論述を展開している。彼らによれば、病的な羞恥心という症状は診察にまで至るケースがきわめて少ないが、実際にはいたるところで見られる。そうした羞恥心はとりわけ、抑鬱症状もしくは過度な激昂といった初期症状を示す患者、あるいはその両方の症状を示す患者に頻繁に見られるのである。[*71]

「偽りの自己」を肥大化させる傾向のある人々にとって知的な能力はとりわけ危険であると、医療文献には繰り返し強調されている。優れた知性は、力強くまた優秀な偽りの自己を創り上げることができるうえ、この偽りの自己は成功をもたらし、この成功によっていっそう強化される。時が経っていくにつれてこの偽りの自己は、知的活動と自己の感情や欠点の感覚との間に亀裂を生み出すことになる。[*72] また一方でこれらの医療文献は、文学の教育および内面的な喜びを育むような教育の重要性を強調している。ここで私はどうしても、特にこの本において重要であると思われる興味深い症例をもう一つリストに付け足したい。ジョン・スチュアート・ミルの著作『自伝 *Autobiography*』においては、ここで私たちが取り上げてきた主題こそが、彼自らの精神的危機についての説明の中核をなしているのである。第1章で明らかになったように、自由についてのミルの見解は私たちの議論に多くを教えてくれる。したがって、自由についての彼の見解が、真摯で自覚に満ちたある葛藤、まさに私たちが先に論じた問題との葛藤によってもたらされていることを確認するのは、興味深い検証であろう。つい先ほど考察した心理学的概念に照らしてミルの歩んだ発達の道のり全体を理解してみると、多くのものが得られるように思われるのである。

彼自身のよく知られた自伝にあるように、また他の証言が明らかにしているように、ミルは父親から英才教育を受け、強烈な感情に対する父の羞恥心を共有させられて育てられた。[*73] この教育の結果ミルは徐々に、ロボットのような受け身の感覚を抱くようになり、いかなる能動的な内的感覚も感じられなくなっていく。[*74]『自伝』においてはこれらの経緯が、豊かな洞察によって伝えられている。

ミルの幼年時代についての証言や、また出版しないようにと勧められた『自伝』の一部のうちに見られるように、彼は、自分の人格の欠如した部分やまた弱い側面に対して、十分行き届いた配慮や細やかな配慮を受けなかった。ミルの母親は明らかに、知的な興味や教養に惹かれるような女性ではなく、やがてあまりに多くの子どもの出産のために、精根尽き果ててゆく。こうした理由によって、ミルの父親ジェームズは自分の妻を軽んじていたように思われる。確かにこの父親は、自分の優秀な弟子である息子に頻繁に関わりあうようにと母親に勧めることもなかった。母親は当然、幼い子どもたちにかまけ、自分の夫や年長の息子と一緒にいる時は、差し障りのない生気に欠けた愛想に逃げ込んでいたのである。この表面的な愛想は、息子のジョンには温かさの欠如であるように感じられた。[*75]『自伝』の初期の草稿の一節で（妻のハリエットに説得され、この部分は出版前に削除されている）ミルは驚くほどの辛辣さで自分の母親について語っている。

もしも私の母親がイギリスには珍しく温かい心の持ち主であったのならば、まずそもそも私の父をまったく異なった人間にしていただろうし、また愛し愛されて子どもらを育てただろう。しかし私の母親が最善の意図を持ってやったことと言えば、彼らのためにあくせく働いて自分の生活を費やしていくことだけだった。家族のためにできることは何でもやったし、ともかく親切ではあったので、家族は彼女を好いていた。けれども彼女は自分を愛させることも、尊敬させることも、家族を従わせることもできなかった。彼女があいにくと持ち合わせていないような性質を要求するような者も誰もいなかった。したがって私は愛の欠如と、恐怖のうちに育まれたのである。道徳的な成長を阻止するような環境のなかでの成長は、拭いがたい多くの影響をもたらした。[*76]

Bのケースと同様にミルもまた、二〇歳になるまでに抑鬱症状の危機に直面する。ミルは、社会福祉についての思想によって、また父親から学んだ分析の習慣によって、この抑鬱症状から解放されようと空しく努めた。そうしたなかで、しばしば議論の的となる神秘的な出来事によって、決定的な転機がもたらされることになる。

私はたまたま、マルモンテル〔Marmontel 一八一六－九八年〕の『思い出 *Memoirs*』を読んでいて、そして一家の不幸について、すなわち父親の死について記述されたくだりにさしかかった。そこで彼とその家族は、まだほんの少年にすぎない彼が、失ってしまったすべてのものを贖っていく者となるであろうこと、家族にとってのすべてになるであろうことを感じるのである。この件りを読んだ時、突然情景がまざまざと思い浮かび、その場の気持ちに囚われたのである。涙が流れた。この瞬間から私の重荷は軽くなった。自分のなかのすべての感情が死んでしまっているのだと考えてしまう、その圧迫は消し去られた。私はもはや、望みなき者ではない。さまざまなものを詰め込まれた箱ではないし、石でもないのだ。*77

危機は徐々に去ってゆき、やがて彼はワーズワースの詩のなかに、大いなる糧を見出すのである。彼は社会へと戻っていく。数年後、芸術的で詩的であるように思われるような幾人かの女性たちとの実らぬ恋を経て、ミルはディナーパーティでハリエット・テイラーと出会うのである。

このマルモンテルのエピソードは概して、ミルの父親に対する死の願望であると解釈されてきた。こうした解釈は、ミルが恐ろしい父親に代わって家族を守っていきたいと望み、自身をマルモンテルと同一視しているのだと仮定している。たとえ彼の記述のうちに見られる多くの賞讃と愛情表現の分を差し引いたとしても、父親に向けられた敵意の感情は明白であるから、こうした解釈もまるきりの見当違いというわけではないだろう。しかしながら、この場合残される問題は、このエピソードの後にも先にも、彼が他者を守るためにことさらに懸命になっているようには思われないという点である。確かに彼は、自分の鬱状態から抜け出すために他者の幸福に積極的に関わっていこうとしたと語ってはいるが、この努力はうまくいきはしなかった。その代わり、彼の努力は自己自身のケアに絞られていき、とりわけ、父親が恥ずべきものとして教え込んだ主観的な感情や心の動きに焦点が絞られるのである。むしろミルは、いまや必要としていた庇護を受け入れつつある、一家の大黒柱を失った家族と自分とを同一視していたように思われる。彼は誰かが自分に告げるのを思い描く。「君が必要としているものはやがて受け入れられ、満たされるだろう。君の必要とする保護を、君は得るだろう。その抑鬱症状は、愛によるものなのだろう。君は誰か、自分にとってすべてであるような人を見つけるだろう」。

ここで、『自伝』を解釈した人々が通常わざわざやらないようなことをやってみると、というのは要するにマルモンテルのオリジナルのテキストを検証してみると、こうした読解が強く裏づけられるのである。「一滴の涙もこぼさないまま」と言われるように、マルモンテルが明らかにしているのは、彼が自らの感情を懸命に押し殺すことによって、家族の慰めを完遂したということである。その慰めの言葉に、母親と幼い弟妹たちは、滂沱《ぼうだ》と涙するのである。しかしこの涙はもはや死んだ者を惜しむ苦い涙ではない、安らぎを得た安堵の涙なのであると彼は語るのだ。[*78] つまりミルは明らかに、自己を押し殺している長男の感情のうちに身を置いているのではなく、悲嘆から自分を救ってくれる安らぎを見出し安堵の涙をこぼす母親や子どもたちのなかに感情移入しているのである。

一方で「自伝」が明らかにしているように、気にかけられたいというミルの望みは、自己自身との新たな関係によって満たされる。彼は、庇護されることや満たされることへの切望など、それまで隠されていたような自己の側面の意義を受け入れるようになっていくのである。[*79] 自分自身の欠乏した部分を育んでいくその道のりの支えとして、彼はワーズワースへと向かってゆく（ここからほどなくして見事なエッセイのなかで、ミルはベンサムについて、自らの人間的な感情を育むことなく、文学を喜ぶこともなかった幼稚な人間と評している）。[*80] またそれからすぐに、自分の母親が与えてくれなかった（と自分では感じていた）保護を与えてくれるような人物を、やがて妻となる女性ハリエット・テイラーのなかに——手紙から読み取られるように、彼女は大変感情豊かな人柄で、ミルの知性が構築した固い殻を迂回する術《すべ》を心得ていた——見出すのである。[*81] また、英国文化よりもフランスの文化を好むような積極的な発言からも、彼がいかに感情表現の自由を重んじていたのか、自らのうちに閉ざされていた喜怒哀楽を解き放ってくれるような自由を重んじていたのかを窺い知ることができる（マルモンテルのエピソードのもう一つの側面として、このテキストが彼の感情を解き放ってくれる言語、フランス語で書かれていたということが考えられる）。その哲学的な歩みのなかで、ミルは一貫して内的世界の認識と育成とを重んじ、また政治的自由の環境を重んじた。ただ政治的な自由だけが、力強い、感情豊かな文化を生み出しうると感じていたのである（この点については第6章と第7章とでふたたび論じよう）。[*82]

これまで見てきたさまざまなケースから、幼年期のナルシシズムや恥辱や、傷つきやすい「本当の自己」の弱さが、人間に共通の問題であるということが理解されよう。これらの問題は、しばしば「正常に」生きている人々や、あるいは偉業を成し遂げた人々のなかにさえ、さまざまなかたちをとって宿っているのである。人間の生の構造に本来的に備わっているような緊張関係に関わっていくことは大きな危険をはらみ、細心の注意が要される。おそらく、こうした緊張関係にまったく関わらない人生はありえないだろう。しかし、ウィニコットによって「細やかなやりとり」と名づけられ具体化されたこのデリケートなバランスは、社会と家庭とによって守られ、育まれることを必要とするのである。並外れて完全性を重視したりする家庭や、弱さや欠乏が社会を支える要員にとって恥ずべきものであると考えるような社会のなかには、とりわけ危険が存すると言える。というのは、こうした社会や家庭はこのバランスを狂わせ、これによってもたらされる虚無感が、激怒や抑鬱症状、もしくはその両者をもたらす危険性があるのだ。

家庭や社会が多くの点で原初的羞恥心を助長してしまうことがあり、そのうちのいくつかはごく巧妙なかたちで行われるということは強調しておくに値する。Bの母親やミルの父親のように明らかに問題のある親だけではなく、まったく普通の愛情深い親が、子育てのなかで自らの幼年時代のナルシスティックな幻想を追体験してしまい、自分の子どものナルシシズムを過度に刺激してしまうこともありうるのだ。

子どもは当然、親よりも幸せな時間を過ごしている。子どもは生活のなかでの最優先事項であると理解されたもの、必要とされるものに従属する必要はないのだ。病気や死、楽しみの断念、自分の意志の規制などは、子どもには関係ない。社会の法や、自然の法則でさえも、子どものためには無効にされてしまう。言うなれば子どもは、いま一度創造の中心にありまた中核なのである。確かに私たちが自らかつて思い描いたように「赤ん坊陛下」なのであろう……。ナルシシズムの仕組みのなかで一番厄介な点、現実そのものによって強烈に促されている自我の不滅性は、子どものなかに潜むことによって安全に確保されてしまっている。*83

子どもが死ぬことはないし、また子どもは苦痛を経験することがなく、辛い制限も課せられることはない、と親たちはいくぶんか信じ込み、またそのような信念は私たちの間にも蔓延している。このことは、特にアメリカで当てはまるように思われる。アメリカにおいては、全能感の願望が特に際立っており、また死や過ちが常に確固として受け入れられているわけではない。病気とか死といったものは科学や技術のまっとうな努力によって解消されていくとすら思い込んでいるのである。まっとうな人間は自足しているものであって他者を深く必要としたりはしないものだという広く普及したアメリカ的幻想がこれらの幻想と相俟って、苦痛に満ちた社会的緊張関係の要素となっている。*84

こうした緊張は実に、年若い少年たちの生活のうちに顕著に現れている。男性中心主義の環境に参与していく若い少女の諸問題に研究の焦点が絞られていた数年前と比べて、この数年、少年の発達における問題についての研究が激増している。臨床心理学者、ダン・キンドロン Dan Kindlon とマイケル・トンプソン Michael Thompson は、三五年にわたって学齢期の少年たちを診察してきた。彼らは、名著『危ない少年たちを救え *Raising Cain : protecting the emotional life of boys*』のなかで、先ほどの議論を強く思い起こさせつつ、アメリカ文化における少年たちの苦境を分析している。*85 彼らは性差に対する生物学的説明に対して慎重な態度を採る。彼らの見解によればおそらく生物学的差異というものはある程度存在するのだろうが、しかしながら少年における攻撃性の過剰は、テストステロン[2]の影響に由来すると考える正当な根拠は何もない。というのも、一つには、思春期に達する前の少年と少女とではその攻撃性のレベルが大いに異なっていながらも、テストステロンのレベルにはほとんど差異がないからである。また問題視されなければならないくらいに高い攻撃性を備えた少年たちは、いわゆるガキ大将グループに属しているわけではなく、往々にしていわゆる「意気地なし」グループに属し、彼らのテストステロン値はガキ大将グループよりも低い傾向にある。これがもう一つの理由である。生物学的な観点から由来するように思われる差異として挙げられるのは、次の二つの点にすぎない。第一に、男の子は女の子と比べると全体的に言語スキルの獲得に遅れが見られるということ。また第二に、幼い少年はものごとに集中するにあたって、まず激しい身体的運動によってエネルギーを発散させる必要が大いにあるということである。

実はそうした性差よりも、生い立ちや文化の課す差異こそがいっそう困難な問題なのである。何より問題なのは、誰も少年たちに内的世界を吟味しあるいはそれを表現するよう勧めないことなのだ。彼らは人の気持ちや内的世界に関してひどく無知であるが、それは大人たちが彼らにそれ以上を期待しないからなのである。トンプソンとキンドロンが参照している実験によれば、幼い子どもが感情について母親に質問する時（たとえば「どうしてジョニーは泣いているの？」といった）、母親は女の子には詳しく答える一方で、男の子には、簡潔で、踏み込まない答えを返しがちだという。母親は、女の子がこうした興味を持つことを望んではいるが、男の子に対しては期待していないのである。学校に行くようになるまでには、男の子は自分の悲しみや気持といったものについてまったく見当もつかず、また人の気持ちに共感することもかなり困難になってしまっている。彼らはすでに、欠乏や悲しみが恥ずべきものであると、思い込んでしまっているのだ。彼らに常に送られているメッセージと言えば、耐えよ、こらえよ、男たれ、ということなのだから。学校では、多くの少年たちがふたたび羞恥心に遭遇することになる。日常茶飯事のことであるが、たとえば音読でつっかえてしまったり、大人しく座っていられなかったりする場合、彼らは周囲が発する圧力によってスティグマを付与され、自己嫌悪を感じることになるのである。自分が何を感じているのか理解しないままに、彼らは塞ぎこんでいき、あるいはさらに激情で満たされていく場合もある。

「残酷な文化」は後に、リーダーでもなく、スポーツマンでもない、スティグマ付与された少年に対してますます苦痛の圧力を加えていくことになる。少年たちの文化のなかでは、女性的に思われるようないっさいの側面を、つまり感情、とりわけ悲しみや、欠乏、共感などを軽蔑する傾向が見られる。トンプソンとキンドロンはこの傾向を特記すべき問題点として指摘する。好戦的であるのも傲慢であるのも大いに結構であるが、「軟弱」なのはよろしくない、というわけだ。確かにここには、アメリカの少年文化の間に不気味に漂っている典型的な雰囲気が示されている。その雰囲気は、ドイツ義勇軍[3]の若い将校たちに関するテーヴェライトの考察に見られたものと似ており、女性蔑視にもつながっているものである。多くの少年たちの生活に多様なかたちで刻みつけられている恥辱の経験は、敵意へと変じていく。つまり、女性に対する敵意、自分自身の傷つきやすい部分に対する敵意、またしばしば自分の所属する文化の支配層に対する敵意へと向かっていくのである。こうした葛藤に対処できるようになるための内的な資質が十分に発達していないため、彼らはしばしば自分の抱える問題を示すこともできない。トンプソンとキンドロンが繰り返し指摘するように、いじめっ子であろうがいじめられっ子であろうが問題を抱える少年たちは一様に、他人がどう感じているのか、人の気持ちについての簡単な質問にすら答えることができない。往々にして彼らは、まるで火星人から質問されているかのような反応を示すのである。それもそうだろう、そういった問題は彼らの文化のなかには存在したことがなかったのだから。若い男性が女性との関係のなかでしばしばとまどうのも驚くには当たらない、と彼らは主張する。若い男性には、親密さがいかなるものであるかを理解する能力が欠けている。そのうえ、彼らの自慰のような幻想が、支配することへの喜びや、傷つかないことへの喜びに合致してしまっているのだ。

もちろん、こうした少年についての話は、女性にとって不愉快なシナリオをすでに含んでいる。女性たちはあまりにしばしば、自ら蔑んでいる自分の性質を「女のような」と呼んで受け入れられない男性たちの犠牲になってしまうのだ。しかし、女性の側における恥辱を誘発するような数々の文化的理想もまた別の破壊的要素を含んでいる。特に、変動しやすい理想的な女性美に対する、頻繁な強調が挙げられるだろう。現代社会ではまずもって体が細いことが望ましいと強調されている。こうした理想と摂食障害との関係はこれまで多く研究されてきたが、こうした障害の波は、思春期のみならず思春期に達する前の少女たちにすら徐々に広がっている。アンドリュー・モリソンは、摂食障害の問題と羞恥心の肥大化との関係を緊密に関係づけて論じている。自ら思い描いた自分の身体の欠点を恥じることとは、多くの場合かつての幼児期の恥辱をより一般的に感じることへとつながっていく。つまり、文化的な規範は幼少期の苦悩と互いに悪影響を及ぼしあい、破壊的なナルシシズムの傾向をさらに培うと論じられているのである。*86 モリソンが指摘するこうした身体的な恥ずかしさは、しばしば次のような悪循環を引き起こすことになる。というのは、自分の体に欠点があると感じることが摂食障害を生み出す。それはまず身体に対する支配を回復するためであり、また完全性への欲望を果たすためである。しかし、その一方でまた摂食障害それ自体が（特にそれが、だらしのない、秘密の嘔吐や瀉下を伴った過食である場合には）、恥辱の新たなる源泉となっていく。こうした障害は人目から隠蔽され、さらなる恥辱の火種となるのである。*87

こうした不気味な文化の光景は、恥辱とその力について何かしら重要な問題を示していると言えよう。すなわち、恥辱のもたらす打撃を社会がどれほど支配しているかを示しているのである。ある意味では、原初的羞恥心は必要なものであり、また避けられないものでもある。キンドロンやトンプソンが少年について論じるなかで示した社会的議論、モリソンやパイファーらが少女たちについて論じるなかで示した社会的議論は、建設的なものである。彼らは一群の文化的問題の正体を割り出し、こうした問題に対処する方法を提案しているが、これらはミルが提案したもの──つまり、感情をより育んでいくこと、想像力の世界にまなざしを向け、真の共感と他者理解という目的へより注意を向けること、自己の弱い部分をいたわること、理想的なものは、固定的で一般的であるよりも、柔軟で個別化されたものであること──とは似ていなくもない。教育の点からすると、ミルの見解は立証されている。すなわち教育は常に、内なる自己の不安や欲求に眼を向けていなければならず、同時にまた、他者の欲求を感じ取れるような能力を伸ばしていかなくてはならないのである。口承文芸やそのほかの芸術は、しばしば人の胸を打つ。しかしながら、教育がそれを無視した場合、そういった感動は育まれないままになりうるのである。教育は、生きることの困難に対する意識を育まなくてはならない。さらに協働や共感を通じて、人間はある程度までこれらの問題に立ち向かいうるものなのだという意識を育み、「細やかなやりとり」を通じて、無力さはそれなりに克服されうるのだという意識を育まなければならないのである。教育における文学や音楽、美術作品は、以上のような目的を視野に入れ、またその社会のなかで最も脆弱でスティグマを付与された人々の経験に注意を向けながら、選ばれなければならない。*88

人生がすべての人間に対して突きつける問題は深い。しかし、社会は若い人々に対して、感情に関するかぎり、「促進的環境」を創り出していくことができし、またその反対の環境を創り出すこともできるのだ（この点については、第5章でふたたび論じられるであろう）。

第4節　恥辱とその類縁――屈辱と狼狽

さて、社会的な論点に立ち返る前にいくつかの区別を検証してみよう。恥辱は、屈辱 humiliation や狼狽 embarrassment と緊密に関係しているように思われる。どのような感情が恥辱と似たものに分類されるのか、その分類法は文化や言語によっていくぶんかは異なって理解されており、そして、この節の考察はアングロ・アメリカの理解に基づいて始められる。だが、ほとんどと言わないまでも多くの文化において、おそらく、こうした区別は何らかのかたちで見られることだろう。私の理解するかぎりでは屈辱とは、恥辱の能動的で公的な側面である。誰かを辱めることは、誰かを恥にさらすことであり、誰かを恥じ入らせることとは、多くの場合、辱めることなのである（少なくとも、その恥かしめが十分に深刻である場合）[*89]。もちろん屈辱という行為が常に他者に実際の恥をもたらすとは限らないが、しかし、屈辱を与えることの目的は恥辱付与なのである。屈辱感について論じることも可能だろう。屈辱感は恥辱感に緊密に結びついているが、屈辱感の方にはさらに、何かが屈辱を感じている人にいいいなされたという観念が伴っているのである。

ウィリアム・ミラー William Miller は、屈辱と恥辱付与の行為とを対比させている。彼によれば屈辱とは、喜劇の領域に類するものであり、大仰な気取った人間に対する冷やかしや嘲笑を含んでいるという。その一方で、恥辱はさらにもっと深刻なものである。つまり、屈辱を予期すると人は笑い出すが、恥について考えると往々にして憐れみを催すというのである。[*90] 私には、彼の議論は説得的であるとは言い難いように思われる。というのも人は、屈辱を予期して笑い出したりなどはしないのだから。屈辱は、いちじるしく深刻なかたちで恥辱を被った状態であり、そういったものとして恐れられているのである。私はミラーの論のこの点に関して反論している著者を他に知らない。喜劇における屈辱と恥との役割を考察することは、確かに興味深い試みではあるが、悲劇－喜劇の区別が恥辱－屈辱の区別に通じるとは考え難いのである。社会のあり方について論じようとする著述家ならば当然、人を屈辱から守る社会、屈辱が人間の尊厳を傷つけるいちじるしい侮蔑であると理解している社会を良い社会として語るであろう。[*91]

恥辱を与えることと屈辱を与えることの違いに関するかぎり、恥辱を与えることはより広い概念であるように思われる。この概念には、正当な道徳的批判の的となる事例が含まれる可能性もあるし（追って第6節で論じる）、またある人の人間性そのものを傷つけるとは思われないような軽微な事例も含まれている。屈辱は概して、当該人物は劣等で、人間の尊厳に関して他の人々と対等ではない、という主張をするものである。

一方、狼狽とは通常、恥辱ほど深刻なものではない。恥辱の感情と同様、狼狽は主観的な感情状態である。しかし、大概の恥辱とは異なって、狼狽はごく限られた一時的なものでありまた深刻なものでもない。恥辱は、理想や厳粛な規範に関わるものであり、したがって、広い意味で常に道徳的である。これが、恥と狼狽との差異の一つの理由であると思われる。狼狽は、主に社会的状況の特徴に関係するものである。社会的状況は実際しばしば長続きせず、また個人の重要な価値に密接に関わっていないこともあるのだ。それゆえゲイブリエル・テイラー Gabriele Taylor が指摘するように、恥辱とは人間の内奥に存する願望の要素に関連しており、「より重く、いっそう深刻」なのである。[*92] 確かに、狼狽は、自分の欠点についての感覚をまったく含んでいないこともある。ただ社会的に何か場違いだと気がつくこと、あるいは予期せずまた望んでもいないのに突然公衆の眼を惹いてしまっていることに気がつくことが含まれうるのである。たとえば、公的な場所でおならをしてしまった場合、たとえそれを完璧に正常であると思われ、愉快であるようにさえ感じられたとしても、多くの場合人は狼狽するのである。またたとえそこに重大なマナー違反や品性の侵害がなかったとしても、滑って誰かのドレスを引きずりおろしてしまったところが見られていたら、やはり狼狽せざるをえないだろうが、ここには恥辱の要因はない。一〇代の少女たちは一様に、自分の胸が大きくなっていくことに狼狽を感じるが、もちろんそこに恥を感じたりはせず、通常は自慢に思う。この狼狽は、社会における自らの身体の新たなあり方に対する居心地の悪さを表している。彼女らはまったく突然に大人の女性とみなされるのだが、しかしそれに対して対処する術《すべ》をまだ知らない。そうした変化は、それまで日頃から小さな女の子としてしか見られていなかった彼女らを、場違いな気分にさせるのである。また、公の前で賞讃されることも、しばしば人に狼狽を感じさせる。この場合の狼狽は、自分がまったく賞讃に値しないということを意味しているわけではない。自分が他の人々の前で熱烈な言葉で語られることに対して、ばつが悪く場違いな思いがして居心地の悪さを感じるのである。

こうして、狼狽と恥辱のもう一つの差異が明らかになる。狼狽は常に社会的で、何かしらの文脈のなかにもたらされるが、恥辱はそういった状況を必要とはしない。恥辱とは、自己の内奥に関わるものであるがゆえに、世間のまなざしのいかんにかかわらず生じる自己評価の感情なのである。一方、狼狽は観衆なしには成立しない。いわば、観衆の性質に気づくことによって生じる反応なのであり、観衆の変化に気がつくことによる自己知覚の変化なのである。だからたとえば、私が、他のマラソンランナーたちに囲まれている時に公的な場で放尿をしても、自分の汗臭さに狼狽を感じないように、放尿に狼狽を感じることはない。しかし大概の他の社会的状況にあっては、放尿と汗臭さのいずれに対しても狼狽するだろう（そしてどちらの場合にせよ、恥辱を感じるとは私は思わない）。トイレを使っている時に見知らぬ人が入ってきたら私は狼狽するであろうが、それが自分の娘やパートナーだったら狼狽しない。また、自分が話しかけている本人の名前を思い出せなかった時には私は狼狽するが、その人について第三者と話しているのだったら（通常は）狼狽しないだろう。こうした場合に私が恥辱を感じるとしたら、たとえば当然しかるべき注意を怠っていた場合や自分の記憶力の衰えを表す場合のように、自分の忘れっぽさが比較的に深刻な人格上の欠点を表している場合だけである。[*93]

結局のところ狼狽とは藪から棒に生じるものであり、ごく稀にのみ、意図的に加えられるものなのである。人から意図的に狼狽を押しつけられた場合を考えてみると、もちろんそれは屈辱に類する問題となる。田園風景のなかで用を足しているところを知らない人に見られたら、通常は狼狽するにすぎない。しかし知らない人たちの前で用を足すことを強いられたら、恥ずかしく、また屈辱であると感じるであろう。それは何かしら人間の本質に関わるような内的な働きの選択肢を否定されているからなのである。穴の開いたシャツを着ても、それが意図的な自己表現であるのなら、狼狽しはしない。また知らずに自分が穴の開いたシャツを着て一日中歩き回っていたと気がつくことは、狼狽をもたらす。しかしながら経済的困窮によるものであろうが、ある種の懲罰であろうが、穴の開いたシャツを着て一日中歩き回ることを人から強いられた場合、それは屈辱なのである。そこでは尊厳ある市民に当然認められるべき自尊心に属するものが奪われているのだから。

第5節　恥辱とその類縁的感情――嫌悪、罪悪感、抑鬱、激怒

ここで、恥辱とは直接的関係にない他のいくつかの感情に関しても、恥辱との因果的・概念的関係について分析しなくてはならない。というのも、これらの概念は、後に手短に検証することになる社会的な政策に関する課題に深く関わっているからである。これまで考察されてきたように、恥辱は嫌悪感と異なったものであり、また多くの点でより実り多く、創造的な可能性を秘めた感情である。第2章において論じられたように、嫌悪感は私たちの死を思い起こさせるものにその焦点を絞っており、また自己の汚濁の源泉である身体性に向けられている。したがって嫌悪感は、何かしら現に自己であるところのものから距離をとろうとする働きなのである。この感情は、真の危険の原因となるものから私たちを遠ざけるような実際的な価値を持つ場合もある。けれども、嫌悪の感情は危険への恐怖とは概念的

に区別されるということ、また常に危険をうまく探知するとは限らないということが、ロジンの調査によって明らかにされた。通常、嫌悪の感情とは根深く自己欺瞞的な感情であり、また先に論じたように、その本質からして自己欺瞞的なのである。というのは、良かれ悪しかれその作用は何よりも、日常生活における向き合い難い私たち自身の事実を隠してしまうからである。

恥辱はより巧妙に成立している。この感情は、さまざまなかたちの目標や理想に関わって人を駆り立てるが、こうした理想や目標には時に非常に重要なものも含まれている。この意味で、恥辱は本質的に自己欺瞞であるとは言えず、自分とは違ったものでありたいという欲望を常に表現しているとは限らない。むしろしばしば真実を伝えているのである。ある種の目標は価値あるものであるし、私たちはこうした目標に達しかねる時もある。そして恥辱は往々にして自分もなれる存在でありたいという欲望、つまり優れたことをする善き人間になりたいという欲望を表現している。そうした意味において、恥辱は、社会的な賛成や反対にのみに関わる非道徳的な感情であるとは考えられるべきではない。ここで私は、恥辱が多くの場合道徳的内容を含んでいるというバーナード・ウィリアムズの見解に同意するのである。[*94]

とはいえ、恥辱の起源は、完全であろうとする欲望、あるいは完全に支配しようとする欲望、そういった原始的な欲望に存する。それゆえこの感情は潜在的に、他者の軽視につながっており、またナルシシズム達成の妨げとなるものに対して牙をむくような、ある種の攻撃性につながっている。ナルシシズムとそれに結びついた攻撃性とは危険なもので、正当に動機づけられた恥辱であっても、この危険は常にその片隅に潜んでいる。これらの二つを常に区別できるのが賢明な人間や社会ということになるだろう。

さて、通常恥辱と対比されるのは罪悪感である。ここでいったん尽きぬ疑問に対する私の見解の提示は休止して、この対比を考察してみよう。この分析は、第2章においてなされた嫌悪感と怒りの関係についての分析に近い。思い出してみよう。怒りとは、不正や害悪に対しての反応であり、不正に対する是正を目的とするものであった。ここで私が示唆したいのは、悪事を働いた者が自己自身であるという特殊な場合のこの怒りこそ、罪悪感であるということなのだ。この場合、罪悪感とは、自分が不正や害悪をなしてしまったという自覚に対する、自己懲罰的な怒りである。羞恥心が不完全性や欠点に焦点を絞った感情であり、したがって、それを感じている人間そのもののある側面に対して向けられている感情であるのに対し、罪悪感は行為（あるいは行為の願望）へと向けられている。つまり罪悪感は、行為者を完全に不適切なものとみなして、その行為者の全体にまで及ぶ必要がない。[*95] 第2節において提示されたように、発達期間における罪悪感の由来は、自分の攻撃的な欲望が、危害を被るにふさわしくないような人に危害を加えてしまった、あるいは傷つけようとしてしまったということの知覚である。つまり、保護者に向けられた両価感情《アンビヴァレンス》に気づくと、それに対する反応として罪悪感が生じてくる。しかしながら、これらの保護者が独自に生きる権利を持ち、自分から分離しているのだとすでに認識している段階でなければ、そのような反応は得られないだろう。罪悪感は本来それだけで他者の権利を承認することになるのである。恥に含まれている攻撃性が、全能感に満ちた世界をナルシシズム的に回復しようとするのに対して、罪悪感に含まれるこの攻撃性は、いっそう成熟したものであり、創造的である余地がある。すなわち、罪悪感は自己から分離された対象や人間の全体の回復を目指しているのである。フェアバーンがその著作で「道徳的擁護 the moral defense」について説得的に論じているように、罪悪感は道徳的要請の受け入れに結びついており、また他者の権利のために自分自身の要求を制限することに結びついているのである。またメラニー・クラインが論じたように、これと同じ理由で、罪悪感とは償いの試みと結びついており、こうして子どもは自分が犯してしまった過ちや、やりたいと思った悪い行いの罪滅ぼしをしようとする。[*96]

罪悪感と恥辱との差異をより理解するための一つの方策として、ここでふたたびウィニコットの患者Bの症例に立ち戻ってみよう。Bは完璧でなくてはならなかった。そのために彼は、〔自己自身とその行為とを区別することができず〕攻撃という悪しき行為を為した何者かとして自分自身を見ることができなかったのである。彼は自分のナルシシズムを断念していないので、いまだ罪悪感を感じることができず、その代わり自分の攻撃を、自己全体を覆っている、どうにもならない悪として理解した。それゆえ、彼の根源的な反応は罪悪感ではなく、自己を隠し、自己を閉ざして恥じることだったのである。彼は怒りに対処する術《すべ》を持たなかったがゆえに、多くの子どもたちが経ている葛藤、自分の嫉妬や怒りと戦う葛藤の経験を拒んだ。「いまはわかったんです」とBは語る。「ものごとが手始めにうまくいったとしても、葛藤のなかには、後になって価値のありうるものが存在するのです。……要するに問題なのは、いままで一度も私になかった葛藤というものを、どうやったら見つけられるかということなのです」[*97]。ウィニコットは言う。「償い reparation の能力によって彼の心はちりぢりになってしまっているのだ」。というのも、彼はいまだ、「償いという現象の実行を暗示するもの、怒りを見出したことがないからだ」[*98]。その結果当然ながら、彼にとって道徳とはまったく与《あずか》り知りえないものとなっていたのである。なぜなら、道徳とは、たとえば、償う能力を実行させること、他者の人間性を尊重すること、また他者の要求を重んじることを含んでいるからである。

したがって、私が考えるに、償いや赦し、また攻撃の制限を受け入れることに結びついている罪悪感は、創造的な力を含んでいる。その一方、原初的なたぐいの羞恥心はあらゆる道徳性や共同体の実現にとって脅威であり、また確かに、創造的な内面の生活にとっても脅威なのである。もちろん、罪悪感は時に過剰で抑圧的なものになりうるし、これに応じてあまりに償いに重きを置く場合には、不健全なかたちで自己を苦しめることにもなるだろう。その一方で、ナルシシズムの要請をすでに放棄しているという条件のもとでのみ、特定のごく限られたたぐいの羞恥心が、価値ある理念の追求を動機づける建設的なものでありうる[*99]。しかしながら、幼年期のきわめて大切な時期の役割として罪悪感と羞恥心という二つの感情を比べてみると、ナルシシズムと結びついた羞恥心は、発達に対してより大きな危険をもたらす感情として現れるだろう。これを考慮しつつ、幼児的な全能感の断念と、また対象世界で生きることへの意志という、幼年期の中心的課題に関連づけてみよう。罪悪感は、これらの幼児の課題に対する助けとなる。というのも罪悪感は、他者がそれぞれの権利を持った独立した存在であり、侵されざるべきものであるという大きな教訓を含んでいるからである。それに対して、恥辱は、他者を自己の欲求に従属させることによって、この発達上の課題を台なしにしてしまう危険性をはらんでいるのである。こうした見解がもしも正しければ、法は、生じた犯罪の罪悪について社会が感じていることを表明し、また、社会的な動機として罪悪感に頼るのが賢明であると言える。恥辱は、人のよりどころとするにはあまりに不安定で当てにならないツールである。

「偽りの自己」と「ノーモティック normotic」な人格について論じるなかですでに私は、原初的羞恥心と抑鬱状態との強い結びつきを示唆した。この関連は、医療的文献において十分に立証されている。恥ずかしさを感じている人間は、漠然とした居心地の悪さを感じるが、この居心地の悪さを取り除くためのはっきりとした手段は示されていない。そこで多くの場合、人は単純に引きこもり、あるいは閉じこもるのである。より一般的に言えば、自己が心底欲しているものがけっして達しえないような理想的な共生であったりまた完全性であったりする場合、こうした目的の実現不可能性は、自分の人間的な不完全さについての恥辱〔羞恥心〕と相俟って、生活全体に空しさと無意味さの感覚を生み出すのである。抑鬱状態とナルシシズム‐恥との関係について詳しい臨床的な研究を行ったアリス・ミラー Alice Miller は、（Bの症例を彷彿させつつ）次のように主張する。原初的なナルシシズムに由来するような抑鬱状態を伴った患者は、嘆き悲しむ力を獲得しないままでは快方に向かうことが難しい。すなわち、完璧な全体という幻想、そして自分の保護者との完全な融合という幻想を断念することなしには、これらの症状は改善されないように思われるのである。[*100]

ミラーが強調するに、このような患者の抑鬱状態に取って代わるのは、単なる陽気さや苦痛のなさであると理解されるべきではない。悲しみを知らない陽気さや苦痛の欠如といったものは、完全な全体という幻想のもう一つのかたちにすぎないのだ。健康になることによってこうした患者が「得る」ものとは、「嫉妬や妬み、激怒や嫌悪、貪欲や絶望、嘆きを含むような、人間的経験の全体」なのだ。言うなれば、ロボットのような偽りの自己ではなく、自分自身を経験するようになることなのである。[*101]

最後になるが、恥辱とナルシスティックな激怒との関係性も、十分に立証されているものである。私の分析によれば、原初的羞恥心と激怒とは、自らの欠如の源泉において本質的に強く結びついている。自らの不完全性を自覚している自己は、その状態を誰かのせいにして非難しようとする。幼児の場合であれば、罪人は通常手近にいることになる。つまり、自分に力強くて完璧な完全性を感じさせてくれるという「務め」を果たしていない、保護者である。このような姿勢は後の人生で、容易に激怒に結びつく。というのも、こうしたナルシスティックな要求は諦めがたいものであり、完全に断念されることは稀なのである。カーンバーグが指摘したように、あらゆるナルシスティックな大人たちの生き方の背後には、「飢えており、激怒し、空しい自己、挫折させられていることに対する無力な怒りに満ちている自己、患者自身と同じくらい憎々しく執念深いように見える世界を恐怖している自己、そうした自己のイメージ」が横たわっているのである。[*102] したがって、自分を妨げるすべてのものに辱められているかのように感じている患者たちは、取るに足りないような軽視に対しても、すさまじい激怒を向けるのである。[*103]

羞恥心によってもたらされるこうした激怒は、しばしばその対象を自ら作り上げる。挫折の本来の原因の代わりに、身の周りのなかでいちばんもっともらしく思われるものに、その矛先を向けるのである。さて私たちはここでいま一度、第2章において論じたクラウス・テーヴェライトによるドイツ義勇軍についての研究に立ち返ってみよう。第一次世界大戦においてドイツ人が被った屈辱的な敗北の後、何ものによっても恥辱を受けないドイツ人男性という理想像が必要とされた。[*104] かの将校たちが心のうちに抱いていた異常なドイツ人男性の理想像と、そのような理想像がもたらす病的な激怒を、テーヴェライトは詳細にわたって記述している。すでに見たように、彼らが目指すのは、何ものにも影響されることなく、あらゆることを成し遂げることができる、鋼と鉄でできたハードな男である。[*105] とはいえ、こうした理想的自己像は、何ものかに対抗して特徴づけられなくてはならなかった。これらの将校による自分の母親についての口述、あるいは身の周りの女性たちについての口述を研究していくなかで、テーヴェライトは、この理想的な自己男性像が女性に対する憎悪や侮辱と緊密に結びついているということを示した。女性は、人間を超越した鋼鉄のような自足性に対する脅威とみなされ、恥ずべきもの、嫌悪すべきものとして語られていたのである。それに対して「鋼の男」は、女性の体から生まれ、ただ人間的な身体を有しているにすぎない昔の男たちの特徴である女性への依存を超越したのだという。[*106] 羞恥心によって導かれたこの激怒は、女性だけに向けられていたわけではなかった。彼らを脅かすような他の社会的グループ、たとえば貧困層やユダヤ人、コミュニストといったものは、忌むべき女性的なるものの延長として捉えられていた。彼らは、ドイツ人男性と他のグループとの間の隔たりに過剰にこだわることによってのみ、全能性の回復という幻想を保持していられたのである。

こうした例も、やはり極端であるように思われるかもしれない。しかしながら、あらゆる社会は非脆弱性へのこの要求を含んでおり、この欲求に結びついているように思われるような少数派に向けられる激怒も、あらゆる社会に認められるのである。発達過程においてナルシシズムから脱却できず、また他者の権利を平等に受け入れようという意志に達しえなかった人々は、個人であれ共同体であれ、こうした激怒にきわめて駆られやすい。これが、医療文献を読むなかで繰り返し痛感させられることである。平等な権利という理念に基づいて構築されているあらゆる社会にとって、こうした激怒は脅威なのだ。

第6節　建設的な羞恥心とは何か

すでに強調したように、恥辱は時に、発達過程と道徳的変化において建設的な役割を果たし、道徳的に価値のある感情となる。こうした主張は、私たちの公共政策の選択肢への評価に影響する可能性があるため、ここでこの主張について十分に検討しなければならない。まず大人のケースを考察し、その後で発達過程の子どものケースを考察して、この主張について検討してみよう（なぜなら、子どもは一般的に大人よりもいっそう不安定であり、原初的なナルシシズムの根幹により近く、子どもの場合における恥辱の効力を扱うにはことさら配慮が必要なためである）。では大人にとって、恥じるのが良い場合とはいかなる場合であるだろうか。またいかなる場合に、知人や自分の仲間である市民らに、恥じるようにと勧めることができると言うのだろうか。

手始めに、バーバラ・エーレンライク Barbara Ehrenreich の著作『ニッケル・アンド・ダイムド *Nickel and Dimed*』[4]の巻末に見られる、鋭い観察から見てみよう。この著作においてエーレンライクは、信用証明書のない求職中の女性として、自分がどのように生活したのか綴っている。三つの異なった職業に就きながら生活せざるをえない、健康を蝕む過酷な労働の日々を記述したうえで、彼女はこう締めくくる。ワーキングプアに対して適正な住まいや職業選択を保証することができないのは、アメリカにおける深刻な社会問題である。彼女の言葉をかいつまんで言うと、アメリカ人がこうした問題に対して罪悪を感じるだけでは不十分だということである。「罪悪感という言葉では十分ではない。ふさわしいのは恥の感情である」[*107]。彼女は何を言わんとしているのだろうか。また何が恥じるにふさわしくあるいは妥当であると、彼女は考えているのだろうか。

エーレンライクが言わんとしているのはおそらくこういったことであろう。私たちの社会においてワーキングプアの人々が立たされている苦境、またそれより裕福な人々の生活がこれら「ふさわしい賃金を受け取っていない労働」に依存して成り立っているという事実、こうしたことは特定の誰かによる何らかの悪しき行いの結果なのではないということである。こうした事態は、アメリカ社会に深く根を下ろし、長年にわたって形成されてきた思考や社会参加のパターンの所産なのである。それはすなわち、贅沢への愛好や、税金の再分配に対する広く行きわたった敵意、また貧困は個人の能力の不足のせいだという思い込み、などまだほかにもたくさんある。私たちがすべきことは単にあれこれの有害な仕打ちの弁明をすることではなく、むしろ自己自身に尋ね、自分自身の習慣や、国家の性質などをいま一度再検討してみることなのである。「Aという行為をもう二度としない」と口にすることはあまりにたやすい。いま声に出すべきは、「そうした生き方（貪欲であること、物質崇拝主義、平等性の嫌悪など）はもうやめよう」ということなのだ。

社会としてであれ個人としてであれ、あるものが性質上悪い特質を発達させてしまった際に、これらのことが時に声に出してしかるべきたぐいのものであることはいまや明らかである。アメリカ人に対して公けに、自らの性格について再考することを促し、またそこで見出したものに対して恥を感じるようにと促したエーレンライクの議論は実に的を射たものであるように思われる。しかしながら、ここで私がぶつからざるをえない問題は、こうした建設的な羞恥心は、いかにして原初的羞恥心や、あるいはより強化された原初的羞恥心のような危険な類いの羞恥心から区別されうるのであろうか、ということである。そしてまた、たまたまこのエーレンライクの事例に見られる政治問題が私を惹きつけ、他の恥辱の事例の政治問題がそれほど魅力的ではないように思われたという事実を考慮することなく、ことさらな弁解なしに、この適切な恥と危険な恥の区別をなしうるものであろうか。

まずここで、この感情そのものについて考えてみよう。エーレンライクの著作を読んで、自分の生活を省みることで人が感じるかもしれない羞恥心――共同社会の悪しき規範に個人として共謀したり、または協力したりしていることに対する羞恥心――は、価値ある道徳的・公共的規範、つまり、すべての人間と社会にとって望むに値するように思われる規範と結びつき、私たちにそうした規範を要求させているのである。羞恥心が表しているのは、私たちがあまりに貪欲すぎ、あまりに同情に欠けていたということ、そしてまた、他者への無関心によってもたらされた不平等が、アメリカという国の根幹にあるはずの平等性の理念や民主主義を転覆させているということである。さらには、問題そのものへの無関心やそれを変えようとする政治的な参加の欠如、自分のそんな点に関しても羞恥心は感じられることだろう。もちろん、読者のなかには、エーレンライクの著作はまったく見当違いだと感じ、貧しい人々は当人たちが自らを貧しくしているのだ、などと感じる人もいるだろう。こういった読者は羞恥心を感じることはない。ここで読者が羞恥心を感じているのであれば、それは読者が自分たちの現在の性質と、さまざまな政治的方針を超えて広く共有されている理想との間の不一致に気がついたからなのである。この著作の分析を正しいものとして受け入れた時、人はこの不一致に気づく。なればこそ、恥を感じよとアメリカ人に求めることがここで有効なのである。

さらにまた、これらの理念を受け入れ、そしてこの理想がいまだ自らの身に実現されていないことに恥を感じることは、原初的羞恥心を強めたりしない。この恥はむしろ原初的羞恥心に抗する働きを成しているのである。というのも、こうした恥を感じている人間は、世界のすべてがうまくいっているという思い込み、居心地のよい、ナルシスティックな思い込みから脱しつつあり、自分の時間や自分の努力、自分の金銭に対する、他者の正当な要求を認めつつあるのである。この人は妨げられることなくわが道を行く代わりに、自分が他者の実際の生活に関わっていなかったことを認めようとしており、その時人は、ナルシシズムから脱して、「細やかなやりとり」を育んでいくたどたどしい一歩を踏み出しているのである。

これと同時に肝心なのは、そうした人は、すべての人間が担っている共通の脆弱性を受け入れつつあるということである。エーレンライクの著作の狙いは、まさに、人間に共通のこの感覚をもたらすことにある。なぜなら、その著作は、インテリで、魅力的で、勤勉で、健康で、優れた業績を収めていると読者に知られている人物——人間努力の一種の模範——を取り上げ、そして、その同じ人物が、ただ学位と信用証明書を取り上げられただけで、自分自身で這い上がることができないようなみじめな世界へと転落していってしまうことを示しているからである。読者は、エーレンライクと自分を同一視するか、あるいは、自分は彼女よりも劣った人間だと考えるかのどちらかである（私であれば、どうしたら体を壊さずにあのような生活を耐え抜けるのか想像もつかない）。読者はこれらの人々の生活に引き寄せられていき、より恵まれた自分たちの生活（大半の読者の場合そう言えるであろう）とこれらの人たちの生活との差を形成しているのは、才能の差というよりはむしろ環境の差なのだと気がつかされるのである。その結果生じる羞恥心は、自分たちが労働階級よりも上位に属していると考え、自分たちと貧困労働者との共通性を軽んじていた（以前の）態度に対する恥ずかしさを含んでいる。

エーレンライクの例を擁護するために、ここで二つの関連する事柄を指摘することができる。まず注目すべきは、ここで感じられている恥に関わっている規範は、道徳に適ったものだということである。実際に、この規範は、合衆国で共有されている政治概念の基盤をなし、政治的な目標や目的を異にする人々にあってさえ共有されているものなのである。また第二に、エーレンライクの著作が喚起した恥はナルシシズム的でないどころか、むしろ実際、反ナルシシズム的なのであって、人がみな持っている脆弱さの感覚、すべての人間が共同体に包み込まれているという感覚を促進し、それと関連して、相互依存と互いに対する責任という考えを強化する。これら二つの条件は、成人の恥辱の経験を価値あるものとして成立せしめるのに、必要条件ではないとしても、十分条件ではあるだろう。他の成人にもそのような恥を感じてもらうように促すことは、その促しがこの場合と同様に侮蔑や屈辱を含まず、強制でもないかぎり、非の打ちどころがないように思われる（多くの場合こうした恥を感じてもらう促しは、自己自身で行うのがいちばんよいだろう）。社会のなかの異なった階級の人たちが歩み寄り、互いに支えあっていくかぎり、こうしたたぐいの道徳的羞恥心は罪悪感と同様に、社会復帰と償いに結びつくように思われるのである。*[108]

ここで、子どもの養育について考察してみよう。これまでの分析は、次のことを示すように思われる。子どもに対し、精神的なものであろうが肉体的なものであろうが、人間的な弱さについて恥じるようにと促すことは、きわめて危険なことであり、また子どもを蝕んでいく可能性のあるやり方であろう。子どもは常に親の力の前に傷つきやすく、また道徳的羞恥心の場合でさえ、容易に苦痛に満ちた屈辱として受けとめられうるのである。それゆえ私はここで、子どもの養育過程においては、羞恥心は常に避けるべきものであると言いたい。しつこい悪癖に対処しようとする場合であっても、子どもへの愛を示しながら悪い行為への罪悪感に焦点を当てる方が、羞恥心を煽るよりもずっと賢いやり方であるように思われる。羞恥心に訴えることは、あまりに容易に、子どもを貶めるように思われるのである。一方でまたここには同様に、エーレンライクの例に類するような場合もあるかもしれない。もしも子どもが他者の欲求に対して無関心で、常に無神経で尊大に、あるいはわがままに振る舞っていたとしたら、罪悪感では不十分であるだろう。こうした性格や行動パターンに羞恥心を向けることは、道徳に適うように思われる。しかし、親が子に恥じるように促すことが適切であろうとなかろうと、ここでふたたび問題が生じるのである。つまり先に指摘したように、屈辱のもたらすダメージの危険性は甚大なものなのである。したがってやはり、悪い行いに対する罪悪感に訴えることこそ、もっとも賢明で思いやり深いやり方であるように思われる。尊大な振る舞いはしばしば恐怖や弱さを潜ませている。尊大さの拒絶は子どもの隠された弱さを不愉快なかたちで暴くが、親はこの隠された弱さに愛情を示さなくてはならないのである。

ナルシシズムを助長することなく、また打ち崩しもしないような羞恥心とはいかなるものであろうか。怠惰に対する恥、つまり何ごとにも懸命に打ち込まず、価値ある理念を何ら追求せずにいることに対する恥はどうだろうか。恥を知れと促す声は自分自身から来ることが最も適切であると思われるが、大人にとっては、向上心によるこうした恥は建設的なものでありうる。しかし、その理念が共有された政治文化に属しているのでないかぎり、第三者が「きみは自分の理念を貫いていない」などと語るのはお門違いというものだ。友人の人格のある部分を欠点として指摘することには常に危険をはらんでいるが、友人ならそのような恥の促しを口にすることもできるかもしれない。それでも、友人の性格や傾向そのものが一般的に言って欠陥を帯びていたとしてもなお、行動に焦点を絞る方がいっそう賢明であるように思われるのである。

人とともに活動するような場合、たとえば「チームを失敗させてしまう」といったような、ある種のふるわない成果について恥を感じることもあるだろう。こうした羞恥心は建設的である場合があり、特に自己自身によって羞恥心を感じるように促される場合には、さらなる献身と勤勉を動機づけるかもしれない。しかし、特に他者から恥を促されるような場合、恥辱が人を麻痺させることがある。選手たちがとんでもなくいいかげんな試合をしている時、監督は選手たちに恥辱を感じるように促すべきだろうか。なるほどこうした場合には、恥はしばしば妥当であるし、また建設的でありうるかもしれない。しかしながら、その一方、こうしたたぐいの恥はものごとをもっと悪くしてしまい、必然的に自信喪失をもたらしてしまうであろうことはあまりに明白である。大変興味深いのは、良い監督は少なくとも表向きはそのように恥をかかせたりはせず、選手たちをリラックスさせながら、自分の期待や信頼を表現するように努めるという点である。[*109] 恥辱を与えることはすぐに成績につながるかもしれないが、長い目で考えた場合には建設的であるようには思われない。

子どもが関わる場合、向上心に基づいた恥辱は大いに危険に思われ、特に親がこのような恥ずかしさを促す場合はなおさらである。親たちは、自分が価値ある理想（勤勉さや長所など）を応援し、それらの理想に適うようにと子どもを励ましているのだと思っているのかもしれない。しかし往々にして実際には、そこで進行しているのはまったく別のことなのである。つまり、彼らは、それぞれ自分の希望や才能を持っているはずの子どもの身に、かたくなに自分の理想や期待を負わせているのである。あるいはまたこの親が表しているのは、子どもに対する愛情の欠如であり受容の欠如であると言える。それが親の隠された本音であろうが（意識的であっても無意識であっても）なかろうが子どもがこの恥辱付与を、愛情に欠けたものとして理解し心に刻んでしまうことは、いかにもありそうに思われる。すなわちこの恥辱付与が、完全なもののみが愛されうるのだという見解の表明として理解されてしまうことは、いかにもありそうに思われるのである。やはりここでも、子どもに愛情を示しつつ行動に眼を向けることこそが、よりいっそう建設的で明確なメッセージであるように思われるのである。

このことが意味しているのは、私たちは他者による恥ずかしさの促しにも動じないような「恥知らず」になるべきだということであろうか。こうした考えは、私にはとても理解できない。若者であろうと老人であろうと、自分の愛する人や尊敬する人によって恥を感じるよう促され、それに関わる自己点検を行うように促されること、こういった促しに対して敏感に応じることは至極妥当なことなのだ。もしも人が、自分と理念を共有している人々に対して「恥知らず」であったなら、あるいは成長過程のなかで頼ることを学んでいった人々の好意というものに対して「恥知らず」であったなら、それはそれ自体危険な兆候、ナルシシズムのしるしであろう。成熟した人間であることには、自分の道徳的な不完全性を受け入れることが含まれており、そして、自分の個人的理想（道徳的理想を含む）に対する努力が他者の見識によって常に高められうるのだと気づくことが含まれているのである。友人たちとの交わりから道徳的な前進を得ることができるだろうという期待、これも「細やかなやりとり」が求める一つの側面であろう。自分の愛する人や友人たちを信頼するということは、自分自身や自分の性格についての彼らの意見を尊重していくことを含んでいる。*110 自分の性格に対する他人の批判に恥ずかしさを感じないような立場に身を置くこと、そのような人間関係に身を置くことは、親密さを妨げ、その人から自分を隔離してしまうことなのである。親密な交流に自己をさらすことは、恥辱の被りやすさを含んでいるのである。

もちろん、このことは、他人に対して恥を感じるように促すことがなぜこうも問題になるのか、その理由を示している。つまり、親密な人間関係のなかにははなはだしい自己の露呈や脆弱性が含まれており、それによってダメージを受ける可能性はきわめて大きい。またこのために、その価値観を共有できず尊敬することもできないような人と緊密な関係になることが危険なのである。たとえば、互いの敬意に基づいていないような親密な関係のなかで性的交流に身を任せてしまった場合、多くの女性たちはこれに対する恥ずかしさによって、大きな心理的なダメージを被るのである。

こうして確かに、恥ずかしさは建設的なものでありうる。恥をものともしないような人間は、良き友人、良き恋人、良き市民ではないし、恥を感じるようにと促すことが良いことであるような場合がある。それは多くの場合、自己自身によって促されたものであるが、しかし少なくとも時には他者からも促されるのである。しかし、これらの建設的な事例は同時に、他者によるあらゆる恥の促しが本質的に危険をはらんでいるということを示している。これらの促しは非ナルシシズム的であり、また反ナルシシズム的でさえあるかもしれない。しかしながら、子どものさらなる努力を励ましているかのような見せかけのもとで子どもを支配しようとし、子どもをまさに自分の理想像のごとく作り上げようとする親の場合のように、こうした促しの核心にはナルシシズムが隠されていることもある。また羞恥心の促しは、愛や友情関係における敬意ある批判を表している場合もある。しかし愛情や友情でさえナルシシズムに陥る危険を免れるのは容易ではない。このため、そうした関係にあってさえ、恥入った者の人間性を見下すようなナルシスティックな支配の巧妙なメッセージが蔵されうるのだ。社会的相互作用における恥辱の役割に立ち戻ってみれば、こうした病理現象を警戒すべき理由を理解できるだろう。

第7節　スティグマと烙印——社会生活における恥辱

すべての社会は一部の人々を正常なものとして特徴づけている。ゴッフマンが徹底して観察しているように、正常と特徴づけられたものからの逸脱は、おしなべて恥を感じる根拠であるとみなされる。社会に属するすべての人は、正常性という社会の規範の観点から世界を眺める。そして鏡を見る時そこに見出されるのが、その規範に一致していない自分の姿である場合には、羞恥心がその結果となりがちである。社会的な羞恥心の多くの原因はずばりそのもの、肉体的な問題である。すなわち多くの種類のハンディキャップや障害にとどまらず、肥満や醜さ、不器用さやスポーツの不得手、望ましい第二次性徴の欠如などだ。またそういった肉体的問題の一方で、生活形態における規範からの逸脱といったものもある。なかでも性的マイノリティや犯罪者、失業者は多くの場合、スティグマを押しつけられることになる。

正常なものからの逸脱に関する後者のタイプは、外見に刻印が押されているのではない。であればこそ、社会はその人たちに、目に見えるしるしを負わせたがるのである。「スティグマ」という言葉は実際には、誰の目にもあらわなこのしるしを表すギリシア語の単語である。[*111] 古代ギリシアにおいてこの語群（名詞では stigma, 動詞では stizō）は、烙印ではなく刺青《いれずみ》を指すものであるが、刺青は刑罰の一つとして広く用いられていた。[*112] 今日に残るコンスタンティヌス帝の勅令に見られるように、スティグマはしばしばその顔に刻まれたが、それは人目にさらして犯罪者を恥じ入らせるためである。[*113] 刺青のみならず烙印も含めて、多くの社会で類似した例が見出される。そして証拠が繰り返し示すところでは、このような烙印の贄《にえ》として選出されるのは、特定の違法行為によって罪を宣告された人々にとどまらず、社会にとって望ましくないさまざまな人々に及んでいる。たとえば、奴隷や貧困者、性的あるいは宗教的なマイノリティである。

社会がマイノリティの人々にスティグマを付与する時、そこで何が起こっているのだろうか。これらのスティグマ付与の行為は、先に描き出されたような人間の発達の型とどのように関わっているのだろうか。この点に関しては、いかなる説明も憶測の域にとどまることを余儀なくされる。しかし、嫌悪と同様また恥の現象にも私たちはいたるところで関わっているのであり、いずれにせよこういった現象を理解するように努めなくてはいけないのである。問題の要は、「正常」という奇妙な概念である。この概念はまったく異なっていると思われる二つのものを結びつけている。*[114] まず一方で、統計的頻度の観念がある。すなわち、正常なものとは、多くの人の普段のあり方あるいは行いといった平均的なもののことである。この意味での「正常」の対義語は「稀」である。またその一方で、「良い」あるいは「模範的」という意味での「正常」の観念がある。すなわち、正常なものとは適切なものである。こうした意味での「正常」の反対概念は、「不適切」、「悪」、「不名誉」である。スティグマと恥という社会的概念は、概してこれらの二つの正常の観念を過度に緊密に結びつけている。この二つの観念が結びついた結果、誰であれ、大多数と同じように振る舞わない人間は、不名誉な者、悪しき者とみなされるのである。問題なのは、何を根拠にこれまで人はこの奇妙なつながりを引き出してきたのか、という点である。というのは、明らかに、ありふれた典型的なものがとても良い場合もあれば、それほど良くないこともあるからである。腰痛、近眼、誤った判断といったものはみな非常に典型的である〔が、良いこととは言えない〕。またローマン・ルスカ Roman Hruska 上院議員〔在任一九五四～七六年。共和党〕は一九七〇年上院論議において、月並みな知性とは合衆国の最高裁判所に代表されるべきだ、と言い放ったがこれは実に的を射た、広く普及した皮肉である。またミルが見て取ったように、人類の前進は普通とは違った稀有な人間によって果たされ、そうした人は大多数が歩まない、あるいはひょっとすると歩みたがらないような人生を送っている。

ではなぜ、多かれ少なかれすべての社会は、平均としての正常な人々という概念に規範的な機能を果たさせ、スティグマを付与される異なる人々を設定するのであろうか。

平均的という意味での正常な人についてのゴッフマンの観察を思い起こすと、謎はいっそう複雑になってくる。モンタージュで作った人間のように、まさにこれは虚構の構築物なのである。つまりあらゆる観点から言って、「正常な」人間など誰もいないのだ。一つ一つの性質に関しては広く共有された性質であっても、これらの性質のリストをすべて合わせて一つにした場合、できあがるのはどこにもいないような人間である。たとえばプロテスタントで、五〇歳以下で、異性愛者であるといったものは、まったく「平均的」な範疇であると言えるだろう。けれどもこれらを組み合わせ始めてみると、重複範囲がぐっと狭まってくることに気がつく。ゴッフマンの「正常性」リストを逐一検証せずとも、自分たちがみな、老いというスティグマを付与された範囲のなかへと急速に入り込んでいくということを念頭に置くのであれば、私たちが正常な人間として見出すのは、実際には稀有な、ごく一時的な人間であることが容易に理解されるであろう。ではなぜ、この見出し難く、ある意味で矛盾したカテゴリーが、人間の生活を傷つけてしまうような強大な力を持ってしまうのだろうか。

逸脱した行動にスティグマを与えるために「正常」というカテゴリーを用いることは、ある程度私たち全員に影響を及ぼしている原初的羞恥心の当然の結果として理解されるべきだと私は考えている。利益 good の源泉の完全な支配という幼年期の法外な要求を満たすのに自分はさまざまな点で失敗していることを、私たちはみな気づいている。そしてまた私たちはみな、いまだに母の子宮や乳房と一体化していた幼児期の至福に対する懐かしい憧れを抱いている。それゆえに、私たちは安全さと完全性の代用物を必要としているのだ。自らを「正常」と称する人々は、広く行き渡り、あらゆる方向から自分を取り囲む集団であると同時に、何ら欠けるところないよき集団という観念のうちにこの安全さを見出している。ある種の人々を完全で善きものと定め、またこうした人々に取り囲まれることによって、「正常な」人々は心地良さと安全性の幻想を得ているのである。正常という観念は、差異に満ちた世界の煩わしい刺激を覆い隠してくれる、いわば子宮に代わるものなのである。

しかし、当然のことながら、こうした防衛策を採るにあたって、自分とは別のいくつかの集団にスティグマを付与することが必要となってくる。正常な人々は、自分の肉体がもろく脆弱であることを知っている。しかしひとたび、肉体的な不自由を負う人々にスティグマを付与することができたなら、彼らは自分の人間としての弱さについて、大分ましだと感じることができるのだ。[*115] それによって、彼らは、自分たちが本当に健康であって、ほとんど不死身であるように感じるのだ。正常な人々はまた、自分の知性が多くの点で欠点のあることを知っている。つまり、人はみな、知識や判断、理解において多くの不備を負っているのである。知的障害を課せられた身の周りの人々を「能なし」、「馬鹿」、「蒙古症精神薄弱」あるいは「狂った人」とスティグマ付与することによって、正常な人々は自分が決定的に賢く、聡明になったような気持ちになれるのだ。さらにまた彼らは、人間関係というものが脆弱であり、喪失や裏切りが人を傷つけてしまうものであることを知っている。しかし、他のグループを道徳的に腐敗したものとしてスティグマを与えると、彼らは自分を決定的に徳の高い者であるかのように感じることができるのである。また性的関係は肉体的にも精神的にも傷つきやすくあるような独特の場であり、そこにおいて人はみな、その内奥まであらわにさせられていると感じる。しかし特定の集団を性的逸脱として区分することによって、正常な人々は自分がしばしば感じる恥ずかしさを回避できるのである。要するに、恥を自己の外に投じ、他者の肉体と顔とに烙印を付与することによって、正常な人々は、ある種の至福の代用物を獲得しているのである。言ってみれば彼らは、支配と非脆弱性への幼児的な願望を満たしているのだ。それゆえゴッフマンは、スティグマを付与された人間とは、「それに対抗することによって、正常な人間が正常でいられるような人間」なのであると言い表すのである。[*116]

要するに、すべての社会が加担しているスティグマ付与の行為とは概して、幼稚なナルシシズムや、自分の不完全性から生じる恥ずかしさに対する攻撃的な反応なのである。たくさんの人々が、成熟した他者との相互依存的な関係を構築することを学び、他者の独立した存在を認識することによって、多くの点でナルシシズムを克服したとしても、それでもなお人間というものが死や弱さを望まない以上、この認識は不安定なものなのである。それゆえに、自らの弱さが感じられる時、人はどうしても自己防衛的な攻撃に立ち戻ろうとする強い傾向がある。あるいはまた、正常な人々は、障害を負う人々を目の当たりにすることによって、嫌というほど自分たちのなかの弱さを思い知らされる。だからこそ彼らは、顔に自らの弱さをまとい、公の前に辱しめられている人々を、自分の視界から締め出したいという衝動に駆られるのだ。自分のなかの羞恥心は、しばしば、他者に羞恥心を感じさせたいという願望に通じ、また脆弱な人々や集団にスティグマを負わせるような、屈辱や恥辱を与える行為に通じるのである。[*117]

医療文献はこうした見解を十分に裏づけている。病的なレベルで原初的羞恥心に苦しめられている患者たちは、繰り返し自分を社会の規範に即した「正常な」人間として示すことにこだわっている。なぜなら、「彼らは、規範に従わなかった場合に被ることになる攻撃を恐れているのである」[*118]とカーンバーグは語る。また、原初的羞恥の経験にはしばしば、自分が「風変わりで」あり、「正常」でないような感じが含まれているとモリソンも同様に報告している。つまり正常性とは、かっこうの隠れ蓑なのである。[*119] 正常に見られたいというこの目的は、一見すると、自分を誇示し、強く見せたいという多くのこうした患者の目的と相反するように思われる。しかしゴッフマンとともに私たちも以下のように主張しなくてはならない。すなわち、正常な人々という社会規範は、平均的な人間が持っている弱点とほとんど関係がないのである。つまり、正常な人間とは徹頭徹尾、規範的な概念なのであり、完全性や非脆弱性のある種の代替物なのである。

この分析が意味するのは、社会がある規範を持ち、そこに従うことを人々に要求して、従わなかった場合に恥辱を与える時、それらの規範はけっして価値あるものや善きものではないということではない。すでに述べたように、羞恥心は、善き理想と結びついて価値ある道徳的機能を果たしうるものである。しかしながら羞恥心の幼年期の由来を考慮するならば、社会の恥辱付与の振る舞いは容易には信頼しがたく、額面どおりには受けとめられないということがわかる。恥辱付与の振る舞いはすぐに制御できないものになってしまいかねず、本当に価値ある規範につなぎとめ続けることも、あるいはそれを適切に評価することもともに困難であろう。大仰に陳列された道徳主義や高き理想の背後では、しばしば、はるかに原初的な別のものが進行していることがよくある。そして、この原初的な何かは、当該の理想が厳密にどんな内容であるのか、その規範的価値は何であるのかといったこととは基本的に無関係である。このような考察は、道徳的なタイプの恥辱付与に対してさえ私たちを懐疑的にさせる。そして、当該の理想が、社会に完全に行きわたっているということ以上に利点があるかどうかを知るために、その理想を厳密に調べ、分析することを私たちに決意させるのである。

スティグマの中心的働きは、犠牲者の人間性の剥奪である。スティグマに関する歴史のなかで、顔への烙印の強制は繰り返し行われ続けている。それは、手やふくらはぎが目立たない可能性があるのに対して、顔はあらわであるからという理由だけでない。まさにコンスタンティヌス帝が語るように、顔が人間性と個性のしるしを帯びているからこそ、焼印は顔に施されてきたのだ。ローマ人たちは特に、違法行為の罪名やその懲罰の名を犯罪者の額に刺青する恥辱刑に専心していた。[*120] このようにしてこの懲罰は、ゴッフマンが「アイデンティティの剥奪」と呼ぶような永久の刻印を負わせるのである。それはまた、唯一性の喪失のしるしでもある。犯罪者は下層階級の一員となるのだが[*121]、そうなるのは、彼自らの人格ゆえにではなく、顔にそう刻まれてしまっているからである。[*122]

思い出してみよう、自らの羞恥心に対するBの驚くべき反応は、個々人を認識できないこと、またファーストネームを呼べないことであった。欠乏の源泉を支配し、これを遮断しようという欲望のなかでは、他者は、自分の企てに対して漠然とのしかかってくる脅威としてしか現れないのである。他者のそれぞれの個性は彼の目には映らず、他者の独立性は認識されなかった。多くの社会的なスティグマ付与の根底にあるのは、やはりこれと同様、ナルシスティックな攻撃性なのである。文字どおりの烙印であれ、個人としてではなく辱しめられた階級の一員として人間を単に分類することであれ、これらの強制は他者の個別性を拭い去ることなのである。人を「不具」として「蒙古症精神薄弱」として「ホモ」として分類することによって私たちは、私たちみなが共有している人間性と、また個人が持っている人格性との両方を否定しているのである。ゴッフマンが言うように、「それゆえ人の心のなかで、彼は全体的で普通の人間から、考慮に値しない汚れたものへと降格させられるのである。……定義上、当然のことながら、スティグマを付与された人間はまともな人間とはみなされない。この前提のもとにわれわれは、さまざまな差別を実行しているのである」[*123]。

幼児期の発達過程についての考察を通じて公的政策にアプローチすることの利点は、恥辱付与にしばしば含まれている力に私たちの注意を向けさせることである。またこのアプローチは、恥辱付与が人間性を奪ってしまう傾向をもつのは偶然ではないし、恥辱が価値表明的で抑止的な潜在力を保っている間は、この傾向を私たちは容易に排除できないかもしれないのだと考える根拠を与えてくれるのである。恥辱の付与とは、幼児的ナルシシズムそのものの論理の一側面なのだ。そこで、これらの問題を心に留め置きながら、法と公的政策についての議論に立ち戻ってみよう。

第5章

市民を恥じ入らせること？

Shaming Citizens?

罰としての刺青《いれずみ》は、一生涯消すことはできないだろう。

——ペトロニウス『サテュリコン』45.9

最後に、国家に関する自らの意見を、おのおのが額に彫っておかねばならない。*1

——キケロ『カティリナ弾劾』1.32

第1節　恥と「促進的環境」

社会は、市民に恥をかかせることがある。また、社会は、市民を恥から守るための防波堤を提供してくれることもある。この両方のプロセスにおいて、法は重要な役割を果たしている。まともな社会であれば、市民を貶めたり屈辱を与えたりするよりも、市民の人間としての尊厳に対して敬意を払うだろうと思う人もいるかもしれない。まともな社会であれば、市民を少なくともある種の貶めや屈辱から保護するだろうと。この章では、公の場での恥の付与public shamingについて考察するのだが、そこで、はたして法は、恥を公共の道徳を強化するための装置として用いるべきなのかを問題にする。次の章では、法によって市民を屈辱から守ることが可能になるいくつかの方策を検討しよう。この二つのトピックは、密接につながっている。なぜなら、市民が保護してほしいと最も強く求めるタイプの屈辱の一つが、法に基づいた屈辱、すなわち法によって執行される屈辱だからである。

法制度が持つ役割のこうした側面を考察することによって、私たちは、実際には次のことを問うている。信頼と互恵性に満ちた生のために、法は、ドナルド・ウィニコットが「促進的環境 facilitating environment」と呼ぶものを、いかにして提供できるのかということである。したがって、私たちは人々が大切にしてきたリベラルな規範の心理学的な基盤を調べているのである。そこで、子どもの発達についての議論に戻ろう。私が続いて法に関して述べることは、いろいろな議論によって支えられていて、その議論の多くは本書で述べているような心理学的記述からは独立している。けれども、その心理学的な記述は、政治的な議論にさらなる深みと説得力を与えてくれるのである。

ウィニコットとフェアバーンは、ナルシシズムの危険性と過剰性について説明した後で、続いて感情面における健康の基準、つまり、異常な精神的打撃を受けたことがない人ならば到達するだろうと言われている感情面の発達状態を記述している。フェアバーンが、「独立性 independence」という用語よりも「成熟した依存 mature dependence」という用語を用い、幼い子どもの「乳児的依存 infantile dependence」と対比させていることは意味深い。*2 乳児的依存の状態において、子どもは自分をきわめて困窮しており無力であると捉える。そして、善きものの源泉を支配して、自分に取り込もうと欲する。対照的に、私が以後「成熟した相互依存 mature interdependence」と呼ぶことにする成熟した依存の状態においては、子どもは、自分が愛していて、必要とし続ける人々が独立した個人であり、自分の意志の単なる道具ではないという事実を受け入れることができる。子どもは、いくつかの点で自らを世話人に依存させるが、全能性を強く求めたりはしない。子どもは、反対に、世話人がある点で自分に依存することも許すのである。

こうした受容は、怒り、嫉妬、妬みなしにはけっして達成されないのだが、成熟の過程に従えば、ある時点において、子どもは人を支配しようとする他の企てとともに妬みや嫉妬を手放すことができるようになる。子どもは、その時点までに発達させた感謝と寛大さという力――これは、部分的には自責の念や悲しみのゆえに発達したのであるが――を用いて、平等と相互依存に基づいた関係を確立する。子どもは、自分がいつも愛と安心感を必要とするだろうことは認めるが、嫉妬心から所有しようとしたり支配しようとしたりせずに、それらを求めることができるのだと気がつく。この時点において初めて、大人としての愛が獲得されるのだとフェアバーンは強調する。愛には、対象の独立性を認めることのみならず、この独立性が維持されることを望むことが必要とされるからである。

しかし、この健全な状態の達成は心もとないものであり、個人的・社会的な影響によってきわめて損なわれやすい。

増していく能力と成熟度の――そして、それにとどまらず、成熟した寛大な愛の――背後には、けっして完全に取り除かれることはない未成熟な望みが隠れている。渦巻く嫉妬、世界の中心でありたいという要求、幸せと安心感への切望、その結果として生じてくる、「正常な人たち」に取り囲まれたいという欲求、脆弱な人々や集団にスティグマを与えたいという欲求。これらの要求がどのようなかたちをとるかは、各個人の家族歴や個人歴によって左右される。だが、社会環境によっても影響を受けるのである。社会は、ウィニコットが促進的環境と呼ぶものを、市民の感情面の健康に対して程度の差はあれ作り出すことができる。

それでは、これらのスティグマ、恥、ナルシシズムなどの問題は、公共政策にとってどのような意味を持つことになるのだろうか。私たちが対処しなければならない問題が、他人にスティグマを付与するような人々の感情面の健康の問題にすぎないのであれば、次のように主張するリベラルもいるかもしれない。市民の生におけるスティグマや烙印の影響を緩和することによって、市民の感情面の健康を増進することは、法や公共政策がすべきことではない。これらの「正常な者」が、幼児的な羞恥心を行動に表し、成熟した相互依存の関係を築けないならば気の毒である。しかし、これはその人が選択する生き方の一部をなしていて、法が介入する筋合いのものではない、と。私は、このようなリベラルに対しても応えられるだろうと考える。なぜなら、感情面の健康のための能力、自尊のための能力、他の市民と互いを尊重する関係を築くための能力は「基本財」に違いないのであり、どんなリベラルな社会であっても市民がこれらを得られるようにすべきだと考えることは理に適っているからである。[*3] しかし、他人にスティグマを付与する人々と、そのような人々の精神面の健康のみが、私たちの関心事でないことは明らかである。スティグマを付与する他人の行動によって、スティグマを与えられた人々は多大なダメージを受ける。ときには、そのような人々は、自らに何ら非がないにも関わらず法的・市民的制約を被る。同意していない第三者に何ら危害を加えていないにもかかわらず、マイノリティの宗教やマイノリティのライフスタイルが、法のもとで差別されているような場合がそうである。そのような人々が、法に頼ることもできずに、住居や雇用、その他の社会分野において浸透している差別に苦しむことはさらによくあることなのだ。大部分の現代社会において、ゲイやレズビアンは長い間そのような状態に置かれていた。低身長者、肥満者、HIV陽性者、その他多くの者の状況も同様であった。またほとんどの場合、スティグマを付与された集団の個々のメンバーは、あざけり、嘲笑、自らの人間としての尊厳や個人的な特徴に対する攻撃に苦しんでおり、そのことが恥の付与 shaming の本質的な部分をなしている。

このような実情があるので、相互尊重や互恵性の規範に基づくどんな社会も、スティグマの弊害をいかにして最小限にとどめうるかについて考えるべき強い理由がある。政治的リベラルと共同体主義者は、多くの問題について意見を異にするが、次のことにはおそらく同意できるであろう。相互尊重と互恵性は、きわめて重要な社会的善であり、アメリカ合衆国のようなリベラルな民主主義国家の政治的構想の中核をなしているということである。[*4] したがって、価値についての理に適った不一致がリベラルな社会の特徴であると考える政治的リベラルのみならず、社会はより均質であると考える共同体主義者をも説得しうる見込みがある議論を、私たちはある程度までは進めてよいであろう。

最初に次の点を大いに強調しておかなくてはならない。制度が子どもの発達に及ぼす影響は根深いということである。成人した市民になるまでの間、子どもが「私的な領域」において発達するかのように考えないことが大切である。子どもの発達の全段階は、善きにせよ悪しきにせよ、法や制度によって影響を受けている。ジェンダー、セクシュアリティ、差別などの問題に関する社会の公共的規範は、両親の生活に影響を及ぼし、ひいては多様な仕方で子どもの生活に影響を及ぼしている。子どもが成長するに従って、これらの規範はさらに直接的に子どもに影響を与えるようになる。たとえば、私がチョドロウ、キンドロン、トンプソンを参照しながら論じた男らしさという規範は、社会的な規範や制度を背景にして、両親や友人によって子どもへと伝えられる。法や制度がこれらの規範に影響を及ぼす方法はいくつもある。たとえば、正規であれ非正規であれ公教育を通じて。または、子どもの養育にもっと全面的に参加するよう、男性にインセンティブを与える政策を通じて。あるいは、育児休暇を通じて、また、より柔軟な雇用方針を立てるよう、雇用主にインセンティブを与えることを通じて。[*5] 自己充足性よりも相互依存性を強調する男性らしさの規範を作ることは、複雑な作業である。そこでは、子どもや両親の生活の多くの異なる側面において、またその異なるレベルにおいて、制度が関与することになるだろう。したがって、私が以降で検討する法の特定の領域は、考察されるべき領域のなかの特に明らかな一部分であるにすぎない。

私たちの最初の問いは、法が、恥を与えることに積極的に関与してよいかという問いである。これが善いことである場合があるならば、それはどのような場合か。法が奴隷制度に加担してはならないのと同様に、市民を貶めたり屈辱を与えたりしてはならないことは非常に明白であると思えるかもしれない。たとえ、ある市民が屈辱を受けたいと願ったとしても（そして、屈辱への嗜好は、身体が安全である範囲内であるならば、同意した成人間の個人的関係においては法が尊重するものであるとしても）、国家がそのような望みを持つ顧客に屈辱を与えることは、リベラルな民主主義国家が拠って立つ尊厳と平等の理念そのものを破壊してしまうように思われる。法が市民に次のように述べたとしよう。「ここに一ペニーある。もしあなたがこの一ペニーを返すならば、私たちは敬意をもってあなたを扱おう。しかし、あなたはその一ペニーを持ったままでもよい。その場合、あなたは屈辱的な扱いを受けることになる」。選択の自由に大きな価値を置く民主主義社会においてさえも、このような申し出は受け入れ難いように思われる。[*6] 尊重してもらうために対価を支払わねばならない民主主義国家などには、私たちは暮らしたくはない——たとえ、金額が取るに足らないものであり、国家によって与えられるものであったとしても、そうである。尊重は、国家とその市民との関係において、それも国家とあらゆる市民との関係において不可欠なものである。

市民に恥を付与することに国家が関与するように提言する者は、このリベラルな国家の構想に直接的に異論を唱えているわけではない。それよりも、その人は次の二つの区別に依拠しているようであるが、その区別は検討を必要とする。すなわち、犯罪者とそれ以外の市民という区別、そして、単に屈辱を与えるだけの恥の付与と建設的な社会的機能を果たす恥の付与という区別である。したがって、私たちは、リベラルな民主主義国家という一般的な構想に基づいて、最初からその提案を退けてしまうことはできない。提案を詳細に見ていく必要がある。

第2節　恥辱刑——尊厳とナルシスティックな激怒

近年、恥辱刑 shame penalty は多大な関心を集めている。この関心は、部分的には、恥じらいを復興させるという、より一般的な保守的要求から生じている。今日の市民は抑制を失い、その結果、社会的な無秩序と腐敗が生じた、と共同体主義者は主張する。逸脱した行動をとる者にスティグマを付与するならば、とてもうまく社会的秩序の構築を促すことができるし、家族や社会生活に関わる重要な価値を支持することもできる。逸脱した行動をとる者とは、飲酒や麻薬による犯罪者、シングルマザー、生活保護を受けて生活する人々などである。[*7] 法の領域における恥辱刑を支持する、カハンや他の論者たちをある程度において動かしているのは、このような一般的な考えである。

ダン・M・カハンにとって、刑罰の基本的な目的は価値表明である。つまり、ある種の犯罪者を罰することによって、社会はその最も基本的な価値を表明しているというのである。[*8] そのため、恥辱刑は特別な力を有するのだと彼は論じる。公共の場において誰かに屈辱を与えることは明確な表明である。[*9] その人は隠れることができない。その人の罪は他の人々の目にさらされることになる。それとは対照的に、拘禁刑でさえ、屈辱的であるとはいえ匿名性が強すぎる。その人は公衆の目にさらされるのではなく、閉ざされた扉の後ろに閉じ込められる。それゆえ、カハンは「代替的制裁」のそのまた代替として、恥の付与を特に強く推す。「代替的制裁」とは、刑務所への収容を伴わない制裁である。罰金を支払うことはまるで屈辱的ではない、と彼は主張する。したがって、罰金を科すことは、ある特定の行為が恥ずべきものであると社会が表明したことにはならない。私たちは駐車違反やスピード違反の罰金を支払うことを何とも思わない。私たちは軽い罰ですんだと思い、面目を失ったとは思わない（罰金が貧しい人々にとって課す負担を、カハンは無視していることに注意しよう）。また、社会奉仕という代替は恥ずべき行為に報酬を与えてしまうのでさらに悪い、とカハンは論じる。屈辱を受ける代わりに、その人は善い行いができる。その善い行いをしたことについて彼自身も気分が良くなり、他の人々も彼をよく思うことになるだろう。

さらに恥は強力な抑止効果を有するだろう、とカハンとエツィオーニは付け加える。[*10]罰の一部として、きまりが悪いことに新聞で名前が公表されると知っていれば、人々が売春婦を引っかける可能性はきわめて少なくなるだろう。「DUI」と書かれたナンバープレートを付けて一年間運転しなければならないと知っていれば、酔った状態での運転を躊躇するであろう。ホーボーケンにランチを食べに行き、通りで用を足したニューヨークのビジネスマンたちも、罰が目立たない罰金ではなく公衆の面前で歯ブラシで道路を磨くことであると知っていれば、おそらく考え直したであろう。

これらの主張はもっともらしい。確かに恥には強力な表明効果と抑止効果がある。そのため、これらの刑罰に反対するには、これらの刑罰が不快感を催させるという単純な事実以上のことを述べなければならない。刑罰の作用の一つは社会的な価値を表明することであるという、カハンの主張を受け入れるとしよう。恥辱刑の主たる機能が、一定の重要で具体的な社会規範を表明することであり、これらの規範に従う強力なインセンティブを人々（犯罪者と一般大衆の両方）に与えることであるならば、恥辱刑を強く支持する価値表明説に立った論拠を示すことができるだろう。

このような状況、つまり、恥辱刑が、特定の具体的な社会規範としっかりと結びついているような状況を想定したとしても、政治的リベラルが次のように問うのはもっともである。すなわち、このような仕方で強制されている規範は、本当に法を通じて強制してもよい規範であるのか、と。これらの規範は、リベラルな民主主義国家の政治的構想の中心をなしているのか。それとも、これらの規範をめぐっては市民の間で理に適った不一致があり、それゆえ、政治的リベラルによれば、それらの規範を強制することは法の務めではないのではないか。第1章で論じたように、政治的リベラルは、ミルの危害原理を、行為を法的に規制する際の必要条件としては厳密に言えば受け入れていないが、危害原理には賛意を示すであろう。したがって、政治的リベラルなら多くの恥辱刑に次のような理由で反対するだろう。それらは、本来は犯罪とされるべきでない犯罪に対する処罰である。なぜなら、それらの犯罪は「自らに関わる」行為、すなわち同意していない第三者に何ら危害を加えていない行為だからである。たとえば、麻薬や性行動を扱う多くの法がこのカテゴリーに属する。

しかし、この反論は恥辱刑そのものに対する反論ではない。これは、「自らに関わる」というカテゴリーに属するような犯罪に対して加えられる、あらゆるかたちの刑罰に反論しているのである。また、ある種の恥辱刑――たとえば、買春した男性の名前を新聞で公表すること――に対して、次のような反論がしばしば見られることも確かである。私たちは売買春を犯罪化することに対して気が咎めるし、刑罰が厳しければさらに気が咎めるというものである。私たちはその反論と、恥辱刑そのものに対する反対理由を区別する必要がある。そこでこれ以降は、同意していない第三者への危害を伴う犯罪のみを考察しよう。これらの犯罪はミルが与えた基準に合致する。カハンが犯罪のこれら二つのカテゴリーを区別しなかったのは残念なことであるが、私たちは彼にならう必要はない。飲酒運転、窃盗、詐欺、有害な性行為（たとえば子どもに対する性的いたずら）といった犯罪や、その他の関連する犯罪を考察しよう。[*11] これらは、刑罰に値する真に有害な行為である。

〔これまでの章で〕恥 shame と罪 guilt の区別が明確に示されたように、私たちの刑事司法制度の性質によって、純粋な恥辱刑を制度化することは不可能であることに注意しよう。私は、恥は人の〔性格〕特性や特徴に関係するのに対して、罪は行為に関係すると論じた。私たちの司法制度は、罪ある行為 guilty act という考え方に基づいている。刑罰の段階に辿り着くには、犯罪者は犯罪行為によって起訴され有罪であると決定されていなければならない。そして、刑罰とは、厳密に言えば、その行為を犯したことに対する刑罰なのである。したがって、起訴、公判、有罪判決という構成が罪に従って確定された後で、恥が用いられることになる。他の時代、他の場所では事態はこのようではなかった。すなわち、宗教的マイノリティの人々、異端者、「性的に逸脱した」者たちは、犯罪行為に対する有罪判決を受けてもいないのに、公の場での恥の付与によって罰せられたのである。[*12] それゆえ、私たちが検討しているのは混合されてしまった提案なのである。すなわち、犯罪行為により有罪判決を受けた人に対して、罪がすでに公判の行方を決定づけた後で、量刑の段階において恥を導入すべきだという提案である。多くの人々が恥辱刑を容認しているが、そのことは、恥辱刑が私たちの法制度において不可避的に持つことになる混合した特徴によって部分的には説明できる。

最近の文献において、恥辱刑に対する五つの反論が提出された。私がいまから論じるのは、それぞれの反論は、第4章で提示された恥とスティグマの説明と関連づけられることによって、より深い理論的根拠を得るということである。私たちは恥とスティグマに関する説明を受け入れなくとも、恥辱刑に反対するかもしれない。だが、その説明は恥辱刑への反論にさらなる説得力と具体性を与え、その反論を受け入れるための新たな理由を示している。

最初の反論は、恥辱刑は屈辱を与え、人間の尊厳に対する侵害となるというものである。[*13] 正しく理解するならば、この議論では、これらの刑罰を受ける人々が実際に屈辱を感じていると考える必要はない。したがって、恥の付与の対象であった集団が自らに負わされたしるしを誇りに思うようになるという現象（古代ローマの世界や、今日のサブカルチャーにおいて知られている現象）によって、この議論が損なわれることはない。[*14] この議論は正しく理解するならば、その処罰自体が表しているものに焦点を合わせている。すなわち、貶め、屈辱を与えるという意図である。したがって、その意図は、何らかの偶然的な理由によってその人が屈辱を感じることがないとしても、自尊心のための社会的条件をあらゆる市民に与えるという政治的なコミットメントとは両立しないのである。

なぜ、罰金や拘禁刑とは異なり、恥の付与は人間の尊厳に対する侵害であるとされるのか。罰金や拘禁刑といった刑罰は行為に対して与えられるから、というのがその理由である。それらの刑罰は人格全体に対する屈辱や貶めとはならない（この節の最後で論じるように、刑罰そのものがそのような特徴を帯びることはあるかもしれないが）。実際、それらの刑罰は、罪を追跡し罪が認定されるということに基づいている。歴史上、恥辱刑は、貶められたアイデンティティを生涯にわたって人々に付与するための方法であった。私は、恥が特性に焦点をあてる感情であるのに対して、罪は行為に焦点をあてると論じた。「罪の刑罰 guilt punishments」は次のような言明である。「あなたは悪い行いをした」。「恥の刑罰 shame punishments」は次のような言明である。「あなたは欠陥のある人である」。これら二つの言明は、現在の法の状況においては区別することが難しいかもしれない。なぜなら、恥は、罪に便乗しており、罪ある行為によって有罪とされた人を罰する一つの方法であるからである。しかし、刺青《いれずみ》、焼印、しるしなどは、逸脱したアイデンティティを持つ者というしるしをつける。そして、汚されたアイデンティティを世界に知らせることを、歴史上その役割としてきた。多くの場合、罪ある行為の認定は必要とされなかった。アイデンティティが直接の標的とされ、たいてい、刺青、緋文字[1]などの生涯を通じて残るかたちをとった。私たちが検討しているケースは不可避的に混合しているが、そのようなケースにおいても、恥はその人がある（貶められた）種の人間であることを世間に知らせている。「飲んだくれ」、「不品行な女性」といったようにである。公衆がさらし台にある者を笑う時、公衆はある特定の行為に目を向けるように促されてはいない。公衆はその人の貶められたアイデンティティをあざけるように仕向けられているのである。恥は国家による上記のようなメッセージであり、あらゆる市民の平等な尊厳に対して社会が適切な敬意を払っていることとは両立しないのだというのが、第一の反論である。

この議論とは異なり、犯罪者の実際の感情を取り扱う考え方が、最近ジュリア・アナス Julia Annas によって提起された。[*15] 文学や歴史から証拠を示しながら、彼女は、恥は全人格を標的とするので「砕かれた精神」につながる可能性がきわめて高いと論じる。精神が砕かれるとは、自尊心と自分に価値があるという感覚を長期にわたって回復できない状態のことである。これらの心理学的な主張には説得力があり、恥辱刑は人々の中心的な「基本財」を奪うという議論にさらなる説得力を与えている。

ここで、個人的な意見を差し挟みたい。アルコール依存症の母親を持つ者として、私は母が「ＤＵＩ」のナンバープレートを車に付けて運転しなければならなかったかもしれないという可能性について考えてみたい（実際、彼女は一度も逮捕されなかったが、いくらか酔った状態でしばしば運転したことは確かである）。そのような場合、教習所に通う、免許停止処分を受ける、またはその他の一般に用いられる「罪に基づく罰 guilt penalties」を通じて、人知れずに国と和解する代わりに、彼女はアイデンティティを永久に汚す公のしるしを受けることになっただろう。ナンバープレートが外されたずっと後も、コミュニティにおける彼女の評判は傷ついただろう。彼女は永久に「酔っぱらいの母親」としてみなされただろう。さらに、私の父親や姉妹、私も劣ったアイデンティティを持つ者としてみなされただろう（なんといっても家族の車であり、もしそうでなかったとしても、人々は家族のつながりを知っていただろう）。そのような恥による処罰と、罪に基づく別の処罰の間には、大きな違いがあるように私には思われる。恥による処罰は母親の精神を確かに打ち砕いたであろう。プライバシーや尊厳を保護しながら根底にある問題に対処するのではなく、そのような仕方で人を公衆の面前にさらすような国家は、人間の尊厳に対する尊重を欠く冷酷な国家である。

私が提示した恥の付与についての説明に照らして、尊厳に関する議論を考察してみよう。私が示したのは、下位集団に恥をかかせることは概して、辱められている人々の人間性そのものに対する侮辱を表しているということである。ゴッフマンの用語で言えば、その人々は「人間以下の存在 subhuman」なのであり、個別性と尊厳を兼ね備えたまぎれもない人間とは言えないのである。また一般に、他人に恥を与える人は、他人に逸脱者として恥をかかせ、そのことによって自らを「正常な」グループとして恥を与えられた人々の上位に置き、社会を階層別に分けるのである。そのような言明は確かに表明的な力を有している。それらは、多くの人が心の奥底で感じていることを表明しているのである。とはいえ、人間の尊厳・平等および個人の尊重という理念に基づいて成り立っているリベラルな社会が、そうした特定の意味を公的な法制度を通じて表明することは間違いなく不適切である。国家が恥の付与に加担しているという事実は、大きな違いを生む。人々は他人にスティグマを与え続けるだろうし、スティグマを付与される人々のなかに犯罪者がいることは間違いない。しかし、国家が屈辱を与えることに関与することは、リベラルな社会が拠って立つ平等と尊厳の理念のいちじるしい破壊につながるのである。

恥を伴う（ように思われる）刑罰の支持者のなかには、自らが支持する刑罰が屈辱を与えることを否定する者もいる。

そのような主張のいくつかを次に扱うことにする。ここまで私は、カハンとエツィオーニの提案に疑問を呈しただけである。彼らは、自分たちが支持する恥の付与には、屈辱を与えるという目的があることをけっして否定しない。尊厳に基づく議論は、彼らの見解に対する強力な反論である。国家が公共の場で屈辱を与えることは、リベラリズムに固有の規範にいちじるしく反するように思われる。カハンの方針を駆り立てている根本的な態度は、人々を、弱者と優越者という二つの集団に分けてしまう。そして、その態度は自分より劣っているみじめな者をあざけるような態度である。そのようなかたちのヒエラルキーは、人間の生において存続するかもしれないし、おそらくするのだろう。しかし、リベラルな国家が社会階層を作り出す原因となるなら、その平等の擁護者としての役割はいちじるしく損われるのである。

尊厳に基づく議論を展開するにあたって、これまで私は、スティグマとそれが表出するものの分析だけに依拠してきたのであって、その根本的な原因となっている「原初的羞恥心」に関する私の説は論じないでいた。そして、ここで議論をやめることもできる。私たちが論じてきたことで、尊厳に基づく議論を強力な反論とするには十分である。だが、私が提示した発達論のようなものを信じるならば、尊厳に基づく議論を受け入れるさらなる理由があることになる。というのも私の説によれば、他人に恥をかかせる人々は、有徳な動機や崇高な理想を表しているのではなく、むしろ自らの人間としての弱さにひるみ、人間の生の限界に対する憤怒を表しているからである。そのような人々の怒りは、本当は非道徳や悪徳に対する怒りではないし、少なくともそのような怒りに尽きているのではない。モラリズムの裏側には、はるかに原初的な何か、他人に屈辱を与え他人の人間性を奪うことに本来的に関わる何かがあるのである。なぜなら、このような仕方によってのみ、自己は自らの脆弱なナルシシズムを守ることができるからである。したがって、私たちは次のことを示すことができる。すなわち、道徳性と強く結びついた恥辱刑であっても、そこから侮辱と屈辱という性質を取り去ることは、実際にそれが可能だとしても容易ではないということである。そして、尊厳に基づく議論の擁護者が、その侮辱と屈辱の性質に反対していることは正しい。屈辱を与えることだけが、原初的羞恥心を満足させる。そのため、原初的羞恥心が在り続けるかぎり、恥辱刑から屈辱を取り去ることは容易ではないのだ。カハンは、恥辱刑から屈辱を取り除こうとはしない。むしろ、彼は屈辱を強固に支持しているようである。そのため彼の提案は、尊厳に基づく議論によって直接的に攻撃される。しかし、異なるタイプの共同体主義者は、道徳性と結びついた恥辱刑は屈辱を避けうるのだと主張しようとするかもしれない。ここで、恥の付与と屈辱付与の結びつきが偶然ではないことを示す発達論が役立つことになる。この発達論かこれに近いものが正しいのではないかとわずかでも思うならば、尊厳に基づく議論に加えられるだろう反駁を、少なくとももっと疑ってかかるべきなのである。屈辱は伴わないと主張されようとも、恥に基づく刑罰の使用が広まれば、市民の自尊心のための社会的条件は、間違いなく危険にさらされるだろう。一見したところ建設的に思われる恥辱刑を後ほど検討する際に、この論点に立ち戻ろう。

罪とそれに基づく刑罰には、こうした問題は当てはまらない。なぜなら罪においては人格と行為が切り離されており、罪は、人格の尊厳に対する尊重と完全に両立可能であるからである。人格は尊重に値し、最終的な社会への再統合 reintegration に値することを表しながらも、刑罰を通じて行為をきわめて厳しく処することができる。実際カントの見解によれば、応報刑の厳格さは、行為の全面的な責任は人格にあるとすることによって、人格に対する尊重を表す一つの方法だったのである。人々に自らの犯罪の責任を負わせると同時に、償いの手段と、社会への再統合の手段を提供することによって、私たちは償いの能力を力づける。そして、犯罪者はそのプロセスにおいて何か善きものを生み出しうる者として扱われる。ある種の犯罪に対して、社会奉仕は償いと再統合を促す一つの方法となろう。

ジェイムズ・ホイットマンによって提出された、恥辱刑に対する二つめの反論を見ていこう。*16 ホイットマンによれば、恥辱刑は概してある種の、群衆の正義 mob justice を意味しており、その理由一つだけ取っても問題がある。恥を付与するにあたって、国家は確立された制度を通じて単に刑罰を与えているだけではない。国家は、公衆に犯罪者を罰するように仕向けるのである。これは罰を与える方法として不確かであるばかりでなく、本質的に問題のある方法である。なぜなら、たまたま気に入らない者に誰であれ暴威を振るうよう「群衆」を仕向けるからである。群衆による正義は、リベラルな民主主義社会が一般的に重んじている不偏不党の、熟慮された、中立的な正義とは異なる。[*17]

尊厳に基づく議論と同様、この議論は第4章のスティグマに関する記述を振りかえることによって説得力を増すだろう。ゴッフマンが力説したように、主として欠点に対する恐怖から人々が集団を形成して、より弱い集団に対して自らを「正常な者」と規定するならば、また、スティグマと恥を付与することがこの集団形成のプロセスに関わっているとするならば、恥辱刑に関して反対すべき点がどこにあるか、私たちはもっと明確に知ることができる。これらの集団的自己防衛のメカニズムは、私たちが法制度に対して正しくも求めている、バランスがとれた不偏不党の正義の執行とは大いに異なっているように見える。

ゴッフマンのスティグマに関する記述に、スティグマの原因となっている「原初的羞恥心」に関する記述を付け加えることによって、さらに論を展開することができる。多くの場合、人々が上記のような集団を形成し他人を標的にする理由は、おのれの欠陥に関するきわめて非合理的な恐怖心にある。人間は、けっして得ることのできないたぐいの強固さ、安全性、自己充足性を求めてしまう。自分の欠点に関する非合理的な恐怖心は、こうした人生において何か苦難を与えるものから逃げ出そうとするもっと一般的な態度の一部をなしているのである。恥をかかせたいという欲求の非合理的な根本原因を認めることで、私たちは法制度がなぜこの動機に基づいてはならないのか、もっとはっきりと理解できる。私は、嫌悪感の場合と同じく、あらゆる感情が法律の論拠として頼りにならないと主張しているのではない。この主張は、恥という特定の感情の原因とその働きに関する、この感情だけに当てはまる主張なのである。

これに密接に関連してはいるが、ホイットマンの主張とは区別されるべき二番めの議論は、エリック・ポズナー Eric Posner の歴史学的な議論であるが、それによれば、恥辱刑は端的に当てにならないというのである。[*18] 歴史が示すところでは、恥辱刑はたびたび誤った人々を標的にしてしまい、さらに、罰の効力を正確に量り損ねてしまうこともある。したがって、恥辱刑は、刑罰が有する抑止機能を十分に果たせない。恥辱刑は不正というよりもただ単に不評を買っているにすぎない振る舞いを防ぐことができるが、その他のはるかに不正な振る舞いを防ぐことには失敗するかもしれないのである。ポズナー（およびホイットマン）が示したヨーロッパにおける豊富な事例に加えて、同様のことをはっきりと示している古代ローマの事例も挙げることができる。古代後期における恥辱刑は、はっきりとした本当の犯罪（窃盗、詐欺など）を念頭に置いて導入されたのであるが、その当時たまたま不人気な集団にスティグマを付与する手段としてすぐに用いられるようになった。そのような集団とは、性的マイノリティ、キリスト教徒、そしてキリスト教が支配する時代においては異端者たちであった。*19

この歴史的な議論を、群衆の正義に関するホイットマンの議論と結びつけることで、なぜ恥の付与が当てにならない可能性が高いのかを理解することができる。恥の付与が当てにならない理由の一部は、恥の付与が中立的かつ不偏不党の政府機関ではなく、群衆によってなされることにある。政府が罰を与えるように群衆を促す時、何ら不正を行っていない、もしくは、大した不正を行っていないが不人気である人々が標的にされることが予想される。

歴史上の事例それ自体が、またしても、ポズナーの指摘を強く支持している。しかし、歴史は当てにならない。データは常に不十分であり、記録された事例がどの程度典型的な事例であるのか知ることは難しい。なぜ恥の付与は信頼できず、実際の犯罪の性質と重大さとにうまくつなぎ止められていないと考えられるのか。その理由を示すような恥の原因に関する仮説がさらにあると有益である。恥とスティグマに関する私の説は、そのような原因に関する仮説を提供するものである。恥の対象が、実際の犯罪から、アイデンティティを異にしているだけの者へすぐに移ってしまうのでは偶然ではない。というのも、初めから恥は不正な行為に関するものではないからである。恥は、個人や集団に向けられ、何らかの逸脱したアイデンティティの体現者（ひょっとすると、嫌悪感を催すとされるアイデンティティかもしれない）だとみなされる人に向けられる。支配的な集団はそうした人たちと自分を対比し、そうして自らを守ろうとするのである。その防衛の背後にあるメカニズムが、非脆弱性 invulnerability やナルシスティックな勝利感の追求であることを考え合わせれば、恥を与えようとする人の怒りの標的になりうる人々が、本当の犯罪者である可能性は特別に高くないことがわかる。それよりも、「正常な者」に自らの弱さを思い出させる者、このような弱さのいわばスケープゴートになりえ、弱さをコミュニティから持ち去ってくれる者なら誰でもよいのである。ナルシスティックな激怒 narcissistic rage は、本質的に（規範的な意味において）非合理的でありバランスを欠いている。そのため、その激怒が泥棒と同様にキリスト教徒に向けられ、偽造犯と同様に障害者に向けられても不思議はないのである。

四つめの反論は、恥に基づく罰が強力な抑止効果を有する可能性があるという主張に向けられている。実証はそれとはまったく別の結論を支持する、と心理学者であるジェイムズ・ギリガン James Gilligan は論ずる。屈辱を与えられた者は、以前にもまして疎外され、さらに問題を抱えることになる。[*20] 特にアルコール依存症の者、子どもに対する性犯罪者、カハンが支持する恥辱刑の対象となるその他の者にとって、恥は、最初からその人々が抱えている問題の大きな部分を占めている。そのような人を屈辱にさらすことは、その人のあまりにも脆弱な自我の防衛を打ち砕いてしてしまう場合が多い。その帰結は完全な自我の崩壊かもしれない。そこまでにはならないにしても、社会と規範からの強烈な疎外感が生じる可能性は高く、犯罪者に暴力を振るう傾向があれば、それがさらに激しい暴力につながるかもしれない。犯罪をコントロールするために恥を利用することは、こうした意味において、火を消すためにガソリンを注ぐようなものである。関連するさらなる問題点は、恥を付与された人にとって、共同体のなかで尊重を受ける原泉が、犯罪者やその他のスティグマを付与された人々以外にはないことである。したがって、恥は、人々が反社会的な集団に自らを重ね合わせる傾向を増長する。これらの主張は、犯罪学者ジョン・ブレイスウェイトが行った最近の実証的研究によって強く裏づけられている。この研究は「スティグマを付与することは法律違反を増加させる」[*21] ことを示している。

この議論は恥やスティグマの付与という一般的な観点から述べられているが、第4章で検討した恥の心理学的な記述によって、またしても議論の説得力と深みは増す。私が論じたように、ただでさえもろい自我を有する人にとって、恥の経験は抑鬱〔砕かれた精神〕と攻撃の両方とに密接に結びつく。それゆえ、恥辱を受けたという感覚を強めることは、暴力の抑制ではなく、むしろより激しい暴力につながるだろう。テーヴェライトが記述したドイツ人の将校たちを思い起こしてみよう。彼らは第一次世界大戦での敗北によって公衆の面前で屈辱を受けたと思ったからこそ、暴力的なイメージや復讐の試みに取り憑かれたように関心を向けた。キンドロンとトンプソンが行った少年に関する調査――また、私たちが経験したコロンバインのような事件〔2〕における暴力――も同様のことを示している。恥を付与することは、犯罪を封じ込めるどころか、より激しい暴力につながる可能性が高いのである。

最後に、「ネット・ワイドニング net-widening〔法の網の目の拡大〕」という有名な現象に訴える、スティーヴン・シュルホファー Steven Schulhofer が提示した議論がある。*22 その基本的な考えは、恥辱刑は、より多くの人々を社会的統制のもとに置こうとする際限なく拡大していく試みにつながりやすいというものである。議論は次のようなものである。当初は効果が見込める他の改革案と同様、恥辱刑に関しても言えることなのだが、改革案〔早期の仮釈放、少年裁判所など〕は、最初、危険の少ない犯罪者を刑務所ほどには厳しくない管理体制に振り分ける方策として提示される。しかし、これらの改革案は次に公衆に提示されることになる。公衆は、刑務所に送られていたかもしれない人々を相手に危険を冒す気はない。そこで、方針転換が起きることになる。「軽い」とされている罰は、改革案がなければ刑務所に送られたはずの人々に対しては用いられない。代わりに、軽い保護観察処分を受けたであろう人々に対して、もしくは財源が限られている体制であったらまったく訴追されなかったはずの人々に対して用いられる。したがって、恥を与えられた人は刑務所行きを回避したのではなく、社会的統制下に組み入れられ、逃れられただろう処罰を受けたことになるのである。この議論が示すのは、恥の付与は進歩的な改革としてではなく、むしろ社会の均一化と社会的統制の原因として機能するということである。

この反論は、恥を支持するカハンの議論に首尾一貫しないものが見られることを明らかにする。というのも、彼は二つの理解の間で自らの立場を切り換えるからである。恥の付与は過酷であると批判する反論者に対しては、彼は自らの提案を刑務所送りに代わるものとして描く。しかし、その他の文脈においては、彼は社会的統制の強化という目的を受け入れ、通常はまったく訴追の対象とならない犯罪に焦点をあてる。そして、恥の付与を罰金や社会奉仕の代替として扱うのである。他の議論とは異なり、これは恥辱刑に対する直接的な反論ではない。社会的統制を強めることについては規範的な評価を合わせて行う必要があるからである。しかし、この議論は、恥の付与は「軽く」、「進歩的」なものになるという主張に対しては深刻な懸念を示すものである。尊厳に基づく議論、および、エリック・ポズナーの議論と合わせて考えると、これらの刑罰の影響が及ぶ範囲について深刻な懸念が生じるのである。

恥の心理を考えるとこの懸念は増大する。人々は恥をあまりにたやすく外部へと投射する傾向があり、他人にスティグマを付与するやり方で自分の不安感を払拭するのである。恥の付与に伴う「ネット・ワイドニング」が、この有害な社会力学の一事例であることは容易に想像できる。この疑いは、次節において「モラル・パニック moral panic」を検討する際にさらに強められるであろう。

これまで、恥辱刑に対する五つの反論を見てきた。それぞれが独立して有力な議論であり、このような罰は好ましくないのだと私たちを説得するには、そのどれか一つでも十分かもしれない。私が提示した恥の説明によって、そして、なぜ恥辱刑がリベラルな社会の価値を脅かすと考えるべきなのかというさらに深い理解によって、これらの議論はいっそう支持されるということを論じてきた。

恥辱刑の擁護者は、恥辱刑が刑罰の四つの主要な目的にうまく適っていると主張することで批判に応じることが多い。刑罰の四つの目的とは、応報、抑止、価値表明、更正もしくは社会への再統合である。恥辱刑は大いに価値表明的ではあるが、人間の尊厳とその等しい価値という理念に基づいた社会においては、表明されている内容にきわめて問題があることをすでに論じた。ポズナーとギリガンの説得力ある議論によって、恥辱刑が有する抑止力にも疑念が呈された。しかし、応報と更生に関する主張をさらに検討する必要がある。

ジェイムズ・ホイットマンは、恥辱刑は「すばらしく応報的である」と述べた。[*23] そのような処罰のもう一人の優れた分析者であるトニー・マサロも同意する。[*24] ホーボーケンの歯ブラシ掃除のような刑罰には確かに特筆すべきものがある。そのような刑罰はダンテ風であり、犯罪にみごとに見合っているように思われる。同様にダンテ風であるのは、ネズミだらけの自分のアパートに一定期間住むよう命ぜられたスラム街の家主という、カハンが挙げた例である。これらの例のなかには、まったく恥に関するものではないように思われるものもある。スラム街の家主の刑罰は、他の人々の面前で彼に恥を付与するという理由によって適切であったのではない。むしろ、特別なサインやしるしをつけている人々のケースと同様に、彼が恥をかいたと考える理由はまったくないのである。公衆は刑罰を執行してはいない。彼は公衆の面前にさらされたのではないし、私たちが知るかぎり、彼と人々の通常の関係は「汚されたアイデンティティ」の痕跡によって影響を受けることはなかった。むしろ、この刑罰はまったく通常の応報的な、罪に基づく刑罰であるように思われる。自らの悪しき行いの報いとして、彼は単に刑務所に行くよりも、より適切でふさわしい罰を受けたのである。

しかし、恥辱刑の中核をなすものを見ると、それらの刑罰が本当に最善のかたちで理解された意味での応報という目的を果たしているのかどうかは明らかではない。最近の優れた論文[*25]のなかでダン・マーケル Dan Markel は（ハーバート・モリス Herbert Morris の古典的な議論に依拠しながら[*26]）次のように論じた。刑罰論において応報主義を正しく理解する最善の方法は、それをただ乗り free-riding と、平等な自由についての見解であると捉えることである。すべての市民は平等であり、行為の等しい自由を享受すべきであると信じられている。犯罪者は、不平等な自由の領域を要求することによって、この基本的な社会の理解に背くのである。犯罪者は暗に次のように述べている。私は盗むが、あなたは法に従い続けなければならない。私はレイプするが、誰も私をレイプしてはならない。カントが論じたように、このようなかたちで自らを例外化する者は、人間性を目的それ自体として尊重するのではなく、単なる手段として扱っているのである（これは「普遍的法則の定式」を「人間性の定式」と結びつける最善の方法である。私たちが他の人々を手段として扱っているかどうかを見る方法は、自らの行為が「普遍的な自然法則」になりうるかどうかテストすることである）。[*27] 応報的な刑罰は、不平等な自由を要求したかどで犯罪者を罰するのである。応報的な刑罰は次のように告げる。いや、あなたに不平等な自由を要求する権利はない。あなたは、他の人々の同様な自由と両立可能な範囲を受け入れなければならない。[*28] したがって、これは、個人的な動機にたいていの場合基づいており、一般的な社会的平等にほとんど関心がない復讐とはまったく異なる。

このように応報主義を理解するならば、マーケルが論じるように恥辱刑はまったく応報的ではないことがわかる。恥辱刑は、人格の等しい価値の感覚や自由ではなく、ヒエラルキーと貶めに関係するまったく異なるものを表している。私の説明に戻れば、このことをはっきりと見て取ることができる。というのも、恥辱刑とは、まさしく逸脱した集団と上位の集団を対比させることであると思われるからである。恥辱刑は確かに復讐への欲求を表しているかもしれないし、そうである場合が多い――私が論じたように、原初的羞恥心と、復讐心に燃えた怒りにはしばしば強いつながりがある。[*29] しかし、恥辱刑は、カントのような意味において、すなわち、応報主義がリベラルな民主主義社会にとって擁護可能な強力な刑罰の理論であるという意味において、「すばらしく応報的である」とは少しも言えないのである。

更正に関してはどうであろうか。ジョン・ブレイスウェイトの次のような議論は影響力がある。恥による処罰は、犯罪者を自らの犯罪行為と、それが他人にもたらした被害に向き合わせ、最終的に社会へふたたび組み入れるという目的によく適っている。[*30] 彼は、これらの目的を推進するような、被害者・加害者間の「再統合的カンファレンスreintegrative conferencing」を提唱する。[*31] このような取り組みは、さまざまなリベラルな民主主義社会において一般化しつつある。

ブレイスウェイトの議論を正確に理解することは重要である。それというのも、ブレイスウェイトの見解はカハンとエツィオーニの議論と時おり混同されてきたからであるが、それは、カハンとエツィオーニがまるで見解の一致があるかのようにブレイスウェイトの著作を引用したからである。ブレイスウェイトは「恥辱刑」を支持していないことを強く主張し、次のように述べる。「これは私の文章でけっして使ったことがない用語である。九〇年代後期における、合衆国法の見直しに関する議論に応えて、恥辱刑の制定に反対するために用いた場合を除いては」[*32]。さらに、ブレイスウェイトの刑罰論は全般的に「応報には完全に反対」であり、更正と再統合という未来に向けた問題に焦点をあてている。

規範的な意味においては、ブレイスウェイトは社会の均質性を中心的なゴールとして重視する共同体主義者ではない。彼は、強い共同体と強い個人の両方を重視する共和主義者である[*33]。彼は「共同体主義」という用語を、社会における社会的紐帯の強さを示す変数として、記述的な意味でしか用いていない。そして、彼は、非常に強い社会的紐帯がある日本のようなきわめて「共同体主義的」な社会をいくつかの面において高く評価する。だが、その他の面に関しては、従うことへの圧力からの個人の保護が不十分であると、日本の欠点を指摘する[*34]。彼が重視する種の合意は、政治的リベラルもまた重視する種類の合意である。すなわち、社会の中核的な政治的価値についての合意である。そして、各人への尊重は社会の中核的な価値であり、それは彼も支持するだろう。「修復的過程において何が許されるのかに関しては、基本的人権によって法的な制限が設けられるべきである」[*35]。刑罰における恥の限定的な使用のために、ブレイスウェイトの議論は、このような一般的背景のもとに置かれるべきである。

当然のことながら、ブレイスウェイトの規範的な提案はカハンとエツィオーニのものとまったく異なっている。まず最初にブレイスウィトが明らかにするのは、彼は恥の付与を、被害者への危害を伴う犯罪に対してのみ適切であると考えていることである。「自分のために他人を利用する犯罪 predatory crime」というのが、彼の特徴的な言い回しである。したがって、最初から彼はミルの原理の範囲内で考えているのである。次に、彼はスティグマを与える恥の付与と、再統合を促す恥の付与をきわめて明確に区別する。彼は前者を批判し（とはいえ、まったく恥の付与がないよりは良いかもしれないことをときおり示唆するのだが）、後者を支持する。彼が何年にもわたって試みてきた提案は、ある種の「再統合的カンファレンス」を設定することによって、被害者と加害者を向き合わせることである。こうした努力が行われている文脈では、加害者に屈辱を与えることはまったく容認できないことを、彼は十分に明らかにしている。

ブレイスウェイトの本には、確かに彼の立場とカハンおよびエツィオーニのものとを誤って同一視させかねないような側面があった。「共同体主義」という用語の、通常は見られない用法がその一例である。これは、政治哲学としての規範的な共同体主義に共感を示していると容易に誤解されうる。[*36] しかし、ここでの私の議論の観点からすると、ブレイスウェイトの議論の主たる問題点は、彼が恥 shame と罪悪感・罪 guilt とを明確に区別しなかったことである。彼が支持するのは、人格ではなく行為に焦点をあてる刑罰、そして、赦しを受け共同体へ再統合する前に、行為に対して償うよう求める刑罰である。これらの刑罰はスティグマを伴わないかたちで、そして、人間性を相互に尊重している環境のなかで与えられるべきである、と彼は強く主張する。これらの主張はすべて魅力的であり、私は彼の提案に賛同したいと思う。[*37] 少しも理解できないのは、これが何か恥に関わることだろうかということである。犯罪者は屈辱を受けてはならず、行為と人格は区別されなければならない、と彼は強く主張する。これはすべて恥よりも罪に特徴的な点である。同様に、赦しや償いという概念も、恥よりもむしろ罪の世界にふさわしいものである。ダン・マーケルの対面的な応報主義の理解では、不平等な自由を要求して他人の権利を侵害する行為は不正であることを、加害者に示すことに重点が置かれており、それが許しと償いの前段階になっている。実際、この考えと、ブレイスウェイトのいわゆる恥辱刑の間には何ら重要な違いはないように思われる。しかし、マーケルは応報主義についての自らの理解を、尊重、行為に対する罪、それに続く謝罪と償いというカント的な世界の文脈に置く。そして、それは正しいことであるように思われる（カントは赦しに魅かれていないが、それはカント個人の特徴であって、彼が提示するタイプの考え方の特徴ではない）。それゆえ、私の暫定的な結論は次のとおりである。ブレイスウェイトの考えは、カハンとエツィオーニのものとまったく異なるばかりでなく――彼自身が強調するように――、伝統的な恥辱刑の概念とはまったく無関係であり、むしろ罪に基づく刑罰の一部である。ブレイスウェイト自身もこれを認めることは、次のような点からわかる。近年の著作において、彼は自らが（限定されたかたちで）支持する感情を表すために、単なる「恥」に代わって

「恥－罪悪感 Shame-Guilt」という用語を用いている。また、彼は、自身が求める観察者の感情 spectatorial emotion を「公正で愛に満ちた視線 just and loving gaze」と表現している。[*38]

建設的な恥の付与についてはどうであろうか。私は第4章において、罪悪感が不十分な反応であり、恥が適切であるような場合があることを論じた。公に恥を促すことが正当であるような一つの例として、バーバラ・エーレンライクによる、アメリカ労働者階級の貧困についての記述を挙げた。アメリカ人は自らの生き方と姿勢を検討すべきである。そうすることによって、平等な尊重という社会の中心的な理念に沿って生きるのに失敗したことを、恥をもって気づくべきである。批判的な自己分析の結果であるこの種の恥を知る心は、改革を促進する可能性が高い。この種の建設的な恥は、人間に共通の弱さが自らにもあると認めることを必要とし、それゆえナルシスティックでないばかりか、反ナルシスティックである。このような恥を重点的に扱う恥辱刑（ブレイスウェイトの、基本的には罪に基づく罰とは別に）を法によって考案しうる方法はあるのだろうか。そのような恥辱刑は（罪に基づく罰とは異なり）どのようなものであるのだろうか。また、どのような犯罪に対して与えられるのだろうか。

法が個々の市民に恥を付与し始める否や、貶めや屈辱をめぐる懸念すべき問題が常に生じてくる。たとえ、その個人がきわめて強力で、ある種のナルシシズムや自分には弱さがないという自負の念の点で罪があり、このうぬぼれに対してはエーレンライクが言うように恥を促すことで対処することが適切であるように見える場合であっても、公共の場で屈辱を与えるという儀式を通じて、法がか弱い個人を攻撃すべきであるという考えは穏やかではない。公共の場での恥の付与が、エーレンライクが挙げる理由によって初めは魅力的に映る最近の二つの例を見ていこう。マーサ・スチュアート Martha Stewart[3] は、インサイダー取引の嫌疑をかけられている（彼女は刑事事件では起訴されていないが、立証責任がより軽い、関連した民事事件で提訴されている）。彼女のキャリア全体は、ナルシシズムへの長大な賛歌であった。彼女の雑誌出演やテレビ出演により広められた、女性と家庭は完璧であらねばならないという考えは、有害な種のナルシスティックな幻想であり、私たちの社会において女性が直面している本当の負担（高齢者介護や子どもの養育など）

から注意を逸らさせてしまうようなものであった。事実、ステュアートの成功の大部分は、完璧にはほど遠い家庭に住んでいるだらしない女性が恥ずかしく思うように仕向けたことによるものであった。そのため、ステュアートが普通の犯罪者にすぎない者として公共の場で恥を付与されることは人々の興味をそそる。彼女が有罪であれば当然罰を受けるべきである、と人は言うであろう。しかし、それは早計な反応である。どの検察官も多くの犯罪のなかから何を取り上げるかを選択しなければならないが、他のもっと重大な犯罪が起訴されていないにもかかわらず、軽微で有罪かどうかが不確かに思われる事件によってステュアートが訴追の対象として選択されているからである。さらにひどいのは、ステュアートが置かれている状況そのものである、公の場での恥の付与という罰である。つまり、まだ事件が審理される前であるのに、彼女は恥を通じて名声を失ったのである。

有名であることのマイナス面は、人が否応なく公の場で屈辱を受けてしまうということである。判事は彼女の身にすでに起こってしまったことを回復する術《すべ》を持たない。起きていることは、道徳的に問題があるように思われる。公の場での恥の付与と、ステュアートに対する法による攻撃との関係性は、きわめて問題である。たとえば、起訴状が発行されたのは、彼女に恥が付与されるのを見たいという大衆の欲求に応えるためだけに、彼女の人生についてのテレビ特集が組まれた次の就業日であった。人々は彼女の偽りの完璧さが汚されるのを見たがり、彼女の「転落」に大喜びする。しかし、そのことは、下品で屈辱を与える仕方でテレビを通して彼女の人生の個人的な側面をさらけだす口実にはならない。テレビのドラマが引き起こす喜びそのものがナルシスティックなのである。というのも、テレビは視聴者に次のように語りかけるからである。「彼女はあなたに告げた。私は完全だが、あなたはだらしない。しかし、だらしないのは彼女で、対照的にあなたは完全である（あなたがインサイダー取引の罪を犯していないことは間違いないのだから）」。判事が、あのNBCの特集の制作を罰として命じていたとしよう。それは、法制度のはなはだしい濫用であっただろう。しかし、人生が芸術を模倣したかのようにドラマと起訴が密接につながっていたことは、同じようにひどいものである。

法が加担しないときでさえ、公共の場での恥の付与は、初めは建設的に見えるかもしれないが、きわめて不愉快な側面を持つことが多い。最近、恥を付与されたもう一人の人物を検討しよう。ウィリアム・ベネット William Bennett[4]である。ベネットはギャンブル癖のある人物であることが明らかにされた。彼は家族を傷つけていないし、自らの宗教の規範を犯してさえいない。だが、人々は、このギャンブル好きの現実と公の場での見せかけの聖人君子ぶりを突き合わせて偽善を見出すのである。私は、彼が偽善として非難されてしかるべきかどうかについてはよくわからない。だが、いずれにせよベネットが膨大な富を私的な楽しみのために使用している点には、おそらくナルシスティックなところがあるのであろう。また、ベネットは不完全な人に恥をかかせることを長らく行ってきた。それでは、公共の場で彼に恥を付与することは正しいのであろうか。また、そうできる機会があったとして、法制度がそれに加わることは正しいのだろうか。

ここで、私たちは、ベネットは法を破ってはいないという不都合な問題に直面する。そのため、公衆は法の助けを借りずに介入しなくてはならない。私はそうした光景を不快であると思うし、実に不快なほどにナルシスティックであると思うと言わねばならない。ベネットに恥を付与している多くの者は、彼のものとまったく同じだと私には思われる道徳的間違いを犯している。つまり、そのような人々は、貧しい者の必要のためではなく、自らの個人的な楽しみのためにお金を使っているのである。これは、裕福なアメリカ人のほとんどがしていることである。ギャンブルとスキー旅行の間に、道徳的に大きな違いは本当にあるのだろうか。このように、人に恥を付与することは、思うほどには反ナルシスティックではない。それは、多くの点で、自らのナルシシズムを省みることに不安を感じ、それから逃れようとする態度なのである。たとえベネットがギャンブルを通じて法を犯していたとしても、判事がベネットの恥ずべきとされる行動を記録したプライムタイムの特集番組（まもなく作られることは間違いないが）を製作するように命じて、公衆による恥の付与に加わることは不適切であるように思われる。一般的にいって、ある人物の私的な行動に公衆が立ち入ることは、その行動がその人物の公の義務の遂行に関係がない場合ならば、不愉快でナルシスティックな自己防衛であることが多い。

これら個々の事例の考察を通じて次のことが明らかになる。エーレンライクが言う恥へのいざないを建設的にしているのは、その完全に包摂的な特徴、さらに重要であるのはその自己包摂的な特徴である。ステュアートやベネットに対して公の場で恥を付与することは、それとは反対である。人々はステュアートとベネットの転落に楽しみを見出し、ステュアートとベネットに対立している。このように、他人に恥を付与することは、人々の自分たちは脆弱でないという誤った信念を強化しナルシシズムを助長する。対照的に、エーレンライクの提案は、彼女自身も含め、比較的裕福なすべてのアメリカ人に対して向けられている。さらに、その提案は非公式のものであり、その意味において穏やかなものである。読者は、公的な場での告白という儀式を強制されるのではなく反省するように促される。それはいわば沈黙である。各人は自らの良心によって一人で反省し、自ら選択したときのみ公共の議論に参加するように促される。同じように建設的でありうるような、強制的で公的な罰を考えることはできるだろうか。法制度においてこれらの特徴を取り込むことは困難であるように思われる。

この点に関して私が思いつくことができるのは、次のような恥辱刑である。エーレンライクがまさに攻撃する種の傲慢やナルシシズムを表す罪を犯した、力のある組織体――会社、法律事務所――に対する恥辱刑である。実際、ジュリア・アナスとデボラ・ロード Deborah Rhode の両者は、恥辱刑は個人に対しては不適切であるが、害を与える組織に対しては適切であるかもしれないことを示している。*39 組織は個人が受けるようなひどい損害を受けることはなく、また、組織それ自体に保護すべき尊厳はないとアナスは論じる。したがって、悪い評判 bad publicity によって組織に屈辱を与えることは適切であるかもしれない。職務規範に反している法律事務所をとりわけ念頭に置きながら、ロードは、違反を行った事務所に対する悪評は、組織というコンテクストを離れた恥の付与と同じようには反対する理由がないことを示唆している。

当然、だらしのない会社やだらしのない法律事務所に対しては、非公式なかたちでの公の場での恥の付与がある。

報道と公共的議論の両方において、このような恥の付与はもっとあるべきなのかもしれない。自らは脆弱でないとのナルシスティックな自負が、企業やその役員の犯罪行為の主な原因となってきたことは間違いない。非脆弱性の神話にあまりにも夢中になっているアメリカでは、人間に共通の脆弱性を強く自覚させるような、反ナルシスティックな恥の付与は大いに望まれるところである。しかし、法制度を通じて恥が付与されるべきか否かについては、私にはっきりした見解はない。尊厳の問題に関して、アナスとロードは確かに説得力のある議論をしている。そして、自分と同等の立場にある人々の間で悪評が生じるということは、ホイットマンが最も問題視する群衆による正義とは異なるものである。恥は不正な行いを減らすのではなく増大させるという懸念は、アルコールや薬物の問題を抱える人々の場合と違って、このようなケースにはおそらくあてはまらないだろう。抑止力が不均一であるというポズナーの懸念がここでもあてはまるのかどうかは、不確かなままである。組織全体に単に恥を付与するということより、組織体が犯した行為に焦点をあてるときに、抑止は最も適切であるように思われる。そのかぎりにおいて、この刑罰は恥と罪との境界線上にあることになる。

エツィオーニはさらなる興味深い問題を提起する。違法にすることが不合理であるような行為に対しても、恥辱刑が用いられるべきかという問題である。ただちに注意信号が発せられる。彼とカハンが支持する恥辱刑の良い点は、それらが純粋な恥辱刑ではないという点である。というのも、その恥辱刑は、行為の罪を認定することにしっかりつなぎ止められているからである。私たちは、過去には、人々がどのような種の人間であるかによって公の場で恥を付与され、大いに傷つけられたことを知っている。これに対して、エツィオーニの例は、初めはもっと魅力的に見えるものである。彼は救助の不履行に焦点をあててこのように論じている。それによれば、「悪しきサマリア人」の法はおそらく効果的ではない。暴行を受けている他人の救助のために介入しない人を罰するもっと適した方法とは、たとえば、その人の悪評を流すことである。それによって、他人のために危険を冒すことを促す規範が促進される。エツィオーニは、リベラルが次のように問うのではないかと気づいている。なぜ、救助する人々に対する良い評判 good publicity に焦点をあてないのかと。見たところ人々は良い評判への欲求よりも、悪い評判への恐怖心によって動かされることが多い、というのがエツィオーニの答えである。この種の恥の付与は、エーレンライクの例を魅力あるものにしているのと同じ特徴のすべてではないにせよ、その多くを備えている。すなわち、反ナルシスティックであり、鈍感な人々を自己満足から引き戻すことを目的とするという特徴である。

エツィオーニの心理学的な主張は理論上のものであり、彼はそれを支持する証拠を提示していない。さらに重大なことに、彼は重要な問いを避けている。すなわち、誰が公に評判を広めるのかという問いである。この種の情報を行きわたらせるために市民がともに集まることに対して、もしくは、このような救助の不履行を報道することを常としているジャーナリストに対して、もちろん異存があるはずもない。しかし、それらは当然のことだが恥辱刑ではない。もし国家が本当に関与するのであれば、何がこの関与の根拠となるのだろうか。もし、悪しきサマリア人に対する法律がないのであれば、国家がこれらの悪しき行為に対して恥辱刑を加えているときには、国家はいったい何を言っていることになるのだろうか。私たちは違法ではない行為、しかも違法にするつもりもない行為によってあなたに罰を与えている、とでも言っているのだろうか。これはかなり奇妙な言明であろう。また、刑罰はどのように定められるのだろうか。公判は開かれるのだろうか、証拠はあるのだろうか。もしそうでないのなら、この考えは明らかに容認できない。また、公判が開かれるのであれば、違法でない行為を扱う公判のためのまったく新しい制度的枠組みが必要になる。エツィオーニは実際に何を提案しているのかについてまったく不明確であるので、私たちはまだその立場を評価できないのである。

非拘禁的制裁 nonimprisonment sanctions を考えるにあたって正しい方向を示しているのは、ブレイスウェイトの立場であるように思われる。どんな罰が選択されようとも、私たちの焦点は将来に、そして更正と再統合にあるべきである。このような取り組みにおいて、社会奉仕は有益であることが多い。そのことは、カハンが社会奉仕を好まないのとまさに同じ理由によるものである。すなわち、人々に何か善いことをさせ、共同体との新しく善い関係を築かせ、自らが反社会的であり悪い者であるというよりも、建設的で善い者であるという感覚を強めるのである。薬物やアルコールの問題の治療を目的としたプログラムや、性犯罪のためのセラピーもまた、何よりも大切である。一般的に言って、そのような治療は、慎重に恥の付与が避けられているかぎりにおいて最も効果が見られる。アルコホーリクス・アノニマス Alcoholics Anonymous [5] は、アルコール依存症にとって最も有効な治療プログラムであるが、名称どおりのことを実践している。メンバーは、他のメンバーの氏名を公の場でけっして使用してはならない。たとえメンバーがある人と友人になったとしても、メンバーはその人の名前を A. A.（Alcoholics Anonymous）と関連づけて口にしてはならない。この禁止は厳格なものであり、私の母親の葬儀で、母の友人が母の A. A. における奉仕とそれにまつわる個人的な体験を言ってよいものかしばらくの間迷ったほどである。

社会奉仕やその他の修復的正義（修復的司法）restorative justice が適切な選択肢ではないような犯罪が数多くあることは、疑いの余地がない。通常、これらの犯罪に対しては恥辱刑も適切ではなく刑務所が選択される。それにもかかわらず、恥辱刑の擁護者は反対者が矛盾を犯していることを自覚させようとして、拘禁刑が有する屈辱的な性質を指摘する。刑務所を退けるか、もしくは、サイン、プラカードやその他の手段による公の場での恥の付与を受け入れるかのいずれかである、とカハンは論じる。

多くの社会では、刑務所が受刑者に多大な屈辱を与えるかたちで機能していることは認めねばならないし、アメリカにおいては間違いなくそうである。問題は、そうであることが避けがたいかどうかである。ジェイムズ・ホイットマンによる、アメリカ、フランス、ドイツの広範囲にわたる刑罰に関する比較研究は、次のことを明らかにしている。ヨーロッパでは刑罰を軽減化する傾向があり、人としての尊厳に対する関心が急速に高まっているということである。*40 ヨーロッパの歴史上、刑罰の実践は顕著に階級別に分けられており、下層階級に厳しい刑罰が与えられてきた。そのため、現代のヨーロッパ民主主義社会は、各個人の平等な尊厳が尊重されることにしきりに関心を寄せ、刑罰の際にはこの点に常に注意が払われている。概して、この関心は刑罰の軽減化につながってきた。そして、刑務所の状態の改善や、受刑者も市民としての権利の大部分を保持しているという事実の強調につながってきた。マリア・アルキマンドリトゥ Maria Archimandritou の新しい著書『開放刑務所 *The Open Prison*』は、北欧諸国やドイツ、その他いくつかのヨーロッパ地域における刑罰の実践に関する研究であるが、同様な結論を導き出している。彼女は、医療を受ける権利も含めて、市民の基本的権利が受刑者に対しても拡大されていく傾向を詳細に記録している。[*41] アメリカはその傾向から外れている。私たちは、アメリカの刑務所のみじめな現状を見て、刑務所には屈辱が常に相伴うはずだと信じてしまってはならない。

アメリカにおいてでさえ、受刑者の権利の擁護者は、受刑者が単なる動物ではないし、一定のプライバシーの権利と自分の財産に対する権利を有していることを、裁判所と世間に認めさせるためのキャンペーンを長らく行ってきた。[*42] ペンシルヴェニア州裁判所が、あの不愉快なトイレ設備は「残酷で異常な刑罰である」との決定を下すにあたって、人間の尊厳をめぐる問題が中心にあったことを思い出させる。最近、リチャード・ポズナー Richard Posner 判事は、恥の領域に関して、これと同様の結論に達しているきわめて興味深い意見を表している。男性の受刑者が、女性の看守が監視している前で服を脱ぎ、シャワーを浴び、トイレを使用するよう強いられるのは、残酷で異常な刑罰であると彼は判決で述べたのである。[*43] そのなかで、彼は受刑者の境遇についてきわめて重要な所見をいくつか述べている。

一九九五年のアメリカにおいて、刑務所と拘置所に収容されている者たちに関しては、いくつかの異なる見方がある。一つは、その者たちを別種の成員、それどころか害虫のたぐいであるとみなし、その者たちは人間の尊厳を欠いており、尊重には値しないとする見方である。この場合、受刑者を貶めたり残忍に扱うことにまつわる問題は生じない。とりわけ、受刑者を実験台とすることに対して抵抗感は生じないであろう。……私自身は、アメリカの刑務所や拘置所にいる一五〇万人の被収容者をこのように考えてはいない。これがアメリカ全体の人口に占める割合はけっして少なくはない。そのうえ、これは現在収容されている人々の数にすぎない……本件の原告を含め、これらの刑務所・拘置所の被収容者の相当数は、有罪の決定を受けてはいない。その者たちは犯罪を犯したかどで起訴されているにすぎず、公判を待っている者たちである。これらのうちの幾人かは、実際には無実であるかもしれない。有罪である者のうちの多くは、驚くほどに合法的行為と変わらない、被害者なき犯罪を犯した者たちである（賭博違反がその一例である）。……ばかげた法であったとしても、それを破ることは違法である……しかし、その者たちは人間の屑であり、復讐に燃えた民衆と財源不足に苦しむ刑法制度が定めた罰にしか値しないと断じる前に、刑務所・拘置所の被収容者を構成する者たちに関して、事実に基づいた理解を持たなければならない。法律を守る者であり、尊重に値する者である「われわれ」と、刑務所・拘置所の被収容者の間の距離を誇張してはならない。そのような誇張により、われわれは安易に、その者たちに対する基本的な人間らしい思いやりを否定してしまうからである。

自らを覆い隠す cover 権利が人間の尊厳の本質的な要素であることを考えると、本件における原告には、見知らぬ者の視線から自らの慎み深さを保護する権利がある、とポズナーは続けて述べている。[*44] ポズナーは、この事例だけに関して意見を示しているのではない。[*45] 彼はアメリカの刑務所に対して根本的な批判を述べているのである。そもそもそのことは、刑務所に入っている人々の数が多すぎる、また、受刑者を社会の害虫として扱うことが広く行きわたっている。だが、受刑者を人間であり市民であると認識することと相容れない、と彼が考えているのは明らかである。彼がユダヤ人捕虜に対するナチスの医学的実験を引き合いに出していることは、この点をきわめて強く示している。私たちはその歴史を忌み嫌う、それにもかかわらず、同様の振る舞いをしているのである。

拘禁刑という制度全体が、基本的な人間の尊厳や尊重と相容れないと考える理由は何もない。ある人の自由を一定期間制限することそのものは、この人が人間ではないという考えを表してはいない。カハンに応答するための正しい方向は、刑務所を人間に適した場所にすることを追求し、収容者の一定の基本的権利を保護することである。このプロセスのための最も重要な第一歩は、有罪判決を受けた重罪犯罪者に生涯にわたって投票権を認めないという、アメリカの一〇州において現行の奇妙な政策を見直すことである。[*46] 現在米国に暮らしているおよそ五一万人のアフリカ系アメリカ人がこの理由により投票できないでいる。それは、米国に住むアフリカ系アメリカ人の七分の一にあたり、フロリダ州とアラバマ州に住むアフリカ系アメリカ人の三分の一にあたる。さらに九五万人のアフリカ系アメリカ人の人々が、拘禁施設に収容されているため投票の資格がない。アフリカ系アメリカ人は全人口の一二パーセントを構成しているにすぎないが、このような理由により投票権が剥奪されている四二〇万のアメリカ人のうち、三分の一がアフリカ系アメリカ人にあたる。[*47]

そのような政策は、生涯にわたって恥とスティグマを付与するに違いない。ヨーロッパの国民はそのような考えをけっして容認することはなかった。投票が義務づけられている国において、受刑者は他の人と同じように投票することが求められている。ホイットマンは、ヨーロッパにおける刑罰の実践と、米国における刑罰の実践の間の重要な違いに注目した。もっとも、彼は説明要因としての人種の重要性を低く見積もりすぎているが。[*48] 投票権法 Voting Rights Act [6] が可決された後、アフリカ系アメリカ人に市民としての平等な尊厳を認めないことは困難になった。つまり、この方策が採られるまでの間である（法が制定されたタイミングは、投票権法の可決と不気味にも一致する）。この「南部戦略 Southern strategy」が功を奏し、少なくとも一つの国政選挙の行方を決定づけたことは明白である。いずれにせよ、私たちの状況は、階級社会の負の遺産を償おうと努めているヨーロッパの民主主義社会の状況とは異なっている。米国の多くの人々は、人種によって隔てられた社会を維持することに熱心である。そして、厳しい投獄とそれに伴う権利の剥奪に集中することが、この目的のための強力な武器となっている。

ヨーロッパにならって拘禁刑を再考することにより（そうしようとする国民の意志が生じるならば）、刑務所が生涯にわたってスティグマを付与する方法ではないことが一般に認知される。むしろ刑務所は、基本的には人格の尊重を示す抑止と応報の方法であり、更生と再統合を目指すプログラムと組み合わせた方が望ましいことが認められることになる。だが、そのようなプログラムを支持しようという国民の意志は存在しない。なぜなら、アメリカにおいては、いまだに人種的マイノリティに十分かつ平等な人間性が認められていないからである。

第3節　恥と「モラル・パニック」――ゲイ・セックスと「敵意」

自らを恥じることとは、逸脱集団にスティグマを付与する行為へとすぐに転じてしまう。私たちは、第4章第4節で恥と攻撃のつながりを考察し、このような動きのいくつかの例を見てきた。（第2章と第4章で論じた）義勇軍に関するテーヴェライトの研究は次のことを示している。弱さは女性的なものとみなされているのだが、その弱さについての恥が、支配的な男性アイデンティティを脅かすものの象徴となった集団（共産主義者、ユダヤ人、性的マイノリティ）に対する攻撃へと、いかにして転化するかということである。問題となっている将校たちは、これらの集団が自分たちの健康、価値、存在そのものを脅かしていると心から信じ込んだ。そして、「赤い洪水」（ボリシェビキ（ソ連共産党の前身。ロシア社会民主労働党の、レーニンを指導者とする左派のグループ）の勢力が拡大していったことの比喩的表現）などに対する彼らのパニック状態は、攻撃という大衆運動へと転じたのである。その最終的な帰結はあまりによく知られている。

これらの現象はけっして特殊なものではない。事実、「モラル・パニック」という現象に関する社会学の文献はいまや急増している。モラル・パニックとは、逸脱集団が社会に重大かつ差し迫った危険をもたらすと思われることによって、警察などの当局によって攻撃的な扱いを受けてしまう状況である。しかし、その危険は大部分が作り上げられたものである。同様に、標的となる集団の危険な特徴も作り上げられたものである。「モラル・パニック」という用語を新しく作り出し、主要な概念を詳しく述べている古典的著作は、スタンリー・コーエン Stanley Cohen の

『フォーク・デヴィルとモラル・パニック――モッズとロッカーズの創造 *Folk Devils and Moral Panics: The Creation of the Mods and Rockers*』である。コーエンの記述は、ゴッフマンによるスティグマの研究と密接な関わりがあり、議論の的となっている今日の問題にも関係がある。そのため、ある程度詳しく要約する価値がある。

イングランドの東海岸に位置する小さなリゾート地クラクトンが、「パニック」の発端となった出来事の舞台である。イースターの日曜日は、寒く雨が降っていた。多くの店は閉まっていた。苛立っていて退屈した若者が、轟音を立てながらバイクとスクーターに乗って道を往ったり来たりし、窓ガラスを割り、浜辺の小屋を破壊した。一人の少年が空に向かって銃を発砲した。身に着けていた服から、若者は二つのグループに区別されて一般に知られるようになった。一つはモッズと呼ばれ、もう一つはロッカーズと呼ばれた。

これらの出来事そのものは、恐れるに足るほどのものではなかった。しかし、マスコミは他に気を取られるような事件もなかったため、この事件をセンセーショナルに扱った。一つを除いたすべての全国紙が次のような見出しを付けた。「スクーター集団による恐怖の一日」、「乱暴者による浜辺の襲撃」。このような報道がヨーロッパ全域に拡がり、米国、オーストラリア、南アフリカへと伝わった。見出しに添えられた記事は、「破壊のかぎりを尽くす」、「戦闘」、「街への奇襲」、「悲鳴を挙げる群衆」などの思わせぶりな表現を使用して、加わった若者の数と損害の範囲を誇張した。これらの記事はすべて、悪天候のため当日は浜辺がどのみち閑散としていたことに言及せずに、「誰もいなくなった浜辺」や暴動から逃げようとする「年配の行楽客」をほのめかした。

その後の小さな事件も同じように過剰に報道された。代表的なものとして、『デイリー・エクスプレス』の小記事が挙げられる。「父親はデッキチェアで居眠りをし、母親は子どもと砂の城を作っていた。昨日、一九六四年の少年たちがマーゲイトとブライトンのビーチを乗っ取り、伝統的な絵葉書のような情景を血と暴力で汚した」。新聞は噂を事実として掲載し、疑わしいことがすでに判明した記事をも掲載し続けた。時の経過とともに、世間はあらゆる重要な点で真実と異なる事件のイメージを描くようになった。ほぼ労働者階級からなる若者たちが、何となくたむろし手持ち無沙汰に何かすることを探していた、という正しいイメージの代わりに、一般の人々が抱いたイメージは次のようなものであった。ロンドンの裕福な若者からなる、組織化されたギャングが、おびえさせ暴力を加えようというはっきりとした目的を持ってリゾート地を襲った。

当初の元凶はマスメディアであったが、この時点で、一般の人々の認識がひとりでに暴走し始めた。民衆の神話は、モッズとロッカーズという二つの「ギャング」そして、特徴的な服装のイメージを作り上げた。コーエンは述べる。「シンボルとラベルは次第に独自の記述する力と説明する力を得るようになる」（四一頁）。イギリス社会のあらゆるところで危険について話し合いがなされ、危険であるとされる集団の特徴の一覧がさらに正確に記された。このようにさらに引き続いて生じた誤りを手短に述べ、コーエンは結論づける。他の逸脱集団の特徴を記した一覧表と同様、ここにも「空想によるもの、都合のよい誤解、ニュースの意図的な創作がある。一覧は熟考しよく検討されたものではなく、捏造されたニュースである」（四四頁）。その一覧表は、価値の危機と急速に結びつけられてしまう。私たちが大事に思っているすべてのものがその集団によって脅かされているとみなされ、集団はそれ自体としてよりも、現代社会の誤りの象徴として関心の的となる。テーヴェライトが記した義勇軍の場合と同じように、ここでも中心となっている考えはこうである。非道徳的で、原始的な状態に逆戻りしたかのようなものによって文明は脅かされている。「通常、文明社会では見られる抑制力が放棄されてしまった」[*49]という考えである。「乱暴者」、「暴徒化する若者 hooligan」といった用語が状況の説明に用いられる。これらの用語は、「ある特定の行いをし、ある特定の服装をし、ある特定の社会的位置に属する人々に付与することができる、複合的なスティグマを用意する」（五五頁）のに役立っているとコーエンは論じる。

プロセスの次の段階は、社会的統制への企てである。多くの場合において誤報道があり、別の人に罪が着せられた。そして、公衆は、文明が脅かされていることに対して興奮状態にあった。これらの状況を考えると、個々の犯罪の性質や重大性に対して正確な対応がなされなかったことは当然である。警察、裁判所、地域の市民機関が果たした役割を論じながら、コーエンはあまりにも多くの事例において、個人の権利が侵害されたことを明らかにする。比較的軽い犯罪に問われていた多くの少年が、長い場合は三週間にもわたって身柄を拘束された。保釈を拒否することが、社会の境界線を回復するための厳格な措置であると見られたからである。ある事件では、二人の少年が最終的には妨害行為により五ポンドの罰金を科せられたが、彼らはルイス刑務所で一一日間過ごした。厳しい量刑は、法制度が公衆の恐怖に対応しようとした一つの方策であった。ある若い学生は優秀な学業成績を収める初犯者であったが、三ヶ月間の少年拘置所送致という刑を言い渡された。彼の犯した「脅迫的な行為」とは、ロッカーズの集団に化粧ケースを投げたことであった。マーゲイトでは、治安判事が「脅迫的な行為」により逮捕された若者に五〇ポンドから七五ポンドの罰金を科した。そして、そのうちの一人は、三ヶ月間の刑務所行きが言い渡された。治安判事はこれらのきわめて重い判決を下すと同時に、傍聴人とマスメディアに向けられたスピーチを行った。

この街の空気が、男女を含む若者の暴徒の群れによって汚染されたことはいまだかつてなかった。この週末、私たちはそのような若者たちを目にすることとなった。あなたもその若者の一例である。

これらの、長髪の、精神的に不安定なチンピラたち、ネズミのように群れをなさなければ度胸もないつまらない者たちが、住人の生命や財産を侵害することを公然の目的としてマーゲイトにやって来た。

法によって権限が与えられているかぎり、規定されている刑罰を用いることを怠りはしない。この悪意あるウィルスに感染している、あなたやあなたのような者たちを思いとどまらせるために、あなたを三ヶ月間の実刑に処する。（二〇九頁）

このスピーチでは、若者が害虫、ウィルス、空気汚染にたとえられている。このスピーチが用いるイメージは、テーヴェライトたちが記録している、ドイツの反ユダヤ主義や反共産主義が用いていたイメージに不気味なほどに似通っている。このようなイメージは恥を付与するとともに、嫌悪感を催させるものであることに注意しよう。

厳格な措置だけではパニックは収まらなかった。犯罪者に公の場で屈辱を与えることが要求された。「逸脱者にレッテルを貼るだけではなく、レッテルが貼られているところが目撃されねばならない。彼らは公衆の面前で貶められるという儀式に参加しなければならない」（九五頁）。これらの恥を付与する儀式は、犯罪者の父親が仕事を休んで息子とともに出廷するというものから、罪を犯す前に不審な若者のズボンからベルトを外してしまうというものまで多岐にわたった。「彼らはズボンがずり落ちてくると文句を言うが、それは完全に彼らの側の問題である」。この最後のコメントは、イギリスの危機について報告したイギリスの巡査によるものであった。だが、その後大変興味深いことに、当時第二巡回区連邦控訴裁判所の首席判事であったJ・エドワード・ランバード J. Edward Lumbard によって、シカゴ犯罪委員会で行われたスピーチのなかで称讃の念を込めて引用された。そのスピーチは、アメリカの警察が捜索と押収に関してさらに広い権限を要求する必要があるというものであった。[*50] この罰（もしくは、それに先立つ犯罪はなかったので罪の制止）は、若いアフリカ系アメリカ人の初犯の薬物犯罪者に対してアミタイ・エツィオーニが推奨したものとまったく同じであることに注目しよう。

コーエンの分析がありありと示すのは、パニックを通じて多くの若者が不当に取り扱われたということである。興味深いことに、厳格な措置を支持した者たちもこの点については否定しない。それらの人々は、自らが直面していた社会的危険の深刻さを指摘して、不当なほど厳格な判決が下されたことを正当化する。犯罪とは単なる一つの犯罪にすぎないのではない。社会の恐るべき脅威の一部をなしているのである。このようにヘイスティングズ裁判所の首席判事は述べている。

科されるべき罰を考える際には、罪のない市民と市の観光者に及ぼした、全般的な影響を考慮しなければならない。個人が犯した犯罪行為のいくつかは、それだけとってみればそれほど重大であるように思われないかもしれない。

だが、その犯罪行為も、何千人もの人々の楽しみを台なしにし、商売に悪影響を及ぼした累積的な一連の出来事の一部をなしている。ヘイスティングズ裁判所は、暴力行為や治安を乱す行為に対して厳しい見解を採ってきた。この態度を変更するつもりはない。その方針に従って、本件では、罪を犯した者に罰を与え、他の違反者に対する抑止効果となる刑罰――多くの判決において最高刑――を科す。*51

同種の犯罪に通常言い渡される刑と比べて、大幅に厳しい刑を見せしめのために言い渡された個人にとっては、この回答は慰めとならない。罪のない者が強引に有罪にされるという〔明らかに拡がっている〕事態、また、法にまったく触れていない活動をしていた若者が標的にされ、嫌がらせを受けるというさらに拡がっている事態〔シカゴでは賞讃されたベルト外しの計画がその一例である〕については、少しも言及されていない。

モラル・パニックという概念は、多くの異なる社会的問題を分析するために用いられてきた。ナッハマン・ベン・イェフダー Nachman Ben-Yehudah は、イスラエルでの、薬物犯罪者の若者に対する反応を分析するためにこの概念を用いた。*52 フィリップ・ジェンキンズ Philip Jenkins の『モラル・パニック *Moral Panic*』は、精神病質 psychopathic の性犯罪者に対する恐怖に焦点をあてている。*53 スチュアート・ホール Stuart Hall とその共著者による『危機を取り締まる *Policing the Crisis*』は「マギング mugging〔路上での強盗・ひったくり〕」という用語の形成過程と、イギリスにおける都市犯罪への恐怖についての研究である。*54

コーエンの概念はそれ自体有益である。しかし、これらの概念をゴッフマンによるスティグマの研究、および恥の発生源について述べた「原因に関する仮説」と組み合わせれば、さらなることが明らかになる。ゴッフマンの研究は、モラル・パニックの現象を、不人気な「逸脱集団」へのスティグマの付与という、より一般的なパターンの一事例として捉えるのに役立つ。そして、原因に関する仮説は、なぜそのようなパニックが繰り返し起こるのかを理解するのに役立つ。テーヴェライトは、ドイツ人が共産主義者やユダヤ人に対して行った攻撃を、ナルシシズムと女性憎悪の観点から説得力をもって分析した。彼が題材にしたこのドイツ人による攻撃は、私がすでに示唆したように、コーエンが特定する現象の一例なのである。というのも、スティグマを与えられた集団は、文化的堕落の危険な原因、大切にされてきた社会的価値を蝕む者たちであると信じられたからである。

原初的羞恥心とナルシシズムに関する私の分析は、ナルシスティックな不安と攻撃性が次のような集団心理を生み出す可能性がきわめて高いことを示している。「正常な者たち」が結びつきを強め、スティグマを付与された集団に対して自らを上位に置くことによって代替的な安全を見出す、という集団心理である。有益にも、コーエンの分析がこの図式に付け加えるのは、この結びつきは道徳化されたかたちをとることが多いという事実である。これまで見てきたように、「正常」というカテゴリーは、すでに大いに規範的である。多くの場合において、この規範性は道徳的な規範性である。「逸脱」集団に対する非難は、逸脱集団が脅かすとされる大切な道徳的価値を引き合いに出すととりわけ効果的である。コーエンが示すように、自らが属する正常な集団を、威嚇してくる悪魔の集団によって包囲されたものとして描き出すことは、敵対心を生み、自己の安全を守る戦いを鼓舞する一つのきわめて有力な方法である。

現代のアメリカ社会は、社会に同性愛や同性愛行為が存在していることを受け入れるために苦労しているが、これほど困難をもたらしている問題はほかにない。ほかの多くの社会も同じように苦労している。だが、アメリカはこの問題に関して、他のヨーロッパの国々と比べても、ほとんどの面において、とりわけ苦労を重ねてきた。第2章と第3章において、多くのアメリカ人にとってゲイやレズビアンは不快を催させる汚染の源であり、(男性)アメリカ人の身体の安全に対する脅威であることを示した。しかし、これらの章は激しい嫌悪感に焦点をあてており、現代の反ゲイ感情にまつわる領域の大部分は手つかずのままである。ゲイやレズビアンに対する反感は、常に嫌悪感というかたちをとるわけではない。嫌悪感がたいていの場合ゲイ男性に対する男性の反応であることを、私は第2章において示した。レズビアンのセクシュアリティは、それとはまた別のさまざまな感情によって迎えられる。また、概して女性は、ゲイの男性のセクシュアリティに対して嫌悪感は抱かない。しかし、嫌悪感がないことは、激しい敵意もまたないことを意味するわけではない。同性愛者の男性・女性との遭遇が典型的なモラル・パニック転じるときに、そこで原初的羞恥心が作用しているのを見ることによって、私たちは全体像をさらにつかむことができる。

同性愛に対する道徳的判断はアメリカのいたるところにおいて見られる。そして、その多くはコーエンの分析が示すかたちをとっている。すなわち、ゲイは、アメリカ人が大切に思うあらゆるものに対する脅威として見られるのである。特に、コロラド州憲法修正二をめぐる裁判が示すように、彼らは家族に対する敵、子どもへの危険として描かれることが慣例化している。コロラド州は、修正二を擁護するにあたって、当該の法を保持する六つの異なる「やむにやまれぬ利益 compelling interests」があると主張した。これらのなかには、家族のプライバシーの保護というやむにやまれぬ州の利益、またそれとは別に、「子どもの身体的・心理的な福利を促進する」やむにやまれぬ利益が含まれると主張された。さらに、州は、「公共の道徳 public morality」は他のすべてのやむにやまれぬ利益に及ぶ利益であると主張した。そのため、たとえば、家族の保護という利益には、公共の道徳という利益が浸透していると理解されるべきなのである。*55

最近では、議会の過半数によって可決された「婚姻防衛」法 Defense of Marriage Act[7]が、婚姻を（連邦法に関しては）男性と女性の結合として定義している。そして、この法は、ある州で同性結婚が合法化され結婚が執り行われたとしても、いかなる州もその婚姻を認める圧力にさらされないようにするものである。同法はまさにその名称からして、同性結婚、および、同性結婚が世間で承認される可能性によって、異性間の婚姻制度が脅威にさらされるのだという考えを示している。この法をめぐる議論には、誇張して表現された極度の不安が見られた。人々が大切に抱いてきた価値とアメリカ社会の存続そのものとに対する深刻な脅威についての不安である。その一つの例として、この法案に関してウェスト・ヴァージニア州の上院議員であるロバート・バード Robert Byrd が議会で行ったスピーチを見てみよう。

議長、いまこの場所においてこそ、この問題について論じるべきです。私たちは、いまこの問題に直面しており、問題はますます差し迫ったものとなっています。……人間が経験してきた歴史を通じて、またさまざまな価値体系を有するいくつもの文明や文化において、人間は、男女間の永続的な関係が人間社会の安定性、強さ、健康の要であることを悟りました。これは法的な承認と司法の保護に値する関係です。……

［結婚に言及している聖書からの引用を、長々と読み上げた後で］

そのような伝統を重んぜずに、創造主が最初に定めた考え方を汚し始める社会は、ただではすまないことになります。……

［古代都市バビロンへ旅したことを述べた後で］

私は、ネブカドネツァル王の息子、ベルシャツァル王が一〇〇〇人の貴族のために大宴会を催した地に立っていました。少なくとも、そう説明を受けました。ベルシャツァルは、ネブカドネツァルが神殿から奪ってきた器を手にしました。王とその妻と側女《そばめ》、貴族たちはみなその器から酒を飲んでいました。その時、ベルシャツァルは、蠟燭台のすぐ向こうの壁に人の手が文字を書いているのを見ました。その手は「メネ、メネ、テケル、ウ・パルシン」と書いていました。ベルシャツァルの顔色は変り、腰は抜け、膝ががくがくと震えました。王は占星術師、祈禱師、呪術師たちを連れて来させ、「この文字が何を意味しているのか教えよ」と言いましたが、全員当惑していました。彼らは、書かれていることを解釈することができなかったのです。……ダニエルは、書かれている文字を解釈することができました。

〔メネは数えるということで、すなわち、〕神はあなたの治世を数えて、それを終わらせられたのです。
〔テケルは量を計ることで、すなわち、〕あなたは秤にかけられ、不足と見られました。
〔パルシンは分けるということで、すなわち、〕あなたの王国は二分されて、メディアとペルシアに与えられるのです。[8]

その夜、ベルシャツァルはメディア人ダリウスに殺され、国は二分されました。

議長、アメリカは試されているのです。同性結婚が認められれば、その見解は公式なものとなります。アメリカは、子どもには父親と母親は必要ない、二人の母親もしくは二人の父親がいればよい、と言ったも同然になります。

これは、大惨事です。アメリカは精神的なよりどころを失うことになります。もはや規範は存在しません。驚くべき早さで私たちは道に迷うことになります。造り上げるのに数千年を要したものが、一世代のうちに破壊されてしまうことになります。

断固とした態度を採ろうではありませんか。いまが、その時です。いままさに、問題になっているのです。聖書に示されているように、男女間の婚姻制度という、最も古い制度を守ろうではありませんか。さもなくば、私たちも秤にかけられ、不足と見られることになるでしょう。

その他の多くのスピーチも、これほど派手ではないにせよ、アメリカの存続に対する深刻な脅威、最も古く重要な単位としての家族の存在、伝統的な基準の転覆を企む「同性愛者集団」に言及している。たとえばアリゾナ州の下院議員エイサ・ハチソン Asa Hutchison は次のように述べた。「私たちの国は、多くのことに耐えうることを確信している。しかし、耐えることができないものの一つは、社会の基礎をなしている家族という単位の破壊である」。オクラホマ州の下院議員であるトム・コバーン Tom Coburn は述べた。「実際、どんな社会も同性愛への移行、それが示している倒錯性、そして、それがもたらすものを耐えることはできないのである」。多くの政治家は、国政選挙直前のスピーチということもあり、同性結婚の問題について恐怖心をかき立てようと熱心であるように見えた。

ここから慎重に議論を進めなければならない。というのも、宗教的信念を有している多くの人々は、同性愛行為が非道徳的であると心から信じているからである。そのような信念それ自体が、それだけでモラル・パニックの一例であると考えてはならない。しかし、コーエンが調査した現象との関連性が見られるのは、この同性愛行為をめぐる判断に並外れた緊急性と重要性が付与されていること、そして深刻な脅威と大げさに結びつけられていることである。問題となっている宗教の道徳的価値全般を調べると、このことがとりわけ明らかになる。「レビ記」のある一節は（男性の）同性愛行為を咎めている。新約聖書、旧約聖書の両方にわたって、数多くの節は貪欲を咎めている。それにもかかわらず、貪欲な者たちが共同体にはびこっており、私たちが大切にしている価値を破壊しようとしているとは耳にしないし、公共的道徳が有する、やむにやまれぬ利益により、貪欲な者に平等な市民的権利は認めないなどといったことも聞いたことがない。

そしてまた、同性愛関係に対する非難、もしくは同性結婚に対する非難でさえ、宗教的信仰を持つ者に特有の問題ではないように思われる。実際、今日のアメリカで公に同性結婚を承認している最も大きな単一の団体は宗教団体であり、改革派ユダヤ教の団体なのである。また、アメリカの主要な各宗派は、世俗的な団体と同様にこの問題に関して幅広い立場を採っている。[*56] 実情はこのようであるので、価値を引き合いに出し、ユダヤ・キリスト教の名において大げさに同性愛行為と同性結婚のみが激しい非難の的となっていることには問題があるように思われる。不道徳であるとされる事例が与えている脅威の性質が、あまりにもあいまいにされている場合は特に問題である。[*57]

私たちの共同体において、差別を受けずにゲイやレズビアンの人々が堂々と暮らしていることは、家族や子どもに対する脅威であるとなぜ考える必要があるのだろうか。コロラド州憲法の修正二の非陪審審理において、ベイレス Bayless 判事が意見で述べたように、家族への「やむにやまれぬ利害関心」は、家族主義的 profamily な行為によって追求することが論理に適っているように思われる。「もし家族の価値を促進したいと思うならば、他の集団に反対する行動よりも、家族を擁護するための行動をとるであろう」。そして、他のことにもまして、なぜ、同性結婚を承認することは異性間結婚を崩壊させるだろうと考える必要があるのか。この思考の背後にある論理を突き止めることさえ困難である。異性愛者は婚姻制度にあまりにも不満を持っているので、同性結婚が可能になればそれに飛びつくという考えなのだろうか。そのようなことは当然ありそうにもない。もしくは、恥ずべき制度と接触することによって、漠然とではあるが、婚姻制度が貶められ、卑しめられ、恥ずべきものになってしまうという考えなのだろうか。こちらの方が「婚姻の防衛」の解釈としてはありそうである。しかも、何らかの「善い」ものが、恥ずべきとされるものに近づくことによって恥ずべきものとなるというメカニズムは、汚染や伝染といった中核的な概念とともに嫌悪感に含まれている、呪術的思考を連想させる。同様な思考が、スティグマの付与やモラル・パニックに関しても働いている。

同性結婚をめぐる世間の議論が、ときにモラル・パニックの一例であるように思われる場合でも、そのパニックが、本当は何についてのパニックなのかを問う必要がある。コーエンの調査が示したのは、社会的な変化の時期に人々は自らの生活の安定性を心配するということである。つまり、目の前にある機会が、より一般的な個人的不安を表現するための方法となってしまうのである。同様に、そんなにも多くの異性愛者に同性結婚が脅威として映るのは、人々が自分たちの生活における変化に何らかの不安を抱いているからであると推量できる。そして、この変化は、同性愛関係の容認の広まりと何らかのかたちで関連づけられている。世間の議論は次のつながりに注目しているのである。「異性間結婚に何らかの問題が生じているが、これはどういうわけかゲイとレズビアンのせいである」というつながりである。このつながりとはいったい何なのだろうか。

同性愛関係と、異性間の婚姻制度が抱える問題の間に何らかのつながりがあるとしても、それは、アンドリュー・コペルマン Andrew Kopelman、シルヴィア・ロー Sylvia Law、キャス・サンスティン Cass Sunstein といった法学者によって述べられている間接的なつながりだろう。そこでは、ゲイとレズビアンに対する差別は一種の性差別である、と述べられている。なぜなら、ゲイとレズビアンに対する差別とは、伝統的な結婚の家父長的な性質など、伝統的な異性愛を強化することにほかならないからである。多くの一般市民の想像において、ゲイとレズビアンは、生殖を目的としない性行為の象徴であり、伝統的な方法で家庭を築くという姿勢から結婚を切り離すことの象徴である。当然、家庭を築く伝統的な方法は、男性優位の方法であった[*58]（前の結婚で生まれた自らの子どもであるにせよ、いまある関係において人工授精によって授かった子どもであるにせよ、養子であるにせよ、多くのゲイやレズビアンのカップルも、実際には子どもを持ち育てているということは関係がなかった。また、多くのカップルが、子どもはいないがいずれは欲しいと思っている）。同性結婚の承認と、伝統的な結婚の衰退の間のつながりとは、以下のようなものである。結婚の結びつきの外で性行為が可能であるならば、結婚生活に踏み切り、子どもを養育することに対する女性のインセンティブは減少する。また、結婚がきわめて家父長的で不平等な制度であり続けるならば、女性は結婚を望まないかもしれない。多くのヨーロッパの地域では、出生率が驚くほど減少している。これは、女性が、人生には他の選択肢があるので、自分にとって不利な婚姻関係を結びたがらないせいであると主に考えられている。多くのアメリカ人が同性結婚を恐れるのは、同性結婚がセックスの象徴であり、それゆえ、女性が家父長的な支配を逃れることの象徴であるからである。支配を失う変化への不安や、大切にしてきた価値に対するコントロールの喪失は、ナルシスティックな恐怖と攻撃性を容易に呼び起こしてしまう。同性結婚に対するパニックは、部分的には、女性が男性の支配を逃れてしまうことに対するパニックであると、とりあえず推測してよいだろう。

数多くの現代の民主主義社会における離婚の統計が示すように、婚姻制度がもし本当に苦境に陥っているならば、制度を支えるためにできることは数多くある。その多くは、他の選択肢を持つ女性にとって結婚をより魅力的なものにすることである。ジョン・ケリー John Kerry 上院議員が、上院での討議で、婚姻防衛法について述べたとおりである。

今日では知らないふりをされているが、私たちが知っている真実は、アメリカで結婚生活が崩壊するのは、男性同士が結婚し女性同士が結婚するという大衆の運動に男女が包囲されているからではない、ということである。結婚生活が崩壊するのは、男女が結婚生活を維持しないからである。本当の脅威は、結婚している男女の心構え、同性ではなく異性同士の人間関係にあるのである。……真の婚姻防衛法であれば、これから夫と妻になる人々の学びの経験を増やすだろう。費用を負担することができる者だけではなく、問題を抱えているあらゆる夫婦にカウンセリングを提供するだろう。要求があり次第、アルコール濫用者と薬物濫用者に治療を提供するだろう。子どもの時に受けた虐待から抜け出すことができず、その時の有害な記憶に際限なく襲われている者に、治療を提供するだろう。女性に対する暴力対策法 Violence against Woman Act を拡大するだろう。デイケアを必要とし、苦労しているあらゆる家族にデイケアを保障するだろう。より広い現実的な人生の選択肢に高校生が触れることができるように、学校のカリキュラムを拡大するだろう。高校を卒業する時には、子どもが字を読めるようになることを保証するだろう。養子縁組のための機会を拡張するだろう。虐待されている子どもの保護を拡大するだろう。子どもが、放課後に出歩き、ことによると望まない一〇代の妊娠をするのではなく、何か他のことができるように援助するだろう。若者が健全で生産的な大人へと成長し、大人同士の健全な関係を築くことができるようにボーイズ・クラブ、ガールズ・クラブ、ＹＭＣＡ、ＹＷＣＡ、就業支援やそれに代わるものを増やすだろう。しかし、私たちは全員真実を知っている。真実は、過ちは犯されるし、結婚生活は破綻するということである。しかし、これらが、アメリカにおける結婚を真に防衛しうる方法である。

結婚を支えるためのこうした現実的な方策は、検討の対象にさえならなかった。法案は伝統的価値を真に援護するよりも、不人気な集団を傷つけることを目的としており、完全に後ろ向きであった。同性愛行為が多くの人にとってはらんでいる深刻な道徳的問題を考察の対象外に置いたとしても、この法案の議論をめぐって生じたパニックは、道徳や家族のみに関するものではなかったと考える強い理由がある。このパニックは、少なくともある程度においては、私たちが検討してきた、より原初的な攻撃の感情を表現している。

第４章で論じたように、性は人間の脆弱さと不安が大きく現れる領域である。したがって、私が論じたように、性の領域は恥を感じる唯一の場では（もしくは、主たる場でさえ）ないにしても、恥を感じる一つの場である可能性が高い。とりわけ、性的な完璧さにまつわる考えが大衆文化に拡がっており、全員に対して非現実的で柔軟性のない基準を推進しているアメリカのような国では、人々は自らのセクシュアリティに大きな不安を抱いており、この領域において恥に脅かされている。性は親密なものであると同時に、まさにその性質上完全なコントロールが不可能であるので、コントロールの欠如と親密性（これはコントロールの欠如をもたらす）という概念そのものに困難を感じる者は、この領域において特に脅威を感じることになるだろう。これらのことすべてから、性の領域においては特に頻繁に「モラル・パニック」が起こるだろうことが予測される。[*59] はるか以前にフロイトは、アメリカ人は性生活にとりわけ恐れを抱いており、恥に支配されているように見えると述べた。そして、アメリカ人は自分たちのリビドーをもっと制御しやすい金儲けへと転化させる、と彼は付け加えた。ドイツからアメリカに亡命した哲学者、テオドール・アドルノ Theodor Adorno も同様の意見を述べた。彼の所見によると、アメリカ人は性の領域において健康の基準に取り憑かれており「健康な性生活」について語ることが多い。「セクシュアリティはまるでスポーツの一種であるかのように、セックスとして無力にされている」。彼は続けて述べている。「それでも、何か違った点があるとアレルギーのような反応を引き起こす[*60]」。

家族もまた、大きな不安をもたらすコントロールの欠如した領域である。家族は、多くの場合私たちが築く最も親密な関係であり、その関係を通じて私たちは人生の意味を追求する。しかしながら、ほとんどとは言わないまでも、多くの家族関係のなかには強い敵対心、相反する感情、不安が存在している。そこで、恥がふたたび問題となる。家族において私たちが自らに課す「良い父親」、「良い母親」といった役割は、安心感を与える大切にされてきた規範であり、人々が自分を正常な者として規定しようとするときの重要な見地となっている。なぜなら、コントロールが失われ、予想できないことが起これば、あまりに多くのものが危険にさらされるからである。たいてい人々は、自らが果たしている家族での役割が不完全であることに気づいており、それでいっそう不安になって自らの純粋さを高めることを必要とするのである。

こうして、私たちは、数多くの理由から次のように想定するのである。同性結婚に反対し、そして、ゲイ・レズビアンのための差別禁止法に反対するような、世間の攻撃的な運動の多くは、宗教と関わりを持つものではまったくないということである。それは、ゲイとレズビアンにスティグマを付与することによって家族と性に対する支配を回復しようと望む、原初的でナルシスティックなタイプの攻撃性である。「婚姻防衛」法をめぐる議論のなかで何人かの論者が、かつて異人種間結婚をめぐって生じたパニックと憎悪の風潮に言及したことは有益であった。一九六七年に連邦最高裁判所は、州が異人種間結婚を禁止することは違憲であると宣告したが、それまでは、異人種間結婚はいくつかの州では合法であり、その他の州では違法であった。同性結婚の場合と同様に、異人種間結婚が可能であるということは、「正常な」家族構造に対して大変な動揺を引き起こす脅威であった。とりわけ白人男性が、自らの男らしさに関して恥を受ける可能性を感じ取った。異人種間の境界をはっきりと分ける必要性は、恥を呼び起こす脅威を遠ざけておきたいという欲求を表現していたのである。

同性結婚をめぐる「モラル・パニック」に含まれている種類の考え方の実例として、もう一つの驚くべき例を挙げよう。二〇〇一年の六月、私の自宅に手紙が届いた。通常、私はほとんどのダイレクトメールを開封せずに破棄するが、この手紙の封筒には赤字で「アメリカ自由人権協会 American Civil Liberties Union（ACLU）を阻止するための全国キャンペーン」と記されていたので、目に留まったのだ。もう一度確認すると、ほとんどの営業上の勧誘とは異なり、私の宛名が「マーサ・ヌスバウム教授」となっており、私個人をいくらか知っていることを示しているようであった。そこで、手紙を開封してみた。なかに入っていた手紙には、アライアンス・ディフェンス・ファンド Alliance Defense Fund という、キリスト教の諸団体や指導者たちが設立した連合体の署名があり、前アメリカ合衆国司法長官エドウィン・ミーズ Edwin Meese の熱心な推薦文が添付してあった。そして、「親愛なるクリスチャンの友へ」と私に宛てられていた——二重の皮肉である。手紙は、ネブラスカ州において最近可決された州民投票に対して、A[9]

ＣＬＵが行った法的な異議申し立てについて説明していた。州民投票は、同性間の「婚姻」および「シヴィル・ユニオン civil-union」[10]（引用符は手紙文のままである）を法的に承認することを禁じるように州法を修正するためのものであった。最初に、手紙は次のような理由でＡＣＬＵの偽善行為を非難していた。それによれば、ＡＣＬＵは、選挙におけるフロリダ州の再集計については、各人の票が数え入れられることがきわめて重要であると強く主張していた。しかしながら、同時にＡＣＬＵは、七〇パーセント対三〇パーセントで州民投票を可決させたネブラスカ州民の票は数え入れられるべきではないと述べているのである。過半数によっても覆すことはできない憲法上の基本的権利と、過半数によって州の選挙人票を定める大統領選挙の違いをあいまいにするために、巧妙なレトリックが用いられている。コーエンの本にも見られたような、事実を歪曲するレトリックが手紙を埋め尽くしており、このレトリックはそのほんの一例にすぎない。*61

　続いて手紙は、ＡＣＬＵのキャンペーンが成功すれば生じるとされている、あらゆる悪しきことを記していた。恐怖のカタログはコーエンとテーヴェライトの記述を連想させるイメージで始まっていた。「もしＡＣＬＵがネブラスカ州で勝利を収めれば、危険な先例を全国に作ることになるだろう。歯止めが解かれ、過激派によって、あらゆる州の婚姻法が無効にされるだろう。もしそのようなことが起これば、いまのアメリカは跡形もなくなるであろう」。主張されていた恐るべき帰結の一つは、「牧師」が同性間の結婚式を執り行うよう「強制される」ということであった。まるで民事婚の権利があるということによって、宗教的儀式を執り行うよう宗教的指導者を強制できるかのようである（合衆国憲法修正第一条に記された権利である、国教樹立の禁止と宗教的活動の自由によって、カトリックの司祭はユダヤ人の結婚式を執り行うよう強いられたり、自分が是認しない信条や経歴を有する人物の結婚式を執り行うよう強いられることはない、ということをアライアンス・ディフェンス・ファンドは忘れたのだろうか）。しかし、恐怖に関する記述が頂点に達する個所では、とりわけ本心がさらけ出されていた。「活動家たちは、自分たちの残りの政策課題を推し進める強大な力と大胆さを得ることになる。その政策課題のうちには、同性愛行為に対する世間の反対行為の多くを犯罪行為にしかねない、いわゆる

『ヘイト・クライム』禁止法やその他の法案が含まれている」ということであった。

この驚くべき文章は筆が滑ったように見える。私を「クリスチャンの友」と呼ぶ人々は、ヘイト・クライム禁止法の対象となるような「同性愛行為に対する世間の反対行為」を支持することをまさか認めたがらないであろう。それとも、そのことを認めるのだろうか。「ヘイト・クライム」を囲んだ引用符は不気味である。この文章は不注意によるものではなく、ゲイやレズビアンに対する暴力を正当なかたちの抵抗であると考え、その行為を「ヘイト・クライム」と呼ぶことは拒否すべきだと考える人々に対する抜け目のないアピールであると思われる。もはや私たちは宗教を問題にしているのではまったくない。保守的な立場であっても、罪人への愛を常に強調するキリスト教という宗教を問題にしているのではないことは確かである。私たちは、原初的で危険な、ナルシスティックな攻撃性の一種を問題にしているのである。

この暴力的な憎悪に対応するための適切な措置とは何だろうか。まずは、スティグマを付与されたサブカルチャーの人々が、法の平等な保護を受けられるようにすることのはずである。次章では、マイノリティを恥辱から守るための積極的な措置について論じる。しかし、この章での議論との関連において、市民に法の平等な保護を保証するにあたって欠かせないことがある。単なる偏見に基づく法や人々にスティグマを付与する法を無効にすることによって、あらゆる市民に法の平等な保護を与えることである。婚姻防衛法をめぐる議論の性質を考え合わせると、これらの理由に基づいて婚姻防衛法に反対することは正しいと考えられる。

婚姻防衛法に反対する者はあまりおらず、法案は圧倒的多数で可決された。しかし、ある関連する領域において、私が提唱する原理は認められることとなった。コロラド州の修正二をめぐる事件判決のなかで、連邦最高裁判所は、(きわめて異例なことであるが)法は「敵意 animus」のみに基づいており「合理的な根拠」を欠いていると述べた。修正二の支持者が用いた道徳的なレトリックにもかかわらず、最高裁は修正二の背後には「敵意」が動機として働いていると述べた。多数意見は、ゲイ・レズビアンが差別禁止法を求めて勝ち取ることを地方レベルで資格剥奪することは、法の平等な保護に含まれている基本的理念と相容れないというものであった。

法の保護を求める権利を、特定の集団に属する人々から剥奪してしまうことは先例がない。このような法律の制定は、私たちの立憲主義の伝統の範囲を越えている。法の支配という理念、および憲法が保障する平等保護の中心をなしているのは、政府とその各機関は援助を求めるあらゆる人々に対して公平に開かれていなければならないという原則である。……他の市民に比べて、ある集団の市民は、政府の援助を受けることがさらに困難であるべきだと一般的に宣言するような法律は、文字通り、法の平等保護を否定している。[*62]

この法は「正当な政府目的との合理的な関連性」がなく、さらには「その法が影響を与える集団に対する憎悪から生み出された」と判示された。[*63]

〔上記のローマー判決と〕密接なつながりのあるもっと前の判例が、スティグマとパニックに関する同様の問題を扱っており、連邦最高裁がローマー判決で従った先例を確立している。[*64] これは、議会や州の有権者によって正式に可決された法には「合理的な根拠」が欠けているとの判断を、連邦最高裁が下した数少ない事例の一つであった。〔その判例である〕クレバーン市対クレバーン生活センター事件（*City of Cleburne v. Cleburne Living Center*）（第3章においても論じられている）とは、テキサス州のある市が、同市の都市用途地域規制法 zoning law に基づいて、知的障害者のグループホームに施設の設置許可を与えなかったというものである。その規制法は、知的障害者のグループホームには特別な設置許可を要請していたのである[*65]（病後療養所、老人ホーム、サナトリウムには許可は必要とされなかった。「精神障害者、知的障害者、アルコール依存者、薬物依存者のための施設」のみに必要とされた）。許可が下りなかったのは、近隣の土地所有者が表した懸念や他の否定的な態度によるものであったことは明らかである。さらに同市は、知的障害を有する人々を「五〇〇年に一度洪水の起こる地」に住まわせることは、そのような人々を危険にさらすことになると主張した。なぜなら、洪水が起きた際に、知的障害を有する人々は、建物から避難するのが遅いだろうからである。連邦最高裁はこの許可の拒否には合理的根拠がなく、「不当な差別」、「知的障害者に対する非合理的な偏見」、「あいまいで画一的な恐怖」のみに基づいていると判示した。ここで、最高裁は、明らかに言い訳にすぎない議論が合理的なものとしてまかり通ることを認めていない。人々はパニックを目にすればそれがパニックであることがわかり、それをはっきりと指摘するのである。

ローマー判決において連邦最高裁は同様の戦略を採り、明らかな憎悪から生み出された法は、緩やかな合理性の基準さえも満たしていないと主張した。*66 モラル・パニックに関する私たちの分析の観点からすると、最高裁がそのように主張することはまったく正しい。公共的合理性や法の平等な保護に何らかの意味があるとすれば、それは、恐怖や反感それだけでは、基本的な特権を取り上げる法の根拠としては不十分であることを意味しているはずなのである。*67 スティグマと恐怖の有害な影響から不人気な集団を守るにあたって、法の平等な保護が侵害されないよう絶えず警戒しておくことは、まともな社会が果たすべき最低限の責務なのである。

それでは、同性結婚の話題に戻ろう。婚姻防衛法そのものが、市民の平等な尊厳を脅かすのであろうか。自分が選んだ人と結婚する権利は、最も基本的な権利である。ラヴィング対ヴァージニア事件（*Loving v. Virginia*）は、連邦最高裁が、ヴァージニア州における異人種間結婚の禁止は違憲であると宣言した判決であった。最高裁は「結婚の自由は、自由な人々の秩序ある幸福追及に不可欠な、きわめて重要な人格的権利の一つとして長いこと認められてきた」*68 と述べた。最高裁は　デュープロセスと平等保護の両方を根拠として禁止に反論し、この法は「白人の優位」の維持を唯一の目的としているとの判断を下した。異人種間結婚の禁止が中立的な言葉で表されたとしても――黒人は白人と結婚できない、そして、白人は黒人と結婚できない――そのことは、最高裁の見解からすると平等保護の基本的な意味とは相容れない社会的ヒエラルキーを、法が強化してしまうのを防ぐことにはならないのである。

いま見てきた二つの推論を同性結婚に対しても適用したときに直面せざるをえない法律上の問題を検討すると、本書の範囲をあまりに大きく越えてしまう。しかしながら、ハワイ州最高裁判所が、ベア対リューイン事件（*Baehr v. Lewin*）[*69]において主張したように、これらの推論は適用されているようである。そして、異人種間結婚の禁止と同様に、同性結婚の禁止も違憲だとされることもありうるように思われる。[*70]このことは、いますぐにでも、同性結婚を法によって禁止することは違憲だと判事が述べるだろうということを意味しない。また判事はそうするべきだということさえ意味していない。というのも、そのように判事が述べることによって人々にパニックに基づく反応を引き起こし、同性結婚に対する抵抗をさらに勢いづかせてしまうことがないようにするというのは、もっともな懸念の一つだからである。[*71]しかしながら、それは同性結婚を禁止する論理が憲法上容認できないということは意味しているのである。その論理は、ある人々の親密な領域についての選択を他の人々の選択より価値が劣ると定めて、ヒエラルキーを強化する。それはまた、伝統的な結婚の観念、したがって慣習的な性的ヒエラルキーを強化する可能性もきわめて高いのである。

他の国々はこの問題を認め、同性結婚を合法化する動きに向かった。ヨーロッパのいくつかの国では同性結婚が合法化され、さらに多くの国ではヴァーモント州式のシヴィル・ユニオンが合法化された。とりわけカナダでは、二〇〇三年六月にオンタリオ州の裁判所が、異性同士のものとしての結婚の定義は違憲であると宣言した。また、ジャン・クレティアンJean Chretien首相は同性結婚が全国で合法化されるよう働きかけると述べた。アメリカの市民が、こうしたヨーロッパにおける進展を観察しているうちに、社会がこのように進展してもバラバラに壊れたりしないし、大きく変化したりもしないということに気づく機会があることだろう。

しかしながら、公共の議論の焦点が、異性間結婚に付与されると同様の特権を同性結婚にも与えるべきか否かという一つの問いだけに集中してしまったのは、残念であった。このような問題の設定は、それに先立つ問いを閉め出してしまっている。すなわち、結婚というただ一つの制度のみが、現在享受している広範囲で多種多様な一まとまりの特権を享受すべきなのかという問いである。特権が認められる領域は、移住、養子縁組、相続、証人となる場合に配偶者が有する特権、埋葬と医療に関する決定にまで及ぶ。アメリカは、結婚に関する身分を、結婚しているか否かで二系列化するアプローチを取り続けるべきなのか。もしくは最近フランスが採択したような、ある目的に関してはある分類を認め、その他の目的に関しては他の分類を認める、より柔軟な戦略を追求するべきなのか。[*72] 同性結婚の権利を確保するというただ一つに議論の焦点が当てられたために、このようなより広い視点からの議論はいちじるしく阻まれてきたのである。

制度としての結婚は愛と暴力両方に場所を与え、また子どもの養育と虐待両方に場所を与えてきた。とりわけ女性と娘が、しばしばこの制度によって不利を被ってきた。この制度は、女性に子どもの世話の負担を、また、今日では増大する高齢者の介護の負担を過度に負わせ続ける。世間には、これらの負担をどのように分かちあえるかを示す多くの例がある。大家族、村やその他の地域集団、公共政策の適切な改革、職場の構造の改革によって、負担は分かちあえる。将来の方針を立てる際に、私たちはこれらすべての選択肢を熟考する必要がある。残念なことに、同性結婚をめぐるパニックとそれに対する自然な反応——平等な結婚の権利を、ゲイやレズビアンに保障することが焦点になっていること——両方によって、急を要するこの公共的な議論は後回しにされてしまう。

さてここで、ゲイを法の対象とするもう一つの問題に目を向ける必要がある。クレバーン判決に照らし合わせて、成人向け施設に対する用途地域規制の問題を考察することが求められている。用途地域規制とは、共同体が、ある種の行為は無危害であっても規制が必要であるとの判断をいくつかの場面においては自由に下してよいグレーゾーンであるように思われる。したがって、私の見解では、性的に露骨な物またはサービス sexually explicit materials を提供する施設に対する用途地域規制は、出版物への規制とは明らかに異なり、審議の対象となるものである。多くの人々が結社の自由に関心を持っているということは、共同体で何を許可するかを定めるにあたって、住民が少なくともある程度の自由を持つべきことを示している。しかし、クレバーン判決が示すのは、共同体には、ある集団に対してたまたま抱いている偏見を基にして、用途地域規制条例を定める自由はないということである。高齢者や身体障害者の施設には許可が与えられたのに、知的障害者の施設に同様の許可を認めないことは、法の平等な保護の否定であり、憲法に反している。この法の領域においても、モラル・パニックには法的な制限がかけられるのである。

クレバーン判決を考慮に入れると、ニューヨーク市におけるゲイ書店やゲイクラブに対する用途地域規制をめぐる最近の議論は、きわめて興味深い問題を提起している。マイケル・ワーナー Michael Warner やその他の活動家たちは、ジュリアーニ〔Rudolph Giuliani 元ニューヨーク市長（一九九四年から二〇〇一年）〕陣営の対応を表現する際に、すでにモラル・パニックという言葉を用いていた。そして、その対応を「セックス・パニック」と呼び、それに反発している。「セックス・パニック！」というグループは最近の六つの傾向に焦点をあてる。（1）保健条例 health code という名目のもとでの、ゲイのビデオ店と風俗店の閉鎖、（2）ハドソン川の桟橋にあるゲイが集まる場所を、柵で取り囲み警備すること、（3）相手を探して歩き回っているゲイ男性の、公然わいせつ罪のかどでの逮捕数の上昇、（4）利用可能な市内の公共的なスペースの一般的減少、（5）バー、ダンスクラブなどのナイトライフの店に対する、多くの場合、営業許可に関する細かい規則違反を理由にした嫌がらせ、（6）一九九五年の用途地域規制の改正。この改正は、「成人向けビジネス」をより広くあいまいに定義し、営業を貧しく危険な一定の地域に限定して、規制を強化した。その他にも、建造物の大きさ・場所・表記・立ち入り検査に関する厄介な規制がある。これら六つの変化はすべて、「日々の都会生活において性をより目立たなくし、性的な物又はサービスを望む者たちがそれを入手しにくくする」ことを目的とした政策の一部である。[*73]

私もワーナーと同様にこれらの傾向を遺憾に思う。共同体メンバーの多くを不快にさせる振る舞いの影響が子どもに及んでしまうのを阻止しようとすることは、間違いなく正当である。したがって、「公然わいせつ」を取り締まる法や、成人向け物またはサービス adult materials に対する用途地域規制には、それなりの正当性がある（この問題に関しては第6章でふたたび立ち戻ろう）。とはいえ、「公然」わいせつという名目のもとで罰せられるほとんどの行為は、当然のことながら人目につかない場所で行われる——典型的な例としては、トイレの個室や人目につかない雑木林のなかなどである。最近マサチューセッツ州は、州警察の方針マニュアルに含まれることになる、ある方針を公表した。それは、海岸、休憩所、公園などの公共の場所での性行為は、その行為が十分に人目から隠されていれば、違法とはみなされないというものである。[*74] これは妥当な方針であり、関連する異なる諸価値の間で適正なバランスをとっている。州警察のスポークスマンであるロバート・バード警部は次のように述べた。「これは、重要なことである。州警察は誰の権利をも侵害したくない。この命令は、その権利とはまさしく何であるかを明らかにする助けになるだろう」。対照的に、現在のニューヨークの状況は不必要なほどに規制が多く、また、その規制の適用とそれが及ぼす影響は暗に差別的である。というのも、そのような規制は明らかにゲイの男性を標的にしているからである。

成人向け物またはサービスに関して言えば、それを特定の区域に限定することと、（すでに）有害で危険な地域に限定することとは別である。また、そのようなジュリアーニの方針の少なくとも一部は、ゲイ男性を標的にしていることは明白である。方針は、事実上、恥辱刑なのである。ゲイが集まる場所やゲイ書店にスティグマを付与し、それらが意味するものはすべて恥ずべきものであるかのように、それらが人目につかないよう求めるのである。

行為の規制について考える際に、公的・私的という馴染みのある区別がしばしば悪しき指針となることを、これらの例は示している。公有の施設の一部であるという意味で、また、そこに入りたい者に対して開かれているという意味で「公的」な空間は（私的に所有された多くの施設はこのような意味において「公的」設備である）、必ずしも、そこでの行為が同意していない第三者に必然的に影響を与えるという意味で「公的」であるとは限らない。マサチューセッツ州警察の方針が認めるように、「公的」な行為は完全に隔離されており、同意していない第三者への影響はまったくないかもしれない。第6章ではこの問題に立ち戻り、「公的–私的」の区別はあいまいであり、良い指針とはならないことを論じる。対照的に良い指針を提供するのはジョン・スチュアート・ミルの区別である。すなわち、行為者および他の同意した第三者の利益のみに影響を与える「自分に関わる self-regarding」行為と、同意していない第三者の利益に影響を与える「他人に関わる other-regarding」行為の区別である。

上記の方針で憲法に反しているものはあるだろうか。法律上の争点は、クレバーン判決の場合よりも不明瞭である。なぜなら、規制は中立的に表現されていながらも、その結果は差別的だからである。加えて、クラブやアダルトストアの規制は、市当局が大幅な自由裁量を有する領域であると一般的に理解されている。この点においても、この事例は、クレバーンの事例とはまったく異なるように思われる。後者では、原告は、同種の施設にたびたび許可が与えられてきたグループホームの設置許可を求めたのである。このような理由から、クレバーン判決に見られるたぐいの論拠に基づいてジュリアーニの用途地域規制の違憲性を主張することは成功しそうにない。しかし、私の議論は、これら二つの事例に関わる問題が実はきわめて似通っていることを示している。両者とも、人間行動の自らを悩ます側面を隠蔽したいという、大多数の人が有している欲求に関わるものなのである。両者が問題にしているのは、恥やスティグマなのである。ゲイの男性がその影響を過度に被ったこと、異性愛者の男性には性的な振る舞いを隠すことを同じようには求められなかったこと（実際のところ、彼らがそのように求められることはけっしてない）は、この問題が不人気な集団に対する不当なスティグマの付与と似通っていることを示している。この種のスティグマの付与は、私がこの章を通じて反論してきたものである。ゲイコミュニティは、バス・ハウス（サウナを中心とする共同の浴場）や成人向け施設を取り巻く文化に関わる道徳的問題を議論し続けるであろうし、またそうしなければならない。しかし、道徳的な論争が適切であると考えることと、ある行為を法的な規制の対象としてよいと考えることはまったく別である。恥とスティグマ付与の問題を強調し続けること、そして、合意に基づく同性愛行為を法によって規制する取り組みを批判し続けることは、有益であるように思われる。[*75]

私たちの社会において、同性愛行為や同性愛関係は大きな不安を引き起こしている。この不安のいくぶんかは、私たちが第2章、第3章で扱った身体や身体の領域にまつわる問題から生じていることを私は論じた。また、私が本章で論じたように、この不安のいくぶんかは、より一般的な不安でもある。それは、女性に対する家父長的な支配を含め、大切にされてきた家族関係のあり方に対するコントロールを失ってしまうことへの不安である。不安に反応して、しばしば人は恐れるものから自らを守るために法を盾にしようとする。第3章で論じたソドミー禁止法、そして本節で論じたゲイライフを取り扱うさまざまな法——婚姻防衛法、コロラド州の修正二、成人向け施設に対する種々の用途地域規制条例——は、不人気な集団にスティグマを付与したいとの欲求によってもたらされているようである。法が社会的問題をすべて解決することはない。しかし、法は、誰が完全に平等な者であるとみなされ、誰がみなされていないかに関して重要なシグナルを与えているのだ。まともな社会であれば、法のプロセスがスティグマを与えたいという欲求によって乗っ取られてしまうことを容認しないだろう。また、ある市民とその行為がどれほど嫌われていようと、市民全員に法の平等な保護を与えることを強く主張するだろう。スティグマを与えたいという欲求は、法の合理的な根拠ではないのである。

第4節　モラル・パニックと犯罪——ギャングうろつき禁止法

アメリカ人が、性的堕落と家庭崩壊に不安を感じているとしても、犯罪にはよりいっそうの不安を感じている。自分たちの核となっている道徳価値が転覆してしまうという現代人のパニックの中心には、確かに、性と犯罪の二つがある。コーエンの研究が明らかにしたのは、モラル・パニックは、若年犯罪者は身体的に強く非道徳的であるとの思い込みによって、容易に引き起こされるということである。そのように引き起こされたパニックは、個人の権利を十分に尊重しないかたちで対策を講じることへとつながりうる。以上の洞察を、近年の刑法において最も議論を呼んでいる問題の一つにあてはめることは適切であろう。その問題とは、少年犯罪者を対象にした法と政策である。少年犯罪者に対する方策には、夜間外出禁止令や、非公式の警察方針である若者に対する路上での抑留や嫌がらせ行為も含め、数多くのものがある。しかし、そのような方策のうちとりわけ興味深く、また物議を醸したのは、都心のギャングのメンバーを対象にしたうろつき禁止法 antiloitering law が可決されたことであった。

一九九二年、シカゴ市議会は、犯罪活動に関わるストリートギャングによって市内で引き起こされている問題を調査するために聴聞会を開いた。そうしたギャングは麻薬取引、走行車からの銃の乱射、破壊行為を含め、幅広い犯罪行為に関わっていることが証言によって示された。多くの証言者が口にしたのは、新しいメンバーの勧誘、縄張りにおける支配の確立、敵対関係にあるギャングや共同体の一般市民を威嚇するという戦略の一環として、ギャングのメンバーが単に公共の場をうろつくことによって引き起こされる問題である。これらの懸念に対応するために、市議会は一般にギャングうろつき禁止条例 gang loitering ordinance として知られる、ギャング集会防止条例 Gang Congregation Ordinance を可決した。同法は次のように述べる。「犯罪的なストリートギャングであると合理的に信じられる者が、一人または数人の他の者たちと公共の場をうろついていることに気がついた警察官は、それらすべての者に、解散しその場から離れるよう命令しなければならない。この命令に即座に従わない者は本条例違反となる」。「うろつく loiter」は「明白な目的なしに一つの場所に留まること」として定義されている。法と、それに付随した警察ガイドラインは、すぐに論争の的となった。一九九七年一〇月、イリノイ州最高裁判所は、同法を、許容不可能なほどあいまいであり個人の自由に対する恣意的な制限であるとの理由から違憲とした。[*76] 一九九九年六月、連邦最高裁は、本条例は違憲的にあいまいであり修正第一四条のデュープロセス条項に反しているとして、この判決を維持した。[*77]

うろつき禁止条例に反対する主な論拠は実に明白である。「うろつき」が、きわめてあいまいに定義されている。無害な行いをしている数多くの人々が「明白な目的なしに」一つの場所に留まっている――たとえば、走った後の休憩、電車からの降車、友人との待ち合わせなどである。麻薬取引や脅迫といった有害な目的に対しては、この法があてはまらないのは明らかである。自分が、当該の人物（すなわち警察官が、この人物はギャングメンバーであると「合理的な信念」を有する人物）の近くにいるのかどうかを確かめるのもけっして容易ではない。そのことは、警察官の主観にかかっているからである。解散命令そのものも、どれくらいの距離、またどれだけの期間離れなければならないのか明確にしていないため、あいまいである。要するに刑罰法規は「通常の知性を有する人々に、合法行為と非合法行為とを区別する合理的な機会を提供するほどには、十分に明確でなければならない」。だが、ギャングうろつき禁止法はこの基準を満たしていないのである。[*78]

さらに、うろつくことを禁じる法の歴史は、そのようなあいまいな法が恣意的で差別的な法の執行を促してしまうことを示している。どの人物がギャングメンバーであると合理的に信じることができるのかに関して、また、「明白な目的」とは何を意味するのかに関して、警察官に絶対的な裁量権が与えられている。[*79] 条例に付随する警察のガイドラインは、この問題の解決とはならない。このガイドラインもかなりあいまいであり、一貫しないかたちで適用されてきたからである。たとえば、ガイドラインには「一般市民も購入可能であるような着衣だけによって、ある個人がギャングのメンバーであると判断されてはならない」とある。しかしながら、原告へスス・モラレスを逮捕した警察官は、モラレスをギャングのメンバーであると考えたただ一つの理由は、彼が黒と青の服を着ていたからであると証言した。黒と青は、「クリミナル・ディサイプルズ Criminal Disciples」〔「犯罪教信奉者」という意味〕という街の犯罪者集団が使う色であった。

ストリートギャングは、コーエンが記したモッズとロッカーズの場合とはまったく異なる一連の問題を提起する。ストリートギャングははるかに危険であり、より多くのそしてより凶悪な犯罪行為を引き起こしていることが明らかになっている。ギャングは都心の人々の多くにとって生活と安全に対する深刻な脅威であり、勧誘し威嚇するためにうろついているのである。これらの行為のうちいくつかはすでに違法であるが、同市が、都心の人々の生活の保護のためにさらなる武器が必要であると考えたことには共感できる。そのような意味において、モッズやロッカーズに対するパニックはけっして合理的なものではなかったが、ギャングに対するパニックは合理的なものである。

しかし別の面から見ると、恐怖心には合理的なものと非合理的なものがありうる。つまり、正当な恐怖心の要素は、人種と年齢を根拠にしたスティグマ付与の要素と複雑に混ざり合ってしまうことがあるのだ。都心住民と一般市民がギャングに対して抱く恐怖心のなかに、経験と証拠に基づいた正当な恐怖心とともに、パニックの要素が含まれていることにほぼ疑いの余地はない。私たちの社会には、アフリカ系アメリカ人に対する暴力という罪深い歴史がある。これは、アフリカ系アメリカ人は危険な略奪者であるという非合理的な恐怖心によって煽られたものである。このような非合理的な恐怖心は、正当な恐怖心と複雑に絡みあい、一緒になって権力濫用への一般的傾向を支持してしまうことがある。この傾向は、すべての警察にとって常に存在している危険性である。そのような条例に不当にかこつけて、ぶらぶらしているアフリカ系アメリカ人の若者を標的にする警察官は容易に想像できる。十分に尊敬に値する、人種差別に基づかない動機を有する警察官であっても、ある若者がギャングメンバーであるという「合理的な信念」を持てば、ヘスス・モラレスを逮捕した警察官が明らかにそうであったように不安に駆られてしまうかもしれない。

モラル・パニックへの社会的傾向について知り、モラル・パニックがしばしば浅薄な固定観念やスティグマに基づいて作動することを知ったこの状況にあっては、私たちは次の点を確実にすることで応じなければならない。すなわち、どの有害な行為が標的となっているのかを明確にすることと、そして、有害な行為である場合と無害な者たちが単にぶらついている場合とを区別する基準をはっきりさせることである。〔法の適用の〕恣意性と差別的なスティグマ付与の恐れがある場合、それに対する防衛策としては当然、次のようなものが考えられる。法的な基準を記す際にそれが明確であることを重視することと、その基準を適用するにあたって個人の権利が保護されるようにすることである。こうして、恥とモラル・パニックについての考察は、イリノイ州最高裁と連邦最高裁の判決の賢明さを支持しているように思われる。

しかしながら、この判決に対しては、共同体主義的な価値の名のもとに異議が唱えられてきた。ここでもまた、恥に基づいた罰の擁護者であるダン・M・カハンが中心人物となっている。この件に関して、彼は、アフリカ系アメリカ人の法学者であるトレイシー・ミアリーズ Tracey Meares と共同で論文を執筆している。ミアリーズとカハンによる議論は次のとおりである。法の執行がきわめて人種差別的であり、アフリカ系アメリカ人が政治の過程に不在であった一九六〇年代は、個人主義的な権利の理解に焦点を合わせ、政府の介入から権利を擁護することが重要であった。しかし、現在の状況は異なっている。アフリカ系アメリカ人は、政治で影響力のある大きな役割を果たしており、警察が人種差別的であることはかつてよりはるかに少ない。また同時に、都心の共同体自体がギャングの行為に脅威を感じている。ギャングうろつき禁止条例の可決を促した推進力は、ギャングの問題によって最も大きな被害を被っている貧しい人々やアフリカ系アメリカ人の共同体のなかから生じてきた。共同体のメンバーがいかなる権利を有し、またいかなる権利は有さないのか決定するにあたって、これらの地域共同体は役割を果たすべきである。ある共同体が政治的な影響力を有しており、自らの提案によって生じる負担を引き受ける用意があるならば、そのような共同体には、一九六〇年代の見方からすれば制限的であるように思える仕方で権利を定義し直す権限が与えられるべきである。共同体自体が権利の様相を変えたいと考えている時に、判事がこの古い権利概念を強く主張することはパターナリズムである。ミアリーズとカハンは、自分たちの分析をギャングうろつき禁止法だけではなく、いわゆるスウィープ sweep〔一掃する。部屋などを徹底的に捜索すること〕にまであてはめる——スウィープとは、警察によって行われる公営住宅などでの武器の無令状捜索であり、概して伝統的な個人的自由の擁護者によって反対されてきた。だが、当該の公営住宅の大多数の住民によっては支持されてきた、とミアリーズとカハンは論じる。*80

ミアリーズとカハンの議論に関してはいくつもの経験的な問題が提起される。最も大きな影響を被っている都心の共同体において、うろつき禁止法はどれくらい広範な支持を得ているのだろうか（確かな証拠を手に入れることは難しい。実際、関係する市会議員と、共同体のリーダーの意見は完全に割れていた）。警察の人種差別的な行動はどれほど本当に変わったのだろうか。スウィープについての採決が行われる、公営住宅の集会に来る人々はどのような人なのだろうか。*81

これらの問いは重要である。しかし、もっと深い概念上の問題に焦点をあてるためにこれらの問いはさしあたり棚上げしておこう。その問題とは、当該の「共同体」とは何かということである。あらゆる共同体主義的な議論の決定的な弱点は、このきわめて重要な問いを無視している点にある。どんな集団も完全に同質ではない。価値が同質であることで知られている、小さな宗教的共同体あるいは民族的共同体であっても、それは概して当該の集団についての理想化された理解に基づくことが多い。このことは、フレッド・ニス Fred Kniss が、アメリカのメノー派信徒の共同体についての重要な研究において雄弁に示したとおりである。[*82] あらゆる共同体は、規範や価値の相違を包含しているし、人々が有している力にも相違がある。これら二つのタイプの相違は、結びついていることが多い。つまり、「集団」の「価値」としてまかり通っているのは、しばしば集団の最も優勢なメンバーの価値なのである。それゆえ、たとえば、歴史上のほとんどの民族的・宗教的集団について言えることなのだが、集団の「価値」について私たちが知っていると思っていることの大半は、実際は女性の見解ではなく、それらの集団の男性メンバーの見解を表しているのである。女性の視点を歴史の沈黙から回復することは不可能であるかもしれない。異なる意見を持っていたり、比較的力が弱いその他の人々――若者、高齢者、不人気な宗教的・政治的・道徳的な見解を有している人々――は、「集団」の一部をなしているとは認められないかもしれない。力の違いは、誰を集団のメンバーとして数えることが許され、誰が許されないのかについても影響を及ぼす。しばしば集団は、人々にスティグマを付与し排除するかたちで自らの境界線を定める。それゆえ、集団は、意見を異にする下位集団や、マイノリティの下位集団の存在を認めるよりも、これらの人々を自らの集合体のメンバーとして承認することを単純に拒否するかもしれない。[*83]

さらに、たいてい共同体主義者は、民族、場所、もしくは共通の文化・言語の歴史によって結びつけられた集団に焦点をあてる。だが、考慮に入れるべき集団が他にもある。たとえば、共通の趣味や職業、共通の問題、共通の抑圧を受けたという歴史によって結びついた集団が考えられる。このような意味において、女性も一つの集団をなしており、世界中で多くの利害関心を共有している。もっとも、女性も一つの「共同体」であり、その共同体の価値観を守らなければならないと考える共同体主義者はいないであろうが。その他の散らばっている集団には、高齢者、性的マイノリティのメンバー、子ども、青年、音楽愛好家、動物の権利の擁護者、自然愛好家がいる。これらの人々は全員共通の利害関心と価値観を有しているが、ミアリーズとカハンのような議論においては「共同体」として数えられてはいない。

これらの概念上の問いは、ギャングうろつき禁止条例やスウィープに関するミアリーズ＝カハンの議論に問題を引き起こす。ミアリーズとカハンの議論全体を通じて、当該の共同体として何が考えられているのかさえ、きわめて不明瞭である。シカゴに住むアフリカ系アメリカ人全員だろうか。都心に住む貧しいアフリカ系アメリカ人全員だろうか。都心に住む貧しい人々全員だろうか。[*84] 適切な特徴の記述が何であれ、内部に条例の可否について意見の相違があることの明らかな証拠がある。アフリカ系アメリカ人の市会議員のうち、条例に反対票を投じた者たちは賛成票を投じた者たちよりも多かった。アフリカ系アメリカ人の報道の意見は分かれていた。そして、多くの著名なアフリカ系アメリカ人指導者は、この措置を厳しく批判したのである。また、ギャングメンバーであろうとなかろうと、アフリカ系アメリカ人の若者は（誰もそのような若者に尋ねることは思いつかなかったようであるが）、自分たちに嫌がらせをし解散させる許可を警察に与える条例には、強く反対するだろう。したがって、私たちが「負担の分かち合い」という魅力的な言葉のもとで扱っているのは、アフリカ系アメリカ人の大人のメンバーが、他のメンバーに負担を課している状況なのである。この政策を支持する市会議員や共同体の指導者が、この負担を負うことがないのは明らかである。もっぱら男性の若者が、この負担に耐えることになるのである。もしも、ミアリーズとカハンが、集団にはギャングの犯罪行為によって苦しめられている人々のみが含まれるのであるから、これらの若者は本当のところ集団のメンバーではないのだと述べて応答するならば、カハンたちは負担の分かち合いという自らの議論が誤っていることを認めることになる。というのも、政策の負担を負う者は、その政策を支持する当の集団のメンバーではないからである。

スウィープは同様の問題をよりやっかいな仕方で提起する。というのも負担の分かち合いに同意している集団は、問題について話しあうために公営住宅の集会に現れた人々の集団だからである。公営住宅や分譲マンション、集合アパート、その他の集合住宅に住む者であれば誰でも知っていることであるが、集会に顔を出す人々は必ずしも、関係するすべてのタイプの人々や意見を代表しているわけではない。欠席する可能性が高い人々は、政策が標的としている罪を犯す人々とは限らない。欠席者のなかには夜間に働いている人、二つの仕事を掛け持ちしている人、子どもの世話の責任を負っている人、集会が嫌いな人、集会よりもデートに行くことを好む人、集会にいつも顔を出すような人々を嫌っている人がいる。繰り返すが、政策の負担を負うことになりそうな人々が、その政策を支持する人々と同じである可能性はきわめて低い。事実、スウィープという考えそのものが、同意しないマイノリティの存在を前提としているのである。すなわち、同意が得られれば捜索は常に合法となるのだから、提案された方針を通じて新たに行われているのは、同意を与えない人々を捜索の対象にすることなのである。同意しない人々のうち何人かは、何か隠すべきものを持っているのかもしれない。だが、その他の人々は、単に警察官の視線を逃れてパジャマで家のなかを歩き回りたいだけなのかもしれない。

スウィープとキャングうろつき禁止法はともに、人々を二つの層に分け、二つの異なる権利を与える。都心に住んでいない人々は、善人であれ悪人であれ、ミアリーズとカハンが「一九六〇年代型」と呼ぶ古い権利を有している。すなわち、恣意的な逮捕をされない権利、無令状の捜索押収を受けない権利である。たまたま都心や公営住宅に住む人々が有する権利は、より弱いものであり数も少ない。人々は、たまたま不適切な人の隣に立っただけで、警察に嫌がらせを受けるかもしれない。人々の住まいは、理由もなく真夜中に踏み込まれるかもしれない。

ミアリーズとカハンは、社会はより公正になり、恣意的なそして人種的に偏よった理由によって人々が嫌がらせを受ける傾向は少なくなったという前提に拠って立っている。ここで、恥とスティグマに関する分析が登場することになる。上記の議論が述べているほどには、警察の行動は適切ではないということを示す個々の証拠を提示することは、もちろん可能である。交通違反による逮捕の際に、人種に基づくプロファイリングが用いられるのはその明らかな一例である。だが、私たちの議論はより根本的に次のことを示している。それは、「正常な者」がマイノリティに対して信頼に足る態度をとることはけっしてないだろうということである。なぜなら、人間心理の深部には、スティグマを付与する行動や、それと密接なつながりを持つモラル・パニックを必然的に引き起こすところがあるからである。私はさらに、ナルシスティックな攻撃性の問題は、今日のアメリカにおいてとりわけ深刻であることを示した。私たちの文化には、支配と〔とりわけ男性の〕非脆弱性という考えに対する特別な執着があるからである。これらの問題は、すぐになくなることはなく、まるでまったく解決されていないと言ってよいほどである。したがって、一九六〇年代型の権利を退けるのは時期尚早であると思われる。犯罪行為には厳しく対処することが可能であり、またそうすべきである。しかし、それを行う手立ては、迷惑行為や脅迫行為を禁止する法を含め、すでに施行された法を通じて私たちの手元にあるのだ。路上にせよ、自分の家のなかにせよ、ただ単にぶらつきたいと思っている罪のない人々を巻き込むほどに、広くスウィープ〔一掃〕する必要はないのである。

第5節　別の道筋によるミルの結論

私たちはスティグマとモラル・パニックに関する考察を通じて、いささか異なる道筋を通りながら、ミルがはるか昔に『自由論』で擁護したものと同様の結論に到達した。個人の尊厳および自由は、自らのやり方が正しく正常であると断じ他の人々を傷つける多数者の専制からの、絶えざる用心深い保護を必要とする。私たちの立憲主義の伝統が賢明にも見て取ったように、ミアリーズとカハンが一九六〇年代型の権利と呼ぶものは、いまでも優れた考え方である。なぜなら、人々は脆弱なマイノリティを圧制するために、結束して集団を作る傾向があるからである。こうした人間の傾向が、ほとんどの、あるいはすべての人間社会の永続的な特徴であると考えられるのはなぜか。本論の恥とスティグマの分析は、そう考える理由についてのより根本的な説明を、新たに論じてきたのである。

ミルは、イングランドにおける恥の働きを観察したにすぎない。ミルはある程度までは、結論を支持する優れた議論を展開している。しかしミルは、スティグマや恥の付与の原因となる力についての十分に詳しくて深い心理学的な理解を欠いていた。したがって、彼の議論はその他の論点に依拠せざるをえなかった。それらの論点は、私が第7章で論じるように、多くの点で説得力に欠けている。私たちは、ミルが論じたような問題はもう存在しないのだと信じている楽天的な共同体主義者の反論に抗して、ミルの方針を擁護するときに役立つ説明を提供した。その説明は、一面においては社会学的（ゴッフマン、コーエン）であり、他方の面においては心理学的（ウィニコット、モリソン）である。

スティグマの作用に対する一番肝要な対応策は、個人の自由の権利を強く主張することであり、すべての市民に法の平等な保護をしっかりと保障することである。法は、国家権力と服従への社会的圧力とによる恣意的な侵害から、個人を断固として守らねばならない。集団のナルシシズムと恥の付与が有する力について考えることは、なぜ個人は社会のなかで常に危険にさらされているのか、なぜミル的な自由と全市民の平等な尊厳を絶えず守ることがそれほどまでに重要であるのかを理解するのに役立つ。ここまで、私は、拒否するという最小限の方針のみを擁護してきた。法は、公的な刑罰制度の一部として恥の付与をけっして用いてはならない。そして、私たちは脆弱なマイノリティにスティグマを付与することがその主要な目的であるような法律、もしくは、それが唯一の目的であるような法律を拒否しなければならない。そして、もしそのような法が制定されれば、無効にしなければならない。これらのことはまともな社会には欠かせないものであるにもかかわらず、いまだにけっして十分ではない。したがって、第6章ではさらに積極的な改善策を検討しなければならないのだ。

第6章

恥辱から市民を守る

Protecting Citizens from Shame

必需品ということで私は、生命維持のために欠くべからざる必需品だけではなく、国の慣習によって、それなくしては尊敬に値する人々が見苦しくなってしまうようなものは何でも必需品であると理解している。たとえば、リネンのシャツは厳密に言うならば、生命にとっての必需品ではない。古代ギリシアやローマの人々は、リネンなど持っていなくとも、大変、快適にすごしたことだろう。しかし、現在では、ヨーロッパのほとんどの地域で、尊敬に値する未熟練労働者は、リネンのシャツなしで公的な場に出ることを恥ずかしく思うだろう。同じように、慣習は、革靴をイングランドでの生活の必需品としている。最も貧しい尊敬に値する人は、性別はどちらでも、革靴なしに公的な場に出ることを恥ずかしく思うだろう。

——アダム・スミス『諸国民の富』V. ii. k. 3

失業者という名前を負うことは、どんなにつらく、屈辱を与えるものだろうか。外に出れば、私は、自分がまったく劣った者であると感じて、眼を伏せる。道を行けば、私は自分が平均的な市民とは比較できないと感じ、誰からも後ろ指を指されるように感じる。私は本能的に誰かに会うことを避けてしまう。

——ゴッフマン『スティグマ』における引用*1

どの法廷も次のことを述べてこなかったたし、かすかに仄めかすことさえしなかった。すなわち、盲目の男は朝起きて、子どもを学校に送り出す、妻に「行ってきます」と言い、犬も杖も介助者もなく、道を歩いてバスに乗っていつもの仕事に行く。彼の習慣か、好みか、ときおり木の枝を払いのけて、縁石を蹴飛ばす。にもかかわらず、しっかりした足取りと自信のある態度で進み続け、自分が公衆の一人であって、そのために道路が造られ、十分安全であるように維持されていること、それが自分の税金によって作られ維持されていることを知っている。そして、彼は、彼もまた生きる権利を有しているこの世界の一部を他人と共有していることを知っているのだ。

——ジェイコブス・テンブローク「世界に生きる権利——障害者と生活妨害禁止法」*2

第1節　促進的環境を作る

これまで私は、法は、脆弱な人々やグループに進んでスティグマを付与するような行為に加担すべきでないと述べてきた。しかし、もちろん、まともな decent 社会は、法によって恥辱やスティグマから社会のメンバーの尊厳を守る方法を見出すことで、それ以上のことをする必要がある。それは、まともな社会のきわめて根源的な目標であり、そのことが私たちをさまざまな方向へと導くであろう。宗教と良心の自由を守る法、恣意的な捜査と押収 arbitrary search and seizure から市民を守る法（第5章で触れた）、残酷で恥辱をもたらす刑罰に対する法（部分的に第5章で触れた）、職場での女性へのセクシュアル・ハラスメント、女性の尊厳に配慮した執行手続を伴ったレイプに対する法、誹謗中傷に対する法。これらすべての法は、もっと多くの法もそうであるが、社会を人間の尊厳を守る場所にする役割を果たし、市民が恥辱とスティグマにさらされない生活を送れるような「促進的環境 facilitating environment」を創造する。この章では、私はこの問題のいくつかの例だけを考察することにする。第一に、他者から恥辱を受けない生活の機会を提供するにあたって、社会福祉システムの役割を簡単に述べる。第二に、差別禁止法と憎悪と偏見に基づいた犯罪に対する法の分野に取りかかることにする。第三に、個人のプライバシーの法的保護のいくつかの側面について考察する。そして、最後に、現代のアメリカ社会におけるスティグマが集中している障害の問題、そして、障害を持った市民を恥辱から守ろうとする近年のいくつかの法改正に目を向けることにする。

第2節　恥辱とまともな生活水準

あらゆる社会において、最もスティグマを付与された生活状態の一つは、貧困である。貧困者は、通常、敬遠され、恥辱を与えられ、怠惰・不道徳・価値の低い人として扱われる。おそらくこれは、特にアメリカにおいて起こりがちである。というのは、アメリカでは、貧困は、怠惰と意志の力の欠如の証拠だと広く信じられているからである。ゴッフマンの研究は、こうした貧困の広範なスティグマ付与は、貧困者が雇用されていなかったり、教育をあまり受けていなかったりすると、さらに度合いの厳しいものになると指摘している。さらに、スティグマは家族にまで広がっていく。子どもが登校するや否や、彼らの裕福さや貧しさは、服装や弁当の中身、訛り、放課後に友達を連れていく自宅など、数え切れないほどの仕方で現れてしまう。アダム・スミスが適切に論じたように、貧困は絶対的な側面を持つ。すなわち、食事や住まい、保健医療という生存に必要なものに欠くこともある。しかし、それは、他者比較的で社会的な側面も持っている。すなわち、適度に食事があり住まいがあっても、ある社会におけるまともな生活水準として社会的に認められているようなもの、たとえば、スミスの時代の社会で言えばリネン製のシャツや革靴であり、現代ではおそらくパソコンなどを欠いていることがあるのだ。

この大きな課題は、本書ではせいぜい少し触れるだけにすぎないが、まったく触れないわけにはいかないだろう。というのは、それに適切に取り組むことに失敗していることが、おそらく、今日のアメリカの恥辱とスティグマの主な原因だからである。

社会にとって、すべての市民にとってまともな生活水準を保証することに関心を持つにはたくさんの理由がある。なぜなら、生命、健康、教育機会、意義ある仕事、メンタルな能力を発展させるまともな機会は、すべて欠くべからざる重要性を持っているからである。私は他のところでこれらの問題に取り組み、必要最低限に正しくまともな社会は、すべての市民に必要最低限のいくつかの重要な機会と「ケイパビリティ」を与えるであろうと論じた。しかしながら、本章での議論の目的により、ケイパビリティの一覧のうちの一つだけに焦点をあてることにする。それは、「自尊心を持つことができ、屈辱を受けないような社会的基盤を持つこと、他の人と等しく尊厳ある存在として扱われうること」[*3]である。いかにして、このケイパビリティが保証されるのか。そしてそれを保証するのに、社会・経済的な権利の範囲において一般政策はどのような役割を演じるべきか。

子どもが適切な栄養摂取や保健医療、住まいがなく育つときには、このケイパビリティの最低限が保証されていなかった。これらは、あらゆる社会における生活必需品である。今日のアメリカでは、いくつかのさらなる要求が、スミスの時代のリネンのシャツの役割を演じている。それは、スティグマなしに社会のなかで地位を得るために必要とされるものである。これらの要求のうち特に重要なものは、初等中等の無料の義務教育であり、加えて、平等な機会を基礎とした高等教育へのアクセスである。現代社会では、——少なくとも成人男性の——雇用も同様である。いくつかの社会（たとえば、古代ギリシア）においては、生活のために働くことは卑しいと考えられていたため、雇用されていない者は、雇用されている者よりも上位に位置づけられていた。しかし、私たちの社会では、ゴッフマンが取り上げた例が表現しているような反応が生まれる。すなわち、雇用されていない者は、自分自身を恥ずかしく思い、他者の視線で辱しめられないように他人の視線から隠れることを余儀なくされるのだ[*4]。

スティグマは、もっと限定的な比較的側面も持っている。人は、ある特定の学校でスティグマを付与されるかもしれない。たとえば、その学校で裕福な一般的な生徒が持っているのと同じ高い服を持っていないというだけの理由で、スティグマを付与されるかもしれない[*5]。しかし、ここでの議論の目的のためには、恥辱の比較的上位のレベルを一応脇に置くことにして、スミスが述べていた支援を必要とするレベルに焦点をあてることにする。それは、他者と同じ価値をもった市民として、公的な場所に恥辱なく姿を見せることができるために最低限必要とされるレベルである。

アメリカにおいては経済的・教育的な不平等が拡大しているので、多くのアメリカ人たちが、ただ貧困だという理由からスティグマを付与された生活を送っている状況を作り出している。その人たちの貧困の側面には、適当な保健医療の欠如、適切な教育機会の欠如、失業、適当な住居の欠如が含まれている。実際に、住む人にスティグマを付与しないですむ低価格の住居を作り出す企ては、巨大で魅力的なテーマであり、それだけで簡単に一冊分の本になってしまうだろう。アメリカの多くの都市と町では、そうした企てが適切に行われてこなかった。私が第5章で言及したバーバラ・エーレンライクの『ニッケル・アンド・ダイムド——アメリカ下流社会の現実』が示すところによれば、多くの貧しい労働者がスティグマを付与するような安っぽい住居、たとえば、安いモーテルの部屋の家賃を支払うことを強いられているが、それは、単純に賃貸住宅の保証金を支払うことができないからである。*6 その一方で、貧しい住人に適切でちゃんとした住居を与えることを意図した公営住宅の計画は、いまや、そこに住む人にすべてスティグマを付与している。*7 恥辱なき住居へのアクセスは、私たちの社会が次の数十年に向き合わなければならない大きな挑戦の一つである。

人間の尊厳と、基本的なニーズへのある程度の公的支援との結びつきは、南アフリカやインドの憲法も含めて、いくつかの近代憲法の伝統においてなされてきた。たとえば、インドは、(アメリカの修正第一四条に似ている) いかなる市民も適法な手続きなしに生命や自由を奪われないことを法的要請として理解しているが、その生命は、単なる生存ではなく、人間の尊厳を伴った生命を意味している。[1] ホームレスの持ち物を撤去してしまうことは、この法的要請に反すると考えられてきた。南アフリカはさらに先を行っている。深刻な場合には、まともな住居に住むアファーマティブな権利を認めている。両国とも、基本権として自由で適切な初等中等教育を受ける権利を法律上認めている。もっと一般的に言えば、国際的な人権運動は、いまでは、社会的・経済的な権利は、重要性において政治的・市民的権利に比肩すると認めている。実際に、二つの権利群の間を厳密に区別することはおそらくできないだろう。なぜなら、政治的・市民的権利は、必然的に社会的・経済的前提条件のもとで成り立つからだ。栄養摂取や保健医療を欠くことによって健康状態が悪化している人は、政治活動に平等に参加することはできない。文字の読めない人が、他の政治的・市民的権利を行使するために警察や裁判所に行くなどありそうにない。

人間の尊厳を保つには経済的な要請があるという考えは、アメリカの思想伝統にとっては異質なものではない。フランクリン・デラノ・ルーズベルト Franklin Delano Roosevelt（一八八二年－一九四五年）の「第二の権利章典 Second Bill of Rights」は、リンドン・ジョンソン Lyndon Johnson の「偉大な社会」のように、すべての市民にとっての、物質的な福祉の本質的な条件に注目している。[*8] さらに、ジョンソンの時代では、裁判所は、いくつかの権利は憲法上の保護を受けるという方針を取り始めていた。一九七〇年には、ウィリアム・ブレナン William Brennan 判事は、ゴールドバーグ対ケリーにおいて記憶に残る意見を書いている。その裁判は、福祉の権利は、審問なくしては短縮できないことを確立したものであった。[*9]

その設立のはじめから、国家の基礎的な関与は、国境のなかにいるあらゆる人の尊厳と福祉を育てるためにある。私たちは、貧困者がコントロールしていないような力は、彼らの貧困を救済する役には立たないことを認識するようになった。……福祉は、生計の基本的な要求に合うように、貧困者の手の届く範囲に、共同体の生活に意義ある参加ができるように、他の人にも与えられているのと同じ機会をもたらすように援助できるものである。……よって、公的援助は単なる施しではなく、「一般的な福祉を促進し、私たち自身と子孫のために自由の恩恵を保証する」ための手段である。[*10]

重要なことに、ブレナンは、福祉の概念とともに、人間の尊厳という概念に言及することで論を立てる。貧困は単なる物質的な損失ではなく、人間の尊厳の下落であることを、ブレナンは認識しているのだ。この時代において連邦最高裁判所は、合衆国憲法は貧困者のために経済的権利を一定範囲で保護しているということを、徐々に認める方向に動いていたのであろう。[*11] ブレナン判事は、明らかに、少なくともそれらのいくつかの権原〔エンタイトルメント〕に憲法上の保護を与えることに関心があった。それらの権原は、もちろん、偏りがあったとしても、大衆からの支持を受けた法律によってかなり広く保護されたのである。[*12]

しかし、人間の尊厳という概念における本質的なものとしての経済的権原を、憲法上、十分に認めようとする動きは生じなかった。「レーガン革命」が憲法学の方向性を変えてしまったのである。他方、福祉権の法的保護も、また、徐々に後退し始めた。国家にとって異なった福祉政策の戦略を実験してみることは正当なことであり望ましくさえあるが、現在、もっと困ったことが広まりつつある。それは、ブレナンが見出し、おそらくは私たちの伝統の核心にある人間の尊厳と福祉への「基本的なコミットメント」から後退してしまっていることだ。ブレナンとは異なり、私たちは、貧困者は自分の貧困を自分で引き起こしたという結論に到達してしまったかのようだ。[*13]

失業はこの本を執筆中には増大しているのだが、失業は貧困の問題と密接に結びついてはいるが、区別されるべき問題である。十分な社会的セイフティ・ネットを持っているいくつかの社会は、完全雇用を保証できないでいる（たとえば、フィンランドがそうである。フィンランド経済はうまくいっているが、雇用のある分野——たとえば、電話テクノロジー分野など——は労働集約的ではない）。失業が正確にはどのくらいの問題なのかは、ある程度、社会的な文脈に依存する。すなわち、もし失業によってスティグマを付与されることがないならば、雇用されていない男女は社会的給付金を利用することができ、それによって教育を受け続け、十分に平等な市民として活動できるに違いない。しかしながら、多くの現代社会では、失業はスティグマを付与される。さらに、家内労働や他の多くの低収入雇用のような貧しい人々に開かれているさまざまな種類の雇用もやはりスティグマを押される。ある種の雇用はスティグマを付与されていないとしても、それでも、エーレンライクの著作が明らかにしているように、人の地位を低下させ、非人間化するような扱いを含んでいる。そこには、人間の尊厳を持った生活を送る労働者の試みを一般的に掘り崩してしまうような健康と福祉への危険を伴っているのだ。それで、雇用の提供と労働の人間化は、「まとも」とみなされたい社会にとって最大の緊急課題なのである。

すでに述べたように、これらの問題は、本書の政策志向の論述にとって過大なものであるが、それを論じないでいることは論外である。豊かな国に住んでいる私たちが、他の国にいる貧困者に対して有している責任の問題を省いてしまうのも、同じほど論外なことであろう。アメリカとその裕福な企業がそれらの窮乏を救うためにできることはたくさんあるにもかかわらず、世界中の数え切れないほどの人々が、飢餓、栄養不良、教育の欠如、医療看護の欠如に苦しんでいる。だが、主に法律に論点を置いているために、本書では国内に目を向け、恥辱とスティグマの問題に取り組む。しかし、国境を越えた正義の問題は、他の著作での私の中心課題である。公共政策がスティグマを付与された生活からいかにして人間を保護することができるかについて考察するときには、その問題に言及しないわけにはいかない。

自分たちの市民についてさえ十分にできていないのに、他の国の貧困者について考えることは論外だと言えるかもしれない。しかし、世界市民に対する自分たちの責任を論じる前に、国内で完全な社会を作り出そうといった名目上の順序で問題に取り組むのは生産的ではない。アメリカの企業は、福祉や就労機会や医療看護へのアクセスに大きな影響を与えるような仕方で、日常的に外国でビジネスをしている。たとえば、私たちの国内での保健医療が完全でないからと言って、スティグマを付与された生活の大きな原因の一つである世界的なエイズ危機に取り組まないのは、きわめて罪深いであろう。二つの問題は、大部分は独立のものであり、世界規模の問題のために（たとえば、薬品会社が）使うお金が国内の保険医療費用から差し引かれてしまうということはない。さらに言えば、私たちは国内の不平等問題に必ず取り組んでいるが、私たちほど繁栄していない諸外国は、それ以上の多くの予算を外国援助のために何とかやりくりしているのである。これらのすべての問題にまとめて取り組む必要がある。なぜなら、世界の目標は、すべての人々に人間の尊厳を有した生活を営む機会を与えることにあるべきだ、こう私たちは考えるからである。

第3節　差別禁止、ヘイト・クライム

しかしここで、これまで焦点をあててきた、狭く限定された問題に立ち返ることにしよう。脆弱なマイノリティをスティグマから守るために、どのようなタイプの法改正を行うべきであろうか。第5章では、私は、主な目的や効果として大衆から嫌われているマイノリティにスティグマを付与するための法は、制定されるべきではなく、制定されていたならば廃止すべきだと論じた。

そうしたスティグマを押されたグループを守るために、社会のコミットメントをさらにどこまで広げてゆくべきだろうか。これはそれ自体が大きな問題であり、法的かつ道徳的な複雑な問題を提起するが、これは本書の範囲を超えている。そこで、第5章で関わった二つの問題に戻ることによって、本書の議論が向かう方向性を明示させてほしい。その二つの問題とは、個人的な権利の侵害から違法を疑われている者を守ること、および、ゲイとレズビアンを恥辱から守ることである。

この二つの問題の最初については第5章のうろつき禁止法〔ギャングなどが街をうろついたり、たむろしたりすることを制限するための法〕に関する議論で取り上げておいた。しかし、その章における犯罪被告人の権利に関するおなじみの応酬についての私の弁明に付け加えることはほとんどない。その議論のなかで述べておいたが、シカゴのうろつき禁止法のような新しい法によってであれ、ミランダ警告 Miranada warning[2] や弁護士の効果的援助などの権利保障を緩やかに掘り崩すことによってであれ、それらによって生じてはならない警察権力の濫用に対する一定の保護を、犯罪者と被疑者はようやく勝ち取ったのである。これらの犯罪者と被疑者の保護を強く主張することは、人種と犯罪行為を結

びつける社会的なスティグマが与えるダメージから人種的マイノリティを守る決定的な方法である。

この分野において一般市民が近年、強い関心を抱いている問題は、人種的なプロファイリングである。もちろん、法の執行官は、犯罪者を探すときにさまざまな仕方でプロファイリングを利用する。たとえば、警察が捜査する人口の範囲を狭めるために、心理学の専門家が連続殺人犯のやり方をプロファイルする。そうした種類のプロファイリングは批判できるものではない。というのは、すでに犯された犯罪から始まって、遡行的にプロファイルがなされるからだ。もっと問題なものは、他の特徴を（推定される）犯罪の意図や活動犯罪の徴候として利用して、犯罪に先んじてなされる種類のプロファイリングだ。国家安全保障の観点から、これらの政策が強く支持されるいくつかの場合もあるだろう。そこから、包括的に空港検査をするには時間もお金もないなどの理由で、アラブ人男性やアラブ系アメリカ人男性に対する最近のプロファイリングを支持する、少なくともいくつかの説得力のある議論がある。

その場合でさえ、この政策は、それらの人々は完全に平等な市民（あるいは、滞在者）ではないというメッセージを送ってしまう。そして、そのことによって、そのグループのメンバーすべてに不当にもスティグマを付与し、おそらく、警察や空港警備員に、それらの人々を悪しざまに扱うことを促してしまっている。

それゆえに、私は国家安全保障に関わる場合でさえも、プロファイリングに反対である。さらに明らかなことは、たとえば、容疑者の人種に応じて通行停止や車両調査が行われる場合のように、犯罪の徴候として人種の区別を用いることは、根本的にいかがわしいことであり、同時に愚かなことである。警察は麻薬調査をするにあたって、資料を賢く利用するためには、疑いもなく、ある種のプロファイリングに携わらなければならない。たとえば、そうした場合に、自家用車を運転している年配者を調査することはほとんど時間の無駄であることが示されよう。年齢や車のタイプによるプロファイリングは、おそらく、公平性に関する深刻な問題を引き起こすことはないだろう。しかし、プロファイリングが、既存の社会的スティグマを後追いするときには、公平性に関する深刻な問題が生じる。

アフリカ系アメリカ男性に犯罪者というスティグマを付与することは、アメリカの人種主義の最も醜く差別的な側面の一つである。それは、私が第5章で論じた有罪を宣告された重犯罪者の人種的に歪曲した公民権剥奪と密接に結びついている。コーネル・ロナルド・ウェスト〔Cornel Ronald West, 哲学者、政治思想家、黒人問題の専門家で、主著は『人種の本質』〕からブレント・ステイプルズ〔Brent Staples, 『ニューヨーク・タイムズ』誌の編集執筆者、心理学のPh.D.〕まで、指導的なアフリカ系アメリカ人は、黒人男性をすぐさま犯罪者とみなしてしまう社会のまなざしによって与えられた苦痛と孤立感について雄弁に書いてきた。ウェストは、ニューヨークの高級住宅街であるパークアヴェニューに立って、スーツを着ていたにもかかわらずタクシーを拾うことができなかった。歴史的には、このスティグマ付与は、たとえば、私刑《リンチ》、不公平な裁判、雇用差別といった、とてつもない害悪と結びついてきた。もし私たちの社会が人種的な和解の方向性を採りたいのであれば——それは正しく、かつ賢いことに思える——、人種的なプロファイリングは、それが捜査資料として有効であったとしても（このことについては、説得力のある証拠はまだ示されていないが）、きわめて愚かしい政策である。[*14] プロファイリングがおそらく本質的に不公平でもあるのは、人種を理由にして、法のもとでの平等という重要な種類の平等性を人々に対して拒絶しているからである。

ここで、ゲイとレズビアンを、公的に与えられるスティグマから保護することについて考察しよう。この問題について考えると、私たちの社会は現在、二つの改善策を持っている。差別禁止法とヘイト・クライム禁止法である。この二つの分野では、リベラルな社会が直面している問題は、リベラルな人々の感情を害するような考え方を持っている人たちの表現の権利を犯すことなく、いかにして脆弱な人たちを保護するかである。さまざまなタイプの共同体主義者は、リベラリズムのように、個人の自由、特に思想・言論・表現といった分野の自由に対して深く加担することはない。それゆえに、矛盾に出会うことなく、脆弱な人を保護する責務を表明する法に賛成できるだろう。それに対して、リベラルは、偏見の標的にされる人々と同じく、偏見に満ちた何かを語る人々を——ある範囲内であるが——、保護することを責務とする。

言論の自由について、実際にどこまでも絶対的にそれを認めるのだという人はいない。広い範囲の合意によって、多くのタイプの言論、たとえば、恐喝、脅迫、偽証、贈収賄、免許のない人による医療診察、誤解を招く宣伝などは犯罪とみなされている。灰色の領域に、多くのコマーシャル・スピーチ、多くの芸術的言論が入ることになる。これらのタイプの言論は憲法修正第一条の保護のもとに置かれるべきか否か、置かれるとしたらどんな場合であるか、これについては多くの議論が存在する。[3] 政治的な言論に関してさえも、アメリカでは、それに修正第一条の広い保護をいつでも与えるとは限らない。一九一八年にまで遡るが、ユージン・デブズ（Eugene Debs 1855-1926）[4] は、人々を第一次世界大戦の徴兵を拒否するように煽動したとして収監された。そのときに、最高裁は、戦時下での体制批判的な政治発言は、修正第一条によって保護されないと主張した。現在になると、私たちは異なった見方をするようになった。つまり、そうした言論こそ、修正第一条が保護すべく存在している範例的なものだという見方である。人々が、修正第一条の自由の正確な説明とその理由に関してどれほど異なった考えを持っていたとしても、また、さまざまなタイプの商業的・芸術的言論に与えられるべき保護がどうあるべきかについて人々がどれほど異なった考えを持っていたとしても、異議に満ちた一般的ではない政治的な発言こそが修正第一条によって守られるべきものの中核をなしている。このことについてはほとんど異論が存在しない。しかしながら、今日のリベラルは、強い意味での修正第一条は非常に広く――少なくとも、すべての政治的言論、多くの芸術的言論――適用されるものだと主張する傾向がある。またリベラルは、結社の自由に大変な重要性を与える。差別禁止の主張と、その振る舞いや考えが好ましくないと思う諸個人を排除したいというある組織や集団の望みとが衝突したときに、結社の自由は、そうした差別との関連においても問題となるだろう。

言論の自由と結社の自由という二つの重要な価値に関して、差別禁止法は、少なくとも一定の地点までは問題が生じないように思われる。雇用や公的居住における差別に抗してゲイとレズビアンを保護することは、すでにアメリカが人種的マイノリティや女性に対して与えた保護と同じようなかたちで、そのものとしては人種主義者や女性差別主義者、同性愛恐怖の政治的な意見の表明を妨げるものではない。こうして、エドワード・ケネディ上院議員によって雇用差別禁止法が導入され、同時に、それを根拠に差別をしてはならないリストに性的志向を追加する結婚保護法Defense of Marriage Actが議論されたことは、論理的で実際に必要とされたステップに思われる。そして、数年経っても、この法がまだ通過していないことは、国家的なスキャンダルなのである。

差別禁止は非常に複雑な問題であり、論争の決着のついていない領域も存在するだろう。特に宗教の領域がそうである。人種・性別・性的志向を根拠とする差別の一般的禁止から宗教はどの程度まで除外されるべきかという問題が存在する（雇用差別禁止法は、宗教組織と宗教組織が運営している教育団体、小企業、個人メンバーのクラブ、軍隊を除外している。宗教的な免除は、デンバーの差別禁止法においても認められている。デンバーの差別禁止法は、コロラド州憲法修正二によって抗議されている）。国家としては、差別禁止法からの除外という問題は、十分に解決してこなかった。私たちの政策は一貫していないのだ（たとえば、ボブ・ジョーンズ大学は、人種間のデートを禁じた学校方針のために税金免除の立場を失った。しかし、宗教大学で、大学校長は特定の宗教的位階に位置する男性メンバーでなければならないという校則上の要件を持っている大学は、税金免除を受け続けている）。性的志向に関しては、私たちの公的な議論は、いまだに、人種やジェンダーの場合よりもはるかに素朴なレベルにあることは明らかである。私たちは、個人的な家主がゲイのテナントを排除できるかどうかといったはっきりした問題すらまだ解決できていない。まして、宗教団体がそうした理由で雇用や慈善を差別することはどこまで認められるかといった問題については、なおさらである。

ボーイスカウトに関する近年の最高裁の判例は、結社の自由というリベラルな価値観と差別禁止というリベラルな価値観の間の深い緊張関係をはっきりと示している。[*15] この事例においては、結社の自由が勝利したが、それは部分的に、ボーイスカウトは公的な施設ではなく個人的なクラブとして理解されていたからである。しかし、これは、おそらく誤った判断である。これらの問題はいまだに解決が難しく、それらの難問に取り組む必要がある。しかしながら、全体としては明らかなことは、性的志向を根拠とした雇用や公的施設における差別禁止は、少なくとも、平等の保護という考え方そのものによって、道徳的に要求されていること（おそらく、憲法上、要求されている）[*16]、そして、レズビアンとゲイは、人種的マイノリティ、女性、障害を持つ人たちに近年、拡張されたものと同じタイプの保護を得るべきだということである。[*17]

ゲイやレズビアンに対する差別は、第5章で論じたように、女性に対する差別と強く結びついている。それはまた、ジェンダーに基づいた差別に結びついているが、このトピックはほとんど取り上げられていない。人々は、ジェンダーから逸脱した行為、たとえば、あまりに「男っぽい」服装をしている女性やあまりに「女々しい」男性に対しては、スティグマを付与し、差別することがある。私たちの法律文化における根強い問題は、正確に言えば、一方で明らかにジェンダーのステレオタイプに基づいているが、性別そのものに基づいている差別とは異なるように思える差別にどのように取り組むかというものである。このタイプの差別は、ともかくも、他の二つのタイプの差別と結びついていることは明らかである。女性的な仕方で振る舞ったからという理由で男性を解雇することは、女性の特性を侮辱することであり、またおそらく、その人の性的志向を非難することである。女性にもっと女性的な仕方で振る舞えと言うことは、その関係がはっきりしないとはいえ、女性の劣位で侮辱された地位と結びついているように思われる振る舞い方へとジェンダーの側面を固定化することである。最終的に、女性にもっと男性的な仕方で振る舞えと言うことも、また、優勢なものの特徴だけが価値があるということを告げている。それは、ちょうど、アフリカ系アメリカ人雇用者にもっと「白人的」な仕方で振る舞えと言うようなものである。[*18]

仕事に関連した必然性によって正当化されないようなところでは、これらの要求のすべてに何かの問題がある。これが広く認められていることは、周知のプライス・ウォータハウス対ホプキンズ裁判〔Price Waterhouse vs. Hopkins, 1989〕から見ることができる。その裁判では、最高裁は、経理担当の女性応募者に、「もっと女らしく」歩いて、「もっと女らしい」服を着るようにアドバイスすることは、許容できない性のステレオタイプ化であると主張した。[*19]議論すべく残されている点は、まさしく、これらの形の差別が既存の法律でどの程度まで対処できるか、そして、ジェンダーを根拠とする差別を抑制する新しい法律が必要とされるかどうかである。最近の優れた分析によれば、法学者、メアリー・アン・ケイス Mary Anne Case は、実際に、あらゆることが既存の法律でカバーできると論じている。仕事には順応が求められるがゆえに、被雇用者は自分のジェンダーを自分の性別に順応すべきだという要請は、「市民的権利に関する法律第七編〔雇用において、人種、皮膚の色、宗教、出身国、性などによって差別することを禁止した法〕が明確に表現するところによって、また同様に、最高裁によって略述されたように、性のステレオタイプに関する禁止によってすでに違法であり、それは許しがたい非難すべき取り扱いである」[*20]。彼女が論じるところでは、たとえば、ある仕事におけるすべての労働者は、性とは無関係に、男性的な特徴を慣例的に示さねばならないという要請もまた、ジェンダー化された性質をもとにした「絶対的な」差別なのである。

性的志向をもとにした差別に密接に関係した他の問題として、ゴッフマンが「カバリング〔偽装工作〕Covering」と呼び、ケンジ・ヨシノ〔法学者、ニューヨーク大学法科大学院、教授〕が近年、詳細な法学論文で議論した問題がある[*21]。ゲイとレズビアンが彼・彼女らの性的志向を知っていて雇われたときには、自らの性的志向を「誇示」しないように求める微妙なやりとりに直面するだろう。これらの要請は、通常、異性愛者に対してなされる要請とは不釣り合いである。それは、アフリカ系アメリカ人が、大衆の心のなかにおいて支配的な人種の行為に結びついた特徴を見くびりながら、彼らの行動を真似たときに、ときに非公式的になされる要請と類似している。これらの要請は、スティグマの現れである。つまり、それらの要請は、恥辱を与えるようなやり方で脆弱なグループに対して課される。レズビアンの母は、彼女が自分のパートナーについて話せない、あるいは、たとえ学校が彼女はレズビアンだと知っていたとしても、自分の子どもの学校での立場を危うくせずには、その人を学校行事に連れて行けないと思うことだろう。ゲイの男性は、ゲイであることが広く知られていても、高い地位に到達することができるだろう。しかし、それは、自分のパートナーを公的な行事に連れて行ったり、パートナーであることをほのめかしたりすることはけっしてできないという犠牲を払ってである。ゴッフマンは、そうした事例を、全盲の人が黒いサングラスをかけることを学んでいく道筋にたとえている。なぜなら、彼らは、人々が自分たちの眼を見たくないことを知っているからである[*22]。すべてのかたちの鈍感さや無神経さが法によって規制されるべきではないことは明らかである。しかし、もし雇用が、実際に、非対称的にも、ゲイにあてはめられても「まっとうな人＝異性愛者 straight」にはあてはめられないような、この種の「カバリング（偽装工作）」を条件とするならば、それは一種の差別であり、差別禁止法によって規制されるべきものであろう。

第5章では、ヘイト・クライムを禁じる法がだんだん普及していることに懸念を表明した募金運動の葉書を分析した。ヘイト・クライムを禁じる法は、人種的偏見やジェンダーの偏見、いくつかの場合では、性的志向に基づいた犯罪への罰則が強化されることを求めるものであった。そうした法は、複雑な問題を生む。一方で、ゲイとレズビアンは、彼・彼女らを継続的に脅かしている暴力からの保護を、至急、必要としている。[*23] 警察はしばしば既存の法を強化することに気が向かない。また、警察は、あまりにしばしば、同性愛嫌悪の感情を暴力加害者と共有しているものだ。他方で、人種や性別や性的志向に基づいたヘイト・クライムを、たとえば、自分の兄弟の憎しみが動機となった同様の犯罪よりも罪の重いものとして扱うことは、一般的ではない政治的意見を懲罰するやり方と同じことだと論じることもできよう。二つの行為の唯一の違いは、動機の性質にある。そして、この場合、動機における重要な違いは、政治的な意見がその一部をなしているというのである。[*24]

しかし私は、こうした反駁には説得力を感じない。どのような仕方においても、法は、脆弱な市民を守ることや、脆弱な人々を餌食にする者を特に厳しく懲罰することに加担するとすでに表明している。たとえば、恐喝は、「著しく脆弱な被害者」につけ込んだ場合には、米国連邦量刑指針 Federal Sentencing Guideline によって重い刑罰が科される。非常に面白い意見であるが、リチャード・ポズナー判事は、アメリカにおけるゲイの男性はそうした脆弱な人々のカテゴリーに入ると、力強く論じている。[*25] 脆弱な人々に対する憎しみが動機となって暴行や殺人を犯した者の行動は、有意な仕方で類似している。つまり、そうした者は、犯罪的なやり方で、被害者となった非常に脆弱な人々を餌食に選ぶのである。ヘイト・クライム禁止法は、端的に、連邦指針のもとでの恐喝者のように、ヘイト・クライムの犯罪者が判決においていっそう重い罪を受けるようにするであろう。

私が思うに、ヘイト・クライムとして懲罰を科せられる動機は、保護されるべき政治的言論であるという主張は受け入れるべきではない。地上から何者かを根絶しようと望むことは、確かに認知内容を含んでいる。つまり、こうした人物は存在すべきではない、あるいは、こうした人物は苦痛を味わうべきだといった内容である。私たちは、感情が認知内容を持ちうる、実際に持っている、ということを否定することによって、問題を回避すべきではない。しかし、ゲイは罰を受けるべきだと主張する、あるいは、（私が受け取った手紙のように）ヘイト・クライムは抑制されるべきではないとさえ主張するパンフレットを書く者と、そうした犯罪を実際に行う者との間には、大きな違いがある。私の募金の手紙を書いた人は憎しみを表明していたが、犯罪の意図があったという証拠はない。よって、その人の言論は保護されるべき言論であり、他に処罰されるべきものはない。だが、ヘイト・クライムの実行者は、その政治的な意見に加えて、本質的に行動を起こそうとする犯罪の意図、つまり、憎しみに基づいた特別の種類の犯意がある者のことである。その犯意は、パンフレットに表現された保護すべき内容を超えている。処罰されるべきなのは、特別な犯罪の意図であり、単なる特定の政治的な意見ではない。似たような考え方によって、アメリカ最高裁判所は、ヘイト・クライムへの刑罰を重くすることを認めたのである。*26

確かに、この区別は容易ではないし、容易であるべきでもない。多くの国家は、明らかに政治的なヘイト・スピーチを規制している。たとえば、ドイツでは、反ユダヤ的な資料を流布させてはならないし、憎しみを趣旨として組織された政治団体は違法である。ドイツの過去を考えれば、政治的言論に対してアメリカが（近年になって初めて）適切と考えるよりも、いくぶんかより規制的な態度をとりがちに思われる。しかしながら、ドイツでさえも、反ユダヤ的なパンフレットを書くことを犯罪化するとは言い出してはいない。それが流布することを防ぐだけで十分なのだ。よって、私たちは、犯罪の有罪宣告をするための必要条件は、伝統的な意味において理解された犯罪行為であると同意できるだろう。ヘイト・クライム禁止法の賛同者が求めていることは、ある人をスティグマ付与されたグループのメンバーとして害しようとする意図は、金銭や嫉妬や他の動機から人を害する意図からは区別され、厳しく処されるべきだということである。この要求は、受け入れがたい仕方で政治的言論に刑罰を加えるものだとは思われない。

ヘイト・クライム禁止法は実際にどのような効果があるのかと人は尋ねることだろう。もし真の問題が、現行の法の実地施行が不十分であることにあるのなら、ヘイト・クライム禁止に反論する人は、法をより厳格にすることが問題を解決する正しい方法であることは明示されていないと言うことだろう。そうした反論は、もちろん、私がこれまでに退けた言論の自由に関する批判とは大変に異なっている。しかし、私はその反論もまた正しくないだろうと思う。私たちは、そうした法を実行しないかぎりは何も言うことはできない。しかし、ヘイト・クライムに特に厳しい刑罰をあてはめることは、効果的な抑止力を挙げると私には思われる。ゲイやレズビアンを餌食にする犯罪者は、概して、「ゲイ問題」に原理主義的に反対するためには死も厭わないような確信犯のならず者たちではない。ゲイリー・デイヴィッド・コムストック Gary David Comstock が、反ゲイ暴力に関する包括的な研究のなかで示したように、彼らは、だいたい若い男性の問題児で、特定の政治的な目的を持っているわけではない。ただ、警察が保護しないような人たちを叩きのめしたいだけなのである。[*27] 彼らがゲイを暴力の対象に選ぶのは、ゲイがゲイだからであり、その意味でヘイト・クライムを犯しているのであるが、ゲイを根絶しようとすることに深い関心を持っているのではない。彼らは、少なくとも彼らの多くは、ゲイに対する暴力に対して社会が真剣に取り組むというシグナルを見つけたら、それ以外の何かをするようになるだろう。

さらに、私たちの社会ではそれらの犯罪を容赦しないという社会的声明は、大きな効果を生む。それは、ゲイとレズビアンの平等な尊厳を肯定する方法であり、彼・彼女らを法のもとで十分に平等なものとして扱うようなコミットメントなのである。そのような声明をすることは、私たちがそうした犯罪に関して長い間無関心だったのだから、すぐにもなすべきまっとうなことだと思われる。

第4節　恥辱と個人のプライバシー

恥辱は、世間の眼から身を隠すことの原因となる。また、恥辱は、人々が自分自身から人間性の諸側面を隠すようにさせるものである。これまで論じてきたように、人々は他者を辱しめることによって、脆弱な人たちやグループに対してある要求を投影する。その要求とは、人々が、自分自身に関する恥ずかしい何かを隠しておきたいという要求である。こうして、性についての不安や性に伴う自己コントロールの欠落は、人々に対して、自分自身を性的に「正常な人たち」という支配的なグループとして構成せしめ、そして、性的なマイノリティたちに自分を隠すように要求せしめる。身体の脆弱性についての不安は、人々をして、「障害者」を公的な視線から隠すことを要求せしめる。

私のこれまでの議論は、リベラルな社会にとって、これらの要求に抵抗することは重要だと強調してきた。その行為が支配的なグループに不安を引き起こすというだけの理由で、脅威とみなされる人々は自分を隠すという罰を受けるべきではない。そうしたタイプのスケープゴート作りにおいては、いくつかの脆弱なマイノリティたちがマジョリティの恐怖という荷を背負ってしまうが、これは受け入れがたい差別である。よって、私の議論は、他者のかたわらで公共世界に暮らしても何の害もないマイノリティたちの権利を守ることの重要性を強調してきた。次の節では、障害者を論じながら、この議論を先に進めることにする。

しかし同時に、私の議論は次のことを示唆するものである。すなわち、私たちは、そのなかで人々が、自分たち自身の人間性を見出し、それに立ち向かうような空間を守る必要があるということだ。そして私たちの人間性とは、問題に満ちたものであり、自分に対してであれ他者に対してであれ、羞恥心を引き起こすことがあるものである。想像や空想はしばしば芸術や文学と結びついて、人々が過度の不安を持たずに自分の人間性に問題ある諸側面を見出すことを学ぶことができ、自己自身のより豊かな意味を開発する方法である、と私は示唆してきた。この自己探求は、他者の経験を想像する能力を向上させる。自己探求と他者経験を想像する能力は、単に善い人間関係のためだけではなく、健康でリベラルな社会を機能させるためにも重要である。

これらのすべてのことは、たとえ、その想像の産物が自分自身によって、あるいは他者によって恥ずべきものとみなされたとしても、人々が想像し自己自身を見出す空間を、社会は保護する必要があることを示唆している。[*28] よって、私の議論は、個人のプライバシーの領域、特に恥ずかしいものとみなされるかもしれない活動や想像の産物のプライバシーを法的に守る重要性も示唆する。

第5章では脆弱なグループに己を隠すことを強制するある種の仕方を批判した——そうして、馴染みの公–私の区別を使用する特定のやり方、特に嫌われやすい人々をアンダーグラウンド化するやり方を批判した——けれども、いまや、問題のもう一方の側面に目を向ける必要がある。すなわち、リベラルな社会は、市民に対して、もしそうすることを望むなら、他者の辱しめる視線から隠れることのできる保護された空間も提供しなければならないということである。社会グループは、法と結びついて、あるいは法と結びつかずに、他者に恥辱を与え続けるだろう。それで、法はこの行為に加わることを単純に拒否すること以上のことをする必要がある。嫌われやすい人々やその行為には不可避的に恥辱が押しつけられる。法は、そうした恥辱から逃れられる場所を望んでいる諸個人を積極的に守るべきである。

これは大きな課題である。それは、報道の法律、中傷と名誉棄損の法律、サイバースペースの法律、法の執行官による監視に与える制限、芸術的表現の自由、その他の多くの法に影響をもたらす。現在の議論の文脈では、この問題には、哲学者のトマス・ネーゲル Thomas Nagel が近年示した提案を考察しながら、いくぶん抽象的にアプローチするることが最もよいであろう。

「隠匿と露見 Concealment and Exposure」と題されたきわめて興味深い論文のなかで、ネーゲルは、私の議論に近い論じ方で次のように述べている。すなわち、多くの人々にとって、他者が恥ずべきだと感じたり嫌悪を感じたりするような空想を追求するための空間を有していることが重要なのである。彼はうまく論じているのだが、多くの性行為はそうした空想に結びついている。そこでネーゲルは、このことは公私の区別の一面であるとしながら、他者による個人のプライバシーへの介入に一定の厳格な制限を設けることを擁護する。そこから彼が論じるところでは、この区別はもう一つの「面」を持つ。つまり、破壊的な要素をバリアの背後に隠したままにしておくことが重要だと言うのである。

公私の境界づけは二つの方向性を持っている。つまり、公共的領域から破壊的要素を遠ざけることと、外部からの視線の人の自由を奪う効果から個人の生活を守ることである。それはコインの裏面である。公私の境界づけは、公的領域を破壊的要素に犯されないようにするが、それはまた、個人の領域を我慢ならない統制に犯されないようにする。私たちが、公的な検閲に従属してしまい、内的生活をさらすように求められれば求められるほど、それらの生活を送るのに私たちに利用可能なリソースは、共通の場の集合的規範によってさらに束縛されるであろう。[*29]

ネーゲルは、明確に、それに通して破壊的要素から自分たちを守るような、構成物としての「正常な人」を認めている。よって、彼は、公私の境界づけが非対称的な影響を持つことを是認しているのである。すなわち、私たちが自分の個人的空想を守り隠すことを望むときには、私たち（のすべて）が、（すべての）自分の個人的空想の保護を得るために支払う代価として、私たちはある人たち（「異常な人たち」）に対して公的な視線から自らを隠すように強いる体制を支持すべきだと言うのである。たとえ、「異常な人たち」自身が隠れることを望んでいなくても、そうだと言うのである。

この主張は何かが間違っているという感じがする。二つの重要な問題が視野から逃れている。つまり、選択の自由と平等の問題である。ネーゲルが二つの「面」という比喩を用いて作り出す対称性という見かけは、まやかしである。

公私の境界づけは、両側にとって対称的に働くのではない。なぜなら、それは、隠す選択とそれを公にする選択の両方において「正常な人」を保護するが、他方、「異常な人」は自分を隠すことを求められるからである。[*30] よって、「正常な人」は、彼らがキスすることを隠す選択をすることもできるし、路上でキスすることもできる。「異常な人」は、最初から不平等な社会的な位置を与えられていて、路上でキスしたいと強く思った時でさえも、自分自身を隠した時のみに保護されるのである。ネーゲルの主張は次のように言わんばかりである。つまり、「正常な人」はただあまりに多くの破壊的要素を受け入れることができない、よって、個人の自由という体制のために社会が支払わなければならない代価は、脆弱なマイノリティに自分を隠匿するように不平等な要求を押しつけることである、と。

もし、これが予言的な主張として提出されたのならば、歴史を見ることでそれを検証してみよう。この主張が誤りだとわかると思う。それほど以前にではなく、女性は、脚、時に腕を隠し、大きな布の遮蔽幕で下半身を覆う衣服の下に、自分たちの性を隠すように強いられた。女性は、自分たちの欲望や、自分たちがなす活動、少なくとも望んでいる活動を偽るような仕方で振る舞うように強いられもした。社会は女性にこう語った。「私たちはあまりに多くの破壊的要素に我慢できない。私たちは、女性の足が世界に存在することに耐えられない。それで、私たちは、あなたたちに足がないかのように装うことをさせるのです」と。歴史家のアン・ホーランダー Anne Hollander がコメントしたように、二〇世紀以前の女性の服飾の慣習的な決まりごとは、

女性についての非常に頑強な一つの神話に符合している。それは、致命的に分断された女性の怪物、マーメイドのイメージを産んだ神話と同じものである。……彼女の声、顔、乳房、首、腕はすべて魅惑的であり、女性が与える喜びのなかで害のないものだけが示されている。……しかし、それは罠なのだ。波の泡の下で、渦を巻くスカートの下で、彼女の隠された身体、その鱗に覆われた拒絶によって武装された均整あるかたち、海の内部の悪臭を放つその不潔さが不快感をもたらすのである。

そうした神話から決定的に逃れさせてくれる決定的な服装を求めている女性が、きっとズボンを選ぶであろうことは、実際に何の不思議もない。[*31]

いまや女性は、ズボンをはいていても、はいていなくても、脚を見せることができるようになった。しかしそれでも、民主主義は堕落したりしなかった。実際、ホーランダーは、もっともなことに、真正の民主主義の前提条件として、女性の身体が等しく人間的であると認められるべきだと論じる。それは、今度は、女性に脚を見せることを許すように、服装の厳格なしきたりを覆すことを求める。実際に、個人の自由というシステムは、女性は外側に対して自分の身体を隠すという代価を払うならば、女性の空想を内面においてのみ保護すると言っているのではない。しかしながら、私たちは、現在、ゲイやレズビアンにこうした要求をしている。――つまり、私たちが、彼らの合意のうえでの秘密裡の行為を保護することまでする時でも、そうした要求をしているのである。さらに、ゲイとレズビアンがオープンに彼らの性的志向を告知したとしても、また、いまでは異性愛者同士では許容されているように、彼らが路うえで手をつなぎ合っていたとしてさえも、社会が堕落するなどと考えるのは誤りに思われる。人はこれらのことが生じる場所を知ってもいるし、それで、個人の自由は一緒に消え去ることもなかった。女性のズボンの場合と同じく、ここでも、真正なる民主主義が求めているものは、すべての市民が自分たちの十全たる平等な人間性を示せるべきだということだ、と考えてはどうだろうか。

しかし、もちろん、ネーゲルは、記述的、ないし予見的な主張したのではない。彼は、社会がどうあるべきかについて規範的な主張をしたのである。つまり、社会は、すべてのアクターにとって、自分を隔絶する自由のための場所を保護すべきであり、この自由のシステムの代価とされるものとして、マイノリティに、「破壊的要素」を差し控えるように求めるべきだというのである。すなわち、「普通の人」にとって不快な振る舞いを差し控えるように、マイノリティに求めるべきなのである。そうした社会が正しいか、あるいは善いものとなるであろうという考え方に対しては、それを支持する証拠はまったくなく、マイノリティへの規制なしには私たちの個人の自由は失われるだろうと告げる脅しじみた工作的発言をする以外にはないだろう。この立場は、上下をさかさまにしたミルなのである。ネーゲルは、ミルが嫌悪したマジョリティによる社会的専制の形態を支持し擁護せずには、ミルが尊んだ自由の一部分を有することができないと言いたいのだ。

ネーゲルの議論は、こうした嘆かわしい方向に導かれてしまうと私は思う。なぜなら、彼は、意味のつかみにくいプライバシーの考えを用いているし、公私の区別の考えも同じくらいつかみにくいからだ。プライバシーの概念は、いくつかの理由で長らく批判の的であった。その一つは意味の不明確さである。*32 いくつかの議論では、「プライバシー」は「自由」や「自律」と等しい意味で用いられている。よって、避妊や中絶の領域におけるプライバシーの権利は、実際には、ある種の選択の自由とするならば、最もよく理解される。避妊や中絶は、特別な秘密でも社会的に隔離すべきものでもない。実際、問題となっている権利は、その人が避妊薬を公的な場所で飲もうが自宅で飲もうが、その人を保護する。他の議論では、「プライバシー」は、隔離や孤独を意味する。たとえば、メディアによる侵入に対する権利は、その人の周りに隔離された領域を作り出す権利である。しかしながら、隔離は、自由とはまったく異なった事柄である。そして、すでに見たように、時に人は、自分の何らかの側面を本人は隠すことを望まなくても、隠蔽することを強いられることがある。隠蔽は自由の否定と結びついている。

この分野の法を分析するときに、一つの鍵となる観念が自由の観念である。人々には隠す自由があるべきだということは、何のことだろうか。そして、公的にあらわにする、あるいは公的に演じる自由があるべきだとは、何のことだろうか。そして、私たちがこの自由の問題について本当によく考える必要がある対比とは、今度は、捉えどころのない公私の対比ではなく、ジョン・ステュアート・ミルが唱導した次のような対比なのである。それは、自己配慮的で、本人と同意した他者のみの利益に関与する行為と、他者配慮的で、非同意の他者の利益にも関与する行為の間の対比なのである。すでに論じたが、これが、どこで起ころうと、ゲイの性行為の規制について考えるときに熟考すべき重要な区別である。ここで重要な問題は、ある行為が「公的」と呼ばれる場所で生じた行為であるかどうかではなく、非同意の他者がそこにいるかどうかであり、そして、もしそうした他者がいるとすれば、その人たちはどのような影響を受けるのか、なのである。空想についてのネーゲルの強力な議論が実際に示していることは、私たちはすべて、同意した他者とともに、あるいは他者なしに、自己配慮的な行為を追求できる個人的自由の領域を持つべきだということである。そうした自由のための正しい領域は、その場にいる、あるいはいる可能性のある非同意の他者に対する、その行為が与える潜在的な悪影響によって制限されるべきである。

この区別を考慮するために、ヌードダンスを考えてみよう。議論のために、公園では、子どもや非同意の人々がいるために、ヌードダンスを禁じることは許容できるということに同意していただきたい（この問題には後で戻ることにする）。他方で、自分の居間でブラインドカーテンを降ろしてヌードダンスをすることは法では規制できないということには、誰も反論しない（性行為を対象としている多くの法はこうした規制を認めていないけれども）。そこで、自分で好んで入会して、料金を払う人だけのクラブの場合はどうだろうか。インディアナ州は、そうしたクラブでのヌードダンスを禁じている。米国第七巡回区控訴裁判所（the Seventh Circuit Court of Appeals）[5]は、そのインディアナ州法は表現の自由に許しがたい規制を行っていると宣告した。[*33] 最高裁判所はこの決定を覆した。ウィリアム・レンキスト〔William Rehnquist 一九二四－二〇〇五年、最高裁首席判事を務め、プライバシー権やアファーマティブ・アクションに対して批判的な判決をした保守派の判事〕判事（と他三名）は、「公共的道徳」の重要性に言及した。[*34] 異議を唱える意見（ホワイト判事、およびマーシャル判事、スティーヴン判事、ブラックマン判事）は、みごとにミル的な指摘をしている。

公園・海岸・ホットドッグ売り場など公的な場所におけるヌード公開を人々に禁じる目的は、気分を害するものから他者を守ることにある。しかし、そのことは、おそらく、劇場や酒場でのヌードダンスを妨げる目的とはなりえない。なぜなら、その見物人は、それらのダンスを見るために料金を払っている同意した成人ばかりだからである。

これらの文脈における禁止の目的は、国家がヌードダンスの発している有害なメッセージと信じているものから見物人を保護するためである。もしそうであるならば、法的な禁止は、表現行為には無関係であるとは言えない。*35

言い換えれば、重要な区別は、同意した者だけに影響する行為と、（潜在的に有害な仕方で）非同意の者に影響を与える行為の間にある。

この議論は、第3章での嫌悪に関する議論と並行している。クラブのなかで行われていることをただ単に想像しているだけの人々が、そのダンスは辱しめを与えると感じている。この事実だけでは、害を与えることはなく、その恐れを感じさせたりすることもない行為を規制するには不十分である。しかしながら、私たちがひとたび問題をミルのように区別すると、コインの両面のように必然的に相互関係した二つの側面としての公私の区別というイメージは崩壊する。一つの領域における選択の自由は、他の領域における隠蔽の強制を必然的に伴うとはいえない。自己配慮的な行為のために自由の領域を保護することは、その裏面として、嫌われているマイノリティは、自分が望んでいなくとも自分の行為を隠さねばならないという帰結を伴うと考える根拠はないと思われる。異性愛の男女がそれを望んでいる時には、強制されないで性交する自由を守るということは、明らかに、女性が望んでもいないときに自分の脚を隠すことを要求されることを含意しはしない。ゲイとレズビアンがそれを望んでいるときに、公衆の目から離れたところで同意のうえでの性交をする自由を保護することは、その裏面として、ゲイとレズビアンがそれを望んでいる時に、公的な場所でキスしたり手をつないだりすることを控えるように要請することを含意しない。マサチューセッツ警察が認めたように（第5章を見よ）、ゲイとレズビアンたちに「公的な場所で」性的な交渉をしてはならないと要求するような、自由を根拠としたまともな議論など存在しないのである。ゲイとレズビアンが自分たちを隔離し、それで自分たちの行為の自己配慮的な性質を保持しようとしているかぎり、そうなのである。

ネーゲルによって性的表現に当てはめられた公私の区別は、本質的に差別的である。つまり、それは、マジョリティには求めないような仕方で自分自身を隠せとマイノリティに求めている。ネーゲルの言う公私の区別は、個人のプライバシーのシステムが、マイノリティのプライバシーへの規制をシステムの裏面として求めているという口実を持ち出して、そうした規制の言い訳をしているのである。こうした表裏の結びつきを信じるまともな理由はまったくない。私たちが本当に解決しなければならないことは、他者への影響という重要な問題である。すなわち、私たちが本当に配慮すべきは、非同意の他者にどのようなかたちの影響を与えるのかであり、そうした危害や危害の可能性から他者を守るためには、私たちの行為はどのような制限を甘受すべきなのか、ということである。そして、私たちは個人の自由の問題を解決する必要がある。すべての市民に対して保護したい選択とは何か。そして、これらの自由の分析において、どのように隔離と情報上のプライバシーを表現するか。その過程のなかで、家庭が特別の保護に値すると結論してもよいだろう。しかし、保護された自由の領域が完全に家庭の境界に一致することはありそうにない。よって、ロレンス対テキサス州事件における最高裁は、家庭における同意された性行為の保護に焦点をあてながら、裁判冒頭の意見陳述で次のように語ったが、それは最高裁の賢明さを示していた。つまり、「国家が支配的であってはならない私たちの生活と存在の領域が、家庭の他にもある。自由は空間的範囲を越えて広がる」と語ったのである。

明らかに相対すべき一つの問題は、公的な場で裸体を露出するというさらに一般的な問題である。公的な場所で裸体の露出を制限することは、子どもも含めて、そうした露出に非同意の人々がいるかもしれないので制限することは正当である。議論を進めるために、この点については譲歩しておこう。しかし他の箇所では、人々は、自分に不快を感じさせるだけであって、危害は及ぼさない行為を制限する権利を持たないと私は主張した。第3章では、たとえば、生活妨害禁止法は（典型的であるかぎり）狭く適用されるべきであり、危害とみなされるほど十分に重大な危険か、あるいは感覚的嫌悪かを引き起こすような行為を規制することに限定すべきだと論じた。一般に受け入れられない行為（たとえば、ゲイのカップルが手をつないでいる）をある人が見たときに嫌悪を感じたからといって、そのことが法的規制の理由となるべきでない。恥辱の分野でも同じような区別があるのは明らかだ。その行為が行われた場所に非同意の人がいたからといって、一般的に恥ずべきものとみなされているすべての行為を法的に規制できるわけではない。しかしながら、法的規制の境界線をどのように引くべきかは、まったく明らかではない。

一方で、はっきりとした危害の可能性がある性行為が存在する。たとえば、子どもの前の公共の場所で、自慰行為を行う人は子どもたちを脅えさせ、心理的な危害を引き起こすだろう。他方で、かつてはそう思われていなかったが、はっきりと無害の行為がある。たとえば、ショーツとホールターを着て道を歩いている人、公共の場所で手をつないでいるレズビアン、公共のバスのなかで子どもに母乳を与えている母親（このことで、昔は女性は実際に逮捕されていたのだ）。しかし、公共の場所での裸体露出に関しては、それが服を脱いでただ歩きまわっているだけであって、性行為などは行われておらず、それが子どもを怖がらせたり脅えさせたりするとは考えられないとしたら、どうであろうか。それはまったく無害に思われる。多くの国では、そうしたことは海岸でのあたりまえの行動である。そして衆目の見るところでは、裸体というものは、みなが裸であれば、すぐさま注目を受けなくなるものである。

ヌーディスト・キャンプにおける裸体は、日常的なやりとりでは、性的な意味を帯びているとはみなされない。このことは、女性が脚を見せているという問題とまさに同じではないだろうか。人々が、それを性への退廃的な誘惑と考えることもありうるが、それはその人たちの問題だ。もし、人々が自分の宗教的な信念に言及するならば、私たちは、法律において支配的である水着を着た女性に対する宗教的反論を認めておらず、同性が公共の場所で手をつなぐことに対する宗教的反論を認めていないことをいつでも指摘できる。

私は、次のことを正しいと考える方向に傾いている。すなわち、公共の場所での裸体に抗する法を支持する理由は弱いのだと。しかし、多くの人々は以下のことを実際に信じているのだ。すなわち、成人の性器を早すぎる段階で見せてしまうのは子どもに害を与える。そして、少なくとも、ヌーディストが集まれるいくつかの海岸や公園の場所がそのための地域として作られていれば、公共の場所での裸体の制限を含んだ個人の自由への介入は、おそらく心配するほど重大なことではない、と。

振り子がより大きな寛容の方向へと振れている一つの分野として、女性が胸を出すことが挙げられる。もちろん、標準的な水着はほとんど体を覆わない。しかしヨーロッパでは、海岸やいくつかの他の文脈でのトップレスに関して一般的に寛容である。一九九六年、オンタリオ控訴裁判所は、大学生グウェン・ジェイコブズ Gwen Jacobs をわいせつ indecency とした有罪判決を覆した。彼女は、暑い日には男性はシャツを脱ぐことができるが、女性はできないことという事実に抗議して、グエルフ通りをトップレスで歩いたのである。法廷で、彼女は、胸は単なる脂肪組織の塊にすぎず、男性の相似器官と違いがないことを主張した。裁判所はこの論理を受け入れなかったが、ミルの論理を用いて、彼女の行為は規制されるべきものではないとした。「気分を害した人は誰も、彼女を見ることを強いられはしなかった」というのである。この裁定はまったく合理的に思われ、少なくとも、アメリカのいくつかの場所では、この分野での自由を試みることを期待できる。

これらは大きな問題である。そして、私たちは、多くの分野において問題と取り組み続ける。統一されたプライバシー概念と、統一され明確に理解された公私の対比は、これらの問題に良い指針を与えてくれるのだというフィクションがあるが、これは放棄されるべきである。

第5節　恥辱と障害を持った人々

社会のなかのいかなる集団も、心身に障害を持った人々ほど、痛々しくスティグマを付与されたことはない。さらに、人種や性や性的志向によるあらゆるスティグマ付与には、心から反対する人々の多くも、「本性上・自然に natural」異なっている人々に対しては、異なった種類の扱い方が適切だと感じている。[*36] ドーヴァー夫人は、自分の鼻の片側を切除した後に自宅に引きこもってしまい（第4章のエピグラフ）、社会に出ると非人間的に扱われそうなので、社会に出ない方がよいと感じた。これは例外的なことではない。人々は、鼻が半分しかない人を見たくはないのだ。ダウン症の子どもを見たいと思う人はもっと少ない。そうした子どもは、かつては手っ取り早く施設に放り投げられ、個人的な人格や個人の名前、真正な人間性のない「蒙古症性」として扱われていた。ゴッフマンが言うように、そうした人との相互関係全体は、スティグマを付与された特徴によって分節化されている。このことは、ある人の人間性の全体が注目されないことを意味している。*37

障害を持った人たちの間では、いまでは、自分の社会状況について学問的に記述できる人が増えてきており、自分たちに課された孤立化や周辺化、日常的に受ける屈辱を評価できるようになってきている。こうして、法学者のジェイコブズ・テンブロークは、彼自身が盲目であり、障害を持った人々が公共空間を移動しようとする時に直面する制約について著名な報告を行った。その脚注において、彼の研究は学術的な資料からの引用ではなく、自分の個人的な経験から触発されてきたと記している。*38 ジェニー・モリス Jenny Morris は、三三歳のときに事故で歩く能力を失った政治家・政治活動家であるが、彼女の以前の仲間が、その事故の結果、それまでとは、どのように異なった態度で彼女に接するようになったかを述べている。仲間たちは、あたかも彼女が、生活能力と個人的人間関係を維持する能力を失ったかのように扱ったのである。*39 哲学者のアニタ・シルヴァーズ Anita Silvers は、車椅子の利用者で、『障害・差異・差別』という著作を記したが、そのなかでは、多かれ少なかれ、典型的な日常が述べられている。その日は、彼女と、やはり車椅子を使うもう一人の哲学者の同僚が、雨が降るなか、雑貨屋の外で待たざるをえなかった。なぜなら、人々がショッピングカートを駐車場の外に置いてしまうのを防ぎたかった店長が、ハンディキャップ者用の入口を閉めてしまったからであった。そして、もちろん、重度の認知障害を持つ多くの人々はもっと劣悪な状況にいる。そうした人たちはしばしば、人間性そのものを、他の人間たちと世界に生きる権利を、まったく否定されてしまう。両親は、重度の認知障害を持った子どもを誕生させたことをたしなめられる。そうした子どもの全人生は、醜い過ちだとみなされてきた。障害に関する新しい学問は、これらの事実も実証しつつある。——それは、認知障害を持つ子どもの親が書いたものだけでなく、[*40] ミッチェル・レヴィッツ Mitchell Levitz やジェイソン・キングズリー Jason Kingsley によるダウン症を持った自分自身の人生の叙述のように、[*41] 認知的に障害を持った当人たちの著作によって実証されつつある。恥辱とスティグマは、スティグマ付与された人たちを私たちの視界から隠すように強いている。そうした著作は、恥辱とスティグマの影響の広がりを押し返す重要な役割を果たすものである。

この問題に向かいあうのに重視すべき最初の論点は、おなじみのものであり、また間違いなく、繰り返して取り上げる必要があるものである。というのも、そのことを無視した議論を耳にすることがあまりに多いからである。その論点とは、もし「本性上」ということが人間の行為から独立に存在していることを意味するのであれば、ハンディキャップは、単純に「本性上」存在しているのではないということである。人間の一つの機能 functioning の障害、[6] あるいは、複数の機能障害は、人間の介入なしには存在しないと言えるだろう。インペアメントは、社会がある仕方でそれを扱った時にのみハンディキャップとなると言えよう。人間は誰もが障害を受けている。すなわち、死すべき存在であり、視力が弱く、膝が弱く、背骨と首が脆く、記憶が短い、など。人間のマジョリティ（あるいは、最も強力なグループ）がそうした障害を持っているならば、社会はそのマジョリティの要求を満たそうとして己自身を組み立てるだろう。よって、一段一段があまりに高くて、巨人だけが登れるような階段など存在しないし、犬だけに聴こえて人間の耳には可聴不可能な周波数で演奏するオーケストラなどないのだ。大変な苦労と非常な努力によって少数の人間だけに達成可能なものごとに関しても、通常は、それを「普通の」市民全員に求めるようなことはしない。だから、一キロを二分半で走ることができる人だけが仕事をこなせるようなかたちで、世界を組み立てたりしない。その代わりに、私たちは、車や電車やバスのような人工器官を発展させて、一キロを二分半以内で移動できるようにする。[*42]

私たちの社会の多くの人にとっての問題は、その人たちの障害が手当てされていないことである。なぜなら、彼・彼女らのインペアメントは典型的ではなく、「異常」とみなされているからである。人が歩き走るのと同じスピードで動ける車椅子に乗っている人と、自分の足ではできないことを自動車を使って行おうとしている人の間には、内在的な「本性上」の違いは存在しない。[*43]それぞれの場合において、人間の発明の才は、個人の身体ができない何かを提供している。違いは、自動車は典型的で、車椅子はそうではないということである。私たちの社会は、ある人たちにサービスを提供し、近年まで、その他の人たちを無視してきた。私たちは自動車道路を造り、(きわめて最近まで)車椅子用の傾斜路を作ってこなかった。確かに、盲目はインペアメントである。というのは、盲目であることは、盲目の人に、晴眼の(また他の感覚器官を「正常に」使用できる)人が利用できるよりも少ない数しか世界を扱う方法を与えないからである。けれども盲目がどの程度までハンディキャップとなるかは、実際に、多くの社会的な対応によって決まってくる。コミュニケーションの主要な方法は、聴覚的になるだろうか、視覚的になるだろうか。コンピュータソフトの製作者が、盲目のユーザーのために音声操作オプションを付けているだろうか。地域社会は、視覚記号に加えて触覚記号を使っているだろうか。盲目の人が嵌り込んでしまいそうな穴に注意して、道路がメンテナンスされているだろうか。あるいは、そうした人々が道路を使用する本当の権利を持っていると考えられているだろうか。[*44]しばしば、インペアメントを持った人々のグループの運命は、テクノロジーの進展というまったくの偶然によって大きく変動する。よって、電子メールというテクノロジーは、障害を持った人の福祉のために発展させられたのではないけれども、その利用の増大は、聴覚障害を持つ人々を大きく助けてきた。一般的に、最近まで、珍しい障害を持った人々の福祉は、建築物、コミュニケーション機器、公的施設のデザインにおいて、ほとんど顧みられることがなかった。

そのように障害がないがしろにされることは、善いこととは思えない。ただ単に典型的でないからといって、なぜその人に苦難の人生を与えるのか。しかしながら、「正常な人」は、通常、自分たちを完璧に順調だと考えており、例外的な障害を持つ人々をただ欠陥のある人と考えている。障害を持つ人々は、ひとやまのリンゴであり、健康な食べ物のなかの腐った食べ物だというのである。人は腐った食べ物をどう扱うだろうか。それを脇にのけて(あるいは、捨てて)、良いものを汚染しないようにする。そして、現代社会の多くに見られる、学校や公共の空間のなかに障害——特に知的障害(「精神障害」とも訳される)mental disabilities[7]——を持った人々を受け入れるときの独特の不承不承さ加減は、彼・彼女らの存在が他者の生活を腐敗させるという、リンゴの場合と同じような社会の不安感を暴き出しているのである。このようにして、私たちの生活もやはり虚弱であり障害を持ったものであるという事実は、さらに効果的に視野から隠される。[*45] 政治家のジェニー・モリスは車椅子の利用者であり、これらの政策を適切にも「完全性の専制」と呼んでいる。[*46]

この「完全性の専制」を明らかにするためには、盲、聾、精神遅滞などの古典的な障害そのものは何の問題でもないのだとするラディカルな主張を受け入れる必要はない。[*47] 私たちは、障害を持った人々の多くが、きわめて価値のある生活――ほとんどの「正常な」人たちと同じほど豊かな価値を持つ生活――を送ることを認められる。それは、私たちが盲目や聴覚の喪失、運動能力の喪失などを予防する、あるいは治療することができるときに、そうした予防や治療ための特別の試みをなすべきではないといった説得力のない立場を採ることなしに、障害を持った人たちの価値ある生活を認めることができるのだ（同様に、私たちは、多くの貧しい人が、金銭は幸福とは無関係だという立場を採らずに、価値において豊かに暮らすことを保証できるだろう）。私たちは、いくつかの中心的な機能 functioning のケイパビリティは、ただ典型的であるだけではなく、とても有益でもあると認められる。それらのケイパビリティは、人間のさまざまに異なった人生設計を追求しながら、有することのできる良きものである。そのように判断するならば、私たちは、これらの能力が、いかなる価値からも自由であるという意味で「本性上」のものであるかどうか、という論争的な問いについて特定の立場を採る必要などない。[*48] そうした論争的な主張をせずとも、私たちは、見ること、聴くこと、足で移動することなどは、人間の機能の価値ある手段であり、それゆえに、保険医療のシステムがどのように推進されるべきかについて考えるときに目指すべき理に適ったものなのだと言うことができるだろう。[*49] よって、それらが特定の形而上学的、あるいは「本性上」の地位を持っていようといまいと、それらは政治的な財 goods なのである。[*50]

しかしながら、この同じ思考法は以下のことも含意する。すなわち、もし、ある個人が、インペアメントが原因となって、運動やコミュニケーションなどを最も一般的な方法で行えないのであれば、社会は、社会的・教育的・政治的な環境における諸事物を（再）デザインし、それらのケイパビリティがその個人に利用可能になるようにするということ、とりわけ緊急の一群の理由を持っていることである。しかしながら、正常性というフィクションは、あまりにしばしば次のことを理解する妨げとなってしまう。つまり、階段や視覚的記号（触覚的ではなく）、電話のような制度物がいかなる意味においても不可避でもなく自然でもないこと、そして、それらは車椅子の人、盲目、聾などの人々にとって重大な帰結をもたらすこと、である。

そうした完全性と欠陥についての誤った考えは、結果として、二つの世界を作り出してきた。すなわち、通常の市民の公共的世界と、障害を持った人たちの隠された世界、である。障害を持った人たちは、暗黙のうちに公共的世界に住む権利がないとみなされている。したがって、それらの人々に対して、人間として、平等の価値を持つ市民として権原が与えられている最も基本的であるような権利とは、ジェイコブズ・テンブロークが「世界のなかに住む権利」と呼んだものであろう。このことは、具体的なレベルでは多くのことを意味している。そこには、公共交通における車椅子のアクセス、通常犬には許されていない場所へ盲導犬を入れる許可、触覚記号などがそうである。しかしながら、より一般的には、「世界のなかに住む権利」とは、市民として扱われる権利を意味する。市民とは、その人のために公共空間がデザインされ、その人の利益のために公共空間が維持されるような人たちのことである。このより一般的な権利において最も重要であるのは、労働の権利、政治的・社会的生活に効果的な仕方で参加するために必要な方法を持つ権利である。[*51]

第3節で論じたように、あるグループに公的に恥辱を与えることに対抗するための基本的な方策は、差別禁止的な法制定という伝統的な市民権の方策である。アメリカ障害者法（Americans with Disabilities Act: ＡＤＡ）は、仕事の世界と公的活動を深刻なインペアメントを持つ人たちへ開放するという考え方を制度化して、市民権運動を、多くの点において障害を持った人々に対して拡張した。障害を持った人々の市民としての平等性は、有害な社会の取り決めと、「障害者は無能力だ」という人工的なフィクションによって長い間、妨げられてきた。だが、この法律は、障害を持った人々を保護すべき集団として解釈し、障害を持った労働者のニーズのために「理に適った施設」を作るように雇用者に要求するものである。よって、市民権運動の中心方策は、少なくとも一定の障害を持った市民に拡張されてきたのである。

ADAには、多くのあいまいな点と、それを取り囲む法的伝統が存在する。インペアメントの評価は、法が保護する範囲を「障害を持った個人の主要な生活活動のいくつかを実質的に制約する」ようなインペアメントに限定している（もし、ある人があるインペアメントを持っているという履歴があったり、そのように「みなされて」いたりする場合には、その個人もまた保護される。しかし当のインペアメントは、それらの法律条項においても、やはり、主要な生活活動を実質的に制約するものの一つのはずである）。このカテゴリー化は、蔓延しているスティグマの源泉のいくつかをそのままに放置している。たとえば、過度の肥満は、その人が望ましい体重の二倍にならないと対象にならない。こうして、重度のインペアメントに関するADAの医療的な理解は、その市民権的な目的と対立関係にある。市民権は、それがはっきりした生物学的条件に基づいていようといまいと、非合理なスティグマに対抗するためにあるべきである（私たちは、人種に基づいた差別が違法であるべきことを確証するのに、人種が生物学的に顕著な特徴であることを——実際には顕著な特徴ではないのだが——確証する必要はない）。さらに、てんかん薬や他の正しい治療法のおかげでうまくいっている人たちは、たとえ彼・彼女らがスティグマの付与や差別にさらされやすくとも、明らかにこの保護される集団に含まれていない。このことによって、ADAは不備を残したままにしている。なぜなら、てんかん薬や他の正しい治療法のおかげでうまくいっているような人たちは依然として非合理的なスティグマ付与と差別の標的となっているかもしれないからである（このギャップを埋めるのは、以下のように論じることによってである。すなわち、ある程度までは、てんかん薬や他の正しい治療法のおかげでうまくいっている人たちは、その補正的措置にもかかわらず、主要な生活活動に影響を及ぼす障害を持っていると「みなされる」、と）。[*52] さらに、「主要な生活活動」という観念そのものがあやふやなもので、法律家にとっては、理論化されていない詳述に、ある場合にはその場しのぎの詳述になってしまう可能性が非常に高い。[*53] 非常に多くの人を脆弱にしてしまい、特別の労働環境と必要とする疾病――たとえば、糖尿病や関節炎――は、明確に保護の範囲に入れられているわけではない。特に、疾病の機能に対する影響を、治療によって抑えている場合には、そうである。

最終的に、雇用者が作らねばならない「理に適った施設」という法の概念はあいまいであり、また異論を生むものである。というのも、雇用者は、もし人種的マイノリティに対応することは非常にコストがかかると示せれば、人種差別に関して義務から逃れられるわけではないからである。つまり、その「理に適った施設」という法律は、いまだ、労働の世界を「正常な人」のニーズに従って組織しており、障害を持った人に対応するように求める特別な変化は、それがもし過大であれば、引き受ける必要のない基準を超えたコストして扱われることを認めてしまっているのだ。

これらの概念上の困難は注目すべきであり、さらなる考察と関心の対象となるべきである。障害を持った人の大部分に、たとえその保護が社会的スティグマそのものの存在にまで到達しないとしても、強く決定的な保護を与えることがきわめて望ましいことは、やはり明らかに思われる。私の好んできた分析によれば、問題は、スティグマは実際には非常に外延的な概念だという点にある。ゴッフマンが示唆したように、スティグマを付与された人と「正常な人」は重なりあっている。この分析が含意することは、保護された集団の線引きがどのようであっても、それはある程度は恣意的であろうし、他の関連性のある類似したケースは社会的保護が与えられずに取り残してしまうだろうということである。他方で、保護された集団が、少し体重過剰な人や、体躯の小さい人、美貌でない人までを含むほどに緩く定義されると、法的に機能しなくなるだろうし、保護された集団という概念全体の評判を落とすことにまでなってしまうだろう。[*54] 私たちはみな、差別禁止法がなまくらな道具であることを知っている。それは、不平等なまでに脆弱だとは言えない個人まで守ってしまい、そうである人たちを守ることに失敗してしまっているからだ。しかし、障害者と呼べないまでもそれに近い人たちまで保護することの効果は大きいように思われる。そうした保護が、社会的な態度を、一般的に、有益に変化させることが期待できる。道徳教育と社会的ディベートを平素に実践することによって、私たちは、ＡＤＡによる保護を受けない過度に肥満の人や体躯の小さい人など人々へのスティグマ付与に対して、より広い範囲で対抗できるようになるだろう。

これらの問題を討論しながら、私たちは、自分たちの政治文化のなかに、障害を持った人にスティグマを付与していってしまうような一般的な特徴が存在するのではないかと自問すべきである。そうした一般的な特徴の一つとして私が指摘してきたのは、アメリカにおいて「完全性（卓越性 perfection）」が強調される傾向である。自己充足、法的行為能力、そして非脆弱性（というフィクション）がそうである。しかし、私たちはいまやもっと先に進めることができる。そのフィクションに密接に結びついているものは、もう一つのフィクションである。それは、私たちの社会正義の理論そのものに深い影響を及ぼしてきたし、いまでも及ぼし続けている。私がいま示唆したいのは、それが、障害者一般に対する私たちの態度に大きな意味を持っていることである。障害者のなかで、変化した社会状況のなかにおいても「生産的」であるとはほとんどみなされない認知障害を持つ人たちに対して、特に大きな意味を持っている。それは、能力のある独立した成人としての市民、という神話である。それは、西洋政治思想史を深く形成してきた社会契約論で用いられてきた概念である。結論の章でこの問題についてはもっと言うべきことがあるが、ここではこの問題を提示すべきである。これによって、精神的ハンディキャップに対するスティグマの深い源泉を理解できる。

ジョン・ロックの考えによれば、社会契約説に参加する当事者たちは、「自由、平等、独立」であるとされている。[*55] 現代の社会契約論者は、明らかにそうした仮説を採用している。デイヴィッド・ゴーシエ David Gauthier にとっては、例外的なニーズを持つ人々は、「契約説に基づいた道徳的関係に加わっていない」[*56]のである。同様に、ゴーシエとは非常に異なっていて、道徳的にはもっと豊かな理論であるけれども、ジョン・ロールズの「秩序立った社会 A Well-ordered Society」における市民は、「全生涯にわたって十分に相互協力し合う社会のメンバー」[*57]とされている。そして、ここで思い描かれているパートナーシップは、契約した集団の相互便益のために存在している。よって、取引に参加しない人々にとっての規定は後から取って付けたものであろう。取引に参加しない人は、人々が同意する基本的な制度構造に参加していないのである。[*58]

社会契約説の多くの形は、もちろん、「正常な」人間のニーズを想定している。それらは、基本的な政治原理の最初の設計において、非対称的あるいは例外的な依存の時期をすべて視野から隠している。その依存性が、あらゆる市民が通過する人生の段階である幼児期や高齢期から帰結するものであっても、視野から隠しているのである。ゴッフマンが述べたように、そのようなやり方によって、スティグマを付与された人と「正常な人」とを分ける明瞭な線という公共的なフィクションが生まれてくるのである。実際には、正常な人とスティグマを付与された人は重複しあっている。よって、独立した大人というフィクションは、完全性というフィクションの一つの変型なのだ。そして、それ自体が媒介となって、典型的ではないニーズを持った人たちが、依存的で、能力に欠ける、などとみなされるのである。

私たちは、ある程度まで、これらの認識が誤りだと主張できる。すなわち、身体的インペアメントを持った人々は、社会環境の支援があれば、高度に能力を持った生産的な市民でありうる。そして、障害を持った人々を擁護する人たちが、障害者への特別の措置は哀れな犠牲者へのお恵みだといった考え方を拒否して、障害を持った人が高度の能力を持ちうるという答えを強調することは非常に大切である。しかしながら、身体障害を持った人々のための支援環境を構築するという目的で要請される社会的変化は、非常に高価なものであり、社会的生産の妨げになる。よって、独立性と生産性の概念に基づいた社会は、そうした変化をあまりに容易に軽んじる方向に向かいがちである。

重度の知的障害を持った人々の状況を考えるときには、さらに根深い問題が見出される。重度の知的障害を持った人々は、典型的には、先の大思想家たちが社会契約の参加者を定義した意味においては、社会契約の参加者とはまったくみなされない。社会の基本構造は重度の知的障害を持った人々を含まないで設計され、彼・彼女らのニーズは後で考えればよいものとして放置される。実際に、独立のフィクションは、完全性のフィクションの一つのタイプであり、効果的に彼・彼女らの非対称的なニーズを視野から隠す。

そこで、第7章でより一般的に論じることにするが、典型的ではない障害を持った人々の社会状況に対して生産的にアプローチするには、以下の認識から始めなくてはならない。すなわち、私たちすべてが多くのインペアメントを持っていること。人生は「正常な」ニーズのみならず、多かれ少なかれ長引く例外的で非対称的な依存性を持った時期を含んでいること。そして、その時期の間は「正常な人」の状況もいくつかの点において例外的な障害を持つ人の状況と似ていること、である。このことは、もし私たちが「正常な人々」に自尊心の社会的条件を与えようとすれば、私たちは同時に、生涯にわたる障害を持った人の自尊心について考えなければならず、その人たちの十全な人間性と個性を認め、それを支援する方法を工夫しなければならないことを意味する。障害を持った人たちについて考えることは、自分たちについて考えることである。よって、障害を持った人たちと私たちの両方についての善き思想は次のことを要請する。すなわち、独立した契約者としての市民という観念を見直すこと。そして、観念を、ケイパビリティ（潜在能力）を有するともにニーズも有する存在というもっと複雑なイメージに置き換えること、である。それは、無能力な状態から「相互依存」へと移行し、そして、不運にもしばしば無能力な状態へと戻るような存在のイメージである。

障害を持った人々への公共政策と、もっと一般的に正義の理論について考えるとき、これらの考えがどのような帰結をもたらすのかについては、言うべきことがたくさんある。[*59] 第7章で示唆するが、これらの課題について考えると、社会契約理論よりも、「ケイパビリティ・アプローチ」に基づいた社会正義の判断の方を選択すべき強い根拠があることがわかる。[*60] しかしながら、現在の私の関心は、あるタイプのリベラルな政治理論を推奨することではない。そうではなく、恥辱の諸問題が、平等な尊重と人格の価値に基づいたリベラルな社会の可能性そのものに、どのように影響を与えるかについて論じることにある。よって、この点において、重度の知的障害を持った子どもの教育に問題を絞ることにする。そして、障害者教育法（ＩＤＥＡ）というアメリカの法律の歴史を考察することで、その問題にアプローチする。

例外的な知的障害を持った子どもの扱いには、多くの不公平がある。そうした子は、しばしば、必要な医療的看護や治療を受けていない（実際、人々はしばしば、知的障害を持った子どもが認知的に無能力であると仮定してしまい、その子たちの認知の潜在力を大きく増大させることのできる身体的治療の必要性が理解できなくなっている。たとえば、ダウン症の子どもの筋肉治療によって、それらの子どもは、積極的な学習が促進されるようなかたちで世界と交流できるようになる）。多くの身体障害を持った子どもよりも、認知的インペアメントを持った子どもの方が人々から忌避され、スティグマを付与されてきた。知的障害を持った子どもの多くは、その子たちの潜在力を発展させる努力をまるでしない施設に追いやられてきた。そして、その子たちは、これまでずっと、まるで「世界のなかに生きる」権利がないかのように扱われてきた。ＡＤＡ設立に先立った連邦議会の公聴会では、そうした子たちが人から忌避されてきた多くの実例が言及された。そこには、チンパンジーを興奮させないようにと、動物園に入るのを拒否されたダウン症の子どもの例もあったのである。*61

しかしながら、最も大きなギャップは、おそらく、教育分野にある。教育不可能で、教育費用をかけるに値しないというスティグマを与えられて、知的障害を持った子どもは、ふさわしい教育へのアクセスを拒否されてきた。私の世代の成人は、典型的には、学校の地下室に隠された「特殊な」子どものためのクラスを思い出すことができるだろう。それのために、「正常な」子どもは、それらの子どもたちを見る必要がなかった。そして、多くの場合、知的障害を持つ子どもたちは、公立学校から入学を拒否された。裁判所の判例は、当初、これらの排除を支持していた。たとえば、一八九二年、マサチューセッツ州最高裁は、知的発達障害と診断されたジョン・ワトソンの外見と風変わりな行動は他の子どもの経験に破壊的な影響をもたらすと論じて（学校も認めるように、それは害を与えるものでも、不服従なものでもない）、ジョンがケンブリッジ公立諸学校から排除されることを支持した。*62

一九七〇年代の初頭には、知的障害を持った人々の支援者たちは、この状況に対して組織的な挑戦を試みて、二つの影響力のある勝利を勝ち取った。「知的遅れの子どものためのペンシルヴェニア協会対ペンシルヴェニア州」裁判において連邦区裁判所は、ペンシルヴェニアの公立学校に対して、知的障害を持つ子どもには「無料の適切な教育」を与えるようにという同意判決 consent decree を出した。*63 原告は、教育権は基本的人権であり、それゆえに学校制度は、知的発達障害のある子どもを法的に排除するためには、「やむにやまれぬ政府利益 compelling state interest」があることを示さねばならない、と主張した。しかしながら、裁判所は原告の負担をもっと軽くした。穏やかな合理的審査基準による検査 less stringent rational- basis test のもとであっても、原告たちの法定上の要求は確証されていると裁判所は主張したのである。[8] 言い換えれば、原告は、平等の保護要求をなすのに、教育が基本権であることを示す必要はない（よって、この判決は、最高裁判所の一九八五年のテキサス州クレバーンでの判決、すなわち、知的障害を持った子どもの排除は合理的な基準に欠いているという判決を先取りするものである）。障害を持った子どもの排除はデュー・プロセス（適正手続き）と法の平等の保護の双方を犯しているという原告の主張は勝った。

同じ年のミルズ対教育委員会において、コロンビア特別区連邦地方裁判所は、特別区からの排除に抗議した知的障害を持った子どものグループを支持する判決を下した。このグループはペンシルヴェニアの判例の原告グループよりも広い範囲にわたっている。ブラウン判決を、自覚的に、障害を持った子どもの状況にあてはめることを試みた分析のなかで、裁判所は、無料の適切な公教育の否定は法の平等の保護に違反する、と主張した。*64 さらに、原告グループは、この平等の保護の違反は、教育システムが十分な予算を持たないことによっては正当化できないと主張した。すなわち、「コロンビア特別区の公立学校制度の不適切さは、予算が不十分であろうがなかろうか、行政が非効率であろうがなかろうが、普通の子どもよりも『例外的な』あるいはハンディキャップを持った子どもにより手厚いことが許されなかったことにあるのだ」。意義深いことに、裁判所はゴールドバーグ対ケリー裁判に言及している。その裁判は、第2節で論じた福祉の権利に関するものであり、最高裁は「〔福祉受益者の〕支払いが誤って打ち切られてはならないという州の利益は、財政上・行政上の負担の増加を避けるという州の競合する利害関心よりも重要性において上回っていることは明らかである」と主張した。コロンビア特別区裁判所は、「同様に、排除された子どもを教育するコロンビア特別区の利害関心が、財政上の資源を保護するという利害関心よりも重要性において上回っていることは明らかである」と説いたのである。

この二つの判例は、受益保証と予算の両方を争点とした国を挙げての議論に火を点けた。一九七五年に、国会は、ミルズ判決 Mills v. Board of Education を連邦法に取り入れた全障害児教育義務法（Education for All Handicapped Children Act: EAHCA）を通過させた。EAHCAは、幅広い範囲の知的障害を持った子どもに、無料の適切な公教育を受ける権利を与え、州が憲法上の義務を達成できるように予算をあてがうための法である。*65 この法は、一九九七年に、多少の修正と手直しをされて、障害者教育法（IDEA）という法のかたちをとるようになった。

IDEAは、単純だが深いアイディアから始まっている。それは、人間の個人性 individuality というアイディアである。この法は、さまざまなタイプの障害者を顔のない人々とみなすのではなく、障害者が、実際には異なったニーズを持った一人の個人であり、よって、障害者を集合的に規定することはすべて不適切であると仮定している。よって、この法を導いている理念は、個別の教育プログラム（Individualized Education Program: IEP）であり、「障害を持ったそれぞれの子どものために開発され、評価され、見直しされる〔特別支援教育該当者として予算が付けられる〕認定書」である。その法は、州が公共サービスを受けていない障害を持った子どもをすべて割り出して、突き止める責任を負うことを求めている。その法は、また、地区に対して、以下のように拡張した手続き上の保証を確立するように求めている。すなわち、自分たちの子どもの評価とクラス分けを決定するための情報、記録の利用とデュー・プロセスとしての聴聞、法的再審理に参加する権利を両親に与えるような手続き上の保証である。

一般的に、IDEAは、障害を持った子どもをその子のニーズに見合った「最も制約のない環境」において教育することを州に義務づけている。こうして、IDEAはそれらの子どもの「メインストリーム化」を促す。障害を持った人々の支援者たちは、メインストリーム化は新たにインクルージョンされた子どもとその他の子どもの両方にとって利益になると指摘することで、メインストリーム化の実践を擁護している。他の子どもたちは、例外的な障害を持った子どもと同じクラスにいることによって、人間性とその多様性を学ぶ。しかし、個人性の根本的な承認が最優先される。すなわち、子どもがメインストリーム化よりも特殊教育から多くの利益を得ると思われるときには、州は、そうした特殊なクラス分けを支持することが求められる。

二つの対照的な事例は、親と学校が協働するときには、ＩＥＰがどのように機能できるかを示している。マイケル・ベルベの息子のジェイミーはダウン症であるが、イリノイの公立小学校でうまく「メインストリーム化」されてきた。彼は、学級が刺激を与えてくれることを見出し、認知的成長を遂げている。先生と生徒は彼の魅力的な人柄に好意的に反応している。先生は、生徒たちはみな、ジェイミーがいることで人間性について多くを学んだと強調した。対照的に、私の甥であるアスペルガー症候群（高機能自閉症の一種）[9]のアーサーは、州の資金を得ている私立学校で教育されてきた。なぜなら、アスペルガー症候群という障害のせいで、彼にとっては、他の子どものいるクラスのなかでは人として成長することが難しいからである。彼は外見は変わっていないが、行動は変わっている。それゆえに、「悪い子ども」と間違われやすいし、「正常な」子どもからいじめられることがある。だが、他にもアスペルガーの子どもがいる学校では、彼は自分の高い知的能力を発揮できるし、彼の人生のなかではじめて親友を見つけられるのである。*66

そうした法は、スティグマを掘り崩すのに大いに役に立つ。というのも、それは社会に対して、心身の障害を持った子どもは権利を持った個人であること、そして、その権利には「正常な」子供と同じクラスに入る権利も含まれていることを述べているからである。先生と親は、自分の役割を果たさなければならない。しかし、州がそれらのことを認識し注意しているということが、学校と教師への要請となり、スティグマを付与された子どもにとっての情勢を大きく変えることは、いままでのことから明らかである。ベルベは、彼の息子の人生についての感動的な叙述のなかで、自分の子どもの教育の成果について書いている。彼の息子は、自分自身にとっても周りの人たちにとっても、ジェイミーとして見られるようになった。つまり、「蒙古症性痴呆」という顔のない集団の一員としてではなく、一定の好みや奇抜なユーモア感覚を持った一人の子どもとして見られるようになった。個人性は、しばしば、スティグマがスティグマを付与された人たちに拒絶してきたものである。したがって、療育は、それ自身が個人性の承認に焦点をあてたものであるべきだと言えるだろう。

ＩＤＥＡは、理論上も実践上も、完全な法律であるとはとうてい言えない。第一に、実践上では予算不足に苦しんでいる。法規は連邦政府の資金に言及しているが、実際、予想される総額はけっして執行されていない。さらに、その法の実際上の施行は、それが本来あるべきかたちで、個人対応されていることは稀である。処方というものは、通常は、共通の障害用に定められている。アスペルガー症候群は、最近になって認められた障害であって、実績が多くないという事実がアーサーには幸いした。つまり、そうした場合には、教育者は個々の子どもに何がうまくいくのかを観察し、見つけようとする。最終的に、法の実際上の施行はしばしば不平等である。子どもの障害をよく理解し、地域の学校システムを積極的にせっついた親の方に良い結果がもたらされる。したがって、両者とも大学教員であるベルベ夫妻と、学士号を持つプロの音楽である私の姉妹が自分たちのために教育システムをうまく利用できたのは偶然ではない。他方で多くの親は、そうしたことができないでいる。インターネットは、情報と障害児の親の意見交換のための非常に有効な資源である。よって、「デジタル・デバイド」〔パソコンやインターネットなどの情報機器を使いこなせるかどうかで生じる格差のこと〕もまた、結果の不平等に関するもっともな懸念をもたらす。

理論的には、ＩＤＥＡには重大な問題もある。ＩＤＥＡは、私たちが論じているような全般的な知的障害だけではなく、その病因と本質がよく解明されていない広範な種類の「特定能力の学習障害」も包括するように適用範囲を広げている。特定能力の学習障害は、知的遅れや自閉症とはまったく異なり、しばしば生徒の真の能力を隠してしまう特定能力の障害として理解されている。こうして、「学習障害（ＬＤ）」という診断は、（しばしば知能検査で測られる）「真の能力」と、一つあるいは複数の科目における学校の成績とが食い違うという事実を根拠としてなされてきた。学習障害を持つ子どもを、単純に他の子どもよりも学ぶのが遅いか、あるいは能力が低い子どもから区別することは、実際上、大変に難しい。ＬＤの概念的な枠づけも確実なものではない。つまり、理論的には、特定能力の障害に結びついた器質上の原因が示唆されているが、そうした原因が、現象として表れている広範囲の障害の原因となっているのかどうかは、まだはっきりしていない。しかしながら、ＩＤＥＡによって生み出される財政上のインセンティブは、連邦の資金を得るために、荒立てて子どもをＬＤに分類する理由を学区に与えてしまっている。そうした分類は、いつも子どもの役に立つわけではない。それらの分類は、そのこと自身がスティグマ付与となることがあり、常に有効な治療過程に向かうとは限らない。さらに、それらの分類は、学校で問題を抱えているがＬＤにうまく当てはまらない子どもにとって、公平なものではない。人は、すべての子どもはその子の知的能力を伸ばすように援助されるべきだと感じるものである。しかし教育制度は、少なからず恣意的なやり方で一部の子どもを他の子どもよりも優遇する。[*67] 学区は、予算獲得できる共同基金になるべく多くの子どもを取り込もうとする。この欠陥は、実際上、分類システムがルーズなおかげで、いくぶんか緩和されてきた。[*68]

これらはすべて重大な問題である。実際には、最善であるのは、それぞれの子どもが実質的にＩＥＰ、つまり、子どもの個別のニーズの理解に焦点をあてた教育をあてがわれることであろう。他方、知的障害を持った子どもの教育を個別化することに焦点をあてるのは正しいことに思われる。なぜなら、それらの子どもは、しばしば、個人性を全面的に否定されてきたからである。

不完全であるとはいえ、ＩＤＥＡは私たちの社会が誇るべき実績である。ＡＤＡとともに、ＩＤＥＡは、これまで長い間、障害を持った人々、障害を持った子どもと大人を取り囲んできた恥辱とスティグマの構造に対する重大な挑戦を表現している。それは、平等な市民として世界に生きて、自分の潜在能力を伸ばす権利を、障害を持った人々にしばしば初めて利用可能にした。だが、この法律は、費用が嵩む他の社会再構築プログラムと同様に、現在、危機に瀕している。現代とは、ヨーロッパとアメリカにおける近代社会の多くが、ますます有能な大人 competent adulthood というフィクションを無理強いして、「自活」できない人たちをケアする費用を削ろうとしている時代なのである。

私たちは、もう一度、ＩＤＥＡとＡＤＡによって要求されている特別の支援構造の費用が、「自然的な〔本性上の〕」ものではないことを思い出すべきである。それは、社会が存在する以前の、障害を持った人と他の障害のないとされている人々との間の違いから生まれてくるものではない。その費用は、私たちが平均的な人々、つまり、「正常」という誤解を招く恐れのある呼び名で呼ばれている人々の要求に応えるように社会をデザインしたことから生まれる費用なのである。私たちは、代理の完全性、あるいは、非脆弱性というナルシスティックなフィクションが、多くの人々に世界のなかで生きることを拒否するための理由として用いられることを許してはならない。その人々の強調された脆弱性は、社会的な優勢にグループのニーズに合わせて作られた社会秩序の結果である。

おそらく、古典的なリベラルの伝統の最大の洞察は次のようなものである。すなわち、それぞれの人間個人は根本的に価値に満ち、広大で、深く、独立した生命と想像を営む能力があり、伝統や家族の生活様式を単純に受け継ぐだけの存在以上のものである、と。この洞察は、リベラルな社会のなかで不確かで不完全にしか実行されてこなかった。それは、政治権力を行使する子どもじみたナルチシズムを許容していたからである。そうした権力は、「正常」な人を不愉快にさせる弱さをもった人たちにスティグマを付与する。しかし、リベラルな社会は、子どもじみたナルシシズムを抑制し、さまざまな障害を負った人が「巧妙な相互作用」の人生を生きることができるような「行動を容易にする環境」を創造することができる。B氏が言うように、「平等に関して警戒すべきことは、そのときに私たちは両方とも子どもだということである。そして問題は、父親はどこだということである。私たちは、私たちの一方が父親であるならば、自分たちがどこにいるのかがわかる」。同様に、私たちは、私たちの誰が「正常」であるか、つまり、独立した生産的な市民であるかを知っているならば、私たちがどこにいるかがわかる。そうすることによって、そうでない他の人々は、恥辱を感じて目を伏せる。しかしながら、リベラリズムが私たちに要求していることは、もっと不確かで恐ろしい何か、大人性と子ども性の組み合わせ、そして、完全性〔卓越性〕というフィクションのない願望なのである。

第7章

隠すことなきリベラリズム？

Liberalism without Hiding?

スカート丈をどんどん短くしていく行程は、女性の近代化を推し進めるうえで、不可欠なものであった。

——アン・ホランダー『性とスーツ』

世のなかには、自分が嫌う行為であればいかなる行為であれ、それを自身に対する傷害とみなし、感情を害するものとしてそうした行為に憤慨するような人がたくさんいる。それはちょうど、宗教的に偏狭な考えを持つ人が、他の人々の宗教感情を軽んじていると非難された場合に、よく知られているように、次のように応酬するのと同様である。すなわち、むしろ忌まわしい信仰や信条を固持し続けるそうした人々こそ、そのことによって私の感情を軽んじているのだ、と。しかし、人が自分自身の意見に対し抱く感情と、その人がそうした意見を持っていることに腹を立てる別の人が抱く感情とは等価ではない。それは、財布を盗りたいという、泥棒の欲求と、財布を保持していたいという、財布の正当な所有者の欲求とが等価ではないのと同様である。

——ジョン・スチュアート・ミル『自由論』

朝早くのアダムのように、
眠りによってさわやかになり木陰から出でて歩き進み、
見なさい、私が通っていくところを。聴きなさい、私の声を。近寄ってきなさい、私に。
触れなさい、私に。私が通り過ぎる時、あなたの掌を私の体に触れさせなさい。
私の体を恐れてはいけない。

——ウォルト・ホイットマン『朝早くのアダムのように』

第1節　政治的リベラリズム、嫌悪感、そして恥辱

本書全体を通じてこれまで私たちは、嫌悪感および恥辱についての分析と、政治的リベラリズムの見解とを関連づけて議論を進めてきた。政治的リベラリズムの見解とは、すなわち、社会秩序は人間の尊厳という考えに基づくとともに、互恵性と相互尊重とによって特徴づけられる社会関係に基づく、とする見解であり、ここで言う「相互尊重」には、人間の生における究極的な善についての相異なる考えへの尊重が含まれる。感情の分析と政治的な考え方とは、互いの意味を明確にしあう。〔すなわち〕政治的な考え方に内在する理念について考えることは、嫌悪感と恥辱が法の基礎づけにおいて重要な役割を与えられる場合にどのような危険が私たちにもたらされるのかをはっきりと特定するうえで役に立つ。というのも、どちらの感情も法規制の基礎として用いられる場合には、それぞれ異なる点ではあるが、相互尊重を脅かすように思われるからである。同時に、二つの感情について考えることによって、私たちは、政治理念に対し十分な理解を得ることができる。互恵性と尊厳への配慮という私たちの理念は、ナルシシズムや、動物性と死にひるむこと、また「正常」に囚われることといった、人間社会のどこにでも見られる特性によってしばしば損われる。そうした理念が損なわれるのがいかに頻繁であるのかを知るならば、私たちは、なぜこれらの理念が

重要であり、なぜそうした理念を政治的考え方の中核に据えるのがけっして取るに足らないことではないのかを、あらためて確認するのである。

嫌悪感と恥辱の引き起こす危険は、とりわけリベラルな社会の諸価値と、多くの点で相反する。このことも、実際、私たちは確認できる。というのも、こうした感情が典型的なかたちで表れるのは、個人やグループがその生き方のゆえに従属を強いられる場面だからである。政治的考え方のなかには、少数派の宗教的、性的、その他のアイデンティティに課せられる従属を肯定するような考え方も数多くある。しかし、それにもかかわらず、政治的リベラリズム〔という政治的考え方〕にとってそのような従属はすべてきわめて深刻な問題をはらんでいる。なぜなら、政治的リベラリズムは、人格に対する等しい尊重を、自らの取り組みのよりどころとしているからである。ここで言う「人格に対する等しい尊重」とは、何が価値を持つのかについて、各人格が持つ包括的な考え方に対する尊重を含むものとして理解される。そこで、そのようなリベラリズムの政治的秩序にとって、女性の従属やユダヤ人の従属、そして精神的・身体的障害を伴った人々の従属は、まさにその中心的なよりどころを脅かすという点でとりわけ問題をはらむものである。従属は、あらゆる社会において、社会的に弱い立場にある個人に痛みをもたらす。リベラルな社会においてさらに従属は、中核をなす政治的価値をも脅かすことになる。嫌悪感と恥辱の作用についてそのように考えるなら、これらの感情の赴くがまま行動することに対し――たとえそれが前途有望に見える方法のものであっても――私たちは警戒心を持たなくてはならない。

リベラルな社会を実現するということは、単純に相互尊重を自らの拠って立つところとし、そこから出発し、またそれに基づいて行為するというだけの問題ではない。もしも人間心理が単純であり、人間心理のうちに相互尊重に抗い続けるような力が存在しないとしたなら、ものごとはそのように単純であるだろう。しかし、嫌悪感と恥辱の分析――それは明らかに、提示しうる広大な分析のほんの一部分でしかないのだが――は次のことを私たちに示す。すなわち、人間は概して自分の死と動物性とに対し問題ある仕方で関わるということ、そして、そうした問題ある仕方での関わりが、単に内的な緊張をその人のうちに引き起こすだけでなく、さらに、他の人への攻撃を引き起こすということである。ナルシシズムや人間不信には、きわめて頻繁に嫌悪感および恥辱の感情が伴う。尊重と互恵性の理念が社会に広く受け入れられるためには、ナルシシズムや人間不信の影響力を克服しなくてはならない。このようにして、私たちは、嫌悪感および恥辱という二つの感情が法に及ぼす作用をなぜ制限しなくてはならないのかという、やや個別的な問題について洞察を得るばかりか、さらにまた、より一般的な問題についても洞察を得ることになる。すなわちそれは、等しい尊重という理念が、実際に広く受け入れられ、制度も個々人の行動もその理念によってかたち作られるようになるためには、いかなる取り組みがリベラルな民主主義に求められるのかについての洞察である。

第2節　ミルの自由擁護論に対する再考

私の議論は、ジョン・ステュアート・ミルの、あの有名な議論が辿ってきた道と、これまで幾度も交差してきた。すなわちそれは、言論の自由と結社の自由とに関する議論、そして「他者危害原理」を個人の行動に対する法規制の必要条件として擁護しようとする議論である。これまで私は、嫌悪感や恥辱に基づく立法の難点を検討するなかで、ミルの見解が正しいという想定を極力行わないよう努めてきた。しかし、私の結論は、大部分においてミルのものと合致する。それゆえいまや、ミルが辿った道と、私が結論を導くうえで辿ってきた道とについて検討する時である。これから示されるように、ミル自身は自らの原理について、さほど説得力ある正当化を行っているわけではない。相互尊重と互恵性という、リベラルな規範に基づく正当化はミルの功利主義的な議論よりも、はるかに多くのものをもたらしてくれる。しかしながら、これまで述べてきたように、相互尊重と互恵性とに依拠した議論が説得力を持つのは、嫌悪感と恥辱とについての分析のおかげである。この分析によって私たちは、ミルの考えのうちの、少なくともいくつかの側面を彼よりもさらに説得的に、またさらに一貫してリベラルな仕方で、擁護することができる。これから私は、そのように主張していくつもりである。

ミルは、功利主義の哲学者であった。彼はベンサムの功利主義に対して多くの点で批判的であったが、それでも依然として、ミルは次のことを確信していた。すなわち、社会原理が最大多数の最大幸福を導くと示すことが、その原理を擁護するうえで最も良い方法だ、と。ミルは、ベンサムよりもはるかに豊かな仕方で幸福を捉えていた。ミルは、快の間に質的な相違があることを認め、そして幸福について、実質的にはアリストテレス的な考え方を採用していた。すなわちそれは、卓越性と合致するような多様な機能としての幸福という考え方であり、言い換えるなら、幸福は、そうした活動もしくは活動に付随するものと同一視できるような快のことである。[*1] ミルはまた、社会的な計算を行う際に、ある種の快を軽視しているように思われる。すなわち、『自由論 *On Liberty*』においても、『女性の隷属 *The Subjection of Women*』においても、ミルは、自分が提案する改革に対し、多くの人々（後者の著作においては、大多数の男性）が非常に腹を立てるだろうという事実をそれほど重視してはいない。サディスティックで悪意に満ちた選好を社会的厚生関数[1]に入れることはとうてい認められない。こう現代功利主義は主張するのだが、ミルは、そのような現代功利主義の主張においてベンサムの古典功利主義に向けられてきた主だった批判の一つを、上記のようにして先取りしている。[*2]

加えて、ミルは『自由論』で次のように述べている。「私は功利をあらゆる倫理的問題を判断するうえでの究極的な規準であるとみなしている。しかし、それは最も広い意味においての功利でなくてはならない。すなわちそれは進歩する存在としての人間の、恒久的な利害関心に基礎を置く功利である」と（序章）。[*3] このことは、利害関心 interest や満足のすべてが同等というわけではないことを私たちに教えてくれる。すなわち、そのうちのいくつかが、社会の功利を特定するうえで特に考慮されるべき正当な資格を持つ。こうした問題に対するミルの説明は、体系的なものとはほど遠い。にもかかわらず、社会功利についての彼の考えは、こうしてある種の満足を排除して別種の満足に特別の重要性を与えている点において、明らかにベンサムの考えと比べてもっと限定的なものである。

さらに、『自由論』の同じ段落において、ミルは次のように断言している。「功利とは無関係なものとしての抽象的な権利の観念から私の議論のためにいかなる利点を引き出しうるにしても、それを利用するのを慎むことにしよう」と。しかしながら、よく知られているように、明らかにミルは『功利主義論 *Utilitarianism*』の第五章においても、また『自由論』それ自体においても、権利の概念を用いている。すなわち、そこでは繰り返し、他の人格の「法定上の権利 constituted rights」を妨げる危害という点から、他者危害原理の定義が行われている。権利の重要性と、功利が倫理の最終的な裁決者であるとするミルの主張とがいかに合致するのかということは、解釈する者を悩ませ続ける問題であるが、可能な解釈のすべてをここで批評する必要はない。最も説得力ある説明は次のものである。すなわち、ミルが「権利」によって言わんとしていたのは、ある種の、きわめて重要な利害関心のこと、少なくとも「進歩する存在としての人間の、恒久的な利害関心」の主要部分をなす利害関心のことだ、という説明である。このようにして、『自由論』のなかで他者危害原理を定義する際、ミルは、社会のなかで生きているという事実が個々人の行動に対しある基本的な要求を課すと述べるのである。そのような要求の第一は、「互いの利害関心を侵害しないこと。いや、より厳密に言うなら、明示された法規定もしくは暗黙の了解によって権利とみなされるべきある種の利害関心を侵害しないこと」（第四章）である。こうした利害関心を「権利」と呼ぶことで、ミルはそれらに重要性を与え、そしてまた、すべての人格について、それらの権利が守られるべきであると示している。残念なことに、彼は、けっしてこうした権利に該当するもののすべてを列挙しているわけではない。しかしそれでも、『功利主義論』の第五章では、人格と所有の保障がその主要な事例であることが明らかにされている。権利は功利と無関係に存在するものではない。すなわち、ある権利を擁護するためには、まず、その権利が個々人の幸福においていかなる役割を果たすのかを示さなくてはならない。[*4] しかしながら、権利は、いくつかの点で譲渡不可能に思われる。すなわち、それらの権利がすべての人について守られるということは、社会功利にとってきわめて重要なのである。

いかにして多くの個人の功利から、社会の功利の考えが作り出されるのか。この点に関してのミルの考えはあまり明確ではない。ただ単純に〔個々人の功利を〕合計することによってなのか、あるいは、〔それに加えて〕必要最低限の条件が設けられるのか。ここで言う最低限の条件とは、たとえば、少数派のグループに対しその基本的な権利を否定するなら、全体の幸福は保全しえない、といった条件である。このように、ミルの考え方において、いかに権利とその保護が位置づけられているのかは依然として不明確であり、また不確実でもある。ミルにあって「幸福」は、権利と完全に切り離された目的として捉えられるわけだが、権利がそのような意味での幸福に役立つことを示すのは、たとえ個人について考える場合には、必要がないとしても――すなわち権利あるいは権利の充足を個人の幸福の構成要素とみなすとしても――それでも、社会全体について考える場合には必要である。すなわち、その場合、一人ひとりの権利を守ることが社会功利の役に立つということを示す必要がある。この難題を回避する唯一の手段は、社会功利を初めから「あらゆる人に対する権利の保護」を含むものとして、定義することであるだろう。しかし、社会功利をそのように定義することは、古典功利主義とは遠く隔たったところに移ることになるし、また幸福もしくは満足に焦点を絞るその議論からも、大きく外れることになるだろう。ミルは、そのような根本的な決別のそぶりを見せていない。しかし、最大多数の最大幸福（もしくは満足）と理解されるかぎりでの社会功利に対し、権利の保護が常に役立つことを示すのは、周知のように困難である。こうした理由から、ジョン・ロールズからリチャード・ポズナー〔2〕に至るまで、現代のリベラルな論者の多くが、功利主義を社会正義の考え方とみなすことを拒否してきたのである。*5 こうした論者らは、功利主義は基本的な権利や自由に対し、あまりに不確かな地位しか与えていないと主張している。これに対し、功利主義は、事実として権利の保護は社会功利の役に立つだろうという、経験的な主張をいつでも述べることができる。しかし、そのような脆弱な土台に良心の自由といった重要な事柄を基づかせるべきではないと、ロールズや他の論者は説得力をもって主張する。

他者危害の定義のうちに含まれる権利（すなわち人格と所有に対する保障の権利）に関して、ミルの教説はこのような問題に直面するのだとすると、『自由論』において論じられている自由（すなわち言論の自由と結社の自由）ついても同じ問題に直面することになる。権利に直接訴えることによって得られるだろう利点を利用するのを慎む、とミルが述べていたのは、まさにこうした自由に関してである。その代わりにミルは、自身そう述べているように、自由の擁護を社会功利に基づいて行うことを選んでいる。ここで言う「社会功利」とは、ある種の個々人の功利の総計と解されるものであり、そこにおいては、「進歩する存在としての人間の、恒久的な利害関心」が中心的な役割を果たす。個人の自由を広い範囲にわたって擁護するミルの議論は、大きく二つの部分に分けられる。一つめの部分（すなわち『自由論』の第二章）において、ミルは自由の擁護を、真理との関係、それも社会功利に結びつくような真理との関係に基づいて行っている。このような議論を、私はこれから「真理に基づく正当化」と呼ぶことにする。またもう一つの部分（すなわち『自由論』の第三章）において、ミルは自由の擁護を、個々人に自己開発を促し、人類を（とりわけ傑出した人物を通じて）より崇高なものとするという役割において行っている。こうした議論を「人格に基づく正当化」と呼ぶことにする。こうした二つの議論に対し、順番に考察を加えることにする。その際、以下のことを吟味する。すなわち、はたしてそれぞれの議論は、ミルがそう望んだように、揺るぎない地位を自由に対して確保するという点において成功しているか。そして、そのこととは別に、はたしてそれぞれの議論は、リベラルな社会の政治的自由を擁護する議論として適切であるかどうか、である。

真理に基づく正当化は以下のように進められる。自由な意見表明を禁止することは、社会にとって悪である。なぜなら、第一に、抑圧された意見は、真理であるかもしれないからである。また第二に、もし抑圧された意見が完全な真理ではないとしても、真理の一部を含んでいるかもしれないし、また一般に受け入れられている誤った意見を正すのに役立つかもしれないからである。第三に、たとえ抑圧された意見が少しも真理ではないとわかったとしても、それが引き起こす活発な論争によって、私たちが真理に到達するのに役立つかもしれないからである。第四に、仮にすでに私たちが完全な真理を得ていたとしても、たび重なる論争や異議申し立てに直面することの方が、そうでないよりも、私たちにとってはるかに良いだろうからである。意見は単なる先入観として保持される場合、その力強さを失い、また、それが実際に何を意味していたのかを、私たちは時間の経過とともに忘れてしまう。

これらすべてはもっともな主張である。しかしミルの議論は、おそらく彼自身は認識していない、いくつかの問題を引き起こす。第一に、このような主張はおそらくいくつかのケースにおいて困難を来たすであろうが、ミルの議論はそうしたケースに十分に取り組んでいない。たとえば、いわゆるヘイト・スピーチの[3]〔真理の追求における〕役割や、それに関連して自由社会において見られる、ある形態の政治的発言が挙げられる。ドイツでは、反ユダヤ主義的な発言について、そこから得られる社会功利は政治的なものも含めて何もないという判断が、これまで下されてきた。これまでのドイツの特殊な歴史を踏まえるなら、そうした判断が間違っているのか否かは明らかでない。仮に、ミルを擁護する論者たちが、差し迫って暴力の危険がある場合を〔自由な意見発表の〕例外ケースとすることで対応したとしても、反ユダヤ主義に反対するドイツの人々は、このような対応では満足しないだろう。はたして人種差別反対主義や人間の品位に関わる真理は、反ユダヤ主義的な異議申し立ての刺激を本当に必要とするのだろうか。このように、ミルの真理に基づく正当化は、実際には真理や社会福利を促進しないような発言をも擁護する。この点で、あまりに多くのものを受け入れすぎであるかもしれない。

また、別の生活領域について言うなら、医療や健康の問題についての発言を何の制限もなしに認めることは、一般にとても容認できないと判断される。それは、他に類を見ないほど寛大に自由な発言を保護する合衆国においても、そうである。無認可の医学的助言や誇大な商業的宣伝文句は規制されている。ミルは、政治的発言と商業的発言とを区別せず、そして、同じ高いレベルの保護を一律に適用することを提案している。しかしながら、はたして広告主に、自分の企画について言いたいように言うのを認めること、そして無認可の医師に、医学的助言の提供を何の制限も付けずに認めることが真理のために役立つのかどうか疑わしいだろう。ミルの正当化はまたしても、あまりに多くのものを受け入れすぎであるように思われる。

このように、ミルの議論はあまりに多くの発言を、すなわち価値の低い多くの発言を保護してしまうのではないか、という点について疑念がある。いずれにせよ、ミルはこうした難しいケースに実際向きあってはいない。また他方で、別の疑念もある。すなわち、ミルの議論はある種のケースについて、自由を保護するのに実際、役立たないのではないか、ということである。〔ミルの議論によるなら〕真理や進歩を最も促進するのは何かということに関する偶然的な事実によって、人間の自由の中核をなすいくつかの領域が大きく左右されてしまう。ミルは、自由を全般的に擁護する自らの主張を強化するため、ヨーロッパにおける科学の進歩を取り上げている。しかし、仮に、もっと抑圧的な社会環境においても、科学は進歩しうることがわかったと想定してみよう。はたしてこのことは、政治的で価値表明の伴う発言 political and expressive speech や出版の自由といった、明らかに中核をなすケースであっても、〔自由の保護という〕ミルの原理から撤退するもっともな理由を私たちに与えるだろうか。まさにこの点に、ロールズや他の反功利主義者たちは、一般的な功利主義による正当化の危険性を見ていた。一般的な社会の事実のうちのいくつかは、単に偶然的で間接的な仕方でのみ、人間の重要な利害関心に結びついているにすぎないのだが、功利主義による正当化では、人間にとって重要な利害関心がそうした事実によって大きく左右されてしまうことになる。しかし、人間の重要な利害関心は、それ自体で重要なものに思われる。

さらに、各人の権利という論点が、ここにおいてふたたび困難を引き起こす。言論や出版の自由が社会の福祉を促進するということに、概して私たちが納得するにしても、しかし、社会の一部の成員の発言を制限したなら、それよりもっと大きい全体的福祉もしくは平均的福祉が得られるように思われることがある。独特の発言をする非凡な個人に対して制限を課すことについて、ミルは懸念している。いま議論のために、仮にそのような人の発言に制限を課すことは賢明ではない、と認めたとしよう。私たちは、発言すべき特別なことを何らもたない凡庸で評判の良くない人々についてのみ、その発言に制限を課すことになるだろう。そのような制限は、社会功利を促進するかもしれない。すなわち、新しい洞察を私たちが失うことはまったくなく、そして大多数の人々は、自分の好まない人間の話を聴く必要がなくなるがゆえに、幸福になるだろう。これに対し、自由は福祉を実現するための単なる手段ではなく、個人の福祉の構成要素でもあるのだと、ミルを擁護する人はこのように応じるかもしれない。そうであったとしても、評判の良くない少数派の発言を制限することによって私たちは、社会の福祉を促進することができる。この点に関してもまた、何かおかしい点がある。すなわち、全体の幸福のために、少数の人々の権利を犠牲にするのを認める際、功利主義は、市民の平等をあまりに軽々しく扱っている。

それ自体において重大な、こうした論点は、さらなる論点を導くことになる。その論点は、ミルの真理に基づく正当化を反駁するのに最も重大な議論である。そう私は見ている。すなわち、ミルの正当化は、個々の市民を、全体の福祉の手段として扱っているという点において、そしてある世代を、次の世代の進歩のための手段として事実上扱っているという点において、誤ったたぐいの正当化であるという議論である。各人は尊厳を持ち、尊重に値すること、そして政治は、すべての市民の尊厳を平等に配慮することに基づくものでなくてはならないことという考え方から出発するなら、ミルは議論をまったく逆の方向に推し進めていることがわかるだろう。ミルは、個々人の自尊と繁栄に寄与するがゆえに真理は善いと考えるのではなく、〔逆に〕個々人の繁栄と尊厳とを、抽象概念として考えられた真理に従属させている。ロールズが『正義論』の出発点とするカント的な直観は、「各人は、正義に基礎づけられた不可侵性を有するのであり、社会全体の福利すらもその不可侵性を覆しえない」という考え方である。[*6] この考え方は、そうした不可侵性の観点から、社会調整の方向を考察するように私たちに求め、そして各人を目的として扱い、けっして他人の目的の手段としてのみ扱うことのないように私たちに求める。一定の自由と機会とに対する要求は、その効力を、こうした考え方から直接得るのであり、全体の福利や社会の進歩についてのきわめて間接的な考察から引き出す必要はない。保守的で偏狭な教説を促進する手段として権利概念がたびたび無造作に用いられる政治的風潮のなかで、ミルやベンサムは活動していた。そのために、彼らは、漠然とした権利の観念に比べて、功利に焦点を絞るほうがより多くのことを得られる、と感じていた。おそらくミルやベンサムは、不可侵性という観念に対して同じ不安を抱いていたのだろう。しかし、政治は実際のところ、何らかの道徳的考え方に立って、どこからか始められなくてはいけない。そして、ミルの幸福の考えに比べて、カント＝ロールズ・タイプの出発点は、多くの点で、さらに明確で有益であるように思われる。幸福についてのミルの考えは、非常に不明瞭であり、それが実際に何であるのかについて、今日ですら、評者たちの見解は対立している。

最後に、ロールズ・タイプの政治的リベラルが、おそらくミルの議論に向けるであろう異論がもう一つある。政治的リベラリズムは、市民間の互恵性と相互尊重とを基礎に置く。しかし、市民を尊重するには、市民の信じる包括的教説を尊重することが求められる。政治的にリベラルな社会は、これに関連してある前提を己の基礎に置く。すなわち、(宗教的かつ世俗的な) 人生についての理に適った包括的教説の多元性は、依然として維持され、国家はこの多元性に対し尊敬の念を示さなくてはならない、という前提である。政治的考え方の中核をなす道徳原理を市民たちが受け入れることができるなら、市民たちの、それ以外の宗教的ないし世俗的価値の考え方がいかなる内容のものであれ、そうした道徳原理は社会的合意の一部を成しうる。しかしながら、社会をこのような「重なりあう合意 overlapping consensus」に基づかせる考え方からすると、政治的リベラリズムには、道徳的・政治的教説としてある要求を推進しようとすることに対し、慎重であることが求められる。政治的考え方が相対立する教説から受け入れられるためには、市民たちの意見が理に適って対立する問題について、政治的考え方がそのうちいずれか一方の肩を持つことがあってはならない。そうした問題のうちには、神や宗教に関するあらゆる主張が含まれる。その他に、そこに含まれるものとして、人格の不死や、魂の本性とか実在といった、他の形而上学的な教説が、また倫理的・美的・心理学的教説のうち、政治的中心から外れるものが挙げられる。

このような制約があるがゆえに、ロールズは、政治的考え方についての道徳的・政治的主題が「真」であると主張することすら好まない。すなわち、そうした主題は、ただ単に理に適っているにすぎない、それどころか「最も理に適っている」にすぎないのである。道徳的・政治的主題がある種の客観性を持つということが、このことによって不可能になるわけではないが、しかし、政治的客観性は、究極的な真理から注意深く切り離されることになる。これに対し、ロールズと意見を異にして、政治的考え方を形成する教説が真であると述べることに何の問題もない、と考える政治的リベラルもいる。しかし、そのような論者たちは、より狭い領域については、ロールズと一致する。すなわちそれは、客観的妥当性についての主張がなされるべき領域である。

このように、政治的価値が真理を促進するのだという議論は、あらゆる政治的リベラルにとって、この価値を擁護するうえでけっして良い議論だとは言えない。真理のうちに、政治的考え方それ自体から外れた、形而上学的・倫理的な問題が含まれるとみなされる場合にはなおさらそうである。ただし、科学的真理の場合には、異なるかもしれない。そして、私が考えるのには、ある政治が科学的真理を促進するということは、その政治を擁護する議論の少なくとも一つであるという考えを、ロールズ・タイプの論者が持ちえない理由は何もない。いずれにせよ、ロールズ自身は、科学を、真理の主張に対する全面的な不干渉の態度から除外しているように思われる。しかし、言論の自由は形而上学と道徳の真理を促進すると主張することは、理に適った多元主義 reasonable pluralism という考えを冒瀆することになるだろう。このように主張することはまた、自分の仲間である市民への軽侮を表すという、高い危険をあえて冒すことにもなる。

こうしたすべての問題に対し、ミルはいささかの配慮も示していない。他の人々の宗教的な教説に対する細やかな配慮は、政治的リベラルを特徴づけるものであるが、そのような配慮を、ミルはまったく持ち合わせていない。それに代わって、ミルが社会に対し望んだのは、何が真理であるか——すなわち科学上、道徳上、そして宗教上、何が真理であるか——を明らかにすることである。ミルの議論は、こうした領域の間に大きな相違を認めていない。もちろん、理に適った多元主義という考え方が十分に体系づけられた仕方で確立されたのは、ミルの時代の後のこと、しかも大規模な民族的・宗教的多元主義に基づいた国々においてのことである。しかし、多元主義的な考え方は、遡るなら、紀元前三世紀のインドにおける、アショーカ王〔Aśoka, 治世：前二六八年頃～二三二年頃〕[4] の詔勅において[*7]、また西洋にあっては、キケロが友人のアッティクス（彼はエピクロス主義者であり、人生について、キケロとはまったく相異なる包括的教説を有していた人物である）に宛てた書簡でも、おそらくその兆候を見出せる。[*8] ミルは、そのような〔多元主義的な〕考え方にいっさい関心を持っていないし、また自身の教説とは異なるものに対してあまり敬意を払おうともしていない。カルヴィニズムについて、『自由論』でミルは「窮屈で狭量なタイプの人間性」を誘導する「陰湿な」教説であるとして、ためらいなく侮蔑的な仕方で語っている。そして、宗教の社会的役割に対するミルの否定的な見解は、「宗教の功利性」のような小論文に、きわめて明確なかたちで示されている。ミルの時代、無神論者は、さまざまな政治的障害に直面した。このことを踏まえるなら、多元主義的な社会において必要とされる相互尊重をミルが理解していたのだ、と感じることがなくとも、彼の意見の激しさに同情できるかもしれない。〔しかし〕私はロールズに賛同する。すなわち、宗教の形而上学的な主張を害あるものとして提示しないこと、そして、そのような主張を誤りと判断するような、真理や客観性に関する公的考え方を採用しないことが、相互尊重の上では（少なくとも公的な領域においては）、求められる。[*9]

しかしながら、個人の自由の保護を擁護するためのさらなる議論を、ミルは行っている。それは、私が「人格に基づく正当化」と呼んだ議論である。そこで、真理に基づく説明と同じ欠陥を持つかどうかを明らかにするために、これからこの議論を吟味していかなくてはならない。『自由論』の第三章の議論を先に進めると、そこでの人格に基づく議論において、自由の状態は人間の潜在的な能力の発展のために必要だ、と主張される。〔個人の〕行動への法規制に対し制限を設けることにより、「人間が及ぶことのできる最善のことに人間を近づける」状態がもたらされることになるという（第3章）。権威や通説に基づいて人々が行為しているかぎり、ミルに言わせると、そうした人々は選択や識別の能力を発揮することがない。慣習に囚われて行動する人は、「猿のような模倣の能力以外に、いかなる能力も必要としない」。しかし、「精神的・道徳的能力は、肉体的能力と同様に、ただ行使されることによってのみ向上する」。そのため、個人が能力を開発するための余地を社会が設けなかったとしたら、人格的な発展において決定的な損害が生じることになる。これから明らかにされるように、この議論には二つの異なる方向性が含まれている。それぞれを「卓越主義的な方向性」および「配分的な方向性」と呼ぶことにする。

ミルが認めているように、他者に危害を与えるような行動を禁ずる法ですらも、個人の選択の余地をいくぶんか閉ざすことになる。しかし、ミルが主張するには、そのような法が潜在的な犯罪者から奪う「発展の手段」は、他の人々の発展を犠牲にして行使されるものであるという。このような考察が、ミルの分析における、全般的に功利主義的な枠組みといかに合致するのかは、あまり明確ではない。ミルは、次のことを想定しているように思われる。すなわち、各人は、自己開発の条件に対する権利を等しく持ち、そのため、ある人々が他の人の自由や発展を犠牲にして、より多くの自由を要求するのは、公平ではないということである。こうした議論は十分に説得力があるが、しかし（これから簡単に見ていくように）功利主義の考え方と容易には調和しない。[10] この議論には、カント的なものが含まれている。

議論のさまざまなところで、ミルは天才的な人間に対して特別の関心を示している。ミルによると、天才的な人間に対し、強制的に慣習的な規範を遵守させることによって、そうした人々が人類に与える恩恵が失われてしまう可能性があるという。これが、ミルの人格に基づく正当化における卓越主義的な方向性である。ミルの主張するところによると、天才は他の人間よりも、いっそう多くの自由を必要とする。なぜなら、天才は「他のどんな人々よりもはるかに個性的」であるからであり、そして、結果として、他の人々にもまして、慣習的な生き方に自身を満足し適合させることができないからである。ミルが主張するところによると、こうした天才は、他の人々の役に立つのであり、現在の社会情勢は、「凡庸な人々を、人類のうちの優勢な権力者」とすることによって、このような〔天才による〕価値ある貢献をさえぎっているという。こうした指摘が示唆しているのは、自由が有用であるのは、主に、他の人に恩恵を与えることに寄与するような、傑出したわずかな人々の発展を育むがゆえにだ、ということである。さらにミルは、こうした考察に加えて、長い時間をかけて到達しうる人類の進化という考えを引き合いに出す。傑出した人々が時間Aにおいてなした貢献によって、人類は、時間Bにおいて一般により良くなるという。このようにして、「人類は高貴で美しい観照の対象となる。そして……人間の生活もまた、豊かで多様性に富み、そして活力あるものとなり、……そして人類を、限りなくそこに属する価値のあるものとする」。このような卓越主義的で非平等主義的な考察は、ミルにとっては非常に重要であることは明らかである。そして、しばしばミルは、人類の改善のためにいくらかの社会的混乱を大目に見るよう、読者に求めているかのように見える。

ミルの人格に基づく議論における、このような卓越主義的な方向性の議論は、私がこれまで擁護してきたタイプのリベラリズムにとって、あまりしっくりくるものではない。すなわち、私が擁護してきたタイプのリベラリズムは、相互尊重と平等な価値という考えに依拠する。また、ミルの卓越主義が本当のところ正当化するのは、一定の傑出した人々への特例ではなく、万人の自由が保護される状態であるかもしれない。しかしそのことを示すのは、容易ではない。自由を全市民にまで拡張させることを、卓越主義的な議論に依拠して擁護するには、ミルは次のことを主張する必要があるだろう。すなわち、誰が傑出した人であるのかを確実にあるいは早期に識別して、それらの人々を特別扱いするのはおそらく不可能であり、傑出した人々は、普遍的自由という条件においてのみ発展できる、ということである。しかし、こうした主張が真であるかどうかということは、論争の余地があるだろう。古代ギリシアにおいては、奴隷制度を都合よく利用するような、傑出した人物が数多く存在した。おそらくミルが何よりまず認めることであろうが、多数の傑出した人間は、女性がまったく自由を持たない状況において、自らの力を発展させてきた。しばしば多数の傑出した人間は、自らの力の発展させるうえで、女性に自由を認めないことが好都合であると見ていた。普遍的自由は、概してミルより以前の時代には存在しなかったが、それでも天才は現れた。実際、天才について得られる経験的な証拠のほとんどすべてが、いちじるしく自由の制限されていた時代にもたらされたものである。

さらに、仮に、天才には普遍的自由の条件が必要とされる、という結論を得るために説得力ある議論を行うことができたとしても、それは、万人にまで自由を拡張することを正当化する議論としては、とうてい正しいとは言えないように思われる。またしても、ある人々の目的のための手段として、別の人々が利用されることになる。そうした〔利用されている〕人々もしくはその子孫が間接的に、自由を得た天才による発見から利益を得る望みがあるという事実だけでは、彼ら利用されている人々がミルの議論において十分尊重されていることを示すのには十分ではない。

しかしながら、以上はミルの人格に基づく議論のすべてではない。ミルはまた、卓越主義的な方向性とは明らかに独立して、次のように論じている。すなわち、すべての人間は、自己開発のために自由を必要とするということ、そして、すべての人々には、自らの発展を促進するための条件に対する権利があるということである。これが、配分的な方向性と私が呼ぶ議論である。ミルは卓越主義的な方向性の議論を進展させた後に、自由に対するこうしたより包括的な議論を行っている。

しかし、行為の独立と習慣の軽視とが奨励に値するのは、単にそれらが、より善い行為の様式と、普遍的に採用されるによりふさわしい習慣とを作り出す機会を与えてくれるから、というだけではない。また、自らの生活を自身のやり方で営むという正当な権利を持つのは、単に精神的に際立って優越した人のみではない。すべての人間存在が、ある一つの、あるいは少数の型に沿って形成されるべきである、とする理由はまったくない。ある人がそれなりの常識と経験とを兼ね備えているならば、その存在を、その人自身の様式で展開していくのが最善である。しかしそれは、そのような様式自体が最善であるからではなく、それがその人自身の様式だからである。……ある人にとって、自らのより高い本性を陶冶するのに役立つその同じものが、他の人にとっては妨げとなる。……〔人々の多様性に〕対応する多様性が、人間の生活様式にも存在しなければ、人々は幸福の正当な分け前を得ることもなければ、その本性にとって可能な精神的・道徳的・美的資質を発展させることもない。

それゆえ、他者危害原理によってはっきりと述べられているように、すべての市民が自分自身に関する振る舞いの自由に対し、「正当な権利」を持っていると、ミルは実に明瞭に信じている。その理由は、明らかに、個々人の幸福と自己開発に見出される。自由は、各人がすばらしい人生を実現するために必要とされる。なぜなら、すばらしい人生とは、互いにきわめて異なっているのであり、いかなる型の生き方についても、ある人にはそれが合致しても、別の人には合致しないということがあるからである。それゆえ、単一の型の生き方は、それに合致しない人々から、その人が当然なしとげるはずの発展を奪うことになる。

ここに至ってようやく、ミルの議論は、これまでの議論のなかでは最もリベラルにとって受け入れ可能な正当化に近づくこととなる。というのも、リベラルは――ロールズのような政治的リベラルですら――以下のことに同意するからである。すなわち、正当な社会とは、一定の利益と負担とを配分するための枠組みであること。そのため、まったく異なる教説を有する人々が政治的合意に署名するうえで、利益（「基本財」というわずかなリスト）は賛同すべきものの重要部分だということである。しかも、ロールズは明白に「基本財」を、なかでもとりわけ自由を、市民が自らの人生計画を形成し発展させるための必要条件と捉えている。[*11] 確かにミルは、自己開発についての自らの考え方を述べるうえで、おそらくロールズが容認するよりはるか以上に、卓越主義的な方策を採用している。すなわちミルは、幸福について述べるだけでなく、「その本性にとって可能な、精神的・道徳的・美的資質を発展させる（こと）」についても述べている。そして、この「資質」について十分な考えを発展させるうえでは、倫理的・美的価値についての、単一で限定的な考え方に関して、さらに論じることが必要となるだろう。だが、議論がそこまで行ってしまうと、もはや政治的リベラリズムは、それを適切とは考えないだろう。

それにもかかわらず、ミルの配分的方向性の修正版は、正しい軌道にあるように思われる。なぜ自由が重要であるのか。言い換えるなら、なぜ社会的基本財のリストのうちに自由が入れられるべきであるのか。このことに関しては、ロールズのような自由擁護論者ですらも、何か言わなくてはならない。[*12] 自分自身の生活設計を形成し選択することが人々にとって可能となるために、自由はいかなる役割を果たすのか。このことに言及することによって、上記の問題に対する説得力ある答えが得られる。他の多くのことについて意見を異にしていても、政治的目的に関して、私たちが一致して承認することができるような人格の考え方が求められるが、自由の役割に言及することはそうした考え方の一部をなす。「生活設計を選択するのに、人々は自由を必要とする」と述べることは、ロールズの考え方や関連するリベラルな考え方にあっては、単に「人々はそうした自由に対する正当な権利を有する」ということを言い換えただけにすぎない。すなわち、自由を必要とする何かが、人格に関して、そして人格の不可侵性に関して存在する。そこで、このように言うなら、自由を擁護するための議論は、社会全体にとっての善という怪しげな観念に訴えるのではなく、各人を目的として扱うという考えに訴えることになる。

これは期待のできそうな議論である。明らかでないのは、(すでに示唆しておいたように) はたしてこうした議論がミルの功利主義と十分に両立するのかどうかである。個人のレベルにおいては、両立するかもしれない。なぜなら、すでに示唆しておいたように、個々人の幸福に関するミルの考え方は、(おそらく) きわめてアリストテレス的なものだからである。すなわち、人間の能力の発展と展開を、それ自体目的として扱うことが、あるいは少なくとも幸福というものの一部をなすものとして扱うことが、その考え方には含まれている。しかしながら、社会のレベルにあっては一般によく知られた問題が、ここでふたたび生じる。すなわち、功利主義的な論拠からすると、大多数の人々に対しいっそう多くの自己開発の機会を与えるために、なぜ少数の人々からその正当な機会を奪うことが認められないのか、という問題である。女性と男性とに関してであれば、社会はその成員の半分に対し自己開発 (の機会) を奪うことであまり多くのものを失うと、ミルは説得力ある仕方で言いうる。しかし、少数派のグループ (例を挙げるなら、強制された看護師や保育労働者のグループなど) を永続的に従属させることが、仮により多くの成員にとって有益であるなら ば、ミルは、そのような従属を排除するための明確な手法を何ら持ち合わせてはいないように思われる。自己開発に対する「正当な権利」というミル自身の観念は、そのような (功利主義的な) 考え方に逆らうものである。そして同様に、女性解放を擁護するミルの議論は、功利主義的な考察にはまったく依拠していない。しかしながら、功利主義的な考察から逸れるかぎりにおいて、ミルの議論は、異なった種類の理論への転換を示している。すなわちそれは、各人は不可侵であり目的であるという、よりカント的な精神を有する理論である。

以上の議論をまとめておこう。ミルの『自由論』における議論は、社会的画一化や周囲の圧力、因習道徳の法的具現化のすべてが、いかに個人の自己開発に損害を与えるかを示しており、この点で、ミルの議論は大きな価値を持つ。ミルは、〔個人の〕行動への法規制に対し課せられる一連の制約を、妥当性ある仕方で提示し、また、そのような制約を侵害する法がいかに人々に危害を与えるかということについて、有力な説明を与えている。しかし、自由に関する自らの立場を正当化する段になると、ミルの議論は、期待されるほどすばらしいものではない。真理という観点から行われる、よく知られた〔ミルの〕議論は、政治的リベラリズムの核をなす考え方――すなわち等しい尊重や互恵性、人格の不可侵性――に関心を持つ人にとって、さほど有益ではない。第一に、ヘイト・スピーチといった厄介なケースや、価値の低い発言〔商業的発言〕の問題を十分考慮していないという点において、そうした議論は詳細さに乏しい。そのかぎりにおいて、真理に基づく議論は、その基本的な精神に同意する人に対してすら、詳細な手引きを与えない。第二に、それに付随する主張は脆弱であり、自由という重要な領域を怪しげな経験的土台に基づかせている。第三に、この議論は、手段と目的とを逆転させてしまっているように思われる。すなわち、真理に基づく議論は、人格を目的として、そして社会的状態を人格の発展のための手段として捉えるのではなく、〔逆に〕真理を目的として、そして個人の自由を真理という目的のための単なる手段として扱っている。最後に、ミルの議論は、多元主義的なリベラルな社会が政治的考え方の中心から除外しなくてはならないような、論争の余地ある形而上学的な事柄に立脚している。

しかしながら、ミルの議論における自己開発の方向性は、これよりはるかに首尾よく進められる。確かに、同じ議論における卓越主義的な方向性は、真理に基づく議論が直面するのと同様の問題を抱えている。すなわち、〔その議論において〕万人に自由を認めるという方策は、単に傑出したわずかの人々が生み出すものの手段にすぎない。そして、明らかに、そのような傑出した人々ですら、長期にわたって実現される人類の全般的な増強のための手段とみなされている。しかし、配分的な方向性は、そのような欠陥をいささかも持たない。すなわち、その議論によると、あらゆる個人は、それぞれ自身の自己開発の条件に対する「正当な権利」を持つとされる。そのような議論の方向性はまた、人格とその自己開発とについての政治的考え方——すなわち多元主義的社会における相異なる市民のすべてによって支持されうる考え方——を用い、非卓越主義的な仕方で発展させることが可能である。このような議論を私たちが十分なかたちで発展させていくには、功利主義から——それがたとえミルによって修正された型の功利主義であれ——離れなくてはならない。しかしその際、依然として私たちは、ミルの精神を保ったまま議論を進めていくだろう。

ここに至ってようやく、デヴリンが示すたぐいの方策に関して、リベラルを悩ませる問題の核心に到達したように感じられる。デヴリンの方策は、たとえ問題となる振る舞いがいかなる危害も引き起こさない場合でも、進んで因習的道徳を法へと転化させる。法をそのように、他者の「自己に関わる」振る舞いにまで押しつけることは、人々がそれに対して「正当な権利」を持つところのものを、その人たちから奪うことになる。すなわちそれは、人々が自身の生活設計を発展させ展開するための余地である。ミルは議論を進めるうえで、社会功利や人類の進化に関する考察に訴えるが、しかし、そのような考察ではなく、人格の尊重に関する上記のような考察こそが、ミルと同様の方策を正当化するための正しい基礎なのである。

第3節　嫌悪感および恥辱に向けられる異論

本書において展開してきた嫌悪感と恥辱とについての議論は、私がここまで素描してきた自由に関するリベラルな主張と、はたしていかにして結びつくのだろうか。あるいは、より詩的な言い方をするなら、はたして本章のエピグラフのうち、ミルから引用したものは、アン・ホランダーのものと、そしてまた、ホイットマンの短い詩と、それぞれどのような関係にあるのだろうか。ミルのエピグラフでは、他者危害原理が擁護されている。また、アン・ホランダーから引用したエピグラフでは、女性の身体に向けられる恥辱および嫌悪感に対する否定が、女性の市民としての平等の可能性に結びつけられている。そして、ホイットマンの詩においては、ひるむことなく身体（およびその道徳性と）を受け入れるよう、アメリカ人に対して誘いかけが為されている。本書において展開してきた心理学的な議論は、他者危害原理と同様の政治原理について、ミル自身が行った主張よりも、はるかに強力な主張を行ううえで役立つ。このことを、私はこれから述べようと思う。

人間は「人間である」ことに深く悩まされている。「人間である」とは、すなわち一方で、高度に知性的で資質豊かだということであり、しかし他方で、脆弱で死に対して無力だということである。私たちは、この厄介な状況に恥じ入っており、多種多様な仕方でそれを隠そうと試みている。その過程で私たちは、人間のもろさに対する恥辱と、自分たちの動物性および死の兆候に対する嫌悪感との双方を、発展させ教化する。おそらくは、嫌悪感も原初的な羞恥心も、ともに人間の発展に多少なりとも不可欠な要素である。加えて、嫌悪感は、危険から私たちを遠ざけるのに有益な役割を果たし、また少なくとも原初的羞恥心は、人々を高度な功績へと喚起するような、より生産的で創造力に富んだ種類の恥辱と密接に結びついている。

しかしながら、個人の生活において、そしてまた個人の生活がその一部をなしているより大きな社会生活において、こうした感情の双方はいずれも簡単に問題を引き起こす。どちらの感情も、とりわけある形態の社会的振る舞いに密接に結びついている。それは、優位に立つグループが他のグループを従属させ、スティグマを付与する際に行う、社会的な振る舞いである。嫌悪感の場合、それを経験するその人自身の、動物性と死への恐怖に関連したいくつかの特性が、力の劣るグループに投影されることになる。それゆえ、そうした劣位のグループは、優位のグループが持っている自分自身への不安の媒体となる。劣位のグループの成員たちやその身体は嫌悪を引き起こすものと周囲から見られる。それがために、通常、そうした人たちはさまざまなかたちの差別を経験する。恥辱の場合、無力さやコントロール能力の欠如に関わるより一般的な不安が、脆弱性から逃れようとする努力を引き起こすのだ（あるいは、そのような〔脆弱ではないという〕錯覚――それは幼年期に非常によく見られたものであるが――をふたたび呼び起こす）。それゆえ、しばしばスティグマを付与された劣位のグループを作り出すことによって、一見、コントロール能力が獲得されたかのような外見が整えられる。スティグマを付与される対象となるグループとは、優位に立つグループからすると、自分たちが確保しているコントロール能力への脅威をさまざまなかたちで体現しているグループである。スティグマを付与されるグループがそのようにみなされる理由は、無秩序や混乱に対する社会不安の焦点に、そうしたグループが位置するからであるか、あるいは、まったく単純に、そうしたグループが異質であり「正常」ではなく、そして「正常」という心地良いフィクションによって優位に立つグループはますます効果的に自分を隠せるからであるか、そのどちらかである。

他のグループにスティグマを付与するような、こうした振る舞いは、いたるところに存在し、それはまた、人間生活に深く根ざしたものである。このことを考慮に入れるなら、人格間の等しい尊重という考えを立脚点とする社会において、嫌悪感や恥辱が法に対し悪い指針を与えることは、実際、起こりそうなことに思われる。とりわけ恥辱は、さほど問題ないかたちで、またむしろ望ましいかたちで生じることがあるが、しかしそれらを、悪い形態の恥辱と見分けるのはきわめて困難である。また、良い形態の恥辱が悪い形態の恥辱へと転落するのは、しばしば見られることである。そのため、刑罰や立法において大々的に恥辱を用いることは、差別をしたりスティグマを付与したりすることを人々に勧めるのも同然である。

このようにして、私たちは、ミルが『自由論』において診断を下したのと同じ問題に到達する。すなわち、正常でないことに対する「正常」の専制である。それは、主流を成す社会規範が、その規範と合致しない生き方に対し、法を通じて与える壊滅的な影響である。これまで私たちは、ミルとは異なる道程によって、こうした問題に取り組んできた。ミルは、単に慣習の果たす作用を観察しただけであり、なぜ人々がそのように振る舞うのかを問うことに、さほど多くの時間を割かなかった。また仮に問うたとしても、ミルの心理学的知識では、容易にこの問題に答えることはできなかっただろう。ミル個人としては、鋭い洞察力を持っていたが、しかしそれにもかかわらず、ミルが表立って提示する心理学的知識は、彼が父親から受け継いだ経験主義——それは一般に「連合主義〔5〕」と呼ばれる——を、いくぶん貧弱にした形態のものであった。そのような経験主義によるなら、あらゆる感情やそれ以外の〔心的〕態度は、観念相互の連合の産物にすぎないとされる。そのような見解はおそらく、ミルに対し、嫌悪感および原初的羞恥心の力学について、十分な説明に達することを許さなかったであろう。すでに第4章において述べたように、このような見解は、ミルに対し、彼自身の精神的危機について、きわめて重要な事柄を把握することすら許さなかったのである。

そこで、少なくとも、こうした私たちの検討から、『自由論』でミルを悩ませていた問題について、ミル自身が与えた説明よりもっと深い説明を得ることができる。その説明は、実際のところ問題がなぜ、どの程度において深刻かつ広範な問題であるのかを明らかにし、そしてまた、人間生活が現にそうであるような構造を取るかぎり、問題が完全になくなることは期待できないことを示唆する。因習的な規範と、しばしばそれを強化する感情とに依拠し採択される法律に対し、これまで私たちは疑いの目を向けてきたわけだが、上記のような議論から、なぜそのように疑いの目を向けるのかについて、より深くまた安定した論拠をも得ることができる。ミルの指摘にもかかわらず[*13]、読者はためらいなく次のような結論に至るかもしれない。すなわち、ミルの時代のイギリス社会においては誤った規範が存在していたのであり、それに対し、今日ではものごとは正されたのであり、幸運にも私たちは恥辱と嫌悪感とを、立法をかたち作るものとして用いてもさしつかえはないのだ、と。実際、道徳の進歩に対するそのようなたぐいの確信が、カハンの考えをかたち作っているように思われる。すなわちそれは、嫌悪感と恥辱とを価値ある進歩的な感情と位置づける考えである。

また〔これまで示してきたように〕ミルの真理に基づく正当化や、人格に基づく正当化のうちの卓越主義的な方向性は、困難を引き起こすわけだが、私たちの新たな説明は、そのような困難を避ける仕方で、〔個人の〕行動への法規制を制限する論拠を与えることができる。これまで私たちは、嫌悪感と恥辱とを法の基礎とすることの欠陥を、ただ人間の尊厳や人格の平等な価値について考えることによってのみ見出してきた。社会功利や真理への進歩、人類の向上といった観念は、ミルの議論において、きわめて重要な位置を占めるものであるが、現代のリベラルな文脈において、こうした観念はさまざまな問題をはらんでもいる。私たちは、〔新たな説明に達するうえで〕こうした観念のいずれも、引き合いに出す必要はなかった。

はたして私たちの説明は、ミルの他者危害原理を支持するだろうか。あるいは、それは単に、もっと弱いかたちの原理を支持するにすぎないだろうか。もっと弱いかたちの原理とは、すなわち、たとえばさまざまな種類の自己危害に対する禁止といった、パターナリズムに基づいた禁止と両立するような原理である。ある種の危害を〔法規制の〕対象とするよう求めることと、他者に危害を加える振る舞いのみを法的に規制するよう求めることとは別のことである。私はこれまでこう述べてきた。嫌悪感や恥辱に全面的に訴えることを問題視する際、私たちはまだ、パターナリストが投げかける問題に答えていない。パターナリストからすると、自分自身に向ける、ある種の危害は、まさに他者へ向ける危害と同じぐらい深刻であり、そうした危害の深刻さは、薬物使用や自殺を禁止する法律といった、パターナリスティックな法を正当化する、と思われるかもしれない。この点について、私はミルと同意見であるが、しかし、そのような主張を行うためには、一定の政治理論に関して、本書において私が示そうとしてきたこと以上のことを必要とする。『女性と人間開発 *Women and Human Development*』において私は、人間のケイパビリティの中心的リストを、尊厳を伴った人間の生き方という考えと完全に結びつけて評価し、またそれに依拠して、リベラルな国家についての提案を行った。ある人々は、そこでの提案の多くを受け入れてくれる一方で、公的政治におけるパターナリズムの役割については、私と意見を異にするかもしれない。*14

私が見てきたように、嫌悪感と恥辱に基づいた恐怖症的な反応を起こすがゆえに、「自己危害」と呼ばれてしまう種類のものが確かに存在する。そして、そうした感情の後ろ盾がなければ、それらの行動を危害だとする主張は成立しなくなる。私たちが時に、このことは薬物使用に対する反応にも当てはまるのではないかと思うのは、根拠があるかもしれない。すなわち、薬物使用反対論者が真に注目しているのは、薬物使用によって使用者自らに生じる危害ではなく、薬物使用者への嫌悪感やスティグマの問題である。たとえば、薬物使用を嫌がる人々は、必ずしも、薬物使用が実際はらむ危険性と、他の事柄に従事することがはらむ危険性とを、比較検討しようとはしていない。たとえば、フットボールを行ったり車を運転したりといったことに対して、通常そのような異論が唱えられることはない。喫煙は、他者危害の問題（副流煙）を引き起こすと同時に、生活妨害禁止法に関する議論で認められている意味での危害として、嫌悪感の問題を引き起こしもする。すなわち、煙草の煙は、ある人たちに嫌悪感を引きおこし、そうした人たちが周囲環境を享受することを妨げることになる。しかしながら、こうした問題を抜きするなら、喫煙に対する世間一般の反応には、より「推定的な constructive」嫌悪感の要素や、スティグマと恥辱の要素も含まれている可能性がある。人気のないある習慣のみが糾弾され、同様に自己危害の危険を引き起こす他の慣行については黙殺されるという、そうした場面に、しばしば嫌悪感と恥辱は現れる。

こうした困難があるにもかかわらず、少なくとも私たちは次の点については合意できる。すなわち、薬物や喫煙、（たとえばボクシングのような）危険なスポーツに対する規制へと人々の関心を駆り立てるのは、嫌悪感と恥辱ばかりではない、という点である。リベラルな国家は、生活や健康に対し、すべての市民がその重要性に同意しうるような基本財としての特徴を認める。そのため、たとえ嫌悪感と恥辱とがもたらす有害な影響を取り除いたとしても、ミルの原理は正しいと確信するには、まだ多くのことが論じられなくてはならない。政治行動の適切な目標は「ケイパビリティ」にあるという考えを、私自身はこれまで擁護してきた。ケイパビリティとは、すなわち、選択の機会であり、「機能を果たすこと functionality」ではない。いったん環境が十分に整えられたなら、生活と健康の領域から政治参加の領域に至るまで、自分の持つ各機能を発揮するどうかの選択は、個人に委ねられるべきである。このようにして、私は、子どもに対するパターナリスティックな措置（たとえば、強制的な学校教育）を支持する一方で、たとえば強制投票や強制的な健康対策といった、成人市民に対するパターナリスティックな措置については、わずかな例外を除いて、反対する。[*15] しかし、私の全般的な手法に対し同意する人々のうちの多くは、不健康で危険な活動に関して、私よりもはるかにパターナリスティックな態度をとることも辞さない。こうした議論は、人間の自由や選択を十分尊重するうえで何が求められるのかということを明確化する試みと並行して、これからも続けられなくてはならない。

こうした議論をこのまま続けることは、本書での限られた課題を超えることになる。これまで私は、ミルに向けられる主だった反論のいくつかを批判することにより、彼の原理を部分的に擁護しようと試みてきた。しかし、この作業を十分に成し遂げるには、まだ多くの問題が残っている。そして、ここでの私の議論に基本的には納得してくれる人がいたとしても、理に適った不一致は、そうした人々の間にもまだ残るであろう。

嫌悪感と恥辱とは強力な動機であり、また、カハンがこれらの感情に帰したように、時に良い役割を果たすことがありうる。このことを、私の議論は否定しようとはしていない。しかし、私がこれまで示唆してきたように、リベラルな社会には、これらの感情に神経を尖らせる特別な理由がある。なぜなら、そのような社会は、人格に対する平等な価値という観念や、尊厳や尊重、自己尊重といった関連する観念を、重要なものとみなすからである。〔嫌悪感と恥辱という〕二つの感情は、社会のヒエラルキーと密接に結びつくとともに、人々は等しい価値を持たないとする信念を表出するような公的文化とも、密接に結びつくのである。

第4節　感情およびリベラリズムの形態

嫌悪感と恥辱についての分析は、それら感情と有害な形態の社会的ヒエラルキーとの結びつきを暴き、さらに、それによって、現在主流を成しているリベラリズムの形態を批判していくためにも役立つ。基本的にリベラルな国家と共同体主義的な道徳感情communitarian moral sentimentsという、新たな組み合わせは、カハンおよびエツィオーニが先鞭を付けたものであるが、それは多くの人にとって魅力的であるように思われる。[*16] しかしながら、私たちの分析が示唆するところによると、公的な動機として恥辱と嫌悪感とに依拠している点において、そのような組み合わせは、スティグマを付与することや社会のヒエラルキーを促進するという危険な傾向を有している。このような見解をリベラリズムの一形態と呼ぶことすら、はたして正しいのかどうかは、疑問視されなくてはならない。[*17] 確実に、こうした見解には、ミルが批判した保守的なモラリズムと相通じるところが数多くある。

第6章で示唆したように、社会の人間関係を社会契約に基づくものとみなす比較的古くて影響力の強い考え方もまた、私たちの分析に照らすなら、上記のものとはまったく異なる点において問題があるように思われる。社会の基本構造を、おおよそ等しい能力と才能とを持つ独立した成人間での契約として捉えるという、主な社会契約論の立脚点はきわめて強力なものである。すなわち、こうした社会契約論の伝統は、尊厳と互恵性という、リベラルな概念に対する私たちの理解を深めていくのに、これまで大きく貢献してきた。これらの理論は、平等性や独立性を強調し、また相互利益を社会合意の目標として強調する。だが、しかし、そのような強調はスティグマを助長する。もっとも、そのような助長は、カハンやエツィオーニの見解と比べて、はるかにわずかな仕方ではあるのだが。社会契約論は、典型的な市民を、独立した成人として描写し、そしてあらゆる成人を、おおよそ似通った能力を持つ者として描写する。そのことによって、この見解は、ある種の人々にスティグマを付与することを助長する可能性がある。それは、人生の一部においてであるか全人生においてであるかはともかくとして、周囲と均衡が保てないまでに、きわめて重い障害を持ったり周囲に依存したりして生きている人々である。社会の最も基本的な政治原理は、このような不均衡な状況にある人々の要求を考慮に入れていない。そして、社会契約論は、そのような状況にある人々もまた、平等な尊重に値する市民として存在することができるのだ、という考えを奨励することもしない。不均衡な状況にある人々の要求は、社会の基本的な制度が設計されたその後になって考察されるべき補足事項とされたままなのである。

まさにこの事実が、きわめて重い障害を持った人たちと、一般に見られる程度の障害を持つ人たち（すなわち、「正常な人々」が好んでそう呼ぶところの「健常者」）との間の鋭い分断を助長する。*18

したがって、共同体主義的リベラリズムも契約主義的リベラリズムも、他の点においては異なっているにしても、どちらもスティグマという厄介な問題を未解決のままにしている。私の分析によるなら、二つの立場によるこうした切り捨ては、おそらく共通の問題に由来する。どちらの立場の場合も、理論のうちで用いられている人格についての政治的考え方は、人間性に固有の、根深い緊張関係と困難とに立ち向かっていない。その代わりに、これらの考え方は、そのような困難から逃れるよう巧妙に私たちに促し、そして、そうした困難を他の人間に負わせ続けることを私たちに許してしまう。カハンとエツィオーニの考え方は、市民を二つに分断する。すなわち、一方は、ひどく無秩序な子どもである。そうした市民は、正しい軌道を保つために恥辱を必要とするのであり、それは、粗相をした犬に嫌な経験をさせ、それによって犬に用便の躾をする、というのと同じである。また他方は、全体としてよく抑制の効く大人である。カハンとエツィオーニの考えは、このような点で人間の弱さと不完全性とを拒絶するよう人々に促し、そして、一方の人たちに対して、その人たち自身が恐れる不完全性を他方の人たちに――すなわち公然と支配され名誉を傷つけられた人たちに――投影するように促すのである。これとは異なる理由からではあるが（そして私の考えでは、こちらの方が、はるかに好ましいものであるのだが）、社会契約の伝統は、同様の分断を促進する。すなわち「独立した」市民は、あまりに障害が重く「正常な」市民の範疇から外れる人々とは区別されることになる。

必要とされるのは、人格についての、次のような政治的考え方であるように思われる。すなわちそれは、私たちは、さまざまな点で、また異なる程度においてではあるが、みな死に向かって衰えゆく身体を持ち、そして他を必要とし障害を抱える存在であるという、こうした事実を理解するような政治的考え方である。政治的考え方は、同時に、これまで概観してきた心理学的事実が告げているような社会関係に対する危機を敏感に察知し、機敏にそうした危険に取り組んでいかなくてはならない。政治的考え方はまた、相異なる多くの市民が尊厳と相互尊重とを保ちともに生きることができるよう、「促進的環境」を生み出すことに努めなくてはならない。

私はこれまで、政治的リベラリズムというロールズの考えに賛意を示し、それを通じて次のように主張してきた。リベラルな政治的考え方は、一方の市民の包括的見解には属するが他方には属さないといった偏狭な、形而上学的理論に基づくものであってはならない、と。一般的に言って、政治的リベラリズムは、原理や教説という装置に関して、節減[6]を追求する。なぜなら、この立場が求めているのは、主要な宗教などの人間生活に関する包括的教説のすべてから承認されうるような道徳的教説に基づいて、その政治的な構造を築くことだからである。ジョン・ロールズは、説得力を持って次のように主張している。包括的な諸教説に対する尊重という、政治的リベラリズムの立脚点が意味するところは、心理学に関しても政治的リベラリズムは節減的でなくてはならないということである、と。つまり、市民同士の間に深刻な論争を招く考え方や、一方の宗教的教説に結びつき他方の教説には結びつかない考え方は、「理に適った政治的心理学」に含めることができないのだ。はたして私がここでの分析において発展させてきた考えは、こうしたテストに合格するだろうか。

全般的には合格する、と私は考えている。嫌悪感に関する所見は、実証研究によって十分裏づけられる。また、この所見は、他の点ではまったく異なる教説を持つ人々による、これと関連する立論からも強く支持される。ウィリアム・ミラーの嫌悪感に対する規範的な立場は、私の立場とまったく対立する。それにもかかわらず、ミラーですら、実際、私がこれまで行ってきた基本的な分析に同意する。また、一方の宗教を支持し他方の宗教は支持しない、という意味で偏狭に見えるところは、私の分析にはいっさいない。

恥辱についての私の分析は、実証データや社会心理学的データを基にしているのだが、それだけでなくさらに、精神分析の資料を特に引き合いに出している。精神分析に対し、多くの人々はさほど高く評価していない。しかしながら、こうした資料を私の分析に用いるかぎりにおいて、私はそれらを、人間生活に関心を持つ人々が受け入れられるような、人間性に対する説得力ある説明として引き合いに出している。こうした説明を受け入れるのに、心理分析は科学であるべきだという主張を受け入れる必要はない。そのような主張は、まっとうな医療者であればそれだけ、ほとんど関心を示さないようなものであり、とりわけドナルド・ウィニコット——私のここでの考察にとってきわめて主要な人物である——は、そうした主張にほとんど関心を示さなかった。ウィニコットは常に分析を、詩や文学と密接な関連を持つものとして、すなわち想像力に富んだ理解の一様態として捉えていた。[*19] ウィニコットの手法に導かれて、私はプラトンとルクレティウスを引用したのと同じ仕方で、精神分析の資料を引用している。すなわち、精神分析の資料を、洞察力の鋭く人間学的見地において博識な人物たちによる、人間の条件に関する物語として、用いてきた。ウィニコットの見識の源は、患者の治療にある。そのかぎりにおいて、彼は哲学者や詩人とは異なる。しかし、私たちの注意を引くような優れた主張をウィニコットがなしえたのは、どちらかと言えば、この点によっているように私には思われる。

はたして、このような基礎に基づく恥辱についての私の分析は、主だった宗教の恥辱に関する考えと対立するだろうか。完全性は人間にとって受け入れがたく不適当な目標であるということを私の分析が強調する時、それはきっと、主だった宗教の考えと対立しない。恥辱とスティグマの分析において、人間の尊厳に対する配慮という規範的な考えが貫かれているが、そうした規範的な考え方は、人間を尊重に値しないとみなす宗教的な考え方が存在しうるかぎりにおいて、おそらく宗教の考えのいくつかと対立する。しかし、人間の尊厳という考えは、知られているかぎりすべての形態の政治的リベラリズムにとって、政治的な考えとしてきわめて重要なものである。すなわち、この考えは、政治的にリベラルな考え方にとって基礎をなす道徳的考えの中心に、理に適った仕方で含められうる。人間の尊厳は、形而上学的な考えとして支持されるのではなく、政治的な教説のうちの道徳的な役割を担うものとして支持される。ある宗教は、一方で、人間の尊厳をこうした役割において受け入れておいて、他方で、形而上学的に突きつめて言うと人間の生はほとんど尊厳をもたないのだ、と主張するかもしれない。しかし、私が確信を持って考えるのには、主だった宗教は大部分において、すでに人間の尊厳という考えを受け入れているのであり、それは人権という、近代以降の観念の中核にある。[*20] 主だった宗教の大部分は、人権の考えを現に支持しており、それが人間の弱さや欠陥に関する自分たちの教えと矛盾するとは見ていない。

このように、本書において発展させてきた心理学的な考え方は、相異なる宗教的教説を持つ人々の間で広く受け入れられうるものであり、また、政治的にリベラルな社会の基盤を形成する教説の中枢にあるものとして、受け入れられうる。そのように私には思われる。人々の興味を引く内容のものであればどんなものであれ、何らかの点で論争を呼ぶのは明らかである。また争われうるものについては何も言わないということは、政治的リベラリズムの要件とはなりえない。しかしながら、実にありふれたことと、深刻な分裂を呼ぶものとの間にいくぶんかの余地が存在するはずであり、私が望み、また信じるのには、本書において提示された分析は、そうした余地を占めるものである。

嫌悪感と恥辱についての私の分析が示すところでは、ある形態のリベラリズム（あるいはカハンとエツィオーニの場合なら、リベラリズムと称されているもの）は、人間の尊厳への配慮という、リベラルな考え方と緊張関係にあるとして拒絶されるべきである。それに対し、はたして私の分析は、擁護されるべき特定の形態のリベラリズムがあることを示すのだろうか。示す、と私は考えている。第一に、人格について、どのようなたぐいの政治的考え方が、本書での議論によって支持されることになるのかについて考えるならば、次のことがわかる。すなわち、ある政治の考え方が支持されるには、一方で、人間の能力を強調すること、そして他方で、不完全性や必要性、さらに時に不均衡なまでの必要性を強調することという、この双方を結びつけることが、その考え方には求められるということである。ここで診断した問題を乗り越えようとするなら、「政治的動物」としての市民という、アリストテレスの概念がきわめて有望である。なぜなら、この考え方は、一方で、人間は他を必要とし、また死すべき身体を持つという点において、他の動物と連続的であるという点を強調し、他方で、次の事実も無視しないからである。すなわちそれは、人間は他のいかなる動物とも異なる特質（および問題）を持つとともに、社会にとって潜在的な困難をもたらす源を持っているという事実である。[*21] アリストテレスの概念は、人間を、他を必要とするとともに、潜在的に豊かな能力を持つ動物として見ている。すなわち、その能力とその尊厳とは、全面的にその動物的本性と深く結びつき、そしてその能力は、すべて物質的環境からの豊かな支えを必要としている。物質性と必要性とに対する、このような強調は概念上きわめて有益なものである。なぜなら、そこから私たちは、物質を必要とするということを、自分たちに関するみっともなく屈辱的な事実と捉えないよう学習するからである。そうではなく、物質性と必要性は、それ自体で人間が有する尊厳の個別的な形態の一部分をなしている。

人格についてのこのような政治的考え方を基にするなら、したがって金銭や物質をあたかもそれ自体で何らかの良さや価値を持つかのように扱い、単にそれらだけを政治の配分すべきものとみなすことよりも、次のことの方が、もっと自然なことであるだろう。それは、相互に関連した一連の人間的ケイパビリティを配分すべきものと捉えることである。ここで言う「ケイパビリティ」とは、人々の状況のことであって、ある特定の種類の機能を発揮するよう、人々が選択する用意ができており、そして実際に、そうした機能を発揮することがその人たちにとって可能であるような状況を意味する。人間を本性上、身体を持ち、死すべき運命にあり、また他を必要とする存在と見ることによって、私たちは、次のことを主要課題の一つと位置づける政治的考え方に惹きつけられる。すなわちそれは、人々が機能の発揮を選択できるよう、人々に人間としての要求に関する支援を提供することである。ここでは政治の目的は、基本的ケイパビリティをすべての市民に提供することにあるとみなされる。基本的ケイパビリティは、憲法上の権原のリストを通じてであれ、あるいは他の仕方であれ、あらゆる市民の基本的な権原として、列挙されうる。このように、リベラリズムの基礎に対する「ケイパビリティ・アプローチ」[7]は——アマルティア・センと私が互いに異なる仕方で、発展させてきたものであるが——そうしたリベラルな社会にとって、配分上の課題をはっきりと表現する方法として、魅力あるものとなる。

まず、ケイパビリティは内的な側面を持つ。すなわち、人が（教育や医療、感情面の支援などを通じて）問題となる機能の形態に自ら携わろうとする心づもりを持っていなくてはならない。また、ケイパビリティは、外的な側面を持っている。すなわち、自由に話したり考えたりすることについて、内的にはすでにそれを行う心づもりが十分できている人ですら、悪い社会的、制度的取り決めによって、実際そうすることを妨げられることがありうる。政治は中心的な一連の人間的ケイパビリティを促進するべきであるとする主張は、このように要求の多いものである。すなわち、私が別のところで結合的ケイパビリティと呼んでいたものを、政治は配分しなくてはならない。それは、必須の諸機能を行使するのに適した外的条件と結合している、内的な側面のことである。つまるところ、このことは、以下のように主張することを意味する。すなわち、そのような仕方で機能を発揮するのに不可欠なものを、人々が発展させ、そして実際発揮する状況に置かれるためには、一定の資源や訓練、また他の物質的・制度的支援が必要とされるのだが、政治は、そのように必要とされるものであればいかなるものであれ、人々が確実にこれを持てるよう必要な措置を講じなくてはならない、と。

このように、ケイパビリティ・アプローチは――これについては別のところでより詳細に論じたのだが――人間と、人間の物質的・社会的・政治的環境との複雑な相互依存的な関係を際立たせる。*22 このように、このアプローチが適しているのは、恥辱および嫌悪感に助けを求めて人間らしさ（そこには、動物性や死、有限性などが含まれる）から隠れようとするのではなく、むしろそれを肯定的に認めようと努める社会である。そうした社会の核となるものを提供するのに、このアプローチはとりわけ適している。人間生活のこうした特徴を正しく取り扱うことのできるリベラルなアプローチは、もしかするとケイパビリティ・アプローチだけではないのかもしれない。しかし、そのような立場にあるアプローチの一つとして、ケイパビリティ・アプローチは好印象を与える。

はたして、ケイパビリティや機能という考えに基づくなら、上記のような政治的にリベラルな社会においては、とりわけどのような道徳感情が重要であるのだろうか。とりわけ立法の際、そうした社会は、どのような感情に依拠するのだろうか。これまで私がしばしば示唆してきたところでは、怒りや憤りが、そのような中核的な感情にあたるだろう。なぜなら、それらは、損害や被害に対する応答だからである。リベラリズムの見解からすると、人間に関する際立った事実は、他者の手による重大な危害に対して脆弱だということである。重ねて言っておくと、怒りのすべての事例が当てにできるというわけでもない。つまり、怒りのすべての事例は、何が重大な危害にあたるのかということの正しい見解に、言い換えるなら、そのような危害が発生したか否かについての正しい見解に基づいているわけではない。しかし、怒りのうちに含まれる具体的な判断を、いったんすべて批判的に吟味したうえでなら、怒りは、依拠するのに正しい種類の感情である。リベラルな社会は、尊厳や自己開発、そして個々人の行為の自由を主題とするのだが、そのようなリベラルな社会には、危害を抑制することが求められる。危害を突き止めるかぎりにおいて、怒りは立法のために信用の置ける指針となるだろう。

同様に、適切な対象に焦点を絞った恐怖や悲嘆は、市民が次のことを理解するなら、そうした市民にとって適切な感情であるだろう。すなわち、人間生活は重大な危険に脅かされているということ、そして最も価値あるものを喪失することは常に起こりうるということである。恐怖や悲嘆の感情は、市民を動機づけて、その関心を全市民に対する確実で公正な資源の配分に向けさせるとともに、配分を担う制度の安定性にも、市民の関心を向けさせるだろう。市民は、生活経験における財の多くについて、互いに依存し合い、また社会的制度に依存するのであるが、感謝や愛情といった肯定的な感情は、そうした市民にとって重要なものとなる。いま一度言うと、こうした感情のすべては、環境に適合するよう、うまく調整されることもあれば、不十分にしか調整されないこともある。またそれらは、もっともな理由に基づくこともあれば、間違った理由に基づくこともある。しかしこうした感情は、現在念頭に置かれている社会において、目立って市民が経験する種類の感情であり、そして適切な仕方で育んでいくことが社会に求められる種類の感情である。

リベラルな社会にとって必須の感情を他に挙げれば、第1章で強調して論じたように、同情がある。同情は、他の人が深刻な困難や喪失に苦しめられているのだ、という考えを伴っており、そして、そうした喪失に立ち向かうための援助行動を引き起こすうえで、この考えは主要な役割を果たす。リベラルな社会、とりわけケイパビリティ・アプローチに基づく社会は、ケイパビリティが損なわれるケースに対し、特別の関心を寄せるが、同情が生じる典型的な場面もまた、そのようなケースなのである。すなわち、それは、疾病や可動性の喪失、友人や家族の死、仕事やその他の活動範囲の喪失などのケースである。悲劇により引き起こされる典型的な同情は、このような喪失を重大なものとみなし、これを被る人自身には何ら咎め立てる点がない（あるいは、ほとんどない）と判断する。*23 そのかぎりにおいて、こうした同情は、上記のような喪失を防いだり是正したりしようという、価値ある社会的な動機を与える。二〇〇一年に出版した感情に関する著作において、私は、リベラルな社会における同情の役割を詳細に分析し、次のように主張した。すなわち、同情は、きわめて不確実ではあるが、それでもリベラルな社会がこれを利用し、教化するよう促す価値のある感情であると。*24 法システムにおいて同情が果たしうる好ましい役割について、第1章においてそのいくつかの具体的事例を提示した。

しかし、同情は、怒りと同じように誤ることがある。どのような喪失が重要なものなのかに関して、同情の理解は歪むことがありうる。また、人はどのような場合に咎め立てられることになり、どのような場合にそうでないのかに関しても同様である。さらに、見知らぬ人や遠くの人々を排除して身近な親しい人に焦点を絞るという仕方で、同情は、通常、関係者の範囲を間違って把握する。そのかぎりで、あらゆる人間生命は平等な価値を持つ、と教える不偏的な道徳原理と同情はしばしば一致しない。しかしながら、私の主張では、こうした問題に対する解決は、同情を捨て去ることではなく、それを教化し拡張していくことによってなされるべきである。十分に教化されるなら、同情は、法システムのあり方、とりわけ基本的な権原を分節化する作業を伴った法システムのあり方に関し、優れた指針を提供してくれる。本書での議論が示唆するところでは、このような教化は、人間の弱さや依存性、障害に関わる思想を含んだものでなくてはならない。その思想において、障害を持つ人は、哀れな犠牲者として捉えられる必要はない。それは、悲劇の主人公が、観客から哀れな犠牲者と見られることがないのと同様である。人々は、障害に直面し、発揮できる機能の領域が減じた場合に、時に勇気と対応能力とを示すことがあるが、同情を持った応答それ自体には、そうした人々の勇気と対応能力に対する賞讃の要素が含まれる場合があるし、実際、そうであることが多い。[*25]

そこで、本書での分析が示してきたことは、以下のようにまとめることができる。すなわち、各感情は、異なる形態の政治機構のそれぞれに対し、まったく同じ関係に置かれているのではない、と。リベラルな国家は、怒りとも同情とも（加えて恐怖、悲嘆、愛情、感謝とも）密接な関係を持つ。そうした国家はまた、恥辱および嫌悪感とも、よりいっそう厄介で困難な関係を持っている。嫌悪感は、人々の私的生活の一部として、そしてほとんど不可避であるのだが、人々の社会生活の一部として、存在し続けるであろう。しかし、人々のヒエラルキーに見られる嫌悪感は、リベラルな社会において入り込む余地はない。ある種の恥辱は、価値ある形態の活動へと人々を駆り立てるのであり、この点で、人々の私的生活において価値ある道徳感情でありうる。しかし、この種の感情を刑罰に用いることは、深刻な問題をはらんでおり、あらゆる市民の尊厳に対する等しい配慮と一致し難い。そして、しばしば社会は、〔「正常」とは〕異なる人々に対し、恥辱を与えることがあるが、リベラルな政治形態において、そのような恥辱は打ち砕かれるべきである。そのような恥辱は、伝統的に辱められてきた市民のグループへの尊重と権原付与との促進に主眼を置く公的な行為によって、打ち砕かれるべきである。

ミルは（自分の父親の理論を当てはめて）感情について、行動的な条件づけによって心を介さずに、機械的に確定されるものとみなしていたのだが、そうした感情に対し、私たちは、複雑な分析を加えるという、まったくミルとは違う途を辿って、きわめてミルに近い結論に到達している。感情に対するジェームズ・ミルの単純な見解は、その他の点ではきわめて繊細で人間味に溢れ、かつ人間の複雑さを承認する余地を持ってはいるが、しかしけっして息子J・S・ミルの思想とぴったり合致するわけではない。しかし、それにもかかわらず、ジェームズ・ミルの見解は、J・S・ミルが表立って採用した見解であった。もっとも他方で、J・S・ミルは、より複雑な言葉を使って、自身の成長を描写し、また、おそらく単純な見解では説明し切ることのできない自分自身の感情を、とりわけハリエットとのやりとりのなかで、絶えず表現している。画一化とスティグマ付与の問題は、『自由論』におけるミルの議論に大きく影響を及ぼした問題であるが、しかしミルは、表立っては、あくまで単純な見解に固執していたがために、この問題のいくつかの面を十分に分節化し論じることができなかったのである。そして、ミルは、自由を擁護するうえで、深刻なまでに不完全な一連の議論へと逆行したが、それは同時に宗教多元主義を尊重する現代のリベラリズムにとって、いくつかの点で受け入れ難い議論なのである。

私が望むのは、現在のこの分析がミルの議論の全般的な方針に対し、新しい予想外の方角から擁護を与えることである。感情は、興味を引くような認知的構造をまったく欠いていると、これまでときには考えられてきたのだが、私たちは、そうした感情の認知構造に対し詳細な分析を与え、これを通じて、新たな知見に到達した。それは、人格とその自由に対する等しい尊重にとって何が障害となるのかについての知見である。また、ある形態のリベラリズムは、そうした障害を引き起こすように思われる感情に、道徳的に依拠するのだが、私たちは、そのような形態のリベラリズムを警戒する一連の理由を新たに得た。これまでたびたび指摘してきたように、嫌悪および恥辱への信頼に反論することは、法に対する道徳的な制約についての、完成されたリベラルな理論を提案することにまで至るわけではない。法的規制についてのリベラルな理論の基礎を得ようとするうえでは、それに先立って、これまでの議論とは別に、さらにパターナリズムに関する議論と、刑罰の本質についての全般的で積極的な理解とを必要とする。しかし、リベラリズムに対する反対者も、またいわゆるリベラリズムに親和的な論者ですらも、自分たちの議論の道具立てとして、あまりに頻繁に嫌悪感や恥辱に依拠している。そのため、人間の尊厳を守ろうとするかぎりにおいて、なぜそのような依存が危険であるのかを十分に示し終えたとしたら、私たちは何ほどかのことを成し遂げたと言える。

〔私たちの議論の成果を〕さらに一般的な観点から述べると、次のようになる。公的な感情として嫌悪および恥辱に依拠することは、人間生活における深刻な困難によって助長されるのだが、私たちは、そうした困難について考察を加えることで、どのような能力をリベラルな社会は大切に育み、その発展を促進すべきなのかということの概要を少なくとも理解し始めるようになった。すなわち、それは、支配の関係を享受する能力ではなく、相互依存の関係を享受する能力であり、言い換えるなら、自他における不完全性、動物性、そして死を承認する能力である。こうした能力の発展を奨励し、〔逆に〕不平等で階層的な社会関係をもたらす能力の発展を妨げるために、社会は、必要とされる多くのことを、公的な教化や公的制度、文化の総合的な策定を通じて行うことができる。*26

ドナルド・ウィニコットが分析を終えた九ヶ月後に、患者Bはウィニコットに手紙を送った。その手紙には、以前の患者Bを特徴づけていた、かたくなさや恥辱といったたぐいのものは、まったく見当らない。代わりに、患者Bは、自ら進んで不確かさを認めている。

親愛なるウィニコット先生

……この後、自分がどうするつもりなのか、まったくはっきりしません。そこまで先のことを計画することは、私とってまだできないのです。いまはとても具合がいいので、時に私は分析をやめてしまいたいという気持ちに駆られることがあります。他方で、まだ治療が完全には終わっていないということも、私は十分に理解しているのです。そこで、あなたと治療を再開しようと決断するかもしれませんし、あるいは、それがもはや不可能なのであれば、別の誰かと治療を始めようと決断するかもしれません。いとも簡単にこのような考えを受け入れることができるということは、私にとって大きな前進であるように思われます。

これから先、私たちがふたたび治療を始めることがもしないのだとしたら、この機会を借りて、あなたがしてくださったすべてのことに対し、感謝の気持ちを示しておきたいと思います。

敬具

［氏名］

ここで「それがもはや不可能なのであれば」という表現は、とりわけ多くのことを物語っている。というのも、ウィニコットは、長く心臓を患っており、彼の病が重いことを患者Bは知っていたからである。実際、ウィニコットは、この後すぐに亡くなっている。そこで、患者Bは、分析者がいずれ死ぬということ、そしてひいては、自身自身もやがて死ぬのだと言うことを受け入れつつあったのである。愛それ自体（すなわちウィニコットとの交流のなかで享受した「細やかなやりとり subtle interplay」）が、不完全かつ致死的な者同士の関係であることを受け入れることによって、患者Bは、人間愛についての自身の新たな知見を示している。

不完全性および不確かさに対する、このような率直な承認は、異なる仕方で障害を抱えた人々が一緒になってリベラルな社会を築いていくために、おそらく適した出発点である。

訳者解題

石田京子

本書はMartha C. Nussbaum, *Hiding from Humanity: Disgust, Shame, and the Law*, Princeton University Press, 2004 の全訳である。二〇〇四年アメリカ出版社協会（ＡＡＰ）最優秀専門・学術書賞（法律部門）の受賞作である本書は、筆者謝辞によれば、二〇〇〇年三月にニューヨーク大学において開催されたレマルク講義など、いくつかの講演草稿をもとに執筆されているとのことである。

第1節　本書の主題と問題設定——リベラリズムへの新たな視座

本書における主要なトピックは、原書の副題「嫌悪感、羞恥心（恥、恥辱）、そして法 disgust, shame, and the law」に表れているように、法の領域における感情の位置づけの検討である。ヌスバウムは現代心理学や社会学、文学研究、精神分析の知見を用いて感情の働きを分析し、英米の判例をいくつも引き合いに出しながら、どういったかたちで法が感情に関連しているのかを明らかにしている。ヌスバウムの関心は、ある側面において非常に実践的であると言える。つまり、アメリカ合衆国では、社会秩序の維持を目的に、罰金刑や拘禁刑の代わりに恥辱刑の導入が進められる

（たとえば、窃盗を犯した者が罰としてその事実を示すTシャツを着させられる）など、市民の権利と尊厳への配慮に欠ける刑罰や政策が実施されており、そのようなアメリカの状況に警鐘を鳴らすことが、本書の目的の一つとなっている。けれども、そのことは、本書が単にアメリカという一地域の特殊な問題を論じる応用理論的な性格の著作であることを示すものではない。ここでは、哲学が伝統的に取り組んできた根本的な課題、すなわち「人間性 humanity」をどのように定義すべきなのかが主題となっている。原題の「人間性（人間らしさ）を身を隠す hiding from humanity」という言い回しは、人間であることを隠蔽しようとする態度を暗示する点で、どこか奇妙な響きを持っている。だが、誰もがあたりまえのように引き受けているはずの「人間であること」からその自明性をはぎ取り、それに反省を加えることがヌスバウムの狙いであることが理解されれば、この題名もそれほど不思議なものではない。

人間性をめぐる議論のなかで、ヌスバウムは、フェミニズムや共同体主義がリベラリズムに対して投げかけてきた批判に答えようとしている。それは、リベラリズムが、自由で平等で自立的な抽象的個人を前提に社会制度を組み立てようとする政治理論であり、障害者や女性、同性愛者といった「正常ならざる」人々に関わる諸問題を、社会の基本的制度が設計された後に議論される「補足事項」ととらえ、これらの問題をいわば周縁化してしまうという批判である。

ヌスバウムは、従来のリベラリズムが少数派や社会的弱者への差別の問題に適切に対処できていなかったことを認めている。だが、共同体主義やフェミニズムとははっきりと異なる視点から、この問題を定式化している——それが「感情」の問題である。人が日常の会話のなかで「普通の人だったらそんなことしないよ」といったことを口にする時、そこでの「普通の人」とはしばしば（会話の文脈に応じて）「コミュニティの平均的な成員」や「健常者」、「異性愛者」のことととして受け止められている。そして、私たちが意識するかしないかに関わらず、このような思考を裏返すかたちで、麻薬常用者や同性愛者、障害者などの「普通ならざる」人々が、「人間」の枠組そのものから感情的な仕方で排除されているのだという。

リベラリズムをめぐる思考のなかにも、この種の問題を見て取ることができる。たとえば、リベラリズムはしばしば「自立した市民」という理念を強調してきた。だがそのことで、重度の障害者など、他人に多くを頼らざるをえない人間は社会のなかで時として見下され、人間失格の烙印を押されたのだった。この場合、リベラリズムの掲げる市民／人間としての理想像が、多数派による少数派の排除を正当化するために利用されているのである。このように、「人間性」についての一般的な思考のなかには、少数派を排除しようとする要素が確実に混在しており、リベラリズムもまた、この思考の呪縛に無縁であることはできないのである。

そうだとすれば、これはもはやリベラリズムだけの問題にとどまるものではない。道徳や法、正義を論じることは、人間や人間社会のあるべき姿を追究することである。だが、そこで語られた理想的人間像はどのようなものであれ、人間のなかに深く根を下ろした、自分こそを正常な存在とみなそうとする「普通の人間たち」の欲望に結びつけられることで、この種の受け入れがたい攻撃的反応を呼び起こす。したがって、本書において示唆される、ヌスバウムにとってのリベラリズムの最大の問題は、「自由で平等な市民」という根本的理念そのものの内にあるのではない。しばしば「感情」のかたちをとって表れる、「人間性」のこの抑圧的傾向を見過ごし、その結果、社会的弱者へのスティグマの問題を未解決のままにすることなのである。ヌスバウムは本書において、今日までに獲得されている、感情に関するさまざまな知見に基づいて「人間性」概念の抱える問題点を洗い出している。そしてそれによって、リベラリズムへの新たな視座を提供するのである。

第2節　嫌悪感と羞恥心——「人間らしさ」の忘却

感情は「本能的」であり「不合理」なものであると一般に考えられてきた。それゆえ、「合理的」であることを求められる法の領域のなかに、感情の議論をもちこんではならないとされたのだった。確かに、ヌスバウムは、感情をあるタイプの行為の法的規制の根拠としようとするパトリック・デヴリンやレオン・カスに反論を試みている。だが一方で、感情を一律に否定する態度を退けてもいる。喜びや悲しみ、怒り、同情、嫉妬、恐怖心といった私たちの感情は常に「〜についての」感情である。つまり、人間の感情はどれも対象を持つのであり、さらに、その対象の価値を評価する何らかの信念をともなっている。そして、感情の形成過程や認知内容が適切であるとき、その感情は適切である（理に適っている）と判断されるのである。日常生活において、二つの似たような感情に異なる評価を与えることができるのは、まさにこのためである。刑事事件の審理においてはたとえば「故意か過失か」が問題となるが、それを判断するためには、犯行時の意図や動機、その他の心的状態を精査する必要がある。そうである以上、もし意図や動機だけでなく感情についても、同じような状況認知的もしくは価値評価的機能を認めるならば、「法が犯罪者と被害者双方の感情に内在する価値評価を認め、そのなかにはより妥当なものもあれば、より妥当でないものもあると判断する」ことを拒否する理由はないことになる。

では、どのような感情がどのような場合に妥当であるとみなされるのか。怒りや憤りは一般に損害や危害に対する反応と定義される。社会は法によって危害から人々を守らなければならない。よって、怒りの感情がどの対象に向けられているかを観察することは、もしこの感情が適切と判断されるならば、法が何に対処すればよいのかを理解する時の手がかりとなる。また、たとえば病気で仕事を失った人に対する同情の感情も、同じように立法の際の有益な指針になるだろう。悲しみや恐怖心についても、ヌスバウムは同様の肯定的な評価をしている。

けれども、嫌悪感と羞恥心はここで挙げられている感情とはまったく異なるものである。いくつかの例外を除き、嫌悪感と羞恥心は、その形成過程や社会的役割を考慮すれば、基本的に法の理念に反するものである。ヌスバウムは心理学の研究に依拠しながら、以下のことを示している。この二つの感情はともに、人間の脆弱さに反応して生じるとされる。すなわち、自分のいまのあり方が、理想とする完璧な人間像から程遠いことを認識して生じる反応であるという。この場合「人間性（人間らしさ）」は理性的能力や自立性ではなく、不完全さや限界によって特徴づけられているのである。そして、どちらの感情も、人間の間に（嫌悪感の場合は「人間／動物」の、羞恥心の場合は「正常／異常」の区分による）階層を作り出し、社会生活において他者に対する著しい攻撃を惹起するという問題を抱えている。社会の多数派や支配集団は、自分自身の脆弱さを示す（と考えられている）特徴を従属集団の内に見出すか投影させ、感情を通じて自分との相違を際だたせる。従属集団はその脆弱さや不完全さゆえに嫌悪され、自らを恥じるよう仕向けられる。差別の構造に典型的に見られるような、そういった感情による攻撃が起こるのは、自らが従属集団とはまったく異なる存在であり、ゆえにけっして傷つけられることのない完全な存在であることの証しを、支配集団の側が欲するからなのである。

このようにして、嫌悪感と羞恥心は人間の問題ある性質を忘れさせてくれる。すなわち、私たちが「人間性から身を隠す」ことを助けてくれる。だが他方で、この二つの感情は社会的ヒエラルキーを構築し、差別やレッテル貼りを強化する。差別意識は、カントの言葉を使えば、「人を目的として扱う」ことを困難にさせる。これらの感情が法と結びつけば、このような差別待遇を助長させることになりかねない。ダン・M・カハンやアミタイ・エツィオーニが提案するような、冷酷な殺人者への嫌悪感を量刑段階で考慮に入れる、羞恥心を犯罪抑止に利用するといった選択肢は、一見もっともらしく思えるかもしれないが、そこからの帰結が好ましいものとはかぎらない。むしろ、「犯罪者」の解消しがたいスティグマを永続化させることになるだろう。ゆえに、ヌスバウムはこういった提案を退けるのである。

第3節　相互依存のリベラリズム――「人間性」との和解

社会が抑圧的になるのを避けるためには、「私たちが、多様な仕方で、また異なる程度においてではあるが、みな死に向かって衰えゆく身体を持ち、そして他を必要とし障害を抱える存在であるという、こうした事実」に十分に向き合うことができる「政治的構想」が必要である。アマルティア・センとともにヌスバウムが構築してきたケイパビリティ・アプローチは、この要請に応えるものである。なぜなら、ケイパビリティ・アプローチは、個々人が財をつかってどの程度まで機能を発揮できるかを考察する点で、あらゆる人間に必然的に備わる脆弱性や能力の制約に焦点を合わせるからである。「正常な人」のニーズに合わせて形成される社会秩序は、そのような人がどこにも存在しない以上、本質的には誰にとっても排他的なものにすぎない。リベラルな社会は、「正常で完全無欠な自活する市民」という法的なフィクションを追求するのではなく、「公的教育、および公的制度や文化の総合的な策定」を通じて、「相互依存の関係を享受する能力」、「自他における不完全性、動物性、および死を承認する能力」の発揮を促進しなければならないのである。

嫌悪感と羞恥心は、人間のある側面を隠匿することによって、個人の自由と平等に基づくリベラルな社会の実現の障害となってきた。言い換えれば、ここでのリベラルな社会とは、人間の間のあらゆる不合理な階層を能動的に解消する社会のことを意味している。社会の文化は不合理な感情に使って、一部の人だけの脆弱さを強調してきた。社会がなさなければならないのは、すべての人が潜在的な脆弱さを持っていることを認め、それが顕在化した場合に、その人の持つ権利やエンタイトルメントを考慮しながら、しっかりと対応するという姿勢を示すことである。つまり、「スティグマの作用に対する一番肝要な対応策は、個人の自由の権利を強く主張することであり、すべての市民に法の平等な保護をしっかりと保障すること」なのである。この文脈において「権利」の概念がきわめて重要なのは、それが一部の集団の特権ではないという点である。障害者向けの教育制度の整備やヘイト・クライム（憎悪犯罪）の規制は、社会の一部の人々のためだけになされるのではない。脆弱であるがゆえに常にスティグマの対象とされるリスクを抱える私たち一人ひとりの、普遍的なニーズに応えているのである。

今日までの社会的ヒエラルキーがしばしば感情に支えられたものであったように、このようなリベラルな社会の実現と安定のためには、市民心理から支持されることが必要不可欠である。ではそれはどのようなものなのか。ヌスバウムの議論に従って、感情にともなう「完璧な人間を願望する点で非人間的」な思考形式を、自分のうちに自覚することができたとしよう。だが、どんなに問題があったとしても、人間はその感情を捨て去ることはできない。自分自身の死や衰え、人生の不確実さを受け入れるのは、きわめて困難な課題である。見たくないものを見つめるよう促す点で、リベラリズムは私たちに恐ろしい要求を突きつけてくる。ヌスバウムは率直にそのことを認めている。だが、相互依存を志向するリベラリズムが、必ずしも冷淡なものではないことも、同じく示唆されている。本書で繰り返し紹介されるドナルド・ウィニコットのエピソードは、彼の言うところの「細やかなやりとり」――「人間愛」に不可欠な要素とされる――についてのものだった。そこでは、「理想のなかの完璧な人間像」に苦しめられてきた患者が、「本来の人間性」との和解に至るまでのプロセスが描かれている。ヌスバウムはこのエピソードを通して、ある種の相互依存の関係が、羞恥心や嫌悪感が提供した偽りの安心感とは異なる本当の安らぎをもたらしてくれること、その感情こそ社会が基づくべき適切な心理状態の範例であることを、私たちに伝えようとしているのである。

訳者あとがき

本書、*Hiding from Humanity: Disgust, Shame, and the Law* については共訳者の石田が「訳者解題」で詳しく説明しているので、ここでは、ごく簡単に訳出の経緯を説明し、著者ヌスバウムの紹介をしたい。

法とは何か。法と道徳とは、どのように関係するのか。これらの問題は、古代ギリシア・ローマ以来、哲学の中心テーマの一つであった。近代哲学を見れば、ヘーゲルやベンサム、ミルを代表として、一九世紀中頃までの哲学者たちは、道徳や国家の問題と関連させながら、しばしば法について議論していた。

しかしながら現代では、法律は外部者にはきわめて近づきにくい専門領域となり、さらに、法哲学は、もっぱら法学部のなかで研究されるようになった。一般の哲学者は、おいそれと法の問題に口をさしはさむことはできなくなり、法学と哲学は疎遠な関係になってしまった。

常々、人々を裁いているにもかかわらず、法は、あまりに一般の人からかけ離れた領域になってしまったのではあるまいか。おそらく、そうした危惧は、日本の法曹界の人々にも共有されていたのであろう。今年度（二〇〇九年）から始まった裁判員制は、法を適用する権能（司法権）を本来の持ち主（主権者）へと選抜的に返還する制度であると解釈できる。

裁判員制の導入は、行政の透明化や情報公開、政策決定のための住民投票などとともに、参画型民主主義、あるいはディープ・デモクラシーの進展にともなう必然的な流れである。

しかし一般の主権者は、法の詳細について知らない。それにもかかわらず、司法権を行使するには、法（特に刑法）の根源をなす道徳の哲学を持たねばならないだろう。ヌスバウムは法哲学の教授であるが、法学者ではない。哲学の任務は、ある専門知識が本当に妥当なものであるかどうか、人間に有益なものであるかどうかについて、一般市民の立場から素朴だが根本的な問いを立てて検討することにある。古代ギリシアで始まった哲学は、民主主義社会の一般市民のための知である。法を根底から吟味する視点は、裁判員制の時代に生きる私たち主権者＝市民に欠かせないものであろう。

ヌスバウムが本書で探究しているのは、はたして法は、どのような人間の本性に根差しているのかという問いである。これまで、法は、公平ではあるが無情でもある理性の秩序として捉えられてきた。無私であるが冷厳な法律家のイメージもここから来ている。これに対して、ヌスバウムが本書で示しているのは、法の感情的な起源である。殺人に関する法は、理性の命令ではなく、殺人に対する私たちの真っ当な怒りを、言葉として表明したものである。つまり、法とは、ヌスバウムによれば、ある社会の成員が共有すべく求められている感情の表現なのである。

しかし感情には、善き感情と悪しき感情がある。嫉妬などは他者の没落を願う悪しき感情である。法は善き感情に基づいていなければならない。嫌悪感や羞恥心は、根源的には人間の上下位階を前提としている点で民主主義的ではない。よって、民主主義社会の法の基盤として不適格な感情である。人間の平等を侵害するものへの怒り、そして、他者への共感。これらの感情こそが法の基盤となるにふさわしい。こうヌスバウムは主張する。道徳を適宜性のある感情に基づかせようとする点において、ヌスバウムは、ハッチソンやアダム・スミスのようなスコットランド道徳哲学の系譜と比較することもできるだろう。

以上のヌスバウムの観点から考えてみるならば、復讐心という感情に基づいた法は正しいものでありうるだろうか。

死刑の是非の問題を考えるにあたっても、本書は多くの示唆を与えてくれるだろう。

*

マーサ・ヌスバウムは、一九四七年、ニューヨーク市で、法律家の父とインテリア・デザイナーをしていた母の間に生まれた。ニューヨーク大学で芸術の学位、ハーヴァード大学で文学修士と哲学の Ph.D. を取得する。アリストテレスを中心にして古代ギリシア・ローマ哲学の専門家として研究生活を開始し、現在、政治哲学、倫理学の分野の最も重要な哲学者の一人として活躍している。一九八六年から九三年まで世界開発経済研究所のリサーチ・アドヴァイザー。ブラウン大学を経て、現職はシカゴ大学の法・倫理学の教授である。

彼女は、八〇年代から始まったアマルティア・センとの共同研究を通して、ケイパビリティ・アプローチを提唱したことで知られている。

ケイパビリティ（潜在能力）とは、たとえば、相応の年齢まで生きる能力、経済活動に参加する能力、政治的に参加する能力など、生活においてその人が実質的に何ができるかを表した概念である。その人がどのようなことができるか、どのような人になれるのかは、その人にとって利用可能な選択肢の範囲を示し、生き方の幅を意味する。本文中では、ケイパビリティは、「個人の生活における自由の程度を表すものであり、個々人の福祉 well-being を評価するための適切な規準」であると定義される。ヌスバウムにとってのケイパビリティ・アプローチとは、この潜在能力の発展を福祉の基本原理とする方法論のことである。ヌスバウムは、センとともに、「人間開発とケイパビリティ協会（Human Development and Capability Association）」を二〇〇四年に設立している。

福祉分野で知られるヌスバウムであるが、日本では、九〇年以降、ほぼ毎年のように新著を発表する彼女の広範な仕事の全容は、十分に知られているとは言えない。特に、法哲学に関係する仕事はまだほとんど紹介されていない。

現時点（二〇〇九年一〇月）では、ヌスバウムとキャス・R・サンスタイン編『クローン、是か非か』（中村桂子ほか訳、産業図書、一九九九年）、共著『国を愛すること』（辰巳伸知・能川元一訳、人文書院、二〇〇〇年）、ヌスバウム、セン共編著『クオリティ・オブ・ライフ』（里文出版、二〇〇六年）、単著『女性と人間開発』（池本幸生、田口さつき、坪井ひろみ訳、岩波書店、二〇〇五年）に加え、いくつかの翻訳論文が専門誌で紹介されているだけである。

彼女の著作はしばしば大部であり、訳出に骨が折れる。難解な英語ではないが、訳語を整えながら大分量を正確に訳していくのは、かなり困難な仕事である。しかしながら、彼女の仕事の斬新さと一般社会にとっての重要性を考えるなら、本書以外の重要な著作の翻訳も待たれる。

主要著作

Aristotle's De Motu Animalium: Text with Translation, Commentary, and Interpretive Essays. Princeton, N. J.: Princeton University Press, 1978.

The Fragility of Goodness: Luck and Ethics in Greek Tragedy and Philosophy. Cambridge: Cambridge University Press, 1986, Second edition 2001.

Love's Knowledge: Essays on Philosophy and Literature. New York: Oxford University Press, 1990.

Nussbaum, Martha, and Amélie Oksenberg Rorty. *Essays on Aristotle's De Anima*. Oxford: Clarendon Press; New York: Oxford University Press, 1992.

Nussbaum, Martha, and Amartya Sen. *The Quality of Life*. Oxford: Clarendon Press; New York: Oxford University Press, 1993.

The Therapy of Desire: Theory and Practice in Hellenistic Ethics. Princeton, N.J.: Princeton University Press, 1994, Second edition with a new introduction by the author, 2009.

Poetic Justice: The Literary Imagination and Public Life. Boston, Mass.: Beacon Press, 1995.

For Love of Country: Debating the Limits of Patriotism. Boston: Beacon Press, 1996.

Cultivating Humanity: A Classical Defense of Reform in Liberal Education. Cambridge, Mass.: Harvard University Press, 1997.

Plato's Republic: The Good Society and the Deformation of Desire. Washington: Library of Congress, 1998.

Sex and Social Justice. New York: Oxford University Press, 1999.

Women and Human Development: The Capabilities Approach. Cambridge; New York: Cambridge University Press, 2000.

Upheavals of Thought: The Intelligence of Emotions. Cambridge, U.K.; New York: Cambridge University Press, 2001.

Martha C. Nussbaum and Juha Sihvola. (Eds.) *The sleep of reason: erotic experience and sexual ethics in ancient Greece and Rome*. Chicago: University of Chicago Press, 2002.

Hiding from Humanity: Disgust, Shame, and the Law. Princeton, N.J.: Princeton University Press, 2004.

Cass R. Sunstein and Martha C. Nussbaum (Eds.) *Animal Rights: Current Debates and New Directions*. Oxford; New York: Oxford University Press, 2004.

Frontiers of Justice: Disability, Nationality, Species Membership. Cambridge, Mass.: Belknap Press of Harvard University Press, 2006.

The Clash Within: Democracy, Religious Violence, and India's Future. Cambridge, Mass.: Belknap Press of Harvard University Press, 2007.

Liberty of Conscience: In Defense of America's Tradition of Religious Equality. New York: Basic Books, 2008.

本翻訳は、ヌスバウムの政治・法哲学に関心を持っていた河野が、共訳者に分担をお願いして成立したものである。翻訳の仕方は、各担当を訳出したのち、相互に訳文を数回にわたってチェックした。読みやすい日本語と原文の正確な訳出を両立させるよう心がけた。なにぶんにも大分量であり、まだ誤訳から自由になっているとは思われない。読者のご指摘とご教授を待ちたい。

最後になるが、慶應義塾大学出版会の上村和馬氏には、本書の成立にあたっていろいろなご協力をいただいた。深くお礼を申し上げたい。

平成二一年一二月

河野哲也

感情と法
——現代アメリカ社会の政治的リベラリズム

2010年3月20日　初版第1刷発行
2022年5月20日　初版第3刷発行

著者 ―――――― マーサ・ヌスバウム
監訳者 ――――― 河野哲也
訳者 ―――――― 河野哲也、木原弘行、石田京子、齋藤 瞳、宮原 優、花形恵梨子、圓増 文
発行者 ――――― 依田俊之
発行所 ――――― 慶應義塾大学出版会株式会社
〒108-8346　東京都港区三田2-19-30
TEL〔編集部〕03-3451-0931
〔営業部〕03-3451-3584〈ご注文〉
〃　03-3451-6926
FAX〔営業部〕03-3451-3122
振替　00190-8-155497
URL　https://www.keio-up.co.jp/
装丁 ―――――― 鈴木 衛
印刷・製本 ―― 萩原印刷株式会社
カバー印刷 ―― 株式会社太平印刷社

Printed in Japan　ISBN 978-4-7664-1719-7

［著者］

マーサ・ヌスバウム（Martha C. Nussbaum）
シカゴ大学法学部教授
1947 年生まれ。ハーヴァード大学にて文学修士、哲学博士（Ph.D.）取得。1986 ～ 93 年世界開発経済研究所リサーチアドヴァイザー、ブラウン大学を経て、現職。
主要著作としては、センとの共著『クオリティー・オブ・ライフ』（里文出版、1992 年）のほか、共著『国を愛するということ』（人文書院、1996 年）、『女性と人間開発』（岩波書店、2000 年）がある。また未邦訳だが、*The Therapy of Desire* (1994), *Poetic Justice* (1996), *Cultivating Humanity* (1997), *Frontiers of Justice* (2006), *Liberty of Conscience* (2008) も重要な著作である。

［監訳者］

河野哲也（こうの てつや）　［序章・第 6 章］
立教大学文学部教育学科教授
1963 年生まれ。慶應義塾大学文学部卒業後、慶應義塾大学大学院文学研究科博士課程哲学専攻修了。博士（哲学）。国立特殊教育総合研究所（旧称、現在は国立特別支援教育総合研究所）特別研究員、防衛大学校、玉川大学を経て、2008 年より現職。
主要著作には、『メルロ＝ポンティの意味論』（創文社、2000 年）、『エコロジカルな心の哲学』（勁草書房、2003 年）、『環境に拡がる心』（勁草書房、2005 年）、『〈心〉はからだの外にある』（NHK 出版、2006 年）、『善悪は実在するか』（講談社メチエ、2007 年）、『暴走する脳科学』（光文社、2008 年）などがある。

［訳者］

木原弘行（きはら ひろゆき）　［第 1 章］
慶應義塾大学文学部非常勤講師、専修大学商学部非常勤講師
1968 年生まれ。慶應義塾大学大学院文学研究科博士課程単位取得退学。
主な論文・訳書に、「動機付けと合理性」（『三田哲学』104 集）、S. プリースト『心と身体の哲学』（共訳、勁草書房）がある。

石田京子（いしだ きょうこ）　［第 2 章］
恵泉女学園大学、慶應義塾大学非常勤講師
1979 年生まれ。慶應義塾大学大学院文学研究科哲学・倫理学専攻満期退学。
主要論文に「カント法哲学における許容法則の位置づけ」（『日本カント研究 8』、2007 年）、「カント実践哲学における『法』と『道徳』」（慶應義塾大学倫理学研究会『エティカ』、2008 年）がある。

齋藤 瞳（さいとう ひとみ）　［第 3 章］
日本大学文理学部人文科学研究所研究員
1976 年生まれ。日本大学大学院文学研究科哲学専攻博士後期課程満期退学。
主要論文に、「メルロ＝ポンティにおける知覚経験と論理、形式化」（『メルロ＝ポンティ研究』第 13 号、2009 年）、「メルロ＝ポンティの言語獲得理論」（『現象学年報 25』、2009 年）がある。

宮原 優（みやはら ゆう）　［第 4 章］
東京都立大学大学院人文科学研究科哲学専攻博士課程
1977 年生まれ。東京都立大学大学院人文科学研究科哲学専攻修士課程修了。
主要論文に「メルロ＝ポンティにおける未完結性の問題」（東京都立大学哲学会『哲学誌』第 45 号、2003 年）がある。

花形恵梨子（はながた えりこ）　［第5章］
慶應義塾大学大学院文学研究科博士課程
1978年生まれ。慶應義塾大学大学院文学研究科修士課程修了。
主要論文に「正義の二原理はどのような分配を目指すのか：市民・社会的協働・基礎構造」（慶應義塾大学倫理学研究会『エティカ』第2号、2009年）がある。

圓増 文（えんぞう あや）　［謝辞・第7章］
日本学術振興会特別研究員（PD）
1976年生まれ。慶應義塾大学大学院文学研究科博士課程単位取得退学。
主要論文には、「QOL評価と『基本財』」（日本倫理学会『倫理学年報』第54集、2005年）、「医療従事者と患者の信頼関係構築に向けた取り組みとしての『目的の共有』」、（日本医学哲学・倫理学会『医学哲学　医学倫理』第26号、2008年）などがある。

索　引

索引のなかで、「原註」とあるものは原註番号を指す。原註1-11であれば、第1章の原註＊11を参照。

英数字

ACLU
→「アメリカ自由人権協会」を見よ
ADA
→「アメリカ障害者法」を見よ
AIDS
→「エイズ」を見よ
IDEA
→「障害者教育法」を見よ
IEP
→「個別の教育プログラム」を見よ

ア行

アーレント, ハンナ Arendt, Hannah　212
愛, 愛情 love
　感情および関係としての―― as both emotion and relationship　原註1-11
　憤りとの区別 indignation, as distinguished from　128
アヴリル, ジェームズ・R Averill, James R.　原註2-76
悪 evil　212-214
アクィナス, 聖トマス Aquinas, Saint Thomas　63
アショーカ王 Ashoka　414
アドルノ, テオドール Adorno Theodor　331
アナス, ジュリア Annas, Julia　294, 310-311
アフリカ系アメリカ人　African-Americans
　――男性に対するスティグマの付与 stigmatizing of male　364
　――に対する暴力と――の政治的標的化 violence against and political targeting of　345
　シカゴ市うろつき禁止条例についての異なる見解 Chicago loitering ordinance, divided opinion on　348
　有罪判決を受け収容中の――の投票権 voting rights of incarcerated and convicted　316
　→「人種」も見よ
アメリカ自由人権協会 American Civil Liberties Union (ACLU)　332-333
アメリカ障害者法 Americans with Disabilities Act (AIDA)　387-389, 398
アライアンス・ディフェンス・ファンド Alliance Defense Fund　333-334
アリストテレス Aristotle
　怒りについて on anger　14, 126-128
　憤りについて on indignation　126-127
　快楽について on pleasure　406
　感情について on emotions　33-36, 38, 46
　「政治的動物」としての市民の構想 his conception of citizens as "political animals"　433
　精神の正常さと行為責任について on sanity and responsibility for one' s action　211
　同情について on compassion　62, 原註7-23
　友情について on friendship　原註7-12
　法と神々について on law and the gods　7
　「野獣のような臆病さ」対「理に適った恐怖心」on bestial cowardice vs. reasonable fear　42, 原註1-22
　理由としての法について on law as reason　6-7

アルキマンドリトゥ，マリア Archimandritou, Maria　314
アルコホーリクス・アノニマス Alcoholics Anonymous　313
アルシューラー，アルバート・W　Alschuler, Albert W.　原註5-83
アンギャル，アンドラス Angyal, Andras　113
怒り anger
——の評価 appraisal of　83-87
——の要求としての因果的思考 causal thinking as a requirement of　原註1-13
嫌悪感との区別 disgust, distinguished from　16-17, 126-128, 156-157
ナルシスティックな激怒と羞恥心との関連性 narcissistic rage and shame, link between　266-268
法と—— the law and　13-15, 217
理に適った挑発と—— reasonable provocation and　164
リベラルな社会における中核的感情としての—— as core sentiment in a liberal society　435-436
→「憤り」も見よ
憤り indignation
——とは区別された嫌悪感 disgust, distinguished from　126-136, 211
危害や損害への反応としての——as response to harm or damage　99
リベラルな社会における中核的な感情としての—— as core sentiment in a liberal society　435-436
→「怒り」も見よ
イギリス England
——におけるモラル・パニック moral panic in　317-322
異人種間結婚 miscegenation　100, 190
→「婚姻，結婚，異人種間の」も見よ
イングラハム，マーク Ingraham, Mark　原註3-16
インド India
——における，暴力行為への動機としての嫌悪感 disgust as motivation to violence in　145-146
——の憲法における人間の尊厳 human dignity in the constitution of　358
ヴァイニンガー，オットー Weininger, Otto　137, 143, 原註2-105
ヴァッサーマン，デーヴィッド Wasserman, David　原註6-45, 原註6-54
ウィニコット，ドナルド Winnicott, Donald
——の対象関係論 object-relations psychoanalysis of　225
——の背景 background of　229
科学としての精神分析についての見解 psychoanalysis as science, view regarding　432
患者Bの事例において対等が驚くべきことであることについて on equality as alarming in the case of B　vii, 20
患者Bの事例における完全であることと原初的羞恥心について on perfection and primitive shame in the case of B　20, 264-265
患者Bの事例における不確実性の受容について on acceptance of uncertainty in the case of B　440-441
患者Bの事例について on the case of B　241-248
「促進的環境」について on a “facilitating environment”　285-287
原初的羞恥心と保護者の役割について on primitive shame and the role of caretakers　238-239
心理学的な諸要因の「細やかなやりとり」and the “subtle interplay” of psychological factors　254
ウィリアムズ，バーナード Williams, Bernard　263, 原註4-110
ウィルス判事 Wills, Mr. Justice　193-194
ウエスト，コーネル West, Cornel　364
ヴェルマン，J・デーヴィッド Velleman, J. David　原註4-30
ヴォルク，ジェリー Volk, Jerry　169-170, 172
ウォルフェンデン報告書 Wolfenden Report　96
うろつき禁止法 loitering laws　342-350
エイズ Acquired Immune Deficiency Syndrome (AIDS)　361, 原註6-53
エーレンライク，バーバラ Ehrenreich, Barbara　358, 360
低所得者雇用のスティグマ付与について on stigmatization of low-income employment　361
ワーキングプアに関する恥の要請 shame

regarding the working poor, her call for 269-272, 307, 310, 312
ワーキングプアへの住宅供給 on housing for the working poor 358
エツィオーニ，アミタイ Etzioni, Amitai
アフリカ系アメリカ人の薬物使用者に対する刑罰の提案 African-American drug offenders, suggested penalty for 321
——の共同体主義的リベラリズム communitarian liberalism of 429-430
価値の同質性の称賛 homogeneity of value, prizing of 70
恥辱刑の擁護 shame penalties, support of 4, 224, 291, 296, 304-306, 311-312, 原註5-7
エリアス，ノルベルト Elias, Norbert 146-147
エリス，ハヴロック Ellis, Havelock 153, 原註2-117
エンペイリコス，セクストス Empiricus, Sextus 37
黄金時代の神話 Golden Age, myth of 228-229
応報 retribution 216, 303-304
オートニー，アンドリュー Ortony, Andrew 原註2-76
オクラ okra
——に対する嫌悪感，disgust regarding 原註2-48
汚濁 contamination
嫌悪感と—— disgust and →「動物性，人間の」を見よ
オランダ Netherlands
——における同性結婚 same-sex marriage in 原註5-57

カ行

カー，スティーヴン Carr Stephen 1-3, 45, 49-51, 168
カーンバーグ，オットー Kernberg, Otto
依存状態の恐怖について on fear of dependency 原註4-84
原初的羞恥心と「正常さ」について on primitive shame and "normality," 280
対象関係論に基づく精神分析について on object-relations psychoanalysis 225, 230
ナイチンゲールの物語，ナイチンゲールの物語と——の患者 nightingale story, and a patient of 248-249
ナルシスティックな激怒について on narcissistic rage 267
学習障害 learning disabilities 397-398
カス，レオン Kass, Leon
嫌悪感の社会的効用について disgust, on social utility of 110
嫌悪感への訴えに対する擁護論としての，推定上の損害について on constructive injury as argument for appeal to disgust 131
道徳的問題の手引きとしての嫌悪感について on disgust as a guide in moral matters 92, 100-105, 156, 161
「私たちの身体」に対する危険について on danger to "our bodies" 原註2-27
カスター，ロバート Kaster, Robert 124-125, 185-186
家族 family, the 327, 331
家庭内暴力・ドメスティック・バイオレンス domestic violence
——についての変化する社会規範 changing social norms regarding 59-60
→「虐待された女性」も見よ
カナダ Canada
——における同性結婚 same-sex marriage in 337
カハン，ダン・M Kahan, Dan M.
うろつき禁止条例を擁護する議論 loitering ordinance, his argument supporting 345-340
——の共同体主義的リベラリズム communitarian liberalism of 429-430
——の「保存説」"conservation thesis" of 原註2-33
嫌悪感の法的使用に対する擁護論 disgust, his argument favoring use of 5, 93, 106-110, 135, 161
恥辱刑に対する支持 shame penalties, support of 3, 224, 290-292, 296-297, 301-306, 311-313, 原註5-7
道徳の進歩に対する確信 moral progress, his confidence in 425, 428
とりわけ残忍な殺人を特定するうえで嫌悪感が果たす役割について homicide, on role of disgust in distinguishing especially horrible cases of 188, 211, 214-216
ポルノグラフィ規制において嫌悪感の果

たす役割について pornography, on role of disgust in regulating　182-184, 188
リベラリズムと恥辱刑 liberalism and shame penalties　原註 序章-11
リベラリズムの道徳的語法について on the moral idiom of liberalism　原註 2-12
幼稚園の息子のクラスにおける人種の認知 race, perceptions of, in son's kindergarten class　原註 1-24
家父長制 patriarchy
ゲイ同士の婚姻へのモラル・パニックと── moral panic over gay marriage and　328-329
カムスタック，ゲイリー・デイヴィッド Comstock, Gary David　371
カルホーン，チャシャ Calhoun, Cheshire　原註 4-110
感じ feelings
感情と── emotions and　35-36
感情 emotions
感じと── feeling and　35-36
──が理に適っていること reasonableness of（→「理に適っていること」「理に適った挑発」を見よ）
──のカテゴリーの定義づけ defining the category of　29-30, 37-39
──の評価 evaluation of（→「感情の評価」を見よ）
思考と── thoughts and　36-37
信念と── beliefs and　32-35
動物による──の経験 animals, experience of by　30
法と── the law and　6-15, 25-29
リベラルな社会にとって重要な，──と道徳的心情 and moral sentiments for a liberal society　435-439
欲求や気分との区別 appetites and moods, distinguished from　37-39
→「嫌悪感」や「羞恥心」など，特定の感情の項目を見よ
感情の値踏み（評価）（→「感情の評価（価値評価」を見よ）appraisal of emotions
感情の発達 emotional development
→「人間の発達（開発），発展」を見よ
感情の評価（価値評価）evaluation of emotions
感情の対象と── the object of emotion and　31-39
──に対する，リベラルからの反対意見 liberal objection to　71-74
疑問点 question to ask　83-87
政治的リベラリズムと── political liberalism and　73-79
法と── the law and　11-13
理に適っていることあるいは真実（真理）と── reasonableness or truth and（→「理に適っていること」も見よ）
「理に適っていること」対「真実（真理）と── reasonableness vs. truth and　40-46
完全性／不完全性 perfection/imperfection
原初的羞恥心と── primitive shame and　241-245
ガンディ，マハトマ Gandhi, Mahatma　148, 原註 2-114
カント，イマヌエル Kant, Immanuel　303-304, 306, 412-413
キケロ Cicero　284, 415
気分 moods
感情と区別された── distinguished from emotions　38-39
キム，デイヴィッド・ヘグォン Kim, David Haekwon　117-118, 原註 2-59, 原註 2-60
虐待された女性 battered woman
変化する社会規範と── changing social norms and　58-60
──による殺人と，正当防衛の擁護論 homicide by and the argument for self-defense　15, 55-57
無罪弁明について，「政治的リベラル主義者」対「共同体主義者」political-liberals vs. communitarians on the exculpation　77-79
教育 education
自己と原初的羞恥心について on the self and primitive shame　258-259
信念の評価と道徳教育 appraisal of beliefs and moral education　43-45
知的障害者の── of the mentally handicapped　1, 391-399
共同体主義 communitarianism
うろつき禁止法と── loitering laws and　346-348
価値の同質性の称賛 homogeneity of values, prizing of　70, 77-78
──と恥辱刑擁護 and support for shame

penalties 290
——にとっての問題点としての，共同体の定義 definition of community as problem for 346-348
個人の自由と—— individual liberties and 351, 364
ブレイスウェイトと—— Braithwaite and 304-306
リベラリズム批判としての—— as liberalism, critique of 429-430
→「エツィオーニ，アミタイ」を見よ
恐怖心 fear 14-15, 31-36, 42, 436
ギリガン，ジェイムズ Gilligan, James 300
キングスレー，ジェイソン Kingsley, Jason 384
近親相姦 incest 102-03
キンドロン，ダン Kindlon, Dan 255, 288, 301
屈辱 humiliation
拘禁刑と—— imprisonment and 313-314
恥辱との関係 shame, relationship to 259-260, 262
恥辱刑を通じた—— through shame penalties（→「恥辱刑」も見よ） 290, 293-297, 300-301
法に基づく——からの保護 protection from law-based 285
マーサ・ステュアートの—— of Martha Stewart 307-308
クラーク，キャンダス Clark, Candace 64
クライン，メラニー Klein, Melanie 239-240, 264
クレティアン，ジャン Chrétien, Jean 237
クロア，ジェラルド・L Clore, Gerald L. 原註2-76
グローバル正義 global justice 361
群集の正義 mob justice 297-299
警察による捜索 police searches，公営住宅における無令状スウィープ unwarranted sweeps in housing projects 346, 348-349
ケイス，メアリー・アン Case, Mary Ann 368
刑の宣告 sentencing
——と恥辱刑 and shame penalties（→「恥辱刑」を見よ）
——と量刑審理の段階での被害影響陳述 and victim-impact statements in phase of trial 68-69
——における同情 compassion in 26-29, 60-62, 65-69
——における嫌悪感の役割 and disgust, role of in 108-109
公判の量刑審理の段階で感情に訴えることと—— and appeals to emotion in penalty phase of trials 26-28
刑罰 punishment
拘禁刑以外のかたちでの——と恥 forms of, other than imprisonment and shame 312-313
残酷で異常な——と嫌悪感 cruel and unusual, and disgust 165
罪／罪悪感と—— guilt and 297
——としての拘禁刑 imprisonment as 114-115, 130, 313-316
——としての恥についての二つの見解 shame as, two views on 223-225
——と恥辱刑 and shame penalties（→「恥辱刑」を見よ）
——の主要な目的 primary purposes of 301
——の目的としての応報 retribution as goal of 303-304
——の目的としての更正または再統合 reform or reintegration as goal of 304-307
刑法 criminal law
うろつき禁止法と被告人の権利について on loitering laws and rights of defendants 342-349
心神耗弱の抗弁 diminished-capacity defense 211
——と刑の宣告 and sentencing（→「刑の宣告」を見よ）
人種によるプロファイリングと被告人の権利 on racial profiling and rights of defendants 349-350, 363-364
政治的リベラリズムと—— political liberalism and 77
陪審員への説示における嫌悪感の役割 jury instructions, role of disgust in 209-218
→「殺人」および「故殺」も見よ
ケーヒル，ロバート Cahill, Robert 57-58
激怒 rage，ナルシスティックな narcissistic

恥との関連性 and the link to shame 266-268, 300
ゲッツ, バーナード Goetz, Bernard 53-54
ケネディ, エドワード Kennedy, Edward 365
ケリー, ジョン Kerry, John 329-330
ケルマン, マーク Kelman, Mark 原註6-67, 原註6-68
嫌悪感 disgust
怒りとの区別 anger, distinguished from 16-17, 126-128, 156-157
刑の宣告での役割 sentencing, role in 108
——根絶を訴えるホイットマンの議論 Whitman' s argument for elimination of 148-155
——と憤りとの区別 indignation, distinguished from 126-136, 156-157, 211
——に関する道徳不可欠性説 moral indispensability thesis regarding 106-107
——に関する文化的多様性 cultural variation regarding 124-125
——の基準としての常識人／平均的な人間 reasonable/ average man as criterion for（→「理に適っていること・適切さ・妥当性」「理に適った挑発」も見よ） 172-174, 177-178
——の幼少期の発達 childhood development of 120-123
——の歴史 history of 115
——を法に組み込むことを支持する議論の概略 its inclusion in law, overview of arguments for 109-111
——を法に組み込むことを支持するデヴリンの議論 its inclusion in law, Devlin's argument for 95-100
——を法に組み込むことを支持するカハンの議論 its inclusion in law, Kahan's argument for 107-108
——を法に組み込むことを支持するカスの議論 its inclusion in law, Kass' s argument for 100-105
——を法に組み込むことを支持するミラーの議論 its inclusion in law, Miller's argument for 105-107, 146-148
コロラド州憲法修正2と—— Amendment 2 in Colorado and（→「修正2（コロラド州）」も見よ） 129, 192
残忍な殺人と—— horrible homicides and（→「殺人」を見よ）
屍姦と—— necrophilia and 197-201
社会規範と—— social norms and 116-119, 123-125
集団の従属と—— group subordination and 136-146
羞恥心との対比 shame, contrasted with 262-263
ジョイスやロレンスの小説と—— novels of Joyce and Lawrence and 176-177
生活妨害禁止法と—— nuisance law and（→「生活妨害禁止法」を見よ）
他者危害原理に対する心理学的擁護論と—— the psychological case for the harm principle and 423-428
強い感情としての—— as a powerful emotion 91
挑発という抗弁の根拠としての—— provocation defense, as basis for 163-172
同性愛と—— homosexuality and（→「同性愛」および「ソドミー」を見よ）
人間の動物性と—— human animality and（→「動物性, 人間の」を見よ）
文明の進歩と—— progress of civilization and 105-106, 146-148
法から——を除外する理由 its exclusion in law, reasons for 128-131, 134-136, 156-158, 182-185, 217-218
法と—— the law and 2-5, 13-15, 91-95
マーラーにおける——の叫び cry of, in Mahler 133-134
モラル・パニックと—— moral panics and 320-321
リベラルな社会と—— liberal societies and（→「リベラリズム」を見よ）
類似の法則と—— similarity, law of and 120
「有害な」——対「仮定の／推定上の」—— harmful vs. hypothetical/ constructive 162-163
わいせつと—— obscenity and（→「わいせつ」を見よ）
原初的羞恥心 primitive shame
家庭と社会による——の助長 nourishment of by families and societies 254-259
脅威としての—— as posing threat 265-266

——の出現と持続 emergence and persistence of　17-18, 236-238
——の発達と保護者との関係 and caretakers' relationship, the development of　238-239
自己と—— the self and　248-254
社会的関係と—— social relations and　238-239
恥辱刑と—— shame penalties and　296-301
人間の発達における——の危険 danger of in human development　241-246
マイノリティへのスティグマ付与と—— stigmatizing of minorities and　278-282
モラル・パニックと—— moral panics and　323
建設的な羞恥心 constructive shame
刑罰と—— penalties and　307-311
——の可能性と危険 possibilities and dangers of　272-274
——とナルシシズムの断念 and renunciation of narcissism　265
子どもにおける——の限度 in children, limitations regarding　272-273
成人における——の十分条件 in adults, conditions for　268-272
言論 speech, 政治的な political
→「政治的言論」を見よ
故意故殺 voluntary manslaughter
→「故殺」を見よ
公営住宅 housing, public　358
公共の場でのヌード public nudity　162, 380-382
→「ヌード, ——とヌードダンス」も見よ
拘禁刑 imprisonment　114-115, 130, 313-317
公－私的領域の区別 public-private distinction　340, 372-382
幸福主義的判断 eudaimonistic judgment　63, 68
コウモリ bats
——に対する嫌悪感 disgust regarding　原註 2-80
功利主義 utilitarianism　10-11, 405-422
→「リベラリズム」も見よ
コーエン, スタンリー Cohen, Stanley　317-323, 327-328, 342
ゴーシエ, ディヴィッド Gauthier, David　390
コースメイヤー, キャロリン・W Korsmeyer, Carolyn W.　原註 2-42
ゴールドハーゲン, ダニエル・ジョナ Goldhagen, Daniel Jonah　212-213
ゴールワルカール, マダフ・サダシ Golwalker, Madhav Sadashiv　原註 2-110
故殺, 故殺罪 manslaughter
政治的リベラリズムと—— political liberalism and　77-78
謀殺から——への罪刑の軽減における感情の役割 role of emotions in reduction of murder sentence to　1-4, 47-52, 60, 163-172
正当防衛との区別 self-defense, as distinguished from　47-48, 52-53
ゴッフマン, アーヴィング Goffman, Erving
外観を損なうことの影響について on disfigurement, impact of　220
「カバリング」について on "covering"　368
失業手当のスティグマについて on unemployment, stigma of　354, 356-357, 註 6-58
障害者へのスティグマ付与について on disabled persons, stigmatization of　383
スティグマと集団形成について on group formation, stigma and　298
スティグマとモラル・パニックについて on moral panics, stigma and　322
スティグマを付与された者と「正常」の関係について on stigmatized and normal, relationship between　222, 276-282, 389-391
恥辱と尊厳について on shaming and dignity　295
恥辱と「アイデンティティの剥奪」について on "spoiled identity," shame and　225
『子どもたちと結婚』(テレビ番組) Married with Children (television comedy)　原註 2-49
子どもの発達 child development
→「人間の発達（開発）, 発展」を見よ
コバーン, トム Coburn, Tom　326
個別の教育プログラム（IEP） Individualized Education Program（IEP）　1, 395-396,

398
コンスタンティヌス（ローマ皇帝）Constantine (Emperor of Rome)　220, 223, 276, 281
コペルマン，アンドリュー Koppelman, Andrew　328, 原註5-58
雇用差別禁止法 Employment Discrimination Act　364
コリンス，アラン Collins, Allan　原註2-76
コロラド州 Colorado, 修正2 Amendment 2
→「修正2（コロラド州）」を見よ
婚姻，結婚 marriage
異人種間―― interracial forms of　332
合衆国以外の社会における同性結婚 and same-sex outside the U. S.　337
家父長制と―― patriarchy and　328-329
――に関する論争 debate over　324-326, 329-330, 334
婚姻防衛法の合憲性 Defense of Marriage Act: constitutionality of　336-337
同性結婚に対するモラル・パニック and moral panic over same-sex　324-334, 338
婚姻防衛法 Defense of Marriage Act　324-326, 329-332, 334, 336-337

サ行

殺人 homicide
怒りと――に対する法 anger and the law of　14
嫌悪感ととりわけ残忍な―― disgust and especially horrible　108, 208-218
嫌悪感と――に関する陪審評決 disgust and jury decisions regarding　92
故殺への減軽 manslaughter, reduction to（→「故殺」を見よ）
差別禁止法 nondiscrimination laws
雇用と公共施設における差別禁止の基礎としての―― employment and public accommodation, as basis for　366-369
言論／結社の自由と―― freedom of speech/association and　365-366
――とコロラド州憲法修正2 and Amendment 2 in Colorado（→「修正2（コロラド州）」を見よ）
――と障害者 and disabled persons, ――による障害者保護 protection of through　385-387
――と宗教的理由による免除 and exemptions from on religious grounds　366
ジェンダーと―― gender and　367-368
サンステイン，キャス・R　Sunstein, Cass R.　328, 原註5-66
シェーラー，マックス Scheler, Max　222, 237
ジェンキンズ，フィリップ Jenkins, Philip　322
ジェンダー gender
原初的羞恥心の助長と―― nourishment of primitive shame and　255-258
――に基づく差別 discrimination based on　367-368
正当防衛説と―― self-defense doctrine and（→「虐待された女性」も見よ）　55-57
同性愛者に向けられた嫌悪感と―― disgust directed at homosexuals and　144
幼少期における発達，恥と―― childhood development, shame and　246-247
→「女性性」および「女性」も見よ
シカゴ Chicago
――におけるうろつき禁止条例 Loitering ordinance in　342-344
屍姦 necrophilia　197-201
死刑 capital punishment
感情への訴えと―― appeals to emotion and　25-26
――の合憲性 constitutionality of　68
――判決における嫌悪感の役割 disgust's role in determination of　209
平等な保護と―― equal protection and　210
死刑 death penalty
→「死刑」を見よ
思考 thoughts
感情と―― emotions and　35-37
志向的対象 intentional object　32
死体 corpses
嫌悪感と――の腐敗の観察 disgust and the observation of decay in　122
――損壊 mutilation of　102, 197-198
――と屍姦 and necrophilia　197-201
失業 unemployment　354-358, 360
嫉妬，ねたみ jealousy　86-87
市民 citizens

国家との関係における——の尊重 respect for, in the relationship with the state 289
——に対する「促進的環境」a "facilitating environment" for (→「促進的環境」を見よ)
——への恥の付与に関する問い shaming of, questions regarding 289
政治的動物としての—— as political animals 433-434
対応能力をもった，自立した成人という神話としての—— as competent independence adults, myth of 390-391
社会契約 social contract 390-391, 429-430
社会的関係 social relations
感情と—— emotions and 7-8
感情面での発達のための「促進的環境」と—— "facilitating environments" for emotional development and 285-287
欠乏なくあることへの要求が——に与える影響 demand to be without need, impact on 246-247
嫌悪感と—— disgust and 91
原初的羞恥心と—— primitive shame and 238, 254-259
——に対して境界線を引くものとしての悪 evil, as drawing boundaries against 211-214
集団的従属，および——における嫌悪感 group subordination, and disgust in 136-146, 165-166
「正常さ」における——とマイノリティに対するスティグマの付与 in "normality" and the stigmatizing of minorities 276-282
他と異なるものへの恥の付与 and the shaming of the different 222-223
社会的規範 social norms
嫌悪感と—— disgust and 116-119, 123-125
——が子どもの発達に及ぼす影響について child development, impact on 288-289
幼児期の嫌悪感の発達と—— childhood development of disgust and 120-123
リベラリズムと—— liberalism and (→「リベラリズム」を見よ)
理に適っていることと—— reasonableness and (→「理に適っていること」も見よ) 42-43
理に適った挑発と—— reasonable provocation and 49, 58-60
社会奉仕 community service 312-313
ジャコビー，C・R Jacoby, C. R. 25
ジャコブス，グエン Jacobs, Gwen 382
ジャック，マリタン Maritain, Jacques 原註7-20
宗教 religion
恥と——に関する心理学的な分析 psychological analysis of shame and 431-433
修正2（コロラド州）Amendment 2 (Colorado)
家族と—— the family and 327
宗教的理由による免除と—— religious exemptions and 366
——キャンペーンでの嫌悪感への訴え disgust, appeal to in promoting 129
——に関する連邦最高裁の判決 Supreme Court decision regarding 334-335
——の擁護論において主張される，同性愛の危険性 homosexuality, its dangers alleged to defend 192, 323-324
ジュリアーニ，ルドルフ Giuliani, Rudolph 339-341
シュルホファー，スティーヴン J. Schulhofer, Steven J. 301, 原註3-79, 原註5-83
ジョイス，ジェイムズ Joyce, James 176-177, 187
障害者 disabled persons
「学習障害者」the "learning disabled" 397-398
差別禁止法と—— nondiscrimination laws and 387-389
——に対する嫌悪感 disgust regarding 118
——の権利 rights of 387-388
——への偏見 prejudice against 205-206, 335-336, 382-384, 391
社会契約仮説の含意 social contract assumptions, implications for 390-391
「正常さ」と——へのスティグマ付与 "normality" and the stigmatizing of 382-386
知的障害者の教育 mentally handicapped, education of 1, 391-399
恥と—— shame and 2, 223
障害者教育法（IDEA）Individuals with Disabilities

Education Act (IDEA)　1, 392, 395, 397-398
情念・感情 passions
逆上して in the heat of　47, 50, 163, 169, 172
——の分類 classification of　29-30, 原註1-8
ショーペンハウアー，アルトゥル Schopenhauer, Arthur　143
女性 women
虐待された—— battered（→「虐待された女性」を見よ）
嫌悪感と——の従属 disgust and the subordination of　137-145
一つの集団としての——についての共同体主義者の見解 as a group, communitarians on　347
母乳に対する嫌悪感 and mother' s milk, disgust regarding　原註2-49
→「女性のセクシュアリティ」,「女性性」,「ジェンダー」も見よ
女性性 feminine, the
——に向けられた，恥辱に駆り立てられた激怒 shame-driven rage directed at 267-268
恥と——の身体的不完全性 shame and bodily imperfection of　257
反ユダヤ主義において——と結びつけられるユダヤ人 Jews, association with in Anti-Semitism　137-143
→「女性憎悪」および「女性」も見よ
女性憎悪 misogyny
嫌悪感と—— disgust and　141-145, 150, 176-178
——を強化するものとしてのポルノグラフィ pornography, as reinforcing　178-179, 185
人間の動物性と——の伝統 human animality and the tradition of　176
→「女性のセクシュアリティ」および「女性性」,「女性」も見よ
女性のセクシュアリティ female sexuality
嫌悪を催させるものとしての—— as disgusting　176
——が社会に与える衝撃を服の背後に隠すこと hiding behind clothing, social impact of　374-376
——と，嫌悪を催させるものの下位の区分としてのポルノグラフィ and pornography as a subclass of the disgusting　174
恥と—— shame and　233, 237, 331
ホイットマンにおける—— Whitman on 152-154
「欲求」対「感情」としての—— as appetite vs. emotion　38
レズビアニズム lesbianism　323
→「女性憎悪」も見よ
処罰 penalties, 恥の shame
→「恥辱刑」を見よ
ジョンソン，リンドン Johnson, Lyndon 359
シルヴァース，アニータ Silvers, Anita 383, 原註6-45
シルボー，キャサリン Silbaugh, Katharine 197
人種 race
刑事訴追と—— criminal prosecution and 原註3-16
刑務所への収容と—— incarceration and 316-317
死刑と—— capital punishment and　68
——と人種によるプロファイリング and racial profiling　288-289, 349
——についての子どもたちの認識 children' s perceptions of　原註1-24
——についての推論の潜在的な有効性 reasoning about, the potential efficacy of 44-45
——についての理に適わない信念 unreasonable beliefs regarding　42
——に基づいたスティグマの付与 stigmatizing based on（→「うろつき禁止法」も見よ）　349
→「アフリカ系アメリカ人」も見よ
人種によるプロファイリング racial profiling 349, 363-364
心神耗弱の抗弁 diminished-capacity defense 211
人肉食 cannibalism　102
信念 beliefs
感情と—— emotion and　31-35
——が理に適っていること reasonableness of　32-33, 40-43
人間の発展と—— human development and 43-46
真理（真実）truth

感情と―― emotion and 32-33, 40-41
――と正当防衛の判定の際の理に適っていること and reasonableness in determining self-defense 53
――に基づく，ミルによる自由の正当化 Mill' s justification of liberty, as based on 409-415
理に適っていることとの区別 reasonableness, distinguished from 42-43
スウィフト，ジョナサン Swift, Jonathan 116
スカリア，アントニン Scalia, Antonin 81-82
スターン，ジョセフ Stern, Josef 原註4-93
スターン，ダニエル Stern, Daniel 229, 234, 238
スティーヴンズ，ジョン・ポール Stevens, John Paul 378
スティグマとスティグマの付与 stigma and stigmatizing
キリスト教の実践における―― in Christian practice 原註4-122
ギリシア人とローマ人の習慣における―― in Greek and Roman practice 220, 223, 276-277, 281
障害者と―― disabled person and（→「障害者」を見よ）
――との闘争とヘイト・クライム禁止法 and hate crime laws, combating of（→「ヘイト・クライム禁止法」を見よ）
―― に対する対応策としての個人の自由 individual liberties as the antidote for 350-351
――をめぐる社会政策についての異なる見解 public policy regarding, positions on 287-288
恥辱刑による―― through shame penalties（→「恥辱刑」を見よ）
貧困と―― poverty and 356-361
法と―― the law and 341-342, 362-362
マイノリティの―― of minorities 276-282
モラル・パニックと―― moral panics and（→「モラル・パニック」を見よ）
―― に対抗するための差別禁止法 nondiscrimination laws to combat（→「差別禁止法」を見よ）
リベラリズムと―― liberalism and 429-430
ステイプルズ，ブレント Staples, Brent 364
ステュアート，マーサ Stewart, Martha 307-310
ストア派 Stoics, the
怒りの定義 anger, their definition of 126
感情について on emotions 7-8, 11, 13, 40-41
――の方法論 methodology of 原註1-9
徳の重視 virtue, their valuing of 原註2-83
スピノザ，バルーフ Spinoza, Baruch 232, 原註2-75
スミス，アダム Smith, Adam
愛と憤りの相違について on indignation as distinct from love 128
習慣が生活の必需品を定めていることについて on custom as shaping the necessities of life 354, 357-358
セクシュアリティを思い出させるものの除去 sexuality, his removal of reminders of 176
同情について on compassion 62-64
欲求と感情の区別について appetites and emotions, on distinguishing 38
スミス，スーザン Smith, Susan 61
スモール，フランク Small, Frank 25-28, 50-51
生活水準 living standards, まともな decent 356-361
生活妨害禁止法 nuisance laws
危害としての嫌悪感と―― disgust-as-harm and 162, 165, 202
限定的な危害と―― limited harm and 109
食習慣に関する嫌悪感と―― eating habits, disgust regarding and 206-208
――における嫌悪感の使用 disgust, their use of in 156, 202-208
――における偏見と嫌悪感 prejudice and disgust in 205-206
――の下での法的措置のための十分条件 sufficient conditions for legal action under 202-204
清潔 cleanliness
――習慣の多様さ variation in customs of

146-148
政治的言論political speech
限定的な危害と―― limited harm and 109
――の規制，ドイツおよびアメリカのアプローチ regulation of, German and American approaches 188
ヘイト・クライム禁止法と―― hate crimes laws and 369-370
ポルノグラフィと―― pornography and 179-183
政治的リベラリズム political liberalism 74-77, 431
→「リベラリズム」および「ロールズ，ジョン」も見よ
「正常」“normal”
公-私的領域の境界と――概念the public-private boundary and the idea of 374
――概念の規範的機能normative function of the idea of 276, 323
――概念を通じたスティグマ付与 stigmatizing others through the idea of（→「スティグマとスティグマ付与」を見よ） 278-282
――と「正常ではない」外観を避ける努力 and effort to avoid appearance of the “abnormal” 221-223
精神の正常さsanity
嫌悪感と――の判定 disgust and the determination of 210-211
正当防衛self-defense
虐待された女性と――，虐待された女性による殺人を擁護する議論homicide by battered women and, the argument for 15, 55-57
故殺との区別manslaughter distinguished from 47-48
政治的リベラリズムと―― political liberalism and 77-78
――と回避不能性，――における回避不能性の役割and inevitability, role of in 167
――の要件requirements for 52-57
――の理に適っていることの基準 reasonableness standard for 53-54
――を主張する時に感情に訴えている例 appeals to emotion in claiming, examples of 26, 28
セクシュアリティ sexuality
アメリカ人と―― Americans and 331
女性のセクシュアリティのかたちfemale forms of（→「女性のセクシュアリティ」を見よ）
性的興奮と嫌悪感をつなげるものとしての arousing and disgusting, as nexus between 175-179
――と同性愛and homosexuality（→「同性愛」を見よ）
ホイットマンにおける―― Whitman on 152-154
セックス・パニック！（政治活動を行うグループ）Sex Panic! (political action group) 339
摂食障害eating disorders 257-258
セネカ Seneca 41-42, 126-127
セン，アマルティア Sen, Amartya 434
全障害児教育義務法Education for All Handicapped Children Act 395
創世神話Genesis story 原註4-42
ソウター，デーヴィッドSouter, David 原註6-34
促進的環境facilitating environments
個人のプライバシー保護への要求としての―― as a requirement for protecting personal privacy 371-382
障害者に対する―― for the disabled 382-398
――の必要性need for 355
――の要求としてのまともな生活水準 decent living standard as a requirement of 355-361
――を可能にする差別禁止法およびヘイト・クライム禁止法nondiscrimination and hate crimes laws promoting 362-370
――を作り出そうとする，リベラルな社会にとっての課題the challenge of creating for liberal societies 397-399
ソドミー sodomy
――と他者危害原理 the harm principle and 191-195
――に関する嫌悪感 disgust regarding 131
――に関する法と嫌悪感 disgust and law regarding 92, 190-197, 200
→「同性愛」も見よ
尊厳dignity

拘禁刑と—— imprisonment and 313-316
宗教と——に対する規範的尊重 religion and normative respect for 432-433
——の経済的要件 economic requirements of 356-361
恥辱刑と—— shame penalties and 293-297
リベラルな国家における市民権と—— citizenship in a liberal state and 426, 原註7-15

タ行

対象関係論 object-relations theory 227-228
大プリニウス Pliny the Elder 153
卓越主義 perfectionism, ミルの Mill's 416-422
ダグラス, メアリー Douglas, Mary 116-117, 119
他者危害原理 harm principle
カスと—— Kass and 101-103
合衆国における法の伝統と—— U.S. legal tradition and 81-83
カハンと—— Kahan and 108
屍姦に適用された—— necrophilia, applied to 197-201
ソドミーに適用された—— sodomy, applied to 190-195
——に対する心理学的擁護論 the psychological case for 422-428
——を擁護するウォルフェンデン報告書 Wolfenden Report favoring of 96
恥辱刑と——shame penalties and 291-292, 305
デヴリンと—— Devlin and 96-100
法における嫌悪感と—— disgust in the law and 156-158, 161-163
ポルノグラフィに適用された—— pornography, applied to 179-181
ミルによる——の定義 Mill's statement of 79-80, 407
恥辱刑 shame penalties
悪しきサマリア人に対する—— for bad Samaritans 311-312
他者危害原理と—— the harm principle and 228-229
——に反対する, 群衆の正義に基づく議論 and mob justice argument, opposing 297-298
——に反対する, 信頼性の欠如に基づく議論 and unreliability argument, opposing 298-300
——に反対する, 尊厳に基づく議論 and dignity argument, opposing 293-297
——に反対する,「ネット・ワイドニング」に基づく議論 and "net-widening" argument, opposing 301-302
——に反対する, 抑止力に基づく議論 and deterrence argument, opposing 300
——の可能性と建設的な恥の付与 and constructive shaming, potential for 307-311
——の例 examples of 1-4
——を擁護する, 一般的な議論 general arguments favoring 2-4, 290-291, 302-303
——を擁護する, 応報主義の議論 and retribution argument, favoring 303-304
——を擁護する, 更正・再統合のための恥の付与に基づく議論 and reform or reintegrative shaming argument, favoring 304-307
知的障害者 mentally disabled, the
アメリカ障害者法と—— Americans with Disabilities Act and 387
——に対する偏見 prejudice against 205-206, 335-336, 382-383, 393
——への教育 education of 1, 392-398
→「障害者」も見よ
挑発 provocation, 理に適った reasonable
→「理に適った挑発」を見よ
チョドロウ, ナンシー Chodorow, Nancy 246, 288
罪, 罪悪感 guilt
——の一次対象 primary object of 235
——を根拠におく刑罰 punishments predicated on 297
恥との比較 shame, contrasted with 263-266, 294, 306
法と社会に対する潜在的利益 law and society, its potential benefit for 265-266
テイラー, ガブリエル Taylor, Gabriel 260, 原註4-38, 原註4-96
テイラー, ハリエット Taylor, Harriet 252-253, 438

デヴリン判事, パトリック Devlin, Lord Patrick
嫌悪感の基準としての「常識人」his "reasonable man" as criterion for disgust 5, 188-189
嫌悪感の社会的・文化的基盤に関して regarding social/ cultural basis of disgust 104-105, 110, 156, 161
推定上の損害と嫌悪感について on constructive injury and disgust 131
ソドミーについて on sodomy 192, 原註 2-4
――についてのドゥオーキンの意見 Dworkin on 原註 序章-14
同性愛について on homosexuality 原註 序章-12, 原註 2-4
法と因習的道徳について on law and conventional morality 422
法の根拠としての嫌悪感を擁護する議論 disgust as a basis for law, his argument for 5, 92-93, 95-100
テーヴェライト, クラウス Theweleit, Klaus 138-140, 257, 267, 301, 317, 319-320
デブス, ユージーン Debs, Eugene 365
テロリスト terrorists
――と嫌悪感にまつわる問題 and the problem of disgust 136
伝染 contagion 119-120
→「動物性, 人間の」も見よ
テンブローク, ジェイコブズ tenBroek, Jacobus 354, 383, 387, 原註 6-44
ドイツ Germany
悪とナチスの描写 evil and the depiction of Nazis 212-213
――とヘイト・スピーチ規制 and hate speech, regulation of 179, 370, 410
――とポルノグラフィ規制 and pornography, regulation of 186-187
ドゥオーキン, アンドレア Dworkin, Andrea 176, 178-185
ドゥオーキン, ロナルド Dworkin, Ronald 12, 原註 序章-14
同情 compassion
遠近法的思考と―― perspectival thinking and 原註 1-13
感情としての, ――の要素 as an emotion, elements of 62-65
刑事判決における―― in criminal sentencing 25-29, 60-62, 65-69
動物における――の経験 animals, experience of by 30
政治的リベラリズムと―― political liberalism and 77-78, 436-437
「つなぎ留められたもの」としての―― as "tethered" 68-69
マーラーにおける―― in Mahler 133-134
同性愛 homosexuality
公-私的領域の区別と―― the public-private distinction and 373-375, 377-378
殺人における罪刑の減軽要素としての――に関する嫌悪感 disgust regarding, as a mitigating factor in homicide 1-3, 45, 49-50, 93, 160, 167-172
残酷さとしての―― cruelty, as a form of 106
宗教的信念と―― religious belief and 327
――と差別禁止法 and nondiscrimination laws（→「修正2（コロラド州）」および「差別禁止法」を見よ）
――についてのカスの見解 Kass on 103, 106
――についてのデヴリンの見解 Devlin on 97-100, 106
――についてのファルウェルの見解 Falwell on 98
――についてのホイットマンの見解 Whitman on 152-154
――を標的とする手段としての都市用途地域規制 zoning as a means of targeting 338-341
同性愛者の従属における嫌悪感 disgust in the subordination of 138, 144
同性結婚に関するモラル・パニック gay marriage, moral panic regarding 326-334
不幸と―― unhappiness and 原註 3-50
ヘイト・クライム禁止法と―― hate crimes laws and（→「ヘイト・クライム禁止法」を見よ）
→「ソドミー」も見よ
同性結婚, 同性婚 same-sex marriage
カナダにおける――in Canada 337
オランダにおける――in the Netherlands 原註 5-57
道徳教育 moral education

信念の評価と—— appraisals of beliefs and 43-44
道徳的不可欠性説 moral indispensability thesis 106-107
投票権 voting rights
有罪判決を受け収容中の重犯罪者の——の否定 denied to the incarcerated and convicted felons 316
動物 animals 16-17
獣姦 sex with 102
——における同情 compassion in 30
動物性, 人間の animality, human
汚濁と——に対する嫌悪感 contamination and disgust with 94, 118-119
嫌悪感の認知内容と—— cognitive content of disgust and 16, 111-119
嫌悪感をつうじての集団の従属と—— group subordination through disgust and 136-146
都市用途地域規制 zoning 338-341
トムキンズ, シルヴァン Tomkins, Silvan 234
トルストイ, レフ Tolstoy, Leo 142-143
ドレスラー, ジョシュア Dressler, Joshua 原註 1-36
トンプソン, マイケル Thompson, Michael 255-258, 288, 301

ナ行

ナース, ヴィクトリア Nourse, Victoria 原註 1-39
ナルシシズム narcissism
ウィリアム・ベネットへの恥の付与と—— shaming of William Bennett and 309-310
家庭や社会による——の助長 nourishment of by families and societies 254-259
激怒と恥辱を結びつけるものとしての—— rage and shame, as link between 266-268, 300
子どもの発達と—— child development and 239-241
同性愛者への攻撃と—— aggression against homosexuals and 334
恥との関係—— shame, in relationship to 263
マーサ・ステュアートの—— of Martha Stewart 307
モラル・パニックと—— moral panics and 323
——における完全性／不完全性と原初的羞恥心 perfection/imperfection and primitive shame in 241-250
幼児的——と他者へのスティグマ付与 infantile forms of, and the stigmatizing of others 279-282
幼児的——, 人間に共通の問題としての infantile forms of, as common human problem 254
ニーチェ, フリードリヒ Nietzsche, Friedrich 原註 2-91
ニス, フレッド Kniss, Fred 347
日本 Japan
——における, 個人と共同体主義 individuals and communitarianism in 305
ニューヨーク市 New York City
同性愛者と——における都市用途地域規制 homosexuals and zoning regulations in 339-341
人間の尊厳 human dignity
→「尊厳」を見よ
人間の動物性 human animality
→「動物性, 人間の」を見よ
人間の発達（開発), 発展 human development
原初的羞恥心とナルシシズムにおける保護者の役割 caretakers' role in primitive shame and narcissism 238-241
原初的羞恥心と—— primitive shame and 241-259
人格に基づく, ミルによる自由の擁護と—— Mill's person-based argument for liberty and 415-419
信念と—— beliefs and 43-46
——と罪悪感 and guilt 263-264
——とヌードダンス and dancing 378-379
——と幼児期についての説明 and infancy, accounts of 226-233
——における葛藤と両価感情（アンビヴァレンス）conflict and ambivalence in 46
幼少期における嫌悪感の—— of disgust in childhood 120-123
——に見られる羞恥心に関するジェンダー間の差 gender differences regarding shame

in　255-258
――の感情面における健康,「促進的環境」における emotional health of, in a "facilitating environment"　285-288
――の成果としての,嫌悪感と恥のダイナミクス dynamics of disgust and shame as product of　423-424
――における羞恥心の起源 shame, origins of in　18, 232-237
ヌード nudity
→「公共の場でのヌード」も見よ
ネーゲル,トマス Nagel, Thomas　373-374
ノーマン,ジュディ Norman, Judy　26-28, 31-33, 35, 40, 55-57, 60
ノーモティックな人格 normotic personality　247, 266

ハ行

バーガー,ウォレン Burger, Warren　2, 173, 176
パーカー,チャールズ Parker, Charles　195
バード,ロバート Bird, Robert　340
バード,ロバート Byrd Robert　324-326
バートフ,オマー Bartov, Omer　212
ハーラン,ジョン・マーシャル Harlan, John Marshall　原註 1-46
ハイト,ジョナサン Haidt, Jonathan　原註 2-43, 原註 2-57, 原註 2-65
パイファー,メアリー Pipher, Mary　258
恥・恥辱・羞恥心 shame
異文化間に見られる――の違い cross-cultural variation regarding　237
家族と―― families and　331
屈辱との区別 humiliation, distinguished from　259-260
嫌悪感との対比 disgust, contrasted with　262-263
原初的なかたちの―― primitive forms of（→「原初的羞恥心」を見よ）
建設的な―― as constructive（→「建設的な恥」を見よ）
個人のプライバシーと―― personal privacy and　372-382
罪悪感との対比 guilt, contrasted with　263-266, 294, 306-307
自己と―― the self and　244, 248-254
宗教と―― religion and　432-433
障害者と―― disabled persons and（→「障害者」を見よ）
「正常でないもの」と―― the "abnormal" and　221-223
セクシュアリティと―― sexuality and　233, 237-238, 330-331
摂食障害と―― eating disorders and　258
「他者危害原理」の心理学的擁護論と―― the psychological case for the harm principle and　423-428
――と処罰 and penalties（→「恥辱刑」を見よ）
――における観客の位置 the audience's place in　244
――の重要さを示す精神分析の症例 in psychoanalysis, examples of significance of　241-259
――の定義 definition of　235
貧困と―― poverty and　356-361
法と―― the law and　2-4, 15-18, 223-225, 285-289, 295
ナルシスティックな激怒と―― narcissistic rage and　266-268
乳児期における――の起源 origins of in infancy　232-236
人間の発達と―― human development and（→「人間の発達（開発）,発展」も見よ）
モラル・パニックと―― moral panics and（→「モラル・パニック」も見よ）
抑鬱と―― depression and　266-267
リベラルな社会と―― liberal societies and（→「リベラリズム」も見よ）
狼狽との区別 embarrassment, distinguished from　260-262
『ハスラー』（雑誌）Hustler (magazine)　182-185
パターナリズム paternalism
自己に関わる危害の規制と―― regulation of self-harm and　426-428
ハチソン,エイサ Hutchinson, Asa　326
バックリー,ウィリアム・F,ジュニア Buckley, William F., Jr.　4
バットソン,C・ダニエル Batson, C. Daniel　63-64
ハミルトン,ジョン Hamilton, John　169
反差別法 antidiscrimination laws
→「差別禁止法」を見よ

ハンディキャップを負った人 handicapped, the
→「障害者」を見よ
反ユダヤ主義 anti-Semitism
中世における——的プロパガンダの言い回し propaganda in the Middle Ages, expression through 192
ドイツにおける——の規制 regulation of in Germany 179, 370, 410
——における嫌悪感の特有さ uniqueness of disgust in 145
ユダヤ人の身体のイメージと—— image of the Jewish body and 137-141
ピアース, ゲルハルト Piers, Gerhart 236, 原註4-99
ピーコック, キース Peacock, Keith 57
ビーティー, メリット Beattie, Merritt 原註6-62
ビール, ジョセフ・H, ジュニア Beale, Joseph H., Jr. 原註1-47
被害者 victims
刑の宣告における——への同情 compassion for, in sentencing 68-69
被告人の権利 rights of defendants
→「刑法」を見よ
ヒトラー, アドルフ Hitler, Adolf 90, 140
ヒルバーグ, ラウル Hillberg, Raul 212
貧困 poverty 356-361
ヒンドゥー・ナショナリズム Hindu nationalism 145-146
ファーン, ファニー Fern, Fanny 150
ファルウェル, ジェリー Falwell, Jerry 98
フィンランド Finland 134-136, 286
フィンリー, カレン Finley, Karen 178
フェアバーン, W・R・D Fairbairn, W. R. D. 230, 238-239, 264, 285-286
福祉権 welfare rights 359-360
プライバシー privacy, 個人の personal 372-382
ブラウニング, クリストファー Browining, Christopher 212
ブラウン, アルバート Brown, Albert 66-67
ブラックストン, ウィリアム Blackstone, William 52
ブラックマン, ハリー Blackmun, Harry 378
プラトン Plato 122, 232, 原註 序章-21
プルースト, マルセル Proust, Marcel 229, 240
ブルーン, クリスター Bruun, Christer 原註2-113
ブレイスウェイト, ジョン Braithwaite, John 4, 224, 300, 304-307
ブレナン, ウィリアム Brennan, William 359-360
フロイト, ジグムント Freud, Siegmund
アメリカ人とセクシュアリティについて on Americans and sexuality 331
嫌悪感について on disgust 115, 121
性的対象を堕落したものとみなす, 男性の必要について on the male need to see sex objects as debased 142
幼児期における対象の発見について on the discovery of objects in infancy 220, 227-229
幼児の自己概念について on the infant's conception of self 230-231
フロイント, アーネスト Freund, Ernest 原註2-20
ブロチェク, フランシス Broucek, Francis 234
文明 civilization
嗅覚の衰えと——の発展 development of, repression of smell and 115
嫌悪感と——の進歩 progress of, disgust and 105-106, 146-148
「平均的な人間」基準 "average man" criterion
→「デヴリン判事, パトリック」を見よ
→「嫌悪感」および「常識人/平均的な人間, 基準としての」を見よ
ヘイト・クライム禁止法 hate crimes laws
言論の自由と—— free speech and 364-365
——に対する異論 arguments against 369-376
——による抑止効果 deterrent effect of 371
——と政治的発言の保護 and protection of political speech 370-371
モラル・パニックと——への抵抗 moral panic and opposition to 334
ヘイル, エドワード・エヴェレット Hale, Edward Everetts 150-151
ベイレス, ジェフリー Bayless, Jeffrey 327
ヘシオドス Hesiod 228

ベッカー，アーネスト Becker, Ernest 106-108
ペトロニウス Petronius 284
ベネット，ウィリアム Bennett, William 309-310
ベルベ，ジェイミー Bérubé, Jamie 1, 396
ベルベ，マイケル Bérubé, Michael 223-224, 396
ベン・イェフダー，ナッハマン Ben-Yehudah, Nachman 322
ベンサム，ジェレミー Bentham, Jeremy 253, 406, 412-413
ホイットマン，ウォルト Whitman, Walt
『草の葉』の書評 his Leaves of Grass, review of 160
嫌悪感根絶の擁護論 disgust, his argument for the eliminations of 149-156
死体について on corpses 原註 3-60
身体について on the body ii, 402, 422-423
ホイットマン，ジェイムズ・Q Whitman, James Q. 224
恥辱刑とリベラリズムについて on liberalism and shame penalties 原註 序章-11
恥辱刑に反対する議論 shame penalties, his argument opposing 297-299
恥辱刑の応報的な側面について on retributive aspect of shame penalties 303
ヨーロッパでの刑罰について on punishment in Europe 313, 316
謀殺 murder
→「殺人」を見よ
ボーイスカウトアメリカ連盟 Boy Scouts of America 366
ホール，ステュアート Hall, Stuart 322
ボールビー，ジョン Bowlby, John 232
ポールマン，H・L Pohlman, H. L. 原註 3-5
保護者 caretakers
→「人間の発達（開発），発展：原初的羞恥心とナルシシズムにおける保護者の役割」を見よ
→「ウィニコット，ドナルド：――における原初的羞恥心と保護者の役割について」を見よ
ポズナー，エリック Posner, Eric 298-299, 302, 311
ポズナー，リチャード Posner, Richard 197, 314-315, 369, 408
母乳 mother's milk
――に対する嫌悪感 disgust regarding 原註 2-49
ボブ・ジョーンズ大学 Bob Jones University 366
ボヤーリン，ダニエル Boyarin, Daniel 原註 2-99
ボラス，クリストファー Bollas, Christopher 228, 230, 234, 247, 原註 4-27
ホランダー，アン Hollander, Anne 143, 375-376, 402, 422-423
ポルノグラフィ pornography
女性の従属としての―― as subordination of women 178-181, 187-188
ドイツにおける――の規制 in Germany, regulation of 186-188
――と雑誌『ハスラー』の訴訟 and Hustler magazine case 182-185
――に関するマッキノンとドゥオーキンの分析および提起 MacKinnon-Dworkin analysis and proposal regarding 178-181, 187-188
「欲求」対「感情」としての―― as appetite vs. emotion 38
わいせつの法的基準と―― the legal standard for obscenity and 173-175
→「わいせつ」も見よ
ホワイト，バイロン White Byron 378

マ行

マーケル，ダン Markel, Dan 303-304, 306
マーシャル，サーグッド Marshall, Thurgood 378
マーフィー，ジェフリー Murphy, Jeffrie 原註 2-48
マーラー，グスタフ Mahler, Gustav 133-134
マーラー，マーガレット Mahler, Margaret 229, 238
マイソン，ロバート Mison, Robert 171
マクゲリー，エリザベス McGarry, Elizabeth 原註 2-49
マコーレー，クラーク・R McCauley, Clark R. 原註 2-43, 原註 2-57, 原註 2-65

マサロ, トニー Massaro, Toni　224, 303
マッキノン, キャサリン MacKinnon, Catharine　178-181
マルクス, カール Marx, Karl　原註3-28
マンスフィールド, ハーヴェイ Mansfield, Harvey　原註3-50
ミアリーズ, トレイシー Meares, Tracey 345-349
ミーズ, エドゥイン Meese, Edwin　332
未成年者 juveniles
都心のギャングとモラル・パニック inner-city gangs and moral panic regarding 342-349
南アフリカ South Africa　358
ミノウ, マーサ Minow, Martha　223
ミラー, アリス Miller, Alice　266
ミラー, ウィリアム・I　Miller, William I.
彼の子どもたちの嫌悪感の具体例 on disgust: examples in the children of　原註2-70
規範面の見解の欠如 normative position, his lack of　110
屈辱と恥辱の対比について humiliation and shaming, on contrast between　259-260
嫌悪感に関する見解 disgust, his position on　5, 105-107, 原註2-35
嫌悪感についての心理学的知見 his psychological findings on disgust　431
残酷な行為に抗議する際の動機としての嫌悪感について on cruelty, disgust as motivator to oppose　161
社会の進歩と嫌悪感について on social progress and disgust　92, 146-148
女性憎悪について on misogyny　142, 176
人間の動物性と嫌悪感 human animality and disgust　114
ミル, ジェイムズ Mill, James　250-251, 438, 原註4-73
ミル, ジョン・スチュアート Mill, John Stuart
意見の自由について on freedom of opinion　402
個人の自由について on individual liberty　69-71, 350-351
自己に関わる行為と他者に関わる行為の区別について on actions, and the distinction between self- and other-regarding　340, 377
『自伝』における精神的危機についての説明 mental crisis, his autobiographical account of　250-254, 258
宗教と豚肉を食べること on religion and eating pork　206-208
人格に基づく, 自由の正当化について on person-based justification of liberty　415-422
真理に基づく, 自由の正当化について on truth-based justification of liberty　409-415, 421
他者危害原理に対する心理学的擁護論と—— psychological case for the harm principle and　423-426, 439
他者危害原理について on the harm principle（→「他者危害原理」も見よ）　79-83, 96, 191, 407-408, 423
「単に推定上の」損害について on "merely constructive" injury　131, 157
動物の権利に対する擁護 animal rights, his support for　102
ネーゲルと—— Nagel and　377
非凡な〔普通ではない〕人々の価値について unusual people, on the value of　277
法における感情の役割について on emotions in the law　9
——の功利主義 utilitarianism of　405-422
——のリベラリズム liberalism of　原註1-87
リベラリズムに対する心理学的基礎に対する——の立場 psychological foundations of liberalism, his position regarding　19-20
→「卓越主義」も見よ
名声, 名誉 honor　54-55, 78
メニングハウス, ヴィンフリート Menninghaus, Winfried　111, 原註2-56
モース, スティーヴン Morse, Stephen　原註1-39
モーム, W・サマセット Maugham, W. Somerset　90, 143
模範刑法典 Model Penal Code　54, 原註1-38
モラル・パニック moral panics
コロラド州憲法修正2と—— Amendment 2 in Colorado and（「修正2（コロラド州）」

も見よ）
知的障害者に向けられる—— mentally retarded, as directed against 335-336
同性結婚という考えへの反応としての—— gay marriage, as response to idea of 324-334
同性愛と—— homosexuality and 98
ニューヨーク市における都市用途地域規制と—— zoning regulations in New York City and 339-341
——の所産としての，うろつき禁止法 loitering laws as product of 342-350
——の典型的な事例 the classic example of 317-322
——についての説明 explanation of 322-323
モラレス，ヘスス Morales, Jesus 344-345
モリス，ジェニー Morris, Jenny 383, 386
モリス，ハーバート Morris, Herbert 303
モリソン，アンドリュー Morrison, Andrew
原初的羞恥心と「正常さ」について on primitive shame and "normality" 280
対象関係論に関する業績 object-relations theory, his work in 225, 230
恥と身体的不完全性について on shame and bodily imperfection 257-258
恥とナルシシズムについて on shame and narcissism 247, 249
幼児期の恥の継続的影響について on infantile shame, continuous influence of 235-238

ヤ行

ユダヤ人 Jews
——の従属に見られる嫌悪感 disgust in the subordination of 137-145
→「反ユダヤ主義」も見よ
ユンガー，エルンスト Jünger, Ernst 138-139
幼児期 infancy 17-18
——における恥の起源 shame, origins of in 232-236
——における発達，開発 development during 226-233
→「人間の発達（開発），発展」も見よ
幼児的ナルシシズム infantile narcissism
→「ナルシシズム」および「原初的羞恥心」を見よ
抑鬱 depression 266
抑止 deterrence
功利主義的法理論における—— in utilitarian legal theory 10-11
恥辱刑と—— shame penalties and 300
ベルドッティ事件における—— in the Beldotti case 215
ヘイト・クライム禁止法と—— hate crimes laws and 370-371
ヨシノ，ケンジ Yoshino, Kenji 368
欲求（感情から区別されたものとしての） appetites, distinguished form emotions 37-38

ラ行

ラーモア，チャールズ Larmore, Charles 74, 原註 1-79, 原註 1-80
ラヴィング，ミルドレッド Loving, Mildred 190
ラヴィング，リチャード Loving, Richard 190
ラザルス，リチャード Lazarus, Richard 原註 1-30, 原註 2-76
ラッシュ，クリストファー Lasch, Christopher 4, 224
ランバード，J. エドワード Lumbard, J. Edward 321
理に適った挑発 reasonable provocation
感情の評価と——の判定 appraisal of emotions and determination of 83-86
変化する社会規範と——についての理解 changing social norms and understanding of 57-60
謀殺から故殺への罪刑の軽減と—— homicide〔訳注：murder の間違いと思われる〕to manslaughter, reduction of offense and 9, 47-51, 60, 160, 162-172
理に適っていること・適切さ・妥当性 reasonableness
感情に含まれる思考と—— thoughts involved in emotion and 35-36
感情の値踏み（評価）と—— appraisal of emotions and 40-47
嫌悪感と—— disgust and 99-100
信念の—— of beliefs 32-33, 40-43
正当防衛と—— self-defense and 51-54
——の指標としての平均的な人間 average man as indicator of 46, 172-174, 177-

178, 188-190
同情と―― compassion and　64-65, 67-69
法における感情と―― emotions in the law and　8-9, 11-13
ロールズ的な合意と―― Rawlsian consensus and　75-76
リベラリズム liberalism
感情に対する（価値）評価と―― evaluation of emotions and　29, 74-80
共同体主義と―― communitarianism and（→「共同体主義」も見よ）　428-430
契約論と―― contractarianism and　428-430
個人の自由と社会規範における―― in individual liberty and social norms　69-71
政治的―― political forms of（→「ロールズ，ジョン」も見よ）　74-77, 430-432
――に対する心理学的基礎 psychological foundations of　18-21
他者危害原理と―― the harm principle and　79-83, 96-97, 422-428, 438-439
恥と―― shame and　5
恥辱刑への異論 and shame penalties, objection to　291-292
――と言論の自由に関する信念 and free speech, beliefs regarding　365
――と自己危害へのパターナリスティックな規制 and self-harm, paternalistic regulation of　426-28
――と人格に基づく，ミルによる自由の正当化 and Mill' s person-based justification of liberty　415-422
――と真理に基づく，ミルによる自由の正当化 and Mill' s truth-based justification of liberty　409-415, 421-422
――と促進的環境を生み出すうえでの課題 and facilitating environments, the challenge of creating for　398-399
――と法における感情の役割に対する異論 and emotion in the law, the valuation objection to　71-74
――とミルの功利主義 and Mill's utilitarianism　405-422
――とミルの卓越主義 and Mill's perfectionism　416-418
――における多元主義と刑法 pluralism and criminal law in　196-197
――にとっての道徳感情 moral sentiments for　435-439
――へのケイパビリティ・アプローチ capabilities approach to　433-439
――への脅威としての嫌悪感と恥 disgust and shame as posing dangers to　403-405
リベラリズムへの「ケイパビリティ・アプローチ」"capability approach" to liberalism　434-439
量刑審理 penalty phase, 刑事裁判 criminal trials
→「刑の宣告」を見よ
リンドグレン，ジェイムズ Lindgren, James　原註3-34
類似 similarity
――の法則と嫌悪感 law of and disgust　120
ルーズヴェルト，フランクリン・デラノ Roosevelt, Franklin Delano　359
ルクレティウス Lucretius　226-229
ルスカ，ローマン Hruska, Roman　277
ルソー，ジャン＝ジャック Rousseau, Jean-Jacques　ii, 8, 19, 63
レヴィッツ，ミッチェル Levitz, Mitchell　384
レスター，ジリアン Lester, Gillian　原註6-67, 原註6-68
レンキスト，ウィリアム Rehnquist, William　81, 378
連合主義 associationism　425
連邦最高裁判所（合衆国）Supreme Court (U.S.)
異人種間結婚を禁止する州法についての判決 on interracial marriage, decisions regarding state laws against　332
異人種間結婚についての判決 on miscegenation, decision regarding　336
うろつき禁止条例についての判決 on loitering ordinance, decision regarding　343
刑の宣告での同情への配慮 compassion, as consideration in sentencing　26-28
公的な場所での自由についての宣言 on freedom in public places, statement regarding　380
ジェンダーに基づく差別についての判決 on gender-based discrimination, decision regarding　367

修正2（コロラド州）についての多数意見Amendment 2 (Colorado), majority opinion regarding　334-335
自由な言論の範囲についての判決on free speech, decision regarding limits of　365
ソドミーについての判決on sodomy, decision regarding　196-197
知的障害者に対する偏見に基づいた行為についての判決on mentally retarded, decision regarding prejudicial action against　205, 335-336
ヌードダンスについての判決 on nude dancing, decision regarding　378
貧困層の経済的権利についての判決on economic rights for the poor, decision on　359-360, 395
陪審員への説示についての判決on instructions to the jury, decisions regarding　209
——と他者危害原理の拒否harm principle, and the repudiation of　81-82
「わいせつ」の語源について“obscene,” on the etymology of　92-93
わいせつに関するミラー基準on obscenity, Miller standard regarding　173-175
狼狽embarrassment　259-262
ロー , シルヴィア Law, Sylvia　328
ロード , デボラ Rhode, Deborah　310-311
ロールズ , ジョン Rawls, John
基本財についてon primary goods　419
言論の保護についてon speech, protection of　179
自尊心の社会的条件についてon self-respect, social conditions of　原註5-3
真理主張に対するアプローチtruth claims, his approach on　413-414
市民に関する想定citizens, his assumptions regarding　390
ソドミーと合衆国連邦最高裁on the Supreme Court and sodomy　196-197
多数者の専制の危険性についてon tyranny of the majority, danger of　71
——の政治的リベラリズム political liberalism of　74-76
——による功利主義の拒否utilitarianism, his rejection of　408, 411-413
ロジン , ポール Rozin, Paul
危険性への恐怖心と嫌悪感fear of danger and disgust　262-263
嫌悪感の根底にある呪術的思考magical thinking as basis of disgust　129
嫌悪感の認知内容the cognitive content of disgust　111-119, 124
「嫌悪を催させる」という言葉の使用“disgusting,” use of the term　131
幼少期における嫌悪感の発達childhood development of disgust　121-122
ロック , ジョン Locke, John　390
ロッドマン , F・ロバート Rodman, F. Robert　原註7-19
ロレンス , D・H　Lawrence, D. H.　90, 148, 177, 187

ワ行

ワーグナー , リヒャルト Wagner, Richard　103
ワーズワース , ウィリアム Wordsworth, William　252
ワーナー , マイケル Warner, Michael　339
わいせつobscenity
女性を従属させるポルノグラフィに関して起草された条例subordinating pornography, proposed ordinance regarding　178-181, 188
政治的言論と—— political speech and　183
——とポルノグラフィに対するドイツの規制and German regulation of pornography　186-188
——の基準としての嫌悪感disgust as criterion for　182-185, 188
——の定義definitions of　2-3, 173-174
——に関する法的基準legal standard for　173-179
——に関する法の根拠としての嫌悪感disgust as basis for law regarding　92-93
ワイルド , オスカー Wilde, Oscar　90, 131-132, 193-195
ワトソン , ジョン Watson, John　393
→「障害者」を見よ

原　註

序　章

＊1　これらの事例は、Kahan (1996) 632から取った。

＊2　Bérubé (1996) とNussbaum (2000b) の議論を参照のこと。

＊3　*Commonwealth V. Carr*, 580 A. 2b 1326-65 (Pa. Super. Ct. 1990). 一般的には、Brenner (1995) とKahan and Nussbaum (1996) を見よ。

＊4　*Miller v. California*, 413U.S. 15, 93 S. Ct. 2607 (1973).

＊5　Mison (1992); さらには第3章の議論を参照。

＊6　Etzioni (2001, 37).

＊7　Sanders (1989, 183) による引用。彼が参照しているのは、*Hartford Courant*, 19 April 1986, C6. 提案の目的が、将来の性的パートナーにスティグマを与えるものであるにせよ、警告を与えるものであるにせよ、その効果は間違いなくスティグマ付与するものである。バックリーも、女性、子ども、あるいは、HIV陽性か、あるいは他の感染性の病気に罹患している「同性愛でない」男性に対して、同じような刺青を提案しているのではない。

＊8　Massaro (1991, 1997), Markel (2001).

＊9　E. Posner (2000), Whitman (1998).

＊10　Rawls (1971), Bérubé (1996).

＊11　たとえば、Whitman (1998) は、リベラリズムの伝統は、恥辱によって懲罰するべきではないという根拠を与えるものではないと論じる。カハンは、非常に異なった仕方で、恥辱刑は反リベラル的であることを否定しているように思われる (1966, 1998, 1999)。

＊12　Devlin (1965), Miller (1987). ミラーはおそらく、デヴリンの最も有名な忠告、すなわち、合意のうえでの同性愛行為の禁止を支持しないだろう。彼は具体的な法的判断をしないけれども、全般的に、自分自身を、性別や性的志向を理由として差別することに反対するものとして描いている。

＊13　Kahan (1999).

＊14　このようなことは、デヴリンに対立する議論をするDworkin (1977) の立場のように思われるだろう。ドゥオーキンが論じるには、デヴリンの「道徳的立場」という概念は、精密な詮索を必要とする。彼が言うには、私たちは、合理的根拠が与えられる判断だけを法律の良き基礎として受け入れる。そして、その過程で

私たちは、理性と感情をはっきりと区別するというのである。「もし私が同性愛についての見方を個人的な感情的反応に基づけたなら、その根拠まで退けることになるだろう。実際に、私たちが、素人の言葉で言うところの恐怖症とか強迫観念——つまり、説明できない行為や状況に対する激しい感情的反応——として描き出そうとしているのは、この種類の立場なのである」(250)。いまや、ドゥオーキンは、もしある人が自分の感情的な反応に理由を与えられたら、それらが認められたということを受け入れている。しかし、彼はあくまで理性を感情的反応そのものから区別されたものとして扱う。彼が「単なる感情的反応（前出)」と呼ぶものは、それ自身としてはいかなるものに対してもどのような理由も与えない。後に、彼は論点を以下のように繰り返している。「私は、自分の感情を報告することによってのみ問題を解決することはできない」(252)。ドゥオーキンの結論によれば、デヴリンの誤りは、単なる感情的反応を道徳的性質にとって十分だと考えたことにある。私は、ドゥオーキンの議論の多くに感服しているが、すべての感情を「単なる感情」として扱い、感情そのものには道徳的理性も含めて、理性が含まれていることをまったく否定することによって、あまりに大雑把に問題を片づけてしまっている。

＊15　これらの考えは、Nussbaum (2001a) のなかで、感情と信念、感情と価値の体系的な説明としてもっと長く展開されている。短い本書では、その著作に多くの点で言及せざるをえないだろう。ここで取り上げられた多くの論点についてより長く詳細な哲学的議論を望む読者は、その著作の該当部分の議論を読んでいただきたい。

＊16　Nussbaum (1994, chaps.10-12; 2001a, chap.1) 参照。

＊17　このアプローチの代表例は、Posner (1990, chap.5). ポズナーは、ホームズの見方を跡づけている。Holms (1992, 160-177, 237-64) を参照。

＊18　Nussbaum (2001a) で論じたように、複雑さと洗練性においてレベルの違いがあるが、同じことが多くの動物に関して当てはまる。

＊19　これらの議論に関する高等教育の説明については、Nussbaum (1997) 参照。

＊20　Winnicott (1986) の第4章で論じられている。

＊21　もちろん、ここで私は、『国家IX』における非常に反リベラルな国家についてのプラトンの語り口を用いている。

第1章

＊1　*Small v. Commonwealth*, 91 Pa. 304, 306, 308 (1879).

＊2　*State v. Norman*, 378 S. E. 2d 8, 9, 11, 13 (N. C. 1989); 同17, 21 (マーティン Martin 判事の反対意見).

＊3　*Woodson v. North Carolina*, 428 U. S. 280, 303 (1976).

＊4　*California v. Brown*, 479 U. S. (1986), 538 ff.

＊5　同前538.

＊6　多数意見は、陪審員たちは簡単にこの区別を理解するだろうと論じている。反対論者たちは、検察側が、陪審員たちは事実上すべての共感を閑却するよう求められていると示唆して、多分に彼らを混同させていると論じている。そのような検察側による混同の例が多数引用されている。

＊7　暴行とその懲罰的損害賠償金との関係性については、Sunstein、Kahnemannを参照。
＊8　今日、「情念 passion」はたいてい、感情のうちでも非常に強いものの下位クラスを指している。しかし、フランス語の「passions」がそうだったように、かつてはより一般的な語であった。古代ギリシア語のpathêは、極端に一般的な意味をもっており、他のものに影響を受けるということなら何でも指す語だったが、また、この種の経験を指す、もっと狭い意味で使われるようにもなった。以降の思想家たちは、どんな語を使っていても、基本的にこの伝統に従っている。
＊9　典型的には、哲学的伝統は日常的な話し方と文学にたいへん留意している。これは間違いなく古代ギリシアのストア派の人々について言える。彼らは、この方法論のことで、同時代人たちから批判されている（Nussbaum [1994, chap.10] を参照）。
＊10　インドと中国の理論的伝統についての考察と、さまざまな文化の人類学的資料に関してはNussbaum（2001a）を参照。
＊11　たとえば、驚きや「喫驚」は感情に分類されることもあれば、されないこともある。好奇心、驚嘆、敬意についても同様である。「愛」は感情と複雑な関係の両方を名指しており、愛のこれらの側面がどのように関連づけられるかについては違いがある。
＊12　詳細な説明についてはNussbaum（2001a, chap. 2）を参照。
＊13　Ibid. 怒りは因果的思考を含んでいる。つまり、その生物は、他の何ものかによって損害を与えられたと信じていなければいけない。私が、同情における遠近法的思考の役割に関して「通常」と書いたのは、Nussbaum（2001a）で、この能力が厳密には必要でないと論じたからである。適切な方法で、どんな風に感じているかを想像できない動物にでも、私たちはその苦しみに同情を抱くことができる。
＊14　『弁論術』Ⅱ. 1–11.
＊15　Ibid., Ⅱ. 5.
＊16　Ibid., Ⅱ. 2–3.
＊17　このことに関しては、Nussbaum（2001a, chap. 1）でより詳しく述べている。
＊18　スミス『道徳感情論』第2節第1章。
＊19　関連する現象としては、長い間にわたって続けざまに苛立ちが起ったことに対する怒りがある。しかし、この場合、そのうち最後の苛立ちが、怒りでない状態と怒りの状態の間の一線を越えたと解釈される。
＊20　Graham（1990）の手の込んだ議論を参照のこと。私は、これらの区別について、Nussbaum（2001a, chap. 2）でより詳しく論じている。
＊21　『怒りについて』Ⅲ. 36 ff.
＊22　『ニコマコス倫理学』Ⅶ. 5, 1149a8. アリストテレスは、そのような人は「獣的に臆病」であると述べ、病気にかかる可能性があるのでイタチを恐れている人と対比している。イタチを恐れる人は、見たところでは、合理的である。私のイタチに関する知識が限られているため、この対照についてこれ以上コメントするのを差し控えざるをえない〔訳者付記。『ニコマコス倫理学』のこの個所は、「病気にかかる可能性があるのでイタチを恐れている」というよりも「病的にイタチを恐れている」とも読める〕。

＊23　価値評価的判断が真であったり偽であったりできるということを信じない人は、ここの点で、適正さ correctness や適切さ aptness というやや弱い概念で置き換えてもよい。

＊24　私の娘が4年生だった時（マサチューセッツ州ケンブリッジの政治的に真当な学校だった）、ジョナサンという男の子に何かしら馬鹿にされたと文句を言いながら家に帰ってきた。「ジョナサンってどの子よ」と私は聞いた。娘はいろいろな説明をした。その子はうるさくて、足が速くて、背が高くて、女の子をからかうのが好きで、などなど。かなり長いこと話してやっと、クラスでたった1人のアフリカ系アメリカ人であることがわかったのだ。私ならまっさきにそのことを言うだろう。カハンは、イリノイ州ヒンズデールにある彼の息子の幼稚園で、自分の身体の色（服の色ではない）の名を言われた人は教室の向こう側に行くというゲームが遊ばれていたことを報告している。子どもたちはこれを文字どおりに取り、単に自分たちの身体の色にはないとして、「白」を認めなかった。多くの子どもたちが「桃色」に反応し、アフリカ系アメリカ人の少女も1人、自分の手を見て同じようにした。

＊25　このような道徳的変化の過程は、アイリス・マードック Iris Murdoch によって Murdoch (1970) で見事に描き出されている。

＊26　疑念については Pohlmann (1999) を参照。彼の分析は第3章でさらに論じられる。

＊27　これについてのよい説明の1つは、Sherman (1999) を参照。

＊28　アリストテレスが、人間以外の動物に熱心で、そしてたいへん緻密な関心をもち、その解剖学と行動に彼の研究生活の多くを割いていたこと考え合わせると、これは奇妙ではある。

＊29　完全に整合的であるわけではない。衝動としての感情についてのより機械論な考え方の証拠に関しては Kahan and Nussbaum (1996) を参照。

＊30　Lazarus (1991) のなかの心理学者リチャード・ラザルスの要約を参照。「私たちがある感情によって反応するとき……その反応は、重要な価値や目的が関わっており、それが害され、危機に瀕しているとか、それが前進していると言ったことを示している。人がその環境に遭遇した時や人生全般で、何が問題となっているかについて、その人が自己や世界をどう解釈しているかについて、そして、危害や脅威、難題にどう立ち向かっているかについて、私たちは多くを感情の反応から学ぶことができる。個人が、人生や、物理的・社会的環境の細々したことにどう関係しているかを、これほど豊かに現わしてくれる概念は、心理学では他にない」(6–7)。

＊31　例外については、Kahan and Nussbaum (1996) を参照。

＊32　サー・マイクル・フォスター Sir Michael Foster、Crown Cases 292 (1898)（頬への張り手）と *Stewart v. State*, 78 Ala. 436, 440 (1885)（顔への殴打）を比較すること〔訳者付記。このフォスターの著作は不明だが、Report of some proceedings on the commission for the trial of the rebels in the year 1746, in the County of Surry and of the other Crown Cases であると思われる。だとすれば初版は1762年であり、1898年は誤植で

あろう〕。

＊33　*Regina v. Mawgridge*, 84 Eng. Rep. 1107, 1115 (1707) と *Rex v. Palmer*, 2 K. B. 29, 30-31 (1913) を比較すること。

＊34　*Maher v. People*, 10 Mich. 212, 221-22 (1862).

＊35　*Commonwealth v. Carr*, 580 A. 2d 1862, 1363-65 (Pa. Super. Ct. 1990).

＊36　だから、私たちは被告側が正当化を申し出ていると見るか、弁明を申し出ていると見るか、どちらかを絶対に選ばなければならないと、Dressler (2002) が示唆するとき、彼が問題を間違ったやり方で提起しているように私には思われる。ドレスラーにとって、その行為が正当化されないのならば、感情自体も正当化されない。だが、私たちは区別ができる。つまり、十全な「常識人」なら彼の極端な感情に別のやり方で対処するだろうから、犯罪自体は単に（部分的に）弁解されるだけだが、感情自体（極端な怒り）は状況によって正当化される。

＊37　*Small v. Commonwealth*, 91 Pa. 308 (1879).

＊38　模範刑法典によって是認されている別の対処方法は、被告に対する攻撃的行為の必要としないというものである。すなわち、「極度の情緒不安定 extreme emotional disturbance」で十分だ、とする。その法理が当てはまる典型的な判例（State v. Elliott, 411A. 2d 5 (Conn. 1979)）では、「子どもの養育権の問題、最近購入した家を維持できないこと、そして兄への圧倒的な恐怖心が重なって」神経の緊張しきった男が彼の兄を追いつめ、挑発もないのに撃ったが、彼の「不安定さ」のために故殺へ減刑されている。この方法の批判と、そのような他の判例については、Kahan and Nussbaum (1996, 322-23) を参照。

＊39　こうした事実があるならば、挑発の抗弁を撤廃すればより申し分ないのではないだろうか。スティーヴン・モース Stephen Morse はそうだろうと論じている。「道理をわきまえた人は、どんなに挑発されても、殺したりはしないものだ。……私たちは全員腹を立てさせられたことがあるわけだから、ほぼすべての人間が知っているように、腹を立てさせられたときでも、殺さないということは容易なことである」Morse (1984) 33-34。それでもなお、私がたった今述べた、自分の子どもを殺されているのを見つけた親の事例は、説得力のある例であるように思われる（そしてモースにとってさえそう思われており、彼は、そのような殺人者は限定責任能力に基づいた全面的な抗弁を得ると主張している）。そのような情況で殺害する人にまで共感を広げないとしたら、特殊な社会だろう。道理をわきまえた人ならそのような情況で通常の自制心を失って、たぶん無分別に行為することだろう。それとは別の懸念が、この法理に対するフェミニストの批判者によって提起されてきた。それは男性社会化の一部であるようなタイプの行動を容赦する、ということである。Dressler (2002)、Nourse (1997) を参照。この懸念は確かに、その抗弁を制限する理由であり、そして、たとえば、妻の愛人を殺害する夫の事例を典型例として扱わない理由である。抗弁は挑発が刑事犯罪である事例に限られるというナース Nourse の提案は興味深い。しかし、この国の性に関する法からすれば、それは彼女が追求している区別を正確に捉えてはいない。

＊40　*U. S. v. Peterson*, 483 F. 2d 1222 (1973).

＊41　Blackstone, *Commentaries* Ⅳ, chap. 14. またⅢ, chap. 1も参照。「抵抗は純粋な防衛と予防の域を越えないということを念頭に置かねばならない。というのは、越えてしまえば、防衛者は自分自身が攻撃者になるからである」。

＊42　ブラックストンはすでに、信念と感情の両方に基づいて正当防衛を分析している。*Commentaries* Ⅲ, chap. 1を参照。

＊43　*People v. Goetz*, 68 N. Y. 2d 96, 497 N. E. 2d 41 (1986).

＊44　しかし、裁判所は、合理的であるかどうかの審査をする際に、被告が直面するすべての情況を考慮すべきだと考えている。そのなかには、被告の身体的特質と、被告の信念の理に適った基盤を与えるかもしれない一定の過去の経験も含まれるだろう。

＊45　たとえば、N. H. Rev. Stat. Ann. Para. 627.4（Ⅱ）(b) (c) (1986); N. Y. Penal Law para. 35.15 (McKinney 1987); Tex. Penal Code Ann. Para. 9.32 (West 1994) を参照。

＊46　*Beard v. U. S.*, 158 U.S. 550, 561 (1895) (Harlan, J.) (*Erwin v. State*, 29 Ohio St. 186, 193, 199 (1876)を引用している。ハーラン司法官は、男は致死的な暴力を振るう前に「壁際まで退却する」という考えを受け容れているイギリス的態度と、よく見られるアメリカ的態度を比較対照している。

＊47　ジョセフ・H・ビール・ジュニア Joseph H. Beale, Jr. による初期の批判、Beale (1903)を参照のこと。彼は、「真に名誉ある男、本当に洗練されて高邁な感性をもつ男」なら退却という怯懦も悔やむだろうが、「仲間の血で自分の手が血塗られているという思い」の方をはるかに後悔することだろう、と示唆している。

＊48　*People v. Tomlins*, 107 N. E. 496, 497 (N. Y. 1914) (Cardozo, J.).

＊49　Kadish and Schulhofer (1989)、874-75にある摘要を参照。

＊50　Maguigan (1991) を参照。

＊51　*State v. Stewart*, 763 P. 2d 572 (1988).

＊52　この分野で最も影響力のある研究はWalker (1980) である。

＊53　*State v. Kelly*, 478 A. 2d 364 (1984).

＊54　Kahan and Nussbaum (1996, 349-50)の議論を参照のこと。ゲッツ事件と比較すること。ゲッツにはより軽い銃器不法所持罪の判決が下された。

＊55　シェリダン・ライオンズ Sheridan Lyons、「陪審団、判決で判事を調査」、*Baltimore Sun*紙、1994年10月20日、1B。

＊56　「女は不倫、男は発砲、判事は見て見ぬふり」、*New York Times*紙、1994年10月22日、A22。

＊57　Kahan and Nussbaum (1996, 346-47)に収録されている関係書類を参照。

＊58　Texas Penal Code art. 1220 (1973年に廃止)を参照。

＊59　アルバート・アルシュラー Albert Alschulerからダン・M・カハン Dan M. Kahanに宛てた書簡（1995年5月、*Colombia Law Review*の綴じ込み)。アルシュラーは、Texas Penal Codeの包括的改正の一部として「愛人制定法 paramour statute」の廃止を提起した委員会の公式書記官の1人であった。

＊60　*Regina v. Mawgridge*, 84 Eng. Rep. 1107, 1115 (1707).

＊61　したがって、挑発行為が常に犯罪行為である必要はないし、あらゆる犯罪行

為が理に適った挑発の根拠であるわけではない。しかし、犯罪性は確かに、常識人ならそれによって挑発されるだろうという考えに寄与している。

＊62　Kahan and Nussbaum (1995) を参照。

＊63　ここで私はNussbaum (2001a, chaps.6-8) でのより詳細な分析に従っている。

＊64　アリストテレスの用語elosは典型的に「哀れみpity」と翻訳されるが、Nussbaum (2001a, chap.6) で述べた理由から、私は「同情 compassion」の方を好む。これは、英語の「pity」がときどきにおわせるような優越や恩着せがましさの示唆を、元のギリシア語と同じく、含んでいない。

＊65　Batson (1991).

＊66　Nussbaum (2003b) を参照。

＊67　Clark (1997).

＊68　*California v. Brown*, 479 U. S. 540 (1987)、カリフォルニア州最高裁判所の判決から引用している。これがまた、はっきりと憲法上の要請を主張している以前の判例、*Woodson v. North Carolina*, 428 U. S. 280 (1976) を引証している。

＊69　*California v. Brown*, 538.

＊70　Ibid., 541-42.

＊71　Ibid., 553.

＊72　Ibid., 555.

＊73　Bandes (1999)にある論議の概要を参照。彼女はこの立場に対して説得力のある批判を行っている。

＊74　Bandes (1997) を参照。

＊75　最も新しい声明についてはEtzioni (2001) を参照。

＊76　この立場についてはRawls (1971, 1996) を参照。

＊77　私は政治的生活についてのそのような見解をNussbaum (1999a, 2000, 2002) で擁護している。

＊78　これがKahan and Nussbaum (1996) でなされた返答である。

＊79　「理に適った不一致 reasonable disagreement」はラーモアの言い回しである。ロールズは「理に適った多元論 reasonable pluralism」という用語を使う傾向がある。

＊80　Rawls (1996)、Larmore (1987, 1996). その見解は同名のロールズの本と結びつけられるのがごく普通だが、「政治的リベラリズム」という用語とその中心となる考え方は、それより以前にラーモアによって提唱されていた。彼の独創的な役割に、ロールズは謝意を表明している。

＊81　そのような基本財のリストは、「ケイパビリティ capability」のリストとして、あるいは、主たるタイプの職能や活動の機会のリストとして考えられるのがいちばん良いと私は論じてきた。「中心的ケイパビリティ」の私のリストには、生命、健康、身体が無傷であること、それから明らかに刑法にとって枢要である財産権などの項目が含まれる。

＊82　同様のアプローチについてはMill (1861, chap. 5) を参照。

＊83　Nussbaum (2001a, chap. 8) を参照。

＊84　Mill (1859).

＊85　自由のランクづけについてはNussbaum (2003a) を参照。私自身のアプローチは、「中心的な人間のケイパビリティ」に結びつけられる一群の中核的な自由を保護することは特別な地位を占めていると強調している。
＊86　Mill (1859). ここで言及されている権利は、おそらく、『功利主義論』、Mill (1861) の第5章で論じられたものだと理解されるべきである。これらは、人と財産の保護に対する基本的権利である。私が触れた困難すべてについてのさらなる議論は、Nussbaum (2002a) を参照。
＊87　この言い方は私が政治的リベラリズムを特徴付けるために使っていたものだが、それを使っていても、ミルが政治的リベラリストであったということを意味するつもりはない。通常、彼は「包括的リベラリスト」であると理解されている。なぜなら、ミルは、自律性こそ、たとえ宗教的伝統がいくつか蔑ろにされことになるとしても、国家が全面的に促進すべき価値であると信じているように思われるからである。『自由論』第3章でカルヴァン主義を非難していることから明らかなように、いくつかの宗教の形態に対するミルの態度はたいへん敬意に溢れているとは言えない。しかし、あらゆる形態の、思想、表現、そして「自己に関わる self-regarding」に彼が与えている非常に強力な保護からすると、彼の見解が政治的リベラリストの見解と本当に異なっているのか、私には明瞭でない。あるとすれば、その違いは、公共教育が整えられる仕方と、公務員が公人として表現するべきだとされる価値に現れるだろう。
＊88　これらの点に関するさらなる議論については、Nussbaum (2002) を参照。格別ミル的な州はケンタッキーである。ケンタッキー州は19世紀後半、個人的なアルコール摂取を禁じる条例を（州憲法のもとで）違憲であると判断した際に、ミルの危害原理を受け容れた。より最近では、ケンタッキー州最高裁判所は、ケンタッキーのソドミー禁止法を無効にする際に、これらの判例を前例として用いている。
＊89　*Barnes v. Glen Theatre*, Inc., 501 U.S. 560 (1991). レンキストは裁判所のために書いているが、2つの補足意見があるので、この訴訟では多数意見が存在しない。

第2章
＊1　Dworkin (1987) 中の翻訳を使用した。この翻訳は、通常は和らげて表現される最終版の攻撃的な含意を正確に表している〔*Mein Kampf*, translated by Ralph Manheim. Boston: Houghton Mifflin Company, 1962からの引用〕。
＊2　Miller (1997) における、この主題のみごとな扱いを見よ。私は以下でもこの文献にたびたび言及する。
＊3　ウィルス判事、判決。Hyde (1956) に引用されている。
＊4　Devlin (1965, 17). 同性愛者についてのデヴリンの立場は、実際には複雑なものであった。彼は「肛門性交　buggery」（ソドミー）という、より重大な犯罪については、法的処罰を与える制度の維持に賛同する。しかし、「淫らな言動」や「強制わいせつ」など、「若者」に対してなされるのでなければ、あまり重大ではない犯罪について、デヴリンは法的処罰を科す制度の廃止を主張した。このように、デ

ヴリンの推論は、「明確で、目に余る事例」だけが起訴されるだろうというものであるように見受けられる。そして、「肛門性交」に関する場合でさえ、重い刑が宣告されるのを望まないとデヴリンはつけ加えている(v-vi)。しかしながら、彼は同性愛に対して非常に過酷な態度を示した。デヴリンは、自ら同意して同性愛行為におよぶ成人を「中毒者」と呼び、次のように述べる。「同性愛は通常惨めな生活形態であり、もし可能なら、そのような道に入り込むことから若者を救おうとするのは、社会の義務である。この件について、そう書いたり述べたりするすべての人に、私は賛同する」(v)。本章第2節でのさらなる議論を見よ。

＊5　Miller (1997, chap.7).

＊6　Kass (1998, 19).

＊7　*Miller v. California*, 413 U.S. 15, 93 S. Ct. 2607 (1973), n. 2. バーガー主席判事によって記された多数意見。法廷はここで、*Roth v. U. S.*, 354 U.S. 15 487, S. Ct. at 1310 (1957) で提示された、わいせつの定義を修正する。そこでの定義はただ、「わいせつな関心 prurient interest 」への訴えに言及するだけだった。法廷が論じるところによると、この定義は、英語で伝統的に使用されてきた「わいせつ」という言葉の正確な意味を反映していない。「わいせつ」の辞書的定義については、第3章でさらに論じることとする。

＊8　Mison (1992) を見よ。

＊9　Devlin (1965, 13, 16).

＊10　Kass (1998, 19).

＊11　Miller (1997, 194). 憤りや恐怖心、あるいは悲劇の感覚ではなく、嫌悪感だけがこのような役割を果たすとみなされるのがなぜなのか、ミラーの議論によってはまったく明らかにならない。

＊12　Kahan (1998, 1624). カハンはミラーに同意して、こう付け足している。「近代リベラリズムの道徳的語法は」（断固としていっさい妥協することなく、すみやかに判断しよう）「とはしない」。リベラリズムが寛容と相互尊重を価値あるものをみなしているという主張によってだけ、この奇妙な結論は支持されることになる。だが、この寛容と相互尊重こそ、いかなる妥協も許さないような明確な道徳判断なのではないだろうか。

＊13　Kahan (1998, 1648).

＊14　Devlin (1965, 16).

＊15　Hart (1963) on 13 n. 1への返答を見よ。

＊16　Devlin (1965, 13).

＊17　それに関連する応答として、Hart (1963)。

＊18　Devlin (1965, 106). ミルについての論文からの引用。

＊19　Ibid., 111.

＊20　シカゴ大学のロースクールで、エルンスト・フロイント講義と銘打って開講された初めての講義に際し、デヴリンは皮肉をこめてこれらの主張をしている。エルンスト・フロイント Ernst Freund はすべての反対派の法的権利に対する勇敢な擁護者であり、戦時中の政治的反対派（特にユージン・デブス）の言論の自由を

擁護したことで、最もよく知られている。

＊21　ファルウェルはまた、神が私たちの寛大さにお怒りなので、私たちをお守りくださらなかったのだといった考えをほのめかした。

＊22　売春についてのデヴリンのコメントのいくつかは、まさにこのような思考の流れを示唆している（註12を見よ）。しかし、この流れは実際には展開されなかったし、異性愛者の非商業的な性的行為に対しては示唆すらされていない。

＊23　Devlin (1965, 15).

＊24　Ibid., 17.

＊25　Ibid.

＊26　Kass (1998, 19).

＊27　「私たちの身体」を「私たちの自律的合理的意志の単なる道具」とみなそうとする危険についてカハンは語りながら、身体が実際には人間を超えた目的を持つことを示唆する言いまわしを使用する。それによって、カハンの主張の問題はさらに大きなものになる。しかし、嫌悪感に関する議論に集中するために、言いまわしに関するこの問題はここでは論じない。

＊28　Kass (1998, 19).

＊29　Ibid., 18.

＊30　Ibid., 18-19.

＊31　Ibid., 18.

＊32　Miller (1997, 9).

＊33　Kahan (1999a, 64). さらに、カハンは「保存説 conservation thesis」なるものを明らかにしている。その説によると、社会が嫌悪感を使用するのは常に、階層の上下についての判断を知らせるためである。そして、社会は、自らが是認する行為や個人についての特定の順序だけを変更する。この保存説についてはここでは検討しない。なぜなら、嫌悪感を法的規制の根拠として利用すべきだという考えを、この保存説が支持することはないからである。

＊34　Miller (1997)で、ジュディス・シュクラー Judith Shklarが引きあいに出されている。

＊35　Miller (1997)の後に書かれた論文のなかで、実質的にレオン・カスのそれと同一視される見解に賛同する道徳理論を、ミラーは放棄しているように思われる。ミラーは次のように言う。「人間であることには、ある大きな制約が存在する。これらの制約に危険な仕方で抵触しているのがいつなのか示してくれる感情が、私たちには備わっている。これは、嫌悪感や恐怖心、超自然的存在を感じる感覚がなす働きの一部である」(Miller [1998, 87])。

＊36　Kahan (1998)にミラーの著作の詳細な書評がある。ミラーの考えをめぐる議論に言及した、より総合的な論文として、Kahan (1999a)がある。

＊37　「典型的 classic」という言葉によって、ロジンと私がともに意味しているのは、これらの対象がどんな場所でも見られる、嫌悪感の原因であるということであり、それらがまた、人々が嫌悪感を説明し、ある特定のものが嫌がられる理由を説明する場合の多くで取り組むことになる、中心的な典型例であるということである。

＊38　ロジンは、嫌悪感のいくつかの側面に関して多くの論文を出版しているが、しかし彼の見解の最も包括的な説明は、Rozin and Fallon（1997）のなかにある。Rozin, Haidt, and McCauley（2000）も見よ。これ以前に嫌悪感を取り上げた研究としては、Angyal（1941）が挙げられる。

＊39　Menninghaus（1999, 7）.

＊40　Rozin, Haidt, and McCauley（2000, 693）.

＊41　Darwin（1892）.

＊42　味覚それ自体が「粗野な」ものではなく、しばしば認知的要素を持つとするKorsmeyer（1999）での議論には説得力があるが、ここでの苦手意識と嫌悪感との対比は、その議論に耐えるものである。

＊43　Rozin and Fallon（1987, 24 n.1）. しかし残念ながら、Haidt, McCauley, and Rozin（1994）で導入された、いわゆる「D尺度」は、常にこの区別を観察するわけではない。たとえば、たとえ料理人の保持する細菌が危険の源泉であると正当に考えていた場合でも、「私はひいきのレストランにおそらくいかないだろう」という文が「真である」と答えたことによって、回答者は嫌悪感ポイントを獲得する。この心理テストには複数の設問があるのだが、その設問はそれぞれ異なる仕方であいまいである。たとえ、行為に対する嫌悪感から「偽」と答えたのではなく、動物に対してなさる危害を理由に「偽」と答えたのだとしても、「動物からの性的快楽を追及する人々は不道徳であると思う」という文が「真である」と答えることで、被験者は嫌悪感ポイントの加算を得る。そして、たとえ被験者が道徳的観点からのベジタリアンであり、他の肉を拒否する場合と同様、自分がベジタリアンであることを理由にサルの肉を拒否した場合でも、「私は何らかの状況でサルの肉を食べようと欲するかもしれない」という文に「偽である」と答えれば、嫌悪感ポイントが加算されることになる。

＊44　Rozin, Haidt, and McCauley（2000, 640）.

＊45　Ibid. 彼らは以下のように記している。この信念は「伝統的文化」に特徴的であるとみなされる場合がある。だが、その信念は実際には次のような常識に深く根付いているのである。すなわち、もしこの2つのものが結合するなら、そこで生じるものは両方に似通ったものになるだろうという常識である。

＊46　Angyal（1941）, cf. Rozin, Haidt, and McCauley（2000, 640）.

＊47　Miller（1997）; Rozin, Haidt, and McCauley（2000）.

＊48　世のなかにはオクラが嫌いな人たちがいる。哲学者ジェフリー・マーフィー Jeffrie Murphy が示唆するところによると、オクラが嫌われる理由は、オクラには「粘膜に似た部分」があり、その部分が人間の動物的なありようを想起させるからである。私は子どもの時に同じような反応をしていたのを思いだした。しかし、今ではオクラは私の好物の1つであり、食べるのも調理するのも大好きであるオクラはインド料理でよく使われる材料である。インド料理ではオクラをよく炒めることで、ねばねば感を取り除いている）。

＊49　Rozin and Fallon（1987, 28）、Ortner（1973）の引用。涙とは別に、母乳は興味深い事例である。しかし、結局これがロジンの主張への反例にはなることはないと

思われる。なぜなら、ロジンやミラーその他が明らかにしたように、私たちが自分の子どもの面倒と見る時に限っては、排泄物でさえ嫌悪感をもたらすものではないからである。そして、母親たちが母乳を嫌悪感なしで扱いうる一方で、もし彼女たちがそれを摂取するよう言われれば、母乳もまた嫌悪を呼び起こすだろう。エリザベス・マクゲリーは空港警備員から、母乳の入った瓶から飲むよう言われた。彼女は、「母乳を飲むのはとても不快だったし、本当におろおろしたし、本当に嫌だったわ」と語った（*U. S. News and World Report*, 2002年8月19日付、4頁）。さらに明確なことだが、母乳は無関係な人たち、特に男性たちのなかに、嫌悪感や大きな不安を引き起こすことによって、公共の場での授乳は禁止され、それによって、多くの子育て中の母親たちが自分のペースで生活をおくることは非常に困難なものとなる。邪魔になるという理由のみから、禁止されるのではないのだ。『子どもたちと結婚 *Married with Children*』というテレビシリーズの有名なエピソードを考察しよう。主人公アル・ブンディの隣人マーシーとその友人のフェミニストたちは、主人公が働く靴屋で授乳する権利を主張する。主人公の反応は、「母親お断り No Ma' am〔好戦的女性の支配に抵抗する男性の国家機関 National Organization of Men Against Amazonian Masterhood の省略〕」という名のグループに所属する不細工な男性たちに頼んで、彼らの裸のビール腹を女性たちに見せつけさせるというものだった。それはあたかも、醜悪で人の嫌がるものを陳列した者は、同等の報いを受けろと言わんばかりであった。

＊50　Rozin and Fallon (1987, 28)、Angyal (1941) の引用。

＊51　Miller (1997, xix).

＊52　Rozin and Fallon (1987, 28)、T. Despres の引用。

＊53　*Masonoff v. Dubois*, 899 F. Supp. 782, D. Mass (1995).

＊54　Freud (1905, 1908, 1930, 1965). フロイトの見解に関する優れた説明を、Miller (1997) やそして特に Menninghaus (1999) のなかで見ることができる。

＊55　Becker (1973, 31).

＊56　Becker (1973, 33). Menninghaus (1999, 7) も見よ。ベッカーによると、「嫌悪感に関する本はすべて、とりわけ腐乱死体についての本である」。幼児が死の恐怖を持つとベッカーは考えようとするが、そう考える必然性は存在しない。幼児の嫌悪感が、死の恐怖にかられた親の嫌悪感によって引き起こされたと説明しても構わないからである。

＊57　Rozin, Haidt, and McCauley (2000, 645) での以下の記述と比較せよ。「私自身から動物的なものを区別しようというこの欲求を駆り立てるのは、動物としていずれ死に至ることへの私たちの恐れなのかもしれない」。

＊58　Douglas (1966).

＊59　ダグラスへの非常に優れた批判については、Kim (2001) を見よ。私はキムのこの著作に多くを拠っている。Miller (1997, 47) も見よ。

＊60　キムによって提起された他の2つの懸念は、あまり重要ではないように思われる。つまり、身体に関する貧弱な衛生学は、身体の排泄物についてのロジンの理論のうちにぴったりとはまっている。「不自然な」性的行為への嫌悪感は、社会

的伝授によって大いに媒介されており、明らかに嫌悪感の「一次」対象のなかに含まれるものではない。

＊61　この法則は積極的な側面を持つ。その側面は、有名人が所有していたものを所有したい、さらにそれを触りたい、彼らが寝たところで眠りたいなどの私たちの熱望によって、明示される。

＊62　Rozin, Haidt, and McCauley (1999, 435).

＊63　Rozin, Haidt, and McCauley (2000, 640).

＊64　Ibid., 638も見よ。

＊65　Rozin, Haidt, and McCauley (2000, 640)は、嫌悪感の拡張の制限における「枠づけ」の重要性も強調する。たとえば、誰がレストランのキッチンで自分たちの食事を用意したのかなどを考えないようにすることを、私たちは身につける。

＊66　Rozin and Fallon (1987), Rozin, Haidt, and McCauley (2000, 641).

＊67　Rozin, Haidt, and McCauley (2000). Freud (1910)と比較せよ。

＊68　Rozin, Haidt, and McCauley (2000, 646)も見よ。

＊69　Ibid.

＊70　Ibid., 647とRozin, Fallon, and Mandell (1984)を見よ。Miller (1997)には、ミラーの子どもたちについての次のような話が記されている。「私の娘の1人は、トイレ・トレーニングを理解するとすぐに、排泄物への忌避をみせるようになった。手が汚染されるのが嫌だという理由で、彼女は自分で拭くのを拒否したのだった。3歳になる私の息子の1人は、トイレで服に尿が少しでもかからないように、下着だけでなく、そのうえのズボンも脱いでいた。それは、1日に何度も着替えをすることになるのを意味する。4歳になる私の息子のルイは用を足しながら、おなかのなかはきれいにするのが無理だからとても汚いといった批評を披露した。私に批判的な読者であれば、蛙の子がやはり蛙であると見抜くだろう」(13, 270 n. 46)。

＊71　*Republic* IV.（プラトン『国家』）

＊72　Kaster (2001).

＊73　Seneca, *De Ira*, 1. 3. 3, 1. 2. 3b.（セネカ『怒りについて』）。最初のものは、アリストテレスの見解のセネカ版である。第2のものは、ポセイドニウス版であり、3番めのものは、ディオゲネス・ラレルティウスとストバエウスの言葉のなかにある。*Stoicorum Veterum Fragmenta* III. 359-97を見よ。

＊74　Aristotle, *Rhetoric* II. 2. 1378a 31-33.（アリストテレス『弁論学』）。アリストテレスは、欲求が苦痛に伴われているとつけ加え、不正を自分自身、もしくは自分のものに対する不適切な「軽蔑」と定義した。

＊75　たとえば、スピノザは以下のように述べる。「憤りは他人に損害を与えた者への憎悪である」。*Ethics* III, *Definition of the Emotions*, 20.

＊76　Lazarus (1991, 217-34)を見よ。彼は怒りについてのアリストテレスの説明を擁護して発展させ、その説明が近年の実験研究によって支持されることを示した。Ortony, Clore, and Collins (1988)を見よ。そこでは、怒りは、「他の誰かがなした、非難に値する行為の不承認」と規定されている(148)。Averill (1982)は、社会的に形成された規範が怒りにおいて果たす役割を強調する。

＊77　*Rhetoric* II. 3.（アリストテレス『弁論学』）

＊78　Adam Smith, *The Theory of Moral Sentiments*, I. ii. 2. 1.（アダム・スミス『道徳感情論』）

＊79　スミスは愛についてのこの事実を、愛を取り扱ってきた多くの純文学がこだわったのが、恋人たちが舞い上がって相手に夢中になっているところではなく、恋人たちのおちいる苦境であったという事実に結びつけている。彼が論じるところによると、前者は概して喜劇的なのである。Nussbaum (1990) における論文「スティアフォースの腕」を見よ。

＊80　私の自宅はマサチューセッツ州ケンブリッジにある。ある日のこと、自宅の台所の流しをみると、なんと流しの排水口から、赤ん坊コウモリが頭を覗かせていたのだった（おそらく、そのコウモリは私の住むアパートに迷い込んでしまい、外に出ようとして上の階の風呂の排水口から入り込んで、パイプを伝って下りてきたのだろう）。私は恐怖心と嫌悪感に襲われ、そこからとびのいてしまった。清掃婦に助けを求めたのだが、彼女もまた恐怖と嫌悪感のために、同じようにとびのくのだった。私たちは一緒にどうにか料理鍋のなかにコウモリを閉じ込めて、ふたをかぶせ、それを外に持ちだし、その鍋を路地の草地にすえた。赤ん坊コウモリがそこからもぞもぞ這いでてくると、庭の手入れをしていた隣人は叫んだのだった。「かわいい坊や！　大丈夫？　怪我はない？」。その後、私はその料理鍋を捨てようという強い衝動に駆られたのだが、それを消毒して使い続けるよう何とか自分を説得させた。晩餐に招いた客には絶対にこの話はしない。

＊81　修正2はコロラド州憲法への修正案であり、州の住民投票で有権者によって承認された。この修正2は、性的志向を根拠にした差別を禁じる法規を制定する、地域共同体の権利を否定するものであった。この条項は、最終的に *Romer v. Evans*, 116 S. Ct. 1620 (1996) で、連邦最高裁判所によって違憲宣告された。

＊82　修正2の審議の際のウィル・パーキンスの証言。1994年10月に、私が個人的に耳にしたものである。

＊83　極端なストア主義者であれば否定するだろう。価値があると認められるのはただ徳だけであり、それは常に私たちの支配のうちにあるものである。

＊84　*LaReau v. MacDougall*, 473 F. 2d 974, C. A. 2 (1972) も見よ。自分の排泄物の近くに閉じ込められて生活し、食事を取り、おそらく睡眠をとることを受刑者に強制するのは、彼らの品位をおとしめ、卑しめることであり、とうてい許されるものではないと法廷は認定した。

＊85　*On Liberty*, chap. 4.（ミル『自由論』、第4章）

＊86　Rozin, Haidt, and McCauley (2000).

＊87　Ibid. を見よ。これが、拡張が行われる典型例である。

＊88　マーラー、マクス・マーシャルク Max Marschalk 宛書簡。Deryck Cooke, *Gustav Mahler* (Cambridge: Cambridge University Press, 1980) のなかで引用されている。

＊89　Nussbaum (2001a), chap. 14 のなかで、私は交響曲第2番のこの楽章について議論した。

＊90　この点における有益な議論として、私はタルボート・ブリューワー Talbot Brewer に多くをよっている。

＊91　ブリューワーは、『ツァラトゥストゥラ』に見られる、嫌悪感へのニーチェの訴えを挙げている。しかし、この訴えや、これにつきまとう「超人」のイメージは、その「超人」が人間に典型的な弱さを欠いており、現実にはありえない存在であるという点で、まさに私が思い描いているような危険なのである。
＊92　Kahan (1999) を見よ。カハンの議論で問題なのは、どんな社会にでも、ある1定量の嫌悪感が存在すると想定しているように思われる点である。それによると、嫌悪感の対象は変化するかもしれないが、その強度や量は不変である。しかし、彼はこの主張に対し、いかなる証拠も示していない。
＊93　Weininger (1906, 306-22) を見よ。
＊94　Theweleit (1987; 1989, vol. 2, 160) を見よ。
＊95　Ibid., 160-162.
＊96　たとえば、Glover (2000)、Adorno et al. (1950) を見よ。
＊97　ベルリン歴史博物館にある、このような児童向けの本を集めた注目すべき展示を見よ。ユダヤ人と同様に、不可触賤民は、インドの伝統的カースト制度において、上位カーストの動物的側面につきまとう汚れによって堕落させられた「人間もどきの動物」とみなされている。
＊98　Proctor (1999, 46-48).
＊99　Boyarin (1997) が示唆するところによると、ユダヤ人がデスクワークや研究職の評価を高く評価しただけでなく、それらの職に結びついている一連の男性的規範を奨励したという意味で、このような認識のなかには、現実の核心的な部分が存在する。少なくとも、ユダヤ的伝統のなかでも重要で古くから見られる側面において模範とされてきたユダヤ人男性は、物腰柔らかで観照的であり、やさしく、面白い人であって、「鋼鉄の男」とはまったく異なるものであった。〔ただし、〕ボヤーリンが強調するように、本当の女性への熱情がこの女性化された範例によって肯定されることはほとんどなく、他の宗教と比べてユダヤ教にパターナリスティックな要素が少ないというわけでもなかった。
＊100　たとえば、Gilman (1991) を見よ。
＊101　Geller (1992) を見よ。このおなじみの見解は、女性差別主義者や反ユダヤ主義者だけでなく、有力なユダヤ系知識階層によっても助長され、扇動された。フロイトとフリースの往復書簡に関するゲラーの議論を見よ。
＊102　Miller (1997, 109-42).
＊103　射精後のクンニリングスに対して異性愛者（ストレート）の男性が持つような、表向き世間に広まっているとされる苦手意識においても、この考えは明らかである。この点に関して逸話以上の証拠を見出すのは困難であるにもかかわらず、忌避は、「女性的な」ものにされるという考えに結びつけられているようだ。この論文を読んだゲイの男性は、以下のように書いている。「興味深いことに、私の経験においても、私のパートナーのボーイフレンドの経験においても、自分自身のものか他人のものかを問わず、精液に対してそのような忌避を見出したことはない（セイフセックスの実践やHIV感染についての、理に適う関心は別だが）」。
＊104　嫌悪感のこのような側面を取り扱ったうちで有用なものとして、Dworkin

(1987)における、“Repulsion(嫌悪)”と“Dirt/Death(汚れ/死)”という章を見よ。本章のエピグラフのうち、最初の2つはここから抜粋されている。

＊105　Weininger(n.d., 300). トルストイの小説における妻殺しの夫のように、ヴァイニンガーは男性をこう弁護する。すなわち、男たちは性的欲望の克服をめざし、そして種としての人間の持続に備えるという考え全体の克服をめざして奮闘しているのだ。「すべての形態の受胎は嫌悪を催させるものである……どのような理由であれ、人間という種が生き残るべきだということに対し、何の興味も湧いてこない。人間性を永続させようとする男は、問題と罪を、唯一の問題と唯一の罪を永続化させるだろう」(346)。ヴァイニンガーが論じるところによると、〔性的特性の〕このような全般的放棄のみが、単なる性的なものとしての地位から女性を解放し、女性の人間化を許すだろう。そのような未来において、「男性は男性的な女性への嫌悪を克服しなければならないだろう。なぜなら、そのような嫌悪は、単なるエゴイズム以上のものではないからである。論理的、倫理的になることで、女性が男性的になるのなら、彼女たちはもはや、男性の企てのために都合がよく利用される素材ではないだろう。しかし、女性がいまだ男性的でないことは、彼女を夫と子どもの必要に奉仕させようとし、男性的とされるがゆえにそれを彼女に禁じる今日の方法を支持する十分な根拠ではない」(340)。

＊106　1920年代と1930年代の反ユダヤ主義的な小説におけるユダヤ人女性についての研究に基づいた、レイチェル・ヌスバウム Rachel Nussbaum による未公開の論文を見よ。ヴァイニンガーもこれと同じように考えていた。彼曰く、ユダヤ人が女性なら、ユダヤ人女性は最も性的で身体的な存在、「オダリスク〔後宮の女奴隷〕」ということになる。黒人女性のステレオタイプは、ユダヤ人女性のものと関わりがある。

＊107　Hollander(1994).

＊108　よって、生殖を目的とするセックスが死や世代交代のサイクルと強く結びついているにもかかわらず、同性愛者のセックスを考えることが、(男性にとって)生殖的セックスを考えることよりはるかに嫌悪を催させるものであることは、何の驚きでもない。なぜなら、異性とのセックスにおいて男性が想像するのは、男性ではなく下等な存在(動物とみなされる女性)が体液の汚染を受容するということだからである。しかし、同性愛者のセックスを想像する時、彼は彼自身がそのように汚染させられるかもしれないと想像するよう、強いられる。このことによって、境界線を引くことへのより強い要求が引き起こされる。

＊109　さらなる論究については、Nussbaum(2003c)を見よ。

＊110　ヒンドゥー・ナショナリズムの創始者、ゴールワルカール Golwalkar は、ドイツ国家社会主義〔ナチス〕を称賛し、賛美した。だから、彼の想像とドイツ人がユダヤ人に対して抱いた想像との間に親和性があるのは、偶然ではない。ただし、ゴールワルカールがナチスに影響を受けたか、それとも、ナチスを知る前から持っていた親和性によって、ナチスを引き合いに出したかのいずれなのかを述べるのは簡単なことではない。

＊111　Sarkar(2002)を見よ。

＊112　Miller (1997, chap.7). Ellias (1994)を見よ。エリアスについては、Kim (2001, 158-65)も見よ。

＊113　Bruun (1993)を見よ。ブルーンの指摘によると、今日でさえこのような分離はされておらず、私たちはトイレを流すためにきれいな水に使って無駄にしている。

＊114　ガンディーはこうも記している。本当の危険という観点からすると、上位カーストたちが下位カーストたちよりも清潔であるとは言えない。コレラの流行中、彼は自分が住む地域のさまざまな住民たちのトイレ習慣を見てまわり、あることに気づいた。不可触賤民たちはうまく処理していた。すなわち、彼らは自分の住むところから離れた草原で用を足していた。一方で、上位カーストの一族は、家のすぐ脇を走っている溝にしびんの中身を捨てており、それによって、高い感染リスクにさらされていたのだった。彼の『自伝』を見よ。

＊115　Nussbaum (2001a, chap. 15)を見よ。

＊116　Reynolds (1995, 346 ff)を見よ。

＊117　The Norton Critical Edition of Whitman (1890)におけるEllis, 812を見よ。エリスはここで、身体に対するホイットマンの態度をスウィフトのそれと対比し、「多かれ少なかれ自覚され、うんざりされながら、なおも今日の多くの人々のものである意見を……代弁している」のが、ホイットマンではなくスウィフトであるとコメントしている。

第3章

＊1　Kahan and Nussbaum (1996, 306-23)でこの問題をさらに詳しく論じている。

＊2　*Maher v. People*, 10 Michap. 212, 220 (1862).

＊3　*Rivers v. State*, 78 So. 343, 345 (Fla. 1918).

＊4　第1章とKahan and Nussbaum (1996)を見よ。

＊5　*Commonwealth v. Carr*, 580 A2d 1362, 1363-65 (Pa. Super. Ct. 1990). Brenner (1995)を見よ。この裁判の法的視点についてはPohlman (1999)を見よ。スパイサー判事は非常に教養があり、思慮深いという強い個性を持った人物として現れた注目されるようになる。最終的に、この裁判は、死刑を回避する代わりに、小陪審の権利をカーが放棄するという取引によって無効になった。非陪審審理の後、彼は無期懲役を宣告され、いまも監獄にいる。ペールマンは、弁護人が、ペンシルヴェニア州アダムズ郡の極端な保守性と、同性愛嫌悪の風潮をある程度考慮に入れたうえで、戦略的に抗弁を行った点を指摘している。弁護人らは、後になって、問題の犯罪はおそらくヘイト・クライム以上のクラスの犯罪だったとの見解を表明した。被告は、哀れを誘う孤独な放浪者であり、被害者は、裕福な中産階級の女性たちであった。事件当日、最初に出くわした時から、被告には被害者の女性たちが自分を鼻であしらうような態度を取っているように思われた。ペールマン自身、カーと監獄で対談した後、この犯罪は、おそらく性犯罪であろうという結論を出している。カーは、その日の初め、彼女たちが他に人がいることに気づいておらず、裸でキャンプ場の周りを歩いているのを観察している間に、この女性たちをレイ

プしたくなり、そして自慰行為をしたと認めた。そしてカーは、レイプという考えを捨て、他のどんな方法を用いたとしても、彼女たちに近づくのが怖くなったと述べた。ペールマンは、この性的な動機が、この非常に奇妙な精神をもった人物を混乱させ、激怒させたと考えている（一時期、弁護側は心神耗弱を証拠にした弁護も考えたが、精神分析の結果は立証には不十分なものであった）。

＊6　上記のようなカーの事件は、男性の嫌悪感は、女性同性愛者よりもむしろ男性同性愛者を対象としているとする私の基本的な主張にとって例外である。実のところ、しばしば男性は、女性同性愛者のセックスを官能的だとみなす。それは、男性向けポルノ雑誌の売り物でもある。この例外性を説明することができるのは、おそらく、カーの心理学的な経歴――それは申し立てによると、女性による拒絶と男性同性愛者から被った幼少時の性的虐待の経歴と同じく、レズビアンの母親がいるという経歴――であろう。しかし、ペールマンが示唆しているように、この考察全体が弁護側の作りごとであるならば、私たちはこの件に関して説明する必要がない。

＊7　Mison (1992) を見よ。

＊8　*State v. Volk*, 421 N. W. 2d 360 (Minn. 1988).

＊9　Dressler (1995) が論じているように、Mison (1992) が取り上げているいくつかの事例はもっと不明瞭である。甲が頼んでいないのに乙の股間を触った、あるいは乙を抱きしめた。こうした場合、攻撃と非攻撃との間に境界を引くのは難しいのだが、この2つはおそらく非威嚇的なものに分類されるはずだ。さらに難しいのは、誘惑が殴り合いの喧嘩の原因となり、さらに殺人に至る暴行へと発展するような場合である。

＊10　570 N. E. 2d 918 (ind. App. 1991). Mison (1992) の議論を見よ。

＊11　おそらく被害者は、加害者の発したフェラチオという言葉をある種の性的関係を求めている潜在的表現として、あるいは少なくとも、被害者の裸が見たいという表現として理解していた。

＊12　Mison (1992, 134-35) を見よ。また Comstock (1981) を見よ。しかしながら「同性愛行為」を用いた抗弁は、「同性愛パニック」からは区別されなければならない。後者は、逆上という心理状態ではなく、心神耗弱を主張するものであり、暴力は潜在的同性愛者の病的な反応であるという見解を含んでいる。

＊13　再度第1章を見よ。私たちは、感情と行為とを区別しなければならない。感情は適切である、だから、私たちは、感情が挑発によって「正当化される」とみなすことができる。しかしながら、暴力行為は正当化されない。怒った人は、法に助けを求めるはずである。だから、行為が関与している場面では、抗弁はただ部分的免責をもたらすだけである。

＊14　第1章を見よ。私たちは、攻撃的で、男性的な振る舞いを強化するという危険を踏まえて、抗弁を制限するか、あるいは狭くすることを考慮することができる。Dressler (2002) と Nourse (1997) を見よ。

＊15　Mison (1992, 177)。

＊16　南部では、近年でさえ、白人女性への黒人男性の一瞥は、犯罪的な攻撃であ

ると判示された。Nussbaum(2001a, chap.15)を見よ。1951年、ノースカロライナ州ヤンシーヴィルで、マーク・イングラハムという黒人男性が、17歳の白人の少女を「いやらしい目つき」で見つめたために、レイプ目的の暴行容疑で起訴された。検察側は、被告は「その目つきで、このいたいけな少女の服を脱がして裸にした」と主張した(イングラハムの有罪判決は後に覆された。なぜなら陪審員に黒人が選ばれていなかったからである)。1953年、アラバマ州アトモアで、マックアーターという名の黒人男性が、ただ白人女性のすぐ後ろを歩いていただけにもかかわらず、同じ罪で起訴された。州上訴裁判所は、人種的要因が、被告の心的状態を評価する際に用いられている可能性があるとの判決を出した。*McQuirter v. State*, 63 So. 2d 388. しかしながら、こうした事例は直接的に嫌悪感を含んでいない。上記の裁判は、脅迫として、あるいは穢れた行為としてみなされているものが、社会的に流布している先入見と非常に密接に関わり合っている点を示している。汚濁という考え方は、混血という問題にしばしばあるように、こうした裁判に含まれる傾向がある(私が育ったのは、家族と同じトイレの使用を禁じられた黒人の使用人がいる家庭である)。

＊17　413 U.S. 15, 93 S. Ct. 2607 (1973).

＊18　*Miller* n.1, カリフォルニア州刑法からの引用。

＊19　*Miller* n.2; *Roth v. U. S.* の定義。この裁判では「わいせつな関心」、「英語の伝統的な使い方として『わいせつ』の正確な意味を反映していない」ということへの訴えのみが言及された。

＊20　註2.

＊21　厳密に言えば、バーガーは「ポルノグラフィ」を「わいせつ」の下位カテゴリーとして考えている。それはセックスに関するわいせつな表現物を部分として含んでいる。ゆえに彼は、当の法原理にとって適切でない別のわいせつのカテゴリー(別の不快なもの、たとえば、流血や殺人のようなものに関するカテゴリーのことをおそらくは考えているのではないだろうか)があることを認めている。

＊22　*U. S. v. Guglielmi*, 819 F2d 451 (1987). 弁護側は、たとえ標準が、動物性愛に対して相対化されているとしても、当該の表現物が「平均的な動物性愛者」を刺激していると帰結することはできない――なぜなら、平均的な動物性愛者などというものはいないからである――という主張を付け加えた。弁護側は、動物性愛の専門家を証人喚問し、動物性愛者はそれぞれ別の異なる動物を好み、そして多くの場合、個別的に好みの動物というのがあるので、動物性愛の領域には、当該の表現物を集団として性的興奮の原因とみなすような「平均的」なメンバーはいないと述べた。

＊23　Ibid., 454.

＊24　Miller (1997) および、Dworkin (1987) の Dworkin, "Repulsion"(嫌悪)and "Dirt/Death"(汚れ/死)を見よ。

＊25　James Douglas, *Sunday Express*.

＊26　他の大半の批判は、ガーティー・マクダウェルが、レオポルド・ブルームの自慰行為の対象となっている部分に向けられた。ここでも批判点は、(未婚の)女

性の性が刺激的に描かれていることに当てられている。

＊27　ウォルト・ホイットマンの詩についての反応に関してはNussbaum（2001a, chap.15）を見よ。

＊28　MacKinnon（1987, chaps.11-16）、MacKinnon（1989, chap.11）そしてDworkin（1989）を見よ。マッキノンは、ポルノグラフィは「道徳的」問題ではないと直接述べている。なぜなら、「道徳的」問題は道徳法の伝統に関するものであり、従属に関する彼女の分析と「道徳的」分析とは対照的だという主張を彼女が認めているからである。一般的に言って、マッキノンは、道徳性の問題を、平等性や従属の政治的問題から切り離すマルクスにしたがっている。私は、どうして平等性は道徳的規約と言ってはならないのかその理由がわからないし、そう言うべき多くの理由があると思う。この意味で、私は彼女の観点を道徳的観点と記述する。

＊29　Rawls（1996, 340-48）.

＊30　一例としてSunsteun（1993）を見よ。

＊31　ミネアポリスとインディアナポリスの条例をめぐる公聴会に関しては、MacKinnon and Dworkin（1997）を見よ。

＊32　Ibid.

＊33　関連する因果性の問題についての優れた哲学的研究に関してはEaton（manuscript）を見よ。

＊34　平均的人間が、ポルノグラフィの法律的定義をテクストに適用する際に抱える困難については、Lindgren（1993）を見よ。女性の虐待を悪いこととして表現する性的に赤裸々なフェミニストの小説は、もし抜粋した一節のみを見てみるならば、性差別主義者の暴力的なポルノグラフィと区別するのが難しい。こうした区別に関するマッキノンとドゥオーキンの定義が、他の定義よりも少しよいのは、おそらくリンドグレンがアンドレア・ドゥオーキンの小説の特殊な一節、性行為において女性が主導権を持っている一節を選んでいることに要因がある。たとえば、『メルシー』には、大きな文脈から切り離してみれば、マッキノン－ドゥオーキンが定義したポルノグラフィに対応するたくさんの節があるが、彼女たちは、作品の意味を頼りにすることは総じて否認されるべきであると主張した。これは間違いなく、条例を掻い潜る目的で、ポルノグラフィの作者が、性差別主義者の暴力的なポルノグラフィを、無害で勇気を与えるような物語の枠組みのなかに組み込む危険性を懸念している。定義そのものに関しては、MacKinnon（1987, 262）を見よ。

＊35　*Dworkin v. Hustler Magazine*, Inc., 867 F.2d 1188（9th Cir. 1989）.

＊36　Hornle（2000）を見よ。

＊37　「営業法の33条aに則して、いわゆる覗き見ショーの営業に必要な許可は却下された」、BverwGE 64, 274, Peep-Show（1981）、Casebook Verfassungs 82（1991）に採録。この裁判に関する興味深い議論についてはKadidal（1996）を見よ。

＊38　「ドイツ連邦共和国基本法第1条第1項は、人間の個人固有の価値を保護する。もしも個々の人間が物へと貶められることがあるならば、その際、人間の尊厳は傷つけられる」。

＊39　「なぜなら、裸の肉体をむき出しのままで展示することは、いずれにせよ人間

の尊厳を蔑ろにする」。

＊40　「人間の尊厳は、客観的で絶対的な価値である」。

＊41　しかしながら、私は市民が公衆の面前で辱められるような権利を持つべきだとは思っていない。Nussbaum (2000a, chap.1) を見よ。

＊42　第2章の議論を見よ。

＊43　*Loving v. Virginia*, 388 U. S. (1967) 3, 第1審裁判所を引用。

＊44　この時点での完全な一覧に関しては、Posnaer and Silbaugh (1996) を見よ。しかしながら、ソドミー禁止法をめぐる状況は、多くの州がその法を撤廃することで急速に変化している。

＊45　487 U. S. 186 (1986).

＊46　厳密に言って、この修正案はかのような同性愛行為を規制していたのではなく、地域社会が、居住や就職などにおける差別から、ゲイやレズビアンを守る条例を可決することができないようにした。こうした動きは、同性愛行為の不道徳性に依拠することで弁護された。

＊47　公判の段階で、州は「きわめて強い公の利益」を示すように指示された。しかしその後、最高裁において、コロラド州の州憲法修正2は合理的根拠を欠いている（精度の低い吟味）とされ、最高裁は違憲判決を下した。*Romer v. Evans*, 116 S. Ct. 1620 (1996).

＊48　852 P. 2d 44 (Hawaii 1993).

＊49　1994年9月、私はウィル・パーキンスの証言を個人的に聞いた。アメリカの同性愛者に対する先入見と、中世の反ユダヤ主義との間の類似性についてはPosner (1992, 346) とBoswell (1989, 205-8) を見よ。

＊50　この考え方のなかで興味深いのは、修正2の非陪審審理におけるハーベイ・マンスフィールドの証言録取書である（Deposition 8, October 1993, Civil Action 92 CV 7223）。マンスフィールドは、信頼できる情報源として、西洋哲学の『グレートブックス』に依拠しながら、ゲイとレズビアンは社会の他の集団よりも不幸であると繰り返し主張した。マンスフィールドは、ゲイとレズビアンを黒人や女性（ゲイより少しだけ幸福である）と比較した後で、「黒人女性」を問題にした際、『グレートブックス』を根拠にして主張を正当化するという方法を捨て、ハーヴァード大学構内を歩く楽しそうな黒人女性たちを見たという大学教授としての自分の経験を頼りにした。この点に関して、原告側の弁護士は、幸せそうな黒人女性たちがレズビアンではないとわかったのはどうしてかと質問した（質問「あなたがハーヴァードで幸せそうな黒人女性たちを見たとして、彼女たちが同性愛者かどうか知ることはできない、違いますか？」回答「そうしたことはわかりません。ただし、幸福感が明らかに男性と一緒にいることから生じていた場合は別です。いままで、どうして不幸が、不幸な人たちを差別する社会的環境にまずい点があったことを示すサインというよりも、不幸な人たちにまずい点があったことを示すサインとされるべきなのか、誰も説明したことなどありません」）。

＊51　Hyde (1956, 339).

＊52　同様にクイーンズベリー侯爵は、息子や他の人とワイルドとの行為を指すた

めに嫌悪感という語を繰り返し使用した。彼は「嫌悪する行為」「嫌悪する手紙」（ワイルドからボジーへの手紙）と述べた。Ellman（1987, 447）を見よ。第2公判の最終弁論の際、彼は出版社へ向けて書いた手紙のなかで、ワイルドは「正気の犯罪者としてではなく、完全に病んだ心を持った性倒錯者として」処分されるべきだ、と述べた。――このように述べることは、ワイルドを正常な人間の共同体からさらに完全に遠ざけることである（Ellman, 478）。

＊53 「重大なわいせつ行為」を取り締まる制定法は、肛門－性器の性交にのみ適用されるソドミー禁止法とは区別される。

＊54 男性たちは本当の男娼ではない場合が多い。彼らの職業は、厩務員、新聞販売人、会社の雑用係、事務員、召使そして編集者であった。それぞれが文学、演劇への野心を持っていた。ワイルドが彼らに渡したプレゼントのなかには、仕立てのよい服、銀製の煙草ケース、ステッキ、芝居の券そしてワイルドの初版本があった。テイラーがワイルドに紹介したパーカー兄弟は、斡旋された少年というのに近い。チャールズ・パーカーは、ワイルドに不利な証言をした主要な人物の1人だが、彼は失業中の召使だった。テイラーとの関係が終わった後、彼は敵方であるワイルドのもとに行ったのである。

＊55 *Locke v. State*, 501 S.W.2d 826, 829 (Tenn. Ct. App. 1973)（反対意見）（この裁判は、州法のなかにある「自然に反する罪」はクンニリングスを含むかどうかという問題に関わる裁判である。この意見は、クンニリングスを自然に反する罪に含むという結論に異議を唱え、屍姦でさえ、不快なものであるはあるが、テネシー州では違法ではないということを訴えた。屍姦を取り締まる法律がテネシー州で制定されたのは1989年である）。Ochoa and Jones (1997) を見よ。

＊56 Posner and Silbaugh (1996, 213-16). 以下、こうした法律をもつ州を制定年とともに列記する。アラバマ州（1980年）、アラスカ州（1978年）、コネチカット州（1975年）、ジョージア州（1977年）、インディアナ州（1993年）、ミネソタ州（1967年）、ネバダ州（1983年）、ニューメキシコ州（1973年）、ニューヨーク州（1965年）、ノース・ダコタ州（1973年）、オハイオ州（1978年）、オレゴン州（1993年）、ペンシルヴェニア州（1972年）、テネシー州（1989年）、ユタ州（1973年）、ウィスコンシン州（1987年）。

＊57 *People v. Stanworth*, 11 Cal. 3d 588, 604n. 15, 114 Cal. Rptr. 250, 262 n. 15, 522 P.2d 1058, 1070 n.15 (1974).（判示によると、レイプ罪には被害者が生きていることが必要であり、死体は健康安全法の「切断」の条項で保護されている）。しかし、他の法律は「切断」を足や他の主要な身体の部分の切除が必要であると定義している。Ochoa and Jones (1997, 544) を見よ。こういうわけで、ポズナーとシルボーは、カリフォルニア州に反屍姦法があるとはしていない。

＊58 *People v. Kelly*, 1 Cal. 4th 495, 3 Cal. Rptr. 677, 822 P. 2d 385 (1992). 判決によれば、レイプは犯罪であり、その本質的要素は「『レイプ被害者の人格や感覚への暴力にある』……死体は暴力を感じない」。しかし、裁判所は、被告に重罪謀殺罪の有罪判決を下した。「生きた被害者にレイプを試み、その計画のなかで被害者を殺し、最後に死体と性交した人間は、現実にレイプをしていないのでレイプ未遂ではあ

るが、単なるレイプ未遂なのではなく、重罪謀殺罪の有罪であり、特異な状況でレイプを行ったということを免れない」。

＊59　Ochoa and Jones (1997, 549 n.63)、カリフォルニア州検事への取材からの引用。

＊60　このように、ホイットマンが「でもさ、死んだら君もよい肥やしになると思うんだ――だけどそれは別に悪いことじゃない」と書いたとしても、私たちは彼を支持する立場に立たなくてよい（*Song of Myself* 49. 1291）。また52. 1339 を見よ。「愛する草原から生まれるために自分を土に返すんだ／もしまた私に会いたくなったら君の靴が踏んだところを探して」。

＊61　Wis. Stat. Ann. 940.225 (1987). Posner and Silbaugh (1996, 216) を見よ。

＊62　関連する哲学的作品の論評に関しては、Nussbaum (1994, chap.6) を見よ。

＊63　Wis. Stat. Ann. 940.225 (1987). Posner and Silbaugh (1996, 43) を見よ。

＊64　テネシー州。似たような言葉遣いが以下の州で使用されている。アラバマ州（「通常の生活共同体の感覚を憤慨させる」）、オハイオ州（「理性的な共同体の感覚を憤慨させることをその人は知っている」）、そしてペンシルヴェニア州（「理性的な生活共同体の感覚を憤慨させることをその人は知っている」）。どの場合でも、州は「生活共同体の感覚 family sensibilities」についてほのめかしている。

＊65　典型的な例に関しては、*Baltimore v. Warren* Mfg., 59 Md. 96 (1882) を見よ。この裁判では、危険も「不快な味や臭い」のある所有物のいずれも十分である。

＊66　*Commonwealth v. Perry*, 139 Mass. 198 (1885).　州は次のように主張している。「前述の臭気は、上述の住宅地域の一部の居住者に、不快さ、吐き気、そして嫌悪感をもたらした」。「時に、あまりに強烈な臭いのせいで、上述の一部の居住者は、家の扉や窓を閉めざるをえなかった」。「先述の臭気は、ある証人は『豚の臭い』と述べ、また別の証人は『1匹の豚の臭いが500倍増加した』と言い、そしてまた別の証人は『豚小屋の臭い』と記述したような豚に特有な自然な臭いである」。「どんな残飯も不潔な食べ物も上述の豚に与えておらず、良質な穀物、ビート、野菜だけを与えているという主張は認められない」。

＊67　*Kriener v. Turkey Valley Community School Dist.*, 212 N.Y.2d 526（アイオワ州、1973年）。証人によると、沼から部屋へ風が吹いてくる日は食事を取ることができなかった。「私は帰宅しても、食事を取ることができなかったことが何回もありました。私が食事の準備をしようとすると、なぜだか、食欲がなくなる、というよりも吐き気がしてきたのです」。

＊68　*Baldwin v. Miles*, 20 S. 618, Conn. 1890.

＊69　特に *Trevett v. Prison Association of Virginia*, 98 Va. 332 (1900). また、他の水利権に関わる裁判を引用。

＊70　*State v. Morse*, 84 Vt. 387 (1911)、最初の裁判の議論は *Dunham v. New Britain*, 55 Conn. 378.

＊71　473 U. S. 432 (1985).

＊72　問題となっているオクラホマ州の言葉遣いは *Maynard v. Cartwright*, 486 U.S. 356, 108 S. Ct. 1853 (1988) にある。

＊73　*Godfrey v. Georgia*, 446 U.S. 420, 100 S. Ct. 1759, 64 L. Ed. 2d. 398 (1980).

＊74　同上、at 428-29, 100 S. Ct. at 1764-65.
＊75　Maynard v. Cartwright, 1859を見よ。
＊76　Johnson（2002）を見よ。
＊77　「他者化」と過度に厳しい処罰とのつながりについてはSchulhofer（1995, 850-54）を見よ。
＊78　ニコマコス倫理学 VII.5, 1148b24. 同様のカテゴリーのなかには、人を食べる人間と、妊娠した女性を切り刻み、その胎児を食べる人間が入れられている。こうした極端な行いは「〔倫理的〕悪徳とは別種」の「野獣の悪徳」と名づけられている。
＊79　しかしながら、Schulhofer（1995）が主張しているように、アメリカの陪審員の最近の傾向は、極端な厳罰の原因となるようなこの種の隔たりに応えようとするものである。実際、正常ではないという抗弁が通るのは非常に稀である。したがって、この主張は近年の状況に適った主張というより、カハンの議論への感情的反応なのである。
＊80　もちろん私たちは、動物や小さな子どもたちに怒ることもある。この場合、私たちは動物や小さな子どもたちに選択や自己統制という人間的な能力を帰属させている。この帰属が合理的であろうと不合理的であろうと、いずれにせよ帰属させているのである。
＊81　Goldhagen（1996）.
＊82　Browning（1992）は、同胞からのプレッシャーに屈するというような常識人の反応、つまり臆病者と思われたくない、面目を潰したくないなどの願いの役割を強調している。
＊83　Hilberg（1985）は、害虫や無生物を扱うように、ユダヤ人を入念でイデオロギー的に動機づけられたやり方で扱う心理学的重要性を強調している。
＊84　Bartov（1991）は、残虐行為をなす集団を作り上げるイデオロギーの役割を強調している。またBartov（1996a）も見よ。
＊85　Goldhagen（1996, 15）.
＊86　Bartov（1996b）は、Goldhagen（1996）の書評である。ここでバートフは、ゴールドハーゲンの著作が、学術的な誤りがあるにもかかわらず、熱狂的に受け入れられたのは、彼の記した偽りの慰めのせいだとしている。Goldhagen（*New Republic*, 23 December 1996）とBartov and Browning（*New Republic*, 10 February 1997）とのやりとりをさらに参照せよ。またヴォルフガング・ソフスキーのThe Concetration Campについてのバートフの書評（*New Republic*, 13 October 1997）もまた参照せよ。
＊87　こうした考察に関してはGlover（2000）を見よ。
＊88　Bartov（1996b, 37-38）を見よ。「ドイツ人たちは基本的に怪物であり、ナチ政権の唯一の役割は、ドイツ人たちに、自分自身の邪悪な欲望に忠実に行動する機会を与えることだったという考えを私たちは押しつけられている……ゴールドハーゲンは、みながかねてより聞きたいと思っていたものを与えた。しかしこうすることで、ホロコーストが、現代との関連性を断ち切った過度に単純な解釈をするにはあまりに陰惨で、あまり恐ろしかったという事実を、彼は覆い隠してしま

う」。この問題を議論するにあたって、私はレイチェル・ヌスバウムに多くを負っている。

＊89　Kahan (1998, 1999). カハンは、ある程度この裁判に興味を持っているということを明らかにしている。なぜなら、この裁判は死刑判決が出ていないからであり、それゆえ、死刑の適用をめぐる曖昧さと非一貫性という困難な問題からは独立したかたちで嫌悪感という問題に焦点を絞ることができるのである。

＊90　*Beldotti v. Commonwealth*, 669 N. E. 2d 222 (Mass. Ct. App. 1996).

＊91　ベルドッティの所有物のなかに、こうした道具が含まれることはおそらく二度とないという事実は、カハンの解釈にとって問題ないのと同様に、この解釈にとっても問題はない。カハンも私たちもたぶん、ベルドッティの望みどおりに、彼の代理人にアイテムを返却することは、このアイテムに関して彼の思いどおりにさせることだと考えている。

＊92　Sunstein, Kahnemann, and Shkade (1998) を見よ。この論者らは、懲罰的損害賠償 punitive-damage のケースにおける激しい怒りの判断と順位づけは、意外にも一定しており、また、その判断と順位づけは、さまざまな見解を反映するために試験として構成された陪審員全体にわたって予測可能であるが、これとは対照的に、賠償額の裁定はまったく一定ではないと結論している。

＊93　このことは、彼にお金や他の所有物を返却しても――たとえそれらが犯罪を行う際に使われたものだとしても――激しい怒りを引き起こさないだろうという私の上述の主張と矛盾していない。性的道具は、他のアイテムとは別の仕方で、犯罪の固有の本性とその恐るべき残忍性とに密接に結びついている。金銭は、近代社会にあっては、良きにつけ悪しきにつけ、すべての行動にとっての必要条件であるので、犯罪それ自体とは関わりがない Kahan and Nussbaum (1996, 306-23) でこの問題をさらに詳しく論じている。

第4章

＊1　Goffman (1963, 128). 彼は、自分の説をより強化させるようなさらなるもう1つのスティグマの源泉、所得の問題を見落としている。たとえば大卒の「完全雇用者」が皿洗いとして働いているとしたら、彼はそれを恥じているだろう。

＊2　Ibid., 129, 135.

＊3　Scheler (1957, 55-148)

＊4　Berube (1996) , Minow (1990); Wasserman (1998) を見よ。

＊5　Whiteman (1998); Massaro (1991, 1997); Braithwaite (1989, 1999). ブレイスウェイトもまた、自ら羞恥刑と呼ぶ刑罰を擁護している。彼は、自分が支持するのは、スティグマを与えず、社会復帰を促すような刑だけなのだと強調している。彼が実は恥辱と罪悪感とを混同していることは、第5章で明らかにされるであろう。彼が擁護している懲罰は、個人への恥辱付与というよりは、行為に関する罪悪感とみなされるべきものなのである。

＊6　ラッシュの立場を言い表すこの的確な言葉を、私はマッサーロから借用している。羞恥心を賛美する保守的ジャーナリズムについて論じるマッサーロの論文、

註の2-3を見よ。
＊7　Etzioni (2001, 37-47).
＊8　Kahan (1996).
＊9　Kahan (1996, 633).
＊10　この考察は、少年期および幼年期における感情の発達についてより詳しく述べた考察 (Nussbaum, 2001a, chap. 4)を土台にしている。Winnicott (1965, 1986)を参照のこと。
＊11　Morrison (1986a, 1986b, 1989) ; Kernberg (1985).
＊12　この節は過去の私の著作 (Nussbaum, 2001a, chao. 4)と重複するが、多くの点を再考している。
＊13　母体の病気および栄養失調は明らかに、多くの世界の胎児に対して影響を及ぼす。
＊14　この章の冒頭を見よ。
＊15　Bollas (1987, 13-29).
＊16　Seneca, Medea, 329-30を見よ。
＊17　これらの変わった言い回し——子どもそのものよりも、子どもの経験を主語とするような——を選んだのは、生後8週間の幼児は、自分自身を明確な主体として経験しているわけではないということを読者に思い出させるためである。スターンと対比のこと。Stern (1985; 1990, chap. 3).
＊18　Stern(1977, 1985, 1990); Mahler (1968, 1979); Mahler, Pine, and Bergman (2000).
＊19　Bowlby (1973, 1980, 1982).
＊20　Fairbrain (1952); Winnicott (1965, 1986); Kernberg (1985); Bollas (1987).
＊21　Morrison (1986a, 1986b, 1989). モリソンは、コフート(Kohut)の思想を継承しているが、また対象関係論の思想系統にも負うところが大きい。恥辱に関する彼の著作は、自己回復に関するいくつかの点においてコフートに従ってはいるものの、他の大部分は対象関係論の思想に属するものである。
＊22　スターンにおける「飢餓の激発」の記述は、未発達な初期の実験に説得力を与える、非常に優れた試みであろう。
＊23　ここに挙げた理論家によりつつ、私はNussbaum (2001a) において、快の欲求は食べることへの欲求とは区別され、またそれらは等しく原初的なものであると論じた。
＊24　共生関係については、Mahler (1979) ; Mahler , Pine, Bergman (2000) を見よ。
＊25　Mahler (1979), Balint (1953)を見よ。
＊26　Klein (1984, 1985) を見よ。
＊27　Bollas (1987, 29) を見よ。「この変換は、満足を意味するわけではない。満足はごく部分的にのみしか成長を促すことはできないし、変換を促す母親の働きかけは幼児にとってはストレスとなるのだ」。
＊28　第1章および第2章でアリストテレスに言及しながら論じられた怒りの分析を参照のこと。
＊29　Nussbaum (2001a, chap. 10) を見よ。

＊30　ラテン語のpudendaや他の近代語における類似表現と比較してみると、ギリシア語のAidoiaは「恥ずかしい部分」という意味を帯びている。アリストパネスにとって、性器に対する恥は、性に対する恥ではないということに注意したい。性器はむしろ、世界に対する私たちの無力さ、切断された部位のしるしなのである。こうした観点は、性行為を恥ずべきものとみなす恥の観点と対照をなしているといえるだろう。また、エデンの園の物語が、プライバシーの発見であり、また身体による意志への不服従、神の命令に対する不服従の可能性の発見を表現しているのだというVelleman (2002)の見解とも対照をなしている。私の考えでは、より基本的で原初的な恥の経験は、外的な利益に対する一般的な支配の欠如に関係する。したがって性に関する身体のコントロールの欠如についての恥辱は、1つの特殊な種類の恥辱であるだろうが、性に関する恥辱の全体はけっして説明できない。
＊31　恥についてのより深い議論に関しては、Morrison (1986a, 1989), Wurmser (1981), Piers (1953)を見よ。
＊32　Tomkins (1962-63)
＊33　Broucek (1991)
＊34　Deigh (1996a, 1989)による見通しのきいた議論を参照されたい。
＊35　Morrison (1989, 48-49)
＊36　Piers, in Piers and Singer (1953)
＊37　Piers (1953, 11, 16)
＊38　Taylor (1986)は恥辱を、大変精巧なタイプの透視画法的な思考に結び付けている。確かに、大人の恥辱の多くの例において、これらの恥辱が果たす役割は大きい。しかしながらそれらは、苦痛の感情の現出のために必要というわけではないのだ。
＊39　恥辱と社会的排斥との間の関係の注目すべき論じ方として、Kirborne (2002)を参照されたい。彼は、恥辱と自分の外見に関する不安との関係に焦点を絞っている。
＊40　Kaster (1997)は、恥辱pudorと恐怖との関係や、友情関係におけるその力学などの多くを論じている。彼はローマの恥辱と、「優位性や敬意に関して」考えられる社会秩序との結びつきに特別な注意を払っている。
＊41　Scheler (1957)
＊42　これは結局、キリスト教思想においてしばしば解釈されてきた創世記の物語の1つの解釈であろう。つまり、知恵の木の実がアダムとイブにもたらしたのは、死と脆弱性なのであり、彼らのセクシュアリティとは単にその一側面なのである。
＊43　このタイプの恥辱についての機微ある精力的な研究として、Vellemanを参照されたい。しかしながら、彼の分析と私の分析との違いについては、註29を参照のこと。
＊44　こうして一般的に、マーラーやスターン、ボウルビーのような対象関係論の理論家たちは、通常、幼児期の両義性を説明するのに、性的欲望そのものよりも、支配や注意、対抗意識といった論点に重きを置いている。
＊45　Mahler (1979)は発達のこれらの側面に関する第一人者である。

＊46　この概念に関しては、Winnicott (1965) を見よ。

＊47　Ibid.

＊48　この論点はNussbaum (2001a, chap. 4) でいっそう検討されている。

＊49　Klein (1985)

＊50　1972年に発表された論文で、Winnicott (1986) は、テキストに分析の最初の一部分を付け加えている。1度めの精神分析の始まりのときに患者は19歳であった。彼は母親によって連れてこられたのであるが、母親もウィニコットの精神分析にかかっていた。彼は見事に回復した。8年後、ウィニコットは、Bの経過を尋ねようと母親に手紙を出した。ウィニコットは彼女と面接し、彼女は、これまで自分が精神分析を受けるなかで発見した自分自身の育児における病理的な問題点を述べている。今や研修医となっていたこの青年は、ここからしばらくして健康を崩し、入院することになった。ウィニコットは彼を診察し、1週間後ふたたび分析を開始する。分析の最後の半年間、5回の重要な面接の後に、ウィニコットは広範なノートを書き留めている。そのノートは難解であるが、何が起こったのか思い出すのは不可能ではないと述べている。2度めの精神分析の完了から14年後、ウィニコットはBに手紙を送ってその後の経緯を問うた。Bは仕事においても私生活においても好調であった。この分析についてはNussbaum (2001a, chap.4) においても論じられる。本書の議論においても考察する必要があるほど、この分析は大変に重要である。

＊51　Winnicott (1986). 患者の症状は、欲求の充足の結果そのものとしてもたらされる消滅に対する恐怖であった。たとえば、ひとたび食事を終えてしまうと、この利益がふたたびめぐってくるということを彼は信じることができないのである。精神分析のなかで展開されてきたBの幼児期についての解釈は、ウィニットが母親と面接することで確証を得た。この面会で母親は、他の分析家との面会で自分が気づいた問題点をウィニコットに語ったのである。このとき彼女がウィニコットに報告したように、彼女は自分の、母親としての役割における柔軟性を欠いた完全性への要求に気がついていき、また子どもと分離した生活に対する拒絶に自覚的になっていったのである。つまり、彼女にとって完全性とは、もはや子どもが何も要求してこないような、ある種の死であったのだ。

＊52　この母親は非常に心配症に見えたが、けっして受動的ではなく、人に大変派手な印象を与える女性であった。Bにあてた最後の手紙で、Bの母親の死を知らされた返事として、ウィニコットは、「彼女は実際、強烈な個性の人物でした」と記している。

＊53　Winnicott (1986, 96)

＊54　Nussbaum (2001a) で記したように、他の要因もまたこの過度な恥辱をもたらす原因となりうる。たとえば第6章で取り上げたような、障害による社会的なスティグマ付与などである。

＊55　Winnicott (1986, 172). また163も参照のこと。「問題は、怒りに対する恐怖である」。

＊56　Ibid., 123

＊57　Ibid., 96.「彼女について記述することができるかどうか、自信がない。僕は、あなたが彼女に、女性として興味を抱いていないという前提にたってしまっていたのですが。どうも僕は、いつも人を描写するのが苦手なんです。人格や髪の毛の色、そう言った類のことを記述できたためしがないんです……ファーストネームを使うのも嫌なのです」。

＊58　Ibid,. 97

＊59　彼は女性に完璧な恋人として自分を見てほしかったと記述している。しかし、彼は自分が人間として見られていることに気がついたときに、すっかり失望してそれをあきらめた。同書参照のこと。

＊60　この点において私はTaylor (1985)に異論があり、Piers (1953)に賛成である。

＊61　「偽りの自己」については、この節の議論を参照のこと。

＊62　Winnicott (1986, 95)

＊63　Ibid., 147と比較のこと。患者はウィニコットに腹を立て、「鬼ごっこの鬼のような」人間であると言い表す。医師はここで喜びを示して言う、「では君は私と一緒に遊べるようにまでなったんだね。そこで、私が鬼をやっているというわけだよ」。

＊64　Ibid., 166. 患者たちは、曖昧さや不確実性、とりわけ恋愛生活におけるにそれらに耐えることができない。こうした能力欠如と初期の併発症状との関係については、Lopez, Brennan (2000)の実験データを参照のこと。

＊65　こうした問題に関するより広範な治療については、またWinnicott (1965)を参照のこと。

＊66　Chodorow (1978)

＊67　Morrison (1989, 66)

＊68　Winnicott (1965, 140-52); Bollas (1987, 135-56)

＊69　Winnicott (1965, 142)

＊70　Kernberg (1985, 259-60)

＊71　Morrison (1989), またWurmser (1981)は広範な臨床実験を行っている。

＊72　Winnicott (1965, 144)

＊73　Mill (1873, 56): ジョン・ミルの描く父ジェイムズ・ミルは、あらゆる種類の情熱を見下し、「情熱の高まるなかで書かれ、語られたすべてのもの」を軽蔑していた。「父は、気持ちの尊重こそが、古代の道徳規準と現代の道徳規準との差異であると考えていた。彼にとって人間の気持ちに類するものは、非難や賞賛の対象ではなかったのだ」、「父の教育は、人間の気持ちを過小評価する傾向にあった」(97)。こうした姿勢の行き着くところは「文学や、人間本性に本来的に含まれるような想像力一般の軽視」(98)であった。

＊74　こうした考え方は、『自伝』の出版された部分に明らかであるが、その最も明らかな表明は、出版された版から抹消されてしまった一節に見られる。

　幼年時代を通じて強い意志の常なる統制のもとで生きることは、間違いなく、意志の強さの助けにはならない。なすべきことの命令であろうが、なすべきことを為さないことに対する叱責であろうが、私は自分に言いつけられるもの

を予測することに慣れっこになっていた。そのため私は道徳的主体としての責任を父親に預け、これを放棄していたことになる。私の良心は常に父親の声としてしか私に語りかけてこなかった。為すべきでないことは父の訓示によって規定され、いつでも背かぬことを強いられていたが、その一方で成すべきことを完全に自らの運動によって成し遂げるようなことはほとんどなく、ただ父に命じられるのを待っていた。父が小言を差し控えたり、あるいは言いつけるのを忘れたりした場合には、大概それらのことはほったらかされたままであった。したがって私は常に人に遅れをとり、人のリードを待って付いていくという習慣がすっかり身についてしまった。他の誰かからせっつかれないかぎりでの道徳的な自発性の欠如、道徳的良識の不活発や広範囲にわたる知性の不活発な態度もすっかり身についてしまっていた。道徳的なものであれ知的なものであれ、これらの貧困化は、私の受けた教育のもう一つの側面から入り込んだ利益から作られたものであったに違いない。

＊75　ミル夫人に関するいくつかのテキストに関しては、Packe (1954) を参照のこと。

＊76　Packe (1954) より。さまざまな証拠が幼年時代のミルを、情動を発することもまた受け止めることもできない子どもとして描き出している。彼はひたすら猛勉強に努めることでしか自分を守れなかったのである。14歳のときにベンサムの兄とその妻である義理の姉とを訪ねた際の記述が今日に残っているが、この記述はことさらに興味深い。ベンサム夫妻は（この夫妻は、厭世的なジェレミー・ベンサムとはまったく違って、親しみやすく快楽主義的であった）、ジョン・ミルを何とか楽しませようとさまざまに計画していたが、彼は読書にひきこもっていた。結局、トゥールーズに行くためにこれらの本を箱づめしてしまおうという良案を彼らが思いつくまで、ミルはこの歓待を拒み続けたのである。ここでやっとミルは誘い出されて劇場を訪れたり、長い間山を散策したりするようになった。晩年彼にとって自然は、実りある感情的表現の起源であった。ハリエットが常々感じていたように、彼は人と一緒にいるよりも、植物と囲まれていた方がもっと感情を開放することができたのである

＊77　Mill (1873, 117)

＊78　Marmontel (1999) 63.「『母や弟たち、妹たち、私たちみなが感じていた。私は彼らに告げるのだ。この世の大いなる悲嘆に、いつまでも打ちのめされたままではいるまい。確かに僕らは父親を失ったが、けれどもここに、目の前にもう1人いるではないか。僕は父親として尽くそう。僕は父親だ、そうなりたいのだ。僕たちはもはや孤児ではない、僕がすべてをになうのだから』。この言葉に、彼らに滝の涙がほとばしった。けれどもその瞳から流れるこの涙は、かつての涙ほどには苦くはない。『ああ！　と叫んだ母の声は、彼女の意に反して私にのしかかった。わが子よ！　愛しい子よ！　おまえは何とよくわかっていることか！』」

＊79　Cf. Morrison (1986, 370) :「許すことこそ、罪悪感の解毒剤である。その一方で恥辱は、その弱点や欠点、過ちなどを受け入れる癒しの反応を求めるのである」。

＊80　Mill “Bentham”:「人間本性における最も自然で強い感情に対して、彼はまったく共感する心をもっていなかった。重く受け止められるべきそうした経験の多

くを、彼は切り捨てていたのだ。自分とは異なる人の心を理解する能力、あるいは人の気持ちに入り込む能力といったものは、想像力の欠如によってまったく否定されていた。内的経験も外的経験も彼は持っていなかった。……彼は最後まで子どものままだったのだ」。

＊81　母親に対するミルの態度はその後も冷たく、軽蔑的であった。彼の人格のなかで、この点だけは魅力的でないように感じられる。結婚したのちは、ハリエットが繰り返し優しく誘ったのも拒み続け、母親を訪問しようとしなかった。急速な健康の衰えを訴える母親の手紙にも、訪問はおろか返事すら出そうとしなかったのである。結局のところ彼もまた、生気に欠け、異常に知的なしかたで他者と——親族とですら——かかわる傾向を完全に克服しはしなかったのだ。

＊82　ミルの1870年の訪問を綴った『アンバーレイ論文集Amberley Papers』〔『アンバーレイ論文集』：バートランド・ラッセル著、1937年〕の一節に、ミルにおける自由の観念と深い感情との繋がりが大変意義深く記述されている。晩餐の後、ミルは客人シェリーの著作『自由に寄せる歌 Ode to Liberty』を読む。「彼は大変興奮し、体をゆすりながら、あまりの感情の高ぶりにほとんど息も絶えだえに呟いた。『あまりに素晴らしすぎる！』」

＊83　Morrison (1986, 33-34)

＊84　Kernberg (1985, 235) と比較のこと。「こうした患者たちにとっての最大の恐怖は、誰かに依存することだ。というのも、依存することには裏切られ、虐げられ、失望させられる恐れが伴うからである」。

＊85　Kindlon and Thompson (1999)

＊86　Morrison (1986a, 19, 86-89)

＊87　Pipher (1994) も見よ。

＊88　Nussbaum (1995, 1997, 2003b) においてもまた、こうした教育理念について論じた。

＊89　類似した観点としてはMorrison (1986a) を見よ。

＊90　Miller (1993, 131-36)

＊91　例を挙げるとMargalit (1996) は、屈辱を受けた者のある種の人間性に対する中傷と屈辱とを関係づけて論じている。

＊92　Taylor (1985, 69) を見よ。

＊93　したがって私は自分の同僚、ジョセフ・スターンJosef Sternを何度もジェイコブJacobと呼んでしまったことに対して狼狽のみならず恥を感じるのである。この失敗の理由とも言えるようなものを発見することによって、この恥は氷解した。彼もこの理由について理解してくれたし（私が思うに）、これを信じてくれて、面白がってもいた（この失敗は、キリスト降誕におけるヨセフJosephと、ヤコブJacobとの関連にある。つまり、キリスト教からユダヤ教への私の改宗に結びつきがあると思われる。こうして原因が了解できたうえでは、もしまた呼び間違えてしまっても私は狼狽するだけだろう）。

＊94　William (1993) またAnnasの手稿も参照。

＊95　Taylor (1985, chap.4) およびPiers (1953, chap. 1-2) の分析を見よ。

＊96　Fairbairn（1952），Klein（1984, 1985）．彼らの観点についてのより詳細な考察はNussbaum（2001a, chap. 4）を参照されたい。ガブリエル・テイラー Gabriel Taylorはその著作において（1985, 90）見事に論点を示している。「もしも、もっぱら行為や怠惰にのみ罪悪感が向けられ、その責めに報いるべきだと考えられているのであれば、これは恥辱から区別されなくてはならない。過ちを犯してしまったばあい、そこには何らかの『埋め合わせ』の方途がある。罰を受けさえすればよいのだ。しかし自己のいかなるものであるかに直面する場合、いかなる『埋め合わせ』が可能であろうか。そこにはいかなる逃げ道もない。なしうることと言えば、引きこもり、目を背けること以外に何もない。これこそ、恥辱を受けたときの典型的な反応であろう。罰を受けることも許すことも、ここでは何の役にも立たないのだ」。

＊97　Winnicott（1986, 165）

＊98　Ibid., 29.

＊99　Piers（1953, chap. 4）で論じられるように、恥辱と罪悪感は互いに互いの引き金となることから、この関係はいっそう込み入ってくると言えよう。たとえば、Cが自らの攻撃的な衝動に罪悪感を憶えるとしよう。彼はこの衝動を抑制しようとする。しかし時にこの自己抑制は「破壊性のみならず妥当な自己主張にまで及ぶことがあり、より病的な場合には『活力』そのものにまで及ぶ場合がある」とピアースは語る。こうしてCは従属的な、非力な気持ちを抱くことになるが、この不適切な感覚、ことさらに社会的規範に対立するような感覚は恥辱の引き金となるのである。一方で恥辱は、幻想においてであれ行動においてであれ、自己回復のための攻撃をもたらす場合がある。これがふたたび罪悪感につながっていくのである。

＊100　Morrison（1986, 323-47）

＊101　A. Miller（1986, 342）

＊102　Kernberg（1985, 232）

＊103　これら２人の患者についてはMorrison（1989, 103-4）を見よ。

＊104　Theweleit（1987, 1989）

＊105　より広範な議論は、Nussbaum（2001a）を見よ。

＊106　第２章におけるErnest Jungerの議論を見よ。

＊107　Ehrenreich（2001, 220-21）

＊108　Camusにおける構築的恥辱の類似した症状に関してはConstable（1997）を見よ。

＊109　それと同時に、選手たちも自らのまずい試合を恥じていたのである。

＊110　類似した議論についてはWilliams（1993, 102）を見よ。愛着による拘束ではなく、尊敬や価値の共有に着目した議論が構築されている。Calhoum（2003）はこの議論について、尊敬しまた心を傾ける人間に対する関係のこの制限は、あまりにも限定されすぎていると論じる。すなわち、私たちは、たとえその観点が人種差別主義的であろうと性差別的であろうと、彼らの仲間になり、彼らの観点を真剣に受け取るにつけ、社会的世界や価値観を共有している者の前では恥を感じる傾向があるはずだというのである。この論文はすばらしいし、その示唆は興味深いが、

私は納得していない。

＊111　恥辱刑に関する専門用語は、Jones (1987, 2000) を見よ。

＊112　Jones (2000) 参照のこと。Stizein は「刺すこと」を意味し、英語の sting や stitch につながり、ドイツ語の stechen (刺す)、sticken (刺繍) につながっているものである。

＊113　Gustafson (1997) より引かれたエピグラフを参照のこと。

＊114　Warner (1999) における見事な議論も参照されたい。

＊115　同時にまた「正常な人々」は自分の属する集団のメンバーの欠点を中傷し、「異常な人々」に「降格」させようとする傾向がある。

＊116　Goffman (1963, 6)

＊117　Ibid.

＊118　Kernberg (1985, 232)

＊119　Morrison (1989, 116-17)

＊120　Gustafson (1997) を見よ。古代ローマ後期における訴訟について、包括的な議論を行っている。また Jones (1987) も参照のこと。

＊121　Gustafson (1997) 参照のこと。刺青はもっぱら奴隷に対して為されていた。それゆえこの刑罰は、犯罪者や少数派の人々を直接的に降格させ、奴隷に近づけたのである。

＊122　異端扱いされた2人の修道士の顔に刻まれた12行の長短詩について語る、珍しい物語がある（Gustafson による Life of Michael the Synkellos [Cunningham 編] の記述より）。「そして長官は、彼らの顔に文字を入れるようにと命じた。執行者がやってきてベンチの上に聖人を押さえ、その顔に文字を刻み始めた。長い時間をかけて刺し続け、彼らの顔に長短詩を書きあげたのである」。

＊123　Goffman (1963, 3, 5)

第5章

＊1　用語に関しては Gustafson (1997) と Jones (1987) を参照。「inscriptum」は「刺青を入れた tattooed」を意味することが多い。グスタフソン Gustafson とジョーンズ Jones の両者は、罰としてのしるしづけ（また奴隷に対するしるしづけとしても）の種類のうち、入れ墨が最も一般的であったことを説得力をもって論じている。おそらく焼印はめったに用いられることはなかった。キケロは、実際には陰謀者に対して単に入れ墨をするのではなく、陰謀者を極刑に処すことを望んでいたという意味において、彼の提言は比喩的なものである。その他の人々に関して彼が望んでいたのは、人々がはっきりとどちらか一方の側につくことである。陰謀者の死に賛成するか、もしくは自らも同調者であることを認めるかである。

＊2　Fairbairn (1952); ウィニコットが用いた用語である「絶対的」依存と「相対的」依存と比較せよ。

＊3　Rawls (1971, 1996) は、自尊心のための社会的条件を最も重要な基本財としている。これと関連して、私は Nussbaum (2000a) で人間の中心的なケイパビリティ Central Human Capabilities について述べたが、それには自尊心の社会的基盤とともに感情面の健康のための能力が含まれている。

＊4　少なくとも、エツィオーニやカハンなど、私の議論で検討している共同体主義者たちに関してはこの点があてはまる。おそらく、デヴリンやもしかしたらレオン・カスにもあてはまるかもしれない。

＊5　J. Williams (1999) を参照。

＊6　Nussbaum (2000a, chap. 1) を参照。政治的な領域はケイパビリティを創出すべきであるが、特定の機能　functioningは要求してはならないというテーゼの限界はここにある。

＊7　カハンおよびエツィオーニがどのような人々を念頭においているのか、というのは興味深い問いである。両者が、飲酒や麻薬による犯罪者に焦点をあてていることは明白である。カハンは、恥を付与された人物が弱者でない場合を例に挙げることが多い。すなわち、公共の場で用を足すビジネスマン、買春する裕福な男性の例である。エツィオーニはカハンよりも、恥ずべき罪のリストにシングルマザーを加える可能性が高い。今日の「恥知らず」な風潮を批判する多くの共同体主義者が、この事例にも焦点を合わせていることは間違いない。

＊8　Kahan (1996)

＊9　恥の付与　shamingと屈辱の付与humiliatingを区別しようとするブレスウェイトとは異なり、カハンは屈辱を与えることに賛成することに何ら不安を憶えていない。

＊10　Etzinoni (2001) において、この点が恥辱刑を支持する中心的な論拠となっている。

＊11　それぞれの犯罪に対して実際に使用されている、恥辱刑の例に関してはKahan (1996, 631-4) を参照。

＊12　Gustafson (1997) およびE. Posner (2000) を参照。

＊13　Massaro (1991, 1997) を参照。

＊14　キリスト教徒たちは自らに施された入れ墨を肯定的なシンボルとして用い、自ら入れ墨を入れることさえあったことに関してはGustafson (1997) を参照。

＊15　Annas (草稿)

＊16　Whitman (1998).

＊17　Markel (2001) を参照。不偏不党性のために、刑罰は国家によって執行されることが重要であることを論じている。

＊18　E. Posner (2000).

＊19　Gustafson (1997) およびJones (1987) を参照。

＊20　Gilligan(1996); Massaro (1991) も参照。

＊21　Braithwaite, 私信, April 2002.

＊22　Shulhofer, 個人的会話, June 2002. 彼が言うには、この現象一般は、保護観察制度の改革や、その他の改革提言に関する文献においてよく見られる。

＊23　Whitman (1998).

＊24　Massaro (1991).

＊25　Markel (2001).

＊26　Morris (1968).

＊27　この括弧の内容は、マーケルによるものではなく私によるものである。『基礎付け』の私の解釈に関して、彼に責任はない。
＊28　マーケルとモリスの分析は、これよりもはるかに詳細である。私は大まかな要約を示したにすぎない。
＊29　マサロが述べているのはこのことであるように思われる。彼女は、応報主義と復讐を1つにしている。
＊30　Braithwaite (1989).
＊31　Braithwaite (1999).
＊32　Braithwaite, 私信, April 2002.
＊33　Braithwaite (1989, 185) を参照。「よい社会とは、刑法を含め、一定の中核的な価値に関しては合意があるが、それ以外の領域に関しては対立を奨励するための制度があるような社会である。……良い社会において合意が必要とされる中核的な価値には、自由、多様性および発展的対立の促進がある」。
＊34　Braithwaite (1989, 158).
＊35　Braithwaite (2002, 13).
＊36　エツィオーニがそのように理解したことを、ブレイスウェイトは私に話してくれた。エツィオーニはブレイスウェイトに「コミュニタリアン・マニフェスト」を署名するよう送ったが、ブレイスウェイトは拒否した。
＊37　ブレイスウェイト自身は、私たちが意見を異にする主な点は、応報主義に関するものであると考えている。彼は応報主義に完全に反対しているが、私は限定されたカント的に理解された応報主義には賛意を示している。下記で述べるように、私が支持している種の応報主義と、彼が支持している被害者・加害者間の対面に大きな違いがあるかどうかは定かではない。
＊38　J. Braithwaite and V. Braithwaite (2001) を参照。
＊39　Annas（草稿）; Rhode, スタンフォード大学でのこの章に対するコメントによる、4 June 2001.
＊40　Whitman (2003).
＊41　Archimandritou (2000), 現代ギリシア語で執筆されている（その本の議論についての私の知識は著者との会話によるものである）。
＊42　Nussbaum (1995) における *Hudson v. Palmer* に関する議論を参照。受刑者のプライバシー権に関する判例である *Johnson v. Phelan* における、リチャード・ポズナーによるきわめて興味深い（反対）意見も参照。
＊43　*Johnson v. Phelan*, 69 F. 3d 144 (1995).
＊44　ジョンソンはアフリカ系アメリカ人であった。女性看守のほとんどは白人であった。ポズナーは意見のなかでこの点には言及できなかったが、考えるにあたって重要な点であったことを私に話してくれた。
＊45　彼の見解は優勢ではなかった。イースターブルック判事は原告に不利な評決を下した。3名の判事から構成される合議体の、3番めのメンバーは現役復帰判事 senior judge であったが、精神的な問題を抱えており、ポズナー判事に賛意を感じながらもイースターブルック判事に賛成する意見を示した。

＊46　当該の州は、アラバマ、フロリダ、アイオワ、ケンタッキー、メリーランド（二度めの有罪決定の後に）、ミシシッピー、ネヴァダ、ニューメキシコ、ヴァージニア、ワイオミングである。最近、デラウェアが制限を撤廃した。その他の州は、選挙権を部分的に制限している。たとえば、テキサス州は刑務所からの釈放の後、2年間は選挙権を認めていない。ほとんどの州は、現在収容されている者たちの選挙権を認めていない。

＊47　Human Rights Watch (1998) および *Los Angeles Times*, 30 January 1997からのデータ。この資料と合わせて、犯罪が重罪または軽罪のどちらに分類されるのかも調査する必要がある。いくつかの州は軽罪を犯した者に対しても投票権を認めないとはいえ、通常、重罪と軽罪の線引きは非常に重要である。しかし、麻薬による犯罪は、またしても人種に原因をたどることができるかたちで、重罪に分類されるものもあれば、軽罪に分類されるものもある。この点についてはFletcher (1999)を参照。

＊48　Whitman (2003).

＊49　Cohen (1972)、1964年の *Police Review* の記事から引用している。

＊50　Cohen (1972, 95)、Lumbard (1964, 69)からの引用。ランバードは、この処罰をイギリスの警察にはユーモアのセンスがあることのしるしであるとして理解している。

＊51　Cohen (1972, 106)における引用。強調は原文による。

＊52　Ben-Yehudah (1990).

＊53　Jenkins (1998).

＊54　Hall et al. (1978).

＊55　*Evans v. Romer*、被告の訴訟事件摘要書 at 56、被告による再審理および判決の変更・訂正の申し立て at 1-2、政府利益としての「道徳」の法的身分に関する原告の補足文書のなかで理由づけが批判されている at 2、「道徳規範は、公共の福祉と秩序の保護に何らかのかたちで結びついてる場合にのみ、正当な公共の目的である」。

＊56　アメリカの主要な宗派が有するさまざまな見解の詳細な調査については、Olyan and Nussbaum (1998)を参照。

＊57　同じように奇妙であるのは、同性結婚を合法化した国が他にないという主張が繰り返されたことである。だが、当時までに少なくとも5つのヨーロッパの国が、婚姻の恩恵のうちほんとんどのものを提供するドメスティック・パートナーシップを承認していた。いまでは、さらに数は増えている。そして、オランダは同性結婚を合法化するに至った。

＊58　Koppelman (2002)を参照。ハワイ州最高裁判所の同性結婚に好意的な判決 *Baehr v. Lewin*, 852 P.2d 44 (Hawaii 1993)において、コペルマンの（当初の論文のかたちでの）議論は過半数によって受け入れられている。Law (1998)およびSunstein (2002)も参照。

＊59　Warner (1999, chap.1)を参照。

＊60　“Sexual Taboos and the Law Today,” Warner (1999, 22)において引用されている。

＊61　もちろん、憲法上の基本的権利が関係しているか否かは、まだ未決定のまま

の問題である。しかし、州民投票に対するACLUによる異議申し立ては、基本的権利が関係しているという主張に基づいたものであった。そのため、手紙の主張とは異なり、ACLUの行動は偽善ではない。

＊62　*Romer v. Evans*, 116 S. Ct. 1628 (1996).

＊63　*Romer*, 1622, 1628.

＊64　合理性の基準による審査　rational-basis reviewは、通常立法府の判断を尊重することが多い。一般的に、法が平等保護を理由に違憲とされる時、それは、より厳格な審査を満たさないためである。人種・ジェンダーに基づく区分を伴う法は、そのようなより厳格なテストを満たさねばならない。しかし、連邦最高裁が性的志向を、より厳格な審査が必要とされる「疑わしい区分」として認めたことはない。

＊65　473 U.S. 432 (1985).

＊66　Sunstein (1999, 148)を参照。「クレバーン判決とローマー判決の両判決において、最高裁は政治的に不人気な集団が、非合理的な憎悪と恐怖心のために懲らしめを受けているとの懸念を持った。多くの人々は知的障害（ホモセクシュアリティと同様に）を伝染性があり恐れるべきものであると考えているようである」。

＊67　ローマー判決で引用されている*Department of Agriculture v. Moreno*, 413 U.S. 528も参照せよ。モレノ判決は、議会が、世帯の誰とも縁戚関係にない個人がいる世帯にフードスタンプを供給するのを拒否したことを問題にしている。法の制定の歴史は「ヒッピー」と「ヒッピーのコミューン」を切り離したいという望みを示していることに、連邦最高裁は言及した。

＊68　388 U. S. 1 (1967).

＊69　852 P. 2d 44 (Hawaii 1993).

＊70　Nussbaum (1999a, chap. 7)を参照。また、Koppelman (2002, chap. 6)における婚姻防衛法に関する憲法上の問題点の包括的な分析を参照。

＊71　Sunstein (1999)を参照。

＊72　Warner (1999)およびNussbaum (2000a, chap. 4)を参照。

＊73　Warner (1999, 159).

＊74　Andrea, Estes, "Massachusetts State Troopers Look the Other Way on Public Sex," *Boston Globe*, 2 March 2001.

＊75　したがって、私の議論は合意によらない行為や、HIVが陽性か陰性かに関して虚偽があった場合の行為にはあてはまらない。そのような行為は明らかにミルが意味する「自分に関わる」ものではないからである。

＊76　*Chicago v. Morales*, 177 Ill. 2d 440, 687 N. E. 2d 53.

＊77　*Chicago v. Morales*, 527 U.S. 41, 119 S. Ct. 1849.

＊78　*Chicago v. Morales* (Illinois).

＊79　Ibid.

＊80　Meares and Kahan (1998a, 1998b, 1999).

＊81　Meares and Kahan (1999)における応答、およびAlschuler and Schulhofer (1998)を参照。

＊82　Kniss (1997).
＊83　Alschuler and Schulhofer (1998, 240) と比較せよ。
人種によっても地理によっても、人々の共同体が完全に定義されることはない。共同体のアイデンティティは、多様な組み合わせの多様な特徴に依る可能性が高い――宗教、人種、エスニシティ、居住地、富、ジェンダー、性的志向、職業、身体的な障害、年齢、そして（とりわけシカゴにおいては）政党、行政区の組織である。実にシカゴにある共同体は、数えきれないほどである。……たいてい外部者は、どの共同体が法案によって最も影響を受けることになるのかを定める術をもたない。……非公式の組織化されていない共同体の境界を定めたり、共同体メンバーの支配的な意見を評価したりする術ももたない。したがって、共同体の概念は、巧妙な再定義をして操作をするというほとんど際限のない機会を与えることになる。
＊84　シカゴにおいて、これはとりわけ差し迫った問題である。メキシコ人共同体が、アフリカ系アメリカ人の共同体に敵対していることが多いからである。

第6章
＊1　ゴッフマンのもともとの引用は、S. Zawadski and P. Lazarsfeld, *Journal of Social Psychology* 6 (1935) の論文によっている。
＊2　TenBroek (1966). テンブロークは、自分の以前の議論に以下のように言及しながら、序論を始めている。「著者が信じるところでは、表明された見解は、一緒に付けられているすべての脚注よりも、障害を持った個人としての彼のパーソナルな経験によって検証された。」
＊3　Nussbaum (2000a, 2003a)
＊4　もちろん、失業者と被雇用者の間の区別は、富裕者と貧困者の間の区別に対応する。そして、貧困者は、雇用されていようといまいと、今日ではスティグマを付与される。しかし、宗教改革、労働を価値の源泉とするプロテスタントの力説がヨーロッパにもたらした変化を過小評価すべきではない。あるギリシアの紳士は、いかなる仕事も注意深く避けようとし、彼が従事していること（たとえば、政治活動）は何であれ、彼は労働とはみなさなかった。一方では、彼の妻は不動産を管理することができたのだが、さらに大規模な裕福な資産を運用することは、スティグマを付与された活動だったのだ。仕事をしていない貧しい人は、ある意味では、スティグマに関してはより良い立場である。というのは、貧困者は物乞いとして特徴づけられ、一般的に、その人たちに対しては何らかの義務があると感じられてきたからである。帰還したオデュッセウスは、羊飼いや豚飼いとして商売を始めずに、そのかわり、（かつて王であった）物乞いとしてテーブルを回ったことに注意すべきである。おそらくは、儲かる雇用は、英雄にとって大きなスティグマを付与されることなのであろう。
＊5　Kindlon (2001), Frank (1999) を参照。
＊6　Ehrenreich (2001).
＊7　Sennett (2003) 参照.

＊8　ルーズベルト大統領の見方に関しては、Cass. R. Sunsteinの進行中の著作に多くを負っている。
＊9　397 U. S. 254 (1970).
＊10　Ibid., 265.
＊11　*Shapiro v. Thompson*, 394 U. S. 618参照。福祉を受け取るための州在住要件〔国籍要件、state residency requirements〕を無効にした判決。
＊12　ゴールドバーグ判決におけるブラック判事の反対意見は、福祉権はアメリカにおける実験であり、そうした実験は議会によって最もよく実行されると論じた。
＊13　Clark (1997) 参照。アメリカ人が貧困者に共感を覚えることを拒否する理由について報告している。
＊14　この点については、私の同僚のベルナード・ハーコートの未公刊の論文に負っている。
＊15　*Boy Scouts of America v. Dale*, 530 U. S. 640 (2000).
＊16　Sunstein (2001) 参照。
＊17　もちろん、これは複合的なリストである。このリストのメンバーは、さまざまなレベルの保護を受けており、よって、私の主張は（意図的に）ぼやかしてある。
＊18　「女性的な」職業の場合では、少しはそういうことがあるけれども、男性がもっと女性的な仕方で振る舞えと言われるケースは多くないことに気づくべきである。Case (1995) 参照。
＊19　490 U. S. 228 (1989).
＊20　Case (1995), 4.
＊21　Yoshino (2002).
＊22　Goffman (1963, 102-4).
＊23　Comstock (1991) とNussbaum (1999a, chap.7) 参照。
＊24　ロナルド・ドゥオーキンは、会話の中で私にこの点を話した。
＊25　*U. S. v. Lallemand* 989 F. 2d 936 (7th Cir. 1993). 問題は、結婚している同性愛者を恐喝するために意図的に人を送ったライルマンドが、「例外的に脆弱な被害者」を選んだという理由で、米国連邦量刑指針によってさらに重い刑に値するかどうかにあった。恐喝被害者は誰でも、秘密の罪を有しているのであるが、2人の成人した子どもを持つ結婚した公務員という人（恐喝要求を持ったライルマンドに近づかれた時に、自殺を試みた）の場合、何が例外的であるのだろうか。ポズナーの論じるところでは、答えは、彼の性的な秘密を他の人のそれよりも恥ずかしいものとして扱う現在のアメリカ人の道徳観にある。これらの状況は、「恐喝被害者される人々のなかの特定の集団に焦点を合わせた悪意」を指示している。会話のなかで、ポズナーは私に、被害者はアフリカ系アメリカ人であり、貧困から地域社会における尊敬される地位に昇ったのだと言った。彼はそれをあえて法廷での意見に含めなかったけれども、これらのことは彼の思考に影響を及ぼしたのである。
＊26　*Wisconsin v. Mitchell*, 113 S. Ct. 2550 (1993).
＊27　Comstock (1991).

＊28　Cornell (1995) は、この空間をもっともなことに「想像的領域」と呼んでいる。
＊29　Nagel (1998, 17, 20).
＊30　第5章で論じた Yoshino (2002) をふたたび参照のこと。
＊31　Hollander (1994, 61-62).
＊32　Nussbaum (2002b) 参照.
＊33　*Miller v. Civil City of South Bend*, 904 F. 2d 1051 (7th Cir. 1990).
＊34　裁判では多数派の意見はなかった。ソーター判事が別の意見を書いたからである。
＊35　*Barnes v. Glen Theatre, Inc.*, 501 U.S. 520 (1991).
＊36　たとえば、Nagel (1997) において、ネーゲルのこの考えについての最近なされた擁護を参照。
＊37　Goffman (1963, 19).
＊38　TenBroek (1991, 1992), n. 2 参照。
＊39　Morris (1991, 1992).
＊40　Bérubé (1996), Kittay (1999).
＊41　Levitz and Kingsley (1994).
＊42　この事例は Silvers (2000) から借りた。
＊43　マラソン走者なら知っているように、マラソンの車椅子の競技者は、普通、走るよりも早い。
＊44　これは、TenBroek(1966) における迷惑行為禁止法についてのテンブロークスの議論の中心トピックスである。彼は、多くの例において、日中における盲目の人と夜における晴眼の人の間のアナロジーが、インクルージョンを志向する政策決定へと地域社会を導くときに役に立つことを示している。道路が、昼と同じく夜も通行に安全でなければならないように、晴眼の人にも盲目の人にも道路は安全であるべきなのである。怠慢 negligence と当然払うべき注意 due care の定義は、また、公的施設を使用する盲人の権利――すくとも杖と犬を使う権利――を認めるために発展してきた。そうした介助なしに公的施設を使う権利については、いまだ論争中であるけれども（エピグラフを見よ）。
＊45　Wasserman (1998). 彼は、アニタ・シルバーに従って、次のように示唆している。すなわち、自分自身に問うべき良い質問は、もし例外的な障害が、実際、よくある通常のことであるならば、世界はどのようであるだろうという問いだ。たとえば、もし多くの人が車椅子を使うならば、私たちは傾斜路ではなく階段を作り続けるだろうか。
＊46　Morris (1992).
＊47　そうした説明は、Amundson (1992, 2000a, 2000b) に示唆されている。
＊48　アマンドンのダニエルズ、ブールス他への批判を参照。
＊49　こうした整理の仕方の関しては、Silvers (1998) を参照。
＊50　これが Nussbaum (2001a) における私の立場である。
＊51　Kavka (2000) と L. Becker (2000) 参照。
＊52　Silvers (1998) 参照。しかしながら、ADAの「みなされる regarded」という条項は、

裁判所によって次のことを意味するものとして解釈されてきた。すなわち、他の場所でもその条項が解釈されてきたように、その人たちが主要な生活活動に影響を及ぼす障害を持っていると「みなされる」べきであるということを意味するものとして解釈されてきたのである。よって、過度に肥満によって無能力「としてみなされた」人々は、極端な場合を除いて、この条項からは救済を得られないであろう。

＊53　たとえば、AIDSは、それが生殖という主要な生活活動を制限するという理由で障害として扱われてきた。悪い最終結論ではないが、おそらくそれに到達する最も妥当なやり方とは感じられない。

＊54　Wasserman (2000)は、ADAのそうした拡大は、訴訟の洪水を導くものではないだろうと論じる。なぜなら、人々は、自分自身を過度の肥満、あるいは短躯や醜いと宣言しながら、訴訟当事者として申し出ることに困惑するだろうからである。よって、彼は、もっとも深刻な場合だけが訴訟となるだろうと論じる。けれども、訴訟好きと告白好きのメンタリティが結びついた今日のアメリカにおいては、彼が語っているような遠慮がちな態度は優勢ではないように思われる。

＊55　Locke,『統治二論』8章。

＊56　Gauthier (1986, 18)は、社会における福利の「平均レベルを落とすすべての人たち」について述べている。

＊57　Rawls (1996, 183 and passim).

＊58　失業者へのスティグマの付与についての感銘を与える一人称的説明として、Goffman (1963, 17)を参照。「失業者という名前を負うことは、どんなにつらく、屈辱を与えるものだろうか。外に出れば、私は、自分がまったく劣った者であると感じて、眼を伏せる。道を行けば、私は自分が平均的な市民とは比較できないと感じ、誰からも後ろ指を指されるように感じる。私は本能的に誰かに会うことを避けてしまう」。

＊59　Nussbaum (2000, 2001b) 参照。私は、これらの問題について、テイナー講義Tanner Lectureの「社会契約説を超えて――グローバルな正義に向けて」において詳細に論じた。この講義は、2002年11月キャンベラのオーストラリア国立大学で行われ、ハーヴァード大学出版局と契約中である。

＊60　Nussbaum (2000a) 参照。

＊61　Francis and Silvers (2000, xix).

＊62　*Watson v. Cambridge*, 157 Mass. 561 (1893). ワトソンは、「普通のふさわしい身体的な看護を彼にすることはできない」と言われた。しばしば言及されるメリット・ビーティーの事例も同様である。その子は、見たところは知的に遅れていないが、その麻痺した状態は「先生と生徒を憂鬱にさせ、嫌悪感を催させる効果を持つ」と言われる徴候を生み出したのである (State ex Rel. *Beattie v. Board of Education of the City of Antigo*, 169 Wisc. 231 [1919]). ウィスコンシン州最高裁は、ビーティーの排除を支持した。

＊63　343 F. Supp. 279 (1972).

＊64　343 F. Supp. 866 (D. C. C. 1972). 技術的に、地区が法的に異常な状態であった

がゆえに、人々は、修正第5条のもとのデュー・プロセス（適正な手続き）に対する違反であり、平等な保護条項の教育への適用は「地区が果たさねばならない適正な手続の構成要素」であると主張した。

＊65　私は、この法律制定を行った1人であるジョン・ブロードマンに、この法律の背景と歴史に関する非常に有益なお話をいただいたことを感謝したい。保障的な教育改革の議論については、Minow (1990, 29-40) を参照。

＊66　Bérubé（1996）とNussbaum (2001b) 参照。私はジェイミーを、その本のなかの父親の記述の時代において記述した。

＊67　Kelman and Lester (1997) 参照。彼らは、ミシシッピーからの特殊教育教員を引用する。

穴から落下する子どもはいないだろうか。そう、毎年、いると思う。私たちは、どこかでその矛盾を埋められないかどうかを再評価するつもりだ。「もうそれを手に入れたか。彼の現在の成績が十分に悪くて、彼に特別支援教育を受ける資格を与えることができているか」。何とかして、いつかは、「これが私たちの子どもだ。私たちがすべきことはこの子を教育することだ」と言わなければならないだろうと私は思う。それが、ある課題のためにその子どもをグループに入れる普通教育の教員であろうと、あるいは、それが特殊教育教員であろうと、他の誰であろうと、それは必要なのだ。

＊68　これは、学習障害の子どもに適用されたIDEAについての彼らの広範な研究をもとにしたケルマンとレスターの結論である。

第7章

＊1　こうした2つの言い換えは、言うまでもなく、『ニコマコス倫理学 *Nicomachean Ethics*』第Ⅶ巻および第Ⅹ巻における、快に関するアリストテレスの2つの解釈にそれぞれ対応している。こうした有名な考え方にミルが強く影響を受けていたということは、考えられることである。『功利主義論 *Utilitarianism* 』において、ミルは、快の本質はけっして明らかではないという事実に私たちの注意を向けている。そして、明らかにミルが快をある種の活動と分析しているように思われる著作がある。しかしながら、ミルは快の概念分析に対し持続的な探求を行ってはいないし、また彼の立場を正確に突き止めることはできない。

＊2　ハーサニィ Harsanyi やブラント Brandt、その他の論者によるこうした見解に向けた私の議論はNussbaum (2000a, chap. 2) を参照のこと。

＊3　『自由論』に言及する際には、章番号のみを挙げることにする。なぜなら、引用頁の照会をするうえで参考になるほど幅広く利用されている版は1つもないからである。

＊4　しかしながら、恒久的な利害関心の満足、すなわち、その利害関心と合致した自由な機能の発揮は、おそらくミルの見解では、幸福の単なる手段というよりも、その構成要素である。

＊5　Rawls (1972); Posner (1995).

＊6　Rawls (1971, 3).

＊7　Nussbaum (2000a, chap.3) を参照のこと。

＊8　特に『アッティクス宛書簡集』書簡番号17（シャクルトン・ベイリー版における書簡番号17）を参照のこと。ここにおいてキケロは、自分とその友人との間には、完全な信頼がある、と宣言した後に、自分たちが意見を異にすることが1つだけあると述べている。すなわち、生の考え方に対する選択（voluntatem institutae vitae）である。キケロが述べるには、彼自身は、公的な奉仕に高い価値を賦与する生の考え方の方を選ぶある種の大志ambitioに導かれてきたが、アッティクスに関して言うと、誰も反論しえないであろう推論的思考a haud reprehendenda ratioによって、快楽主義的教説Epicurean doctrine、およびこの教説が強く勧める、高潔な隠遁（honestum otium）生活を選ぶ方へと導かれてきた。ここに私たちは、どちらの考え方も理に適っているという考えを確かに見出すことができる。そして、キケロは、大志ambitionへの動機に言及し、彼の友人の選択に賛同しないことが理に適っていることを婉曲に示唆する一方で、友人の教説を「高潔なhonestum」と呼ぶことで、尊敬の念を十分に示している。

＊9　Nussbaum (2001c) を参照のこと。

＊10　ミルはそのため、次のように議論を進めている。すなわち、罪人ですら［他人の権利を侵害する自らの行為によって］害を被る、なぜなら彼は「自身の本性のうちの利己的部分に制約が加えられることによって、社会的部分のよりよい発展が可能になるが、しかしそのような社会的部分の発展を［他人の権利を侵害する自らの行為によって］損なう［からである］。他の人のために厳格な正義の規則を遵守させられることは、他の人の善を自らの目的としようとする感覚と能力とを発展させる」。このような方針で弁護するのは、おそらく誤りであるだろう。人間の発展のいくつかは振る舞いに制約を課すことによって最もよく促進されるということをミルは認めることによって、反対者が彼の議論全体を切り崩そうとして用いるはずの考察を受け入れてしまっている（姦通を禁じる法は夫婦愛の発展を強化する、賭博を禁じる法は実直な労働への能力を強化する、など）。

＊11　Rawls (1996)

＊12　自由は人々の福祉のための手段であるのみならず、一部にはその構成要素でもあるのだと私たちが考えている場合でも、このことはあてはまる。友情に関するアリストテレスの説明を考慮せよ。すなわち、友情はそれ自体において善であると、彼は明確に主張しているが、しかし彼は、友情についての議論の大部分を、その手段としての利益に充てている。

＊13　現にミルは、正しい規範でさえ論議による刺激を必要とする、と主張している。しかし、すでに示してきたように、このような議論は、ミルの議論のなかでも、説得力のある部類に属するものではない。

＊14　アーネスンArneson（2000）および、それへの私の応答については、Nussbaum (2000c) を参照のこと。

＊15　Nussbaum (2000a, chap.1) を参照のこと。重要な例外事項の1つは、人間の尊厳の領域に入るものである。すなわち、国家は、市民が尊厳をもって扱われるための選択肢を単に彼らに提供するのではなく、実際、尊厳をもって市民を扱わなく

てはならないのだ、と私は主張する。たとえば、市民が尊厳ある扱いを受けるのに1セント払うよう求められ、それを支払わなかったとしたら、彼らは、政府役人から屈辱を与えられたことになるだろう。私の見解では、これはきわめて問題あることであり、リベラルな国家にとって最も基本的な義務の重大な侵害にあたるだろう。

＊16　もっとも、「60年代スタイルの諸権利1960s-style」に対するカハンの最近の攻撃（第5章を参照のこと）は必然的に、伝統的な権利章典に対する彼の支持に対し疑いを投げかける。

＊17　たとえば、権利章典を捨て去るよう提案するのではないにしても、カハンもエツィオーニもともに、権利の保護を、標準的なリベラルな論者らよりもはるかに狭い範囲で理解するよう提案している。

＊18　いま一度述べると（第5章を参照）、このような問題は、*Beyond the Social Contract*（『社会契約を超えて』）という、私の未完の著作の主題である。

＊19　ロッドマンRodman（2003）を参照のこと。ロッドマンは、この主張が分析者の偽りの自己False Selfを活性化させる機構を支持するとさえ（実際の彼自身の声で）述べている。

＊20　マリタンMaritain（1953）を参照のこと。彼は、世界人権宣言の背景にある考え方は以下のような考え方に開かれていると主張する。すなわちそれは、宗教的であると世俗的であるとにかかわらず、人間を道具や手段以上のものと捉えるようなあらゆる考え方である。

＊21　Nussbaum（2000b）を参照のこと。

＊22　このことは、特にNussbaum（2000a）で論じた。

＊23　Nussbaum（2001a, chap.6）を参照のこと。アリストテレスは、悲劇に対する同情を、潔白であるanaitiosという考え方から、すなわち悪い出来事に対し（ほとんど）責任がないという考え方から、定義している。また他の主だった論者もこの先例にならっている。「悲劇的な欠陥tragic flaw」が英雄の失墜を引き起こすという観念は、後世のキリスト教によるアリストテレスの誤読である。もっとも、それはキリスト教の一部の悲劇の構造を説明するものであるかもしれないが。

＊24　Nussbaum（2001a, chaps. 6-8）.

＊25　Nussbaum（2001a, chap. 8）を参照のこと。

＊26　具体的な提案のいくつかに関しては、Nussbaum（2001a, chap.8）を参照のこと。

訳　註

序　章

[1]　殺人に関連する用語を説明しておく。まず、殺人（homicide）とは、人を殺すこと一般のことを言い、必ずしも犯罪を意味しない。正当防衛は犯罪ではない殺人である。故殺（manslaughter）とは、予謀（計画）のない殺人のことを言う。故殺は、故意故殺（voluntary manslaughter）と非故意殺（involuntary manslaughter）に分類される。故意故殺は、前もっての計画性（予謀）のない意図的な殺人を意味し、感情的な喧嘩の末の殺人や、挑発を受けての激高状態で行われた殺人などを指す。非故意殺は、同じく予謀がなく、意図性もない殺人を言う。たとえば、傷つけようと思ったが殺す気のなかった暴力行為で死に至らしめる場合（Constructive Manslaughterと呼ばれる）や、過失致死に近い場合まで広く含まれる。

これに対して、謀殺（murder）は、予謀（計画）をもってなされる故意の殺人のことである。

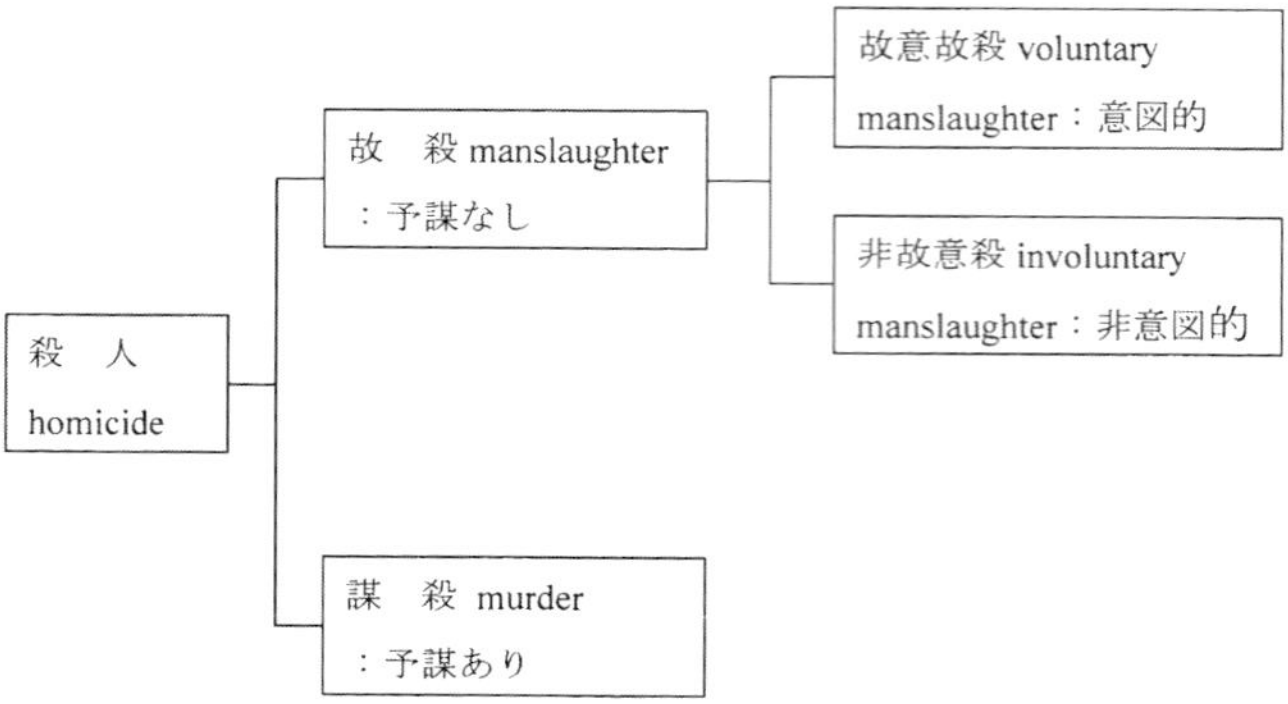

第1章

[1]　ここでは、原語reasonableに対し「理に適った」という訳語を当てはめている。英語reasonableについては、日本語に訳される場合、しばしばrationalと同様に、「合

理的な」という語が訳語として当てられる場合があるが、本書ではJ. ロールズのrationalとreasonableの区別を念頭において、基本的にreasonableに対し「理に適う」「道理をわきまえた」などを訳語として当てることにする（ただし、原語reasonable manに対しては、法学・経済学の分野の慣例にのっとり「常識人」または「合理人」という訳語を当てている）。

ロールズの区別によると、rationalとは、行為者単独の、自らの目的追及の活動における判断や推論に関する特性であるのに対し、reasonableは、行為者が他の人と共に社会的な協働に従事する際の、その判断や推論に関する特性である。ロールズは、この2つを明確に区別するという点を、自らの正義論の特徴の1つとしている。本書ヌスバウムの議論が、こうしたロールズの区別を念頭においているのかどうかは定かではないが、しかしreasonableの用法を見る限り、「理に適う」という訳語が適切であると思われる。

第2章

［1］ 幹細胞研究に関連する道徳上の論争：　ヒトの胚細胞の廃棄をともなう胚性幹細胞研究は、人の生命を破壊するとして、保守派宗教団体はこの研究の停止をもとめていた。また、ブッシュ大統領もヒト胚性幹細胞の実験利用を禁止し、胚性幹細胞研究への連邦予算の支出を停止していた。レオン・カスは、2001年に設立された大統領生命倫理評議会の委員長を務めていて、そこでの検討は、レオン・カス編著『治療を超えて――バイオテクノロジーと幸福の追求・大統領生命倫理評議会報告書』（倉持武訳、青木書店、2005年）にまとめられている。

［2］ ウォルフェンデン報告書：　1957年に提出された、同性愛の合法化および売春の一部合法化を認める報告書。正式名称は「同性愛行為および売春に関する委員会報告The Report of the Departmental Committee on Homosexual Offences and Prostitution」である。

［3］ ジェリー・ファルウェル師がアメリカ全土にあてて出した声明：　ジェリー・ファルウェルは、現代アメリカのキリスト教右派を代表する人物の1人であり、妊娠中絶や同性愛に反対する団体「モラル・マジョリティ」の創設者である。ここでヌスバウムが取り上げた発言は、9.11直後の、The 700 Clubというキリスト教系放送局のある番組での発言。批判を浴び、直後に撤回、陳謝している。2007年死去。

［4］ クラパムの乗合馬車に乗りあわせた人：　クラパムはロンドンの1地域である。この表現はもともと法律用語で「合理人」を意味する。同じような言い回しは昔からあったが、この表現そのものが判決文のなかで初めて使用されたのは、McQuire v. Western Morning News (1903)とされる。

［5］ ドイツ義勇軍：　第1次世界大戦後に退役軍人を中心として結成された民兵組織。後のナチ党の党員の多くはこの組織の出身者であった。

第3章

［1］ 三名合議体three-judge panel：　通常、連邦地裁の裁判は1人の裁判官によって行われるが、特定の事件に限っては3人の裁判官によって審理される。

[2]『プレイボーイ *PLAYBOY*』： 1953年に米国で創刊された成人向け雑誌。同誌の目玉の1つに、プレイメイトと呼ばれる若い女性のヌードグラビアがある。日本で発売されていた月刊誌『プレイボーイ日本版』（1975年創刊）は2008年に休刊した。

[3] ただし、マッキノンとドゥオーキンによって起草されたミネアポリス市のポルノグラフィ規制条例（同市公民権条例改正案）は、1984年に修正第1条違反のおそれがあるとの理由により市長の拒否権が発動され成功しなかった。また、インディアナポリス市長の命を受けた議員のコグナー（Beulah Coughenour）とマッキノンによって起草されたインディアナポリス市のポルノグラフィ規制条例（同市公民権条例改正案）は、出版、販売業者そして反対派のフェミニストたちが条例改正の差し止めを求め提訴した1984年の連邦地裁において、修正第1条、修正第5条違反の判決を受け、1985年には連邦上訴裁判所でも違憲判決を受けた。

[4]「まったくもってツイていた」という考え： 原文にあるthere, but for go Iは、There, but for the grace of God, go Iの省略と思われる。

第4章

[1] 対象関係論： 精神分析における1つの方法。患者と患者以外の存在との関係そのものに焦点が絞られ、心のなかでの関係と、現実生活における関係とのずれに着目する。

[2] 意義深い他者significant other： 心理学では、ある人の人生や幸福に対して大きな影響力を持つ人間を意味する。

[3] テストステロン： 男性の性ホルモン（androgen）の代表的なもので、主に精巣で作られる。発毛、精子の発達、タンパク質の合成、闘争心などを促進・発達させる働きがあると考えられている。

[4]『ニッケル・アンド・ダイムド』： 著者が自らの肩書を隠し、およそ2年間にわたって低所得労働に就いた体験を報告した著作。希望のあたえられない過酷な労働環境の現実がえぐりだされている。原語Nickel and Dimedは、5セント硬貨、10セント硬貨を意味する。ここから転じて「小銭」「つまらないもの」「はした金」を意味する。

第5章

[1] 緋文字： 姦通 adulteryを示した緋色のAの文字。昔の清教徒社会において、姦通者が姦通を犯した印として胸につけさせられた。

[2] コロンバイン事件： 1999年4月20日、アメリカコロラド州にあるコロンバイン高校で、同校の生徒である17歳と18歳の2人の少年が銃を乱射、13人を殺害し、20名以上に重軽傷を負わせた後自殺した事件。この事件は銃規制だけではなく、青少年犯罪についてさまざまな議論を巻き起こした。

[3] マーサ・ステュアートMartha Stewart： アメリカ出身の実業家。生活用品の販売や出版を手がける、マーサ・ステュアート・リビング・オムニメディアを創業。料理・ガーデニング・インテリアなど生活全般にわたって、主婦を中心とする女性にライフスタイルを提案することによって成功をおさめた。

[4]　ウィリアム・ベネット William Bennett：　アメリカの保守派として知られる政治家。レーガン政権で教育長官、ブッシュ（父）政権で国家薬物取締政策局長官を務めた。道徳教育の推進にも力を入れた。ベネットが編者となっている、徳目ごとに物語や寓話を集めた『徳の本 *The Book of Virtues*』はアメリカでベストセラーとなった。

[5]　アルコホーリクス・アノニマスAlcoholics Anonymous：　アルコール依存症からの回復を助ける相互援助の集まり。アルコホーリクス・アノニマスとは「匿名のアルコール依存者」という意味である。1935年にアメリカで設立された。

[6]　投票権法：　市民が投票権を行使する際に、人種や肌の色などによって差別されないための措置を定めた連邦法。1965年に制定され、1970年、1975年、1982年に改正されている。公民権法を補完する役割を担っている。

[7]　婚姻防衛法：　1996年に制定された連邦法。「婚姻」「配偶者」の定義を、連邦法においては、男女間のものに限定している。また、ある州で行われた婚姻の法的効力を認めるよう、他州は要求されないというものである。

[8]　ダニエル書5章26-28節、日本聖書協会『聖書　新共同訳』による。

[9]　アメリカ自由人権協会：　合衆国憲法で保障されている権利の擁護を目的とする団体。1920年にニューヨーク市で設立された。

[10]　シヴィル・ユニオン：　同性愛者のカップルに、結婚した異性間のカップルと同様の権利を認める制度。ヴァーモント州が2000年7月から実施した。

第6章

[1]　合衆国憲法修正第14条は、市民としての身分を定義し、公民権、および、他の個人の権利を規定した条項。20世紀半ばの公民権運動において重要な役割を果たし、ブラウン判決（1954年、「人種分離した教育機関は本来不平等である」）、ロー対ウェイド事件(1973年、「妊娠を継続するか否かに関する女性の決定はプライバシー権に含まれる」といった論争を呼ぶ判決を生んできた。

[2]　憲法修正第5条の自己負罪拒否権に基づいて、権利の告知がなされていない状態での供述は公判で証拠として用いることができないという「権利の告知（読み上げ)」のこと。修正第5条とは、「大陪審の保障、二重の処罰の禁止、適正な手続き（due process)、財産権の保障」に関するものである。ここで関連するのは、「何人も、刑事事件において自己に不利な証人となることを強制されることはなく、また法の適正な手続きによらずに、生命、自由または財産を奪われることはない」という部分である。

[3]　信教、言論、出版、集会の自由、請願権を言う。合衆国議会は、国教を樹立、または宗教上の行為を自由に行うことを禁止する法律、言論または出版の自由を制限する法律、ならびに、市民が平穏に集会しまた苦情の処理を求めて政府に対し請願する権利を侵害する法律を制定してはならない。

[4]　Eugene Debs 1855～1926年。アメリカ社会党の政治家、労働運動家、1918年、第1次世界大戦に際して反戦論を唱え、諜報活動防止法違反に問われ、10年の罪で1919年に収監されるが、1921年にハーディング大統領に恩赦される。

［5］　アメリカ合衆国における控訴裁判所の1つで、アメリカ合衆国全域を12の巡回区に分け、特許や関税などの特定分野の事件を管轄する。
［6］　ここでは、mental　disabilitiesという原語に、一応、「知的障害」という訳語を当てはめてみた。しかし、mental disabilitiesは「精神障害」とも訳される。日本の精神保健福祉法5条による「精神障害」の定義は、「統合失調症、精神作用物質による急性中毒又はその依存症、知的障害、精神病質その他の精神疾患」となっている。ここには、統合失調症のような精神病から、いわゆる「知的遅れ・精神遅滞」である知的発達障害まで、まったく異質の障害がひとくくりにされている。英語においても、同じくmental disabilitiesは、幅をもった概念である。ここでのヌスバウムは、この言葉の定義を明示していない。
［7］　生活をするうえでの身体的・心理的機能を指している。医療や福祉の分野で広く用いられ、たとえば、障害に関する国際的な分類として、2001年WHOの総会で採択された国際生活機能分類（ICF：International Classification of Functioning and Disabilities）にも、この言葉が用いられている。アマルティア・センの、ケイパビリティ概念に関連する用語として、この言葉が使われている。
［8］　合衆国憲法修正第14条の法のもとの平等条項 Equal Protection では、憲法上の権利が、連邦や州から侵害されているかを憲法上の司法審査 scrutiny で判断することになっている。その際に、「合理性審査基準による検査」、「やむにやまれぬ政府の利益 compelling state interest 」が当てはまるかどうか、「実質的に重要な政府利益 substantially Important Interest 」を持つかどうかが審査される。
［9］　アスペルガー症候群を高機能自閉症の一種とするヌスバウムの定義は、自閉症スペクトラムの1つの解釈の仕方であるが、他の解釈もある。高機能自閉症とは、DMS-IVによれば、自閉症スペクトラムのうち、知的発達の遅れを伴わないものをいう。他方、アスペルガー症候群は、知的障害の有無を問わず、言語障害のない自閉症を指すとする研究者もいる。したがって、ある解釈では、アスペルガーと高機能性自閉症は、部分的に重なっている別の集合である。しかし、日本国内では、アスペルガーと高機能自閉症はあまり区別されないことが多いし、また、両者の区別については諸説あり、曖昧でもある。

第7章

［1］　原語はsocial welfare function。厚生経済学の用語であり、選好や効用など個人の福祉に関わる状態を元にして社会全体の福祉の水準を導き出すための関数のこと。A. バーグソンやP. A. サミュエルソンによって経済学に導入された概念であり、社会政策のよしあしを評価する上での規準として一般に用いられる。
［2］　米国連邦第7巡回区控訴裁判所の判事であり、かつてはシカゴ大学の教授。第5章を参照のこと。
［3］　原語はhate speech。特定の人に向けられる侮蔑的、差別的発言のこと。一般に「発言の自由」を制限するべきかどうかに関する議論のなかで、制限が求められる事例として引き合いに出されることが多い。
［4］　古代インド、マウリヤ朝第3代の王。仏教の保護と布教に努め、その発展に寄

与した王として知られている。その詔勅には、すべての宗教を保護することが宣言され、仏教だけでなく、他の諸宗教を尊重することの重要性が強調されている。

[5]　原語はassociationism。ロックに由来する観念連合概念の重要性を強調し、知的、精神的活動をこの概念によって説明しようとする立場。18世紀から19世紀にかけて、イギリスを中心として形成、発展した立場であり、代表的な論者として、ハートリーやヒューム、ミル父子、ウィリアム・ジェイムズらが挙げられる。

[6]　原語はparsimony。節減（の原理）とは「根本原理は必要不可欠なものに限るべきだ」とする理論構築上の規則のこと。「必然性がないかぎり、複数の物事を立ててはならない」という形で定式化されることもある。この規則の原型はアリストテレスにまで遡ることができるが、オッカムの議論において多用されていることから、一般に「オッカムの剃刀」と呼ばれている。

[7]　もともとはアマルティア・センが提唱したアプローチ。センによると、ケイパビリティとは、個人の生活における自由の程度を表すものであり、個々人の福祉を評価するための適切な規準であるという。センは、選好功利主義やロールズなど、従来の正義論が個人の福祉の状態を誤った規準に基づき評価しているとして、これらを批判し、従来の理論に代わるものとしてケイパビリティ・アプローチを提唱している。ヌスバウムのアプローチは、こうしたセンのアプローチをアリストテレス的な社会民主主義の方向へ発展させたものである。

参考文献

Adorno, Theodor, et al. (1950). *The Authoritarian Personality*. New York: Harper and Row. 〔T. W. アドルノ『権威主義的パーソナリティ』(原著1950年刊の抄訳) 田中義久・矢沢修次郎訳, 青木書店, 1980年〕
Ahmed, Eliza, Nathan Harris, John Braithwaite, and Valerie Braithwaite (2001). *Shame Management through Reintegration*. Cambridge: Cambridge University Press.
Alschuler, Albert w., and Stephen]. Schulhofer (1998). "Antiquated Procedures or Bedrock Rights? A Response to Professors Meares and Kahan." *University of Chicago Legal Forum* 1998: 215-44.
Amundson, Ron (1992). "Disability, Handicap, and the Environment." *Journal of Social Philosophy* 23: 105-18.
——— (2000a). "Biological Normality and the ADA." In Francis and Silvers (2000): 102-10.
——— (2000b). "Against Normal Function." *Studies in History and Philosophy of Biological and Biomedical Sciences* 31C: 33-53.
Angyal, Andras (1941). "Disgust and Related Aversions." *Journal of Abnormal and Social Psychology* 36: 393-412.
Annas, Julia (manuscript) (2000). "Shame and Shaming Punishments." Paper for the Workshop on Law and Social Control, University of Minnesota, November.
Archimandritou, Marta (2000). *The Open Prison* (in Modern Greek). Athens: Ellinika Grammata.
Arneson, Richard]. (2000). "Perfectionism and Politics." *Ethics* 111: 37-63.
Averill, James R. (1982). *Anger and Aggression: An Essay on Emotion*. New York: Springer.
Baker, Katharine K (1999). "Sex, Rape, and Shame." *Boston University Law Review* 79 (1999): 663-716.
Balint, Alice (1953). "Love for the Mother and Mother Love." In Michael Balint, ed., *Primary Love and Psychoanalytic Technique*. New York: Liveright.
Bandes, Susan A. (1997). "Empathy, Narrative, and Victim Impact Statements." *University of Chicago Law Review* 63: 361-412.
———, ed. (1999). *The Passions of Law*. New York and London: New York University Press.
Bartov, Orner (1991). *Hitler's Army*. New York: Oxford University Press.
——— (1996a). *Murder in Our Midst: The Holocaust, Industrial Killing, and Representation*. New York: Oxford University Press.

——— (1996b). Review of Goldhagen (1996). *New Republic*, 29 April, 32-38.
——— (1997). Review of W. Sofsky, *The Concentration Camp. New Republic*, 13 October.
Batson, C. Daniel (1991). *The Altruism Question: Toward a Social-Psychological Answer. Hillsdale*, NJ: Lawrence Erlbaum Associates.
Beale, Joseph H., Jr. (1903). "Retreat from a Murderous Assault." *Harvard Law Review* 16: 567-82.
Becker, Ernest (1973). *The Denial of Death*. New York: The Free Press. 〔アーネスト・ベッカー『死の拒絶』今防人訳, 平凡社, 1989年〕
Becker, Lawrence (2000). "The Good of Agency." In Francis and Silvers (2000): 54-63.
Ben-Yehuda, Nachman (1990). *The Politics and Morality of Deviance: Moral Panics, Drug Abuse, Deviant Science, and Reversed Stigmatization*. Albany: State University of New York Press.
Berube, Michael (1996). *Life As We Know It: A Father, a Family, and an Exceptional Child*. New York: Pantheon.
Bollas, Christopher (1987). *The Shadow of the Object: Psychoanalysis of the Unthought Known*. London: Free Association Books.
Boswell,John (1989). "Jews, Bicycle Riders, and Gay People: The Determination of Social Consensus and Its Impact on Minorities." *Yale Journal of Law and Humanities* 1: 205-28.
Bowlby, John (1982). *Attachment and Loss*. Vol. 1: *Attachment*. 2d edition. New York: Basic Books. 〔J・ボウルビィ『愛着行動——母子関係の理論1』黒田実郎ほか訳, 岩崎学術出版社, 1991年〕
Bowlby, John (1973). *Attachment and Loss*. vol. 2: *Separation: Anxiety and Anger*. New York: Basic Books. 〔J. ボウルビィ『分離不安——母子関係の理論2』黒田実郎ほか訳, 岩崎学術出版社, 1991年〕
Bowlby, John (1980). *Attachment and Loss*. vol. 3: *Loss: Sadness and Depression*. New York: Basic Books. 〔J. ボウルビィ『対象喪失——母子関係の理論3』黒田実郎ほか訳, 岩崎学術出版社, 1991年〕
Boyarin, Daniel (1997). *Unheroic Conduct: The Rise of Heterosexuality and the Invention of the Jewish Man*. Berkeley and Los Angeles: University of California Press.
Brademas,John (1982). *Washington, D. C., to Washington Square: Essays on Government and Education*. New York: Weidenfeld and Nicolson.
Braithwaite,John (1989). *Crime, Shame, and Reintegration*. Cambridge and New York: Cambridge University Press.
——— (1999). "Restorative Justice: Assessing Optimistic and Pessimistic Accounts." *Crime and Justice* 25: 1-127.
——— (2002). *Restorative Justice and Responsive Regulation*. Oxford and New York: Oxford University Press.
Braithwaite, John, and Valerie Braithwaite (2001). "Shame, Shame Management and Regulation." In Ahmed, Harris, Braithwaite, and Braithwaite (2001): 3-69.
Brenner, Claudia (1995). *Eight Bullets,' One Woman's Study of Surviving Anti-Gay Violence*. Ithaca, NY: Firebrand Books.

Broucek, Francis (1991). *Shame and the Self*. New York: Guilford Press, 1991.
Browning, Christopher (1992). *Ordinary Men*. New York: HarperCollins.〔クリストファー・ブラウニング『普通の人びと――ホロコーストと第101警察予備大隊』谷喬夫訳，筑摩書房, 1997年〕
Bruun, Christer (1993). *The Water Supply of Ancient Rome: A Study of Roman Imperial Administration*. Helsinki: Societas Scientiarum Fennica.
Calhoun, Cheshire (2003). "An Apology for Moral Shame." *Journal of Political Philosophy* 11: 1-20.
Case, Mary Anne C. (1995) "Disaggregaling Gender from Sex and Sexual Orientation: The Effeminate Man in the Law and Feminist Jurisprudence." *Yale Law Journal* 105: 1-104.
Cavell, Stanley (1969). "The Avoidance of Love: A Reading of King Lear." In Cavell, *Must We Mean What We Say?* New York: Charles Scribner's Sons: 267-353.
Chodorow, Nancy (1978). *The Reproduction of Mothering : Psychoanalysis and the Sociology of Gender*, Berkeley and Los Angeles: University of California Press.〔ナンシー・チョドロウ『母親業の再生産――性差別の心理・社会的基盤』大塚光子・大内菅子訳, 新曜社, 1981年〕
Clark, Candace (1997). *Misery and Company: Sympathy in Everyday Life*. Chicago: University of Chicago Press.
Cohen, Stanley (1972). *Folk Devils and Moral Panics: The Creation of the Mods and Rnckers*. London: MacGibbon and Kee.
Comstock, Gary David (1981). "Dismantling the Homosexual Panic Defense." *Law and Sexuality* 2: 81-102.
Comstock, Gary David (1991). *Violence Against Lesbians and Gay Men*. New York: Columbia University Press.
Constable, E. L. (1997). "Shame." *Modern Language Notes* 112: 641-65.
Cornell, Drucilla (1995). *The Imaginary Domain: Abortion, Pornography, and Sexual Harassment*. New York and London: Routledge.〔ドゥルシラ・コーネル『イマジナリーな領域――中絶, ポルノグラフィ, セクシュアル・ハラスメント』遠藤かおりほか訳, 御茶の水書房, 2006年〕
——— (2001). "Dropped Drawers: a Viewpoint." In *Aftermath: The Clinton Impeachment and the Presidency in the Age of Political Spectacle*. Ed. Leonard V. Kaplan and Beverley I. Moran. New York: New York University Press: 312-20.
Crossley, Mary (2000). "Impairment and Embodiment." In Francis and Silvers (2000): 111-23.
Damasio, Antonio R. (1994). *Descartes' Error: Emotion, Reason, and the Human Brain*. New York: Putnam.〔アントニオ・R・ダマシオ『生存する脳――心と脳と身体の神秘』田中三彦訳, 講談社, 2000年〕
Darwin, Charles R. (1965[1872]). *The Expression of the Emotions in Man and Animals*. Chicago: University of Chicago Press.〔ダーウィン『人及び動物の表情について』浜中浜太郎訳, 岩波書店, 1931年〕
De Grazia, Edward (1992). *Girls Lean Back Everywhere; The Law of Obscenity and the Assault on Genius*. New York: Random House.
Deigh, John (1994). "Cognitivism in the Theory of Emotions." *Ethics* 104: 824-54.

——— (1996). *The Sources of Moral Agency: Essays on Moral Psychology*. Cambridge: Cambridge University Press.

De Sousa, Ronald (1987). *The Rationality of Emotion. Cambridge*, MA: MIT Press.

Devlin, Patrick (1965). *The Enforcement of Morals*. London: Oxford University Press.

Douglas, Mary (1966). *Purity and Danger*. London: Routledge and Kegan Paul.〔メアリ・ダグラス『汚穢と禁忌』塚本利明訳, 筑摩書房, 2009年〕

Dressler, Joshua (1995). "When 'Heterosexual' Men Kill 'Homosexual' Men: Reflections Oil Provocation Law, Sexual Advances, and the 'Reasonable Man' Standard." *The Journal of Criminal Law and Criminology* 85: 726-63.

Dressler, Joshua (2002). "Why Keep the Provocation Defense?: Some Reflections on a Difficult Subject." *Minnesota Law Review* 86: 959-1002.

Dworkin, Andrea (1987). *Intercourse*. New York: Free Press.〔アンドレア・ドウォーキン『インターコース――性的行為の政治学』寺沢みづほ訳, 青土社, 1998年〕

——— (1989). *Pornography: Men Possessing Women*. New York: E. P. Dutton.〔アンドレア・ドウォーキン『ポルノグラフィ――女を所有する男たち』寺沢みづほ訳, 青土社, 1991年〕

Dworkin, Ronald (1977). "Liberty and Moralism." In Dworkin, *Taking Rights Seriously*. Cambridge: Cambridge University Press: 240-58.〔ロナルド・ドゥウォーキン『権利論2』小林公訳, 木鐸社, 2001年所収〕

Eaton, Anne (manuscript) (2001). "Does Pornography Cause Harm?" Presented at the annual meeting of the Eastern Division of the American Philosophical Association.

Ehrenreich, Barbara (2001). *Nickel and Dimed: On (Not) Getting By in America*. New York: Metropolitan Books.〔バーバラ・エーレンライク『ニッケル・アンド・ダイムド: アメリカ下流社会の現実』曽田和子訳, 東洋経済新報社, 2006年〕

Elias, Norbert (1994). *The Civilizing Process*. Cambridge, MA: Blackwell.〔ノルベルト・エリアス『社会の変遷／文明化の理論のための見取図』, 波田節夫ほか訳, 法政大学出版局, 2004年〕

Ellis, Havelock (1890). "Whitman." Extract from *The New Spirit*. In *Norton Critical Edition of Whitman*, ed. Sculley Bradley and Harold W. Blodgett. New York and London: W. W. Norton, 1973: 803-13.

Ellman, Richard (1987). *Oscar* Wilde. London: Penguin.

Etzioni, Amitai (2001). *The Monochrome Society*. Princeton: Princeton University Press.

Fairbairn, W. R. D. (1952). *Psychoanalytic Studies of the Personality*. London and New York: Tavistock/Routledge.〔フェアベーン『人格の精神分析学的研究』山口泰司, 文化書房博文社, 2002年〕

Feinberg, Joel (1985). *The Moral Limits of the Criminal Law*. Vol. 2: *Offense to Others*. New York: Oxford University Press.

Fletcher, George (1999). "Disenfranchisement as Punishment: Reflections on the Racial Uses of Infamia." *UCLA Law Review* 46: 1895-1907.

Francis, Leslie Pickering, and Anita Silvers, eds. (2000). *Americans With Disabilities: Exploring*

Implications of the Law for Individuals and Institutions. New York and London: Routledge.
Frank, Robert (1999). *Luxury Fever*. New York: The Free Press.
Freud, Sigmund (1905). *Three Essays on the Theory of Sexuality*. In *The Standard Edition of the Complete Psychological Works of Sigmund Freud*. Vol. 7. Ed. James Strachey. London: Hogarth Press: 125-245. 〔フロイト『性欲論、症例研究（フロイト著作集5)』懸田克躬・高橋義孝ほか訳, 人文書院, 1969年所収〕
——— (1908). "Character and Anal Ertism." In *Standard Edition* 9, 169-75. 〔フロイト『グラディーヴァ論、精神分析について：1906-09年（フロイト全集9)』道籏泰3・西脇宏・福田覚訳, 岩波書店, 2007年所収〕
——— (1910). Five Lectures on Psychoanalysis. In *Standard Edtion* 11, 3-56. 〔フロイト『グラディーヴァ論、精神分析について：1906-09年（フロイト全集 9)』道籏泰3・西脇宏・福田覚訳, 岩波書店, 2007年所収〕
——— (1915). "Mourning and Melancholia." In *Standard Edition* 14, 239-58. 〔フロイト『自我論・不安本能論（フロイト著作集6)』井村恒郎・小此木啓吾ほか訳, 人文書院, 1970年所収〕
——— (1920). Beyond the Pleasure Principle. In *Standard Edtion* 18. 〔フロイト『不気味なもの、快原理の彼岸、集団心理学：1919-22年（フロイト全集17)』須藤訓任・藤野寛訳, 岩波書店, 2006年所収〕
——— (1930). Civilization and Its Discontents. In *Standard Edition* 21, 59-145. 〔フロイト『幻想の未来／文化への不満』』中山元訳, 光文社, 2007年所収〕
——— (1985). *The Complete Letters of Sigmund Freud to Wilhelm Fliess*, 1887-1904. Ed. And trans. Jeffrey M. Masson. Cambridge. MA: Harvard University Press. 〔フロイト『フロイト フリースへの手紙：1887-1904』河田晃訳, 誠信書房, 2001年〕
Garvey, Steven (1998). "Can Shaming Punishments Educate?" *University of Chicago Law Review* 65: 733-94.
Gattrell, V. A. C. (1994). *The Hanging Tree: Execution and the English People, 1770-1868*. Oxford and New York: Oxford University Press.
Gauthier, David (1986). *Morals By Agreement*, New York: Oxford University Press. 〔デイヴィド・ゴティエ『合意による道徳』小林公訳, 木鐸社, 1999年〕
Geller, Jay (1992). "(G)nos(e)ology: The Cultural Construction of the Other." In *People of the Body: Jews and Judaism from an Embodied Perspective*, ed. Howard Eilberg-Schwartz. New York: State University of New York Press.
Gilligan, James (1997). *Violence: Reflections on a National Epidemic*. New York: Vintage Books.
Gilman, Sander (1991). *The Jew's Body*. New York: Routledge. 〔サンダー・L・ギルマン『ユダヤ人の身体』管啓次郎訳, 青土社, 1997年〕
Glover, Jonathan (2000). *Humanity: A Moral History of the Twentieth Century*. New Haven: Yale University Press.
Goffman, Erving (1963). *Stigma: Notes on the Management of Spoiled Identity*. New York: Simon and Schuster. 〔アーヴィング・ゴッフマン『スティグマの社会学——烙印を押されたアイデンティティ』石黒毅訳, せりか書房, 2001年〕

Goldhagen, Daniel Jonah (1996). *Hitler's Willing Executioners: Ordinary Germans and the Holocaust*. New York: Knoph. 〔ダニエル・J・ゴールドハーゲン『普通のドイツ人とホロコースト：ヒトラーの自発的死刑執行人たち』北村浩ほか訳，ミネルヴァ書房，2007年〕

Goldhagen, Daniel Jonah, Orner Bartov, and Christopher Browning (1997). An exchange. *New Republic*, 10 February.

Graham, George (1990). "Melancholic Epistemology." *Synthese* 82: 399-422.

Gustafson, Mark (1997). "Inscripta in fronte: Penal Tattooing in Late Antiquity." *Classical Antiquity* 16 (1997): 79-105.

Haidt, Jonathan, Clark R. McCauley, and Paul Rozen (1994). "A Scale to Measure Disgust Sensitivity." *Personality and Individual Differences* 16: 701-13.

Hall, Stuart, Chas Critcher, Tony Jefferson, John Clarke, and Brian Roberts (1978). *Policing the Crisis: Mugging, the State, and Law and Order*. London: MacMillan.

Hilberg, Raul (1985). *The Destruction of the European Jews*. New York: Holmes and Meier. 〔ラウル・ヒルバーグ『ヨーロッパ・ユダヤ人の絶滅（上巻・下巻）』望田幸男ほか訳，柏書房，1997年〕

Hollander, Anne (1994). *Sex and Suits: The Evolution of Modern Dress*. New York: Farrar, Straus, and Giroux. 〔アン・ホランダー『性とスーツ――現代衣服が形づくられるまで』中野香織訳，白水社，1997年〕

Holmes, Oliver Wendell, Jr. (1992). *The Essential Holmes*. Ed. Richard A. Posner. Chicago: University of Chicago Press.

Hornle, Tagana (2000). "Penal Law and Sexuality: Recent Reforms in German Criminal Law." *Buffalo Criminal Law Review* 3: 639-85.

Human Rights Watch (1998). *Losing the Vote: The Impact of Felony Disenfranchisement Law in the U. S*. Available online. from Human Rights Watch at humanrightswatch.org.

Hyde, H. Montgomery (1956). *The Three Trials of Oscar Wilde*. New York: University Books.

Ignatieff, Michael (1978). *A Just Measure of Pain: The Penitentiary in the Industrial Revolution, 1750-1850*. New York: Pantheon.

Jenkins, Philip (1998). *Moral Panic: Changing Concepts of the Child Molester in Modern America*. New Haven and London: Yale University Press.

Johnson, Mark L. (2001). *Comment on sentencing and equal protection*. University of Chicago Legal Forum.

Jones, Christopher P. (1987). "Stigma: Tattooing and Branding in Graeco-Roman Antiquity." *Journal of Roman Studies* 77: 139-55.

——— (2000). "Stigma and Tattoo." In *Written on the Body*, ed. Jane Caplan. Princeton: Princeton University Press: 1-16.

Kadidal, Shayana (1996). "Obscenity in the Age of Mechanical Reproduction." *American Journal of Comparative Law* 44: 353-85.

Kadish, Sanford H., and Stephen J. Schulhofer (1989). *Criminal Law and Its Processes: Cases and Materials*. 5th ed. Boston, Toronto, and London: Little, Brown and Company.

Kahan, Dan M. (1996). "What Do Alternative Sanctions Mean?" University of Chicago Law

Review 63: 591-653.
——— (1998). "*The Anatomy of Disgust* in Criminal Law." *Michigan Law Review* 96: 1621-57.
——— (1999a). "The Progressive Appropriation of Disgust." In *Bandes* (1999): 63-79.
——— (1999b). "Unthinkable Misrepresentations: A Response to Tonry." *UCLA Law Review* 46: 1933-40.
Kahan, Dan M., and Martha C. Nussbaum (1996). "Two Conceptions of Emotion in Criminal Law." *Columbia Law Review* 96: 269-374.
Kahan, Dan M., and Eric A. Posner (1999). "Shaming White-Collar Criminals: A Proposal for Reform of the Federal Sentencing Guidelines." *Journal of Law and Economics* 42: 365-91.
Kaster, Robert A. (1997). "The Shame of the Romans." Transactions of the American Philological Association 127: 1-19.
——— (2001). "The Dynamics of Fastidium." *Transactions of the American Philological Association* 131: 143-89.
Kavka, Gregory S. (2000). "Disability and the Right to Work." In Francis and Silvers (2000): 174-92.
Kelman, Mark (2000). "Does Disability Status Matter?" In Francis and Silvers (2000): 91-101.
Kelman, Mark, and Gillian Lester (1997). *Jumping the Queue: An Inquiry into the Legal Treatment of Students with Learning Disabilities*. Cambridge, MA, and London: Harvard University Press.
Kernberg, Otto (1985). *Borderline Conditions and Pathological Narcissism*. Northvale, NJ: Jason Aronson.
Kilborne, Benjamin (2002). *Disappearing Persons: Shame and Appearance*. Albany: State University of New York Press.
Kim, David Haekwon (2001). *Mortal Feelings: A Theory of Revulsion and the Intimacy of Agency*. Ph.D. Dissertation, Syracuse University, August 2001.
Kindlon, Daniel J. (2001). *Too Much of a Good Thing: Raising Children of Character in an Indulgent Age*. New York: Miramax.
Kindlon, Daniel J. and Michael Thompson (1999). *Raising Cain: Protecting the Emotional Life of Boys*. New York: Ballantine Books.〔ダン・キンドロン,マイケル・トンプソン,『危ない少年たちを救え』湯河京子訳,草思社,2003年〕
Kittay, Eva Feder (1999). *Love's Labor: Essays on Women, Equality, and Dependency*. New York and London: Routledge.
Klein, Melanie (1984). *Envy and Gratitude and Othe Works 1946-1963*. London: The Hogarth Press.〔メラニー・クライン『羨望と感謝: 1957-1963(メラニー・クライン著作集5)』松本善男ほか訳,誠信書房,1996年〕
Klein, Melanie (1985). *Love, Guilt and Reparation, and Other Works 1921-1945*. London: The Hogarth Press.〔メラニー・クライン『愛,罪そして償い: 1933-1945(メラニー・クライン著作集3)』牛島定信ほか訳,誠信書房,1983年〕
Kniss, Fred (1997). *Disquiet In the Land: Cultural Conflict in American Mennonite Communities*. New Brunswick, NJ: Rutgers University Press.
Kohut, Heinz (1981a). "On Empathy." In *The Search for the Self: Selected Writings of Heinz Kohut:*

1978-1981, ed. P. H. Orstein. Madison, CT: International University Press, Inc: 525-35. 〔P. H. オーンスタイン編『コフート入門――自己の探究』伊藤洸監訳，岩崎学術出版社，1987年所収〕

Kohut, Heinz (1981b). "Introspection, Empathy, and the Semicircle of Mental Health." In *The Search for the Self: Selected Writings of Heinz Kohut: 1978-1981*, ed. P. H. Orstein. Madison, CT: International University Press, Inc: 537-67. 〔P. H. オーンスタイン編『コフート入門――自己の探究』，伊藤洸監訳，岩崎学術出版社，1987年所収〕

Kohut, Heinz (1986). "Forms and Transformations of Narcissism." In Morrison (1986): 61-88. 〔ハインツ・コフート「自己愛の諸形態とその変化」(チャールズ・B・ストロジア編『自己心理学とヒューマニティ』林直樹訳，金剛出版，1996年，pp.121-146所収)〕

Koppelman, Andrew (2002). *The Gay Rights Question in Contemporary American Law*. Chicago: University of Chicago Press.

Korsmeyer, Carolyn W. (1999). *Making Sense of Taste*. Ithaca, NY: Cornell University Press.

Larmore, Charles (1987). *Patterns of Moral Complexity*. New York: Cambridge University Press.

——— (1996). *The Morals of Modernity*. New York: Cambridge University Press.

Law, Sylvia A. (1988). "Homosexuality and the Social Meaning of Gender:' *Wisconsin Law Review*: 187-235.

Lazarus, Richard S. (1991). *Emotion and Adaptation*. New York: Oxford University Press.

LeDoux, Joseph (1996). *The Emotional Brain: The Mysterious Underpinnings of Emotional Life*. New York: Simon and Schuster. 〔ジョセフ・ルドゥー『エモーショナル・ブレイン――情動の脳科学』松本元ほか訳，東京大学出版会，2003年〕

Levitz, Mitchell, and Jason Kingsley (1994). *Count Us In: Growing Up with Down Syndrome*. New York: Harcourt Brace. 〔ジェイソン・キングスレー，ミッチェル・レーヴィッツ『仲間に入れてよ――ぼくらはダウン症候群』戸苅創監訳，メディカ出版，1996年〕

Lindgren, James (1993). "Defining Pornography." *University of Pennsylvania Law Review* 141: 1153-1276.

Lopez, Frederick G., and Kelly A. Brennan (2000). "Dynamic Processes Underlying Adult Attachment Organization." *Journal of Counseling Psychology* 47: 283-300.

Lumbard, J. Edward (1965). "The Citizens' Role in Law Enforcement." *Journal of Criminal Law, Criminology and Police Science* 56: 67-72.

MacKinnon, Catharine A. (1987). *Feminism Unmodified: Discourses on Life and Law*. Cambridge, MA: Harvard University Press. 〔キャサリン・A・マッキノン『フェミニズムと表現の自由』奥田暁子ほか訳，明石書店，1993年〕

——— (1989). *Toward a Feminist Theory of the State*. Cambridge, MA: Harvard University Press.

MacKinnon, Catharine A., and Andrea Dworkin (1997). *In Harms Way: The Pornography Civil Rights Hearings*. Cambridge, MA: Harvard University Press.

Maguigan, Holly (1991). "Battered Women and Self-Defense: Myths and Misconceptions in Current Reform Proposals." *University of Pennsylvania Law Review* 140: 379-486.

Mahler, Margaret S. (1968). *On Human Symbiosis and the Vicissitudes of Individuation*. Vol. I: *Infantile Psychosis*. New York: International Universities Press.

——— (1979). *The Selected Papers of Margaret S. Mahler*. Vol. 1: *Infantile Psychosis and Early Contributions*. Vol. 2: *Separation-Individuation*.

Mahler, Margaret, Fred Pine, and Anni Bergman (2000 [1975]). *The Psychological Birth of the Human Infant: Symbiosis and Individuation*. First paperback edition. New York: Basic Books. 〔M. S. マーラーほか『乳幼児の心理的誕生——母子共生と個体化』高橋雅士・織田正美・浜畑紀訳, 黎明書房, 2001年〕

Mandler, George (1975). *Mind and Emotion*. New York: Wiley.

Mandler, George (1984). *Mind and Body: Psychology of Emotion and Stress*. New York: Norton. 〔G.マンドラー『情動とストレス』田中正敏・津田彰監訳, 誠信書房, 1987年〕

Margalit, Avishai (1996). *The Decent Society. Trans. Naomi Goldblum*. Cambridge, MA: Harvard University Press.

Maritain, Jacques (1953). *Man and the State*. Chicago: University of Chicago Press. 〔ジャック・マリタン『人間と国家』久保正幡・稲垣良典訳, 創文社, 1962年〕

Markel, Dan (2001). "Are Shaming Punishments Beautifully Retributive?: Retributivism and the Implications for the Alternative Sanctions Debate." *Vanderbilt Law Review* 54: 2157-2242.

Marmontel, Jean-François (1999). *Mémoires*. Paris: Mercure de France.

Massaro, Toni (1991). "Shame, Culture, and American Criminal Law." *Michigan Law Review* 89: 1880-1942.

——— (1997). "The Meanings of Shame: Implications for Legal Reform." *Psychology, Public Policy and Law* 3: 645-80.

——— (1999). "Show (Some) Emotions." In Bandes (1999): 80-122.

Meares, Tracey, and Dan M. Kahan (l998a). "The Wages of Antiquated Procedural Thinking: A Critique of *Chicago v. Morales*." *University of Chicago Legal Forum* 1998: 197-259.

Meares, Tracy, and Dan M. Kahan (1998b). "The Coming Crisis of Criminal Procedure." *Georgetown Law Journal* 86: 1153-84.

——— (1999). "When Rights are Wrong." In Symposium, "Do Rights Handcuff Democracy?" (with respondents). *Boston Review* 24: 4-8, respondents 10-22, response by Meares and Kahan 22-23.

Menninghaus, Winfried (1999). *Ekel: Theorie und Geschichte einer starken Empfindung*. Frankfurt: Suhrkamp.

Mill, John Stuart (1838). "Bentham." 〔J. S. ミル『ベンサムとコウルリッジ』松本啓訳, みすず書房, 1990年〕

——— (1859). *On Liberty*. 〔J. S. ミル『自由論』塩尻公明・木村健康訳, 岩波書店, 1971年〕

——— (1861). *Utilitarianism*. 〔J. S. ミル『ベンサム; J. S. ミル』関嘉彦責任編集, 中央公論社, 1979年所収〕

——— (1873). *Autobiography*. (Posthumously published.) 〔J. S. ミル『ミル自伝』朱牟田夏雄, 岩波書店, 1960年〕

Miller, Alice (1986). "Depression and Grandiosity as Related Forms of Narcissistic Disturbances." *In Morrison* (1986): 323-47.

Miller, William I. (1993). *Humiliation*. Ithaca, NY: Cornell University Press.
——— (1997). *The Anatomy of Disgust*. Cambridge, MA: Harvard University Press.
Miller, William I. (1998). "Sheep, Joking, Cloning and the Uncanny." In *Clones and Clones*, ed. Martha C. Nussbaum and Cass R. Sunstein. New York: Norton: 78-87.〔マーサ・C・ナスバウム，キャス・R・サンスタイン編『クローン、是か非か』中村桂子・渡会圭子訳，産業図書，1999年に所収〕
Minow, Martha (1990). *Making All the Difference: Inclusion, Exclusion, and American Law*. Ithaca, NY: Cornell University Press.
Mison, Robert B. (1992). "Comment: Homophobia in Manslaughter: The Homosexual Advance as Insufficient Provocation." *California Law Review* 80: 133-37.
Morris, Herbert (1968). "Persons and Punishment." Originally published in *The Monist* 52. Reprinted in *Punishment and Rehabilitation*, ed. Jeffrie Murphy. 3d edition. Belmont, CA: Wadsworth Publishing Company, 1995: 74-93.
——— (1971). *Guilt and Shame*. Belmont, CA: Wadsworth Publishing Co.
Morris, Jenny (1991). *Pride Against Prejudice*. Philadelphia: New Society Publishers, 1991.
——— (1992). "Tyrannies of Perfection." *The New Internationalist*, 1 july, 16.
Morris, Norval, and David J. Rothman, eds. (1998). *The Oxford History of the Prison: The Practice of Punishment in Western Society*. New York and Oxford: Oxford University Press.
Morrison, Andrew P. (1986a). *The Culture of Shame. London and Northvale*, NJ: Jason Aronson.
——— (1986b). "Shame, Ideal Self, and Narcissism." In Morrison (1986): 348-72.
——— (1989). *Shame: The Underside of Narcissism*. Hillsdale, NJ: The Analytic Press.
———, ed., (1986). *Essential Papers on Narcissism*. New York and London: New York University Press.
Morse, Stephen J. (1984). "Undiminished Confusion in Diminished Capacity." *Journal of Criminal Law and Criminology* 75: 1-34.
Murdoch, Iris (1970). *The Sovereignty of Good*. London: Routledge.〔I.マードック『善の至高性――プラトニズムの視点から』菅豊彦・小林信行訳，九州大学出版会，1992年〕
Murphy, Jeffrie G., andjean Hampton (1988). *Forgiveness and Mercy*. Cambridge and New York: Cambridge University Press.
Nagel, Thomas (1997). "Justice and Nature." *Oxford Journal of Legal Studies* 17: 303-2l.
——— (1998). "Concealment and Exposure." *Philosophy and Public Affairs* 27: 3-30.
Nourse, Victoria (1997). "Passion's Progress: Modern Law Reform and the Provocation Defense." *Yale Law Journal* 106: 1331-1443.
Nussbaum, Martha C. (1990). *Love's Knowledge: Essays on Philosophy and Literature*. New York: Oxford University Press.
——— (1994). *The Therapy of Desire: Theory and Practice in Hellenistic Ethics*. Princeton: Princeton University Press.
——— (1995). *Poetic Justice: The Literary Imagination and Public Life*. Boston: Beacon Press.
——— (1997). *Cultivating Humanity: A Classical Defense of Reform in Liberal Education*. Cambridge, MA: Harvard University Press.

——— (1998). "Emotions as Judgments of Value: A Philosophical Dialogue." *Comparative Criticism* 20: 33-62.
——— (1999a). *Sex and Social Justice*. New York: Oxford University Press.
——— (1999b). "'Secret Sewers of Vice': Disgust, Bodies, and the Law." In *Bandes* (1999):19-62.
——— (1999c). "Invisibility and Recognition: Sophocles' *Philoctetes* and Ellison's *Invisible Man*." Philosophy and Literature 23: 257-83.
Nussbaum, Martha C. (2000a). *Women and Human Development: The Capabilities Approach*. Cambridge and New York: Cambridge University Press. 〔マーサ・C・ヌスバウム『女性と人間開発――潜在能力アプローチ』池本幸生・田口さつき・坪井ひろみ訳，岩波書店, 2005年〕
——— (2000b). "The Future of Feminist Liberalism." *Proceedings and Addresses of the American Philosophical Association* 74: 47-79.
——— (2000c). "Aristotle, Politics, and Human Capabilities: A Response to Antony, Arneson, Charlesworth, and Mulgan." *Ethics* 111: 102-40.
——— (2001a). *Upheavals of Thought: The Intelligence of Emotions*. Cambridge and New York: Cambridge University Press.
——— (2001b). "Disabled Lives: Who Cares?" *New York Review of Books* 48, 11 January 34-37.
——— (2001c). "Political Objectivity." *New Literary History* 32: 883-906.
——— (2002a). "Millean Liberty and Sexual Orientation." *Law and Philosophy* 21: 317-34.
——— (2002b). "Sex Equality, Liberty, and Privacy: A Comparative Approach to the Feminist Critique." In E. Sridharan, R. Sudarshan, and Z. Hasan, eds., *India's Living Constitution: Ideas, Practices, Controversies*. Delhi: Permanent Black: 242-83.
——— (2003a). "Capabilities as Fundamental Entitlements: Sen and Social Justice." *Feminist Economics* 9: 33-59.
——— (2003b). "Compassion and Terror." *Daedalus* (Winter) 10-26.
——— (2003c). "Genocide in Gujarat: The International Community Looks Away." *Dissent* (Summer) 61-69.
Oatley, Keith (1992). *Best Laid Schemes: The Psychology of Emotions*. Cambridge: Cambridge University Press.
Ochoa, Tyler Trent, and Christine Newman Jones (1997). "Defiling the Dead: Necrophilia and the Law." *Whittier Law Review* 18: 539-78.
Olyan, Saul, and Martha C. Nussbaum, eds. (1998). *Sexual Orientation and Human Rights in American Religious Discourse*. New York: Oxford University Press.
Ortner, Sherry B. (1973). "Sherpa Purity." *American Anthropologist* 75: 49-63.
Ortony, Andrew, Gerald L. Clore, and Allan Collins (1988). *The Cognitive Structure of Emotions*. Cambridge: Cambridge University Press.
Packe, Michael St. John (1954). *The Life of John Stuart Mill*. New York: Macmillan.
Piers, Gerhart, and Milton B. Singer (1953). *Shame and Guilt: A Psychoanalytic and a Cultural Study*. Springfield, IL: Charles C. Thomas.

Pipher, Mary (1994). *Reviving Ophelia: Saving the Selves of Adolescent Girls*. New York: Putnam.〔メアリ・パイファー『オフェリアの生還——傷ついた少女たちはいかにして救われたか?』岡田好恵訳，学習研究社，1997年〕

Pohlman, H. L. (1999). *The Whole Truth? A Case of Murder on the Appalachian Trail*. Amherst: University of Massachusetts Press.

Posner, Eric A. (2000). *Law and Social Norms*. Cambridge, MA: Harvard University Press.〔エリク・ポズナー『法と社会規範——制度と文化の経済分析』藤岡大助ほか，木鐸社，2002年〕

Posner, Richard A (1990). *The Problems of Jurisprudence*. Cambridge, MA, Harvard University Press.

——— (1992). *Sex and Reason*. Cambridge, MA: Harvard University Press.

——— (1995). *Overcoming Law*. Cambridge, MA: Harvard University Press.

Posner, Richard A, and Katharine B, Silbaugh (1996). *A Guide to America's Sex Laws*. Cambridge, MA: Harvard University Press.

Proctor, Robert N. (1999). *The Nazi War on Cancer*. Princeton and Oxford: Princeton University Press.〔ロバート・N・プロクター『健康帝国ナチス』宮崎尊訳，草思社，2003年〕

Rawls, John (1971). *A Theory of Justice*. Cambridge, MA: Harvard University Press.〔ジョン・ロールズ『正義論』矢島鈞次監訳，紀伊國屋書店，1979年〕

——— (1996). *Political Liberalism*, Expanded paperback edition, New York: Columbia University Press.

Reich, Annie (1986). "Pathologic Forms of Self-Esteem Regulation," In Morrison (1986): 44-60.

Reynolds, David S. (1995). *Walt Whitman's America: A Cultural Biography*, New York: Knopf.

Rodman, F. Robert (2003), *Winnicott: Life and Work*. Cambridge, MA: Perseus Publishing.

Rozin, Paul, and April E. Fallon (1987). "A Perspective on Disgust." *Psychological Review* 94: 23-41.

Rozin, Paul, April E. Fallon, and R. Mandell (1984), "Family Resemblance in Attitudes to Foods." *Developmental Psychology* 20: 309-14.

Rozin, Paul, Jonathan Haidt, and Clark R. McCauley (1999). "Disgust: The Body and Soul Emotion," *Handbook of Cognition and Emotion*. Ed, T. Dalgleish and M. Power. Chichester, UK: John Wiley and Sons, Ltd,: 429-45.

——— (2000). "Disgust." *Handbook of Emotions, 2d Edition*. Ed. M. Lewis and J. M. Haviland: Jones. New York: Guilford Press: 637-53.

Sanders, Clinton R. (1989). *Customizing the Body: The Art and Culture of Tattooing*. Philadelphia: Temple University Press.

Sarkar, Tanika (2002). "Semiotics of Terror." *Economic and Political Weekly*. 13 July.

Scheler, Max (1957). "Über Scham und Schamgefühl." *Schriften aus dem Nachlass*. Band 1: *Zur Ethik und Erkenntnislehre*. Bern; Francke: 55-148.〔シェーラー『羞恥と羞恥心——典型と指導者（シェーラー著作集15）』浜田義文ほか訳，白水社，2002年〕

Schulhofer, Steven J. (1995), "The Trouble with Trials; the Trouble with Us." *Yale Law Journal* 105: 825-55.

Sennett, Richard (2003), *Respect in a World of Inequality*, New York: W. W. Norton.

Sherman, Nancy (1999). "Taking Responsibility for Our Emotions." In *Responsibility*, ed. E. Paul and J. Paul. Cambridge and New York: Cambridge University Press: 1999: 294-323.
Silvers, Anita (1998). "Formal Justice." In Silvers, Wasserman, and Mahowald (1998): 13-145.
——— (2000). "The Unprotected: Constructing Disability in the Context of Antidiscrimination Law." In Francis and Silvers (2000): 126-45.
Silvers, Anita, David Wasserman, and Mary Mahowald (1998). *Disability, Difference, Discrimination: Perspectives on Justice in Bioethics and Public Policy*. Lanham, MD: Rowman and Littlefield.
Spierenburg, Pieter (1984). *The Spectacle of Suffering: Executions and the Evolution of Repression*. Cambridge and New York: Cambridge University Press.
Stern, Daniel N. (1977). *The First Relationship: Infant and Mother*. Cambridge, MA: Harvard University Press. 〔D. N. スターン『母子関係の出発——誕生からの180日』岡村佳子訳, サイエンス社, 1979年〕
Stern, Daniel N. (1985). *The Interpersonal World of the Infant*. New York: Basic Books. 〔D. N. スターン『乳児の対人世界 理論編』小此木啓吾・丸田俊彦監訳, 岩崎学術出版社, 1989年〕および〔D. N. スターン『乳児の対人世界 臨床編』小此木啓吾・丸田俊彦監訳, 岩崎学術出版社, 1991年〕
Stern, Daniel N. (1990). *Diary of a Baby*. New York: Basic Books. 〔D. N. スターン『もし、赤ちゃんが日記を書いたら』亀井よし子訳, 草思社, 1992年〕
Strawson, Peter (1968). "Freedom and Resentment." In Strawson, *Studies in the Philosophy of Thought and Action*. New York and Oxford: Oxford University Press: 71-96.
Sunstein, Cass R. (1993). *Democracy and the Problem of Free Speech*. New York: The Free Press.
Sunstein, Cass R. (1997). *Free Markets and Social Justice*. New York and Oxford: Oxford University Press. 〔キャス・R・サンスティン『自由市場と社会正義』有松晃・紙谷雅子・柳澤和夫訳, 農山漁村文化協会, 2002年〕
——— (1999). *One Case at a Time: judicial Minimalism on the Supreme Court*. Cambridge, MA: Harvard University Press.
——— (2001). *Designing Democracy: What Constitutions Do*. New York and Oxford: Oxford University Press.
Sunstein, Cass R., Daniel Kahnemann, and David A Schkade (1998). "Assessing Punitive Damages (with Notes on cognition and Valuation in Law)." *Yale Law journal* 107: 2071 ff.
Sunstein, Cass R., Rejd Hastie, John W. Payne, David A. Shkade, and W. Kip Viscusi (2002). *Punitive Damages.: How juries Decide*. Chicago: University of Chicago Press.
Taylor, Gabriele (1985). *Pride, Shame and Guild: Emotions of Self-Assessment*. Oxford: Clarendon Press.
tenBroek, Jacobus (1966). "The Right to Be in the World: The Disabled in the Law of Torts." *California Law Review* 54 (1966): 841-919.
Theweleit, Klaus (1987, 1989). *Male Fantasies*. Trans. S. Conway. Two Volumes. Minneapolis: University of Minnesota Press. 〔クラウス・テーヴェライト『女・流れ・身体・歴史　男たちの妄想 1』田村和彦訳, 法政大学出版局, 1999年〕および〔クラウス・テーヴェライト『男たちの身体——白色テロルの精神分析のために　男たちの妄想;

2)』田村和彦訳，法政大学出版局，2004年〕
Tomkins, Silvan S. (1962-63). *Affect/Imagery/Consciousness*. Vols. 1 and 2. New York: Springer.
Tonry, Michael (1999). "Rethinking Unthinkable Punishment Policies in America," *UCLA Law Review* 46: 1751-91,
Tonry, Michael, and Kathleen Hatlestad, eds. (1997). *Sentencing Reform in Overcrowded Times: A Comparative Perspective*, New York and Oxford: Oxford University Press.
Veatch, Robert M. (1986). *The Foundations of Justice: Why the Retarded and the Rest of Us Have Claims to, Equality*. New York and Oxford: Oxford University Press.
Velleman, J. David (2002). "The Genesis of Shame," *Philosophy and Public Affairs* 30: 27-52.
Walker, Lenore (1980). *The Battered Woman*. New York: Perennial.〔レノア・E・ウォーカー『バタードウーマン――虐待される妻たち』穂積由利子訳，金剛出版，1997年〕
Warner, Michael (1999). *The Trouble with Normal: Sex, Politics, and the Ethics of Queer Life*. New York: The Free Press.
Wasserman, David (1998). "Distributive Justice." In Silvers, Wasserman, and Mahowald (1998): 147-208.
——— (2000). "Stigma without Impairment: Demedicalizing Disability Discrimination." In *Francis* and *Silvers* (2000): 146-62.
Weininger, Otto (1906). *Sex and Character*. London and New York: William Heinemann and G. P. Putnam's Sons. (Based on 6th German edition.)〔オットー・ワイニンガー『性と性格』竹内章訳，松村書館，1980年〕
Whitman, James Q. (1998). "What Is Wrong with Inflicting Shame Sanctions?" *Yale Law Journal* 107: 105 ff.
Whitman, James Q (2003). *Harsh Justice: Criminal Punishment and the Widening Divide between America and Europe*. New York and Oxford: Oxford University Press.〔ジェイムズ・Q・ウィットマン『過酷な司法：比較史で読み解くアメリカの厳罰化』伊藤茂訳，雄松堂出版，2007年〕
Whitman, Walt (1973). *Leaves of Grass. Norton Critical Edition. ed. Scolley Bradley and Harold W. Blodgett*. New York: W. W. Norton.〔ウォルト・ホイットマン『草の葉（上・中・下巻）』酒本雅之訳，岩波書店，1998-1998年〕
Williams, Bernard (1993). *Shame and Necessity*. Berkeley and Los Angeles: University of California Press.
Williams, Joan (1999). *Unbending Gender: Why Family and Work Conflict and What to Do About It*. New York and Oxford: Oxford University Press.
Winnicott, Donald W. (1965). *The Maturational Processes and the Facilitating Environment: Studies in the Theory of Emotional Development*. Madison, CT: International Universities Press, Inc.〔D. W. ウィニコット『情緒発達の精神分析理論――自我の芽ばえと母なるもの』牛島定信訳，岩崎学術出版社，1977年〕
Winnicott, Donald W. (1986). *Holding and Interpretation: Fragment of an Analysis*. New York: Grove Press.〔D. W. ウィニコット『抱えることと解釈――精神分析治療の記録』北山修監訳，岩崎学術出版社，1989年〕

Wollheim, Richard (1984). *The Thread of Life*. Cambridge, MA: Harvard University Press.
——— (1999). On the Emotions. New Haven: Yale University Press.
Wurmser, Leon (1981). *The Mask of Shame*. Baltimore: Johns Hopkins University Press.
Yoshino, Kenji (2002). "Covering." *Yale Law Journal* 111: 760-939.
Young-Bruehl, Elisabeth (1996). *The Anatomy of Prejudices*. Cambridge, MA: Harvard University Press.〔エリザベス・ヤング=ブルーエル『偏見と差別の解剖』栗原泉訳, 明石書店, 2007年〕

判　例

アーウィン対オハイオ州事件 *Erwin v. State*, 29 Ohio St. (1876)
オハイオ州最高裁判決。殺害が自己防衛のために必然であったこと、および、その殺害が自己防衛の必要性以外の動機によってなされたのではないことの2点が、正当防衛の認定要件であることを示した判決。

アルドレッド事件 *Aldred's case*, 9 Co Rep 57b (1610)
光と清浄な空気は人々の健全な生活にとって不可欠なものであり、隣人が建てた豚小屋の放つ悪臭はアルドレッドに対する生活妨害にあたるとされた。環境法に関連する最も初期の事件であり、生活妨害に対する法的責任の確立に大きく寄与した。

ウィスコンシン州対ミッチェル事件 *Wisconsin v. Mitchell*, 113 S. Ct. (1993)
トッド・ミッチェルは、白人による黒人への虐待について他のアフリカ系アメリカ人の仲間たちと議論していた。彼は、たまたまそこを通りかかった白人の少年に対して仲間たちと暴行を加え、重篤な状態へと至らしめた。ミッチェルはウィスコンシン州の定めるヘイト・クライムへの重罰規定が言論の自由を侵害すると主張したが、連邦最高裁は、当該の規定が連邦差別禁止法と同じ目的のために制定されたものであり、かつ、表現そのものではなく行為（特に暴力）を規制するものであるとして、ミッチェルの訴えを棄却した。

ウッドソン対ノースカロライナ州事件 *Woodson v. North Carolina*, 428 U. S. (1976)
第1級謀殺罪に対しては一律に死刑を課すというノースカロライナ州の刑法規則に対し、連邦最高裁は、これが犯罪者個々の性格やそれまでの生き方、犯罪情況を無視するものであり、残酷で異常な刑罰を禁じる憲法修正第8条に違反するとの判断を示した。

合衆国対グリエルミ事件 *U.S. v. Guglielmi*, 819 F. 2d (1987)
米連邦第4巡回控訴裁判決。この事件では獣姦をテーマにした映画のわいせつ性が争われ、弁護側は、この映画が強烈な嫌悪感をもたらすものであり、それゆえに、常識人のわいせつな関心に訴えかけるものではありえないと主張した。連邦控訴

裁は映画のわいせつ性を認定し、性的な欲情と嫌悪感とを分離しようとする弁護側の見解を退けた。

合衆国対ピーターソン事件 *U. S. v. Peterson*, 483 F. 2d (1973)
米連邦コロンビア特別巡回区控訴裁判決。ピーターソンは、警告にもかかわらず窃盗行為を続行した被害者に対して至近距離から発砲し、これを殺害した。1審の第2級謀殺での有罪判決に対し、被告は正当防衛を主張して上訴した。連邦控訴裁は、状況から判断してピーターソンの行為が防衛という目的に対して妥当とは言えないとの見解を示した。

合衆国対ラルマンド事件 *U. S. v. Lallemand*, 989 F. 2d (7th Cir. 1993)
ラルマンドは、結婚してすでに2人の子を得ている同性愛者に対し、恐喝を行った。連邦控訴裁はこの場合の被害者が米国連邦量刑指針の示す「著しく脆弱な被害者」にあたるとして、この指針に従って量刑を判断した。

カリフォルニア州対ブラウン事件 *California v. Brown*, 479 U. S. (1986)
米連邦最高裁判決。ブラウンが15歳の少女へのレイプと殺人の罪に問われた裁判で、カリフォルニア州最高裁での審理の際、陪審員に対し、単なる同情や偏見、世論その他に影響されてはならないとする説示が行われた。この説示が修正第8条および第14条に違反するかどうかが争われ、州最高裁ではこの説示の違憲性を根拠に、下級審の死刑判決が破棄されていた。米最高裁は、常識的な陪審員であればこの説示から不適切な影響を受けることはなかったであろうとして、説示が合憲であったと判断し、審理の差し戻しを命じた。

カンザス州対ステュアート事件 *State v. Stewart*, 763 P. 2d (1988)
カンザス州最高裁判決。ペギー・ステュアートは夫に対する第1級謀殺の罪に問われていた。被害者である夫は、ペギーおよび彼女と前夫との間の2人の娘を数年にわたり虐待していた。1審の州地方裁は、夫の殺害を虐待に対する正当防衛とみなして彼女を無罪とした。それに対し、州最高裁は、致命的な虐待や殺害の可能性を伴った切迫した危険性があったという証拠がない場合には、殺害が正当防衛にならないとの見解を示し、1審の判決を破棄した。

クリーナー対ターキーバレー・コミュニティ学区事件 *Kriener v. Turkey Valley Community School Dist.*, 212 N. Y. 2d (Iowa 1973)
自分の農場に隣接する汚水処理施設から生じる悪臭が生活妨害にあたるとして、農業経営者クリーナーが施設を管理する学区を訴えた裁判。農場経営者側は、汚水処理池が使われるようになってから臭いがひどくなり、家畜への健康被害も発生したと主張した。アイオワ州最高裁は、因果関係の説明が不十分であることを理由に家畜の健康被害についての賠償は認めなかったものの、汚水処理池からくる悪臭については生活妨害と認め、その補償を学区側に命じた。

クレバーン市対クレバーン生活センター事件 *Cleburne, City of v. Cleburne Living Center,* 473 U. S.（1985）

知的障害者のための施設であることを理由に、都市用途地域規制法によってセンター建設を許可しないことが、合衆国憲法が保障する法の下での平等に違反しないかどうかが争われた裁判。この事件においては、知的障害者とその他の人々の扱いを区別する合理的理由が存在しないとして、米最高裁はクレバーン市の上訴を退けた。

検察対ゲッツ事件 *People v. Goetz,* 68 N. Y. 2d, 497 N. E. 2d（1986）

白人男性バーナード・ゲッツは、地下鉄内で金銭を求めて彼に近づいてきた男性と彼の仲間、合わせて4名の黒人男性に対して発砲し、重傷を負わせた。恐怖心にかられて満員電車のなかで発砲したというゲッツのこの行為が正当防衛にあたるかどうかが裁判の主な争点となった。「ゲッツ事件」として知られるこの事件は、正当防衛の成否のみならず、ニューヨーク市地下鉄の無法状態や事件関係者の人種構成といった観点からも、当時の社会の注目を広く集め、審理の経過は大きく報道された。

検察対ケリー事件 *People v. Kelly,* 1 Cal. 4th 495, 3 Cal. Rptr. 677, 822 P. 2d（1992）

ケリーが2件の第1級謀殺、および強姦、強姦未遂、強盗の罪に問われた裁判。カリフォルニア州最高裁は、死体をレイプしたとみなすことが法律上不可能であると指摘し、強姦罪ではなく強姦未遂罪の適用が適当であるとの判断を示した。

検察対スタンワース事件 *People v. Stanworth,* 11 Cal. 3d, Cal. Rptr. 250, P. 2d（1974）

カリフォルニア州最高裁判決。2件の謀殺その他の罪により、郡上級裁判所はスタンワースに死刑の判決を下したが、これに対し被告人は人身保護請求の申し立てを行った。州最高裁は死刑を終身刑に変更したうえで、加重誘拐罪に対してのみ人身保護請求を認めた。なお、この事件では、強姦罪の適用にはペニス挿入時に被害者が生きていることが必要であるとの見解が示された。

検察対トムリンス事件 *People v. Tomlins,* 107 N. E.（N. Y. 1914）

ニューヨーク州最高裁判決。息子の射殺が正当防衛にあたるかどうかが問われた事件で、1審の際に陪審に与えられた説示が不適切だったとして、州最高裁は1審の有罪判決を破棄した。

検察対ローガン事件 *People v. Logan,* 164 P.（Cal. 1917）

カリフォルニア州最高裁判決。1人の女性をめぐる争いから被害者を銃殺したローガンが、第2級謀殺の罪に問われた裁判。郡上級裁判所で終身刑の判決を受けたローガンは、その審理の際に陪審員が不適切な説示を受けていたと主張し、上訴した。問題となった説示とは、謀殺罪を故殺罪に減軽するには、被告人に加えられる危害が深刻かつきわめて挑発的であり、常識人に抵抗しがたいほどの情念を引

き起こすものでなくてはならないとするもの。州最高裁判所はこの訴えをおおむね認め、郡上級裁の判決を破棄した。

ゴールドバーグ対ケリー事件 *Goldberg v. Kelly*, 397 U. S. (1970)
米連邦最高裁判決。福祉受給権に対しては、修正第14条の定める適正手続き条項が適用され、受給打ち切りの決定には、事前の公正な審問の開催が必要であるとの判断が示された。この判決は、福祉受給が単なる特権ではなく、正当なエンタイトルメント〔権原付与〕であるとの見解が示されたことで知られる。

ゴドフリー対ジョージア州事件 *Godfrey v. Georgia*, 446 U. S., 100 S. Ct., 64 L. Ed. 2d. (1980)
米連邦最高裁は、妻と義母を殺害したゴドフリーに死刑判決を下した、ジョージア州最高裁の判決を破棄した。ジョージア州の規則は、殺害方法が「極端なまでに、あるいは理不尽なまでに下劣で残忍か、非人間的 outrageously or wantonly vile, horrible or inhuman」であることを死刑判決の要件とすると定めているが、その定義の曖昧さのためにあらゆる謀殺に対して死刑判決が下されることになりかねず、憲法修正第8条および第14条に違反するというのが、判決破棄の理由であった。

コネチカット州対エリオット事件 *State v. Elliott,* 411 A. 2d (Conn. 1979)
コネチカット州最高裁判所は、エリオットが長年に渡る被害者との確執によってもたらされた恐怖心から殺害を行ったと判断し、かつ、犯行時に正常な精神状態になかったとする精神分析医の意見を証拠として認め、再審理を命じた。

シカゴ市対モラレス事件 *Chicago v. Morales*, 177 Ill. 2d, 687 N. E. 2d, 527 U. S. 119 S. Ct. (1997)
イリノイ州最高裁は、シカゴ市のうろつき禁止条例が禁止行為の特定のための明確な指針を示していない点で曖昧であり、それゆえに個人の権利を恣意的に制限するものであって、修正第14条の定める適正手続き条項に違反するとの判断を示した。

シック対インディアナ州事件 *Schick v. State*, 570 N. E. 2d. (Ind. App. 1991)
インディアナ州第4地区控訴裁判決。シックは被害者に暴行を加え、金銭を盗んだうえ、被害者をその場に放置し、死に至らしめた。彼は、この暴行が被害者による同性愛行為の強要からの正当防衛であると主張し、1審では謀殺ではなく故意故殺であるとされた。控訴審で、シックは自白の強制などを理由に1審判決の見直しを求めたが、州控訴裁は審理の過程に問題はなかったとして、1審の判決を支持した。

シャピロー対トンプソン事件 *Shapiro v. Thompson*, 394 U. S. (1969)
生活保護を受けるためには、保護適用の少なくとも1年前にはコロンビア州および

コロンビア特別区の管轄内に居住していなければならないという制定法上の規定が、憲法修正第14条の平等保護条項に反するとした判決。

ジョンソン対フェラン事件 *Johnson v. Phelan*, 69F. 3d (1995)
郡拘置所において女性看守が男性受刑者の様子をモニターでチェックすることが適正手続き条項に反するとして、受刑者のジョンソンが訴えた事件。連邦第7巡回区控訴裁判所は、異性によるモニタリングが憲法修正第8条で禁じられている「残酷で異常な刑罰」にあたらず、合憲であるとの判断を下した。

ステュアート対アラバマ州事件 *Stewart v. State*, 78. Ala. (1885)
アラバマ州最高裁判決。ステュアートは口論の末、自分を殴打した被害者をナイフで刺殺した。1審では、事件の背景となるトラブルは無視され、ステュアートには第2級謀殺罪での有罪判決が下った。州最高裁は、ステュアートを逆上させたこれらの背景が鑑みられるべきであると判断し、1審判決の破棄と審理差し戻しを命じた。

スモール対ペンシルヴェニア州事件 *Small v. Commonwealth*, 91 Pa. (1879)
ペンシルヴェニア州最高裁判決。スモールは被害者と酒場で口論し、その後、帰路についた被害者を路上で銃撃した。被害者は即死ではなかったが、自宅に運ばれ治療を受けた後しばらくして死亡した。1審では、被害者が死の間際に医者に託した（被告が犯人であるという）陳述と、口論の最中ではなく帰路を狙って撃った行為が冷静な状態で行われた行為であり、謀殺に当たるとの判断が下された。それに対し、スモールは、被害者の陳述が証拠にならないこと、および、冷静な状態になるための時間は人それぞれであり、口論から時間が経っているとはいえいまだ冷静な状態ではなかったことを州最高裁での審理で主張し、1審判決の見直しを求めた。しかし、州最高裁は1審の判断を支持してスモールの訴えを棄却した。

ドゥオーキン対『ハスラー』誌事件 *Dworkin v. Hustler Magazine*, Inc., 867 F. 2d (9th Cir. 1989)
『ハスラー』誌が「現実の悪意」をもって報道内容の裏付けをとらなかったことを証明できていない以上、公人ではない被告を追及する憲法上の権利を持たないとして、連邦控訴裁はドゥオーキン側の訴えを退けた。

トレヴェット対ヴァージニア州監獄連合事件 *Trevett v. Prison Association of Virginia*, 98 Va. (1900)
トレヴェットは自らの住居と酪農場に近接する小川から事業用水を引いていたが、州監獄連合の建てた施設がこの小川に廃水を流すようになった。ヴァージニア州最高裁は、これを汚染として訴えたトレヴェットの主張を認め、本来健全な水質を損ねたことが汚染にあたるとの見解を示した。

ニュージャージー州対ケリー事件 *State v. Kelly*, 478 A. 2d (1984)

ニュージャージー州最高裁判決。グラディス・ケリーは、7年にわたって彼女に虐待を加え続けた夫を刺殺した。1審では、彼女が被虐待配偶者症候群にかかっていたとする専門家の鑑定意見にもかかわらず、彼女は未必の故意による故殺で有罪とされた。これに対し、州最高裁は、この鑑定結果が自己防衛を正当化すると認め、1審判決を破棄し、再審理を命じた。

農務省対モレノ事件 *Department of Agriculture v. Moreno*, 413 U. S. (1973)

ある世帯のメンバーが食料援助の受給資格を満たしながら、そのメンバー同士が親族関係であることを受給資格とする食料配給権法の規定を理由に、受給を拒否されたのは、修正第5条の適正手続き条項に違反しているとして争われた裁判。連邦最高裁は、問題とされた規定が食料配給権法の目的に適わず、不正受給防止の役割を果たしてもいないとして、違憲であるとの判断を示した。

ノースカロライナ州対ノーマン事件 *State v. Norman*, 378 S. E. 2d (N. C. 1989)

ほぼ20年にわたって夫から虐待を受けてきたジュディ・ノーマンは、睡眠中の夫に対し発砲を加え、彼を死に至らしめた。裁判における争点は、彼女の被虐待配偶者症候群の症状が、すなわち、夫に殺害されてしまうという彼女の危機感が、正当防衛の理由になりうるかであった。彼女には、切迫した死の自覚や甚だしい肉体損傷の予期が欠けていたと判断したノースカロライナ州最高裁は、正当防衛の主張を退けた。

バーモント州対モース事件 *State v. Morse*, 84 Vt. (1911)

水道水が汚染される危険があるとして、バーモンド州衛生局は水源の池での遊泳を禁止した。裁判では、この禁止処置が、この池の沿岸の一部を所有する者の遊泳権を侵害するかどうかが争われた。バーモント州最高裁は、通常の場合は水利権に遊泳権も含まれると認めつつも、水道水の水質保全という正当な目的のためならば、当局が池での遊泳権を規則によって制限することができるとの見解を示した。

バーンズ対グレン劇場事件 *Barnes v. Glen Theatre, Inc.*, 501 U. S. (1991)

ヌードクラブにおける全裸でのダンス・パフォーマンスを禁止するインディアナ州法は、表現の自由を保障する憲法修正第1条に違反しないとして、米連邦最高裁は劇場側の訴えを退けた。

バウアーズ対ハードウィック事件 *Bowers v. Hardwick*, 487 U. S. (1986)

ジョージア州のソドミー禁止法の違憲性が争われた裁判。米連邦最高裁は、修正第14条が保障するプライバシーの権利のなかにソドミーの権利が含まれておらず、当該の州法が合憲であるとの判断を下した。なお、2003年のローレンス対テキサス州事件でテキサス州のソドミー禁止法が違憲とされ、その際にこの事件も判決

変更されている。

パルマー事件 *Rex v. Palmer*, 2 K. B. (1913)
パルマーは婚約中の女性から受けた不貞の告白に逆上し、彼女の喉をかき切って殺害した。婚姻関係にある場合には、このような告白は挑発とみなされ、故殺罪が適用される場合がある。しかし本件では、パルマーらが婚姻関係に至っていなかったこと、かつ、たとえ言葉による挑発が口汚いものであっても、死に至らしめるような凶器が用いられていることの両方を勘案すれば、故殺罪ではなく謀殺罪が適用されるべきであるとの見解が示された。

ビーティー対アンティゴ市教育委員会事件 *State ex rel. Beattie v. Board of education of the city of Antigo*, 169 Wisc. (1919)
先天性の障害を理由に児童の就学を拒否した、アンティゴ市教育委員会の決定の是非を巡る裁判。ウィスコンシン州最高裁は、そうした生徒を入学させることが教師に過度の負担を掛け、他の生徒の勉学への集中力を低下させるといった不利益を生じさせるとする教育委員会の主張を認め、児童代理人の父親側が勝訴した1審判決を破棄し、審理差し戻しを命じた。

プライス・ウォーターハウス対ホプキンス事件 *Price Waterhouse v. Hopkins*, 490 U. S. (1989)
米連邦最高裁判決。連邦控訴裁は、雇用決定が性差別に基づくものだったとしても、性差別意識がなかった場合でも同じ決定がなされたという確固たる証拠を示すことができたなら、雇用者側は性差別に関して免責されるとの見解を示した。連邦最高裁はこれを否定し、雇用者側には性差別がなかったことの挙証責任がつねにあるとの判断を下した。

ベア対リューイン事件 *Baehr v. Lewin*, 852, P. 2d (Hawaii 1993)
同性愛婚を禁止する州法上の規定が州のやむにやまれぬ利益を促進することが示されない限り、同性愛カップルに対して結婚許可証を発行しないことは、その基本的人権の侵害になるとして、ハワイ州最高裁は審理差し戻しを命じた。

ベルドッティ対マサチューセッツ州事件 *Beldotti v. Commonwealth*, 669 N. E. 2d (Mass. Ct. App. 1996)
自らが犯した殺人事件の証拠品として押収された私物を返還するよう、ベルドッティが地区検事に求めた裁判。マサチューセッツ州最高裁は、返還が品位という根本概念に対する攻撃にあたるとして、被害者に関連するもの以外の返還を認めた控訴審の決定を破棄した。

ペンシルヴェニア州対カー事件 *Commonwealth v. Carr*, 580 A. 2d (Pa. Super. Ct. 1990)
同性愛者2人に対する謀殺の罪でスティーヴン・カーが訴えられた事件。ペンシルヴェニア州最高裁は、同性愛行為が法律上の正当な挑発にはあたらず、カーの幼

少期の性心理的体験も故殺罪へ減軽する理由にならないとする下級審の判断の妥当性を認めた。

ペンシルヴェニア知的障害児協会対ペンシルヴェニア州事件 *Pennsylvania Association for Retarded Children v. Pennsylvania*, 343 F. Supp. (1972)
公立学校への知的障害児の就学を拒否する、ペンシルヴェニア州の法律が、平等な保護を保障する憲法修正第14条に反しているとして、ペンシルヴェニア知的障害児協会がペンシルヴェニア州や関連機関を訴えた事件。連邦地方裁はペンシルヴェニア州や関連機関に対し、知的障害児を無料の公的教育やトレーニングから排除しないよう命じた。知的障害児に公的教育を受ける権利があることを認めた画期的判決。

ボーイスカウトアメリカ連盟対デイル事件 *Boy Scouts of America v. Dale*, 530 U. S. (2000)
米連邦最高裁判決。同性愛者であることを理由に、ボーイスカウトアメリカ連盟がジェームズ・デイルのメンバー登録を取り消したことの違憲性が争われた裁判。5対4の僅差ながら、同性愛者の受け入れを法によって強制することが、憲法修正第1条の保障する、結社の目的の自由を侵害するとの判断から、除名処分は合憲とされた。

ボード対合衆国事件 *Beard v. U. S.*, 158 U. S. (1895)
1895年、米連邦最高裁判決。牛の所有をめぐって争っていた兄弟の1人を射殺したとして、ボードが罪に問われていた裁判。最高裁はボードの正当防衛を認める。

ボルティモア市対ウォレン製作所事件 *Baltimore v. Warren Mfg.*, 59 Md. (1882)
メリーランド州最高裁判決。ボルティモア市には水利権者として清浄な水を使用する権利があり、汚染の原因が特定されれば、ウォレン製作所に対する事業差し止め命令が有効になるとの判断が示された。

ボルドウィン対マイルス事件 *Baldwin v. Miles*, 20 S. 618, Conn. (1890)
悪臭を発生させるリン酸肥料生産を制限する差し止め命令が裁判所から出されたにもかかわらず、ボルドウィンの工場がなおも悪臭を発生させ続けていることは命令違反にあたるとして争われた裁判。コネチカット州最高裁は、差し止め命令がリン酸肥料の生産だけに対するものであり、悪臭を発生させるその他の事業に対するものではなかったとして、ボルドウィンが命令に違反していないとの判断を示した。

マサチューセッツ州対ペリー事件 *Commonwealth v. Perry*, 139 Mass. (1885)
住宅密集地や高速道路のそばで500頭もの豚を飼育することが、周辺住民の権利を侵害する生活妨害にあたるとして、マサチューセッツ州最高裁はペリーを有罪とする判決を下した。

マゾノフ対デュボワ事件 *Masonoff v. DuBois*, 899 F. Supp. 782, D. Mass (1995)
マサチューセッツ州のある刑務所では、設置されたケミカルトイレによって独房が汚染され、それに伴う健康被害が発生していた。このような刑務所内の不衛生な状態は、「残酷で異常な」刑罰を禁止する憲法修正第8条に違反するとして、受刑者側が訴えを起こした。連邦地裁は刑務所の状況の違憲性を認め、適切で合理的な衛生状態を保つことや、汚染のリスクなしに排泄物を処理することが人間の基本的ニーズに含まれるものであり、修正第8条によって保障されるとした。

マックアーター対アラバマ州事件 *McQuirter v. State*, 63 So. 2d (1953)
アラバマ州控訴裁判所。強姦目的で白人女性の後をつけたとして、黒人男性マックアーターが暴行未遂の罪に問われた事件。警察と郡保安官は、マックアーターが白人女性への強姦と殺人の意図があったことを取り調べ中に自白したと主張した。それに対し、マックアーターはたまたまその白人女性の近くを歩いていただけで、自分に犯行の意図はなかったと主張し、自白したことも否認したが、1審では有罪判決が下された。州控訴裁の審理では、「人種的要因も考慮したうえで」強姦の意図の有無を検討した結果、マックアーターの主張を裏づける適切な証拠がなかったとして、1審の有罪判決を支持するとの判決が下された。

ミネソタ州対ヴォルク事件 *State v. Volk*, 421 N. W. 2d (Minn. 1988)
ゲイの男娼を装って強盗殺人を犯したヴォルクが第2級謀殺に問われた事件。ミネソタ州控訴裁は、同性愛行為が激情を促すに十分な挑発的状況にはあたらず、故殺罪に減軽する根拠が見当たらないとして、これを棄却した。

ミラー対カリフォルニア州事件 *Miller v. California*, 413 U. S., 93 S. Ct. (1973)
わいせつ表現が憲法修正第1条の保護対象にならないとしたうえで、表現物がわいせつにあたるかどうか判定する法的基準、いわゆる「ミラー・テスト」を確立させた米連邦最高裁判決。このミラー・テストによると、ある表現物が（1）現在の共同体の基準に照らして、全体としてわいせつな関心に訴えているものであると、常識人が認め、（2）州法で明確に規定された性的行為を、著しく不快な仕方で描写または記述しており、（3）全体として文学的、芸術的、政治的または科学的価値を著しく欠いている場合に、その表現物はわいせつ物とされる。

ミラー対サウスベンド市事件 *Miller v. Civil City of South Bend*, 904 F.2d (7th Cir. 1990)
米連邦第7巡回区控訴裁判決。公衆の面前でのヌードダンスを禁じるインディアナ州公衆わいせつ禁止法の違憲性が問われた裁判の控訴審。エンターテイメントとしてのヌードダンスが憲法修正第1条による保護対象となる表現行為であるとして、ヌードダンスが表現行為であるとは言えないとした一審の判決が破棄された。

ミルズ対教育委員会事件 *Mills v. Board of Education*, 348 F. Supp. 8866 (D. D. C. 1972)
障害や疾病をもつ子どもたちが公立学校への入学を拒否されたことについて、学

校への受け入れと特別支援を求め、子どもたちの代理人がコロンビア特別区教育委員会を提訴した事件。教育委員会は予算不足を受け入れ拒否の理由として主張していたが、連邦地裁は予算不足を正当な排除理由として認めず、教育委の判断が適正手続き条項に違反しているとして、入学の許可もしくは子どものニーズにあった特別支援を教育委員会に命じた。

メイナード対カートライト事件 *Maynard v. Cartwright*, 486 U.S., 108 S. Ct. (1988)
謀殺が「とりわけ憎むべき、非人道的な、あるいは残酷な especially heinous, atrocious or cruel」行為であり、刑を加重する事情であるとするオクラホマ州法の規定に対し、米連邦最高裁は、この規定が曖昧であり、陪審が量刑を検討する際の十分な指標になりえないとして、憲法修正第8条に反するとの判断を示した。

メイヤー対検察事件 *Maher v. People*, 10 Mich. (1862)
ミシガン州最高裁判決。妻の不貞の相手と思われる男性を銃撃したとして、ウィリアム・メイヤーが謀殺未遂の罪で起訴された事件。1審では、妻の不貞の事実に証拠能力がないとされ、この銃撃が謀殺目的の暴行であるとの判断が示された。州最高裁は、妻の不貞の事実が犯行時のメイヤーの心理状態を理解する際の有力な証拠であることを認定したうえで、この犯行が謀殺かどうかを決定するためには、妻の行為を知ってから犯行に及ぶまでの30分という時間が冷静さを取り戻すのに十分だったかどうかが検討されなければならなかったとして1審判決を破棄し、審理の差し戻しを命じた。

モーグリッジ事件 *Regina v. Mawgridge*, 84 Eng. Rep. (1707)
イギリス、高等法院王座部判決。申し立てによると、事件の発端となったのは、被告人が被害者に対し行った侮辱行為、挑発行為である。ただし、被害者も被告人に対して同様の行為を行っている。こうした経緯から、被告人の殺人行為が、謀殺か故殺かを巡って争われた。本裁判では、1人が反対したものの、謀殺罪の判決が下された。

ラヴィング対ヴァージニア州事件 *Loving v. Virginia*, 388 U. S. (1967)
米連邦最高裁判決。ヴァージニア州の異人種間結婚禁止法に対する違憲判決で知られるこの事件は、公民権運動の歴史における重要な事件の1つと位置づけられている。判決のなかでは、結婚の自由が基本的な市民権の1つであることが強調され、州がこれを制限することはできないとされた。この事件をきっかけに、他の州でも同様の法律の見直しが進められることになった。

ラリュー対マクダガル事件 *LaReau v. MacDougall*, 473 F. 2d, C. A. (1972)
州刑務所内に設置されたストリップ・セル（暴れる囚人を収容するための、何の設備もない独房）への拘禁の違憲性が問われた事件。問題となった独房には十分な照明設備も水道設備もなく、トイレは穴を掘っただけというきわめて簡粗なも

のであった。コネチカット州刑務所では、規則を破った受刑者に対する処罰として、こうした待遇が常態化していた。連邦控訴裁は、このような待遇が憲法修正8条の禁止する「残酷で異常な刑罰」にあたるとして、受刑者側の訴えを認めた。

リバーズ対フロリダ州事件 *Rivers v. State*, 78 So. (Fla. 1918)
第2級謀殺罪に問われたリバーズが、自らの行為が正当防衛であり、証拠からして故殺罪より重い罪に問われるはずがないと主張して上訴した事件。フロリダ州最高裁はこの訴えを退け、1審の判決を支持した。

ローマー対エヴァンズ事件 *Romer v. Evans*, 116 S. Ct. (1996)
性的志向に基づく差別から同性愛者を保護することを禁止するコロラド州憲法修正2について、米連邦最高裁は、この修正2が合衆国憲法修正第14条の平等保護条項に反するとしたコロラド州最高裁の判決を支持した。

ローレンス対テキサス州事件 *Lawrence v. Texas*, 593 U. S. 558(2003)
米連邦最高裁判決。同性愛者によるソドミーを禁じたテキサス州刑法が違憲無効とされる。同意にもとづく私的性行為が適正手続き条項の保障する自由の1つであるとの判断を初めて下した判例である。

ロス対合衆国事件 *Roth v. U. S.*, 354 U. S., S. Ct. (1957)
憲法修正第1条は連邦議会に対して言論もしくは出版の自由を制限する法律の制定を禁じるが、わいせつな表現はこの第1条の保護を受けないとされた。また、表現物がわいせつとされるのは、現在の共同体の基準に照らして、その表現物全体の支配的テーマがわいせつな関心に訴えているものだと常識人が考える場合である、とされた。

ロック対テネシー州事件 *Locke v. State*, 501 S. W. 2d (Tenn Ct. App. 1973)
クンニリングスが、テネシー州刑法で規定されている「自然に反する罪」にあたるかどうかが争われた事件。テネシー州刑事控訴裁判所は、クンニリングスが自然に反する罪にあたり、自然に反する罪に関する州刑法の規定自体も違憲ではないとの判断を下した。この判断は、テネシー州最高裁で覆された後、1975年に連邦最高裁でふたたび支持された。

ワトソン対ケンブリッジ市事件 *Watson v. Cambridge*, 157 Mass. (1893)
マサチューセッツ州最高裁判所は、学校で教育を受けるための十分な知的能力を保持していないとして学生を除籍した学校側の判断を支持し、意図的でないにせよ、障害を有するものが学校の業務に対して支障をもたらしたのであれば、学校の責任者はこの学生を除籍することができるとの見解を示した。